CAPITAL ET
IDÉOLOGIE

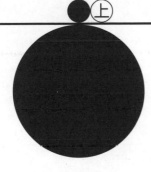

THOMAS
PIKETTY

資本與意識形態
上

托瑪・皮凱提 著

徐麗松 陳郁雯
陳秀萍 黃明玲 譯

目次（上冊）

前言與致謝

本書在很大程度上是拙作《二十一世紀資本論》(*Capital au XXIe siècle*)的延伸,但仍可單獨參閱。如同該部著作,本書亦是群體合作的成果,因為若不是有眾多友人及同僚熱忱參與、鼎力相助,它不可能順利問世。當然,我個人必須為接下來篇章呈現的種種分析與詮釋負全責,不過這項研究的基礎是由如山似海的歷史資料所構成,而我絕不可能獨自完成這些蒐集彙整的工作。

其中一項特別重要的研究依據是世界不平等資料庫(http://WID.world)集結的數據。該計畫凝聚了上百名學者的心血結晶,研究範圍涵蓋全球各大洲八十餘國。這項研究針對不同國家之間以及各國內部所得與資產不平等的歷史演變,建構出當今最龐大的資料庫。不過,關於某些時代、某些國家以及不平等的某些面向,例如在前工業社會、殖民社會,以及教育、性別、種族、宗教、身分地位、信仰乃至政治態度和選舉立場的不平等等方面,世界不平等資料庫有所不足,因此在本書中,我也針對這些部分蒐集整理了許多其他資料。

本書內文及書末注釋僅能引述其中的主要資料來源,讀者若想獲得本書採用的全部歷史資料、參考書目及研究方法,可自行參閱線上附錄:

http://piketty.pse.ens.fr/files/AnnexeKIdeologie.pdf。

本書呈現的所有統計數據和圖表也可在網路上參閱：http://piketty.pse. ens.fr/ideologie。為了不讓本書內容過於龐雜，許多圖表和數據並未收錄在書中，但我有時會在書末注釋中指出相關出處。有興趣的讀者同樣可以在線上附錄中完整找到這些資訊。

我格外感謝與我在巴黎經濟學院和加州柏克萊大學共同主持世界不平等資料庫計畫及世界不平等研究室（Laboratoire sur les inégalités mondiales）的同儕Facundo Alvaredo、Lucas Chancel、Emmanuel Saez和Gabriel Zucman。近年這項計畫促成了《2018年世界不平等報告》（*Rapport sur les inégalités mondiales 2018*，http://wir2018.wid.world）的出版，我在本書中大量採用了該報告的資料。我也要感謝所有協助這項計畫有效落實的機構。首先是法國高等社會科學研究院（École des hautes études en sciences sociales），我從2000年在這所院校任教至今，它是世上少見、能讓所有社會科學領域相互傾聽和交流的學術殿堂之一。我也特別感謝在2007年齊力創建並主持巴黎經濟學院（École d'économie de Paris）的各個機構，包括法國高等師範學院（École normale supérieure）和所有其他單位；在二十一世紀前期的今天，我深切盼望巴黎經濟學院能促進政治暨經濟史這一研究領域的發展，使其成為一個海納百川、具備多極性的多領域學門。

另外，我要感謝以下人士的寶貴協助：Lydia Assouad、Abhijit Banerjee、Adam Barbe、Charlotte Bartels、Nitin Bharti、Asma Benhenda、Erik Bengtsson、Yonatan Berman、Thomas Blanchet、Cécile Bonneau、Manon Bouju、Jérôme Bourdieu、Antoine Bozio、Cameron Campbell、Guillaume Carré、Guilhem Cassan、Amélie Chelly、Bijia Chen、Denis Cogneau、Léo Czajka、Richard Dewever、Mark Dincecco、Anne-Laure Delatte、Mauricio de Rosa、Esther Duflo、Luis Estevez Bauluz、Ignacio Flores、Juliette Fournier、Bertrand Garbinti、Amory Gethin、Yajna Govind、Jonathan Goupille-Lebret、Julien Grenet、Jean-Yves Grenier、Malka Guillot、

Pierre-Cyrille Hautcoeur、Stéphanie Hennette、Simon Henochsberg、Cheuk Ting Hung、Thanasak Jenmana、Francesca Jensenius、Fabian Kosse、Attila Lindner、Noam Maggor、Clara Martinez-Toledano、Ewan McGaughey、Cyril Milhaud、Marc morgan、Éric Monnet、Mathilde Munoz、Alix Myczkowski、Delphine Nougayrède、Filip Novokmet、Katharina Pistor、Gilles Postelvinay、Jean-Laurent Rosenthal、Nina Roussille、Guillaume Sacriste、Aurélie Sotura、Alessandro Stanziani、Blaise Truong-Loï、Antoine Vauchez、Sebastian Veg、Marlous van Waijenburg、Richard von Glahn、Daniel Waldenström、Li Yang、Tom Zawisza、Roxane Zighed，以及我在法蘭索瓦・西米昂經濟暨社會史中心（Centre François-Simiand d'histoire économique et sociale）、高等社會科學研究院歷史研究中心與巴黎經濟學院的所有同儕和友人。

本書亦大幅獲益於2013年《二十一世紀資本論》出版後我有幸參與的眾多討論。2014-16年間，我花了很多時間旅行到世界各地，與許多讀者、學者、渴望辯論的公民以及愛唱反調的人士見面。我參加了數以百計以該書及其探討議題為主題的交流活動，這些交會讓我學到很多，並使我得以深化自己對歷史上不平等現象的變動成因的思考。

我的前一部著作有諸多侷限，其中兩項特別值得一提。首先，《二十一世紀資本論》的西方中心色彩太濃厚，因為它過度著眼於富國（西歐、北美、日本）的歷史經驗。這裡面的一部分原因在於我們難以充分取得世界其他國家和地區的相關歷史資料，而這無疑限制了思考和觀照的廣度。另一方面，《二十一世紀資本論》傾向於將有關不平等及重分配的政治意識形態演變視為某種深不可測的黑盒子。雖然我在書中針對這類議題（例如關於二十世紀期間兩次世界大戰、經濟危機及共產主義威脅在世人對不平等和私有財產的政治想像與態度方面所引起的轉變）提出了一些假設，不過我沒有正面探討不平等意識形態演變的問題。在這本新作中，我試著用更明確的方式彰顯這個部分，並設法透過更廣闊的時空角度和比較觀點，

重新審視這個議題。

　　由於《二十一世紀資本論》大受好評，我得到廣大民眾、學者和媒體工作者的慷慨支援，因而有機會取得多國政府此前不願公開的各種稅務及歷史資料。（這些國家包括巴西、印度、南非、突尼西亞、黎巴嫩、象牙海岸、韓國、臺灣、波蘭、匈牙利等等，我甚至接觸到中國和俄羅斯的一些相關資料，雖然在這兩國取得的資訊還是相對有限。）這讓我能夠走出西方框架，將世界歷史上各式各樣的不平等制度、發展軌跡與可能的替代路徑納入研究，同時在這份多元性的基礎上，建立一套更紮實的分析。尤其重要的是，這些年間我與各界的交流討論，以及我的廣泛閱讀，讓我有機會掌握大量新資料，瞭解不同社會面對不平等議題的政治論述和心態，據此進一步理解和思考不平等現象與政治意識形態的關係。拜此之賜，本書得以順利問世；我相信它不僅延伸了前一本書的討論，而且帶來更豐富的視野。這些研究成果現在就在您的手中，還請不吝批評指教。

　　最後要提的是，倘若沒有我的家人，這些都無法成為可能。從《二十一世紀資本論》出版到這本新書付梓，中間相隔六年，我的三個寶貝女兒幾乎都已長大成人（海倫，再過短短兩年，妳就會跟黛博拉和茱麗葉一樣加入這個行列了！）。如果沒有她們的能量和愛，我的人生不會展現今天的樣貌。還有茱莉亞，她與我年復一年不斷到世界各地旅行，與各界人士見面交流；我們持續審閱、校訂對方的文稿，永遠懷抱改造世界的大夢。只有她明白這本書虧欠她有多麼多、我虧欠她又有多麼多。願接下來一切更加美好！

導論

　　所有的人類社會，都必須為內部的各種不平等自圓其說，必須找到理由來解釋不平等現象，否則政治和社會結構將會面臨全面崩解的危險。為了合理化不平等的既有現象或應有樣態，並擘畫一套可供建立整體結構的經濟、社會與政治規則，每個時代都會產出一系列不同的論述及意識形態。這些觀點相互矛盾，形成廣泛涉及智識、體制和政治層面的論爭，從中會有一種或數種觀點脫穎而出，成為主流論述，為既存的不平等制度提供立足基礎。

　　在當代社會中，這套合理化論述包括「財產所有權」（propriétariste）①、「創業精神」、「成就主義」（méritocratie）② 三大面向：現代的不平等是公平合理的，因為它源於一個自由選擇的過程，每個人在這種過程中都擁有取得市場及財產權的相同機會，每個人也都能自動獲益於最富裕階層（即那些最具創業精神、最能展現成就、最有實際用處的人）的資產累積。這套觀點認為，當前的不平等與過去的不平等有著天壤之別，因為在從前的

---

① 編注：英文 ownership，本書後文亦常簡稱為「所有權」。
② 編注：英文 Meritocracy，又譯為「功績主義」、「才德制」、「菁英至上」等，指的是不論出身血緣，只依照個人表現予以獎勵的制度。

社會，不平等的基礎是僵硬、專斷乃至專制的地位差異。

這套以所有權與成就主義為核心的論述興起於十九世紀，在舊制度[③]時代的等級社會瓦解後曾經風光一時。到了二十世紀末，隨著蘇聯共產主義垮臺、超級資本主義勝利，這套論述打著全球化的旗幟再度大行其道。問題是，今天它看起來愈來愈不牢靠。它在世界各地導致種種矛盾，在歐洲與美國，在印度與巴西，在中國與南非，在委內瑞拉與中東，儘管矛盾的形式迥然不同，但這些源自特定歷史背景的不同發展路徑，在二十一世紀初的今天卻日漸產生關聯。我們只有透過一套跨國視野，才能深入理解這種論調何以站不住腳，思考如何再造一套更好的論述。

1980-90年代以來，幾乎全球都可以觀察到社會經濟不平等持續加劇的現象。在某些情況中，不平等的程度已經大到令人愈來愈難以「普遍利益」的名義進行合理化。此外，官方宣稱的成就至上與弱勢階層在教育和致富機會方面所面臨的艱困現實之間，幾乎在世界各地都存在著一道巨大的鴻溝。現有經濟體系的贏家們常把成就主義和創業精神的論述當作方便的藉口，讓他們一方面完全不必遭受檢視就可以合理化任何程度的不平等，另一方面冠冕堂皇地譴責失敗者缺乏才幹、不夠勤勉、沒有建樹。這種將罪責推給貧困階層的傾向不存在於從前的不平等制度，或者至少不是以這麼顯著的程度存在。過去的合理化論述主要強調的是不同社會群體間的功能互補。

現代的不平等還有一個特徵：它帶有一系列歧視手段以及基於社經地位和族群－宗教因素的不平等待遇。成就主義描繪的美麗童話對此中所含

---

③ 譯注：法國的舊制度（Ancien Régime）是指十五到十八世紀（文藝復興末期直到法國大革命）法蘭西王國的政治和社會組織模式。這個時期先後由瓦盧瓦（Valois）王朝與波旁（Bourbon）王朝掌權，由王權、天主教教士與貴族構成三級權力，社會則分為三個等級──教士、貴族、平民（第三等級），即下文所稱的「等級社會」（société d'ordres）。舊制度時期標誌著西方現代史的開端，法蘭西王國在此期間逐漸衰落，後期出現的啟蒙運動則呼應資產階級的崛起。1789年法國大革命爆發，特權被廢除，人民的地位從臣民變為公民，法國邁入第一共和。「舊制度」一詞也被用來稱呼同時期歐洲其他地區性質類似的封建制度。

的暴力顧左右而言其他，而且儘管現代觀點亟於與過去的制度明確切割，這種暴力卻使我們日益趨近從前那些野蠻至極的不平等形式。舉例而言，我們可以看看無家可歸或來自某些社區及特定背景的人所受的種種歧視，或是那些為了跨海追求更好生活而溺斃的非法移民。面對這些矛盾，假使無法建立一個秉持普世價值、平等精神及具有公信力的全新願景，讓人得以應對未來在不平等、移民、氣候等方面的諸多挑戰，社會恐將進一步朝狹隘認同和民族主義退縮，由此衍生的思維也將逐漸喧賓奪主，取代目前的主流論述。二十世紀上半葉的歐洲局勢正是前車之鑑，而在邁入二十一世紀以後，同樣的現象又在世界許多地區重新上演。

十九世紀末與二十世紀初的「美好年代」（Belle Époque），其實是一場極不平等的貿易與金融全球化。這場全球化運動，最終是因為第一次世界大戰才戛然而止。然而，那個年代之所以「美好」，只是相較於其後襲捲全歐的戰爭暴力，實際上只有對資產持有者（特別是白人資產持有者）而言才稱得上美好。而就目前來說，如果我們不澈底改變現有經濟制度的不平等，將國與國之間及各國內部變得更公平與更能永續發展，那麼排外的「民粹主義」及其可能透過選舉取得的權力，恐怕很快就會對1990到2020年之間形成的超級資本主義及數位經濟全球化掀起破壞浪潮。

為了解除這種風險，知識與歷史依然是我們的最佳靠山。每個人類社會都需要合理化自身的不平等，而種種合理化說詞必然同時包含真實與誇大、大膽與懦弱、理想主義與自私自利。本書對不平等制度的定義，是指擁有一整套論述與一系列體制架構、用來合理化與結構化存在於社會的經濟性、社會性與政治性不平等。每種制度皆有弱點，只有藉由不斷重新自我定義（而且經常是以充滿衝突與暴力的方式），以及在共享知識和經驗中尋找支撐，才能長久生存。本書主題是不平等制度的歷史和演進，我們會針對距離遙遠、經常互不相知或者不願互相比較的不同性質社會，進行相關史料的蒐集與彙整，希望透過更全面、更具跨國性的觀點，進一步瞭解現今正在發生的轉變。

從這樣的歷史分析中浮現出一個重要結論：歷史上促成經濟發展與人類進步的，並不是將財產、穩定與不平等制度奉為神聖的思維，而是爭取平等和教育機會的努力。1980-90 年代至今大行其道的超級資本主義論述，部分是歷史與共產災難的產物，部分也是無知及知識分工的結果，並在很大程度上孕育出目前常見的宿命論和各種認同偏差。如果我們透過跨領域觀點重新爬梳歷史，便可能造就一套更均衡的論述，並為二十一世紀描繪出一種全新的「參與式社會主義」（participatory socialism）。這會是一個具有普世理想的全新願景，一種強調平等、社會所有權、教育、知識共享與權力共享的全新意識形態，對人性更加樂觀，並且比過去流行的各種論述更精確、更具說服力，因為它深深紮根在全球歷史給予我們的教訓中。當然，所有人都有權利評斷和運用這項深具實驗性質的嘗試，持續加以琢磨，將其推向更高遠的境界。

稍後我會介紹這本書的結構，分階段描述我所做的歷史回顧——從研究過去的三級社會和奴隸制社會，到探討後殖民社會和現代的超級資本主義社會。我也會闡述這本書所依據的主要資料來源，以及這項研究與先前的拙著《二十一世紀資本論》（*Le Capital au XXIe siècle*）之間的相關性。但在此之前，我必須先對本研究採用的「意識形態」概念稍作說明。

意識形態是什麼？

在這本書裡，我會試著以正向、建設性的方式使用「意識形態」（ideology）一詞，視其為一組原則上可以成立的觀念及論述，旨在於描述社會應該如何建構。我們將探討意識形態的社會、經濟和政治面向。意識形態是一種具有一定程度嚴整性的嘗試，目的在於解答何謂合宜或理想的社會組織方式。由於這些問題非常複雜，理所當然永遠不會有任何一種意識形態能夠獲得所有人的全面擁護，因此觀念上的衝突與分歧正是意識形態的固有特質。所有社會都別無選擇，非得設法回答這些問題不可，而思

索答案的基礎經常是自身的歷史經驗，有時也可能是其他社會的經驗。在相當程度上，針對這些涉及人類存在的根本性難題，每個個體也會覺得自己有義務抱持某種看法，無論他的看法多麼不準確、多難讓人滿意。

最要緊的議題是政治制度，也就是一整套用來描繪社群輪廓及其領土界線的規則，各種可供在社群內部進行決策的機制，以及社群所屬成員的政治權利。這裡面包括不同形式的政治參與，也規範了本國公民與外國人、執政者與民意代表、大臣與王侯、政黨與選舉、帝國與殖民地的等不同角色的功能。

另一項非常重要的議題便是所有權制度，也就是一整套用來對各類持有物進行描述的規則，以及用來定義和規範社會群體間所有權關係的法律程序或實務程序。這包括私有財與公共財、不動產與金融資產、土地資源與礦物資源、奴隸與僕役、智慧財產與無形財產，以及所有權人與承租人、貴族與農民、主人與奴隸、股東與員工之間關係的規制。

每個社會、每種不平等制度，都存在一套具備基本嚴整性及可持續性的論述，以因應政治制度與所有權制度的課題。這兩套論述之間經常緊密關聯，因為兩者幾乎都衍生自同一個關於社會不平等和群體差異的理論（無論那些差異是真實或假定的、是合乎法理還是應受譴責的）。這些論述通常也包含其他智識性與體制性的安排，特別是教育制度（例如家庭與教會、父母親、中小學與大專院校等用來組織精神價值和知識思想傳授方式的各種規則及機構）以及財稅制度（可為中央與地方、帝國與轄區以及各種不同性質的社會、宗教和集體組織提撥資源）。儘管如此，這些不同面向的論述可能獲得形形色色的答案。我們可能對政治制度這個議題看法雷同，但在所有權制度方面卻意見相左；也可能對財稅或教育制度問題的某個面向立場一致，但在其他某些面向卻爭論不休。意識形態的衝突幾乎永遠涉及多種層面，儘管偶爾某個論述主軸可能會在一段時間內占上風，因而營造出多數共識的假象，而且有時可能促成聲勢浩大的集體動員或規模可觀的歷史變革。

邊界與所有權

簡而言之，每一套不平等制度、每一種不平等意識形態，都仰仗著某一個邊界理論和某一個所有權理論。

不平等意識形態必須回答邊界的問題，必須說明哪些人屬於我們的政治共同體，哪些人則不屬於它。這個共同體必須在哪一塊領土上進行治理，又根據哪些體制來運作？它如何組織與其他群體的關係，協力維持廣大的普世人類共同體（各種意識形態多少都承認這一共同體的存在，只是定義有所不同）？這個問題在很大程度上牽涉到政治制度，也意味著必須解釋與社會不平等有關的種種課題，特別是如何區分公民與外國人。

不平等意識形態必須回答所有權的問題：人可不可以占有其他個體，能不能持有農地、樓宇、公司企業、天然資源、知識、金融資產、公債？必須依據哪些實務模式、哪種法律和裁判制度來組織所有權人與非所有權人之間的關係，並有效延續這些關係？所有權制度跟教育制度、財稅制度等問題一樣，都對社會不平等的現象及其演變造成結構性的影響。

在大多數古代社會中，政治制度與所有權制度的問題息息相關。換句話說，對個體施展權力的問題及對持有物施展權力的問題，兩者相互關聯（在奴隸制的例子中，被持有的物品也包括人。無論如何，持有物對人與人之間的權力關係都有決定性的影響）。這點在奴隸制社會中特別明顯：某些人持有其他個體，因此他們同時是這些人的統治者和所有權人。

類似的情況也出現在所謂的「三級社會」（ternary society），這種社會又稱「三重功能社會」（trifunctional societies），即社會按功能分成三個階級：一是宗教／教士階級，二是貴族／戰士階級，三是佃農和勞工階級。在這種可見於大多數前現代文明的社會形態中，前兩個支配階級以緊密難分的方式同時身兼治理權（安全，司法）及持有財產權的階層。在千百年間，地主既是土地的領主，也是在那塊土地上生活和工作的人民的領主。

與此相反的情況，則出現在十九世紀歐洲盛行的「所有權社會」

（societes de propriétaires）。這種社會試圖對財產權（被視為向全民開放的普世權利）和治理權（自此已被視為中央集權國家的專利）這兩個問題進行嚴格區分。儘管如此，政治制度與所有權制度仍舊難分難捨，這部分是因為在所謂「納貢選舉制」④政治形態中，政治權利長期由資產持有者專享，但更廣義來看，則是因為古今許多憲法都大幅限制政治多數派在合法且平和的架構下、重新定義所有權制度的任何可能性。

我們會看到，無論是古代的三級社會和奴隸制社會，或是現代的後殖民社會和超級資本主義社會，政治制度和所有權制度之間的關係始終錯綜複雜。所有權社會當然也是如此。至於共產主義社會和社會民主主義社會，它們正是透過對所有權社會所引發的種種不平等危機與認同危機進行反抗而發展茁壯，足見政治與所有權的緊密連結。

有鑑於此，我提議用「不平等制度」的概念來分析這些歷史變革。這個概念涵括政治制度與所有權制度（乃至教育與財稅制度），有助於釐清其中密切相關的條理。我們也可以舉歐盟為例，說明政治制度與所有權制度之間持續至今的結構性關聯：目前沒有任何民主機制能讓歐盟的多數公民採納共同稅賦、共同發展或重分配計畫，因為每個成員國都享有財稅否決權，無論人口占比有多小，也不管它透過貿易與金融統合獲得了多少利益。歐盟情況如此，整個世界自然更不在話下。

總體而言，邊界、國籍體系及其相應的社會與政治權利，對當代不平等現象的形成施加了極其強大的影響，並在不平等、移民與認同等多重議題上產生了強烈的意識形態衝擊，導致解決不平等現象所需的多數聯盟難以形成。具體來說，族群、宗教與國族的分歧就經常妨礙不同背景或不同國家的大眾階層形成政治聯盟。而如果沒有一套能夠團結社會上弱勢群體

---

④ 譯注：在納貢選舉制（suffrage censitaire）中，只有繳納直接稅達到一定門檻的公民才有投票權。有些選舉制度介於納貢選舉與普選之間，每位公民的選票具有與其納稅額相應的「分量」。這類投票制度在歐洲一直存在到二十世紀中葉。又譯納稅投票制。考量到歷史上所納的未必是稅，所以譯成納貢選舉制。

的意識形態，那麼富人在這場遊戲中就會更占上風，不平等現象也會更加嚴重。我將在後續章節中逐步探討這些問題，此處僅先說明政治制度與所有權制度密切相關的現況，其實背後有一套源遠流長的現實脈絡，唯有透過跨越歷史和國界的宏觀視野審視，才能加以正確分析。

嚴肅看待意識形態

不平等的本質不是經濟或技術，而是意識形態和政治，這無疑是本書歷史研究最顯著的結論。換句話說，市場與競爭、獲利與薪資、資本與負債、技術人力與非技術人力、本國人與外國人、避稅天堂與競爭力，這一切並非自然而然存在。這些概念是經由社會及歷史建構而成，完全取決於我們選擇建立的法律、財稅、教育和政治制度，以及我們自己制定的社會分類方式。這些選擇首先體現的是每個社會對公理正義和公平經濟的想像，以及該社會中不同群體與不同論述之間的政治意識形態權力關係。很重要的一點是，這些權力關係不只存在於物質層面，更具有智識與思想性質。也就是說，概念和意識形態在歷史上具有舉足輕重的分量。它們讓人得以不斷思考、擘畫嶄新的世界和不同的社會。各式各樣的發展路徑永遠存在於我們眼前。

這種觀點跟許多意圖解釋不平等具有「天然」基礎的保守論述大相逕庭。我們毫不驚訝地發現，在歷史上所有時代、在世界上所有地方，不同社會的菁英經常傾向於將不平等現象「天然化」，也就是說，設法為其賦予自然、客觀的基礎，戮力說明既有社會差異（本然就應該）符合貧困階級乃至全體社會的利益，而且無論如何，現存社會結構是唯一可行的方案，若硬要進行大幅變更，必然招致重大災禍。然而，歷史事實與此相反：無論就規模或結構而言，不平等現象在不同時空會出現巨大差異，而且差異發生的情況與速度經常遠遠超過當代人在數十年之前的設想。有時這種變化會帶來不幸。但整體而言，在歷史上的不同階段，那些有助於降低及

轉變不平等現象的革命性及政治性進程可算是大舉成功，而且催生了當今社會最寶貴的一些體制，確切而言就是那些讓人類進步的想法得以實現的制度──全民投票、免費義務教育、全民健保、累進稅。未來人類社會應該還是會按照這種方式發展。無論保守派人士怎麼認為，目前存在的不平等與當今採行的體制絕非唯一的可能，它們仍將持續受到叩問，不斷在變革與新生的道路上邁進。

要說明的是，這種以意識形態、體制架構及多元可能路徑為核心的思考方式，其實有別於某些有時會被冠上「馬克思主義」標籤的學說。根據這類理論，經濟力量與生產關係的狀態幾乎足以決定一個社會的意識形態「上層結構」（superstructure）。與這種論調相反，我喜歡強調思想範疇（亦即政治意識形態範疇）的真正自主性是確實存在的。就同樣一個經濟與生產力量發展狀態而言（先假設這些詞彙有具體意義，即使我們並無法確定這點），總有各式各樣可能的意識形態體系、政治制度和不平等制度存在。舉例而言，馬克思主義認為「封建制度」在工業革命以後自動演進成「資本主義」，但這種理論無法解釋何以我們在世界各地不同國家及地區觀察到如此多元而複雜的歷史、政治與意識形態發展路徑，特別是在殖民母國所在地區與被殖民地區之間，以及這兩大地區內部。它更無法讓我們學到一些有用的教訓，藉以為後續的發展階段鋪路。仔細探察這些歷史脈絡，就會發現替代方案一直存在，從前如此，未來也將如此。在各個不同發展程度，存在著許多不同方式，可以用來建構經濟、社會及政治體系，定義所有權關係，組織財稅制度和教育制度，處理公債或私債的問題，調整不同人類社群之間的關係……等等。世界上總是存在許多可能路線，能讓我們組織一個社會以及其中所含的各種權力與所有權關係。更重要的是，有好幾種方式可以用來組織二十一世紀的所有權關係，其中某些或許能開闢出一條超越資本主義的道路，比起那種只求摧毀資本主義卻不思考後續發展的路線更加務實可行。

針對歷史上出現過的各種發展路徑以及許多未能實現的分支方案所做

的探查研究，如同一帖良藥，能同時對抗菁英派的保守主義與革命人士的觀望主義。這種觀望心態經常使人吝於思考革命發生後需要什麼真正具有解放效力的體制架構與政治制度，於是通常導致民眾被迫接受國家權力曖昧不明而又畸形膨脹的狀況。革命者原本宣稱要推翻所有權的神壇，結果卻可能塑造同樣危險的局面。在二十世紀期間，這種態度造成非常可觀的人身與政治侵害，至今我們仍在為此付出代價。後共產主義（包括俄國版、中國版以及某種程度上的東歐版後共產主義，儘管這三種發展形式各有不同）在二十一世紀初的今天儼然成為超級資本主義的最佳搭檔，這個現象的直接導因是史達林和毛澤東釀成的共產災難，以及一切訴求平等的國際主義抱負因此遭到摒棄的後果。共產主義的巨大災難甚至足以讓奴隸主義、殖民主義和種族主義等意識形態所造成的禍害相形失色，而且大幅消弭這些意識形態與所有權主義和超級資本主義思想之間的深刻關聯，其影響可見一斑。

　　在本書中，我將竭盡可能嚴肅看待意識形態。我尤其希望針對過去曾出現的各種意識形態進行審思，特別是所有權主義、社會民主主義、共產主義意識形態，以及三重功能、奴隸主義與殖民主義意識形態。我將重構其內在邏輯脈絡，再給它們一個機會。我的出發點是，每一種意識形態，無論它維護某種不平等的立場看起來多麼極端，都是在用它的方式表達某種對公平社會與社會正義的願景。這樣的願景在一定程度上必然具有合情合理、誠懇可信的底蘊，可以讓人從中擷取有助於社會演進的教訓。先決條件是，我們不能用非歷史、無視體制的抽象方式研究這些政治意識形態上的發展。相反地，我們必須探查它們是發生在哪些獨特社會、哪些特定歷史階段、哪種體制架構中，並確實認知該體制的性質主要是由所有權、財稅和教育制度的特定形式塑造而成。我們必須嚴謹思考這些形式，不能害怕研究其中的規則和運作條件（法律制度、稅率、教育資源等等），因為如果沒有這些，那麼體制和意識形態就不過是空殼，無法帶來真正的社會變革，也不能長期凝聚向心力。

　　我很清楚「意識形態」一詞也可用於貶義，而且這種用法有時不無道

理。如果某種願景帶有獨斷的教條主義和缺乏事實考量等特徵，它經常會被蔑稱為意識形態。問題是，主張絕對務實主義的那批人反而經常是「意識形態色彩」（在此採用貶義）最強烈的一群：他們自我宣稱的後意識形態立場難以掩飾他們對事實的缺乏興趣、對歷史的高度無知，以及他們厚重的預設偏見和自私的階級心態。有鑑於此，這本書將特別強調「事實」。我會詳細介紹各式各樣的歷史流變，以探討各種不平等制度的結構及這些制度在不同社會中的演進過程。我做這些研究一方面是基於自己的早期學術專業，另一方面則是因為我深信，若能平心靜氣地檢視關於這些議題的既有資料，我們的集體思考就可以獲得進展。這種檢視特別有助於針對差異甚大的不同社會進行比對。這些社會通常不願意相互比較，因為它們確信自己是「例外」，具有性質獨特且無法比較的發展進程，但這種認知通常是錯誤的。

　　儘管如此，我倒相當有資格指出，現有資料絕不足以釐清所有爭議。「事實」的檢驗從來無法讓我們解答「什麼是理想的政治制度、理想的財產權制度、理想的教育和財稅制度」這個大哉問。首先，在相當程度上，所謂「事實」是體制面（統計、調查、稅務……）和社會面的產物。每個社會為了描述、量度和轉變自己，都會制訂一套專屬的社會、財稅和法律分類方式。換句話說，「事實」本身就是一種建構，唯有將其置於我們採用的觀察工具和我們研究的社會之間各種複雜交錯、摻雜利害關係的相互作用所構成的脈絡中，才可能加以正確掌握。這當然不表示我們無法從這些認知建構中學到有用的東西，而是說任何學習的企圖都必須將上述這種複雜性與交互性納入考量。

　　第二個原因是，我們研究的問題——理想的社會、經濟和政治組織形式應該具有什麼性質——過於複雜，不可能單純透過對「事實」所作的「客觀」檢驗，就指望有朝一日某個單一而絕對的結論會從中浮現，因為所謂事實永遠只是一種投射，只能反映出源自過去的有限經驗以及我們能參與到的不完整討論。最後，「理想」的制度（無論我們選擇賦予「理想」一

詞哪些意涵）極可能不是獨一無二的，而是取決於我們研究的社會所具有的某些特性。

集體學習與社會科學

話雖如此，我並不打算採納不分青紅皂白的意識形態相對論。社會科學研究者太容易設法與不同思想信仰保持相等距離，避免選邊站。我會透過這本書表明立場，特別是在最後一部，不過我會試著盡我所能確切說明我作出相關結論所依循的理由及思考路線。

最常見的情況是，流行於某個社會的意識形態主要是依據該社會特有的歷史經驗演變而成。舉例而言，法國大革命一部分源於舊制度引發的不平感受與挫折心理。大革命造成各種斷裂，但也開展出許多變革，藉此長久改變了社會對「何謂理想的不平等制度」這一問題的認知，而這種認知與政治組織、所有權制度及社會、財稅、教育體系等方面的革命實驗被不同社會群體認定為成功或是失敗有關。這樣的學習經驗會形塑接下來的政治變動，然後依此類推。我們可以把每個國家的政治意識形態發展途徑看成一個規模浩大的集體學習及歷史實驗過程。這個過程無可避免地蘊含衝突，因為不同社會和政治群體除了不見得擁有相同的利益和期望，它們對各種事件的記憶和詮釋方式，以及它們後續賦予這些事件的意涵，也都有所不同。不過這些學習經驗經常也帶有某些全國性共識的成分，至少在一段時間中如此。

這些集體學習過程儘管具有一定程度的合理性，不過也有其局限。特別是這種學習有記憶短暫的傾向（世人經常在短短幾十年後就忘記自己國家的經驗，不然就是只記得一些片段，而且這些片段很少是隨機選擇的），不僅如此，它還經常帶著強烈的民族主義色彩。或許我們不需要把這件事說得太嚴重，畢竟每個社會偶爾都會從其他社會汲取經驗，無論那是透過它們對那些社會的認識，或者是藉由不同社會間或多或少含有暴力性質的

直接接觸（包括戰爭、殖民、占領、不平等條約等形式，而這些恐怕並不是最平和或對未來最有益的學習方式）。不過，大抵而言，關於何謂理想的政治制度、妥適的財產權制度，或公正的法律、財稅和教育體系，各種不同願景都是從國家本身在相關方面的經驗中琢磨出來的，它們幾乎完全忽略其他國家的經驗；特別是如果那些國家被認為距離遙遠，而且文明、宗教、道德傳統截然不同，或者不同國家之間是以暴力方式產生交集，那麼這種忽略的情況就會更加明顯。更廣泛而言，這種集體學習的基礎經常是社會成員對於在不同社會中（包括在本國內部及在友好的鄰邦之間）已經真正實驗過的體制架構——包括政治領域及法律、財稅、教育議題方面的安排——所作的一些想像，但這些想像往往相對粗糙而不明確，因而導致後續可能從中獲取的教訓只能帶來相當有限的益處。

　　當然，這類局限並非永遠無可改變。有許多知識和經驗的傳播及動員方式可以打破這些限制：學校和書籍、移民和通婚、政黨和工會、移動與交流、報章媒體等等，都有助於改善集體學習的方式。社會科學研究在這個部分可以扮演有意義的角色。縝密比對不同國家、不同文化圈和文明圈的歷史經驗，以盡可能有系統的方式利用所有可取得的資源，仔細研究在不同社會中不平等現象和政治意識形態體制的結構如何演變，我相信這些作為都有助於進一步理解目前正在發生的各種轉變。尤其重要的是，這種歷史性、跨國性的比較方法能讓我們打造出更精確的概念，據以釐清對於二十一世紀世界各地的人類社會而言，更良好的政治、經濟和社會組織可能會有什麼樣貌，特別是對全球社會而言，什麼樣的人類政治共同體可以讓所有人都找到歸屬。話說回來，我當然不會斷言我在這本書中逐步呈現的結論是唯一可能的道路。對我而言，這些結論只是以最合邏輯的方式從既有歷史經驗及我將在書中介紹的資料演繹出來的產物，而我將試著盡量精準地闡明我在論證某某結論時認為最具決定性的史實和比較資訊（當然，在這個過程中，我不會設法掩飾那些仍舊大幅存在的不確定性）。不過，這些結論顯然受制於既有知識及論據極其有限的事實。這本書只是在

浩瀚無邊的集體學習中跨出的小小一步，而我無比好奇且急切地想知道這場人類冒險的後續進程。

　　針對那些悲嘆不平等現象日益嚴重、認同偏差四處蔓延的人，以及那些擔心我也準備開始哀嘆的人，我還想補充一點：這本書絕對不是一部長篇大論的哀歌集。基本上我生性樂觀，而我的首要目標是為時下的問題找出解決方案。不必老是看到杯子空了一半，沒有人禁止我們讚嘆人類社會不可思議的能力。我們有辦法構想各式各樣的新型運作體系與合作方式。雖然我們對理想制度的本質所知極少，無法確切釐清我們應該遵守什麼樣的規則，但我們卻能讓數以百萬計（有時是幾億甚至幾十億）素昧平生而且永遠不會相識的人組成某種共同體，即使這些人在未能服從和平規則的情況下，有可能相互藐視甚至毀滅對方。不過話雖如此，這種關於體制的想像力有其極限，我們有必要對它進行理性分析。宣稱不平等的根源是意識形態及政治，而非經濟或技術，並不表示我們就能像變魔術般讓不平等消失。這個陳述沒有這麼大的野心，它要說的只是我們必須認真看待人類社會在意識形態和體制上的多樣性，並且要當心所有那些意圖強調不平等屬於「自然現象」，並否定替代方案存在的論述。這也代表我們必須縝密研究不同國家所設置的各種體制架構與相關法律、財稅及教育規則細節，因為在社會成員的善意之外，真正讓合作得以推動、平等得以（或無法）進步的因素，其實是這些決定性的細節。我們當然永遠必須假定人類會釋出善意，但只要善意無法透過堅實穩固的認知機制與體制架構來具體表現，它就絕不可能足夠。倘若我能將這份基於理性思考的讚嘆之情傳達給各位讀者，倘若我能說服你們相信，歷史知識和經濟知識太過重要，絕不能捨本逐末、棄之於他人，那麼我的目的就圓滿達成了。

本書使用的資源：關於不平等制度與意識形態

　　本書內容主要依據兩種形態的歷史資料：第一類型的資料可供我們從

歷史性、比較性和多重面向（收入、薪資、資產、教育、性別、年齡、職業、社會背景、宗教、種族、社會地位等方面的不平等）的觀點量度不平等現象的演變；第二類型的資料可以讓我們研究意識形態和政治信仰的流變，以及世人對於不平等現象和建構不平等現象的經濟、社會和政治體制所作的想像是以什麼方式演進。

　　就不平等這個主題而言，我的主要依據是在「世界不平等資料庫」（World Inequality Database，簡稱WID.world）架構中蒐集的資訊。這項計畫統合一百餘名研究人員的努力，範圍涵蓋全球各大洲超過八十國。在各國之間以及國家內部的所得與資產不平等這個研究領域，該計畫彙整建構出現存最大的資料庫。世界不平等資料庫計畫的源起是2000年代初期由安東尼・阿特金森（Anthony Atkinson）與伊瑪紐・賽斯（Emmanuel Saez）發起的歷史研究工作，其宗旨為普及和擴展顧志耐（Simon Kuznets）、阿特金森與亞倫・哈里森（Allan Harrison）在1950-70年代間進行的研究。[1]這些研究的論述基礎是以系統化方式比對研究者可取得的各種資料，特別是國民統計資料、各種調查資料，以及稅務資料和財產繼承資料。這些資料通常可以回溯到十九世紀末和二十世紀初，因為許多國家在那個年代針對所得與財產繼承成立了累進稅制，而這也使我們得以看到財富的更多面向（稅賦一直是一種產出知識、形構社會類別的方式，而不只是創造稅收和製造社會不滿）。有些國家甚至從十八世紀末或十九世紀初就開始進行這類統計，尤其是法國，因為大革命促使法國很早就建立全國統一的財產和繼承登記系統。這些研究也讓我們能把1980-90年代觀察到的不平等加劇現象擺進比較長遠的歷史觀點中，並因此促進全世界對這些議題的公共思辨。2013年出版的《二十一世紀資本論》及2018年的《全球不平等報告》（*Rapport sur les inégalités mondiales*）[2]引起廣泛關注，正好可以說明這點。這份關注也顯示世人深切需要經濟及政治參與相關知識的民主化。在教育水準日益提高、資訊更加發達的社會中，我們愈來愈不能接受把經濟和財經議題丟給一小群才能堪慮的專家，而且愈來愈多公民也自然而然想要建立

自己的觀點，並據此參與相關事務。經濟位於政治的核心，跟民主一樣很難委由他人代理。

可惜的是，目前關於不平等的可得資料依然不完整，主要原因是許多國家的經濟及金融資訊缺乏透明，財稅、行政及銀行資料也難以獲取。所幸在數以百計公民、學者與記者的支持下，近年來我們終於能拿到過去一些國家（包括巴西、印度、南非、突尼西亞、黎巴嫩、象牙海岸、韓國、臺灣、波蘭、匈牙利等等）不願開放的資料。我們也取得若干中國和俄羅斯的資訊，只是比較有限。我在 2013 年出版的著作有許多不足之處，其中最明顯的局限之一是它的西方中心觀點，也就是說，富裕國家（西歐、北美、日本）的歷史經驗占據過大篇幅。這個問題一部分是因為研究者難以充分取得其他國家的歷史資料。目前透過世界不平等資料庫蒐集的全新資訊讓我能夠在這本新書中走出西方架構，展開更豐富的分析，多元探討世界各地的不平等制度，以及各種可能的發展路徑和替代方案。不過，儘管有了這些進步，我仍舊必須強調現有資訊依然非常不足，而且這種情況不只限於貧窮國家，就算是富國也一樣。

我也在這本書中匯集了其他許多在世界不平等資料庫中非常缺乏的資料，範圍涵蓋不同時代、不同國家，以及不平等的各種面向，例如前工業社會或殖民社會，以及涉及社經地位、職業、教育、性別、種族或宗教的種種不平等形式。

在意識形態方面，本書採用的資料自然包羅萬象。我當然會參考一些經典資訊，例如國會辯論、政治論述、政黨的選舉綱領和競選政見。理論家和政治實踐家的著作我也都會採用，因為這兩者都在歷史上扮演了重要角色。他們的觀點互相補充，讓我們更能有效瞭解不同時期社會用來合理化不平等的解釋。舉例而言，我會參考十一世紀初期一些主教的撰述，看他們如何辯解社會分為教士階級、戰士階級與勞動階級的三重功能組織形態；我會分析佛烈德利赫・海耶克（Friedrich Hayek）在1980 年代初期發表、半獨裁傾向的新所有權主義重要著作《法律、立法

與自由》⑤；我還會探討曾擔任南卡羅萊納州民主黨參議員和美國副總統的約翰・考宏（John Calhoun）在1830年代為解釋「奴役全然有益」（slavery as a positive good）的觀點而作的論述。我也會納入習近平和中共英文官媒《環球時報》（*The Global Times*）關於新共產中國夢的文章，這些資料讓人大開眼界的程度不亞於美國總統川普（Donald Trump）的推文或《華爾街日報》（*The Wall Street Journal*）、《金融時報》（*The Financial Times*）對英美超級資本主義的鼓吹。這種種意識形態都需要我們認真看待，不僅因為它們都對世局造成顯著影響，也因為它們都以自己的方式見證了某個時代的人為了替複雜的社會現實賦予意義而作出的嘗試（姑且不論那些嘗試有多少說服力）。的確，無論人類所處的社會存在著多大的不平等與不公義，他們除了設法為其賦予意義，可說別無選擇。我在探討這些問題時的出發點是，不同意識形態的表述內容必然都能讓我們學到某些東西，唯有透過檢視所有形式的論述和歷史上的種種發展路徑，才能整理出對未來有用的教訓。

　　我參考的文獻還包括文學作品，因為文學經常是絕佳的資訊來源，足以說明關於不平等的社會心理表徵如何演變。在《二十一世紀資本論》中，我特別分析了十九世紀的歐洲經典小說，尤其是巴爾札克（Balzac）和珍・奧斯汀（Jane Austin）的作品，這些文學作品為我們提供了無可取代的視角，可用來解析1790到1830年間在法國和英國蓬勃發展的所有權社會。這兩位小說家對通行在他們周遭的財產權階級制度具有極其細緻的認識。沒有人比他們更瞭解那個社會制度的隱密機制和祕密邊界，以及那種制度對男女眾生毫不留情的影響：從他們的交往和聯姻策略，到他們的希冀與不幸。小說故事剖析了不平等現象的深層結構和存在理由，以及不平等在

---

⑤ 譯注：《法律、立法與自由》（*Law, Legislation and Liberty*）英文原著分為三冊，發表於1970年代，分別是第一冊《規則與秩序》（*Rules and Order*，1973年），第二冊《社會正義的幻景》（*The Mirage of Social Justice*，1976年），以及第三冊《自由民族的政治秩序》（*The Political Order of a Free People*，1979年）。

每個個體的人生中所造成的糾葛，字裡行間展露的真實性與強大表現力遠
非任何政治言論或社會科學論文所能及。

　　我們將會看到，文學具有一種獨一無二的能力，可以呼喚出社會群體
之間的權力關係與支配關係，細細扣診不同族群的人內心對不平等的感
知。這種能力存在於所有社會，可以帶來許多珍貴見證，為我們清晰刻畫
各色各樣的不平等制度。卡洛斯・富恩特斯在2008年（他辭世前幾年）出
版小說《意志與命運》（*La Volonté et la Fortune*）[6]，透過史詩般的壯美格局，
描繪出一幅發人深省的浮世繪，譜寫墨西哥的資本主義和在這個國家肆虐
的社會暴力。在1980年問世的小說《人間世》中，作者普拉姆迪亞・阿南
達・杜爾[7] 以沒有任何其他文獻比得上的猛烈性與真實性，讓我們看到
十九世紀末、二十世紀初荷蘭在印尼實施的殖民統治與不平等制度。在
2013年的小說《美國佬》（*Americanah*）中，齊瑪曼達・恩格茲・阿迪契[8]
透過揉合驕傲與嘲諷的視角，帶領我們跟隨兩位主角伊菲美廬（Ifemelu）
與歐賓澤（Obinze）從奈及利亞到美國和歐洲的遷移軌跡，並在這個跨國
旅途中展露獨樹一幟的觀點，探看當今世界不平等制度中一個極其令人震
撼的面向。

　　為了解讀各種意識形態和它們的演變，這本書也特別系統性運用二次

---

[6]　譯注：卡洛斯・富恩特斯・馬西亞斯（Carlos Fuentes Macías，1928－2012）是墨西哥散
文家、小說家。富恩特斯擅於描寫墨西哥的歷史及社會現實，是西班牙語世界最著名的
作家之一，與哥倫比亞的馬奎斯（Gabriel García Márquez）、祕魯的尤薩（Jorge Mario
Pedro Vargas Llosa）、阿根廷的科塔薩爾（Julio Cortázar）並列為拉丁美洲文學爆炸時期
的代表人物。《意志與命運》的西班牙文原著名稱為 *La voluntad y la fortuna*。

[7]　譯注：普拉姆迪亞・阿南塔・杜爾（Pramoedya Ananta Toer，1925－2006）是印尼作
家，曾數次獲提名為諾貝爾文學獎候選人。普拉姆迪亞的創作生涯橫跨荷屬東印度、二
戰日占時期及印尼獨立後的蘇卡諾（Sukarno）與蘇哈托（Suharto）時期，由於作品忠實
反映社會和歷史，並曾涉足共產活動，在荷屬時期和獨立後都被政府視為眼中釘，並因
此兩度入獄。被囚禁在布魯島的十四年期間，他以荷屬時期記者提爾托・阿迪・蘇爾喬
（Tirto Adhi Soerjo）的生平為背景，構思江河小說《布魯島四部曲》，《人間世》（*Le
Monde des hommes*，印尼語：*Bumi Manusia*）是其中的第一部。

[8]　譯注：齊瑪曼達・恩格茲・阿迪契（Chimamanda Ngozi Adichie，1977－）是奈及利亞作
家，十九歲移民美國。阿迪契以英語寫作，作品眾多且深受好評，獲獎無數，激發新一
代讀者探索非洲文學。

大戰後大部分有實施選舉的國家所作的選後調查資料。這類調查儘管有其局限，但依然能針對1940-50年代到2010年代末政治、意識形態及選舉衝突的結構與相關面向，提供無可比擬的觀察視野。範圍不只涵蓋絕大部分西方國家（我會在後續篇幅中特別詳述法國、美國和英國），也包括許多我將逐一介紹的其他國家，特別是印度、巴西和南非。我的前作除了西方中心這個缺陷外，另外一個非常重要的局限是它傾向於將環繞著不平等與資源再分配的政治意識形態演變視為某種「黑盒子」，一種不為外人所知的祕密。當然，我在這個議題上提出了一些假設，比方說，面對二十世紀期間世界大戰、經濟危機和共產主義威脅所帶來的私有財產問題與不平等現象，我倡議政治想像和政治態度改變的必要，不過我沒有真正正面處理不平等意識形態演進的問題，而這就是現在我在這本新書中試圖要做的事。我會用更明晰的方式，將這個問題重新置入更廣闊的時間與空間脈絡中，並大力借助各國的選後調查資料，以及其他有利於分析意識形態演變的文獻。

人類進步，不平等復甦，世界的多元性

現在進入正題。人類進步是存在的，不過它很脆弱，隨時可能在世界的不平等逆流和認同危機中傾覆。人類進步確實存在——只要看看過去兩百年衛生和教育在世界上的演進情形（參見圖0.1），就不可能懷疑這點。人類出生時的平均生命預期（以下簡稱平均壽命）在1820年時是二十六歲，到了2020年則大幅增為七十二歲。十九世紀初，嬰兒死亡率大約是20%，也就是說全世界的新生嬰兒有兩成會在活到一歲以前死去；今天的嬰兒死亡率不到1%。如果我們只計算順利成長到一歲以上的人，那麼人類出生時的平均壽命從1820年的三十二歲增加到2020年的七十三歲。我們還可以查看更多其他指標：新生兒順利成長到十歲的或然率，成人活到六十歲的或然率，年長者退休後在身體健康的情況下還可以生活五年或十

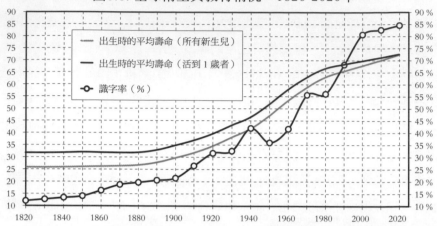

圖0.1. 全球衛生與教育情況，1820-2020年

出生時的平均壽命（包括所有新生兒）從 1820 年的世界平均約 26 歲提高到 2020 年的 72 歲。在活到一歲的人口當中，出生時的平均壽命於同一時期從 32 歲提高到 73 歲（一歲以前的嬰兒死亡率則從 1820 年的 20％左右降低到 2020 年的 1％以下）。全球 15 歲以上人口的識字比率在同一時期從 12％提高到 85％。來源與數據：參見 piketty.pse.ens.fr/ideologie.

年。在所有指標方面，長期性的改善情形非常驚人。當然我們可以找到某些平均壽命降低的國家或時代，包括在承平時期；比方說1970年代的蘇聯，或2010年代的美國。一般來說，這對相關政權而言並不是好現象。不過在長久的時間軸線上，無論是世界上哪個地區，無論可用的人口資訊多麼有限，改善的趨勢都無庸置疑。[3]

　　今天的人類享有史上最佳的健康狀態，也擁有最多的教育機會和文化資源。十九世紀初期，世界上還沒有聯合國教科文組織，無法像它在1958年以後那樣計算識字率，也就是有多少比例的人口「能閱讀、書寫及理解日常生活中出現的簡單文句」。若從當時各種研究和普查所蒐集的資訊推估，十九世紀初期時，世界上十五歲以上的人口只有不到10%識字，今天的識字率則超過85%。在這個部分，也有一些比較細緻的參考指標，例如全球人類平均就學年數估計從兩百年前的不到一年，增加到今天的八年以上，在比較進步的國家甚至超過十二年，這類數字都證實了先前提到的增長趨勢。在珍・奧斯汀和巴爾札克的年代，全世界不到10%的人口能上小

學；到了阿迪契和富恩特斯的時代，在富裕程度最高的一些國家，年輕世代有超過半數可以上大學。換句話說，今天大多數人都能享有過去的一項階級特權。

　　為了進一步體會這些變化的幅度，在此不妨再提出一組數據。從十八世紀至今，世界人口總數與平均所得都增加了十倍以上。人口總數從 1700 年的六億增加到 2020 年的七十多億；平均所得方面，依據既有資料設法推估，每人每月的平均購買力（按 2020 年歐元值計算）已經從 1700 年的不到八十歐元，增加到 2020 年的一千歐元左右（參見圖 0.2）。這些數據上的進步乍看相當可觀，不過有一點值得提醒的是，這是經過三個世紀累積的結果，其實每年的平均成長率不到 0.8%（這倒證明，如果我們想在人間活得幸福快樂，或許不見得非得追求每年 5% 的成長率不可）。此外，這樣的成長是真正的「進步」嗎？相較於衛生和教育方面所獲的進步，我們難以確定這裡的進步是否無可置辯。

　　在這兩個情況中，相關變化的詮釋方式模稜兩可，足以引發關於未來的複雜爭論。人口成長當然　部分反映出嬰兒死亡率的下跌，也代表愈來

圖0.2. 世界人口及平均收入，1700-2020年

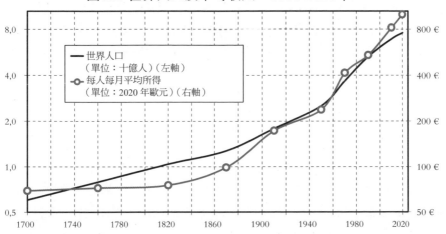

在 1700 到 2020 年之間，世界人口與國民平均收入都增加了超過十倍。人口數從 1700 年的 6 億增加到 2020 年的 70 餘億；平均收入按 2020 年的歐元價值和購買力平價計算，從 1700 年的每人每月不到 80 歐元增加到 2020 年的每人每月約 1000 歐元。來源與數據：參見 piketty.pse.ens.fr/ideologie.

愈多父母可以活著照顧子女到成年，這已經相當了不起。只不過，這樣的
人口增加率如果繼續維持三百年，屆時世界人口將高達七百多億，這對地
球而言似乎既非好事也無法承受。平均收入的成長在部分程度上可以反映
生活條件的實質改善（十八世紀時，全球四分之三人口生活在維持溫飽的
水準以下，今天這個數字減為不到五分之一），以及旅行、娛樂、社交、
自由解放等方面的新機會。只不過，我在此為了描述平均收入的長期演變
而動用的國民統計數據（這種統計法是十七世紀末、十八世紀初由法國和
英國所發明，用來衡量國民收入、國內生產毛額，有時也用來計算各國的
國家資本）帶來許多疑問。除了聚焦在平均值和總計，而且完全不考量不
平等現象以外，國民統計資料太晚才開始導入永續性、人文資本、自然資
本等項目。另外，由於這種統計設法將經濟活動總結成單一指標，我們不
該過度期望它能歸納生活條件與購買力在那麼長的時間跨度和那麼多元的
面向中發生的變化。[4]

　　整體而言，衛生、教育、購買力等方面獲得的實質進步，掩蓋了其中
驚人的不平等與脆弱程度。2018年，一歲以前的嬰兒死亡率在富裕程度最
高的歐洲、美洲和亞洲國家低於0.1%，但在最貧窮的非洲國家卻逼近
10%。全球每月人均收入雖然達到一千歐元，但在一些非常貧窮的國家僅
有一百到兩百歐元，在最富裕的一些國家卻高達三千到四千歐元，而在幾
個微型避稅天堂，這個數字還要高得多，不少人（不無理由地）懷疑這是
掠奪世界其他地區的結果；另外一些國家的繁榮富裕仰賴的則是大量碳排
放，以及隨之而來的地球暖化。某些進步確實出現了，但這不會改變一個
事實：我們永遠有可能做得比原本更好，或者至少可以慎重審思這個議
題，而不是一味在世界進步所帶來的幸福感受中自我陶醉。

　　尤其重要的是，雖然藉由比較十八世紀和二十一世紀初期的一般生活
條件，可以看到無庸置疑的人類進步平均數值，但我們不該因此忘記，這
個在非常漫長的時間中發生的演變穿插著一些不平等惡化、文明倒退的可
怕時期。歐美地區「啟蒙時代」和工業革命的建立基礎是一些極度暴力的

所有權支配制度、奴役制度和殖民制度，這些制度在十八世紀、十九世紀和二十世紀期間達到前所未有的規模，直到歐洲列強本身在1914-45年之間陷入民族殘殺的自我毀滅階段為止。接下來，這些歐洲列強在1950-60年代陸續被迫接受殖民地獨立，聯合國當局則在同一時期終於決定將民權擴及到奴隸的後代。然而在許多年間，共產主義與資本主義的衝突使世人害怕核子大戰導致世界末日；這份恐懼在1989-91年間蘇聯集團崩解後逐漸消散，緊接著南非便在1991-94年間廢除種族隔離。但好景不常，時間來到2000-10年代，氣候暖化議題甚囂塵上，封閉的族群認同與排外心態處處高漲，世界再度陷入一片茫然，而這一切都發生在不平等持續加劇的大環境中；在極其激進的新所有權主義意識形態助長下，各國正面臨1980-90年代以來最嚴重的社經不平等。有人認為十八世紀到二十世紀的所有發展階段都是實現人類進步不可或缺的步驟，但這種主張幾乎沒有意義。歷史本有可能踏上不同的發展路徑、採行不同的不平等制度；而在未來，其他一些更平等、更公正的制度仍然有可能實現。

如果過去三百年的世界歷史能讓我們記取什麼教訓，那就是人類進步並非線性。斷然假設一切總會變得更好，而國家機器與經濟參與者之間的自由競爭必然會奇蹟般地把我們帶進社會和諧、世界大同的境界，那真是大錯特錯。人類進步確實存在，但這是奮鬥的成果。進步必須奠定在穩固的基礎上，而最重要的基礎就是針對過去的歷史演變及其中的所有正負面成分所作的理性分析。

不平等重返：初步指標

1980-90年代以來，全球多數國家和地區內部觀察到的社經地位不平等加劇現象，儼然是二十一世紀初期世界面臨的結構性演變中最令人不安的問題之一。如果無法改善眼前的各種不平等，並建立一套能讓最多數人接受的公義標準，那麼我們就很難去構想其他當代重大挑戰（例如氣候與

人口遷移）的解決方案。

先來檢視一個簡單的指標：1980年代以來世界不同地區最高十分位（即所得最高的前10%人口）在總所得中所占的比例。這個比例的演變情形如何？在絕對社會平等的情況下，這個占比應該等於10%；在絕對不平等的情況下，它應該相當於100%。在實際世界中，這個比例當然在上述兩個極端之間，不過確切數值在不同時空會有顯著變動。在最近數十年間，我們特別注意到它在所有國家都有增加的趨勢。如果我們比較印度、美國、俄羅斯、中國和歐洲的情況，會發現1980年時，這五個地區的最高十分位在總所得中的占比各介於25%到35%之間，到了2018年，占比升至35%到55%之間（見圖0.3）。考量這樣的變化幅度，我們有充分理由提出疑問：這種演變會持續到何時？幾十年後，最高十分位的占比是不是會達到55%到75%，然後繼續按這個趨勢增加？另外我們也注意到，不同地區之間不平等的增大幅度有顯著差異，就算發展程度相當也一樣。具體來看，不平等的擴大在美國比在歐洲快得多，在印度比在中國劇烈得多。

圖0.3. 全球不平等現象加劇情形，1980-2018年

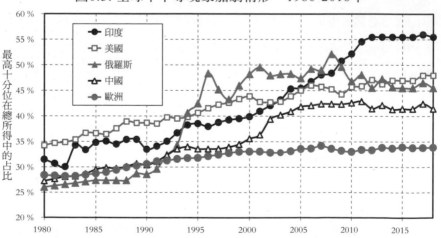

在世界不同地區，最高十分位（收入最高的10%人口）在國民所得總值中的占比於2018年介於26%和34%之間，2018年增加到34%–56%。不平等加劇是普遍的現象，但無論在哪個發展水平，不同國家之間加劇幅度差異甚大。舉例而言，美國的加劇幅度遠高於歐洲（歐盟），印度則遠高於中國。來源與數據：參見 piketty.pse.ens.fr/ideologie.

細部資料也顯示，不平等加劇現象對最貧窮的50%人口影響特別大。1980
年時，在上述五個地區，收入較低的半數人口占總所得的比例大約介於
20%到25%之間，2018年則降低到15%到20%。在美國，這個比例甚至
低於10%，這點特別令人不安。[5]

　　從比較長期的角度來看，我們發現圖0.3所示的世界五大區域在1950-
80年間經歷了一個相對平等的歷史階段，1980年以後則進入不平等加劇
的時期（具體實例可參見圖0.6）。在1950-80年間這個「平等階段」，各地
區的政治制度差異相當大：中國和俄羅斯是共產制度，歐洲採用的制度可
以稱為社會民主制，美國和印度在某方面也採行這種制度，雖然具體模式
頗為不同（後續我們會進一步探討這個部分），不過兩者的一個共同點是
促進相對的社經平等（只是這並不代表其他形式的不平等在當地的發展進
程中沒有扮演關鍵角色）。

　　如果把視野擴大到世界其他地區，我們會發現某些地區的不平等情況
更加嚴重（見圖0.4）。舉例而言，最高十分位占總所得的比例在撒哈拉以
南非洲是54%（南非更高達65%），在巴西是56%，在中東則是64%；中
東因而成為2018年世界上最不平等的地區（幾乎與南非相當），最貧窮的
50%人口占該地區總所得的比例低於10%。[6]這些地區不平等現象的根源
具有極大差異。在某些地區（特別是巴西、南非，甚至是美國），不平等
源自與種族歧視、殖民歧視及奴役制度有關的沉重歷史包袱。在中東的例
子中，不平等的根源則是與石油財富高度集中以及石油財富轉化為持久性
金融財富有關的「現代」因素，而這種轉化是操作國際市場和複雜的法律
制度所得的結果。南非、巴西、中東等國家或地區採用的不同制度之間有
一個共同點，它們都是名列世界不平等程度最高的國家，其最高十分位的
占比高達總所得的55%到65%左右。此外，即使歷史數據並不完善，這
些地區從過去到現在似乎一直具有高度不平等的特徵；它們從未經歷過
「社會民主主義式」的平等階段（更不用說共產主義式的平等）。

　　總體而言：1980-90年代以降，除了那些長久以來一直高度不平等的

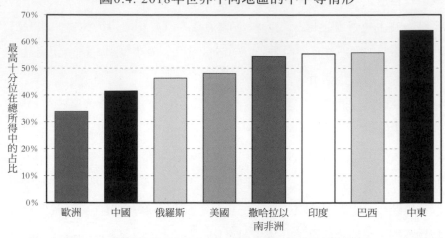

圖0.4. 2018年世界不同地區的不平等情形

2018年，最高十分位（收入最高的10%人口）占國民所得毛額的比例在歐洲是34%，在中國是41%，在俄羅斯是46%，在美國是48%，在撒哈拉以南非洲是54%，在印度是55%，在巴西是56%，在中東是64%。來源與數據：參見piketty.pse.ens.fr/ideologie.

地區以外，幾乎世界所有地區都出現了不平等加劇的情形。就某方面看來，1950-80年間經歷過相對平等的地區似乎正往不平等的上緣攀升，不過不同國家間仍有顯著差異。

大象曲線：公正客觀地討論全球化

　　1980年以來世界各國內部不平等加劇的現象已經獲得許多探討，並普遍被認定是事實。不過，認同這個評斷當然不代表對解決方法達成共識；這裡的核心問題並非不平等的程度，而是不平等的根源以及用來解釋不平等的合理化模式。舉例而言，我們可以冠冕堂皇地認為，1980年時俄羅斯和中國共產制度下的所得不平等程度是以人為方式過度壓低的結果，因此1980-90年以來觀察到的所得差距拉大現象不但不是負面的事，反而有助於促進創新和成長，造福全體人民，包括其中的低收入者；這點在中國特別明顯，那裡的貧窮已經大幅減少。這種觀點不是沒有成立的可能，不過條件是必須在詳細檢視既有資料後，以適度而睿智的方式加以運用。

因此，我們不能僅僅因為1980年時俄羅斯和中國所得不平等的情況低得離譜，就任意合理化2000到2020年這段期間俄羅斯和中國的少數巨頭將天然資源與舊有公營事業占為私有的行為（況且這些巨頭不見得展現出多大的個人創新能力，有時頂多只是擅於操弄法律和財稅制度，設法鞏固他們霸占的資產）。

按照這種邏輯，我們也可以針對印度、歐洲和美國的例子提出相同論點。這些地區的平等程度在1950-80年間被某些人視為過度，因此為了貧窮階層的福祉，必須加以改變。不過，這種說法比上文關於中國和俄羅斯的討論更容易碰釘子，而且無論如何，在沒有認真檢驗的情況下，它都無法用來任意合理化不平等增加的現象，不管不平等的增幅是大是小。舉例而言，美國的所得成長跟歐洲一樣，在1950-80年這個相對平等的時期比後來的時期更加強勁，但後面這個時期的一大特徵卻是不平等加劇，由此可見，不平等增加對社會整體有利的想法有待商榷。此外，與歐洲相比，1980年以來美國的不平等加劇程度遠遠較高，但並沒有帶來多少額外成

圖0.5. 全球不平等現象的大象曲線，1980-2018年

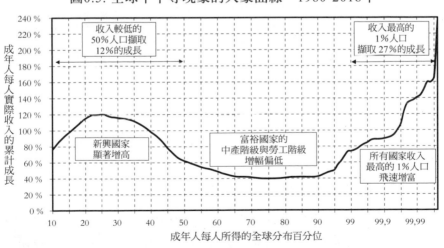

全球收入較低的50%人口在1980到2018年間購買力大幅增加（介於＋60%和＋120%之間）；同期全球收入最高的1%人口購買力增加幅度更大（介於＋80%和＋240%之間）；中等收入者的成長率相對有限。總體而言：不平等情形在全球收入分布的低位和中位之間減少，在中位和高位之間加劇。來源與數據：參見 piketty.pse.ens.fr/ideologie

長，至少沒有讓收入較低的50%人口受益；這群人在美國的絕對生活水平完全停滯，相對水平甚至大幅降低。最後，相較於中國，1980年以後印度不平等現象加劇最嚴重的階段正好是所得成長明顯減緩的時期，導致收入較低的50%人口陷入類似雙重懲罰的境地：一方面整體成長偏低，另一方面所得占比降低。上述觀點的立論基礎是1950-80年間所得差距被過度壓低，而1980年以後的不平等加劇的現象有其裨益。儘管這類論點非常站不住腳，至少在某個程度上我們還是應該認真加以看待；後續我們會在這本書中針對這個部分進行深入探討。

有一種方法可以一目瞭然地呈現1980年以來全球所得成長的分布情形，以及相關演變的複雜性：讓所得在全球階層中的位置與在該所得水平觀察到的成長幅度產生關聯。透過這個方法，我們可以畫出一條「大象曲線」（見圖0.5）。[7]整體而言：位於全球分布百分位60到90之間（亦即不屬於全球所得較低的60%和所得最高的10%人口）的所得水平，也就是大致相當於富裕國家中產階層和勞工階層的這個區間，在1980到2018年這個時期的全球成長中基本上算是被遺忘的一群，相對之下，收入低於或高於這群人的其他群體則大幅受益於這個成長；細部來看，窮國和新興國家的家戶（相當於大象的背脊，特別是百分位20到40這個區間）獲益良多，在富國和全世界範圍中最富裕的家戶（百分位99以上的象鼻頂端，亦即全球所得最高的1%人口）獲益更多，尤其這當中所得最高的0.1%乃至0.01%更享有翻倍甚至數倍的成長。假如全球所得分布處於平衡狀態，這條曲線應該是平的；每一個百分位都應該享有相同的平均增加率。當然總會有窮富之分，也總會有強勁的個人流動（無論是向上或向下流動），但各個百分位的平均收入水平都會按照相同速率增加。[8]在這種情況下，全球成長會像是「潮漲眾船高」（a rising tide that lifts all boats）──這是二次大戰後流行的一個英文成語，用「水漲船高」的意象描述一種以類似比例造福所有所得階層的成長方式。然而，當前的實際情形（大象曲線）與上述這種拉平的曲線截然不同，足以顯示所得分布正以相當大的規模發生演

變。

　　大象曲線非常重要，因為它能讓我們更有效理解，在關於全球化的公共討論中何以不時會出現對話困難的情形。某些人讚嘆全球不平等和貧窮現象的改善，認為這能為發展程度最低的國家帶來不可思議的成長，而另外一批人卻悲嘆全球化超級資本主義的過度發展毫不留情地造成不平等急遽惡化。事實上，這兩種論調各有道理：在全球所得分布的低層與中層之間，不平等確實減少了，在所得分布的中層與高層之間，不平等則增加了。這兩種面向的全球化同樣真確，因此重點不在於否定其中一種，而在於知道如何擺脫全球化的不良面向，同時設法維持那些良好的發展趨勢。在此還要強調，語言、類別定義和採用的認知機制都很重要：假如我們只靠單一的指標（例如吉尼係數）來描述不平等，那就可能產生「沒有任何變化」的假象；這正是因為我們沒有掌握恰當方法，讓我們看到歷史演變的複雜性和多元面向，而只是在單一指標下讓數種不同效應相互混淆、抵銷。這就是為什麼我在本書中不會採用這類「綜合」指標。在描述不平等及其演變時，我一定會設法清楚區別相關所得與資產在不同十分位和百分位的情形，而討論所涉及的不同社會群體也會因此顯得清晰可辨。[9]

　　某些人可能忍不住想批評「大象曲線」太過強調分布圖頂端那些只占世界人口1%甚至0.1%的富人。他們會覺得這樣做很愚蠢，容易挑動一般人羨慕甚至嫉妒這麼一個小小的群體；與其如此，是否不如為分布圖末端呈現的成長樣貌感到高興？事實上，一些最新研究不僅證實這種做法的適切性，而且顯示出大象曲線頂端部分比原先估計的更陡峭。於是我們發現，在1980到2018年間，全球最富裕的1%人口在全世界所得成長總值中擷取到的比例是27%，而收入較低的50%人口只擷取到12%（見圖0.5）。換句話說，象鼻最頂端雖然只占人口的極小部分，但卻霸占了成長大餅中最大的一塊，比全世界最貧窮的一半人口（約三十五億人）分到的部分大出一倍以上。[10]換句話說，假使當初我們採取的是一種對金字塔頂端稍微不那麼優厚的成長模式，那麼世界上的貧窮應該會減少得更快；而

如果未來我們這麼做，應該也可以達到這樣的效果。

這種數據雖然有助於釐清議題，但無法讓討論達成結論。一切仍舊取決於不平等的根源以及用來解釋不平等的合理化說詞。這裡的核心問題是，「富人帶給社會許多好處」這個論點可以用來將金字塔頂端的成長合理化到什麼程度？如果我們真的認為不平等加大必定有助於替所得較低的50%人口改善收入狀況和生活條件，那麼的確我們就有可能合理化1%最富裕人口囊括27%全球成長（甚至更多，例如40%、60%乃至80%）的情形。但是，我們對歷史上各種不同發展路徑所做的分析，特別是前面所述針對美國與歐洲和印度與中國的比較，並不支持這種詮釋方式，因為頂層增富幅度最大的國家不等於窮人獲益最多的國家。這些比較顯示的反而是，最富裕的1%人口在全球成長中擷取到的份額本來有可能（未來或許也可能）降到10-20%左右甚至更低，並因此讓較窮50%人口所獲的比例大幅增加。這些問題非常重要，值得我們詳細檢視。無論如何，面對這些數據，我們似乎無法斷言世界上只有一種方式可以用來組織全球經濟，也不可能宣稱最富裕的1%人口分配到的份額一定得是27%（而最貧窮的50%人口只能分到12%），不能多也不能少。經濟全球化讓許多關於財富分配的資訊浮上檯面，我們不能一味認定只有總體成長才重要，然後忽略這些資訊。我們絕對有必要用某種方式，討論哪些替代方案、哪些體制與政治選擇有可能影響全球成長的分布。

淺談關於極端不平等的合理化論述

1980年代以來，世界上最龐大的那些財富增加得比圖0.5顯示的全球最高所得還要快。在世界各地，無論是俄羅斯寡頭財閥或中國億萬富翁、墨西哥大亨或印尼金融家、沙烏地阿拉伯的資產持有者或美國的豪商巨賈、印度的工業家或歐洲的投資人，那些規模位於世界頂端的巨大資產正在以極其快速的方式膨脹。這些財富累積的速度遠遠高於世界經濟規模的

增長，在1980年和2018年間，增加速度比全球成長率快了三、四倍。從定義面來看，這種現象不可能無限期持續，除非我們願意接受億萬富豪在全球總資產中的占比逐漸朝100%逼近（這樣的前景很難得到支持）。雖然如此，這種成長速度不一致的現象在2008年金融危機之後的十年仍然持續發生，而且速度幾乎跟1990到2008年這段期間相同，這或許表示我們面對的是一種大規模的結構性演變，而我們恐怕還看不到它的終點。[11]

　　面對如此驚人的演變，替極端資產不平等辯解的合理化言論經常在數種不同立場間擺盪，有時甚至出現一些不可思議的說詞。在西方國家，經常有人會做出這種非常強烈的區分：一邊是俄羅斯「寡頭財閥」、中東石油富豪，以及中國、墨西哥、幾內亞、印度或印尼的大亨，這些人常被認為「沒資格」擁有他們的巨大財富，因為那些財富肯定是透過勾結政府而來（例如以不當方式占有天然資源或取得各種特許），而且對經濟成長幾乎毫無貢獻；另一邊則是歐洲和美國（最好是加州）的「企業家」，吹捧並讚揚這些人對全球福祉的貢獻成了一種政治正確的表現──彷彿這個世界若真正懂得給予人們應得的報償，那麼他們應該富上加富才對，甚或應該把我們虧欠他們的龐大道德債務轉換成即可兌現的金融債權，乃至於把我們的投票權讓給他們（在此一提，有幾個國家已經快要這樣做了）。這種同時帶有超級成就主義和西方中心色彩的合理化模式雖然非常誇張，但有效說明了人類社會無法抑制自圓其說的需要，必須為自身的不平等找出某種意義，即使超出理智範圍也在所不惜。這種向財富歌功頌德的言論其實充滿矛盾，有些矛盾甚至深不見底。如果這幾十年來沒有數以千億美元計的公款挹注在教育訓練和基礎研究，我們真能確定比爾‧蓋茲（Bill Gates）和其他科技富豪有辦法發展他們的事業嗎？倘若沒有現行法律制度及財稅制度的積極支持，我們真的還以為他們能大肆享有商業活動方面的類壟斷權和對公共知識的私人專利權嗎？

　　另一種替這類極端不平等辯護的論調相對比較低調，主要強調資產穩定和財產權保護的需求。換句話說，財富不平等（尤其是在加州等地可以

看到的巨大差距）即便不完全符合公義或是有助於經濟，但企圖挑戰現狀的做法恐怕會引發無止境的爭端，最終導致底層階級乃至整個社會嚴重受害。早在十九世紀和二十世紀初期，這種以社會政治穩定和既得所有權的絕對安全保障（甚至是近乎宗教崇拜的安全感）為基本訴求的所有權主義論點，就已經被大舉用來合理化歐美地區蓬勃發展的所有權社會普遍造成的巨大不平等。當年的三重功能社會和奴隸制社會也曾搬出這套一成不變的「穩定說」。時至今日，這套理論還必須補上其他說詞：政府缺乏效力，靠私人慈善事業運作比較靈活。這個論點在過去各個時期也曾派上用場，但在今天更受器重。總之，各式各樣的說法都有它的道理，在某個程度上值得我們傾聽，不過我會試著根據歷史帶給我們的教訓，證明那些論點可能已經過時。

從歷史中學習：二十世紀的教訓

若要有效分析二十世紀末及二十一世紀初發生的演變，尤其是從中汲取對未來有用的教訓，我們就必須將不平等制度與意識形態放回長期歷史和比較觀點的脈絡。當前的不平等制度無疑具有「新所有權主義」（neo-proprietarian）的性質，過去出現的所有不平等制度都在其中留下了痕跡。若想加以正確解讀，首先必須檢視從前的三重功能社會（以教士、貴族和平民構成的三級結構為運作基礎）如何轉變成十八和十九世紀的所有權社會，而後這種社會形態又如何在共產主義和社會民主主義的挑戰、兩次世界大戰以及終結數百年殖民宰制的殖民地獨立運動影響下，於二十世紀期間瓦解。所有人類社會都需要為存在於自身的不平等賦予某種意義，而如果詳細研究過去的合理化說詞，就會發現那些論調不見得比當今流行的說法離譜。在具體的歷史進程中全面檢視那些論點，並且特別關注發展路徑和可能替代路線的多元性，這樣才能以最完整的脈絡檢視當前的不平等制度，進而思考能夠如何改變。

圖0.6. 1900-2020年的不平等情形：歐洲、美國、日本

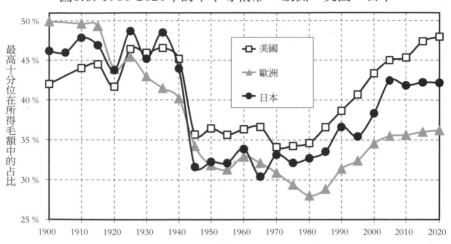

最高十分位（收入最高的10%人口）占國民所得毛額的比例在1900-1910年的西歐大約是50%，1950 1980年降到30%，2010-2020年又升到35%。不平等加劇現象在美國要嚴重許多，最高十分位的占比在2010-2020年間攀升到逼近50%，超過1900-1910年時的水準。日本的情況介於歐洲和美國之間。來源與數據：參見 piketty.pse.ens.fr/ideologie.

　　我們將用很大篇幅探討所有權社會與殖民社會在二十世紀崩垮的歷史。隨著那些社會瓦解而來的，是不平等結構及相關合理化論述的澈底轉變，而現在的世界也是從這變動中孕育而生。在第一次世界大戰前夕，以法國、英國、德國為首的西歐國家其實比美國更不平等，但在二十世紀期間，這些國家的不平等程度明顯降低，首要原因是1914-45年這段期間的衝突使西歐顯著地縮小了不平等，其次是因為1980年代以後不平等加劇的現象沒有美國那麼嚴重（見圖0.6）。[12]我們會發現，無論是在歐洲或美國，1914年到1950-60年代之間不平等現象之所以縮小，都是因為法律、社會和財稅制度出現一系列變革，這種發展在1914-18和1939-45年的兩次世界大戰、1917年的布爾什維克革命以及1929年的經濟危機衝擊下顯著加速，不過在某種程度上，這些變革從十九世紀末開始就在知識界和政治圈醞釀。我們不無理由相信，即便沒有上述因素的影響，這類發展也都會在其他危機助長下以不同形式出現。歷史變動是智識演進與時局轉折兩相碰撞的結果，二者缺一不可。我們會在許多不同環節（例如在分析法國大革命

相關史實或印度殖民時代結束以來不平等結構的轉變時）領會到這個教訓。

在二十世紀期間為求減低不平等而建置的法律、財稅與社會變革中，一個特別重要的面向是針對所得與財產繼承的累進稅制大規模發展。這種稅收制度對高所得與高額資產課徵的稅率遠高於較低所得與資產。這種大規模現代累進稅制的發明，得要特別歸功於美國：在「鍍金時代」（Gilded Age, 1865-1900）和二十世紀初產業與金融大量累積的時期，美國非常擔心有一天會變得像古老歐洲一樣不平等，當時歐洲被美國視為寡頭政治當道、違反民主精神的地方。英國對累進稅制的發明也有功勞，這個國家在1914-45年之間遭受的資產破壞比法國和德國少很多，它在一個比較平和的政治架構下，開始卸下沉重的歷史包袱，設法改善貴族制度和所有權制度所造成的不平等，其中最重要的手段就是對所得與遺產課徵累進稅。

在所得稅方面，我們發現許多有趣的事實。舉例而言，在1932-80年這將近半個世紀期間，美國的最高稅率（針對最高級別所得實施的稅率）平均為81%，英國是89%，法國和德國則分別「只有」58%、60%（見圖

圖0.7. 最高級距所得稅率，1900-2020年

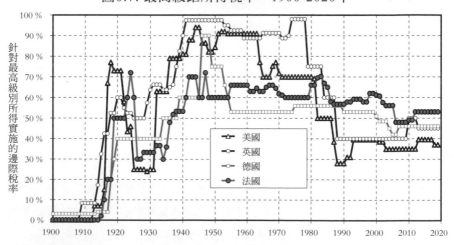

針對最高級距課徵的最高邊際所得稅率在1900到1932年間平均為23%，在1932到1980年間平均為81%，在1980到2018年間則為39%。在這幾個時期，英國的最高稅率分別是30%、89%、46%，德國是18%、58%、50%，法國則是23%、60%、57%。累進稅制在二十世紀中期達到高峰，特別是在美英兩國。來源與數據：參見 piketty.pse.ens.fr/ideologie.

0.7)。[13] 在此特別指出，這些稅率不包含其他稅別（例如消費稅），在美國的情況中也不包含各州徵收的所得稅（具體約為5-10%左右，與聯邦稅有別）。這些超過80%的高稅率實施了將近五十年，但美國的資本主義制度非但沒有因此遭受破壞，反而蓬勃發展。

　　我們將看到，拜這種強大的累進稅制之賜，不平等現象在二十世紀期間大幅改善；後續我們會透過詳細分析，瞭解這個制度如何在1980年代受到修正（尤其是在美英兩國），以及這種種歷史經驗與國家發展路徑可以帶給我們哪些啟示。對雷根領導的美國共和黨與柴契爾夫人領導的英國保守黨而言（以上兩位領袖都在1979-80年的選舉後掌權），大幅削減累進稅是當年稱為「新保守主義」[⑨] 的改革運動中最具象徵性的措施。這個發生在1980年代的政治與意識形態大轉彎，對累進稅制和不平等現象的演變造成非常可觀的衝擊，不只是在英國和美國，全世界都受到劇烈影響。不僅如此，1980年以來英美兩國歷屆政府及各種政治運動從來不曾真正質疑這種轉變。美國的最高聯邦所得稅率從1980年代末期至今一直在30%到40%之間變動；同一時期，英國的最高稅率大約在40%到45%之間擺盪，只有在2008年經濟危機以後才似乎稍微出現上升的趨勢。在這兩國的情況中，1980到2018年這個時期觀察到的稅率大體上不到1932-80年間的一半，也就是說，大約在40%前後游移，遠不及先前的80%（見圖0.7）。

　　在這種轉變的推動者及捍衛者眼中，累進稅率大幅降低的理由是，英美兩國的最高級距稅率在1950-80年間高得太過離譜。根據某些說法，稅率太高甚至導致這兩國的企業家喪失鬥志，讓歐陸和日本有機會急起直追（這個議題在1970-80年代英國和美國的競選活動中被炒得很熱）。在三十多年後的今天回顧起來，我認為這種論點難以通過事實考驗，因此這個問題有必要全面重新檢視。1950-80年代的經濟追趕可以用許多其他因素來

---

⑨　編注：作者原文用 revolution conservatrice，直譯為「保守主義革命」，臺灣更常見的說法是「新保守主義」。

解釋，首先是德國、法國、瑞典、日本等國在1950年時的經濟成長遠遠落後英語系國家（尤其是美國），因此這些國家在其後數十年間成長加速可說是無可避免的事。有些體制性因素可能也促成這些國家的強勢成長，特別是二次大戰以後實施的教育和社會政策，這些注重平等而且雄心勃勃的政策使它們得以在教育方面快速追上美國，甚至明顯超越英國；相較之下，英國的教育從十九世紀末以來不斷落後他國，但英國政府一直不曾真正盡力處理這個問題。另外我們也必須強調，1950-80年代英國和美國的生產力成長率事實上高於1990-2020年代，這點令人不得不慎重懷疑最高級距稅率降低對活化經濟的效用。

最後，我們有理由認為，1980年代降低累進稅率的政策反而導致1980到2018年間美國和英國的不平等現象出現前所未有的擴大、低收入人口在國民所得毛額中的占比大幅下跌，甚至也可能引發了中產階級與勞工階級的被遺棄感，並激起強烈的認同封閉和排外心態。認同問題在2016-17年猛烈發酵，造成英國決定脫離歐盟（Brexit）、川普當選美國總統。無論如何，這些歷史經驗可以協助我們針對所得和資產，構思更有企圖心的二十一世紀累進稅方案，讓富國和窮國同時受益。這點對窮國而言格外有意義，因為它們是租稅競爭和金融不透明的首要受害者。不受管制而且稅務單位間不做資訊交換的資本自由流通，正是1980-90年代保守派稅制革命得以持續並向國際蔓延的主要因素之一。在全球各地，這種資本流通方式都對國家及合法稅制的建構程序造成極其負面的衝擊。事實上，我們尤其還應該思考二次大戰後的各個社會民主主義聯盟何以無法有效因應這些問題，特別是他們為什麼沒有能力將累進稅率的實踐擴及到跨國層面，乃至於暫時性私人財產權（若能以具有足夠累進性質的方式對所得最高的一群資產持有者課稅，應該就可以每年將他們資產中的一大部分回饋給社會）。這項知識、意識形態及規畫方面的局限，是解釋追求平等的歷史運動何以後繼無力、經濟不平等又何以加劇的一大根本原因。

意識形態的冰河時期與新形態的教育不平等

　　為了理解涉及這些問題的重要演變，我們也必須分析政治意識形態變化，這些變化與其他旨在調整和規制不平等現象的政治及社會制度息息相關。特別是涉及經濟權力分享及員工參與公司決策機制與策略制定的議題。某些國家（例如德國、瑞典）早在1950年代就已經發展出創新解決方案，但這些方案一直到最近都沒有獲得真正的普及和深化。箇中原因無疑在於政治意識形態路線的多元性，世界各國都有屬於自己的模式，比如英國工黨和法國社會黨直到1980年代一直致力進行以國有化為主軸的發展計畫，直到柏林圍牆倒塌、共產集團瓦解後才驟然放棄這類規畫。不過還有一個重要因素是，關於如何超越純粹私有財產權的範疇，世界各地大體上都缺乏足夠的思考。

　　事實上，冷戰不僅造成國際關係方面眾所皆知的影響。在許多層面上，冷戰也導致某種意識形態的冰河時期，使世人無心思考如何超越資本主義。在柏林圍牆倒下之後那種興高采烈的反共產氛圍中，這個現象更加明顯，幾乎一直持續到2008年的「金融海嘯」。因此，最近才又真正開始有人針對如何將各種經濟力量嵌入社會框架的問題進行思考。

　　教育投資和就學機會這兩個關鍵議題也出現相同情況。在美國的不平等加劇現象中，最驚人的一個面向是收入較低的50%人口占國民所得毛額的比例嚴重縮減，從1980年的20%降到2018年的12%。原本已經不高的占比竟然出現如此巨大的跌幅，這必然包含許多因素，首先是社會規範與薪資規則的變化（例如1980年來的實質聯邦最低工資大幅降低），及教育機會的高度不平等。從這個角度觀察，我們非常訝異地發現美國人進大學的機會在極大程度上是由父母的收入所決定。研究人員比對學生就學資訊與父母的所得申報，結果顯示在父母所得最低的10%年輕人中，進入高等教育機構就讀的或然率僅略高於20%，這個比例隨父母收入呈線性增加，父母收入最高的年輕人群組享有高達90%的機率（見圖0.8）。[14]在此必須

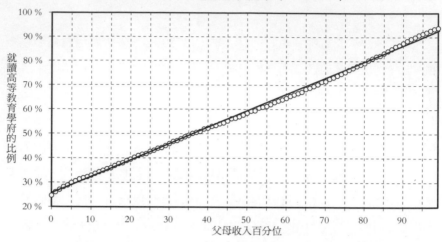

圖0.8. 父母收入與大學就學率，2014年

2014年，美國所得最低10%人口中年輕一代的高等教育就學率（19到21歲年輕人註冊就讀大學、學院或其他高等教育機構的比例）只有不到30%，所得最高10%人口的比例則高達90%。來源與數據：參見 piketty.pse.ens.fr/ideologie.

進一步指出，就算進入大專院校，不同背景的年輕人得到的高等教育也不會一樣。教育投資與其他相關資金挹注集中在菁英學程的現象在美國特別明顯，而且還有入學核准程序不透明、公共規制幾乎不存在的問題。

這項研究結果令人震撼，因為它清楚顯示，在低收入弱勢階層的就學機會方面，官方的成就主義宣告（至少在理論和辭令上大肆強調機會平等的重要性）與事實之間存在巨大差異。我們將看到，就學機會與教育投資的不平等現象在歐洲和日本不像在美國那麼嚴重，這點或許可以用來解釋為什麼美國高收入和低收入階層的差距更大。儘管如此，教育投資的不平等及這方面缺乏民主透明度的問題攸關所有國家，而這跟沒能重新定義所有權的問題一樣，都是社會民主陣營的最大敗筆。

多元菁英的崛起以及平等聯盟所遭遇的困難

更廣泛而言，我們將在本書中設法深入瞭解，平等派政治聯盟是在哪

些條件下於二十世紀中期組成，以求減低各種源自過去歷史的不平等，而在二十一世紀初期的今天，又有哪些條件可能催生新形態的平等主義聯盟。

首先要強調，在二十世紀中期取得重要地位的（廣義）社會民主主義重分配聯盟不只是選舉、體制和黨派方面的聯盟，更是個知識和意識形態聯盟。換句話說，他們主要是在思想戰場上打仗，他們的勝利也是在那裡取得的。當然，以政黨和選舉的形式為這些聯盟賦予實質也非常重要，無論那是透過名正言順冠上「社會民主」稱號的政黨，例如在 1920-30 年代肩負重要任務的瑞典社會民主工人黨和德國社會民主黨，[15]或是透過英國工黨（於 1945 年的歷史性選舉中獲得絕對多數席位）、美國民主黨（於 1932-52 年羅斯福及隨後的杜魯門總統任內掌權）等形式，還是像在法國和其他國家那樣組成各種社會黨－共產黨聯盟（法國的社會黨－共產黨聯盟於 1936 年和 1945 年掌權）。這些都是一種思想聯盟，它們的行事依據是各種減低不平等及深層改造法律、稅收、社會制度的政策規畫。這些理念在 1930-80 年這個時期得到所有政治派系的認同，包括那些在政治棋盤上向右靠攏的政黨。這種轉變背後的助力當然包括（廣義的）社會民主黨派所採行的動員策略，不過更廣泛而言，還有許多重要社會群體（工會、社運人士、媒體、知識分子）的投入，以及主流思想的全面改變——揚棄在整個十九世紀及至二十世紀初期以近乎宗教崇拜的市場教條、不平等論述和財產權觀念為基礎的意識形態。

這種思想聯盟和對政府角色的全新概念之所以誕生，最重要的因素是私有財產權及自由競爭制度失去正當性。在十九世紀和二十世紀初期，這個現象原本在工業成長創造的大量財富以及社會演變所引發的不平之感影響下慢慢醞釀發生，但後來因為世界大戰和 1930 年代的經濟危機而加速爆發。存在於蘇聯的共產主義「反面模式」也扮演重要角色，它一方面迫使事實上經常並不支持社會資源重新分配的保守派政黨和經濟參與者採納大規模的重分配計畫，另一方面加速了歐洲殖民帝國的去殖民化以及美國的民權擴張進程。

　　但是，如果我們檢視1945年以來（廣義）社會民主派選民的結構演化，就會發現無論在歐洲或美國，這個群體都發生了驚人的質變，而且發生條件相當近似。按理說這並非必然的結果，因為大西洋兩側的政治制度具有非常不同的歷史根源。在1950-70年代的美國，民主黨在教育程度最低、所得與資產也最少的選民中得票率特別高，而共和黨的情形正好相反，在教育程度和所得與資產水平最高的選民間獲得特別多的選票。法國也出現類似的選票結構，而且比例幾乎雷同：社會黨、共產黨和基進黨派[10]於1950-70年代在教育程度最低、所得與資產最少的選民中得票率比較高，不同傾向的中間偏右及右派政黨得票情形則與此相反。這種選民結構在1960年代末期和1970年代逐漸改變，於是我們從1980-2000年代開始看到與1950-70年代明顯不同的結構，而且美國和法國情況幾乎如出一轍：美國民主黨和法國社會黨－共產黨派系獲得的選票在教育程度最高的階層中比例最高，在所得最高的階層中則依然比較低。不過這個情形可能只是暫時的：在2016年的美國總統大選中，民主黨不僅在教育程度最高的選民間獲勝，在收入最高的階層中得票率也首度超越共和黨；相較於1950-70年代，美國選票的社會結構就此全面翻轉（見圖0.9）。

　　換個方式來說，二十世紀中期不平等的減低是建立在戰後左、右派結構解體的基礎上，而2016-17年美國和法國的總統選舉結果顯示出左右解體的現象已經進展到相當可觀的程度。這個現象源遠流長，只有透過大規模的回顧思考，才能有效釐清來龍去脈。

　　類似的選票結構變化，也發生在英國工黨和歐陸各種傾向的社會民主黨派之間。[16]（廣義）社會民主黨的選票在1950-80年代主要代表勞工階層的選擇；1990-2010年代以來，它卻變成高學歷人口的象徵。不過，擁有最多資產的人口群仍然不太信任社會民主黨派、勞工黨和社會黨，對美國

---

[10]　編注：本書大多將 radical 譯作「基進」，僅有在少數幾處明顯貶義的形容詞沿用中文習慣的「激進」。進一步說明請參見第十四章譯注。

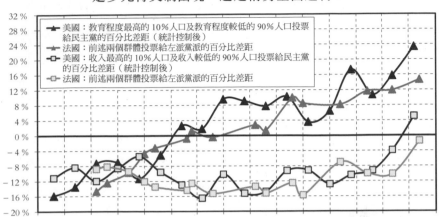

圖0.9. 政治與選舉競爭的變化，1945–2020年：
是多元菁英制出現，還是情勢全面逆轉？

在1950–1970年代，美國民主黨獲得的選票和法國左派政黨（社會黨、共產黨、激進派、環保派）獲得的選票與教育程度較低及收入較低的選民相關性較強；在1980–2000年代，民主黨／左派選票轉為與教育程度最高的選民相關性較強；在2010–2020年代，這些選票與收入最高選民之間的相關性也逐漸增加（尤其是在美國）。來源與數據：參見 piketty.pse.ens.fr/ideologie.

的民主黨也是如此（但無論在歐洲或美國，這種相關性都變得愈來愈不明顯）。有一點很重要的是，社會不平等的各個面向（學歷、所得、資產）之間一直存在著相互關聯，不過只是部分相關；不管是在1950-80年代或2000-20年代，許多人的學歷位階高於他們在資產層級上的位置，反之亦然（資產位階高於學歷位階）。[17]這部分的情況已出現若干重要改變，這種改變與相關政治組織及聯盟整合社會不平等所含不同面向或使之相互分立的能力有關。

具體而言，在1950-80年代，這些不同面向都與政治貼齊。無論我們探討的是哪個面向（教育程度、收入、資產），社會階層較低的民眾都傾向投票給同一個政黨或政治聯盟，而同時在數個面向中處於較低階層的情形則會對投票決定產生累積作用。政治衝突的結構具有「階級性」，也就是說它呈現較低社會階層與較高社會階層間的對立，無論我們是採用不平等的哪個面向來定義階級認同。（在此補充，認同在實踐上總是高度複雜、具有多重層面，而正因為如此，多數聯盟非常不容易形成。）

　　上述情況從1980到2000年代開始翻轉，不平等的各個面向不再與政治貼齊。政治衝突的結構變成一種可稱之為「多重菁英型」的運作體系：一個黨派或政治聯盟吸引教育程度最高群體（知識菁英或文化菁英）的選票，另一個黨派或政治聯盟則吸引資產最多群體（商貿菁英或金融菁英）的選票。這種情況導致各種困境，特別是在這種政治衝突結構下，那些既沒有高學歷也沒有高所得或大量資產的人都很可能感覺被遺棄。這可以解釋為什麼最近幾十年來，教育程度、收入和持有資產水平最低的階層其政治參與大幅降低，而在1950-70年代，這群人的政治參與和最占優勢的階層相當。假如我們想理解「民粹主義」的興起（在此必須提醒，「民粹主義」這個詞彙經常被菁英階層當成稻草人，他們把所有無法充分控制的政治運動統統往裡頭塞，藉此削減其正當性），把「菁英主義」在黨派結構中大行其道的現象當成分析研究的切入點，或許是可行的辦法。我們也會發現，這種多重菁英體系跟從前以教士、戰士這兩個菁英階層間的某種平衡為基礎的三重功能制度具有某些相似之處，儘管合理化論述的形式已經明顯改變。

重新思考公平所有權、公平教育與跨國人口移動的公平性

　　本書將設法深入瞭解1950-70年代以來政治與選票分歧的結構變化成因何在，以及這個變化隱含了什麼意義。我可以開宗明義地說：這是一種複雜的演變，它同時可以被解析為不平等加劇的原因與結果，而且除了我在本書中蒐集到的資訊以外，還需要很多其他研究報告和相關資料，才能用完全讓人滿意的方式加以釐清。首先，我們可以將這個演變視為1980年代「新保守主義」以及隨之而生的社會和金融鬆綁運動所造成的結果。這波金融鬆綁運動有一大部分是社會民主派人士促成的，原因是他們沒有針對如何組織「世界型經濟」[11]以及如何超越民族國家的概念進行足夠思考，以至於沒有替代模式可用。原先那些社會民主派政黨與政治聯盟就這

樣逐步放棄了重分配與降低不平等方面的嘗試，其中部分因素在於不同國家之間與日俱增的租稅競爭，以及財貨與資本的自由流通（其實社會民主派本身也參與了這個現象的形成，但未能同時推出新的共同稅務規則與共同社會規則加以制衡），結果導致他們失去弱勢選民的支持，並且愈來愈把關注焦點擺在高學歷選民（現階段全球化的首批受益者）身上。

我們也可以認為，造成中下階層內部嚴重分化，並導致中下階層白人或本土居民逐漸將選票投給排外或強調本土主義的黨派，使1950-80年代的平等主義聯盟日趨裂解的因素，其實是種族對立及族群－宗教上的分歧──首先是在1960年代民權運動之後的美國，然後是在1980-90年代移民與後殖民相關問題所引發的立場衝突逐漸趨於強硬的歐洲。根據前一段文字提出的見解，是社會民主黨派放棄了中下階層民眾；根據本段的解釋，則是中下階層內部的質變使情況改觀。

這兩種解釋方式想必各自有其道理，不過多方分析各種發展路徑及時間順序的結果，似乎顯示兩種說法都涵括了一個共同因素：戰後的社會民主派平等主義聯盟無法深化和更新它的意識形態與政治規畫。與其歸咎於自由主義式的全球化（其實這並不是天外飛來的結果）或假定的大眾階層種族主義心態（其實菁英階層的種族主義心態並不見得比中下階層來得好），比較有建設性的做法是透過意識形態來解釋這些演變。

更確切地說，我們應該透過平等主義聯盟在意識形態上的薄弱來說明上述演變。特別可以反映出這種薄弱性的一個現象是，社會民主黨派人士

---

⑪ 譯註：世界型經濟（économie-monde）是指以一個中心經濟體作為樞軸的動態領域，這個中心不僅自給自足，而且對周邊和邊緣地區施加影響力或支配權。世界型經濟的具體範圍與人員、物資的移動時間與交通和通信技術有關，一個世界型經濟空間若要達到嚴整性，必須建立足夠強大的連絡體系，讓整個空間中的所有地點能建立相互關係。歷史上陸續出現過一系列世界型經濟，分別代表全球化的不同階段，例如古代的腓尼基、希臘，十六世紀的環地中海地區，十七世紀由西班牙主導的全球化，十九世紀以英國為首的世界型經濟，以及二十世紀由美國領導的世界型經濟等。從世界型經濟的概念出發，當前的全球化現象可以定義為一個單一的世界型經濟在全球範圍成形發展的結果，或者說是一個全球化的世界型經濟。

無法在跨國層次上思考和組織資產重分配與累進稅制的問題。在戰後民族國家得意洋洋進行重分配的年代，社會民主黨派對這個問題大抵排除不談，至今也一直沒有真正掌握到這個議題，在全世界如此，在歐盟尤其如此。意識形態的薄弱也涉及有關人士在將認同根源的多元性這一問題納入關於社會不平等的思考時所遭遇的困難。事實上，在1960-70年代以前，這個問題一直沒有被真正提出來討論，因為不同出身背景（來自不同大陸、屬於不同人種或族群、信仰不同宗教）的人基本上很少在相同社會中交會，除非是透過國家之間的往來或殖民支配關係。追根究柢，這兩種薄弱性拋出了同樣的問題：為了組織集體生活，尤其是為了減低不平等以及為最多數人打造一個可以接受的平等規範，我們所依附的人類共同體具有什麼樣的邊界？特別是在交通和通訊科技發達的因素影響下，世界各個不同組成部分相互接觸日益密集的趨勢迫使我們必須不斷重新審視行動範圍，以及在明顯具有跨國和全球性質的架構中考量社會正義的問題。

我們也將看到，從共產集團垮臺至今，社會民主派從來不曾針對公平所有權的存在條件進行真正的探究。二次大戰後社會民主派倉促建立各種妥協方案，而累進稅、暫時財產所有權、所有權擴散（例如透過對資產與遺產課徵累進稅所達到的全民基金供給）、權力共享、企業中的社會所有權（共同管理、自主管理）、預算民主、公有財產權等議題從未獲得全面的邏輯檢驗與試驗，儘管這些都是原本可以做到的事。高等教育不再是少數菁英的專利，這確實是可喜的良性發展，但它同時也改變了公正教育的運作條件。在小學和中學，教育領域存在著相對簡單的平等規畫：只要挹注必要資源，就能帶著一整個世代走完初等教育，繼而完成中等教育。來到高等教育的層級以後，如何定義平等目標就變得比較棘手。某些意識形態號稱以機會平等為立論基礎，其實最重要的目的卻在於表彰教育制度中那些佼佼者的優點，這種意識形態快速發展，導致就學機會與資源分配不但非常不平等，而且極其虛偽（參見前文圖0.8）。社會民主派人士無法說服弱勢階層相信，他們關心弱勢民眾下一代的生活和教育，不下於關心他

們自己的小孩和那些菁英科系（順道一提，社會民主派在這部分缺乏說服力並不令人訝異，因為他們在這個領域從不曾真正發展出公平而透明的政策），這無疑可以在相當程度上解釋為什麼他們會變成高學歷者的黨派。

在本書最後一部分，我會試著針對這些不同問題，分析我們可以從蒐集到的歷史經驗學到哪些教訓，以及哪些制度設計可以讓我們用來思考公平財產權、公平教育以及跨國人口移動的公平性的存在及運作條件。我們必須以平常心看待這些結論：這些歷史教訓是脆弱的、暫時性的、不完美的，只是能讓我們描繪某些輪廓，設法梳理何謂參與式社會主義以及奠定在歷史教訓基礎上的社會聯邦主義（social federalism）。歷史觀照構成本書的主要脈絡，而我在此要特別強調歷史敘事帶給我們的一項主要教誨：概念與意識形態在歷史中固然有其重要性，但若沒有時局的轉折變動與具體的歷史實驗和體制實踐從中介入，也沒有暴力程度不一的大小危機時時發生，那麼它們就不具有意義。有一點似乎可以確定：有鑑於1950-80年代以來政治對立與選票分歧的深層結構變化，假如平等主義派無法澈底重新定義自己在規畫、知識與意識形態等層面的基礎，新的平等聯盟有朝一日能出現的機率就微乎其微。

世界的多元性：檢視長期演變是不可或缺的工作

在重新檢驗近年演變與當前情況的論述以前，本書正文將先詳盡探討不平等制度的歷史。我們尤其必須研究古代三重功能社會轉型為所有權社會的歷程，以及歐洲以外的社會在與抱持所有權主義和殖民主義的歐洲列強接觸後，是如何受到影響。先前我已經略加闡述這種針對長期演變的檢視何以不可或缺。首先，它能讓我們深入估量史上各種不平等制度在政治與意識形態方面的多元性，以及各種發展路徑和可能替代路線的多樣面貌。在歷史進程中，世界上的不同人類社會一直展現非凡創意，透過意識形態及體制手段為不平等現象建立結構脈絡，但如果我們在這些智識性與

政治性建構中看到的只是一層虛偽不實的面紗,讓菁英階級藉以合理化長久不變的支配權,那我們就大錯特錯。事實上,這些建構反映出各種相互矛盾的階級鬥爭和理想願景;在一定程度上,這些鬥爭和願景都具有真誠且合理的底蘊,我們可以從中擷取到有用的教誨。大型社會的理想組織方式是什麼?這個問題一點也不簡單。一味譴責現行制度,絕不足以讓我們確定取代它的制度會比較令人滿意。我們必須嚴肅看待過往的意識形態,首先是因為它們不見得比現在流行的意識形態瘋狂,其次也是因為在探究那些意識形態時,我們享有某種歷史深度和拉出距離的可能性,而這是分析當前情況時所經常欠缺的。我們也將看到,許多被認為極具當代性的論辯其實具有古老的根源,例如關於累進稅的討論就能追溯至法國大革命時期的資產重分配問題。為求理解未來可能發生的衝突,找出值得規畫的解決方案,追本溯源研究過去的意識形態譜系是務必要做的工作。

更重要的是,以浩瀚篇幅對歷史演變進行探討之所以必要,是因為世界各地的相互接觸是一個逐漸發生的緩慢過程。在過去千百年間,地球上各式各樣的社會之間聯繫極少。後來透過知識與商業交流,以及在國際權力關係與殖民支配關係的架構下,各地間的接觸開始顯著增加。等到去殖民化運動發生、殖民地陸續獨立,甚至在某方面一直要到冷戰結束,世界不同地區才真正相互連結,不僅在經濟和金融流通方面如此,從人類交流與文化交流的角度來看,連結更是日益緊密。1960-70年代以前,在許多國家,例如歐洲各國,源自不同大陸與宗教背景的人口族群之間幾乎完全沒有直接接觸。隨著殖民地獨立後移民湧入歐洲母國,這些關係開始有了轉變,並對歐洲意識形態衝突及選票結構的演變造成顯著衝擊。世界其他地區,例如印度、美國、巴西或南非,具有更久遠的人口接觸史;因為種族、社會或宗教因素而認為自己與其他群體截然不同的各個族群在同一塊土地上交會,形塑出各式各樣帶有混血與妥協性質的發展路徑,其中不乏持續存在的敵對關係。唯有透過廣泛的回顧,從歷史脈絡中探查這些人口接觸以及由此衍生的各種不平等制度,我們才能在這個源遠流長而且相互

連結的共同歷史上構思邁向下一個階段的方案。

試論自然語言與數學語言的互補性

　　進一步展開本書研究以前，我最後想說明一個方法要點。這本書主要會使用自然語言（儘管在我撰寫這本書所用的法文或其他語言中，所謂自然語言並沒有什麼特別自然之處），並適時以數學語言和統計語言補充。舉例而言，我經常會運用「十分位」和「百分位」的概念，藉此衡量所得或資產的不平等，或者教育程度等級。我這麼做的用意不是拿「分位戰爭」來代替「階級戰爭」。社會認同始終具有彈性變化和多元面向的性質，必須藉由自然語言，不同人類社會的各個社會群體才能找到恰當的語言，讓他們指稱符合自己身分認同的職業、資產、教育程度、經驗和希望。無論是為了表達社會認同和政治思想，或者為了建構社會科學研究、梳理關於公正社會的思考，自然語言永遠無可取代。有些人期待有朝一日我們將能委由數學公式、演算法或經濟模式代為選擇「對社會最優化」的不平等程度以及可供導向此一結果的體制，但這種指望必然落空。這件事永遠不可能發生，而且幸好是這樣。只有使用自然語言（或者該說「各種不同」的自然語言，這個細節相當重要）進行公開和民主的討論，才可能達到構思這種選擇所需的幽微與細致。

　　話雖如此，數學語言、統計數據、圖表在本書中仍然占有相當重要的一部分，在相關政治討論與歷史變動中也扮演了關鍵性的角色。在此重申：跟所有統計資料一樣，本書所採用的歷史數據與其他量化估算資訊同樣也是脆弱的、暫時性的、不完美的社會建構。它們的目的不在建立「唯一」的數字化真理或唯一的「事實」真確性。從我的觀點來看，統計數據的首要目的是開發一種有效語言，以供建立規模次序，特別是以盡可能合乎事理的方式，針對一些被認為或互相認為距離非常遙遠的不同時代、不同社會與不同文化進行比較，儘管就其建構脈絡而言，這些時代、社會與

文化事實上永遠不可能以完美方式相互比較。不過，就算每個社會都有其
絕對獨特性與特殊性，設法進行某些比較仍舊是合理的做法，例如在所有
權集中度這個問題上比較2018年的美國與1914年的法國或1800年的英國。

在上述三種情況中，所有權的行使條件當然各自不同。在法律制度、
財稅制度與社會制度等方面都不會一樣，而持有資產的類別（土地、城市
不動產、金融資產、非物質財產等等）本身也有很大差異。雖然如此，如
果我們清楚知道這些特性及它們所代表的重要性，如果我們自始至終不忘
記我們取得的資料當初是在哪些社會及政治條件下建構而成，那麼進行這
種比較就有其意義，比方說估計這幾個社會中最富有的10%人口所持資產
與最貧窮的50%人口所持資產在全體人口資產總值中的占比。在歷史研究
中運用統計資料的做法，對於量度我們的無知程度而言，無疑也是絕佳的
方式。一旦我們援引某一組數據，我們就會立即需要其他數據來做對照，
但在絕大多數情況下，這些數據是無法取得的；我們有必要明確體認、承
認這點，這樣我們才能準確認知哪些比較是可行的，而哪些不可能做。在
具體實踐上，通常會存在幾種具有意義的比較，包括在一些自認為是與其
他社會迥然不同的例外，因而經常拒絕相互學習的社會之間。社會科學研
究的主要目的之一就是辨識出這些可以比較的東西，同時清楚指明所有不
可能進行的比較。

這種比較是有用的，因為它可以幫助我們從不同的政治經驗和歷史軌
跡汲取教訓，分析法律制度或財稅制度的影響，打造共同的社會正義與經
濟正義標準，以及設計出能讓最大多數人接受的體制架構。社會科學太常
自我設限，一味強調每項統計都是社會建構的結果；這當然一直都是事
實，但這樣說並不足夠，因為這只會導致一些關鍵性的討論落入其他人手
中，特別是涉及經濟的討論。這種態度有時也意味著某種保守主義，或者
至少是一種強烈的懷疑心態──不相信歷史所遺留的不完美資源有可能讓
我們獲取某些教訓。

事實上，許多社會解放和政治解放的歷史進程之所以能發生，都是因

為它們仰賴了各種不同性質的統計機制與數學建構。舉例而言,假使沒有人口普查資料讓我們畫分選區並確保每位選民的選票享有相同分量,也沒有選舉規則讓我們能將選票化為決策,那麼我們就很難組織全民投票。倘若沒有一個以明確稅率表達的納稅級距表取代收稅官的個人決定權,那麼我們就不可能宣稱財稅正義已經實現。這種級距表的應用對象是收入或資本之類的數值,而雖然這些數值屬於抽象的理論性概念,在實務定義上衍生出許多困難,但它們仍舊可供我們設法讓非常不同的社會群體接受有條件的相互比較——再將這些類別具體應用於多元社會脈絡及其中各種微妙的邊界時,致力進行協商,藉以達成複雜的社會政治妥協。若干年之後,我們或許終將明白,當初沒有研擬具體辦法,查核弱勢社會階層所享有的公共資源是否至少相當於富裕階層所獲得的資源(而不是像目前世界各地的情況那樣,弱勢階層享有的資源明顯稀缺),也沒有用明確而且可以驗證的方式,將社會背景相關因素導入資源分配機制中,就斷然宣稱已經實現了教育正義,這委實難以令人信服。為了防範知識上的民族主義、擺脫菁英的任性和武斷,以打造新的平等願景,數學語言和統計語言在運用得當的條件下會是自然語言不可或缺的幫手。

本書架構

這本書的主體內容包含四大部分、共十七章。第一部標題是「早期的不平等制度」,分為五章。第一章介紹三級社會(或稱三重功能社會)的相關研究;三級社會指的是將社會區分為三個功能性群體(教士、貴族、平民)的組織方式。第二章分析歐洲的等級社會,這種社會形態的建立基礎是存在於知識菁英與戰鬥菁英的正當性之間的某種平衡,以及所有權與權力關係的特定形式。第三章研究的是所有權社會的發明,特別是透過法國大革命這個極具象徵意義的歷史斷裂——企圖在所有權(號稱對全民開放)與國家權力(自此由政府壟斷)之間建立涇渭分明的區別,但隨即碰

上所有權不平等的問題以及這個問題持續存在的窘境。第四章探討十九世紀期間直到二十世紀初期第一次世界大戰前夕超級不平等所有權社會在法國的發展情形。第五章探討歐洲在三重功能邏輯與所有權邏輯之間擺盪的各種不同轉型版本，並特別聚焦於英國與瑞典的案例，藉此說明發展路徑的多元可能性，以及集體動員與替代性政治意識形態路線在不平等制度的演變過程中所扮演的重要角色。

第二部的標題是「奴隸制社會與殖民社會」，這個部分包括四章。第六章的主題是奴隸制社會，這是不平等制度最極端的形式。我會特別深入探究十九世紀奴隸制度的廢除以及隨之產生的地主補償問題。這些歷史事件突顯出那種將資產近乎神聖化的制度是以何等力量宰制著那個時代，那股力量也形塑了部分的當前世界。第七章研究後奴隸制殖民社會中的不平等結構；相較於奴隸制社會，這個時期的不平等結構沒有那麼極端，但對於當今社會的不平等結構仍然留下深遠影響，無論在各國之間或國家內部皆然。第八章及第九章檢視歐洲以外的三重功能社會在與秉持所有權主義的歐洲殖民列強接觸以後是如何受到影響，首先聚焦探討印度的案例（古代社會的地位畫分在那裡留下的痕跡超乎尋常地根深柢固，其中部分原因是英國殖民者以嚴謹方式為其賦予法律定義），然後將視野擴大到整個歐亞大陸（中國、日本、伊朗）。

第三部標題是「二十世紀的鉅變」，分為四章。第十章分析所有權社會在二十世紀期間因兩次大戰影響而陸續倒臺的現象，1930年代的經濟危機，以及共產主義及殖民地獨立所帶來的挑戰，更大幅探討十九世紀末期開始為了重新打造比所有權主義更公正的制度而醞釀的集體動員與思想動員（特別是與社會民主主義和工會有關的思考與活動）。第十一章研究二次大戰後建立的社會民主主義社會有哪些建樹與局限，特別是這些社會在重新思考公平所有權的條件、面對高等教育不平等的挑戰以及將重分配問題擴展到跨國層面時所遭遇的種種限制。第十二章檢視共產社會與後共產社會（包括俄國、中國、東歐等不同共產主義版本），以及後共產主義以

何種方式催生近年不平等問題與認同偏差的現象。第十三章將當前的全球性超級資本主義不平等制度置入古今對照的歷史脈絡下，並特別關注這個制度何以無法有效衡量正在毀損其根基的各種不平等危機與環境危機。

第四部由四章構成，標題是「重新思考當代政治衝突的主題」。這些章節研究的是二十世紀中葉以來不同黨派與政治運動選民社經結構的演變，以及未來重組的可能走向。第十四章研究平等主義選舉聯盟的歷史形成條件以及後來消失的因素；這種選舉聯盟原本是建立在一個相當具有說服力的重分配規畫上，一度號召了來自各種不同背景的中下階層民眾，而我們首先要探討的是法國的例子。第十五章旨在說明二次大戰後社會民主主義聯盟的瓦解，以及美國與英國何以同時發生仕紳化／婆羅門化的現象，並由此推演共同的結構性成因。第十六章將分析角度擴展到其他西方民主社會，以及東歐、印度和巴西。我會在這個部分研究某種社會本土主義陷阱在我們所處的二十一世紀初期形成的過程。我將特別探討當前的各種身分認同偏差如何因為世界上缺乏足以與其抗衡的國際主義與平等主義規畫（也就是說，缺乏真正可信的社會聯邦主義）而滋長茁壯。第十七章試圖從先前章節所述的歷史經驗汲取教訓，並為二十一世紀描繪參與式社會主義的可能輪廓。我會特別分析公平所有權的各種可能形式，這些形式分別建立在兩個主要基礎上：第一是企業中權力與投票權的真正共享，這可以讓我們建立社會所有權，有效超越共同管理與自主管理的概念；第二是對資產實施強大的累進稅率，藉此為每一位年輕人進行一定規模的資金提供，並設置一種資產的暫時持有與永久流通形式。我也會探討公平教育和公平稅賦的問題，以及藉由透明制度和公民控制保障教育正義與財稅正義的必要性。最後我將檢視讓民主制度與跨國人口移動變得更加公平的條件。這個部分的核心議題是如何找到組織世界型經濟的替代方案，以便藉由社會聯邦主義，發展新的財稅團結、社會團結與環境團結形式，取代目前被當成世界治理手段的各種商品與資本自由流通條約。

某些時間有限的讀者可能會想直接閱讀最後一章及結論。我不能阻止

你們這麼做，但我要事先提醒，如果沒有先讀前面四部（或至少零星閱讀其中幾個段落），一定會碰到一些困難，以至於無法確實理解我是從哪裡汲取結論中所提的看法。還有一些讀者可能會認為前兩部述及的資料屬於太過久遠的歷史，似乎不具有真正的適切性，因而決定專注在第三和第四部。為了彌補這些可能缺憾，我在每一部和每一章的開頭都放進相當足夠的內容提示和參照指引，讓這本書可以用各種不同方式查閱。因此，每位讀者都可以自由選擇閱讀方式，即使從頭讀到尾仍是最符合邏輯的展讀方式。

為了減輕閱讀負擔，本文及注釋皆只援引最主要的資料來源。讀者如果想要取得與歷史資料、參考書目及本書採用的研究方法有關的所有詳細資訊，請查詢線上附錄：http://piketty.pse.ens.fr/files/AnnexeKIdeologie. pdf。[18]

第一部

早期的不平等制度

1 | 三級社會：
三重功能性的不平等

　　本書前兩部分的目的是透過長期歷史縱深，觀照不平等制度的歷史流變。尤其我們將設法深入瞭解，究竟是哪些複雜而多元的發展路徑，導致早期三級社會與奴隸制社會退場，改由所有權社會和後奴隸至殖民社會在十九世紀大行其道。第一部主要將研究歐洲等級社會以及這些社會轉變為所有權社會的進程。第二部探討奴隸制社會與殖民社會，以及歐洲以外地區的三重功能社會與歐洲列強之間的接觸，究竟以何種方式影響了這些社會的演變。第三部將分析二十世紀所有權社會與殖民社會在時代的衝擊（特別是兩次世界大戰及共產主義威脅）下所面臨的危機。最後，第四部將研究這些社會制度在二十世紀末和二十一世紀初的後殖民和新所有權主義世界中，要重獲新生乃至進一步轉化所需要的條件。

三重功能的邏輯：教士、貴族、第三等級

　　在這部分研究一開始，我們將探討我提議稱為「三級社會」的制度。三級社會是歷史上各種不平等制度中最早出現、分布也最廣的一種。此外，這些社會在現今的世界中留下難以磨滅的足跡，因此如果不開宗明義

地分析這套建構社會不平等並將其合理化的原初框架，就不可能真確探究
較後期的政治意識形態發展。

　　用最白話的方式說，三級社會是由三個不同社會群體所組成：教士、
貴族和第三等級，其中每個群體各自滿足一些維持社會整體生活所需、且
對社會長治久安不可或缺的基本功能。教士是宗教和智識階級：這個階級
負責在精神層面引導社會、價值觀和教育；它為一個社會的歷史及未來賦
予意義，而為達此目的，它會提供智識和道德層面的必要規範與參照標
準。貴族是戰爭和軍事階級：這個階級操控武力，為全體社會帶來安全、
保護及穩定；於是它就可以避免社會陷入長期混亂、盜匪猖狂的局面。第
三等級是付出勞力的大眾：這個等級涵蓋上述兩個等級以外的其他社會成
員，其中最主要是農民、工匠和商販；透過這些人的勞動，全體人民可以
獲得溫飽、生兒育女。我們也可以用「三重功能社會」這個詞彙來指稱這
種歷史上的社會類型，而事實上，這種社會形態通常具有更複雜多元的面
貌，每個階級內部都含有許多次階級，不過合理化論述的綱領──有時甚
至包括正式政治組織的整體架構──是建立在這三大功能的基礎上。

　　三級社會不只存在於法國大革命以前的整個歐洲，我們也可以在眾多
歐洲以外的社會以及大多數宗教傳統中（尤其是印度教以及什葉派和遜尼
派伊斯蘭教）看到這種整體組織形態，儘管具體模式有所不同。過去某些
人類學者曾經提出一個（受到質疑的）假設，認為在歐洲和印度觀察到的
「三分」（tripartition）制度具有共同的印歐文化根源（這個根源可以在各地
區的神話以及語言結構中找到蛛絲馬跡）。[1]目前我們掌握的知識雖然還非
常不完整，不過還是能讓我們推斷，這種分為三個階級的組織形態事實上
比一般認為的要普遍得多，而且單一起源論很難站得住腳。三級結構存在
於幾乎所有古代社會以及世界所有地區，一直到遠東、中國、日本，不過
其中帶有一些本質性的差異，值得我們加以探討，因為這種差異其實比表
面上的相似更耐人尋味。對於不可觸知（或被假定如此）的無形事物感到
驚奇讚嘆的心態經常透露出某種政治性和社會性的保守主義，然而歷史實

況總是複雜多元而且不斷變化，其中充滿無法預期的潛在可能、出人意表且搖晃不穩的制度拼湊、動盪不安的讓步妥協，以及未能走完的分支路徑。為了理解這些實際情況，也為了籌畫未來的多元發展路線，我們最好深入分析社會歷史變動的發生條件，至少在這方面下的功夫不能亞於對其存續條件的研究。這點不只是針對三級社會，在探討其他社會形態時同樣適用。為使這項分析有效推進，我們需要比較在一些迥然不同的脈絡中（特別是歐洲和印度）觀察到的長期動態，並進一步納入更廣泛的跨國比較觀點。這就是我們在本章及其後數章要試著做的工作。

三級社會與現代國家的形成

三級社會在兩個基本特徵上與後來陸續出現的各種社會形態有所不同，而且這兩個特徵緊密相關。第一個特徵是不平等合理化論述的三重功能架構；第二個特徵則是這些社會的古早性，也就是說它們存在於現代中央集權政府的形成之前，而且密不可分的政治和經濟權力最初行使於範圍通常很小的領土上，有時與一定距離外的君權制或帝國制中央權力之間只有相對鬆散的關聯。社會秩序以非常不集中的方式圍繞著幾個關鍵性建制體（村莊、鄉村社區、莊園、堡壘、教堂、寺廟、修院）組構而成，不同領土和權力中心之間的協調很有限。基於種種原因（最主要是交通不便），這些領土和權力中心通常欠缺相互聯繫。這種權力分散的情況當然無法讓社會關係免於粗暴和支配，不過這一切發生的方式和具體細節與我們在近現代中央集權式國家結構中所見的模式非常不同。

具體而論，在傳統的三級社會中，所有權與治理職能在地方層級的權力關係架構中有如盤根錯節，難以釐清。教士與貴族這兩個領導階級當然是有產階級，尤其這些人通常掌控大部分（有時是幾乎全部）農用土地，而在所有鄉村型社會中，這種資產都構成經濟權力與政治權力的基礎。在教士階級方面，資產持有經常是透過各種形式的教會體制（教堂、寺廟、

教區、宗教基金會、修院等）的中介組織而成。（在不同宗教，特別是基督教、印度教和伊斯蘭教中，我們都可以看到這類建制形式。）在貴族方面，擁有資產比較像是個體層面的事，或者更確切地說是氏族譜系和貴族頭銜層面的持有，有時透過家族共同持分或類基金會的架構來處理，藉此避免家族資產或貴族地位遭到揮霍。

　　無論是何種情況，重點在於教士和貴族的這些所有權與相關領地的基本治理權力可說互相唱和，特別是在涉及秩序維持、警察權與軍權的部分（原則上這是戰鬥貴族的特權，不過也可以用教會領袖的名義行使），以及在司法審判權方面（司法通常是以當地統治者的名義執行，而統治者同樣可能是貴族或教士）。在中世紀歐洲以及前殖民時代的印度，不管是法國的領主或英國的地主（landlord）、西班牙的主教或印度的婆羅門① 和拉吉普特人②，或這些人在其他社會脈絡中的對應人物，他們作為土地的主人，既擁有土地，也宰制在土地上勞動和生活的民眾。他們同時具有所有權與治理權，只是具體運作模式因時因地而異。

　　無論領主出自戰士階級或教士階級，無論我們研究的是歐洲、印度或其他地理區，我們都能在所有古代三級社會中觀察到，這些權力關係在地方層級不但極其重要，而且交織嵌連，環環相扣。有時這套制度會表現出強迫勞役、農奴制度等極端形式，而這意味的是一部分或全體勞動階級的遷徙權受到嚴苛的限制：這些人不能離開他們居住的領土，前往其他地方工作。在這層意義上，他們是貴族領主或宗教領袖的所屬物，儘管這種占有關係與我們將在關於奴隸制社會的章節中探討的占有方式不同。

　　較廣泛而言，這套制度可以呈現出一些不那麼極端，甚至有可能比較

---

① 譯注：婆羅門是印度教種姓制度中地位最高的祭司貴族階級，他們掌握神權、占卜禍福，並負責王室儀典、主導教育文化、制訂農時季節。
② 譯注：拉吉普特人（Rajput）字意為拉者（君王）之子，傳統上是印度的戰士族群，印度絕大多數土邦直到二十世紀都由他們統治。拉吉普特人的種族文化背景非常多元，許多是公元六世紀以降歷次入侵印度民族的後代，因此「拉吉普特」比較像是世襲名號或階級名稱，而不是種族名稱。

寬仁而且確實可行的管理形式，最終在地方層級形成由教士和貴族領導的類國家，其中的角色分配則因地而異。除了警察權和司法權之外，傳統三級社會中最重要的管理形式還包括結婚、出生、死亡的管制與登記。這是一個攸關社會共同體調控與延續的功能，與宗教禮儀、聯姻規則以及社會提倡的家庭生活形式相關規範（特別是涉及性愛、父權、婦女角色和子女教育的部分）緊密相連。這個功能通常是教士階級的特權，與此相應的登記資料會被保存在各宗教信仰區的教堂或廟宇中。

在此也必須提一下交易和契約的登記問題。這個功能在經濟活動和所有權關係的規制中扮演核心角色，它可以由貴族領主或宗教領袖執行，而且與地方司法裁判權的行使以及民事、商業和繼承訴訟的處置有關。在傳統三級社會中，其他一些功能和集體服務也可能扮演重要角色，例如教育、醫療（經常相當簡陋，在部分地區則較為發達）和某些共同使用的基礎設施（磨坊、橋梁、道路、水井）。值得注意的是，三級社會的前兩個等級（教士和貴族）在安全、宗教信仰乃至更廣泛的社會共同體結構秩序的建立方面為第三等級提供各種服務，而他們擁有的治理權被建構成這些服務理所當然的對應條件。在三重功能社會中，一切均有依歸：權利、義務與權力於地方層級緊密相連，每個群體在這樣一整套架構中各得其所。

現代中央集權國家的發展在多大程度上導致三級社會消失？我們會發現，這兩種基本政治經濟進程之間的互動事實上非常複雜，無法用機械式、單一方向或決定論的方式加以描述。在某些情況中，三重功能的意識形態架構甚至有可能成功立足於中央集權國家結構中長期發展，在這個新的框架中找到新的自我定義和存續方式，至少維持這種狀態一段時間。比如我們會想到英國上議院的例子，這個奠基於貴族和教士傳統的制度直接源自中世紀的三重功能社會，但它得以在十九世紀大部分時期和二十世紀初全球第一大殖民帝國的政府中扮演核心要角。我們也可以舉出伊朗什葉派神職人員的例子，他們藉由憲法監護委員會及專家會議（這個機構是通過選舉產生，但成員只有神職人員，而其主要功能是指派最高領袖）的成

立，在二十世紀末伊斯蘭共和國成立時順利讓自身的政治角色納入憲法。伊朗伊斯蘭共和國的政權在歷史上大致可說前所未見，且在二十一世紀前期的今天仍然繼續執政。

在革命與殖民的時代，三級社會的正當性逐漸消失

話說回來，現代國家的建構很自然會傾向於毀壞三重功能制的根基，而且通常與其對抗的意識形態會隨之發展，例如所有權、殖民主義、共產主義等意識形態，最後這些新的思想流派通常會取代繼而澈底消滅三級意識形態，成為社會制度的主導思想。一個中央集權式的國家結構如果能藉由動員行政體系和與從前的戰鬥貴族關連日減的特定人力手段（警察、士兵、軍官），成功保障大型領土上的人員和財產安全，那麼貴族作為秩序與安全保障者的正當性會遭遇重大挑戰，這是很顯然的事。同理，只要旨在產出新知識及新智慧的公民社會和各級學校相關程序與制度能在由教師、知識分子、醫生、科學家和哲學家所構成、且與過去的教士階級關連漸少的新形態知識傳遞網路引導下發展茁壯，那麼教士階級在社會中作為精神指導者的正當性會受到嚴重顛覆，這也可說是無庸置疑。

這種針對古代戰士階層與教士階層的去正當化程序可以透過極緩慢的方式逐漸發生，在某些情況中為期長達數百年。在許多歐洲國家（例如英國和瑞典，我們隨後會再探討這些案例），階級社會轉變成所有權社會是一個非常漫長的漸進式演化過程，於 1500-1600 前後就已展開（詳見先前的說明），直到 1900-20 年代才大致完成；而且這種轉變並不完整，因為即使在今天，某些三重功能社會的痕跡仍舊存在，最顯而易見的實例就是西歐許多國家保留至今的君主制，其中有時還存在某些大抵只具象徵意義的貴族權力或教士權力遺緒，例如英國的上議院。[2]

歷史上也出現過一些這種變化猛烈加速的時期，這時新的意識形態及已被奪取的國家結構聯手出擊，以澈底而有意識的方式轉變原有的三級社

會組織形態。我們將特別分析法國大革命的案例，這是人類史上最具象徵性的一次意識形態轉向，而且相關文獻非常多。1789年8月4日晚間貴族和教士的「特權」被廢除之後，革命議會及相關行政體系和法院必須為這個詞彙賦予精確的意涵。他們必須用很短的時間，在革命立法人員眼中屬於合法行使所有權的部分（其中包括所有權過去曾由「前特權者」行使的情況，即使該權利有時是透過不明手段取得和鞏固的）以及屬於舊世界中非法奪取地方治理權（此後這類權力是中央政府的專屬範疇）的部分之間，進行嚴謹的區分。這自然是相當艱鉅的工作，因為這些權力環環相扣，在過去的實踐中可說交纏不清。法國大革命的經驗讓人得以更清楚地看到傳統三級社會（特別是歐洲的等級社會）中各種「權利」與「權力」交錯龐雜、難分難解的特性。

我們也將探討一個截然不同但同樣深具教益的歷史片段，檢視英國殖民政府如何試圖調查並改變印度行之有年的三重功能社會結構，特別是透過1871年到1914年之間進行的種姓人口普查。這段歷史大致上可說是法國大革命的反例。在印度，一個外國強權企圖重構當地源遠流長的三級社會，中斷本土的社會變革與政府形成。這兩個相反歷史經驗的對比（以及針對其他一些結合後三級邏輯與後殖民邏輯的轉型過程——例如在中國、日本或伊朗——所做的檢驗）可望讓我們有效暸解人類社會可能發展路徑的多元性，以及其中相關機制的運作。

三級社會的當代適切性

不過在進一步論述以前，我必須回答一個理所當然的質疑：三級社會雖然有其歷史意義，可是我們為什麼要研究它？有些人可能很想忽略這個部分，把這個議題歸於鮮為人知、史料貧乏而且對於現代世界的理解並不切題的遙遠過去。講求才德成就與民主的現代社會宣稱以就業平等、社會流動和世代間流動為立足基礎，因此，構成三級社會特徵的嚴格地位畫分

豈不是恰恰違反了現代社會的精神？然而，至少因為兩個理由，這麼做可說是大錯特錯。第一個理由是，古代三級社會中的不平等結構與存在於現代社會的不平等結構並非如我們有時想像的那樣澈底不同。其次，更重要的原因是，三重功能社會消失的情況除了在不同國家、地區以及宗教、殖民和後殖民脈絡之間具有極大差異，更在當代世界留下深深的印記。

　　在此首先必須強調一個事實：儘管社會地位的僵硬是三重功能制度中的標準狀態，實際上階級間的流動在那些社會中從來不至於完全不存在，這部分與現代社會有若干相似。舉例而言，我們會看到教士、貴族和大眾群體的相對比例以及各階級持有資源的規模在不同時期和不同國家之間差異甚大，這種變化的導因主要是支配群體遵循的接納規則與聯姻策略（在不同情況中可能偏向開放或偏向封閉）出現變動，以及調節群體間關係的制度和權力結構發生改變。教士與貴族這兩個支配群體在舊制度末期的法國占男性成年人口的比例一共只略高於2%，而在此之前的兩百年間，比例超過5%。在十八世紀的西班牙，這個比例大約是11%，而在十九世紀的印度，相當於教士和戰士階級的兩個瓦爾那③（即婆羅門和剎帝利④）所占比例超過10%（如果將所有高級種姓加總，比例甚至高達將近20%），這些數字呈現出極其不同的人文、經濟與政治實況（見圖1.1）。換句話說，三級社會中三個群體之間的分界絕非固定不變，而是不斷協商和衝突的題材，界線的定義與輪廓可能因此而澈底變異。我們也發現，從兩個上層階級的人數比例來看，印度與西班牙的相似程度高於西班牙和法國，而這或許顯示，我們有時在不同文明、文化和宗教類型之間樹立的極端對比（例如在西方人心目中，印度的種姓經常代表絕對的怪異，甚至足以象徵東方

---

③ 譯注：梵文中的「瓦爾那」一詞原意為種類、順序、顏色或等級，在印度教經典中用來解釋種姓制度的概念。早期婆羅門所著經典忽略賤民不提（這些人早期被稱為「被拒斥的首陀羅」），主張將所有種姓分為四種瓦爾那：婆羅門、剎帝利、吠舍、首陀羅，藉由職能和權利的畫分，構成嚴謹的階序。

④ 譯注：剎帝利是古印度種姓制度中的軍事貴族，包括國王、貴族及戰士，他們擔任各級官職，掌握神權以外的所有國家權力。

圖1.1. 三級社會的結構：歐洲與印度，1660-1880年

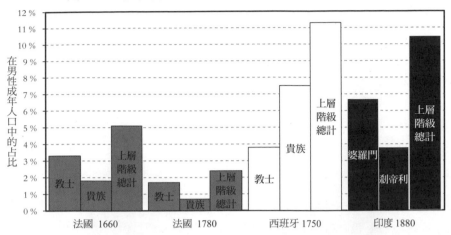

1660年時，教士階級占法國男性成年人口的3.3%左右，貴族為1.8%，亦即三重功能社會的兩個支配階級共占5.1%。1880年時，婆羅門（從前的教士階級，按英國殖民時期的人口普查數字）約占印度男性成年人口的6.7%，剎帝利（從前的戰士階級）約占3.8%，兩個支配階級合計為10.5%。來源與數據：參見 piketty.pse.ens.fr/ideologie。

世界和東方式極權對不平等及殘暴的喜好）實際上並沒有促成社會結構轉變的各種社會政治性和體制性程序那麼重要。

　　我們也將看到，前述這些不同群體的人數估計值是非常複雜的社會和政治建構所產生的結果。這些人數比例分布的成因經常是形成中的國家強權（專制君主國或殖民帝國）針對教士及貴族人口進行調查或針對殖民地和境內各族群進行人口普查所做的各種嘗試。這些調查機制同時具有複雜糾葛的政治及認知性質，其意圖通常不只是知識和心智表徵的產生，也在於達成社會支配。這些機制採用的分類方式以及調查所得的資訊除了呈現相關社會的結構，也揭示出主事者的企圖與政治計畫。不過這並不表示我們無法從這些材料中得到有用的訊息；相反地，只要我們花些時間將這些素材置入脈絡中進行細緻分析，它們就會成為寶貴的資料庫，讓我們更有效地理解相關社會所經歷的各種衝突、演變與斷裂，矯正過去我們認為那些社會停滯僵化的錯誤印象，以及我們以超乎理性的方式在那些社會間進行過度區分的傾向。

　　另外，三級社會中經常存在各種族群理論，用來解釋支配群體與被支配群體的起源（例如法國、英國、印度的貴族分別被認為源自法蘭克人、諾曼人、亞利安人，大眾則被認為源自高盧－羅馬人、盎格魯－薩克遜人、達羅維荼人），而這些起源有些符合真實，有些則屬於想像。在不同情況中，這類理論會被用來鞏固或去除現行支配體制的正當性（殖民列強當然是運用此一手段的箇中高手，它們最熱衷於塑造被殖民社會的澈底差異性，為其冠上一種與號稱充滿活力與動能的歐洲現代性完全無涉的身分認同）。然而，目前已知的所有歷史資料都顯示，不同階級間的融合現象事實上相當普遍，足以在幾個世代的時間內讓上述的假定族群差異幾乎完全消失。雖然三級社會中的流動性以量而言基本上應該低於當代社會，但無庸置疑，進行精確的比較非常困難，而且歷史上存在很多反證，例如在印度和歐洲，為了提升新興菁英或新興貴族的正當性，三級意識形態會在事後立論自圓其說，而這恰恰證明了階級論述的彈性。無論如何，這不是一種原則性的差異，而是程度上的差異，我們必須從這個角度進行研究。在所有三重功能社會中（包括那些宗教階級原則上採用繼承制度的社會），我們都會看到教士來自另兩個階級、平民因為戰功或其他功勳而獲得貴族頭銜、神職人員棄袍從戎等各式各樣的融合現象。社會流動縱然不是常態，但或多或少總是存在。無論是在三級社會或其他類型社會，社會身分認同以及階級間的界線都是不斷協商和爭論的結果。

三級社會針對不平等的合理化論述

　　更廣泛而言，我們不該認為三級社會體現的是一種本質上不公、專斷而獨裁的階級秩序，與被假定公正且和諧的成就導向現代階級秩序有如南轅北轍。對安全和意義的需求一直是兩種最基本的社會需求，這點在低度開發社會中特別明顯：由於領土零碎分散、交通連絡不便、長期缺乏穩定、民生困苦不安，而且社會基礎時時刻刻受盜匪、敵族、瘟疫的威脅，這些

社會對安全與存在意義的需要格外殷切。一旦有某些宗教或軍事團體能針對這些需求帶來具有可信度的因應方式，在所處時空中建立合適的制度和意識形態（宗教團體提出關於所屬社會共同體起源與未來的宏大論述，以及可供表述自身歸屬、確保族群永續的具體符徵，軍事團體則提供可有效規制合法暴力範圍、確保人身及財產安全的組織結構），那麼三重功能的階級秩序在相關族群眼中就可能顯得合理而正當，這點非常容易瞭解。如果既有政權能帶來物質和精神上的安全保障，同時又沒有人知道其他可能的統治形式會有什麼效果，那麼人民為什麼要冒險失去一切？理想的政治和社會組織可謂疑雲重重的謎團，用於達到目的的具體手段充滿極大的不確定性，因此一個政權若能提出一個已獲證實的穩定模式，用簡單易懂的方式分配各種重要社會功能，那它自然會得到一定程度的成功。

這當然不表示在權力與資源的明確分配方面，三個群體之間存在共識。三重功能制不具有以理性為基的理想主義論述，它提供的不是一套定義精確且開放公眾討論的公義標準。這是一種極端不平等的威權主義和階級主義論述，它經常透過寡廉鮮恥、凶狠粗暴的離譜方式，讓宗教及軍事菁英穩操主宰大權。此外，在三級社會中，經常可以看到教士和貴族試圖過度伸張特權，或高估了自己的威嚇力，結果導致人民造反，最終被迫進行自我變革，甚至因此被推翻而消失。在此我只是要強調，三級社會為了合理化存在於其核心的不平等而建立三重功能制度——也就是說，主張三個群體各自負責特定功能（宗教功能、軍事功能、勞動功能），而且認為這樣的三重分配方式應該能讓社會全體獲益的概念——這套制度若能長存，在某個程度上必然有其合理可信之處。與所有其他社會類型一樣，在三級社會中，不平等制度必須立足於一套摻雜強迫與同意的複雜融合體中，才可能長久存續。純粹而嚴苛的強迫不足以確保政權穩固，支配團體採行的社會組織模式也必須能在全體人民（或者至少是相當比例的人民）當中激發某種程度的凝聚力。政治領導總是必須以某種最小形式的道德領導與智識領導——也就是說，一套關於公共福祉與大眾利益的可信理

論——為建立基礎。[3]這很可能是三重功能社會與其後出現的其他社會模式之間最重要的共同點。

三級社會的特性簡單說就在於它用來合理化不平等現象的特定模式：各個社會群體發揮一個對其他群體不可或缺的功能，為所有群體提供一些關鍵性的服務，就像人體不同部位的運作。無巧不巧，身體的比喻經常被用在三級社會據以闡釋其三重功能組織模式的論述文獻，包括中世紀的歐洲以及自古以來的印度，尤其是在公元前二世紀於印度北部撰寫的《摩奴法論》（*Manusmriti*）架構中（這部論述比基督教將三級制度加以正規化的最早文本早了一千多年，後續我們將進一步說明這個部分）。這種理論為各個被支配群體賦予了一個在社會整體中的特定位置，通常是扮演類似腿或腳的角色（支配群體則通常被比喻成頭部或手臂），這種分類方式當然不是很厚道，不過至少對應出一有用的功能，對整個社會共同體具有無可置辯的益處。

因此，這種合理化模式（特別是與其轉變和消失有關的環境條件）值得就事論事地探討，並與現代各種不平等合理化制度進行比較。這兩者並不完全相異，儘管社會功能顯然已大幅改變，而且就業機會平等已被宣告為基本原則（只是我們不見得積極瞭解這個平等究竟是真實存在或者是理論上存在而已）。接替三級社會而來的政治制度以汙衊三級社會為要務，這是理所當然的事。舉例而言，我們可以看到十九世紀法國布爾喬亞階級針對舊制度時代貴族的批判，以及英國殖民統治者針對印度婆羅門階級的貶低。不過這些論述本身的目的是合理化其他不平等和支配制度，而且這些制度對受支配群體不見得比較溫和，這些也需要我們就事論事地探究。

多元菁英，均一民族？

最後這點格外重要。在進行這項大規模研究之初，我們之所以必須先探討三級社會，並深入分析其中的一些變化版本和演進方式，是因為無論

它們與各種形態的現代社會差別有多大，歷史上導致三級社會消失的各種發展路徑和轉型進程在當今的世界留下不可磨滅的印記，這是不爭的事實。我們將特別注意到的一點是，不同三級社會之間的主要差異與居於主導地位之政治－宗教意識形態的性質有關，尤其是它在以下兩個關鍵問題上的立場：如何因應菁英階層的多元性，以及如何確立或假定人民的均一性。

第一個問題牽涉到兩個支配群體（教士與貴族）之間的階序和互補性。在大多數歐洲等級社會，特別是法國的舊制度社會，官方認定的最高等級是教士，貴族在儀式隊伍中必須按照禮節居於第二位。但是，在三級社會中，誰真正掌有最高權力，而教士的宗教權力與貴族的世俗權力之間又該如何安排並存共治的模式？這個問題非同小可，在不同時空背景中也獲得了不同的解答。

這個問題本身也與另一個議題密切相關：教士是否獨身不婚，以及教士階級作為與另兩個階級有明確區別的社會群體，應該如何傳承命脈。在印度教、伊斯蘭教（包括什葉派和遜尼派）、猶太教以及大部分其他宗教中，神職人員可以生兒育女，從而形成真正的世襲階級。以印度教而言，這個世襲階級的具體形式是婆羅門，婆羅門同時代表教士階級與知識階級，在實踐層面經常占有高於戰士貴族階級「剎帝利」的優勢政經地位，這點我們必須瞭解。在什葉派伊斯蘭教中，神職人員構成一個組織嚴密的強大世襲階級，經常在地方上的「準國家」乃至整個中央集權國家成為統治者。在這個議題上，基督教是最主要的例外，至少就古羅馬時期的基督教和現代天主教而言是如此；神職人員必須時時從另兩個群體補充（貴族階級供應高階教士，平民階級供應低階教士）。這種情形使歐洲的例子在三級社會乃至所有不平等制度的漫長歷史中顯得非常獨特，而且可能可以用來解釋後期歐洲社會發展路徑的某些面向，特別是在經濟－財政意識形態以及法律組織方式等領域。我們也將在本書第四部看到，教士和戰士這兩種類型的菁英及這兩種正當性之間的競爭關係，與現代政治和選舉衝突

中不時浮上檯面的知識菁英與商業菁英之爭具有一定程度的關聯，儘管競爭條件從三重功能時代至今無疑已有大幅改變。

第二個問題是，勞動階級是否應該被定義成一個均一的群體（各種與勞動有關的身分地位可以在多大程度上統合在「勞工階級」這個項目底下？反之，農奴、奴隸等不同奴役勞動形式之間的區別是否應該設法維持？），以及在中央集權國家的形成和傳統宗教意識形態等因素影響下，職業認同和職業團體被賦予多大的重要性。理論上，三級社會的基本概念是將全體勞工統合在單一階級、單一地位、單一身分中。但在具體實踐上，情況可能複雜得多。以印度社會為例，不平等現象在源自最低種姓（從前被視為穢不可觸、飽受歧視的勞力工作者達利特人〔賤民〕）的群體與源自較低和中間種姓（即從前的首陀羅，在不同情況中可涵蓋無產勞動者或僕傭之類的奴役性質雇工，不過無論是指哪群人，他們受到的歧視都比達利特人少）的群體之間持續存在，直到二十一世紀初期的今天，這個對比依然在印度的社會政治衝突結構中扮演核心角色。在歐洲地區，各種勞動地位的統合與農奴制度的逐漸廢除是一個長達將近千年的緩慢發展過程，從公元1000年前後一直持續到十九世紀末的歐洲東部，而且至今仍留有一些清楚易見的痕跡和歧視現象（例如羅姆人[5] 所面臨的狀況）。尤其值得注意的是，以所有權主義為基礎建立的歐美現代性伴隨著史無前例的奴隸制與殖民制發展，導致美國黑人與白人人口之間的不平等以及歐洲本土人口與後殖民外來人口之間的不平等持續存在，兩者的具體形式雖然不同，但性質有一定的相似度。

總括而論：與不同（或被認知為不同的）身分或族群－宗教背景有關的不平等在現代不平等現象中持續扮演重要角色，而這個實況遠遠不是某

---

[5]　譯注：羅姆人是源自印度北部的印度－亞利安種流浪民族，於公元1000年左右抵達西亞和歐洲，在中國也曾有其足跡（稱為「囉哩回回」），目前散居世界各地。羅姆人在各國語言中有許多不同稱呼，如茨岡人、吉坦人、波希米亞人等等。英國人最初認為羅姆人來自埃及，因此稱他們為「埃及人」，這個名稱逐漸訛變為 Gypsy（吉普賽），過去中文亦採此訛名，將羅姆人稱為「吉普賽人」。

些論述提出的成就主義社會神話所能粉飾。為了有效理解現代不平等中的
這個面向，首先必須研究傳統三級社會及其各種變化版本，以及這些社會
是以何種方式從十八世紀開始逐步轉變成融混所有權社會（在這種社會
中，與階級身分和族群－宗教有關的差異原則上已經消弭，但財富和資產
方面的不平等可能達到超乎想像的程度）以及奴隸、殖民和後殖民社會
（與前述社會形態相反，在這類社會中，基於階級身分、族群和宗教的差
異扮演核心要角，而相當嚴重的錢財與資產不平等可能伴隨存在）的複雜
合成體。更廣泛而言，研究後三級社會的各種發展途徑及其中的多元樣貌
能提供一把關鍵性的鑰匙，讓我們據以分析宗教體制與宗教意識形態在現
代社會的結構組成中扮演何種角色，特別是這些思想和體制透過其與教育
制度的緊密關聯，乃至與社會不平等的心智表徵和調控作為等更廣面向之
間的牽連，對社會結構所造成的影響。

三級社會與國家的形成：歐洲，印度，中國，伊朗

　　最後特別強調一點，本書不企圖以通論方式提供關於三級社會的全般
歷史，一方面因為那樣的工作宛如江河，遠非區區一本書的篇幅所能涵
蓋，另一方面則是因為撰寫那樣一部歷史所需的原始材料在今日並無法取
得，甚至由於三級社會具有極端分散的特質，而且留下的痕跡相當稀少，
這種素材在某個程度上永遠不可能完整建構出來。本章及以下數章的目的
比較卑微，只是聚焦探討一些有助於分析三級社會後續發展及現代不平等
制度的重要元素，藉此為那樣的總括式比較歷史提供幾個初步標竿。

　　完成這部分的探討以後，我會比較詳細地檢視法國和其他歐洲國家的
情況。法國的案例非常具有象徵性，因為1789年的法國大革命標示著舊
制度（可視為三級社會的範型）與十九世紀在法國蓬勃發展的布爾喬亞社
會（可說是所有權社會的原型，在許多國家成為接替三級社會的重要發展
形態）之間格外明晰的一次斷裂。「第三等級」（tiers état）這個源自法文

的詞語也無比清楚地表達了社會分成三個等級的概念。另外，研究法國的案例，並與歐洲和歐洲以外地區的其他各種發展路徑進行比較，也讓我們有機會深入思索，在三級社會的轉變過程中，革命以及長期趨勢（後者主要與國家形成和社經結構演進有關）這兩種因素各自扮演了什麼角色。英國和瑞典的例子提供了特別有用的反照：時至今日，這兩個國家仍舊採行君主政體，三級社會的轉變以遠較法國和緩的方式進行。不過我們會看到，小規模的斷裂在這個過程中還是扮演了重要角色，而這些不同的發展路徑也具體顯示，在整體演進的大道上，可能出現非常多元的替代性分叉路線。

在本書的第二部，我將分析幾個在歐洲以外地區觀察到的三級社會（有時是四級社會）變化版本。我會特別關注這些社會的演變以何種方式受到歐洲列強在當地建置的支配制度（先是奴隸制，而後是殖民制）所影響。我會把焦點放在印度的案例，因為古老三級分割的標記仍以超乎尋常的方式深深烙印在當地社會，即使1947年印度獨立以後歷任政府決意終結這個現象，成效依舊有限。此外，印度也提供了獨一無二的觀察視角，因為一個古老三級文明（全世界現存最古老的三級文明）與大英帝國殖民強權在此猛烈交會，這個碰撞過程澈底改變了國家形成與社會轉型的條件。與中國和日本的例子進行比較，也可供思考關於後三級社會不同發展路徑的多種假設。最後我會說明伊朗的情況。伊朗是一個相當驚人的案例，當地教士階級權力的立憲工程很晚近才出現，目前仍在進行，在這個過程中，伊斯蘭共和國於1979年成立。

經過這些紮實討論後，我們將進入本書第三部，分析所有權社會在二十世紀各大危機衝擊下崩壞的始末，以及這種社會形態在二十世紀末和二十一世紀初期的後殖民／新所有權世界中浴火重生、換上全新定義的可能性。

2 | 歐洲的等級社會：
權力與所有權

在探討三級社會及其演變之初，我們將在本章檢視歷史上歐洲等級社會的情況，特別是法國的案例。這部分研究的主要目的是讓我們有效瞭解這些社會中三個階級之間的權力與所有權關係。首先，我們將分析中古時期掌權者合理化三重功能社會秩序的一般方式。我們將看到，三級不平等論述試圖用自己的方式表達某種均衡的概念：兩種形式的統治正當性——知識／宗教菁英的正當性以及戰鬥／軍事菁英的正當性——達成某種政治和社會均衡。這兩種統治正當性被先驗性地視為合理可信，是社會秩序乃至社會整體永續維持不可或缺的要項。

然後我們將研究舊制度社會中貴族階級與教會階級的人員與資源演變情形，以及三重功能意識形態如何體現在所有權關係與經濟調控關係的各種複雜模式中。我們會特別談到基督教會在其中扮演的角色——它既是一個所有權組織，也是經濟、財務、家庭及教育規範的提供者。以上的探討極為重要，將讓我們在其後的章節中更有效地理解三級社會轉型為所有權社會的背景條件。

等級社會：一種權力平衡的形式？

　　許多中古歐洲留存至今的資料（其中最古老的文件可追溯到公元1000年左右）描述中世紀社會分為三個等級的現象，並對此進行理論探討。在十世紀末和十一世紀初，英國北部市鎮約克（York）的伍夫斯坦（Wulfstan）大主教與法國北部市鎮拉昂（Laon）的亞達貝宏（Adalbéron）主教都曾撰文說明基督教社會必須組織成三個群體：「祈禱者」（oratores，即教士）、「戰鬥者」（bellatores，即貴族），以及「勞動者」（laboratores，即第三等級，其中大部分為農民）。

　　為了有效瞭解這些撰述者所反對的其他主張，我們當然必須考量那個時代基督教社會對穩定的需求，特別是對人民造反的恐懼。他們的立論重點是將社會階層合理化，同時設法讓「勞動者」接受他們的命運，明白自己身為良善的基督徒，必須尊敬人世間的三級秩序，而這代表的是服膺神職人員與貴族的權威。為數眾多的文獻提到農務勞動者的艱苦生活，認為這種辛苦對其他兩個等級和社會整體的存續是必要的，反抗的人必須接受各式各樣的嚇阻性身體刑罰。在此舉出十一世紀中葉一位名叫基佑姆・德余米耶日（Guillaume de Jumièges）[①] 的修士對發生在諾曼第的一場造反所做的描述：「拉伍伯爵沒等上級命令下來，就立刻擒拿所有農民，砍斷他們的手腳，然後將肢體殘缺的他們送還給親屬。自此這些親屬克制自己不從事這類行動，由於恐懼遭受更可怕的命運，他們變得更加謹慎……。經過這種經驗教訓以後，農民放棄集會活動，匆忙返回犁田耕種的崗位。」[1]

　　不過三級論述也是說給菁英階層聽的。對拉昂的亞達貝宏主教而言，這麼做的目的是說服國王和貴族秉持智慧與節制原則進行統治，並在統治

---

① 譯注：即「余米耶日的基佑姆」。余米耶日是法國諾曼第塞納濱海省的一個小村鎮，以余米耶日聖彼得修道院（Abbaye Saint-Pierre de Jumiège）聞名。這座本篤會修道院是由一名法蘭克貴族建於公元七世紀中葉，是塞納河流域大型修道院中規模最大、歷史最悠久的一座，於法國大革命期間遭毀，但留存宏偉的雙塔、立面等結構。

過程中依循教士的意見（所謂教士是指包括世俗教士〔入世教士〕及戒律教士〔出世教士〕在內的所有神職人員，他們除了宗教本務以外，也經常為王侯擔負其他重責大任：學者、書記、使節、會計、醫生等等）。[2]亞德貝宏在他的一篇文字中描述一個詭異的行進隊伍，呈現世界倒反的景象，其中可見農民頭戴王冠走在前面，一絲不掛的國王、戰士、修士和主教則跟在犁具後方魚貫而行。這段敘述的用意是以鮮明方式闡釋，唯有三個等級處於均衡狀態，社會才能維持穩定，倘若國王任由戰士跋扈妄為，導致均衡邏輯改變，這種荒謬情況就可能發生。[3]

　　有趣的是，亞達貝宏也對他所屬的等級——神職人員——明白昭告他的論點，尤其是針對克呂尼修院派的修士②，因為他們在十一世紀初年意圖擁武自重，向世俗戰士階級宣示軍事力。事實上，中世紀的修會成員經常是最不順從的一群人，因此在當時的文獻中，如何防範神職人員佩戴武器是一個屢屢被提出來討論的主題。換句話說，三級論述的宗旨比表面上看起來更複雜而幽微，既要團結人民，也必須安定菁英階級。整個論述的目的不只在於讓受支配階級接受自己的命運，同時也必須讓菁英階級同意分為兩個不同群體——戰士／貴族階級與教士／知識階級，且各個群體恪守自己的本份。戰士必須以良善的基督徒自居，虛心領受教士的賢明指導；教士則不可自以為是戰士。這是一種階級權力均衡和各群體自我限制特權的形式，而在那個年代的社會風俗中，這樣的實踐絕不容易。

　　近代的歷史文獻也強調，三重功能意識形態在勞動階級內部各種身分的緩慢統合過程中具有相當的重要性。因為，將社會分成三個等級的理論探討不只是為了合理化前兩個等級對第三等級的權威，這套論述也主張第三等級中所有勞動者具有同等的尊嚴，因此在某種程度上，它等於是在挑

---

② 譯注：克呂尼修道院（Abbaye de Cluny）位於法國布根第地區的克呂尼，是亞奎丹公爵敬虔者威廉於公元 909 或 910 年建立的天主教本篤會修道院。鑑於修道主義的腐化，克呂尼修道院發起天主教改革運動「克呂尼改革」，成為西方修道主義復興的象徵，在其後兩百多年深刻影響天主教會，盛期曾統管二千多所修院。

戰奴役與奴隸制度。馬諦鄂・阿爾努（Mathieu Arnoux）認為，正是三重
功能概念的理論主張促成強迫勞役的終結，使勞動世界統合成單一等級。
開墾者與農務勞動者終於不再被貶為一群各行其事且部分形同奴隸的烏合
之眾，而成為應受重視且值得稱許的自由勞動者；自此他們的勞動效率和
生產力顯著增加，造就了中世紀的人口成長（1000-1350）。[4] 公元1000年
前後，所有文學作品和宗教文獻都顯示奴隸制度在歐洲仍然非常盛行。
十一世紀末期，奴隸與農奴在英國和法國的人口中都占有顯著比例。[5] 不
過到了1350年，奴隸制在西歐地區只以殘餘狀態存在，農奴制度（至少
是其中最嚴苛的一些形式）似乎也已幾乎完全消失。[6] 隨著主張三等級社
會的論述日益普及，農務勞動者的法人地位、公民權、個人權，以及他們
的財產權和移動權，在1000-1350年間逐漸獲得比較紮實的認可。

　　對阿爾努而言，這些史實顯示自由勞動的推動過程在1347-52年的黑
死病以及1350-1450年間人口成長停滯之前早已大幅開展。這個時間順序
非常重要，因為過去許多文獻指出，黑死病造成的勞動力相對稀缺是西歐
農奴制度廢除的原因（然而這個因素有時也被用來解釋農奴制度在東歐地
區更形嚴峻的現象，由此可見其中的矛盾）。[7] 與此相反，阿爾努把焦點擺
在各種政治意識形態因素，特別是三重功能模式的重要性。他也強調各種
有助於發展生產合作的具體制度（休耕、什一稅、市集、磨坊），這些合
作是三級社會不同階級（農務勞動者、宗教組織、統治階級）之間的新型
結盟關係所促成的結果，其中農務勞動者是這場勞動革命中名副其實的無
聲匠人，神職人員透過什一稅制集資建設共用穀倉、興建最早的學校、救
濟貧民，領主階級的主要貢獻則在於水車管控和農田的開拓。儘管有各種
危機發生，這個良性過程很可能在1000到1500年之間顯著增加了西歐地
區的農業生產和人口數量。這些進展對地景以及森林和農墾的演變造成深
遠影響，而且與奴役勞動的逐步終結同時發生。[8]

三重功能秩序，自由勞動的推廣，以及歐洲的命運

其他研究中世紀的歷史學者也早已強調三重功能意識形態在勞動身分的統合過程中所扮演的歷史角色。舉例而言，賈克·勒高夫（Jacques Le Goff）認為，三重功能模式在十八世紀之所以走到窮途末路，正是因為它曾太成功，結果反受其害。三等級理論在公元1000年到1789年的法國大革命之間確保勞動得以被提倡為一種價值。一旦這個歷史任務達成，三級意識形態就可以功成身退，讓位給企圖心更宏大的各種平等主義意識形態。[9]阿爾努對這個議題分析得更深入。他認為三重功能意識形態以及歐洲的勞動身分統合過程是拉丁基督信仰在1000-1500年之間大幅蛻變的主要因素之一。公元1000年前後，拉丁基督教四面楚歌，受到來自各方的攻擊（維京人、撒拉森人[③]、匈牙利人），面對周邊其他政治－宗教集團（特別是拜占庭帝國與阿拉伯－穆斯林世界）顯得疲軟無力；到了1450-1550年，基督教卻野心勃勃準備征服世界，它擁有眾多活力充沛的年輕人口作為後盾，而且農業生產力夠高，足以孕育初期的城市化發展，並催生即將展開的軍事及航海遠征。[10]

可惜的是，現有的可取得資料不夠紮實，無法針對這個議題提供確鑿的佐證，而且我們也不無理由認為，前述某些假設的立論基礎是對中世紀歐洲三級社會及其中各種互利合作關係所抱持的一種過度理想化的觀點。後續我們將看到，有很多其他因素可供解釋歐洲發展路徑的特殊性。不過無論如何，上述各項研究的重要價值在於強調三重功能制度相關政治意識形態議題的複雜性，並且讓我們比較清楚地看到那個漫長歷史中各方在政治與意識形態上的定位。

---

③ 譯注：撒拉森人（sarrasin）在西方的歷史文獻中常用來泛稱阿拉伯帝國的人民。這個詞彙源自阿拉伯文的「東方人」（拉丁轉寫：sharqiyyin）。中世紀歐洲人以「撒拉森」一詞籠統稱呼信奉伊斯蘭的阿拉伯世界，而「穆斯林」、「伊斯蘭」這些詞彙在當時尚不存在；以法文為例，這兩個詞語分別於1551年和1697年才首次出現。

　　比如我們會想到西哀士神父④ 的例子。西哀士是一名神職人員，但也在三級會議中被選為第三等級的代表。他在1789年1月發表一本小冊，開篇即是這串著名問答：「什麼是第三等級？什麼都是。至今第三等級在政治秩序中算是什麼？什麼都不算。第三等級的訴求是什麼？得到某種地位。」他在小冊子最初幾頁開宗明義地指摘法國貴族的缺失，認為法國的制度堪比「大印度地區和古埃及的種姓」（西哀士沒有進一步詳細比較，不過這顯然不是稱讚之詞），接下來他馬上提出他的主要訴求：路易十四國王甫召集並預定於1789年4月在凡爾賽集會的三個等級應該共同享有席位，其中第三等級的席位數應該是另兩個等級的總和（即第三等級享有50%的投票權）。這是一項革命性的要求，因為原本的安排是三個等級各自集會和投票，這樣可以保障兩個特權等級在三個等級之間意見分歧時得到三分之二的票數。西哀士認為，這種讓特權階級自動擁有多數票的做法令人難以苟同，因為根據他的估計，第三等級占法蘭西王國總人口的比例高達98-99%。不過我們還是可以看到，他願意至少在一段時間中接受第三等級只占一半席次的情況。最後，在大革命如火如荼地進行時，第三等級的代表按照他所倡議，在1789年6月提案讓另兩個等級加入，共同組成「國民議會」。教士階級與貴族階級的一些代表接受了這個提案，然後這個主要由第三等級代表組成的國會取得大權，主控大革命的進程，並於1789年8月4日投票決定廢除前兩個等級的特權。

　　不過幾個月以後，西哀士針對該項歷史性決議的具體實施方式表達了深切的反對立場，特別是關於神職人員財產的國有化和教會什一稅的廢

④ 譯注：艾馬紐－約瑟夫・西哀士（Emmanuel-Joseph Sieyès），通稱西哀士神父，1748-1836，法國天主教會聖職者、政治家、論文家，法國大革命、法蘭西執政府和法蘭西第一帝國主要理論家之一，曾擔任法蘭西督政府督政官、法蘭西執政府執政官。他曾出版一本以著名提問「什麼是第三等級？」為名的小冊子，這本小冊宛如大革命的宣言，並促使三級會議迅速轉型為1789年6月的國民議會。1799年11月，西哀士煽動霧月政變，協助拿破崙奪得政權。在一份未發表的文稿中，西哀士首創「社會學」（sociologie）一詞，其中的論述是現代社會科學理論形成的依據之一。

止。在法國舊制度時期，什一稅是針對農田與牲畜的產出物所徵收的稅項，徵收比率依作物種類與地方習俗而異，通常是收穫價值的8-10%，並大都採用實物繳納的方式。什一稅涵蓋所有農業用地，原則上也包括貴族的土地（這跟人頭稅的情況不同，貴族免繳該項皇家稅），稅收按照地方教區、主教轄區、修道院之間的複雜分配規則，直接支付給各教會組織。什一稅具有相當古老的淵源，從中世紀盛期開始就逐漸取代教會信徒的金錢奉獻。加洛林王朝的王室與貴族大力支持這個做法，並在十三世紀期間立法明訂規則，使其成為強制徵收的稅賦。加洛林之後的所有王朝持續支持這個制度，使教會與王室的聯合成為定局，教士階級與貴族階級形成牢不可破的同盟關係。[11]這項稅賦與教會財產所獲收益都是教會機構的主要財務來源，讓教會得以支應神職人員的薪資及籌辦活動的費用。這樣一套核心政治－稅務體制使教會在實質上轉型為「準政府」，擁有可觀的資源，可以調控社會，發揮信仰、社會、教育、道德等層面的指導功能。

　　西哀士認為（阿爾努也傾向於認同他對這個問題的觀點），廢除教會什一稅不僅形同阻礙教會扮演這個角色，還會使數以千萬圖爾鎊⑤計的金額落入富裕地主的私囊，而根據西哀士的觀察，集體穀倉、診療所、學校以及其他各種由教會出資的社會協助機制和公共產業造福最多的對象經常是最窮困的農務勞動者，因此如果發生上述改變，首當其衝的就是這群人。[12]不過值得注意的是，整體而言，十八世紀法國天主教會機構在教育及社會方面的成就相對少於較後期的國家級和地方級同性質公共體系所獲的成果。我們還發現，什一稅制徵收的稅捐也被用來支付主教、神父、修士的龐大生活開銷，而這些人最關心的事務不見得是貧窮百姓的福祉；相反地，什一稅經常不只對富有地主造成負擔，更為下層民眾的生計帶來沉重壓力（此外，這個稅制的運作方式中完全沒有讓富人做出更大貢獻的機

⑤　譯注：圖爾鎊（livre tournois）是法國舊制度時期採用的貨幣，因在羅亞爾河谷地城市圖爾鑄造，故名圖爾鎊。圖爾鎊從十三世紀開始逐漸取代巴黎鎊，不過1667年才成為法國的唯一標準貨幣。1795年法國法郎發行，圖爾鎊隨之停用。

制，因為什一稅是比例稅而非累進稅，而教士階級不曾提議改變這種情況）。[13] 不過這裡討論的目的並不是對這個爭論做出定奪，也不在於重新掀起西哀士神父和持反教士立場的米哈波侯爵（marquis de Mirabeau）之間的矛盾（西哀士比較希望照顧神職人員的利益，並向貴族徵收更多稅金，米哈波侯爵則以反對什一制著稱，他大聲疾呼取消什一稅、將教會財產國有化，而在徵收貴族的財產方面，他就顯得毫不積極）。

　　在此只是要說明，三級社會中不同社會群體之間的關係非常複雜，同時包含交換與支配的成分，而這種複雜性造就了一些雖然不乏矛盾但尚稱合理可信的論述。對西哀士而言，終結兩個支配等級最不應得的一些特權，同時維持天主教會的重要社會角色（特別是在教育方面）以及符合這個角色的財務資源和有形資產，這顯然是可能而且恰當的選項。這些與宗教信仰的角色、教育模式的多樣性以及教育經費來源有關的辯論在許多現代社會中依然極為重要（而且無論是在法國這類已採納號稱「政教分離共和制度」的社會，或在英國、德國這種保有君權原則並在某種程度上正式承認宗教信仰的社會中，情況都是如此），我們將在適當的章節中探討這個部分。在目前這個階段，我們只想強調這些討論具有非常悠久的歷史，可以追溯到社會不平等根據三重功能原則被結構化的時代。

教士階級與貴族階級的人員與資源：以法國為例

　　整體而言，對於三級社會的歷史中教士、貴族與其他不同社會群體在人數和資源方面的演變，很可惜我們能得到的資料很少。這個情形有一些深層的成因：三級社會最初的建立基礎是政治和經濟上的權力與正當性在地方上盤雜交錯的特質，這種模式與現代中央集權制國家重視資訊蒐集、講求統合性的運作邏輯形成鮮明對比。三級社會不尋求在廣大領土上以明晰、絕對而均質的方式定義社會、政治和經濟類別。三級社會也不進行系統性的行政調查和普查。或者更精確地說，當這些社會開始做這些事，而

社會類別的定義和不同群體間的邊界開始變得明確時，這通常表示中央集權式國家的形成已經進展到一定程度，而三級社會正在邁入尾聲，或者至少正在經歷一些根本性的變革或某種澈底的重造。傳統的三級社會生活在暗影中；如果探照燈亮起，這意味的是那些社會已經出現質變。

　　就這個觀點而言，法國的君權制度特別引人遐思，因為在中央層級上，三個等級是歷史相當悠久的官方政治存在體。集合教士、貴族和第三等級代表的法蘭西王國「三級會議」其實從1302年就開始定期或不定期召開，而其目的是針對涉及整個國家利益的重大議題（通常與財政、司法或宗教有關）進行決議。這個制度本身就深具象徵性，它是三重功能意識形態的一種體現，或者更貼切地說，是一種暫時性而最終未果的嘗試，其目的在於賦予正在成形的中央集權式君權國家一些正式的三重功能基礎（因為在千百年間，地方層級的三級社會在沒有任何三級會議介入的情況下，也能照常運作）。事實上，三級會議是一個脆弱的體制，它的形式非常單薄，開會頻率也非常不規律。1789年三級會議的召開儼然是不得已的手段，為的是設法整頓稅收制度，並正式面對一場已經極其嚴重、而最終將導致舊制度覆滅的財政與道德危機。這是法國召開的最後一場三級會議，三個社會等級前一次集會是1614年的事。

　　尤其重要的一點是，三級會議的架構中不存在任何中央統合的選民清單，也沒有任何一致的程序可供指定各等級的代表人選；一切都由地方的習俗與慣例來決定。在具體實踐上，主要是由城市的布爾喬亞階級以及勞動階級中最優渥的成員負責遴選第三等級的代表。在這些指定程序中，也不斷出現一些與貴族階級的界定有關的衝突，特別是在早期的「佩劍貴族」（noblesse d'épée，也稱「佩劍紳士」，即早先的戰士階級）與新的「穿袍貴族」（noblesse de robe，也稱「袍族」或「筆墨紳士」，即法務官、議會行政官等）之間。佩劍貴族總是試圖將穿袍貴族歸入第三等級，而且經常成功達到目的，通常只有一小部分「高階袍族」會被承認具有完整貴族資格。
14

　　此外，在1614年的三級會議期間，第三等級內部也單獨舉行了選舉，目的一方面在於指定法務人員（「穿袍人士」）代表，另一方面則是指定第三等級其他群體（布爾喬亞、商人⋯⋯）的代表，因此在某個程度上我們可以認為當時存在著四個等級，而不是只有三個。以1610年著作《論等級與領地》（*Traité sur les ordres et les seigneuries*）聞明，深具影響力的法學家羅瓦索（Loyseau）甚至幾乎提議讓這群「筆墨貴族」——在成形中的君權國家宛如行政與司法棟樑的一群人——取代神職人員，成為王國真正的第一等級（他曾指出，古高盧的德魯伊教祭司也是最早的行政長官），不過他還是不敢跨出這個大步，因為這麼做會導致整個政治和宗教秩序必須徹底重新定義。羅瓦索對佩劍貴族的批評同樣尖銳，他指責他們利用先前數世紀期間君王的軟弱，藉機將過去因為提供軍事服務而獲得的權利轉變為超乎常理而且可以讓與的永久性權利，而他認為這些權利應該維持暫時性質，而且範圍必須受到限制。藉由這種論述，羅瓦索之流的法學家成為中央集權式國家的堅定擁護者，一方面動搖了三重功能秩序的根基，同時也引導人心準備迎接1789年將到來的大革命。佩劍紳士與王權勤務負責人之間衝突也相當激烈，後者被指責利用王室的財務窘境，伺機侵占特權與公共收入，有時甚至憑藉財力（大都是透過不當商業活動而得），奪取貴族頭銜。[15]

　　話雖如此，光靠現存一些三級會議的中央統合選民清單，我們不可能知道不同階級的整體人數。所有與選定三個等級的代表有關的作業都在地方層級進行，而因為每個地區的作業程序都不一樣，因此在不同地方、不同時期，留下的資料比較零碎，分類方式也偏向鬆散而且不時變動。更廣泛而言，我們必須知道法國在十九世紀以前不曾舉行真正的普查。今天，普查被理所當然認為是產出基本社會和人口知識的必要工具，而且對政府的運作也不可或缺（例如如何決定核撥多少經費給地方，或為了選舉而畫分國土時要分配多少席位和選區）。但如要建立這種機制，需要恰當的組織能力與交通運輸手段，以及想瞭解、量度和進行行政管理的意願，這些

條件並不那麼理所當然，而且衍生自特定的政治意識形態發展程序。

在舊制度時期，相關當局有時會計算爐火的數目（一口火代表生活在相同屋簷下的一個或多個家庭），但從不按人頭統計，而且只有部分省份做這個工作，因此沒有均質的資訊可供確實瞭解與各口「火」（即廣義的家戶）相對應的等級、職業、身分或社會階級。1801年，法國才開始舉辦真正全國性的人口普查，而且當時還只是相對粗糙的總人口計算。一直要等到1851年，個人資料單和最早的記名清單才終於出現，可以用來按年齡、性別、職業建立統計圖表。此後，這些社會職業統計和分類方式在現代人口普查架構中持續獲得改變和優化。[16]

在舊制度時期，特別是十八世紀期間，很多人討論不同等級的人口數，但由於沒有任何官方估計數字存在，所有研究者都必須發揮高度巧思，根據有時某某地區整理出來的少許相關數據（教區數目、貴族人數、家戶數），提出自己的全國性推估。西哀士本人在他的著名小冊中即指出：「關於人口的問題，我們知道第三等級的規模比前兩個等級超過極多。跟所有人一樣，我不清楚真正的比例，不過也跟所有人一樣，我姑且做了自己的計算。」接下來，他用一個非常粗略的布列塔尼貴族家庭數量計算值，乘以一個低得誇張的家庭平均人數值，得出一個相當低的貴族人數估計數字。這種計算方式揭露出作者的意圖：突顯貴族等級極低人數與極高政治分量之間的荒謬比例。

整體而言，雖然不同資料來源給出的貴族家庭數目估計值（這裡指的是按譜系定義的貴族身分）相對一致，不過一旦涉及相關地區的總人口，情況就顯得比較複雜多變。首先出現的不確定項是家戶的平均大小（估計家戶大小意味的是對小孩數目、存活配偶人數、不同世代同居一堂的比例等因素提出假設）。第二個困難點更棘手：針對每個貴族譜系，應該將多少「爐火數」和家庭單位數納入考量？（此外，由於某某支系是否會繼續保有貴族身分並不容易事先判定，這種不確定性更加顯著。）

十七世紀中期開始，統計工作有了比較系統性的依據，一方面是

1660-70年代路易十四和他的大臣柯爾貝（Colbert）在位期間針對貴族與教士兩個等級進行大規模調查所獲的結果，另一方面格外重要的則是1695年開始徵收的新制人頭稅（capitation）相關數據。（新制人頭稅也對貴族徵收，跟只對平民徵收的舊制人頭稅〔taille〕不同。）在這個部分，以在法蘭西王國全境建造眾多固若金湯的要塞而名滿天下的沃邦元帥（maréchal Vauban）也有著名事蹟，他曾屢次對法國的土地資源進行估計，並提出稅務改革計畫。1710年，他研擬了一項行動計畫，以備未來進行普查之用，可惜這個計畫未能落實。關於十四、十五和十六世紀，多位撰述者也曾根據動員令和徵召詔令的名單進行推估，這些在地方層級建立的清單可以讓我們知道，萬一出現軍事行動的需求，有多少貴族可供召集出征。上述這些資料都有非常明顯的局限，不過還是可以用來估量重要的趨勢和規模比例，特別是從十七世紀中到十八世紀末這段期間。

　　時間愈是往前回溯，貴族身分就愈是地方上同級人士的認定結果，而想在這方面進行全國性的估計就更加缺乏意義。中世紀期間，凡是「過高貴生活的人」——也就是說手持寶劍，不需從事卑賤行業（亦即做生意）就能維持身分地位的人——都可被視為貴族。原則上，商人就算買下采邑，也必須經過至少一兩個世代，他的子孫才可能被當成貴族，並從人頭稅名冊（也就是舊制人頭稅的納稅義務人名單）除名，而其中的條件是他的兒孫（從孫子輩開始較有可能）能證明他們「無須從事商品買賣」，就能佩帶寶劍、高貴地過生活。但在具體實踐上，基本上一切都是附近其他貴族家庭認可與否的問題，特別是在涉及聯姻的部分，以及原有的地方貴族譜系是否願意讓他們的小孩跟新來的富人結婚（後續我們探討印度高級種姓時會回頭談這個核心問題）。

舊制度末期貴族與教士階級人數減少

　　儘管有這種種不確定因素，檢視法國舊制度時期貴族與教士人數演變

情形的現有資料仍舊有其裨益。以下將分析的估計數據是整合多方研究成果而得，其中包括依據新制人頭稅資料、動員令和徵召詔令，以及1660-70年代實施的大規模貴族和神職人員人數調查結果所做的估算。這些估計數值的效用主要在於衡量規模比例，不過還是能讓我們進行某些時間和空間方面的比較。

有兩個事實似乎可以確立。第一，在法國王權時代最後幾個世紀，教士與貴族的人數相對低。根據現存最適切的估計，在十四世紀末到十七世紀末之間，兩個優勢等級共占總人口的3-4%，其中教士約占1.5%，貴族約占2%。[17]

第二，我們發現在路易十四、路易十五和路易十六統治期間，從十七世紀最後三四十年開始到幾乎整個十八世紀，優勢等級的人數顯著減少。在1660到1780年之間，兩個上層等級占總人口的比例降低了一半以上；法國大革命前夕，他們的人口占比大約只有1.5%，其中0.7%是教士，0.8%是貴族（見圖2.1）。

圖2.1. 法國三級社會的人數分布，1380-1780年（占總人口百分比）

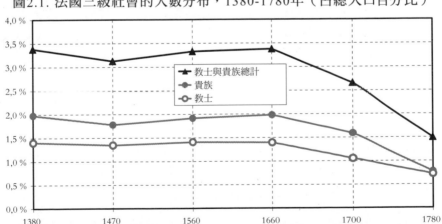

1780年時，貴族與教士分別占法國總人口的0.8%和0.7%，亦即前兩個等級共占1.5%（第三等級則占98.5%）；1660年時，貴族與教士分別占總人口的2.0%和1.4%，亦即前兩個等級共占3.4%（第三等級則占96.6%）。這些比例在1380年到1660年之間維持相對穩定，從1660年到1780年則明顯降低。來源與數據：參見piketty.pse.ens.fr/ideologie。

在此有好幾點值得詳細說明。首先，儘管具體數字方面有很大的不確定性，整體趨勢似乎相對明確。換句話說，我們幾乎無法斷言貴族在法國人口中的占比在法國大革命前夕是0.8%；依據不同的資料來源和計算方法，我們可能得出顯著較低或較高的估計值。[18] 相較之下，如果一直採用相同資料來源和估計方法，我們發現在舊制度時期的最後一百年，兩個優勢等級的人數占比明顯降低，尤其是貴族等級。[19] 反之，在此以前的數百年期間，似乎無法看到任何明顯升降趨勢。[20]

該怎麼詮釋法國王權時代這兩個優勢等級人數偏低的情況，特別是法國大革命前一百年間的明顯降低？在此不妨詳細說明這些變化發生在什麼樣的整體社會脈絡中。法蘭西王國的人口在這個期間顯著增加，現存資料顯示，1380年前後的總人口估計只略多於一千一百萬，1700年前後增為兩千兩百萬，1780年代則進一步增加到兩千八百萬。相較之下，英格蘭的人口在1780年前後大約是八百萬，大不列顛與愛爾蘭聯合王國的人口大約是一千三百萬，剛獨立不久的美國則不到三百萬人口（包括奴隸）。特別重申，我們對這些數字的精準度不能抱持幻想，不過其中的比例規模算是相對明確。在十七和十八世紀，法蘭西王國是西方世界人口最多的國家，而且顯著高出其他國家，這點可以充分說明何以法語在啟蒙時代扮演國際語言的角色，以及法國大革命何以對周邊國家乃至整個歐洲歷史造成如此大的影響。如果連最強大的君權都瓦解了，這難道不是一個明顯徵象，代表原有的世界乃至整個三重功能秩序正在崩壞？此外，法國人口的成長活力跟法國大革命的發生不無關係：所有跡象都顯示，1789年大革命爆發前數十年間，人口快速增加導致農業領域薪資停滯，地租卻大幅上漲。儘管我們無法將這種不平等現象的惡化視為大革命的唯一成因，但它顯然使貴族階級和既有政權變得更不受歡迎。[21]

人口快速成長也意味著，十四世紀到十七世紀期間教士與貴族等級占人口比例的相對穩定掩蓋了一個事實：這兩個等級的人數同樣也在快速增加。就絕對數字而言，他們的人數在1660年達到前所未見的高峰。在這

個年度以後，兩個優勢等級的人數絕對值開始降低，並且在1700-80年之間降幅明顯增大，特別是貴族階級的人數在十八世紀期間似乎減少了30%以上。在人口大量增加的整體脈絡下，貴族的人口占比在不到一百年間降低至少一半（詳見表2.1）。

表2.1. 法國的教士與貴族階級，1380-1780年（占總人口百分比）

	1380	1470	1560	1660	1700	1780
教士	1.4%	1.3%	1.4%	1.4%	1.1%	0.7%
貴族	2.0%	1.8%	1.9%	2.0%	1.6%	0.8%
教士＋貴族	3.4%	3.1%	3.3%	3.4%	2.7%	1.5%
第三等級	96.6%	96.6%	96.7%	96.6%	97.3%	98.5%
總人口（萬人）	1,100	1,400	1,700	1,900	2,200	2,800
教士人口（萬人）	16	19	24	26	23	20
貴族人口（萬人）	22	25	32	36	34	21

1780年時，教士與貴族分別占總人口的0.7%和0.8%左右，亦即前兩個等級共占大約1.5%（在兩千八百萬人口中占四十一萬人左右）。來源與數據：參見 piketty.pse.ens.fr/ideologie。

　　至於神職人員，計算他們在男性成年人口總數中所占的百分比或許有其價值。在天主教會的架構下，神父不能擁有家庭（配偶或小孩都不行），這個事實導致教士等級的比例規模小於其他一些國家或宗教區的教士階級，在那些地方，神甫的家庭人數相當於（有時甚至略高於）其他階級的家庭，例如基督新教的牧師、東正教的神父、伊朗什葉派的神職人員，以及印度的婆羅門等，我們將在以下數章逐一探討之。為了在這些不同文化圈之間進行比較，也許我們有充分理由量度各群體在成年男性人口中的占比。（話雖如此，上述兩種觀點皆有其道理，均可針對相關文化圈各自不同的社會結構提供互補性的視野。）

　　以在此舉出的實例而言，1660-70年法國針對教士等級進行調查以後，發現教士共有二十六萬人左右，其中十萬人是世俗教士（神父、議事司鐸、副祭、助理司鐸等，均為男性），十六萬人是出世教士（遵循修道戒律的修會成員，即戒律教士）。根據該調查，出世教士分為人數大致相當的兩

個部分：大約八萬名男性修士和八萬名修女。由此可得，男性約占全體教士人數的70%（在二十六萬人中占十八萬人）。如果我們採納這項估計，則男性教士在十七世紀期間約占男性成年人口的3.3%，亦即每三十名成年男性就有一名教士，這是相當可觀的比例。十八世紀期間，這個比例降到略低於2%，不過仍然相當於五十名男性中有一人是教士（詳見表2.2）。相較之下，在二十世紀末和二十一世紀初的法國，每一千名成年男性中只有不到一人是神職人員（包括所有宗教在內）。在三百年間，教士作為一個階級可說已經完全消失。[22] 智識階級在法國和其他西方國家當然仍舊占有相當比例（擁有博士學位的人有時高達選民總數的2%，相當於五十個投票人就有一人是博士，而一百年前這個數字只有千分之一），甚至在政治和選舉的衝突結構乃至整個不平等制度的安排中扮演重要角色，不過具體方式與三重功能時代的情形顯著不同。[23]

表2.2. 法國的教士與貴族階級，1380-1780年（占男性成年人口百分比）

	1380	1470	1560	1660	1700	1780
教士	3.3%	3.2%	3.3%	3.3%	2.5%	1.7%
貴族	1.8%	1.6%	1.8%	1.8%	1.5%	0.7%
教士＋貴族	5.1%	4.8%	5.1%	5.1%	4.0%	2.4%
第三等級	94.9%	95.2%	94.9%	94.9%	96.0%	97.6%
男性成年人口（萬人）	340	420	510	560	650	830
教士人口（萬人）	11	13	16	18	16	14
貴族人口（萬人）	6	6	9	10	9	6

1780年時，教士與貴族分別占男性成年人口的1.7%和0.7%，合計占男性成年人口的2.4%（在八百三十萬成年男性中占20萬）。來源與數據：參見 piketty.pse.ens.fr/ideologie。

　　如果將兩個優勢等級的人數加總，我們發現在十四世紀和十七世紀之間，法國教士與貴族占男性成年人口的比例大致維持在5%左右（若從總人口的角度統計，則占比為3.5%）；在法國大革命前夕，這個比值已經下跌到僅略高於2%（按總人口計算則為1.5%）（參見表2.1及2.2）。[24]

如何解釋貴族人數的衰退？

現在回頭談人數減少的問題。在法國舊制度時期的最後一百年，教士等級的人數比重大幅降低，貴族的降幅甚至還更大，這點該如何解釋？在此必須開門見山地說：現有資源不足以讓我們用絕對精確而具說服力的方式回答這個問題。儘管如此，還是有些蹊徑可以提供一部分解釋。首先，我們可以從中看到由中央集權國家的形成以及教士和貴族職務逐漸失去正當性的現象所構成的長期演變過程對法國社會造成的全般性影響。各個時期的特殊政治意識形態因素也在這個演變過程中扮演重要角色，而歐洲其他國家大致都以類似的大方向發生改變，特別是英國和瑞典，不過各國在時間順序和具體方式上呈現某些有趣的差異。以法國而言，十七世紀中期開始觀察到的明顯降低情形至少一部分是當時蓬勃壯人的專制君權刻意執行的政策所造成的結果。此外，1660-70 年代，法國在路易十四與大臣柯爾貝主導下針對貴族與教士進行大規模調查的目的正是讓形成中的中央集權國家掌握優勢等級的具體狀態，並以某種方式對其施加控制。一旦知道如何計算那些人的數量以及定義他們的身分，或者至少在這方面獲得一定的進展，有關當局就有辦法影響這些社會類型的範圍界定，以及協商其中所含的歸屬和權利問題。事實上，王室同時也設法讓貴族身分歸屬的相關規則變得更嚴格，比如透過 1664 年的皇家聲明，要求自稱其家族在 1560 年以前已是貴族的人提供無可置辯的「本真證據」；不過哪些證據足以定義這種貴族身分、哪些形式的證據可以採納，這些問題連有關當局也難以釐清。[25]

更廣泛而言，在十七世紀後期和十八世紀初期，法國君權政府不斷致力限縮貴族的人數，其中的動機包含兩個層面：在政治面，重點在於展現形成中的中央集權國家不需要太多無所事事的貴族；在預算面，降低貴族人口可使享有稅賦豁免權的人數減少。1695 年施行的新制人頭稅雖然終於迫使貴族至少必須在一定程度上納稅，但在 1789 年法國大革命發生以前，

貴族階級仍然免於繳納多種皇家稅項，特別是只對平民徵收的舊制人頭稅。唯有強化貴族身分的認定條件，才可能在這部分增加稅收。不過君權政府在這方面的企圖沒有真正成功，因為稅賦豁免資格的認定取決於地方層級的司法體系及行政程序，中央王朝對此無法完全掌控，而且它也不能或者不願意冒險喪失貴族階層的人心，因此這個問題一直要等到法國大革命才真正解決。不過無庸置疑的是，這個過程在此前很久就已經展開，儘管面臨不少困難。

君權政府也以謹小慎微的方式，促進原有貴族和戰士菁英階層與後起商貿和財金菁英之間的關係，一方面將某些職務（有時還搭配貴族頭銜）出售給擁有財力的人，另一方面則讓貴族在保留貴族頭銜的前提下多方發展事業，例如在1627年頒發詔令，宣布海洋貿易對貴族而言不再是有失身分的行業，而這項決定在1767年又擴及銀行業與製造業。[26]統合菁英階層並藉此廣闢財政收入的做法是一個漸進的程序，並且在某方面最終導向十九世紀普遍實施的納貢選舉制度（財產規模和納稅金額就此成為新的政治權力基礎），不過這個過程似乎在十七和十八世紀就已經展開，而傳統貴族階層的人數大約也在這一時期開始減少。

儘管如此，我們似乎難以將貴族人數的降低完全歸因於中央集權政府和相關掌權者的刻意操作。有鑑於1660年到1780年之間貴族人數遽降，其他一些因素（例如貴族本身的某些策略）很可能扮演了重要甚至是決定性的角色。許多研究顯示，十八世紀期間貴族階級傾向於表現出愈來愈富於「馬爾薩斯精神」[6]的人口行為，每對夫妻生育的子女數目減少，女兒

---

[6] 譯注：托馬斯・羅伯特・馬爾薩斯（Thomas Robert Malthus，1766-1834）是英國牧師、人口學家和政治經濟學家。馬爾薩斯在1798年的著作《人口學原理》（*An Essay on the Principle of Population*）中闡述，如果沒有限制，人口是呈幾何速率倍增，而食物供應只以算數速率成長。只有自然原因、道德制約和罪惡行為能抑制人口過度增加，因此他傾向於用道德限制手段（例如晚婚和禁慾）控制人口成長。值得注意的是，馬爾薩斯建議只對勞工階層和貧困民眾採取這樣的措施。他的理論影響深遠，不過至今仍在社會學和經濟學領域引起爭論。

和長子以下的兒子不結婚的比例則增加。與此同時，在法國和其他歐洲國家，英國貴族習用的長嗣繼承制有日益普及的趨勢，也就是說財產繼承愈來愈集中在長子身上。在此之前，法國及歐洲其他地區一直採取較為多元且依省份而異的繼承方式。[27] 與排行較小的兒子單身比例提高及財產日漸集中在長子身上的現象相伴而來的，是貴族對高級教士階層愈來愈強勢的掌控：十八世紀期間，95%的主教是貴族出身，而在十七世紀初期，這個比例只有63%，到十七世紀末則已提高到78%。[28]

我們可能會想把這些改變分析成一種主動出擊的結果（無論這是刻意為之或者出自下意識），甚至是像英國那種由貴族家庭及家族領袖宣示權力的表現。一旦中央集權政府能充分確保所有權獲得遵守，貴族家庭就不再需要生養眾多子嗣，隨時準備拿起武器捍衛自己的封地和地位；在這種情況下，他們不如讓權力集中在規模愈來愈小的菁英階層，以避免權勢和產業日益分散零碎。換句話說，菁英階層如果人數過於龐大，就不再稱得上是菁英。不過，我們也可以把這種馬爾薩斯主義的家族策略解讀成一種因為害怕失去原有地位而採取的防禦性手段。在人口攀升、經濟成長、菁英階層多元化（法官、商賈、金融家、各式各樣的布爾喬亞成為原本只包含貴族和教士的菁英）的局面中，限制子嗣的數目、將財產集中傳承，似乎是貴族在面臨新興群體的壓力時設法維持地位的唯一方式。

由於相關資料很少，我們無法明確知道這種種因素、觀念與動機所扮演的角色。不過我們還是可以觀察到一個令人驚訝的事實：與社會禮儀有關的爭端以及針對名位和優先權的衝突在舊制度時代末期不但沒有消失的趨勢，反而進一步惡化。[29] 在現代國家成形、權力逐漸集中的大環境中，個人地位屢屢遭受挑戰，奠基於階層關係與不平等原則的舊有制度被迫轉型。儘管如此，我們不能以為不同菁英群體在同享富裕生活、講求經濟理性與追求資產高度集中等因素的聯合作用下達到合而為一的融洽境界。在1660年國王進巴黎城⑦的時期，除了佩劍貴族與穿袍貴族之間的典型爭端以外，掌璽大臣公署（這個機構在法國君權制度中同時扮演司法部與中央

行政部的角色）也已經出現多種內部衝突，例如負責各種登記資料以及行政和稅務名單的掌冊官希望獲得與審計官和掌璽大臣相近的官服與地位，以與他們認為身分不如他們的傳達員有所區隔。

　　相關人士因而開始明訂各種身分地位的表徵，除了儀式行列的順序，還有官袍和官帽的規格、舉行典禮時的座椅大小、鞋履的色調等各式各樣的細節。這種與服裝、禮儀、行進順序和名位有關的衝突也發生在不同行業的成員之間。十八世紀時，一個必須解決的敏感問題是如何區分具有王族血統的子女（公主和王子）以及非婚生子女（在君王施壓下，這些子女甫獲承認，不過過程不乏衝突），還有後者在典儀制度中與上層貴族（特別是公爵與重臣⑧）之間的相關位置。想當然爾，在許多回憶錄中，我們會看到作者悲嘆從前封建社會的典儀秩序消失不見。那是一種由戰鬥隊伍構成的戰場秩序，而其中最著名的象徵就是《羅蘭之歌》⑨中那個富於創建意義的場面：十二名重臣坐在國王周圍，人人謹守階層規則，清楚知道取用肉品與其他佳餚的先後順序。這些發生在絕對君權時代宮廷秩序中與名位有關的爭端提醒我們一個關鍵性的事實：在舊制度時代末期，等級社會依然大行其道，而構成其特徵的複雜象徵性層級關係尚未消弭在一種以財富與所有權為基準的單一面向階層秩序中。必須等到法國大革命之後，社

---

⑦　譯注：1659 年 11 月，長達二十餘年的法西戰爭結束後，法國與西班牙在法國西南部濱海城鎮聖尚－德呂茲（Saint-Jean-de-Luz）簽署協定，除議定兩國國界，協定內容還包括法國國王路易十四世與西班牙公主瑪麗－泰蕾莎（Marie-Thérèse d'Espagne，法文較常稱其為奧地利的瑪麗－泰蕾莎〔Marie-Thérèse d'Autriche〕）的婚約。這個婚約使未來的路易十四成為歐洲權力最大的國王。1860 年 6 月 9 日，路易與瑪麗－泰蕾莎在聖尚－德呂茲結婚，同年 8 月 26 日，兩人按傳統從巴黎北側的聖德尼門（porte Saint-Denis）返回巴黎。

⑧　譯注：中世紀國王底下的重要封臣。

⑨　譯注：《羅蘭之歌》（La Chanson de Roland）是十一世紀法蘭西的一首武功歌（相當於史詩），是現存最古老的法語文學重要作品．羅蘭之歌的內容改編自公元 778 年查里曼統治時期發生的隆斯沃戰役（bataille de Roncevaux），這場戰役的地點是庇里牛斯山的隆斯沃隘口，查理曼大帝遠征西班牙後返回法國途中，殿後部隊於此地遭遇巴斯克人游擊隊攻擊，負責指揮部隊的聖騎士大都陣亡，其中包括身兼布列塔尼邊區長官與殿後軍隊指揮官的羅蘭侯爵。多年後，這場戰役在口述傳說中被浪漫化為基督徒與穆斯林之間的衝突，儘管事實上戰役雙方皆為基督徒。

會階層才會出現翻天覆地的改變。

貴族：大革命與復辟時期的一個有產階級

　　從更廣泛的角度來看，如果要有效理解舊制度社會中教士和貴族在他們與其他階級之間把持的支配關係，顯然我們不能只看人數比例的問題。更重要的是，我們也必須深入檢視這兩個優勢等級掌有的資源，分析其中密不可分的資產、政治及象徵面向。當然，舊制度時期的教士和貴族只占總人口的幾個百分點，而且這個比例在大革命前一百年間大幅降低，不過這無法掩蓋一個根本事實：無論變動規模有多大，在1789年法國大革命前夕，兩個支配等級匯集了大部分的物質財富、經濟力量和政治勢力。

　　在這個層面，現存資料同樣有限，不過至少在地產部分，我們大致可以清楚看到相關規模比例。1780年前後，貴族與教士只占總人口的1.5%，但卻擁有法蘭西王國將近一半的土地；根據現存估計資料，兩個等級持有土地的比例是全國的40-45%，其中貴族持有25-30%，教士持有15%左右，不同省份呈現明顯差異（某些省份的教士等級只持有5%的土地，而在另外一些省份，這個比例高達20%以上）。如果將教會什一稅收入納入計算（什一稅嚴格說起來當然不是財產，不過可以帶來一些同樣重要的利益，因為它讓教會得以長年享有王國境內所有土地農產生產中的重要部分），則兩個優勢等級持有土地資源的比例更可高達55-60%。假如再進一步考量舊制度時期與貴族和教士的所有權行使有關的管轄權及其他各種領主權和治理權所帶來的好處，則優勢等級占有資源的比例還會更高，不過在此不做這方面的探討。

　　法國大革命會徹底顛覆這個平衡，特別是在教士等級的部分。教會資產被沒收以後，原本的所有權幾乎化為烏有，什一稅則被全面廢除。相較之下，貴族持有的地產大致減半，但後來又部分恢復，因此與原有情況之間的斷層沒那麼明顯。以法國北部省為例，兩個優勢等級持有土地占全國

比例從 1788 年的 42%（其中貴族占 22%，教士占 20%）減少為 1802 年的
12%（貴族占 11%，教士只占不到 1%）。現存關於其他省份的資料證實了
這些規模比例。[30]

整體而言，我們可以將法國大革命前夕貴族在全國所有財產權中的持
有比例估計為四分之一到三分之一之間，這個比例在十九世紀初降為五分
之一到十分之一，但這樣的比例仍舊非常高。而且在此還必須強調，這些
比值低估了貴族在最高資產級別中的真正比重，這個比重遠比他們在全國
總資產中所占的比例要高，並在舊制度時代末期達到最高峰，經過大革命
後一段期間的大幅減少，又在進入波旁復辟時期[⑩] 以後回復到相當高的水
平。

根據巴黎市的財產繼承相關檔案資料，我們可以估計貴族在繼承總值
最高的 0.1% 中所占比例在法國大革命前夕約達 50%，1800-10 年間降為
25-30% 左右，在復辟時期君權政府實施納貢選舉制之後，於 1830 年到
1850 年間又回升到 40-45% 的規模。這個比例在十九世界下半葉逐漸降
低，在 1900-10 年間減為 10% 左右（詳見圖 2.2）。

關於這個演變情形，有幾點值得強調。首先，這些數據顯示，一個規
模很小的群體（1780 到 1910 年之間，具有貴族身分的人士只占巴黎人口
的 1-2% 左右）可以匯聚相當比例的最高資產，並因而享有極大的經濟和
金融權力。在此也必須說明，這些估計的依據是巴黎市檔案庫中數十萬份
繼承文件的數位化資料，相關蒐集工作是由我們與吉爾・波斯特－維奈

---

⑩ 譯注：波旁復辟（Restauration）是 1814 年 4 月法蘭西帝國皇帝拿破崙一世被廢黜到
　　1830 年七月革命之間的時期。法國在波旁復辟時期回歸波旁王朝的統治，不過實際上採
　　取君主立憲制，君主雖然行使主權，但權力受到 1814 年憲章的制約。這個時期產生了
　　路易十八和查理十世兩位國王（兩人均為路易十六的胞弟）。波旁復辟初期，被放逐到
　　厄爾巴島的拿破崙於 1815 年 3 月 20 日逃回法國，他集結軍隊，推翻波旁王朝，再度稱
　　帝；6 月 28 日，拿破崙在滑鐵盧戰役中失敗，被流放到聖赫勒拿島，波旁王朝於 7 月初
　　再度復辟。拿破崙重返帝位共計一百一十一天，史稱「百日王朝」，這段插曲將復辟時
　　期分成「第一次波旁復辟」和「第二次波旁復辟」。1830 年爆發七月革命，波旁王朝被
　　推翻，七月王朝取而代之，同樣採取君主立憲制，統治法國到 1848 年。

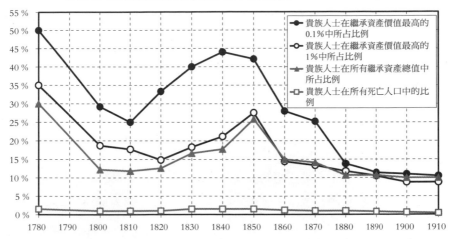

圖2.2. 貴族在巴黎財產繼承中的占比，1780-1910年

貴族身分人士在巴黎市繼承價值最高的 0.1% 中所占比例從 1780 年的 50% 降為 1810 年的 25%，在實施納貢選舉制的君權時期（1815–1848）回升到 35-45%，然後大幅降到十九世紀末和二十世紀初的 10% 左右。相較之下，在 1780 年和 1910 年之間，貴族身分人士在所有死亡人口中的比例一直維持在 2% 以內。來源與數據：參見 piketty.pse.ens.fr/ideologie。

（Gilles Postel-Vinay）和尚－羅杭・羅森塔爾（Jean-Laurent Rosenthal）合作完成。這個資料來源有其局限，其中很重要的一點是，我們是根據文件中的姓氏將死者分類為貴族，但這個方法面臨許多困難，由此建構出來的結果只能提供概略的推估。[31] 話雖如此，我們觀察到相當明晰的整體趨勢，包括1810-50年的回升和1850-1910年的下降。在此也必須強調一點，這些資料源自大革命時期建置的繼承登錄系統，這套系統在當時具有其他國家望塵莫及的驚人概括性，它涵蓋所有財產權，無論其性質為何（土地、房產、營業資產、金融資產……）、價值多少，當然也不管所有權人的身分是貴族還是平民。這套制度從整個十九世紀一直實施到今天，而從大革命以後到第一次世界大戰，稅率一直非常低，以直系繼承（父母轉移給子女）而言，只有1-2%左右。這個資料來源提供了世界上絕無僅有的觀點，可供分析所有權的長期歷史。後續我們研究十九世紀和二十世紀初在法國發展的所有權社會中資產集中現象如何演變時，會回頭探討這個部分。在現在這個階段，我們只需簡單強調這個資料來源也可供量化貴族在最高資

產級別中的重要性及其演變情形。[32]

　　最後，圖2.2呈現的演變情形顯示出這些純屬政治和意識形態性質的因素（還有其他某些軍事和地緣政治因素）在三級社會轉變過程中的重要性。當然，貴族等級的規模在十八世紀期間就已經逐漸縮小，而我們可將這個現象分析為菁英階層更新和國家形成這個緩慢社經過程（以及由此衍生的馬爾薩斯式貴族階級策略）所產生的結果。同理，1850-1910年間貴族在最高財富級別中的占比降低，在部分程度上反映出社會－經濟面的因素，特別是產業和金融部門的成長。在這些領域，舊時代的貴族菁英面對新時代的布爾喬亞菁英與商貿界菁英，經常只能扮演次要角色。不過，光從社會－經濟角度，我們很難理解為什麼貴族階級的占比會在1780到1800-10年之間急遽下跌，然後又在1840-50年間大幅上升。上述下跌情形反映出大革命時期資產重分配政策的影響（不過，我們在下一章探討革命時期立法人員建立的新型所有權制度時將會看到，這部分的效果不宜被誇大），以及更重要的一點──一部分貴族暫時流亡的現象。與此相反，占比重新上升的情形之所以出現，主要是因為貴族階級在1814-15年復辟時期展開時回流至法國本土（而法國進入復辟的主要原因則是拿破崙軍隊被歐洲君主國聯盟擊敗），以及貴族階級在法國採行納貢選舉制的君權時代（1815-48年）享有優惠待遇。

　　在此我們特別想到著名的「十億法郎外僑補償金」政策。這項深具象徵意涵的措施在復辟時期頭幾年就開始討論，最後在1825年正式採納，其宗旨是將龐大的金額（相當於當時法國國民所得毛額的將近15%，全額來自稅金和公共負債）轉移給移居國外的前貴族，藉此補償他們在大革命時期損失的土地和租金。在同一時期，路易十八和查理十世（他們都是1793年被送上斷頭臺的國王路易十六的弟弟）的政府在首相維萊爾伯爵（comte de Villèle）領導下，向海地徵收了一億五千萬法郎金幣的龐大金額（超過當時海地每年國民生產總額的三倍），以便賠償前奴隸主（其中一大部分是貴族）在海地獨立以後失去的黑奴資產。[33]更廣泛而言，所有跡象

都顯示，在1815-48年間，司法制度和整個國家機器都採取明顯親貴族的立場，特別是在大革命期間資產重分配所引發的大量法律訴訟方面。這個政治面的時間順序顯示，無論是在法國或歐洲其他地區，原有的三重功能社會都是在歷經許多波瀾後才逐漸轉變為所有權社會。1789年的法國大革命雖然乍看之下是鋪天蓋地的遽變，其實還是留下開闢各種可能發展路線的餘地。

基督教會作為所有權組織

現在回頭談教士階級和相關宗教組織在三級社會的所有權中所占的分量。根據現存資料，天主教會在1780年代持有法國土地產權的15%左右。如果加上什一稅納入本金以後的估計價值，則教會的整體占比可以視同相當於25%。

歐洲其他國家方面的現存估計數據顯示出與此大致相當的規模比例。這類量化估計當然存在許多不確定性，首先是因為所有權這個概念在三重功能社會中具有特定意涵（而且還包括在此未納入考量的各種管轄權和王權），其次是因為既存資料來源有其局限。不過我們還是可以找出一些很好的資料，例如著名的西班牙恩塞納達地籍冊（Cadastre de la Ensenada）。根據這份在1750-60年之間建立的資料，教會在當時持有24%的農地。[34]

西班牙教會徵收類似於法國教會什一稅的稅賦，在此我們也應該納入考量，不過這個部分很難計算，因為從收復失地運動[⑪]、光復運動或復國運動，是公元八世紀初到十五世紀末大約七百八十年間（即安達魯斯或阿拉伯殖民西班牙的時期）伊比利亞半島北部的基督教各國逐漸戰勝南部穆斯林摩爾人政權的運動。史學家將收復失地運動的開端設定在711年倭馬亞

---

⑪　譯注：收復失地（Reconquista）運動又稱再征服運動（西班牙語或葡萄牙語的reconquista意為「重新征服」）。

阿拉伯征服西哥德王國以及718年西哥德貴族建立阿斯圖里亞斯王國，1492年西班牙攻陷奈斯爾王朝的格拉納達酋長國則代表這一時期的落幕。收復失地運動結束後，基督教統治者掌控伊比利亞半島全境，並在1499到1526年間透過一系列詔令，強迫穆斯林改信基督教。1609年，西班牙國王菲利浦三世又頒布詔令，將尚存的穆斯林逐出伊比利亞半島。〕時期開始，西班牙王室與天主教會之間的關係就充斥著各式各樣的利益轉移，雙方不斷就此進行協商，而教會透過這個機制，將一部分土地收入挹注到王室。起初這種轉移有其合理性，因為教會必須貢獻資金，協助國家在718到1492年間對穆斯林反叛分子發動聖戰，以確保西班牙順利光復失土。此後這種資金轉移持續以複雜方式進行，具體形式隨時間不斷改變。[35]君權與教會之間的這種利益協商也顯示，在三重功能社會中，所有權相關議題在極大程度上與更廣泛的政治課題有難分難解的關係，其中最顯而易見的就是不同菁英階層的正當性以及他們在保家衛國與宗教信仰方面對社會共同體的貢獻這類問題。

關於農業土地以外的其他財產權，我們所知也不多。當然，在十八世紀的法國、西班牙或英國，農地是最主要的財產權形式，占所有財產權（也就是說所有財產——包括土地、不動產、營業資產、金融資產——的市價總值，不計債務）的一半到三分之二，不過我們不能因此而忽略其他資產，特別是房地產、倉庫、工廠和金融資產。可是教會在土地以外的財產權方面究竟占有多大比例，相關資訊很少，而其中可能包含各種差異甚大的情況。舉例而言，近年一些研究顯示西班牙教會在抵押信貸（亦即以土地與不動產擔保的信貸）中的占比非常可觀，甚至從十七世紀的45%提高到十八世紀的70%。綜合各項研究，我們可以估計，1750年時教會持有西班牙全部財產權的將近三成（甚至更多）。[36]

儘管有這種種不確定性，在此我想強調的要點是，在歐洲的三級社會中，教會持有財產權占總體財產權的比例極高，通常是25-35%（也就是大約四分之一到三分之一）。在一些非常不同的環境中，我們都會看到教

會組織持有類似比例的財產權。舉例而言，衣索匹亞教會在1700年前後持有該國所有土地的大約三成。[37]這是一個非常高的水平：當一個組織持有某個國家境內全部可持有物的四分之一或三分之一，它必然擁有足夠的財務分量和人力資源，可以結構化和規制當地社會，尤其是聘請大量神職人員，以及發展眾多服務與活動，特別是在教育、衛生等方面。

　　當然，這樣的分量無法為它賦予霸權式的重要性，這點與蘇聯時代共產國家的情形差別極大。共產國家是相當極端的例子，不過這個比較很有用。後續我們將詳細看到，蘇聯時代的共產國家占有境內絕大部分的可持有物，比例通常在70-90%之間。基督教會在多元政治體制中扮演重要的角色（三重功能意識形態也強調這點），但不是霸權式的主控者。話說回來，從前教會占有的分量使它成為各基督教王國的最大所有權人（包括國土在內，沒有任何個別貴族擁有可與教會比擬的財產），並且賦予它經常遠超過國家的行動能力。

　　以目前的實際情況對照，也許有助於建立比較清楚的規模比例概念。在二十一世紀初期的今天，非營利機構持有的資產在所有財產權中所占的比重極低，與過去完全無法比擬：法國只有1%，日本是3%，而美國雖然在基金會領域高度發展，比例也只有6%左右（詳見圖2.3）。在此還必須強調，這些源自各國官方統計數據的估計值涵蓋所有非營利機構，也就是說。不只是宗教組織（包括所有宗教信仰）擁有的財產，還包含所有不具宗教性質也不以營利為目的的機構和基金會所持有的資產（其中包括大學、博物館／美術館、醫院，以及在所有領域運作的其他非營利慈善機構），而後面這部分的占比較前者高得多。在某些情況下，這其中也有一些基金會理論上以服務大眾為宗旨，但實際目的主要在於滿足某個特定家族的需求，他們因為各種理由（比如節稅考量、家族治理等等），將部分資產設在基金會的名義底下，而現代國家帳目經常不知道這種基金會的資產該如何歸類。原則上，家族信託（family trust）和其他為私人個體服務的基金會應該被歸類在家戶部門而不是非營利機構部門，不過這件事沒有

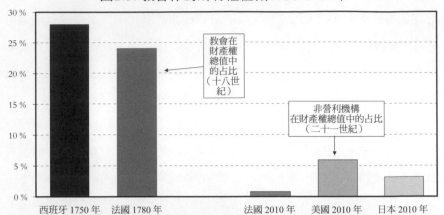

圖2.3. 教會作為所有權組織1750-1780年

1750-1780年前後，教會持有西班牙財產權總值的25到30%，在法國這個比例也達將近25%（包括地產、不動產、金融資產等等，並計入教會什一稅收入）。相較而言，2010年時，所有非營利機構（所有宗教信仰的相關組織、大學、博物館／美術館、基金會等等）在法國持有全部財產權的不到1%，在美國是6%，日本則是3%。來源與數據：參見piketty.pse.ens.fr/ideologie。

那麼簡單，就像我們很難知道舊制度時期教會產業的主要服務對象到底是教士還是信眾。十七世紀末、十八世紀初在以英國和法國為首的國家開始發展的國民帳目（特別是估算國民資本和國民所得的嘗試）在當代相關討論中扮演相當重要的角色，但當初這些社會和歷史建構反映的是那個時代和當時策訂者優先考量的項目，其中經常含有各種局限。

　　無論如何，在此我想強調的重點是，即便把一些差異性那麼大的實體擺在一起，我們還是看到二十一世紀初期非營利機構持有資產的總值整體而言相對有限（只占各國財產權總值的1-6%）。這個反證法讓我們意會到，在舊制度時期的歐洲，教會作為一個所有權組織是多麼強大。不管這些數據和建構這些數據的環境脈絡含有多少不確定性，其中的規模比例和比較條件是非常清楚的。

　　更廣泛而言，這個特殊的所有權結構（它與我們後續將探討的其他社會類型中的所有權結構有根本上的不同）有助於理解三重功能社會的核心特徵之一。在這種形態的社會中，兩個被賦予不同功能、組織與正當性的階級——教士階級與貴族階級——各自控制相當比例的資源與財產（兩個

群體各約占有四分之一到三分之一的所有權，相當於兩者共持有一半到三分之二的所有權，而且如同後續我們探討英國的案例時將會看到，在某些國家，這個比例有時更高），因此它們得以全面扮演支配性的社會和政治角色。就像所有不平等意識形態，三級意識形態同時體現在政治制度與所有權制度中，因而它也反映出某種特定的人文、社會和物質實況。

我們也發現，舊制度時期教會持有資產占所有權總值30%這個比例大約相當於2010年底中國政府在國民資本總值中持有的份額，而中國政府基本上是由中國共產黨所控制。[38]當然，這是兩種迥然不同的組織和正當性形式，不過作為一種組織，舊制度時期的教會與二十一世紀初期的中國共產黨具有一個相同的特徵——宏大的社會發展與管制計畫，而這種計畫只有在穩固的資產基礎上才可能有效推展。

教會作為財產權持有者面對財富及家族繼承的立場

值得一提的是，在基督教的歷史中，教會很早就開始發展作為財產權持有者這個部分。這個演變與基督教針對所有權、家族繼承、經濟權等課題真正建構出一套教義的過程可說齊頭並進，而這套教義在很大程度上伴隨了三重功能意識形態的發展以及不同勞動身分的統合。

在基督紀元最早期，耶穌確實曾這樣訓諭他的弟子：「駱駝穿過針孔，比富人進天國還容易。」不過，自從公元四世紀末和五世紀羅馬的富人家庭決定接受基督信仰，並開始在教會中占有主控地位，成為主教和宗教撰述者，基督教義就不得不正面處理所有權和財富的問題，並設法展現務實精神。此時羅馬社會幾乎已經完全基督教化，這在不久之前還是無法想像的事。在那樣一個社會中，教會順理成章地累積龐大財富，因此很快就必須思考哪些條件有助於建構公正的所有權和符合新信仰的經濟模式。

簡單來說，財富自此成為基督教社會的一個正面成份，不過有兩個條件：一是信徒必須將他們累積的財產一部分轉讓給教會（教會藉由這些財

產權，得以發揮對社會進行政治、宗教和教育建構的功能），二是信徒必須遵守某些經濟和財務規則。教會財富與私人財富之間就這樣形成了一種新的角色與正當性分配方式。研究古代後期歷史的專家，例如彼德‧布朗（Peter Brown），深入探討過公元四到五世紀一些富豪開始大手筆捐獻部分財產的現象，以及與此同時基督教義在財富問題方面的立場轉變。[39]

有些人類學者甚至主張，就整個歐亞大陸而言，歐洲在家庭結構方面唯一真正特殊之處正源自於基督教會對財富的這種特定立場，特別是它在累積和持有財產方面的堅定意志。傑克‧古迪（Jack Goody）認為，這種思維促使教會當局發展出一整套家庭規範，目的是讓信徒捐獻達到最大化（其中特別重要的是將寡婦再婚、領養等做法汙名化，而這些都跟羅馬時代的規則大相逕庭，後者鼓勵再婚和領養，藉此促進財產流通）。在更廣的層面上，教會也因此設法限制家族群體集中控制其資產的能力，例如藉由禁止旁系親屬結婚，其中的目的同樣是為了鞏固教會作為資產持有組織和政治組織，亟欲與家庭分庭抗禮的立場。不過，教會在這方面成效有限，因為在所有文化系統中，近親結婚對富貴家族而言都是非常方便的聯姻和財產繼承策略，而基督教會反其道而行的做法正好顯示其政治意圖的極端性。

姑且不論這些新型家庭規則發揮了什麼具體作用，這種財產策略對教會而言的確非常成功。在第五－第六世紀到十八－十九世紀這一千多年的時間中，由於獲得眾多善男信女（不只是以慷慨著稱的寡婦）的大量捐獻，而且擁有健全穩固的法律和經濟組織，教會在信奉基督教的西方世界持有可觀的財產（特別是地產），通常占總值的四分之一到三分之一。[40] 在十多個世紀期間，這個財產基礎足以養活人數眾多的教士階級，以及（在原則上，即便實際情況不見得如此）供應某些社會服務——特別是教育和醫療服務——所需的資金。

近年一些研究還強調，如果沒有建構出一套真正的中世紀財經法，教會作為資產持有組織的發展就不可能實現。這套財經法的主要功能是針對

一些非常具體的議題進行定奪，其中涉及領地管理、（多少經過包裝的）
高利貸業務、創新信貸工具等各種法律－經濟性質問題，甚至還包括教會
散失財產的歸還問題（這些財產因為某些狡詐的合約而落入他人之手，而
教會人士經常認為這裡面有猶太人和非信徒──一些不太尊重基督教會財
產的人──動過手腳）。這方面特別值得一提的是賈科莫・托德斯奇尼
（Jiacomo Todeschini）所做的研究，他細緻爬梳了這些教義在十一到十五
世紀之間的演變，在那個時期，土地開墾擴大了各基督教王國的疆界，人
口成長、城市興起，財富的交換與流通隨之變得複雜而緊密。托德斯奇尼
分析了基督教撰述者在這個新的局面中對各種法律、經濟和財政類別的擬
定所做的核心貢獻，他認為這些類別是現代資本主義相關概念的起源。[41]
這一切的主要目的是在法律上保護教會財產免於世俗君主和私人締約方的
侵犯，以及發展可以帶來充分保障的司法管轄機構。另外還有一個目的：
研擬一些可供規避所謂高利貸禁令的會計和財政技巧，以備不時之需。

教會所有權：經濟法與資本主義的起源？

　　與我們有時以為的相反，在中世紀的基督教教義中，問題顯然不在於
資本以不需勞動的方式產出所得；其實這個無法迴避的現實是教會所有權
的根基（正是這個事實讓神父不必從事農務勞動，可以專心祈禱和關懷社
會），甚至可說是社會整體所有權的立足基礎。真正的問題是如何調控可
容許的投資和資產持有形式，確保資本以最佳方式獲得利用，還有更重要
的是按照基督教教義制定的社會和政治目標，建置一套充分的社會－政治
控制系統，對財富及其流通進行管控。具體而言，土地為地主創造租金（或
者土地在教會不直接持有的情況下為教會帶來什一稅）這個事實從來不曾
真正引起道德或概念上的困擾。關鍵其實在於可允許投資的範圍（特別是
商業和金融方面）擴及土地以外的領域時，其中的限度如何拿捏，以及決
定哪些報酬方式是可以接受的。

　　基督教教義在這些問題上富於彈性，這點可以在教宗依諾增爵四世在十三世紀中期撰寫的一篇文章中看出端倪。這位教規學者出身的宗教領袖認為，重利行為本身並不是問題，問題在於由此產生的報酬如果太高而且太確定，可能會導致富人「因為受到利誘，或為保障其錢財的安全」，而選擇將錢「投入高利貸，而不是一些比較不牢靠的經濟活動」。教宗接著舉出實例，他認為在這種情況下，把資金挹注在「牲口和農作工具」就屬於「比較不牢靠」的業務，儘管這些物件都是「窮人沒有」的財產，而且對於真正的財富創造不可或缺。於是他得出結論：高利貸的利率不可以超過某個門檻。[42]在二十一世紀初期的今天，一名試圖重新推動實體經濟投資的中央銀行官員如果要解釋他為什麼決定把貼現率降低到接近零的水準（有時這種做法成效有限，不過這是另外的問題），他應該會採用跟這位教宗類似的說法。

　　我們也看到一些新型金融技巧在同一時期被發展出來，例如出售定期收益或各種形式的賒帳銷售，這些做法逐漸普及，雖然有違過去的規則，不過自此不再被視為重利行為，只要基督教教義認為這樣有助於促進資產朝更好的用途流動。托德斯奇尼也特別指出，有些言論企圖將剝奪不信基督者和猶太人財產的行為正當化，強調他們「沒有能力瞭解財富的意義以及財富的正當用途」（而且對教會資產構成威脅），因此，隨著新型信貸技術發展並向基督徒合法開放（特別是十五世紀末和十六世紀新形式公共債務的發展），上述言論對社會民心發揮了日益強大的蠱惑力。有些撰述者也指出，英國式「信託」（trust）——一種可供分隔受益人與管理者（受託人）身分，藉此有效保護資產的所有權結構——的起源可以追溯到早在十三世紀方濟各會修士就已經因為不能或不想被直接視為資產的第一級個體所有人而開始發展的一些資產持有模式。[43]

　　歸根究柢，這其中隱含的共通論點是，現代所有權法（包括其中的社會解放面向以及不平等和除外面向）的誕生並不是發生在1688年（當時英國的資產持有者〔貴族或布爾喬亞階級〕希望保護自己免受君權剝奪），

甚至也不是在1789年（當時法國的革命分子希望在財產權的合法剝奪與人身權的非法剝奪之間畫定「大分界」）；現代所有權法是許多世紀期間由基督教教義逐漸琢磨而成，而其目的是確保教會同時作為宗教組織與資產持有組織的永續存在。

　　我們也可以認為這種將經濟和金融概念抽象化、概念化並為其賦予正式法律形式的做法在基督教三級社會中顯得特別必要，因為教士階級不是一種可以繼承財產的世襲階級，而只是某種抽象的永續經營組織（有點類似現代的大型基金會、資本主義式公司企業，以及國家行政體系）。在印度教或伊斯蘭教的情況中，寺廟和宗教基金會當然存在，不過這些機構與強大的世襲教士階級兼容並蓄，因此財產權可以比較側重在個人人脈和家庭網路方面，宗教機構也就不會那麼需要對經濟與財務關係進行法典化和形式化的工作。有些撰述者也指出，在十一世紀的額我略改革⑫之後，獨身規則變得更加嚴苛（在此之前，姘居行為在西方天主教教士階層中還很常見，也受到包容），這個改變可以被視為一種規制家庭與教會關係的手段，一方面避免家庭主義和世襲制度可能帶來的危害，一方面則可強化教會作為資產持有組織的分量。44

　　當然，我們不可能在這裡下結論說，歐洲的命運完全是由教士的獨身規定、基督教的性愛道德觀以及教會作為資產持有組織的權力等因素交織而成的結果。眾多其他演變程序與較後期的分支發展以可能更具決定性的

---

⑫　譯注：教宗聖額我略七世是羅馬天主教歷史上的重要改革者之一，出生於1020年，1073年當選教宗，即位至1085年逝世為止。額我略七世相信教會是天主創造的，其目的是將全人類組織在一個執行天主旨意的單一社會中，因此教會高於包括國家在內的一切人造機構；教宗作為教會的首領，是天主在人間的統治者，任何對他的不服從也是對天主的不服從，形同背離基督。這個解釋的結果是教會可以宰制所有國家，不過為了與各國共存，額我略七世被迫採取折衷立場，承認國家作為統治機構的存在。額我略七世希望教會組織中央集權在羅馬，所有爭論都由他定奪。這種做法削弱各地主教的權利，因此他在任期間經常與高階神職人員發生矛盾，並在有關主教的敘任權鬥爭中與神聖羅馬帝國皇帝亨利四世對抗。上述爭論和鬥爭與額我略七世支持神職人員禁慾和反對販賣聖事的立場緊密相關。他不是禁慾主義的創始人，不過比過去其他教宗更積極實行這個理念，甚至在1074年發布諭令，准許民眾不服從同意司鐸結婚的主教以及不向他們交稅。

方式塑造了歐洲發展路徑的各種特殊性。其中特別重要的一點是，歐洲各國之間的競爭促成許多軍事和財務金融方面的創新，而無論是在各國內部或國家之間，這些都直接影響了殖民支配、資本主義和產業的發展，以及現代不平等的結構。我們會在後續的章節詳細探討這個部分。

我在這裡想強調的只是一個基本重點：三重功能社會及其各種變化版本也為現代世界留下深刻的印記，絕對值得我們詳細關注。尤其必須注意的是，那些社會的立足基礎是一些細膩複雜的政治意識形態建構，其宗旨在於描繪建立一個符合某種公正精神與共同利益觀的不平等制度所需的條件，以及可供達到這個目的的體制手段。在所有社會中，這都意味著必須解決一系列實務問題，以便有效組織所有權關係、家庭關係和教育供給。過去的三級社會也不例外，它們以三重功能的整體架構為核心考量，為這些問題打造出各種各樣富於想像力的解答。這些解決方案有其弱點和不足，大多數終究也禁不起時代的考驗。不過不能否認的是，它們的歷史蘊含豐富的經驗教訓，為其後的社會發展帶來莫大裨益。

3 ｜所有權社會的發明

在前面的章節中，我們探討了三級社會（三重功能社會）的幾個整體特徵，特別是在歐洲等級社會的部分。接下來，我們要分析各國的三重功能社會如何在十八世紀和十九世紀期間，以不同速度和方式，逐漸轉型為所有權社會。在本書第二部，我們將檢視歐洲以外地區（特別是印度和中國）三級社會的情況，這些社會與歐洲所有權主義殖民列強的接觸，以及這些接觸以何種方式影響了當地的國家形成條件和古老三重功能結構的轉變，導致各種特殊發展路線的出現。不過在正式討論這一切以前，我們必須先對歐洲各國的發展路徑進行深入分析。

在本章中，我會用比較詳細的方式進一步探討 1789 年的法國大革命。這個歷史事件極具象徵意義，標誌著舊制度時期的等級社會與十九世紀在法國蓬勃發展的所有權主義布爾喬亞社會之間無法逆轉的斷裂。在短短幾年間，革命立法者試圖全面重新定義權力關係與所有權關係，而只有仔細探究其中的來龍去脈，我們才能體會這項工程的浩大，以及當時他們面臨的各種矛盾。我們也將看到，在大革命期間，這些充滿不確定性的複雜政治－法律程序如何因為無法解決不平等和所有權集中的棘手問題，最終導致法國在 1800 年到 1914 年間發展出一個極端不平等的所有權社會。我們

會在下一章探討這個部分。接下來，我們將比較法國與其他歐洲國家（特
別是英國和瑞典）的發展路徑，藉此探究革命與長期趨勢（尤其是與國家
形成及社經結構演變有關的趨勢）在三級社會轉型為所有權社會的過程中
分別扮演的角色，並從中突顯出各種發展路徑與可能替代方案的多樣性。

1789 年的「大分界」以及現代所有權的發明

若想充分瞭解三重功能社會與其後出現的所有權社會之間的「大分
界」，首先我們可以檢視一個可能最具決定性的時刻。1789 年 8 月 4 日晚
間（史稱「八四之夜」），法國國民議會投票廢除了教士和貴族的「特權」。
在接下來幾星期、幾個月甚至好幾年時間中，一項非常艱鉅的任務是如何
建立清單，準確列出這些「特權」，藉以畫定清楚界線，區分哪些權利應
該澈底廢除，不提供任何補償，哪些權利則應視為正當合法，可以繼續維
持，或透過補償、收購等方式予以撤銷，即使這代表可能必須用新的政
治－法律語言重新詮釋這些權利。

革命立法者主張的權力／所有權理論原則上相當簡單明瞭，它的主旨
是清楚分辨「治理權」（安全、司法、正當暴力）和「所有權」這兩大問題：
前者應該由中央集權化政府專責處理，後者則應該屬於私人個體的範疇，
必須在政府的保護下獲得全面、完整、不可侵犯的定義，政府則應當以此
為首要（甚至是唯一）任務。在具體實踐上，這一切其實極為複雜。由於
不同類型所有權在地方層級的權力關係中錯綜交織，制定嚴整妥善且所有
相關方都能接受的公義標準非常困難，特別是有關所有權一開始如何分配
的問題。初始分配方式一旦確立，所有人就會知道（或認為自己知道）如
何進行下一步；只是當時的相關人員難以斷定哪些從前的權利值得被制定
為新的所有權，哪些權利又該一筆勾消。

近年一些學者（特別是瑞夫·布勞法伯〔Rafe Blaufarb〕）的研究顯示，
如果要有效瞭解這些論爭，就必須區分出幾個不同時期。[1] 首先，在 1789-

90年間，國民議會中負責處理這些敏感問題的委員會採納了一項號稱「歷史性」的方案，主旨是追溯相關權利的起源，藉此判斷其正當性，特別是決定它是否具有「契約」性質（如果有，該權利就應該維持；如果沒有，就應該廢除）。舉例而言，如果某項權利與不當領主權（即封建性質的權力）的行使有關，或者涉及公權力的不正當奪取，那麼這項權利就應該無償廢除。最顯而易見的實例是財政特權（貴族與教士免於支付某些稅賦的權利）和管轄權。因此，領土喪失了在特定領土上主持司法的權利（有時稱為「公共領主權」〔seigneurie publique〕），並且無法獲得補償；這項權利轉移到中央集權化政府。這種情形在第一時間導致（大幅仰賴領地法庭的）地方司法體制混亂失序，不過不久後，司法由國家壟斷的概念便成為定局。

教會什一稅也被廢除，教會資產同樣無償收歸國有。這個做法引發強烈爭議，因為有些人擔心這會導致宗教、教育、醫療相關服務解體（前一章提到的西哀士就是反對這些決定的人物之一）。不過什一稅廢除和教會資產國有化政策的支持者強調，公共主權不能分割，人民無法容許教會維持準國家的組織地位、繼續享有這種由政府當局保障的永久性稅收。為求圓滿，王室財產一併納入國家財產，與教會財產一起拍賣。這其中的整體思維是，國家作為不可分割的單一實體，其運作經費應該來自公民代表以適當方式核可的年度稅收，永久性財產的持有與運用則應該屬於私人個體的範疇。[2]

不過，除了財政特權、公共領主權、教會什一稅和教會財產這幾個相對清楚的情況，對於哪些其他「特權」應該無償廢除，相關人員難以達成共識，特別是大部分領主權益（農民應以金錢或實物方式向貴族階級繳納的稅賦）實際上至少在一段時間中獲得維持。以農民納奉給當地領主、換取土地耕作權的典型情況而言，其中的基本原則是這項權理論上應該被視為正當。這種關係看起來確實具有「契約」性質，或說至少是一種地主與承租人之間的合法關係，符合革命立法人員對這個問題的認定，因此原有的稅賦應該以地租的形式繼續存在。換句話說，領主可以在他的土地上繼

續徵收地租(「私人領主權」),但不能再主持司法(「公共領主權」)。這整個立法操作的目的在於「分辨良莠」,將領主關係分解成兩個部分,區隔舊有的封建主義成分與新的所有權概念。

徭役、地租、設施使用費:從封建制度到所有權制度

不過早在大革命爆發後的1789-90年,「徭役」(corvées,指大眾必須無條件提供領主某些天數的勞務,例如通常每星期在領主土地上免費服務一或兩天,有時更多)和「設施使用費」(banalités,指領主壟斷磨坊、橋梁、壓榨機、烤房等通常隸屬於領主管轄區的公共設施,使用者必須付費)即被列為例外,這兩項領主特權原則上均應無償廢除。「徭役」這個項目尤其流露濃厚的封建秩序和農奴制度色彩;雖然理論上這個制度幾百年前就已經在法國境內消失,相關詞彙仍然在鄉間沿用(即便不再具有實質意涵)。公然維持這種特權且不予限制的做法當然會被認為背離大革命的精神,違反「八四之夜」廢除特權的決議。

話雖如此,在具體實踐上,負責執行相關法令的委員會與法院在許多情況下會判定徭役的起源具有契約性質,本質上相當於某種形式的地租,兩者之間的差異主要只存在於字面上。在這樣的詮釋下,徭役應該予以維持,或者明確轉換為田賦,可以現金或實物方式支付(例如原本每星期一天的徭役可以變成相當於農產收穫量五分之一或六分之一的地租);再不然就是贖免,這是許多立法人員認為可以接受的折衷方案。許多立法者懼怕以不贖免亦不提供任何補償的方式澈底取消徭役,他們擔心這樣會導致租賃乃至整個所有權的概念遭到推翻。

贖免徭役和贖買領主權理論上可行,但對大部分貧窮農民卻遙不可及,而且根據國民議會及相關委員會頒行的法令,贖免的代價非常高。土地價格被設定為二十年地租(現金支付)或二十五年地租(實物支付),這個價格反映了當時的平均地價與出租報酬率(相當於每年4%-5%),不

過絕大多數人都不可能負擔。如果是負擔特別重的徭役（每星期多達數天的無薪酬勞動），贖免的做法可能導致農民永遠處在類似農奴或奴隸的情況中。實際上，只有一小部分擁有足夠資金的平民或貴族贖買領主權或其他國家財產，農民大眾幾乎完全被排除在這個程序之外。

至於設施使用費，在某些條件下這種費用也被認為應該維持，特別是某種地方公共服務難以用其他方式有效組織時，這種壟斷就可以算是正當合理。舉例而言，如果一座磨坊的興建成本極高，而且建造數座磨坊相互競爭的情況對全體居民不利，那麼壟斷就屬於合理，而磨坊的興建者或擁有者（通常是從前的領主）可據以徵收使用費，除非他把這項權利轉賣給新來的人。當然，在實際執行時，這些問題很難定奪，而這也再次說明三重功能社會的一個特徵——所有權相關權益與準公共服務之間難分難解的複雜關係，正如教會什一稅制度的支持者會強調，這種稅收可以用來替窮人開設學校、醫務所和穀倉。設施使用費不像徭役那樣獲得相當系統性的維持，不過仍然在受影響的農民群體間引發強烈反對。

整體而言，1789-90年間提倡的「溯源」方案面臨了一個重要阻礙：如何證明相關權益的起源具有類似於「契約」的性質？假如相關人員同意追溯到數百年以前的遙遠時代，那麼所有人都不得不承認，在大部分領主權的最初取得過程中，純粹而嚴酷的暴力扮演了關鍵性的角色，特別是透過征服與奴役的形式。如果貫徹這種思考邏輯，就會發現「所有權的起源具有契約性質」這種論點純屬虛構。革命立法者在這方面的企圖沒有那麼遠大；他們大都屬於資產階級，或者至少比當時絕大多數人富有，而他們的目的只是找出他們認為合理的妥協方式，藉此在一個穩定基礎上重新打造社會，並設法避免動搖所有權的整套運作機制。這是一個非常危險的操作，他們害怕一不小心就會導致全面混亂，並因此損及他們本身的所有權。

由此可見，革命立法者在1789-90年間開始採行的「溯源」方案實際上非常保守，它的主要作用是讓多數領主權益無須真正改變，只要長年的實踐讓它們看起來像是和平行使的所有權。這其中的運作邏輯雖然號稱

「溯源」，但不是因為主事者真正追溯了某某權益的根源，而是因為相關人士心照不宣地認為，只要所有權關係（或者更廣泛而言，任何具有類似特徵的關係）已經建立得夠久，它就不該再受到質疑。

此外，當時這種處理方式經常被總結為一句格言：「沒有領主，就沒有耕土。」換句話說，如果沒有無可置辯的反證，那麼除了少數幾個刻意挑出來檢視的案例，原則上領主以現金或實物方式收取地租的做法就具有契約性質的正當起源，因此應該繼續實施，儘管相關條件會以新的詞彙重新制定。

某些省份（特別是在法國南部）擁有完全不同的法律傳統，可以歸納成這個原則：「沒有契據，就沒有領主」——如果沒有書面證據，所有權就不能成立，徵收地租的做法因而不具正當性。因此，國民議會的指令在這些採用成文法的地區非常不受歡迎。不過無論如何，即使有白紙黑字的產權契據存在，這些證據的真實性大都存疑，因為領主可以自行訂立地契，或透過由他們控制的司法機構核發。在充滿不確定的氣氛中，許多農民決定造反，他們從1789年夏天就開始攻擊領主和莊園，燒毀存放在裡面的契據，使情況更加混亂不清。

隨著法國的對外關係惡化，情勢進一步失控，大革命步入更加嚴峻的階段。1789-91年間，國民議會成為制憲機構，為王國制訂新憲法，使法國轉型為實行納貢選舉制（只有納稅達到一定金額的人才享有投票權）的君主立憲國。新憲法短暫實施了一段時間，然後政治氛圍日漸緊張，尤其是1791年6月路易十六出逃到法國東部的瓦雷納（Varennes）以後。國王被控企圖與流亡貴族會合，以及與歐洲個君主國合謀以武力壓制革命（這些指控不完全是空穴來風）。在戰爭威脅與日俱增的局勢中，1792年8月發生起義事件，結果國王被捕（繼而在五個月後的1793年1月被送上斷頭臺），新的議會（即國民公會）成立。國民公會從1792年運作到1795年，負責制訂以普選為基礎的共和憲法（這部憲法獲表決通過，但不曾有機會實施）。1792年9月，法軍在法國東部的瓦爾密（Valmy）戰役中獲得決定

性勝利，一方面標誌了共和思想的巨大成功，一方面也象徵三重功能秩序的失敗。雖然法軍原有的統帥多已逃往國外，但法國部隊仍然戰勝歐洲各國貴族所領導的君主國聯合軍。這場勝利活生生地證明了人民不需要舊時代的戰士和貴族階級，也能英勇擊敗敵人。大文豪歌德在附近的丘陵地參與了這場戰事，並寫下先知般的卓見：「就在這一地點、這一天，世界歷史的全新時代已然出現。」

與此同時，1789年8月4日特權廢除法的實施方式也轉為極端。1792年開始，官方逐漸要求相反方向的證據，領主愈來愈常被迫具體證明他們享有的權益確實具有契約式的起源。1793年7月的法令更加嚴苛，採取所謂「語意」方案：凡是領主權益及土地租稅的名稱舊時代封建秩序有直接關聯，都必須立即無償廢止。

在徭役與設施使用費方面，例外的寬待不再被容許。但新法令涵蓋的範圍不僅於此，還包括「年貢」（cens）、「土地買賣稅」（lods）及許多其他這類型的稅賦。年貢是農民必須繳納給領主的一種土地租稅，最早與附庸關係（亦即政治與軍事上的依賴關係）的認定有關。土地移轉稅的例子可能更有意思，一方面因為這種稅賦極其普遍，在某些省份甚至成為土地所有者的主要收入來源，另一方面則是因為它完美說明了過去的治理權（在革命者眼中不具正當性）與現代所有權（被視為正當）之間糾纏不清的關係。

舊制度時期的土地買賣稅以及各種永久權利的重疊

在舊制度時期，「土地買賣稅」是一種在領地土地移轉時繳納的稅賦。農民在過去取得某塊土地的永久使用權（稱為「實用領地權」〔seigneurie utile〕），如果後來想把使用權轉賣給另一人，就必須支付一筆稅費給對這塊土地持有「直接領地權」的領主（「直接領地權」還可以分成「私人」和「公共」兩個部分，私人部分包括對土地的各種權利，公共部分則是與此

相應的各種管轄權）。在具體實踐上，買賣稅的金額可能相當高，在各筆
交易中的計算方式也有所不同，通常介於土地售價的十二分之一和一半之
間（即兩到十年的地租）。[3] 這項費用的起源通常與領主對相關土地行使的
管轄權有關：領主在這塊土地上主持司法、登記交易、保障財產及人身安
全、裁決訴訟，而這些服務的交換條件就是土地使用權轉移時支付給領主
的「買賣稅」。

　　土地買賣稅可能搭配其他一些每年固定繳納或按事先訂立的時程支付
的費用，因此「lods」這個詞語經常指一系列相關稅費，而不只是土地買
賣稅本身而已（按：中文有時將法文 lods 一字譯為「雜稅」，原因即在此）。
有鑑於這種買賣稅的起源與領主管轄權有關，我們可能推斷這種稅費會像
教會什一稅或公共領主權益一樣被無償廢除，不過實際情況沒這麼簡單。
由於土地買賣稅的徵收範圍早已遠遠超出最初與領主土地使用有關的部
分，許多革命立法者（至少是其中最保守、最不急進的一批人）認為，如
果貿然全面無償廢除，很可能全面動搖所有權主義社會秩序，使整個國家
陷入混亂。

　　整體而言，舊制度時期所有權關係的特徵之一正是這種在同一塊土地
（乃至任何形式的財產）上各種不同的永久性權利層疊存在的現象。因此，
某甲可能擁有某塊土地的永久使用權（包括將這個使用權出售給其他經營
者的權利），某乙卻持有對這塊土地定期徵收永久性稅費的權利（例如每
年以現金或實物方式徵收地租，但不一定依據土地實際收成計算），某丙
在土地移轉時得收取一筆權利金（即土地買賣稅），某丁對土地產出物處
理利用所需的烤房或磨坊持有壟斷權並據以徵收「設施使用費」，某戊則
可在宗教節慶或一些特殊紀念日獲得一部分收成，依此類推。

　　這些人的身分可能是領主、農民、主教、宗教修會、軍事修會、修道
院、行會、布爾喬亞等。法國大革命終結這種權利重疊的情況，決定讓財
產所有權人成為永久權利的唯一持有人；所有其他權利只能暫時存在（例
如透過租約或定期租用合同的形式），唯一的例外是國家收稅和實施新規

定的永久性權利。[4]舊制度時期在兩個優勢等級的權利與義務所構成的框架下讓永久性權利層疊存在，大革命推翻了這套做法，設法以「私人所有者」和「中央集權政府」這兩個角色為基礎，重新建構社會。

以土地買賣稅的情況而言，大革命採行的解決方案是創造一個公共地籍登錄機制，這個體制具有核心的重要性，象徵新的所有權社會正式形成，讓中央集權政府以及省級和地方政府機構能透過規模龐大的登記資料，建立時時更新的完整清單，明確列示所有土地、林地、房屋及其他不動產、廠房和倉庫以及其他各種財產和所有物的合法持有人。（新政府特別製作了行政區域圖，鉅細靡遺地呈現所有行政區域與地方首長管轄範圍，以革除舊制度時期領土與管轄權複雜交錯的亂象。）

於是，革命議會自然而然決定透過1790-91年實施的新型稅制架構，將「土地買賣稅」交給政府管理。「移轉稅」（droits de mutation）應運而生，主要採用的做法是以相當高的稅率對地產與不動產交易徵收比例稅，新的所有人繳納這筆稅賦以後，就可以登記財產權（並視情況主張權利），稅款則納入公庫（只有一個小小的附加部分是以手續費的形式支付給負責訂立相關文件的公證人）。在二十一世紀初期的今天，這種移轉稅仍然按照與當年幾乎相同的形式存在於法國，金額相當於兩年租金，可說相當高昂。[5]在1789-90年的相關辯論中，沒有人質疑土地買賣稅必須成為國家稅收（而不再是領主權利），而建立地籍冊、保護所有權的工作應該成為政府的指責；這是新的所有權主義政權據以立足的基礎。但是，這其中的困難在於如何決定舊有土地買賣稅的處置方式。應該無條件廢除，不提供任何補償給原受益人？還是將買賣稅視為合法所有權，只是必須用新法律的詞彙進行轉碼，為它賦予新的形式？又或者，原受益人是否應該獲得補償？

1789-90年間，國民議會選擇研擬土地買賣稅的全面補償辦法。立法人員甚至制定專用計算表：根據待購地產的交易稅率，農民（或者更廣泛而言，該土地或不動產使用權的持有者，但這很可能並不是土地的最終經

營者）可以用前一次交易金額三分之一到六分之五的價格贖購買賣稅，這是相當可觀的數字。[6]假如無法湊出這筆錢，土地買賣稅可以改成相等金額的地租，比方說，如果買賣稅的贖購價定為財產價值的一半，就可改成一半租金（這些都是在新的政府移轉稅以外另行計算的）。國民議會用這種方式讓一項從前的封建權利轉變成一項現代所有權，類似與過去的農奴制有關的徭役轉變成地租的做法。

1793年時，國民公會決定徹底斬斷這種邏輯。土地買賣稅必須無償廢除，藉此讓土地使用人無須以資金或地租形式支付任何款項，就成為全權所有人。這個方案比其他任何措施更能展現國民公會在社會重分配方面的強大企圖心。不過，這項做法只維持了一段相當短的時間（1793-94年）。在督政府（Directoire）時期（1795-99年），尤其是在其後的執政府（Consulat）和法蘭西帝國時期（1799-1814年），法國的新領導人恢復納貢選舉制憲法的相關規定，以及大革命初期那種明顯較保守的選擇。[7]不過他們面臨了一個極大的困難：如何取消1793-94年間以全面廢除買賣稅的方式完成的所有權轉移？因為農民和其他受益人不會輕易放棄他們新近獲得的權利。整體而言，革命時期相關法規多次更改，造成大量訴訟，以至於十九世紀大半期間法院必須處理這些相關案件，特別是在繼承和財產轉移的時候。

是否可能不考量所有權的規模，就重新建立所有權？

在1793-94年間國民公會成員面臨的挑戰中，最棘手的一項挑戰與「土地買賣稅」一詞的使用有關。在舊制度時期的土地合約中，這個詞語的使用頻率極高，許多交易的立約方雖然不具任何貴族血統或「封建」背景，也以它指稱預定用來交換地產使用權的應付款項，而且其中常見的情況是應付款的性質類似準租金（主要採每季或每年繳付的方式），而不是只在移轉作業時支付的非經常款項。在許多案例中，「土地買賣稅」這個

詞確實變成一種通稱，可以指地租甚至廣義的租賃費，無論它的確切形式是什麼。

這種「語意方案」開始實施以後，（不見得很富有的）平民所有權人有可能只因為出租大革命前幾年購置的地產（但是不小心在合約中使用了「土地買賣稅」或「什一稅」這種字眼），就被剝奪所有權，而貨真價實的貴族卻可能穩穩當當地繼續享受他們在封建時代以暴力方式奪取的領主權益（只要在他們與農民的關係中使用的詞彙是「地租」、「租金」而不是「土地買賣稅」或「什一稅」）。面對如此露骨的不公，相關委員會和法院經常不得不退讓，但沒有人清楚知道該採取哪種新的原則。

現在回顧起來，我們當然可以認為當初應該採納其他解決方式，以便擺脫「溯源方案」和「語意方案」同樣都會造成的困境。尤其重要的一個問題是，如果不將所有權的不平等納入考量——也就是說，不考慮相關財產的價值以及資產持有的規模——是否真的有可能定義出公平所有權的存有條件？換言之，為了能在最大多數人接受的基礎上重新建立所有權制度，比較好的辦法可能是用不同方式處理小規模土地持有（例如僅供一個家庭耕作的小塊田地）和大規模土地持有（例如可供數百或數千個家庭耕作的大片土地）這兩個問題，而且至少在一定程度上不考慮用來稱呼各方的報酬（土地買賣稅、地租、租金等等）。在資產正義方面，追溯起源不見得是最值得採信的做法；即使這種方式經常無法避免，相關人員還是很難不將資產的規模有多大、在社會生活中有什麼重要性這些問題納入考量。這個工作非常不簡單，但還有其他恰當的處理方式嗎？

革命議會自然而然成為這類問題的辯論場，議員們熱烈討論所得稅與遺產稅的各種累進徵收方式，特別是在多項有關「國民繼承稅」的議案中，稅率該如何按照繼承資產價值變動的問題。舉例而言，在地籍登記暨國家土地管理局官員拉科斯特（Lacoste）於1792年秋天發布的草案中，針對最低資產級別的課稅比率低於5%，針對最高資產級別的課稅比率則高於65%（包括直系繼承，即父母繼承給子女）。[8]大革命發生前幾十年間，已

經有人陸續提出頗具企圖心的累進稅計畫，例如南特稅務官、城市規畫師
路易・格拉斯蘭（Louis Graslin）在1767年出版的提案中建議將稅率逐漸
調整為最低所得級別課徵5%、最高所得級別課徵75%（參見表3.1）。[9]當
然，這些提案建議的最高稅率只適用於較當時平均值高一千倍以上的極高
資產及所得。但無可否認的是，如此巨大的財富差距在十八世紀末期的法
國確實存在，而假如這套稅率能在法治社會及議事和立法程序的架構下長
久實施，不平等的實況的確可能深層改變。此外，當時提出的稅率已經達
到頗高的水準，比如針對相當於平均值十到二十倍的資產與所得（這種財
富規模遠不及當時的高級貴族和上層布爾喬亞），就要課徵20%到30%的
稅；這個比率相當可觀，尤其是在財產繼承的課稅方面。這類提案顯示相
關撰述者對於財政改革與再分配的議題具有相對宏大的願景，他們知道如
果改革要達到一定的規模，就不能局限於超級權貴這個占總人口比例極低
的少數群體。

表3.1. 十八世紀法國的累進稅提案實例

格拉斯蘭：累進所得稅 （《解析財富與稅賦》，1767年）		拉科斯特：累進遺產稅 （《關於國民繼承稅》，1792年）	
平均所得倍數	有效稅率	平均資產倍數	有效稅率
0.5	5%	0.3	6%
20	15%	8	14%
200	50%	500	40%
1,300	75%	1,500	67%

在格拉斯蘭於1767年發表的累進所得稅提案中，有效稅率從年所得150圖爾鎊（約合當時成人平均
所得的一半）課徵5%遞增到年所得400,000鎊（約合平均所得的一千三百倍）課徵75%。在拉科
斯特發表於1972年的累進遺產稅提案中，我們可以看到類似的累進計算方式。來源與數據：參見
piketty.pse.ens.fr/ideologie。

　　儘管如此，在累進稅方面，大革命時期的法國政府終究沒有採取真正
具有實質意義的措施。當然，小規模的嘗試曾經出現，例如1793-94年間，
國民公會派遣的工作團確實試圖在幾個省份短暫進行了一些地方型累進稅
實驗，而為了籌措戰爭所需資金，政府也實行過具有累進性質的財政措
施，特別是1793年9月的強迫借款作業（針對三千圖爾鎊的年所得——相

當於當時平均所得的十倍——徵收25%，對一萬五千圖爾磅的年所得——相當於平均所得的五十倍——徵收70%，年所得，不及平均所得三倍者則獲豁免）。[10]不過無可否認的核心事實是，在法國大革命期間從1790-91年開始實施的新型稅收制度中，各項稅賦主要採用完全按比例徵收的方式，也就是針對不同所得與資產持有級別（無論高低），均依據相同比率課稅。還有一點值得注意，在產權（特別是農地）的整體重分配方面，革命政府不曾明確提出可與拉科斯特或格拉斯蘭的提案相提並論的土地改革計畫。

我們將看到，這套在法國大革命期間採納的法律和財稅制度非常有利於大規模資產累積，因此在很大程度上可以用來解釋十九世紀法國所有權不斷集中的現象。一直要等到二十世紀初期的重大危機出現，法國及其他國家才開始用比較持續而永久的方式，針對所得與資產發展出具高度累進性的課稅制度。土地改革的情況也一樣，具有明確重分配目的的土地改革實驗（以土地大小作為產權移轉規模的取決標準）是在十九世紀末和二十世紀初才在各國非常不同的脈絡下陸續出現；大革命時期的法國政府不曾採行這類改革機制。

法國大革命期間，即使是在1793-94年那個大刀闊斧進行重分配的階段，關於所有權的辯論一直集中在徭役、設施使用費、土地買賣稅、權利贖購這些議題上。立法者陸續採用「溯源」及「語意」方案執行廢除特權的工作，引發許多複雜而精彩的論爭，但所有權不平等以及個人資產持有規模的問題未曾以明確而有條理的方式獲得討論。情況原本可以有所不同，但歷史卻沒有走向其他可能性，箇中原因何在，值得我們設法釐清。

知識、權力與解放：三級社會的轉型

在此總結前述的重點。法國大革命可以被視為古代三級社會的加速轉型實驗。這個實驗的立足基礎是一種在權力與所有權的新舊形式之間進行「大分界」的企圖。這項企圖旨在嚴格區分治理權（這類權力由中央政府

獨占）以及所有權（由私人個體專屬），而三重功能社會的運作與此相反，是建立在這兩類權力之間複雜不清的關係上。就某方面而言，「大分界」是一項成功，因為它有效促成法國社會的永久轉型，在一定程度上也激發了鄰近歐洲各國社會的改變。此外，這是歷史上首次出現的大型平等嘗試，意圖創造一個不論個人身分背景、以權利平等為基礎的社會和政治制度，而這一切都發生在法國這個千百年間以社會地位和地緣上的強烈不平等為運作原則、且以當時而言規模相當大的人類共同體中。這項野心勃勃的「大分界」計畫自然不免碰上許多困難，因為儘管古代的三重功能社會蘊含各式各樣的局限與不公，它無疑具有自己的一套內在邏輯，而且新成立的所有權主義政權為重新組織社會而提出的各種解決方案無不充滿矛盾。舉例而言，教會的社會角色遭到廢除，但能扮演這個角色的「福利國家」（État social）沒有出現；又如私人所有權的定義變得嚴謹，但取得所有權的管道並沒有開放。類似的例子不勝枚舉。

尤其重要的一點是，在所有權不平等這個關鍵課題方面，法國大革命的失敗昭然若揭。當然，我們可以觀察到十九世紀期間菁英階級更新的現象（這項轉變其實在此前數世紀中已經在進行，即使我們沒有恰當工具可供精確比較各時期的改變規模），不過不容否認的是，在1789年和1914年之間，資產持有一直維持在極其高度集中的狀態（甚至在十九世紀和二十世紀初呈現明顯進一步增高的趨勢，這點我們將在第四章詳細探討），可見大革命在這方面帶來的影響終究非常有限。導致這種相對失敗的原因一方面可以說是相關課題過於複雜而新穎，另一方面則是因為「政治時間」驟然加速：雖然某些概念已經形成妥當，但沒有時間獲得具體實驗。比起從前那種平緩累積的知識，革命時期的歷史事件宛如山洪暴發，令革命時期的立法者與陸續出現的新政權難以招架。

此外，法國大革命的經驗說明了一個此後將一再獲得印證的通則：歷史的變化導源自短期的時局轉折與長期的政治意識形態之間的交互作用。概念的演變如果無法在歷史事件、社會抗爭、造反起義與危機衝突的烈火

中淬煉成各種形式的體制實驗與實務作為，那就形同烏有。從相反方向來看，歷史事件的相關主事者除了在過去發展出來的各種政治－經濟意識形態中汲取靈感，經常沒有其他選擇。有時他們可能臨危生智，設法發明一些新的工具，但這畢竟還是需要充分的時間，以及進行實驗的餘地，而這一切通常都是他們缺乏的。

　　以法國大革命而言，一個很有趣的事實是，針對貴族所有權與領主權利的起源具有多大的正當性，相關論辯在某種程度上早已在此前數世紀中出現。問題是，這些論辯經常停留在一般性的歷史考量，對於在事件現場浮上檯面的具體問題沒有帶來真正能執行的解決方案。早在十六世紀末和十七世紀初，夏爾・杜穆蘭（Charles Dumoulin）、尚・布丹（Jean Bodin）、夏爾・羅瓦索（Charles Loyseau）之流的法學家就已經譴責千百年來領主階級（這些人有時源自很久以前的入侵浪潮——尤其是公元五到十一世紀之間的法蘭克人、匈人[①]和諾曼人[②]利用君主和王侯的弱點，過度奪取權利的情況。反之，諸如十八世紀學者布蘭維里耶（Boulainvilliers）、孟德斯鳩（Montesquieu）之輩則持捍衛領主權益的立場，他們強調，法蘭克人雖然初期坐享霸王地位，但後來逐漸透過數百年間保護人民的作為

① 譯注：匈人是公元四到六世紀活躍於東歐的一支游牧民族，可能是融合西伯利亞人、高加索人種及大草原地區其他民族的部落聯盟。在歐洲的傳統認知中，匈人最早在伏爾加河以東活動，很可能因為生存空間受西遷的北匈奴擠壓，他們與伊蘭語族的阿蘭人（奄蔡）一同往西遷移，在公元 370 年到達伏爾加河，六十年後就在歐洲建立廣大帝國。在阿提拉領導下，匈人陸續入侵東羅馬帝國和西羅馬帝國。453 年阿提拉驟逝，匈人帝國迅速瓦解，後人消失在歐陸的民族熔爐中。匈人西遷是歐陸民族大遷徙的重要因素，最終導致西羅馬帝國瓦解。在匈牙利的編年史中，匈人被描繪為馬札爾人（匈牙利主體民族）的祖先之一，不過至今主流學界仍因證據不足而質疑兩者間具有顯著關聯。十八世紀法國東方學家德金（Joseph de Guignes）則將匈人與匈奴人連結，引發學術界相關研究。1902 年英國考古學者斯坦因（Marc Aurel Stein）在中國玉門關遺址挖掘出四世紀初中亞粟特商人的書簡，其中在描述西晉永嘉之禍時以「匈人」稱呼匈奴人，似乎證實在當時的中亞，「匈人」是「匈奴人」的別稱。

② 譯注：諾曼人（意為「北方人」）是古代歐洲的一個民族，源自北歐諾斯人中的維京人（諾曼〔Norman〕一詞由諾斯人〔Norðmann〕演變而成）。公元十到十一世紀，這支民族征服今法國北部廣大地區（該地區隨之稱為諾曼第），後來效忠西法蘭克，首領受封為諾曼第公爵。1066 年諾曼第公爵威廉一世征服英格蘭，建立英國歷史上的諾曼王朝，對中世紀歐洲和近東帶來重要影響。

（特別是打擊諾曼人與匈牙利人），取得了新的正當性。從歷史和軍事角度探討貴族階級源自其戰士身分的正當性問題確實具有啟發意義，十八世紀的學者也擅於使用這種論據，不過對於如何精準定義打造公平所有權所需的條件，這些討論並沒有實際幫助。

追根究柢，在前幾個世紀的論辯中，核心議題是中央集權政府與地方菁英各別扮演的角色。布蘭維里耶與孟德斯鳩均以權力分立、限制王權的由，主張維持公共領主權和職務買賣制度（這些也在大革命後被廢除，通常是透過財務補償的方式）。孟德斯鳩出版於1748年的著作《論法的精神》（ De l'esprit des lois ）後來成為探討權力分立議題的主要參考座標之一，不過後人經常忘記，孟德斯鳩本身繼承了波爾多市議會議長這個相當有利可圖的職位；對他而言，區分行政、立法與司法並不足夠，必須同時全面保留各地的領主法庭，以及維持地方議會的職務買賣制，以避免中央政府掌握太多權力、君主變成像土耳其蘇丹那樣的獨裁者。（順帶一提，無論是對蔑視貴族特權的西哀士或支持這種特權的孟德斯鳩而言，以負面方式述及東方[③] 都是很自然的事。）。法國大革命以相反方式裁決了這個問題：主持司法的權力從過去的領主階級轉移到中央集權化政府，職務買賣制則被廢除，而這兩項做法都與布蘭維里耶、孟德斯鳩這類撰述者的主張背道而馳。[11]

從回顧的角度，我們很容易事後諸葛，批判當時那些捍衛領主管轄特權與司法／行政職務買賣制的人士所持的保守立場。在兩個多世紀後的今天，我們會理所當然認為，在由中央集權國家所組織的普及公共服務架構下，公理正義比在領主法庭或以職務買賣為基礎的制度中更可能以公平而令人滿意的方式達成（洞察力特別犀利的人甚至可能早在十八世紀就已經明白這個道理）。更廣泛而論，相較於以地方菁英的權力及貴族和教士階級的地位特權為依歸的三重功能制度，組織完善的國家政府更有能力以具

---

③　譯注：此指歐洲以東的地區，尤其是西亞、北非等信仰伊斯蘭的地區。

說服力的方式保障各種基本權利與個人自由。光是因為法國的農人在十九
世紀和二十世紀不再受制於專斷的領主管轄權，他們就肯定比在十八世紀
時要來得自由。

　　儘管如此，在此仍舊有必要強調，這些根本性的論辯背後存在著對中
央集權化政府的信任問題，而這個問題極為複雜，只要新的國家職權還沒
有獲得具體實驗，就沒有任何事可以被視為理所當然。要讓人民相信政府
有能力在一片廣大的領土上不偏不倚地主持正義，保障國家安全，徵收稅
賦，在治理、教育、醫療領域組織完善的公共服務，而且是用比舊時代的
各個特權等級更公平而有效率的方式達成這一切，這不是坐在高壇上發布
命令就能辦到的事，而必須在時間縱深與實踐層面獲得確實驗證。追根究
柢，孟德斯鳩對極權國家的畏懼以及他捍衛地方領主管轄的立場，與
二十一世紀初期可以看到的其他各種對不同形式「超國家治理權力」的不
信任態度相較，其實並沒有太大的差別。

　　舉例而言，許多人主張各國國家管轄權之間的競爭，縱使其中某些國
家的管轄方式類似避稅天堂和法規樂土，運作方式非常不透明（而且對已
經獲得最大利益的人特別優厚）；這些人合理化自身立場的方式是提出風
險論，以說明資訊與管轄權過於高度集中在同一個政府型治理結構時，個
人自由可能面臨的風險。當然，這種立場經常被用來掩飾撰述者的意
圖──捍衛眾所周知的既有個人利益（孟德斯鳩就屬於這種情況）。不過，
如果某個論點（至少在部分程度上）確實合理可行，它的政治效力就會強
化，而在這種問題上，唯有透過成功的歷史實驗，政治意識形態層面的權
力關係才會出現澈底變革。

法國大革命，中央集權化政府，以及公平正義的學習

　　在此做個小結：法國大革命期間裁定的核心問題是治理權與中央集權
政府的問題，而不是公平所有權的問題。革命的首要目標是將治理權從地

方上的貴族與教士階級菁英手中轉移到中央政府,而不是安排所有權的大規模重分配。不過相關人士很快就發現,這兩個目標很難嚴謹區分。尤其重要的是,八四之夜高喊的口號——廢除特權——開啟了各式各樣的詮釋方式和可能發展模式。

事實上,我們不難想像,歷史事件假如按照某些其他路徑發展,有可能促使特權廢除的程序走上明顯較平等的方向。有人會妄下結論說,十八世紀末和十九世紀初,「人心還沒準備好」接受累進稅或重分配式的土地改革,這種體制創新的工程「必然」得多等一百年,也就是必須等到二十世紀初期的各種危機爆發以後,才有可能實現,不過這種觀點過於簡單。回顧歷史事件時,我們經常不由自主地偏向決定論的解讀方式,而就法國大革命這個徹頭徹尾與資產階級有關的例子而言,我們很容易下結論認為,大革命只會促使所有權主義制度與所有權社會興起,不會真正激發減低不平等現象的企圖。然而,儘管發明一種由中央集權政府保障的新型所有權的確是非常複雜的工作,而許多革命時期的立法者也確實以此為革命的核心目標(甚至幾乎是唯一目標),但將革命時期的種種論辯化約成上述單一方案,著實太過簡略。如果我們仔細檢視相關事件的發生過程以及各方研議的不同提案,就可以相當清楚地意識到,「廢除特權」這個概念本身就可以導向不同類型的詮釋和法規,並造就與實際歷史後來走上的那條曲折道路(特別是在偶然或非偶然的情況下採取「溯源方案」和「語意方案」的處理方式)不同的發展途徑。

因為,雖然我們絕不可以忽略利益分歧的問題,但大革命涉及的各種智識與認知衝突更加重要。與今天的情形一樣,在當時,沒有人能帶來立即可用且具完美說服力的方案,可供定義「特權」的涵義、制定廢除特權的方法,以及更關鍵的重點——確立新社會中所有權的規制和調控方式;每個人都有值得參考的經驗與想法,全民投入一個浩大而充滿矛盾的學習程序。舉個例子,所有人都感覺徭役、設施使用費、土地買賣稅已經成為過去式,但同時很多人也害怕,無償廢除這套制度會全面動搖租賃運作方

式及所有權的概念,而且沒有人確實知道這樣的程序一旦啟動,會走到什麼地步,因此他們會傾向於以某種形式維持那些屬於舊時代的權利。這種立場非常保守,但很容易理解;它也引發抱持不同立場者的猛烈攻擊。這些事件蘊含本質性的衝突因子與不確定因素,極為難以化解。

近年有些研究也顯示,早在啟蒙時代的歐洲,知識界已經蕩漾著一些相當激烈的辯論,其中正包括不平等與所有權這類議題。這項發現相當令人驚訝,與迄今普遍流行的觀點——某種事過境遷之後重新建構的共識——可能予人的想像大相逕庭。喬納森・以色列(Jonathan Israel)認為,我們可以將相關議題的撰述者與其所持立場分成數類,其中「基進派」啟蒙人士(狄德羅〔Diderot〕、孔多塞〔Condorcet〕、霍爾巴赫〔Holbach〕、潘恩〔Paine〕)與「溫和派」啟蒙人士(伏爾泰、孟德斯鳩、杜爾哥〔Turgot〕、亞當斯密)構成特別明顯的對照組。「基進派」通常支持單一議會的概念,反對為不同等級分別成立議會;他們主張革除貴族與教士的特權,以及進行某種形式的資產重分配;更廣泛而言,他們希望增進階級、性別、種族之間的平等。「溫和派」(也可定調為「保守派」)傾向於質疑單一議會,反對以極端方式廢除既有所有權人的權益(無論是領主管轄權或黑奴販賣權);他們比較相信自然演變、漸進式的進步。在法國以外地區,溫和派最著名的代表人物之一是亞當斯密,他認為市場是由一隻「看不見的手」在引導,而在這一派人士的觀點中,市場體制的唯一優點就是在不引發猛烈斷裂、不顛覆舊有政治體制的情況下,促成人類的進步。[12]

如果我們深入探究這兩派人在不平等與所有權議題上所主張的立場,會發現兩者間的差異不見得那麼清晰。相當多「基進派」人士也表現出支持「自然力量」的傾向。舉例而言,被歸入「基進派」的孔多塞在其1794年著作《描繪人類心智進步的歷史圖像》(*Esquisse d'un tableau historique des progrès de l'esprit humain*)中寫下這麼一段:「我們很容易證明財富會自然趨於平等,而倘若民法不建立人為手段,讓財產恆久存在並持續集中,倘若工商自由消除所有禁止性法規及所有財稅法令為既得財富賦予的優勢,

那麼財產規模過於不成比例的情形不是無法存在，就是必定將迅速終止。」[13] 換句話說，只要廢除各種特權與相關稅賦，創造從事各行各業及獲取所有權的平等機會，舊有的種種不平等很快就會消失。不幸的是，在「特權」廢除一個多世紀之後，財富集中的情況在二十世紀初期、第一次世界大戰前夕的法國比大革命時代更形嚴重，這個事實顯示上述樂觀願景的失敗。雖然孔多塞在1792年曾提案建立某種形式的累進稅制，但他建議的措施相對缺乏野心（針對最高級別所得課徵的最高稅率只有5%）；尤其與諸如拉科斯特、格拉斯蘭這些較不知名的人士所提的主張相比，孔多塞的提案格局相當有限。值得注意的是，拉氏、格式兩人主要是稅務人員和公共行政官員，而不是哲學思想家或科學家，然而這完全不妨礙他們在研擬提案時展現大膽的野心與豐富的想像力。[14] 由此可見，最具顛覆性的實踐者不見得是我們原本以為的那些人。

不過無法否認的是，包括一些啟蒙時代最具象徵性的代表人物在內，某些人曾經研擬出明確的提案，而革命情勢的確可能以不同方式演變，尤其是如果1792-95年間軍事和政治上的緊張局面沒有變得那麼極端，讓革命立法者能有較多時間大規模驗證改善所有權不平等及資產重分配方面的具體措施。我們也可以舉出英美革命家托馬斯·潘恩（Thomas Paine）的例子，他在1795年為法國的立法議會研擬了著名提案《土地正義》（*Justice agraire*），用意是課徵最高可達10%的遺產稅，以此資金建立就當時而言極具前瞻性的大規模全民所得制度。[15] 當然，相較於二十世紀期間各國陸續討論並實施的高度累進稅率方案，10%的稅率算是相當保守；除此之外，潘恩主張幾乎完全按比例課稅，而在他提案之前幾年中，已經有許多較高度累進的稅率提案獲得討論。不過無論如何，在大革命開創的財稅制度架構下，法國最終採納並於整個十九世紀期間實施的直系繼承課稅率只有區區1%，與此相比，潘恩的提案已經頗具分量。[16]

尤其重要的是，關於這些議題，二十世紀初期的政治及立法程序（特別是在一次大戰後歐美地區的所得稅與繼承稅累進制度方面）變化快速，

而且在這個主題上，多數意見的演進速度相當驚人（本來被認為完全不可行的稅率方案在短短幾年後忽然被幾乎所有人接受），這種情形似乎告訴我們，倘若一些與孔多塞、潘恩等人於1790年代倡議的提案類似的措施能在法治國家和議會程序的架構下獲得具體實驗，就算只是短短幾年，當時的情況也可能出現很快的變動。雖然後來的實際發展是保守反動勢力及拿破崙於1795-99年間陸續掌控大局、納貢選舉制及奴隸制重新實施、流亡分子返國④，以及新的帝國貴族階級出現，但這一切並非無可避免的歷史發展路徑。在此我們沒有改寫歷史的意圖，只是要強調，關於所有權及不平等的議題，時局轉折與具體歷史實驗在政治意識形態起落過程中的重要性。比起決定論的解讀，今天我們探討這些議題時，更有意義的方式是在這些事件中看到不同思想與各種可能發展路線的交匯。[17]

在解放與神聖化之間擺盪的所有權主義意識形態

更廣泛而論，法國大革命具體說明了一種其後我們經常看到的張力：所有權主義意識形態具有真實存在的解放面向，我們絕不能忘記這點，但與此同時，它也蘊含了某種將舊時代建立的所有權（無論這些權利的規模或起源）近乎神聖化的傾向。這個傾向同樣真實存在，而且可能帶來相當大的不平等和威權後果。

所有權主義意識形態的立足根本一方面是一份對社會及政治穩定的承諾，另一方面則是透過所有權達成個人解放的願景；理論上，所有人都應該能享有所有權——或者至少可以說，所有男性成人都擁有這項權利，因為事實上，十九世紀和二十世紀初的所有權社會帶有極端父權主義的色

---

④ 譯注：法國歷史上的「流亡分子」（émigré）是指1789年起法國大革命時期流亡國外的法國人，其中絕大多數是貴族和高級教士，通常屬於保王黨。根據初期立法議會的查核名單，流亡分子有三萬餘人，後來又有一批立憲派、吉倫特派和熱月黨人流亡，到拿破崙執政時，總數已達十五萬。拿破崙執政後放寬對流亡分子的政策，使其開始回流，至波旁復辟時期幾乎已全數返回法國。

彩，由現代中央集權法律體制為其賦予強大的力量與系統性。[18]原則上，
這項權利至少有一個長處：它的適用性與個人出身背景無關，並且受到國
家的公平保護。舊有三重功能社會的運作基礎是教士、貴族、第三個等級
之間相對僵化的差異，以及某種強調不同階級會在功能、平衡與結盟關係
方面互相補足的許諾；相較於此，所有權社會意圖以權利平等為依歸。在
這種形態的社會中，教士與貴族的「特權」已被廢除，至少這些特權的影
響範圍已經大幅縮小。人人有權安心享有自己的財產，無須擔心國王、領
主或主教的任意介入，同時也得益於一個以相同方式對待所有人的法律與
財稅制度，知道它會在法治的架構下，根據穩定且可預測的規則來運作。
於是每個人都受到激勵，願意憑藉他能動用的知識與才能，盡可能使他持
有的資產產出利益。人人靈活發揮自身能力，這種做法照理說會自然促成
全民富足、社會和諧的美好局面。

　　在十八世紀後期發生於大西洋兩岸的各次革命中，革命人士都發表莊
嚴的聲明，直截了當地昭示這份對平等與和諧的許諾。1776年7月4日在
費城通過的《美國獨立宣言》開宗明義地表示：「我們認為以下這些真理
不證自明：人人生而平等，造物主賦予他們若干不可剝奪的權利，其中包
括生命權、自由權與追求幸福的權利。」不過這份宣言背後的事實比較複
雜，因為主要起草人湯馬斯・傑佛遜（Thomas Jefferson）在維吉尼亞州擁
有大約兩百名奴隸，但宣言中卻忘了提到他們的存在，而且所有證據都顯
示，後來那些奴隸與他們的主人之間仍舊維持不平等的關係。儘管如此，
對美國的白人殖民者而言，1776年的宣言還是代表了一項面對英國國王的
專斷權力以及英國上下議院的地位特權明確作出的平等與自由聲明。上議
院及下議院這些特權機構被要求給予殖民者行事自由，停止對他們不當課
稅，不再毫無理由地介入他們對幸福的追求以及他們的事務管理，包括他
們處理所有權與不平等的方式。

　　在另一個不平等的社會脈絡中，我們看到法國國民議會在投票廢除特
權之後不久，於1789年8月通過《人權暨公民權宣言》，其中也顯示出同

樣的極端性與類似的矛盾。第一條開宗明義地揭示絕對平等的願景，並與舊時代的等級社會畫清界線：「人人生而自由平等，且始終如此。」接下來的條文明示某種「公正的不平等」有可能存在，不過必須符合特定條件：「社會差別只能奠定在公益的基礎上。」第二條進一步說明第一條的內容，明確指出所有權是一種自然而不受時效約束的權利：「一切政治結合均旨在維護人類自然且不受時效約束的權利。這些權利是自由、財產、安全與反抗壓迫。」說到底，這份宣言可以讓人用相互矛盾的不同方式加以詮釋和使用，而且情況的確如此。第一條的內容可以被賦予相對上具有重分配精神的意涵：「社會差別」——亦即廣義上的不平等——只有在有助於提升共同效益與公眾利益的前提下才可被接受，而這種詮釋可能意味著社會差別必須符合窮人的利益。因此，這個條文可以用來安排某種形式的所有權重分配，並促進窮人獲取財富的機會。雖然如此，第二條也可能用比較狹隘的方式解讀，因為它似乎在說，過去取得的所有權仍舊屬於「自然且不受時效約束的權利」，因而不宜輕易推翻。的確，在革命時期的論辯中，這項條文被用來解釋何以所有權重分配的問題必須以高度審慎的方式處理。更廣泛而言，在十九世紀、二十世紀期間乃至二十一世紀的今天，各國權利宣言與憲法中提及所有權的內容經常被用來大幅限制任何以合法且平和的方式重新定義所有權制度的可能性。

　　事實上，一旦宣告廢除特權，在所有權主義的大方向內就存在著各式各樣的後續發展可能，我們在法國大革命中看到的種種猶豫與矛盾正足以說明這點。舉例而言，我們可以認為促進所有權獲取機會平等的最佳方式是建置一套具高度累進性質的繼承稅與所得稅制度，而符合這種理念的明確提案早在十八世紀就已經有人陸續研擬出來。更廣泛而言，我們可以有效發揮私人所有權制度在解放層面的功能（特別是藉此讓各式各樣的個人願望自由表述，而這正是二十世紀共產主義社會悲劇性地選擇遺忘的部分），同時在福利國家、重分配體制（例如累進稅率）以及（更廣義而言）各種有助於普及和分享知識、權力與財富獲取機會的規則範圍內，對個人

願望進行規範與利用（二十世紀的社會民主主義國家曾嘗試這樣做，儘管我們可以認為那些企圖不夠充分，也未能達成目標）。另外一種方式是對私人所有權進行絕對保護，設法在這個基礎上解決幾乎所有問題；在某些情況中，這種做法可能造成所有權被賦予近乎神聖的地位，並導致一切意圖革新的努力全然不得人心。

批判型所有權主義（為求簡單，姑且以社會民主主義型所有權主義為代表，其建立基礎是包含私人、公共與社會面向的混和型所有權）試圖藉崇高目標之名，將私人所有權當成利用工具；激烈型所有權主義則將所有權神聖化，將其轉化為系統性解決方案。除了這兩種較普遍的路線以外，還有無數其他可行的解決方案與發展蹊徑存在；更重要的是，有一些全新的道路尚待我們想像與發明。從十九世紀到第一次世界大戰，在法國與其他歐洲國家盛行的主要是激烈型所有權主義以及私人所有權的類神聖化路線。若以今日我們擁有的歷史經驗為思考基礎，我認為這種形式的所有權主義似乎應該揚棄；不過我們還是有必要瞭解哪些原因締造了這套意識形態的成功（尤其是在十九世紀歐洲的所有權社會中）。

如何合理化存在於所有權社會的不平等

所有權主義意識形態的論點在各項權利宣言及憲法中以含蓄方式表達，在法國大革命和整個十九世紀期間圍繞著所有權的政治辯論中則以明顯較直白的方式陳述。追根究柢，這個論點可以歸納如下：社會正義的概念固然值得尊敬，但無法避免的是，它永遠無法獲得完美定義，不會被全面接受，也永遠不可能帶來共識；假如我們高舉這個概念的旗幟，開始質疑和挑戰過去形成的所有權以及其中所含的不平等，難道我們不會面臨一種風險，不知道該在哪個環節停止這個危險程序？難道我們不會一頭栽進政治不穩與長期混亂的局面，最終導致最窮困的民眾反受其害？強硬派所有權主義者的答覆是，我們不該冒這種風險，所有權重分配是一個潘朵拉

的盒子，絕不可以打開。法國大革命期間，這種論調不斷出現，它足以解釋我們觀察到的許多矛盾與猶豫，尤其是在舊有權利及這些權利如何轉化為新型所有權方面，所謂「溯源方案」與「語意方案」之間的爭議。假如我們質疑、挑戰徭役與土地買賣稅，難道我們不是在動搖地租制度乃至整個既有的所有權結構？在十九世紀和二十世紀初期的所有權社會中，我們會一再看到這類論爭，我們也會發現，這些論爭在當代政治辯論中仍然扮演著非常根本的角色，尤其是隨著二十世紀末期新所有權主義論述大舉復返，這種情況更加明顯。

　　將私人所有權神聖化的立場說穿了就是一種因為畏懼失落感而產生的自然反應。三重功能模式提出的方案有助於平衡戰士與教士的權力，而且在相當程度上以宗教超驗性為立足基礎（這對確保教士及其建言的正當性而言是不可或缺的要素）；一旦放棄這套模式，就必須找出一些足以保障社會穩定的新型因應方式。對過去建立的所有權表示絕對尊重的態度帶來某種新的超驗性，可供避免全面性的混亂，並填補三重功能意識形態退場後留下的失落感。就某方面而言，將所有權神聖化是因應宗教作為一種明確政治意識形態的終結所產生的反應。

　　雖然這是一種自然而可以理解的反應，但它不免流於虛無和懶惰，而且隱含某種對人性的不樂觀。在我看來，若能以歷史經驗為本，在這些經驗的基礎上構築一套理性知識，我認為應該有可能超越上述反應方式。在本書中，我會試著說服讀者，在所有權的調控與分配方面，與其單純神聖化源自過去的權利，我們可以憑藉歷史的教訓，定義出一套要求更高的正義與平等標準。無可諱言，這套新的標準並非一蹴可幾，它必然將不斷演繹變化、永遠開放給眾人討論，不過，比起將既有地位視為理所當然、繼而把「市場」產出的種種不平等現象悉數收編這樣的「方便選項」，建立一套全新標準的做法還是比較能讓人信服。此外，二十世紀期間各國的社會民主主義社會正是在這個務實、實證與歷史基礎上發展而成（這些社會雖然遠非盡善盡美，但仍舊可供證明十九世紀的極端資產不平等絕不是確

保穩定及富裕不可或缺的條件）；而在二十一世紀初期的今天，創新的意識形態與政治運動同樣可以在這個基礎上構築起來。

　　所有權主義意識形態的主要弱點是，源自過去的所有權經常帶有嚴重的正當性問題。前面我們看到法國大革命的例子，那場革命只是將徭役變相轉換成可議的地租，而我們後續也將在許多情況中屢次看到這種矛盾，特別是在探討奴隸制度在英法兩國的廢止（當時有關當局斷定，賠償原所有權人是非做不可的事，奴隸則無需獲得賠償），以及後共產時期的私有化作業和自然資源的私人掠奪等問題時。更廣泛而言，這其中的根本問題是，無論最初取得所有權的方式有多麼暴力和不合法，顯著、持久且基本上非常專橫的資產不平等其實有著不斷重新自我建構的傾向，在舊時代的社會如此，在現代高度資本主義社會亦然。

　　無論如何，打造最大多數人能接受的正義標準是困難度極高的工作，而只有在完成本階段探討以後，我們才可能真正處理這個複雜問題。詳細而言，我們必須先研究現有資料紀錄的不同歷史經驗，特別是二十世紀期間各國在累進稅制及更廣泛的所有權重分配方面的關鍵經驗。這些經驗都構成實質性的歷史證據，可供說明極端不平等絕非無法避免，它們也帶來許多實際操作面的具體知識，供人思考平等的下限或不平等的上限何在，據以規畫合理可行的方案。總而言之，所有權主義觀點是以社會對體制穩定性的需求為立論基礎，而我們至少必須以世人重視成就主義的程度，予以嚴肅看待並詳細評量，更遑論在十九世紀的所有權意識形態中，主張個人表現至上的成就主義所扮演的角色顯然沒有在二十世紀末期以降大肆流行的新所有權主義論述中那麼重要。後續我們還會用不少篇幅回頭探討這些不同的政治意識形態發展。

　　整體而言，我們必須就事論事地分析強硬派所有權意識形態：這是一套相當精深的論述，且在部分面向上具有潛在說服力（因為，如果所有權的界限與相關權益獲得適切定義，它確實是一種有效的體制機制，可供不同個人願望及主體性以建設性方式表達和互動）；同時它也是一種不平等

意識形態，在其最極端、最強硬的形式中，只想合理化（經常是以過度而乖張的方式）某種特定形式的社會支配。確實，對位居層峰的人而言，無論是在個體之間的不平等或國家之間的不平等方面，這種意識形態都非常實用。最富裕的階層可以從中找到某些論點，一方面高舉個人努力與成就的旗號，另一方面以全體社會對穩定的需求為理由，堂而皇之地設法使他們對窮人所持的立場顯得正當。世界上那些最富裕的國家也可以從中找到理由，憑藉它們自認在法規及制度上的優越性，來合理化它們對窮國的支配。問題是，這些論點以及各方為了支撐這些論點而提出的實際資料不見得具有說服力。不過在分析這些發展和相關危機以前，首先我們還得研究，在法國大革命這個同時具有創建性與矛盾性的歷史時刻之後，法國及其他歐洲國家的所有權社會在十九世紀期間究竟出現了哪些演變。

4｜所有權社會：以法國為例

　　我們在前一章研究了不平等制度史上一個深具象徵意義的斷裂——法國大革命。在短短幾年中，革命立法者試圖重新定義繼承自三重功能社會模式的權力關係與所有權關係，並在治理權（自此是國家的專利）與所有權（理論上向全民開放）之間進行嚴格畫分。這些研究讓我們更能理解當時立法人員的重責大任以及他們面對的種種矛盾，特別是這些極其複雜的政治及法律程序與情勢發展如何在不平等和所有權重分配的問題上遭受阻礙，並且經常導致源自早期三重功能社會支配關係的各種權利（例如徭役服務、土地買賣稅）透過新的所有權主義語彙繼續存在。

　　現在我們要分析十九世紀法國的所有權分布演變情形。法國大革命隱約揭開了數個可能發展方向，但最終獲得採納的路線卻導致1800-1914年間發展出一種極端不平等的所有權社會。我們將看到，這種演變一大部分可以歸因於大革命時期制定實施的財稅制度，這套制度在一次世界大戰以前變動得很少，而我們必須設法瞭解箇中原因。在第五章中，我們將與歐洲其他國家（特別是英國和瑞典）的發展路徑進行比較，藉此領略十九世紀及二十世紀初歐洲所有權制度的多元樣貌，同時找出其中的共同點。

法國大革命與所有權社會的發展

首先我們要看的是，在歐洲革命運動之後一個世紀期間，所有權及所有權的集中情形如何演變。這方面的資料非常多，因為雖然1789年的大革命未能真正實踐社會正義，但透過詳盡的財產繼承檔案，它為後人留下了一套無與倫比的所有權觀察機制。這種檔案是登記所有性質財產的有效工具，而且其存在與所有權主義意識形態緊密相關。數以十萬計的繼承文件經過數位化處理之後，讓我們可以細緻爬梳從大革命時期到現今所有類型資產（農地、不動產、營業資產、股票、債券、合夥份額及其他各種金融投資）的分布演變情形。在此提供的數據是針對廣泛蒐集的資料（特別是巴黎市的檔案）進行一項大規模團隊研究所獲的成果。其他研究依據還包括各時期稅務單位所做的全國統計，以及十九世紀初以來法國各省的徵稅紀錄。[1]

這些研究帶來的最顯著結論如下：1800-10年間已經極為嚴重的私人所有權集中現象（僅略低於法國大革命前夕）在整個十九世紀期間直到第一次世界大戰持續惡化。具體而言，如果考量法國的整體情形，會發現財富分布的最高百分位（即最富有的1%人口）在1800-10年間占所有類型私有財產權總值的45%，在1900-10年間則占將近55%。巴黎的情況特別驚人：最富裕的1%人口在1800-10年間占總值的50%，到1914年前夕則已超過65%（見圖4.1）。

我們甚至發現，在十九世紀末、二十世紀初的「美好年代」（1880-1914年）期間，資產不平等有加速惡化的趨勢。財富集中現象在第一次世界大戰前的數十年中似乎無止境地加劇。由上升曲線看來，我們不禁遐想，若不是因為1914年到1945年陸續發生兩次世界大戰及一連串猛烈的政治動盪，私有財產權集中的情形可能惡化到什麼程度。我們也不無理由認為，至少在某種程度上，這些動盪與戰爭可能就是不平等加劇所引發的巨大社會張力導致的後果。在本書第三部，我們將詳細探討這個問題。

圖4.1. 法國大革命的失敗：十九世紀法國所有權不平等現象的惡化

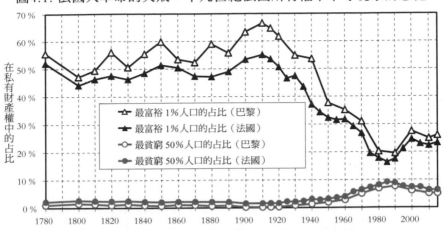

1910年時，巴黎最富裕1%人口持有私有財產權總值的將近67%，較1810年的49%及1780年的55%明顯增加。繼法國大革命期間的微幅降低之後，法國的所有權集中率於整個十九世紀直到第一次世界大戰前夕持續提高（尤其是在巴黎）。長期觀之，不平等現象的改善主要出現在1914-1945年的兩次世界大戰之後，而不是在1789年的法國大革命後。來源與數據：參見 piketty.pse.ens.fr/ideologie。

　　在此有幾點要強調。首先我們必須留意，在法國這樣的國家，無論是十九世紀、二十世紀或二十一世紀的今天，資產向來高度集中。尤其重要的是，儘管二十世紀期間最高百分位所持資產的占比顯著降低（1914年大戰爆發前夕占法國和巴黎資產總值的55-65%，1980年約為20-30%），一個不可否認的事實是，最貧窮的50%人口所持資產的占比一直嚴重偏低：十九世紀時約占資產總值的2%，目前也僅略多於5%（參見圖4.1）。由此可見，由最貧窮的半數人口所構成的廣大群眾——相當於最高百分位人口的五十倍——在資產總值中的占比於十九世紀期間只有最富裕1%人口的三十分之一左右（這也意味著最高百分位人口的每人平均資產是最貧窮半數人口每人平均資產的一千五百倍），而到了二十世紀末、二十一世紀初，這個占比大約是五分之一（這同時也代表最高百分位人口的平均資產「只有」較窮人口的兩百五十倍）。還有一點必須強調，在上述兩個時期，我們都可以觀察到，無論是年輕人、中年人或老年人，每個年齡層內部都含有這種極端不平等的現象。[2]這些規模比例非常重要，因為它們具體說明

我們不能高估過去兩百年間所有權普及的程度；要想建立一個資產平等的
社會（或者退一步說，一個較窮半數人口持有資產總值不至於微不足道的
社會），我們還有很長的路要走。

不平等程度的降低：「資產持有型中產階級」的崛起

　　事實上，如果仔細檢視法國所有權分布的整體演變情形，就會發現一
個驚人事實：十九世紀「上層階級」（最富裕的10%人口）持有資產占全
國資產總值的80%到90%，即使到了今天，這個比例仍然高達50-60%（參
見圖4.2）。相較之下，所得集中的程度——這裡所指的所得包括資本所得
（其集中程度相當於甚至略高於資本所有權）與勞動所得（其分布不平等
的程度遠低於前者）——一直不至於那麼極端：十九世紀時，最高10%所
得約占總所得的50%，目前這個比例則介於30%和35%（參見圖4.3）。

　　話雖如此，由長期演變看來，資產不平等的程度確實已經降低。只不

圖4.2. 法國的所有權分布，1780-2015年

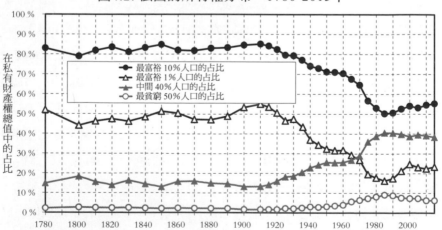

法國所得最高的10%人口在私有資產總值（包括不動產、業務與金融資產，不計債務）中的占比
於1780-1910年間高達80%-90%。資產集中情形在第一次世界大戰後開始降低，直到1980年代初
期。資產占比提高的人群主要是「資產持有型中產階級」（位於中間的40%人口），這個階級在此的
定義為「大眾階級」（最貧窮的50%人口）和「上層階級」（最富裕的10%人口）之間的中間群體。
來源與數據：參見 piketty.pse.ens.fr/ideologie。

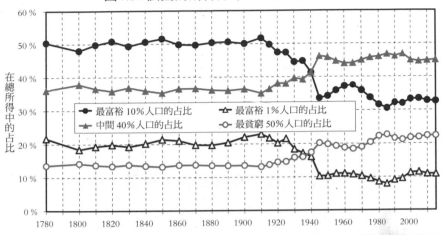

圖4.3. 法國的所得分布，1780-2015年

法國所得最高的 10% 人口在總所得（包括資本所得——租金、紅利、利息、利潤——及勞動所得——薪資、非受薪勞動所得、退休金、失業津貼）中的占比於 1780-1910 年間維持在 50% 左右。所得集中情形在第一次世界大戰後開始降低，「大眾階級」（所得較低的 50% 人口）和「中產階級」（中間的 40% 人口）占比提高，「上層階級」（所得最高的 10% 人口）的占比則降低。來源與數據：參見 piketty.pse.ens.fr/ideologie。

過受益於這種深層變化的並不是「大眾階級」（最貧窮的50%人口）——他們在資產總值中的占比一直停留在極低水平；在這種變化中得到好處的幾乎完全是所謂「資產持有型中產階級」[1]（資產價值位於中間的40%人口，介於最貧窮的50%人口與最富裕的10%人口之間），他們在資產總值中的占比於十九世紀期間不到15%，目前則已增至40%以上（參見圖4.2）。這個由資產持有者組成的「中產階級」就個體而言不算非常富裕，但集體而言，他們在二十世紀期間累積的資產總量超越了最高百分位人口（與此同時發生的現象是這個最富裕群體在資產總值中的占比大幅下跌），因此這個階級的崛起代表一種根本性的社會、經濟及政治變革。而且後續我們將看到，法國及大部分其他歐洲國家所得分配不平等程度的降低主要可以歸因於這項演變。我們也將回頭探討一個現象：所有權集中程度降低似乎不

---

[1]　編注：Patrimonial 一詞有繼承而來的意思，因此這個詞過去也有人簡譯為「靠爸」或「靠爸型中產階級」。

但沒有損及創新和經濟成長，反而帶來加乘效果。這個「中產階級」的崛起與社會流動性的增加相互呼應，而經濟成長率在二十世紀中期以後達到前所未有的高度，尤其與1914年以前相較，增幅格外明顯。在此我想特別強調的重點是，這種資產去集中化的現象是在一次世界大戰之後才開始出現；在1914年以前，法國的所有權不平等似乎無止境地惡化，其中巴黎的情況特別嚴重。

巴黎，不平等之都：從文學作品到財產繼承檔案

1800年到1914年間在巴黎觀察到的演變情形別具象徵意義，因為作為法國首都，巴黎無庸置疑是匯集最多財富、同時造成最極端不平等的地區。這個事實透過文學作品（尤其是十九世紀的一些經典小說）和財產繼承檔案，都能清楚顯現出來（參見圖4.1）。

十九世紀末，巴黎的人口大約占法國總人口的5%（全國人口約四千萬，巴黎略多於兩百萬），但巴黎市民持有全國資產總值的25%以上。換句話說，巴黎市民的平均資產超過全國平均的五倍。在此同時，巴黎也是貧富差距最大的地方。十九世紀期間，法國半數人口死亡時沒有財產可以傳承。在巴黎，1800到1914年間沒有遺產的亡故者占全體亡故者的69%到74%，並且略呈增加趨勢。具體而言，這些死者的個人物品（家具、餐具、日用織物）商業價值極低，相關單位不願予以登記。不申報財產的原因也可能是死者遺留的財物完全用於辦理喪葬或清償債務，在這種情況下，繼承人可以選擇拋棄繼承。不過我們還是觀察到一個相當驚人的現象：在登記有案的繼承檔案中，有些資產規模可說微乎其微，只是因為法律規定導致繼承人有義務申報、相關單位必須辦理，否則繼承人的所有權無法獲得承認，而這可能帶來嚴重後果（尤其是財產遭竊時不能請求警方協助）。無論是不動產、營業資產或金融資產，如果沒有完成繼承申報，就不能加以繼承。

巴爾札克（Balzac）筆下的人物「高老頭」（père Goriot）[②]就屬於「無遺產亡故者」這個龐大的社會群體（相當於十九世紀巴黎人口的70%）。在巴爾札克的描述中，高老頭被兩個女兒戴芬和安娜斯姐姬遺棄，於1821年一貧如洗地死在他租住的公寓。公寓樓的房東伏蓋太太向同樣是租戶的法律系學生拉斯蒂涅索討高老頭的養老金餘款，拉斯蒂涅另外還得支付殯葬費，而光是這筆費用就超過老先生遺留物品的總值。其實在大革命和拿破崙時期那個戰亂頻仍的年代，高老頭曾靠製造、經銷麵條和穀物發過財，可是後來為了讓兩個女兒嫁進當時的巴黎高尚社會，他耗盡了所有財富。這群無遺產亡故者大多數甚至一輩子都不曾擁有過有形財產，他們活得窮困潦倒，死的時候同樣一窮二白。令人驚訝的是，儘管在巴爾札克和高老頭的時代以後，整個法國經歷了大規模的工業發展與財富累積，但在一個世紀之後的1914年，也就是一次大戰前夕，這種沒有任何遺產可供繼承的人在巴黎死亡人口中所占的比例仍舊一樣高。[3]

在比例尺的另一端，十九世紀和美好年代的巴黎也匯聚了那些規模最龐大的財產。1810-20年間，最富裕的1%亡故者名下所持資產占繼承財產總值的一半，而這個比例在1910年前後進一步增加到三分之二。[4]如果檢視最富裕的10%人口，會發現在1800到1914年間，他們占全法國資產總值的80%到90%，在巴黎甚至超過90%，而無論在巴黎或外省，這個比例都呈現逐年增高的趨勢。

總體而言：絕大部分的所有權集中在最高十分位人口，其中極大部分又集中在最高百分位人口，而絕大多數人口幾乎一無所有。為了更能具體意會那個年代巴黎社會中個人財務狀況與資產的不平等，在此值得一提的

---

② 譯注：《高老頭》（Le Père Goriot）是巴爾札克系列作品《人間喜劇》（La Comédie Humaine）中的一部小說，故事背景設於1819年的巴黎，巴爾札克在書中深刻描述和抨擊拜金主義。《人間喜劇》含九十部以上的作品（包括長篇小說、短篇小說、散文等），分為三大部分：《風俗研究》、《哲理研究》、《分析研究》，其中《風俗研究》內容最為豐富，又分成六大類：《私人生活場景》、《外省生活場景》、《巴黎生活場景》、《政治生活場景》、《軍隊生活場景》、《鄉村生活場景》，《高老頭》被列入《私人生活場景》。

是，在第一次世界大戰以前，巴黎大多數住宅樓宇的財產登記作業並未提供「個人持有公寓」這個選項。換句話說，最普遍的情形是整棟（或數棟）樓房由同一人持有，其他人則完全不具所有權，只是支付租金給房東。

這種所有權高度集中的現象導致陰狠狡詐的伏脫冷對青年拉斯蒂涅說，如果他想要發達，絕不能只靠讀法律；成為真正的有錢人只有一個辦法，那就是不擇手段地拿到一筆財產。這套論調還穿插了許多關於當時律師、法官和房產所有人生活水平的描述，而其中反映出的絕不只是巴爾札克對金錢與財富的執念（他自己因為投資不當而背負沉重債務，必須不斷寫作，以求東山再起）。我們蒐集到的所有檔案資料都顯示，巴爾札克描繪的故事相當準確地呈現出1820年巴黎的所有權與所得分布情形，甚至可以更廣泛地說明1800年到1914年之間的整體情況。伏脫冷是所有權社會的完美化身，在他所體現的社會中，致富機會、社交形式、社會認知乃至政治秩序幾乎完全取決於所有權的規模。[5]

資產組合與所有權形式的多元化發展

在此有必要強調，這種所有權極度集中、而且在十九世紀期間和二十世紀初集中程度愈來愈高的現象是發生在現代化和資產持有形式深層轉變的時代脈絡中，經濟結構與金融結構在那個時代明顯更新，同時資產結構出現前所未見的國際化發展。目前可以查詢的財產繼承資料極其詳細，可供進行各種分析，尤其是讓我們看到，在那個時代末期，巴黎市的資產組成呈現出愈來愈多元的樣貌。1912年時，在法國首都居民持有的資產中，有35%是不動產（其中24%是巴黎市的不動產，11%是外省地區的不動產，包括農用土地），62%是金融資產，家具、貴重物品及其他私人物品則一共不到3%（參見表4.1）。金融資產的比重見證了產業的快速發展以及股份持有和股市的重要性。當時無論是製造業、農產品加工業、鐵路或銀行業，都處於蓬勃發展的狀態，其中銀行業特別興旺，而在製造業中，

表4.1. 1872-1912年間巴黎的資產組成

	不動產（公寓樓宇、房屋、農用土地……等）	巴黎市的不動產	外省的不動產	金融資產（股票、債券……等）	法國股票	外國股票	法國私人債券	外國私人債券	法國公債	外國公債	其他金融資產（存款、現金）	外國金融資產總計	家具、貴重物品……等
總體資產的組成													
1872	41%	28%	13%	56%	14%	1%	17%	2%	10%	3%	9%	6%	3%
1912	35%	24%	11%	62%	13%	7%	14%	5%	5%	9%	9%	21%	3%
最高1%資產的組成													
1872	43%	30%	13%	55%	15%	1%	14%	2%	9%	4%	10%	7%	2%
1912	32%	22%	10%	66%	15%	10%	14%	5%	4%	10%	8%	25%	2%
次高9%資產的組成													
1872	42%	27%	15%	56%	13%	1%	21%	2%	10%	2%	7%	5%	2%
1912	42%	30%	12%	55%	11%	2%	14%	4%	7%	8%	9%	14%	3%
其後40%資產的組成													
1872	27%	1%	26%	62%	12%	1%	23%	1%	14%	2%	9%	4%	11%
1912	31%	7%	24%	59%	12%	2%	20%	2%	10%	4%	10%	7%	10%

1912年時，不動產在巴黎資產總值中的占比為35%，金融資產的占比為62%（其中21%是外國金融資產），家具、貴重物品等則占3%。在財產價值最高的1%中，金融資產的占比多達66%（其中25%是外國金融資產）。來源與數據：參見 piketty.pse.ens.fr/ideologie。

紡織業的地位於十九世紀末由鋼鐵業和煤礦業取代，化學與汽車工業則迅速在二十世紀初後來居上。

此外，這62%的金融資產本身就極為多元，其中有20%的股票和其他公司份額（包含上市公司與未上市公司），而這些又可進一步分為法國股票（13%）和外國股票（7%）；19%是私人債務工具（即公司企業發行的債券、息票和其他商業票據），包括法國私人債券（14%）和外國私人債券（5%）；14%是公債（即政府發行的債券），亦分法國（5%）和外國（9%）兩類；另外9%屬於其他金融資產（即存款、現金、各種份額等）。這樣的分布方式令人彷彿看到現代經濟和金融教科書中的多元投資組合完美範例，不過上述情況是真確的事實，在十九世紀末、二十世紀初的巴黎繼承資料中記錄得清清楚楚。在每一名亡故者的檔案中，我們也可以詳細看到他在哪些公司、哪些產業部門持有哪些票據。

這裡有另外兩項分析值得說明。第一，最高級別資產的金融化程度比其他級別資產還要高。1912年時，金融資產在最富裕1%人口所持資產中的占比為66%，在其後9%中的占比則為55%。巴黎最富裕的1%人口在1912年時擁有全體市民持有資產總值的三分之二，但其中位於巴黎的不動產只占其總資產的不到22%，位於外省的不動產更只有區區10%，而股票所占的比例卻占總資產的25%，私人債券達19%，公債和其他金融資產也有22%。[6] 股票、債券、存款及其他貨幣資產的比重大幅超過不動產投資，這種情形說明了一個深層事實：美好年代的資產菁英主要是操控金融和產業的資本主義菁英。

第二，我們可以看到國外金融投資在1872年和1912年間大幅增加，於巴黎資產總值中的占比從6%躍升為21%。這項變化在最富裕的1%人口中格外顯著：這個群體持有絕大部分的國際資產，國外投資占其資產總值的比例從1872年的7%增加到1912年的25%，相較之下，富裕程度次高的9%人口只有14%資產屬於國外投資，而在其後的40%人口中，這個比例不到7%（詳見表4.1）。換句話說，只有資產規模屬於最高級別的人大

量進行國外投資，資產規模較低者投資國內的比例則明顯較高。

　　四十年間，國際資產的比例增加到三倍以上，這個驚人變化涵蓋所有類型的國外投資，例如外國公債在最富裕1%人口所持資產中的占比從1872年的4%提高到1912年的10%。在此特別值得一提的是著名的「俄國借款」：1892年法蘭西共和國與帝俄締結軍事與經濟同盟後，法國對俄國進行了大規模的貸款。不過這個時期的外國公債也包括許多其他國家發行的債券，主要是歐洲國家，但也有阿根廷、鄂圖曼帝國、大清帝國、摩洛哥等國（有時這些作業是在殖民占有的策略架構下進行）。透過這些對外貸款，法國的資產持有人獲得高額報酬，而且相關作業經常受到法國政府的庇護（在天搖地動的第一次世界大戰與俄國革命以前，這項保護一直被視為穩如泰山）。1872到1912年間，股票與國外私人債券在最富裕1%人口的資產組合總值中所占的比例從3%大幅增加到15%。在此可列舉的重要投資項目包括蘇伊士運河、巴拿馬運河，俄國、阿根廷和美國的鐵路建設，中南半島的橡膠，以及遍布世界的眾多其他私人公司等。

美好年代（1880-1914）：一種非常不平等的所有權主義現代性

　　這些統計數據非常重要，因為它們顯示十九世紀期間及二十世紀初期（尤其是美好年代）法國和巴黎所有權集中程度的上升趨勢有其「現代性」。

　　在二十一世紀初期這個充斥新創公司和脫韁創意的數位經濟時代，用當今大行其道的扭曲視角、隔著一段時空觀察那個年代，某些人可能會認為1914年以前那個高度不平等的社會直接演化自舊時代的世界——一個由平靜祥和的莊園領地和屋宇房舍所構成的靜態世界；那個世界早已滄海桑田，跟號稱充滿高度動能、講求成就主義的今日世界毫無關聯。這種看法大錯特錯：事實上，美好年代的資產形態與舊制度時代有如天差地別，甚至與巴爾札克筆下人物——高老頭、賽薩・畢羅多（César Birotteau）、

1820-30年代的巴黎銀行家等——持有的資產也截然不同,更不用說這些人物絕對稱不上「靜態」。

事實上,資本從來不曾平靜,即使是在十八世紀也一樣,那時的社會經歷了人口的快速成長、農業與商業的強勢發展,以及菁英階層的大規模換血。巴爾札克筆下的世界當然也不能以「祥和」形容。高老頭之所以能靠麵條和穀物致富,那是因為沒有人有辦法像他那樣,找到最好的麵粉、優化生產技術、組織經銷網路、安排倉儲設施,讓優良的產品適時送到正確的地方。1821年,在他垂死的床上,他還在思考到黑海岸城市奧德薩投資賺大錢的策略。無論所有權的具體形式是1800年的工廠和倉庫,或1900年的大型工業和高級金融,重點在於所有權永遠在持續更新,同時幾乎永無止境地不斷集中。

巴爾札克筆下另一個足以象徵當時所有權社會的人物是賽薩・畢羅多,根據巴爾札克的描述,畢羅多是香水和美妝品的傑出發明者,他的產品在1818年的巴黎炙手可熱[3]。身為十九世紀前期的小說家,巴爾札克恐怕料想不到,在將近一個世紀以後的1907年,同樣也在巴黎,化學家歐仁・舒勒(Eugène Schueller)會開發出非常實用的染髮劑,並根據當時風行的光環(auréole)造型女性髮式,取名為「奧萊雅」(l'Auréale)。這些產品不但無可避免地令人聯想到畢羅多的發明,而且同樣大獲好評,促使舒勒創立萊雅(l'Oréal)公司。截至2019年,萊雅仍然是全球第一大美妝保養品公司[4]。畢羅多走上另一條發展路線。他的妻子試圖說服他將香水事業的利潤轉投資在祥和寧靜的鄉間農地和結構健全的政府年金,類似高老頭為了嫁女兒而決定離開商業圈的做法。不過賽薩不為所動。1820年前後,

---

[3] 譯注:巴爾札克常自真實故事汲取靈感。賽薩・畢羅多的原型是法國香水師尚－文森・布利(Jean-Vincent Bully),布利於1803年在巴黎開設香水店,研發「布利香氛化妝醋」,大受好評。布利於1830年革命時破產,其品牌幾經波折,於2013年又以Buly為名再度問世。

[4] 譯注:萊雅於1909年登記成立,其後業務蓬勃發展,在1986年擠下美國雅芳(Avon),成為世界最大的化妝品集團。

巴黎瑪德蓮區的房地產開發進行得如火如荼，賽薩決定大膽投入，企圖讓資產擴增為三倍。結果他以破產收場，而他的失敗正好提醒我們，投資房地產絕不是什麼平靜祥和的事。其他一些房地產開發商倒是比較成功，例如川普：二十世紀末和二十一世紀初，他陸續在紐約、芝加哥等地砌起玻璃帷幕摩天大樓，並冠上他斗大的姓氏，而後在2016年入主白宮。

回到1880-1914年，那個時代的世界真的不斷變動，短短幾十年間，人類就發明了汽車、電力、橫渡大西洋的郵輪、電報、收音機。這些發明對經濟和社會造成的影響與今日的臉書（Facebook）、亞馬遜（Amazon）或優步（Uber）相比，可說毫不遜色。這點非常重要，因為它告訴我們，我們無法將1914年以前那個高度不平等的社會歸入一個已經消逝、與當今世界沒有關聯的古老世界。事實上，美好年代在許多方面與二十一世紀初期的世界相似，儘管我們必須探究兩者間的某些根本差異。那個世界也具有「現代性」的特徵，擁有現代化的金融結構與資產持有模式。舉例而言，一直要等到二十世紀最後幾年以及二十一世紀初期，世界才找回1914年一戰爆發前夕巴黎和倫敦的股市資本化水平（以生產或國民所得為衡量基準），而且我們會看到，當時法國和英國資產階級名下的國際金融投資規模比例至今一直不曾被超越（在此仍然是以年度生產或所得為衡量基準，這是進行這種歷史比較時最不荒謬的方法）。美好年代（尤其是在巴黎）體現了世界歷史上的第一個大規模金融和商業全球化時代，比二十世紀後期展開的全球化早了將近一百年。

不過與此同時，那個世界也充滿劇烈的不平等，70%的人口去世時沒有任何財產，另外1%的亡故者卻擁有全民資產總值的70%。巴黎的所有權集中程度在1900-14年間比高老頭或畢羅多的時代（1810-20年）高得多，而與大革命前夕的1780年代相比，集中程度甚至還更高。在此提醒一點，1789年以前的資產分布狀況難以確實估計，一方面因為那個時代沒有留下同類的遺產繼承資料可供查詢，另一方面是，在更廣泛的層面上，所有權這個概念本身已經改變（管轄特權已經消失，更普遍而言，所有權

與治理權之間的區分變得更明確）。雖然如此，關於大革命時期進行的資產重分配，還是有一些估計資料可供參考，憑藉這些資料，我們有理由認為大革命前夕最高百分位人口持有的所有性質資產在全民資產總額中的占比僅略高於1800-10年的比例，而比起美好年代則明顯較低（參見圖4.1）。無論如何，有鑑於1900-14年間資產極端集中的情形（巴黎最高十分位人口持有全市人民資產總值的90%，其中最高百分位持有70%），無論我們取得的資料多麼有限，具體上我們還是很難想像舊制度時代的資產集中程度能顯著高於上述情形。

1789年「特權」廢除之後，經過一個世紀，所有權的集中竟然在1880-1914年間強勢進展到如此高的程度，這個事實不但令人疑惑，更在我們分析二十世紀末和二十一世紀初的演變情形及思考未來發展時，拋出各種值得深思的問題。身為一名學者和社會公民，上述發現令我震撼；在團隊開始研究這些繼承檔案時，我們完全沒想到會得到這樣的數據（或者至少是這樣的規模比例），更不用說一大部分當代研究者並不是用這種方式描述美好年代的法國社會。尤其重要的是，法國第三共和⑤時期的政治及經濟菁英喜歡把法國描述成一個由「小資產階級」組成的國家，拜法國大革命之賜，已經永遠脫胎換骨，締造一個本質上平等的社會。沒錯，貴族與教士階級的財稅特權和管轄特權在大革命時期已經廢除，後來也沒有再出現（即使在1815年復辟以後也沒有，因為復辟時期繼續實施大革命時期建立的財稅制度，相同法規適用於所有人）。但是，這並沒有防止所有權以及經濟和金融權力持續集中，並在二十世紀初達到比大革命前更高的集中程度。這種情形與啟蒙時代某種樂觀主義描繪出來的圖像大相逕庭，比如我們不禁想到孔多塞在1794年表述的論點：只要消除「讓〔財產〕恆

---

⑤ 譯注：即法蘭西第三共和國，指1870年9月到1940年7月的法國。第三共和是法國大革命以後第一個長期存在的政體，也是法蘭西共和國成立至今維續最久的政體。雖然法國在第三共和期間多次戰敗，但仍然是當時僅次於大英帝國的世界第二大殖民國，海軍及陸軍也長期位居世界第三，無論產業、金融、交通、通訊或藝術文化均高度發展，在許多方面甚至獨步全球。

久存在」的「人為手段」，並建立「工商自由」，那麼「財富會自然趨於平等」。1880年到1914年間，儘管現實世界顯出種種徵象，證明這種邁向平等的進程在很久以前就已終止，一大部分共和派菁英仍然宣揚類似的論調。

1800年到1914年的法國財稅制度：承平時期的資產累積

如何解釋不平等程度在1800-1914年這一時期加劇，然後又在二十世紀期間減低？某種性質類似的不平等加劇現象是否從1980-90年代開始蔓延，而我們又該如何記取歷史的教訓，設法防止情況惡化？後續我們還會有充分機會回來談這些問題，特別是在探討所有權社會繼1914-45年的世界大戰衝擊以及共產主義和社會民主主義的挑戰之後所面臨的危機時。

目前我只想強調，促使不平等現象於1800-1914年這段期間加劇的一大原因是法國大革命時期建立的稅制，這套制度大體上一直實施到1901年，中間沒有出現大幅度改變，並在相當程度上維持到一次大戰爆發。1790年代採納的制度有兩大組成部分，第一是移轉稅（droit de mutation）制度，第二部則由四項直接稅捐（contribution directe）所構成，這四種稅都極為「長壽」，因此後來被俗稱為「四大老稅」（quatre vieilles）。

移轉稅是「登記稅」（droits d'enregistrement）這個範圍更大的稅費類別中的一環，其功能是登記財產移轉（即財產權人身分變更）。移轉稅透過共和七年（即1799年）的一項法律正式實施。革命立法人員特別將移轉稅區分為兩類：「有償移轉」（mutations à titre onéreux），即以金錢或其他財產權作為交換的所有權轉移，以及「無償移轉」（mutations à titre gratuit），即毋須以對等物抵償的所有權轉移，這類稅費包括繼承（稱為「死後移轉」〔mutations par décès〕）和生前贈與。有償移轉稅取代先前討論過的舊制度時期「領地土地買賣稅」，直到今天依然針對房地產交易進行課徵。

在直系財產繼承（即父母與子女間的財產繼承）方面，1799年制定的稅率極低，只有1%。此外，當時這種稅完全按比例徵收，從一法郎起計，

無論總值有多高，每筆繼承均按1%比例課徵。課稅比率依親屬關係等級調整，旁系繼承（兄弟姊妹、堂表兄弟姊妹……）以及非親屬間的繼承課稅比例略高於直系繼承，但從來不按繼承資產價值調整。此後出現許多有關建立累進稅制或調高直系繼承課稅比率的辯論，特別是在1848年革命之後的一段時間，以及第三共和成立後的1870年代，但這些討論後來都無疾而終。[7]

舉例而言，1872年時，有人試圖將父母與子女間總值級別最高的財產繼承稅徵收比率調高到1.5%。雖然改革規模很小，但國會議事委員會以直系卑親屬的自然權利為由，直截了當地拒絕了這項提案：「兒子繼承父親的情況嚴格說來並不屬於財產移交；如民法編纂者所言，這是一種使用權的延續。若以嚴格理論來詮釋這個法理，則直系繼承不應課徵任何稅賦；因此在制定課稅比例時，至少必須以極低稅率為準。」[8]在這個案例中，1872年法國國會議員的多數意見是，1%的課徵比例符合「極低稅率」的要求，1.5%則違反此項原則。許多議員認為，比率過高可能引發重分配需求高漲的危險競逐現象，如果不謹慎處理，恐怕將動搖私人財產及其自然移轉制度的根基。

用現在的眼光來看，我們可能認為這種保守心態很可笑。二十世紀期間，在大部分西方國家，針對最高級別繼承資產的課稅比例（至少30-40%，有時甚至在數十年間維持70-80%的超高水準）遠高於前述稅率，但這並未導致社會及所有權的瓦解，也沒有造成經濟動力降低和成長衰退；經濟活動反而更加暢旺。當然，這些政治立場代表了某些利益，但更重要的是，這些立場也反映出某種合理可信的所有權意識形態，或者至少可以說表面上看起來具有相當高的合理性。這些討論突顯出來的重點是重分配需求高漲的風險。對那個年代的多數議員而言，徵收繼承稅的目的是登記財產和保護所有權，與資產重分配或不平等現象的改善毫不相干。一旦走出這個架構，開始按顯著比例對最高級別的直系繼承資產課稅，那就像累進稅的潘朵拉之盒被打開，而且可能永遠關不起來，而這種過度的累

進稅制以及隨之而來的政治混亂最終將對低所得者乃至社會全體造成危害。這種論點至少是當時被用來合理化財稅保守主義的說詞之一。

還有一點必須強調的是，在1790年代移轉稅建立的同時，一個龐大的地籍制度也開始發展起來，透過完善的行政架構與登記作業，記錄所有資產及產權變更。這項工作規模非常浩大，因為就當時的交通運輸發展程度而言，法國的幅員極為遼闊，而且法國人口多達將近三千萬，遠超過歐洲其他國家，新的所有權法又不分貧富貴賤，適用於所有人。這項野心勃勃的政治工程奠基於一套同樣充滿企圖心的權力與所有權理論：中央集權化政府對所有權的保護應當能促進經濟繁榮、社會和諧及全民平等；在法國達到空前榮景、國力擴及四海的時刻，絕不能因為天馬行空的平等主義舉措而冒險糟蹋一切。

雖然如此，還是有愈來愈多政治人物倡議其他做法，尤其有些人主張必須制定積極主動的政策，以限制貧富差距，讓更多人有能力置產。早在十八世紀後期，格拉斯蘭、拉科斯特、潘恩等人就陸續提出內容明確且深具企圖的稅制改革方案。十九世紀期間，隨著1830年代的工業擴張，新形態的不平等日益明顯，使財富重分配的訴求顯得更具合理性。不過，針對重分配及累進稅制相關問題組成多數聯盟並非易事，一方面因為法國在進入第三共和時期和實施普選以後的前數十年忙於處理共和制度和教會地位的問題，另一方面則是因為農民階層及其他鄉村地區民眾（包括其中一些並不富有的人）擔心社會主義者及無產階級者可能醞釀全面推翻私有財產的意圖。這種擔憂並非毫無根據，而且富裕階層不時會在這個問題上煽風點火，藉此驚嚇最貧窮的階層。累進稅制有時被視為理所當然，但它從來不是（也永遠不可能是）一個毫無爭議的問題；即便大舉實施普選，多數共識也不會像變魔術般忽然形成。有鑑於政治衝突具有多重面向、不同論點錯縱交雜，我們不能假定政治聯盟的存在；政治聯盟必須是主動建構的產物，成功與否，取決於相關各方的共同歷史經驗以及他們動用的認知機制。

　　無論如何，必須等到1901年，比例稅制這個神聖不可侵犯的原則才終於被撼動。1901年2月25日，法國立法制定財產繼承累進稅，這是法國首次表決通過的重要累進稅項，比1914年7月15日立法實施的累進所得稅早了很多年。與所得稅的情況相同，財產繼承累進稅的議題在國會討論了非常長久的時間，而且參議院──這是一個權貴及鄉村地區代表比例超高的議院，因此立場較為保守──一直延遲法案通過的時間（國民議會早在1895年就表決通過財產繼承累進課稅的提案）。在此特別說明，法國參議院是在1946年第四共和成立以後才失去否決權，最終決定權自此轉入全民直接投票選出的議員手中，使許多社會及稅制相關立法得以順利推動。

　　不過不能否認的是，1901年立法通過的稅率極低，對大多數財產繼承而言，直系繼承的課稅比例只有1%，與比例稅制時期相同，即使是每名繼承人獲得財產份額超過一百萬法郎的情況（這種情況只占繼承案件總數的0.1%），課稅比例至多也只有2.5%。最高稅率在1902年調高為5%，1910年進一步上調到6.5%，藉此為「勞工與農民退休法」提供資金。儘管適用於最高級別資產的稅率是在一次大戰之後才達到比較可觀的程度（百分之好幾十），「現代」累進稅制也是在此後才建置，我們還是可以將1901-02年的立法視為決定性的里程碑，而1910年的立法甚至更加重要，因為讓累進稅率的提高與勞工退休金的融資產生明顯關聯的做法表露出一種全面改善社會不平等的明確意志。

　　總歸而言：在1800年和1914年之間，繼承稅對大型資產的累積與轉移程序只造成些微影響。不過，1901年的法律還是標誌著財稅思維在財產繼承這個部分的根本轉變，累進稅的逐步導入從兩次大戰之間的時期開始顯現出強大的效應。

「四大老稅」、資本稅及所得稅

　　關於1914年累進所得稅的導入，在此首先必須再次強調，革命立法

委員在1790-91年制定的四項直接稅捐（「四大老稅」）具有一個基本特徵——課徵方式與納稅人的所得完全沒有直接關係。[9]革命立法者直截了當地否定源自舊制度時期的專橫做法，並且可能亟於避免蓬勃發展的資產階級被迫繳納高昂稅賦，因此他們選擇建立所謂「指數稅制」，也就是說，各項稅捐的計算依據是一些可供衡量納稅人納稅能力的「指數」，而不是當時完全不需申報的所得。[10]

舉例而言，「門窗稅」的課徵依據是納稅人主要住所的門窗數目，門窗數可謂富裕程度的指標，對納稅義務人而言，它的好處是可以讓稅務機關判定稅額，毋須直接進入住宅，更不必查閱帳簿。個人動產稅（contribution personnelle-mobilière，即現在的「房屋稅」〔taxe d'habitation〕）則是依據主要住所的租賃價值計算，所有納稅義務人都必須繳納。如同其他稅捐（1925年全面廢止的門窗稅除外），個人動產稅在1914-17年全國所得稅制建立之後成為地方稅的一種，直到二十一世紀的今天仍然是地方單位的資金來源。[11]特許稅（即目前的營業稅）由工匠、商人、實業家按照根據各業種制定的標準繳納，稅率計算的依據是公司行號及其使用設備的規模，不過與各相關方實際獲得的利潤沒有直接關聯（這些利潤不需申報）。最後一項「老稅」是不動產稅（contribution foncière，即目前的 taxe foncière〔中文同樣稱為「不動產稅」〕），[⑥] 這是所有不動產持有者必須繳納的稅項，無論持有的是建物（房屋、大樓……等）還是非建物（土地、森林……等），都應繳稅，稅率根據資產租賃價值按比例計算，不論其用途為何（個人用、租賃用或營業用）。與用於計算個人動產稅額的價值一樣，納稅人也不需申報這些租賃價值；這些稅率是在稅務機關針對全國建築及非建築資產、每隔十年或十五年實施一次的大規模調查中制定，主要依據是兩次調查之間出現的新建築設施、資產轉移，以及其他載入地籍資料的

---

⑥　譯注：法文的 contribution 和 taxe 都是「稅」，但前者原意為「貢獻」，顧名思義，帶有「捐獻」的意涵。

項目。在1815和1914年之間，通貨膨脹幾乎不存在，價格變動也非常緩慢，因此我們可以認為，在那樣的金融環境中，上述週期性調整制度已經足夠，而且該制度還能讓納稅義務人免於報稅的麻煩。

以重要性而言，不動產稅遠居「四大老稅」第一名，因為光是這個稅別在十九世紀初期就占總稅收的三分之二，到了二十世紀初期占比仍達將近一半。實際上，不動產稅也是一種資本稅，只不過納入計算的只有不動產資本及「真實」資產。股票、債券、公司份額及其他金融資產不列入計算，或者更精確地說，這些項目只在相關公司持有某些類型不動產（例如被用作辦公室或倉庫的樓宇）的情況下才會被間接課稅，這時公司必須繳納相應的不動產稅。不過在產業公司或金融公司的情況中，如果過去累積的資產主要屬於無形資產（專利、技術、業務網路、商譽、組織能力等等），或者涉及投資於境外的資產，又或者涉及不動產稅和其他直接稅捐未詳細列計的資產（例如機器和設備，這些項目原則上歸入特許的範疇，不過在實務上列計比率遠低於其實際獲利率），這時相關資本不是免於課稅，就是課稅比率極低。在十八世紀末期，相較於實質資產（房屋、土地、樓宇、工廠、倉庫），這類資產顯然可說微不足道，不過不能否認的是，在十九世紀期間及二十世紀初，這種資產扮演愈來愈核心的角色。

無論如何，有一點非常重要的是，如同1901年以前的財產繼承稅，不動產稅也是一種完全按比例課徵的資本稅。它的目的完全不在於重新分配所有權或改善貧富不均的情況，而是以低到不痛不癢的比例對財產課稅。整個十九世紀期間，一直到1914年，年度課徵比率維持在資產租賃價值的3%到4%左右，相當於不到資產價值的0.2%（以租賃報酬通常約在每年4%到5%之間為考量依據）。[12]

在此必須強調，對資本持有者而言，資本稅完全按比例課徵而且稅率超低的情況可說是非常有利的事，而在法國大革命和1800-1914年這整個時期，這種課徵方式確實被資產持有者視為理想的稅收制度。每年繳納資本價值的0.2%，另外在「兒子繼承父親」時額外繳納1%，這種課稅方式

讓每個資產持有者獲得安心賺錢和累積財富的權利，可以讓他的名下產業
發揮最大的生財可能性，甚至不需要申報所得和資本產生的利益，同時享
有稅賦不按其營業利益及租賃收入課徵的保障。按超低稅率徵收的比例制
資本稅侵入性非常低，而且為資產持有者賦予全權，因此過去經常受資產
持有人青睞。不僅是在法國大革命時期和十九世紀期間，我們在整個二十
世紀乃至二十一世紀前期的今天，都能看到這種政治立場。[13]相反地，當
資本稅成為真正按累進稅率徵收的財產稅時，它就搖身一變成為資產所有
者最害怕的稅賦；後續我們在探討二十世紀的相關演變與辯論時，會有機
會進一步瞭解這點。

　　在採取納貢選舉制的君權時代（1815-48），以低稅率資本稅形式存在
的不動產稅也被當局當成一種為資產所有人賦予政治權力的體制工具。舉
例而言，在第一次復辟時期，法國只有三十歲以上、每年繳納直接稅捐超
過三百法郎的男性（當時一共十萬人左右，即1%的成年男性）才享有投
票權。具體而言，由於不動產稅占「四大老稅」稅收中的大部分，這意味
的是投票權大致上只由全國最富有的1%土地及不動產所有權人享有。換
句話說，當時的稅務規則既有助於資產所有人安心累積財富，同時又能讓
得益者制定政治規則，確保這種狀態永遠維持。所有權主義不平等制度從
不曾如此清楚明白地展現出來：1815-48年在法國蓬勃發展的所有權社會
以直截了當、絕對透明的方式，立足於一套所有權制度以及可供確保其永
續存在的政治制度之上。我們將在下一章看到，類似機制也曾在其他歐洲
國家運作（例如英國與瑞典）。

普選，新型知識，世界大戰

　　在1848年革命及第二共和短暫實施普選之後那段期間，以及第三共
和建立、1871年重新實施普選以後，關於累進稅和所得稅的討論都重新熱
烈展開。[14]在工業與金融快速擴張的時代脈絡中，所有人都看到製造業和

銀行業收益飆漲，勞工薪資卻停滯不前，新的城市無產階級生活在窮困中；因此，新型財富來源繼續維持低稅率的情況變得愈來愈無法讓人接受。儘管累進稅制的議題仍舊令人聞之色變，還是必須有所行動才行。就在這樣的背景下，法國國會在1872年6月28日通過法律，制定「證券所得稅」（impôt sur le revenu des valeurs mobilières，簡稱IRVM）。

這個新的稅別在某種程度上彌補了「四大老稅」的不足，因為它的徵收對象是1790-91年實施的直接稅捐制度大體上一直忽略的一些所得形式。的確，就當時而言，證券所得稅體現了某種稅制方面的現代性，特別是它的稅基非常大：課稅範圍不只包括股東紅利和債券持有人所獲利息，也涵蓋證券持有人除其投資資金的還本部分之外還可能獲得的「各種類型所得」，無論這些收入的法律名稱為何（準備金分配、資本利得、與公司解散有關的資本收益等等）。證券所得稅的相關數據也曾被用來對1872年到1914年之間這類所得的大幅增長進行第一次估算。另外，這項稅賦是在稅源加以徵收；換句話說，它是由相關證券發行實體（銀行、資本公司、保險公司等等）直接支付。

不過從稅率觀點來看，證券所得稅仍舊符合既有稅率的模式：這個新稅別完全按比例徵收，而且無論是小額債券持有人用來養老的微薄利息收入，或是持有多元資本組合的大股東所獲的豐厚紅利（可高達一般人平均年收的數百倍以上），所有動產所得以3%的單一稅率課徵。這個稅率在1890年調升為4%，然後一直實施到第一次世界大戰。就技術面而言，大幅提高稅率以及採行累進徵收方案並非難事，但歷屆政府始終不曾負起這個責任，因此從大規模資產累積和延續的角度看來，1872-1914年間證券所得稅的建立和實施最終可說效果不彰。

相關議論持續進行，經過幾番波折，國民議會於1909年首次通過創立綜合所得稅（impôt général sur le revenu，簡稱IGR）的法案。綜合所得稅是一種對納稅義務人整體收入（即所有類別收入的總和，包括薪資、利潤、租金、股利、利息等等）徵收的累進稅。綜合所得稅的原有構想只是

透過累進稅率標準，向少數富裕的納稅義務人課稅，藉此達成某種程度的所得重分配，不過根據1907年基進黨財政部長約瑟夫・凱佑（Joseph Caillaux）所提交的法案，新稅制的徵收範圍也包括一整組所謂「類別稅」（亦即針對不同所得類別〔cédule〕分別徵收的稅賦），目的是在少數富人以外，對更大比例的納稅義務人課稅。

　　儘管如此，凱佑法案的企圖其實不大，因為在綜合所得稅的架構下，最高級別所得的課稅比率只有5%。不過反對者還是大肆抨擊這個「地獄機器」，認為一旦機器開始運作，就不可能停止，就像繼承稅一樣，甚至情況可能更嚴重，因為申報所得的義務被納稅人認為具有難以忍受的侵入性。先前已經反對按累進稅率徵收繼承稅的參議院對累進所得稅也充滿敵意。儘管凱佑及所得稅的支持者們提出他們能動用的所有論點，特別是針反對者的預言——最高級別稅率很快就會達到天文數字的水準——他們竭力強調先前的累進繼承稅在1901-02年以後改變幅度其實相當小，[15] 參議院仍舊一直拒絕通過議案，直到1914年持續阻撓新制實施。

　　在造成民眾心理表徵演變的重要因素中，有一件事特別值得注意：累進稅制的反對者經常提出「法國社會平等均富」的論點，作為他們反對累進稅的理由，但1901年2月25日通過的法律制定累進繼承稅之後不久，當局根據繼承申報資料發表的統計數據明顯動搖了這個觀點。在1907-08年的國會辯論中，所得稅的支持者經常援引新知，設法證明法國並不是他們的反對者們喜歡描述的那種由一大群「小產權人」所構成的平等國家。凱佑部長親口將這些統計數據唸給國會議員聽，讓他們知道每年法國境內申報的超大規模繼承案無論數目或總值都極為驚人，然後他做出這樣的結論：「我們一直受到誤導，認為——甚至不斷宣稱——法國是一個由無數小型資產所組成的國家，資本極端零碎而分散。新的繼承稅制所顯示的數據迫使我們摒棄這種看法。……各位議員，我必須坦白告訴你們，這些數字也在我內心改變了某些剛才我提到的預設想法，並引發我的某些思考。擺在眼前的事實是，一群為數不多的人持有這個國家的絕大部分財富。」[16]

在此我們看到，一項重要的制度創新──累進繼承稅的導入──除了對不平等現象造成直接效應以外，也促成新知識及新類型的產生，足以影響演進中的政治意識形態思維。凱佑沒有進一步根據當年的繼承資料，計算各十分位和百分位所占的份額，但他提供的初步數據已經具有足夠的說服力，讓所有人明白法國絕不是累進稅制反對者描述中的那個「小產權人的國度」。這些論點在國民議會造成一定程度的衝擊，並促使國會在1910年作出提高累進繼承稅率的決議，不過還是不足以說服參議院接受制定累進所得稅的做法。

假使沒有發生第一次世界大戰，我們很難推斷參議院還會繼續抗拒多久，不過無庸置疑的是，1913-14年的國際緊張局勢，特別是法律規定三年義務兵役所造成的全新財務負擔，以及各種「國防上的迫切需求」，都以決定性方式消除了立法程序的障礙，這些因素發揮的作用想必超過基進黨與社會黨在1914年5月選舉中的良好表現。這些辯論曾掀起許多波瀾，其中最轟動的無疑是「卡爾梅特事件」。[17] 無論如何，參議院最終是在1914年7月15日（在此之前兩星期，薩拉耶佛刺殺事件才發生；兩星期之後，第一次世界大戰即將爆發）緊急通過的財政法架構下，在最後一刻才同意納入國民議會已於1909年通過的綜合所得稅相關條文，而且事先還爭取到累進稅率進一步降低的條件（對最高級別所得課徵的稅率從5%調降到2%）。[18] 大戰進行期間，這套累進所得稅制透過1915年度的所得稅徵收作業首度實施，此後經過多次改革與修正，一直施行到今天。不過，如同繼承稅的情況，必須等到一次大戰結束，尤其是進入戰間期之後，最高級別稅率才調高到現代的水平（百分之數十，詳見第十章圖10.11、圖10.12）。

在此做個總結：從法國大革命到第一次世界大戰，法國實施的稅收制度提供了財富累積與集中的絕佳條件，針對最高級別所得及資產的課稅比例從來不曾超過幾個百分點，幾乎可說只是象徵性課稅，不會真正影響財富累積與轉移的條件。新的聯盟和深層的政治意識形態轉變在大戰爆發之

前即已開始成形，特別是在1901年累進繼承稅制定以後；不過這一切必須等到戰間期才顯出具體效應，尤其是二次大戰結束後，1945年通過新的社會、財稅及政治公約，在這樣的全新架構下，變革的效果才全面展現。

大革命、法國與平等

1789年大革命以後，法國喜歡自詡為自由、平等、博愛的國度。對平等的許諾是這個宏大國家論述的核心成分，這份許諾當然具備某些有形基礎，例如貴族與教士的財稅「特權」在1789年的八四之夜被廢除，以及1792-94年革命立法者試圖成立以普選為基礎的共和制（就那個時代而言，這項企圖不容小覷，尤其當時法國的人口遠高於歐洲其他君權制國家）。更廣泛而言，建構一個中央集權化公共強權，藉此終結領主管轄特權，並讓人得以期待有朝一日能達到平等的目標，這無疑是新政權的一項重大成就。

只不過就實際平等而言，法國革命的偉大承諾幾乎完全沒有具體兌現。十九世紀期間，所有權集中現象不斷惡化，到了一次大戰前夕，集中程度甚至高於1780年代，這足以顯示革命承諾與現實之間的極大落差。而且當國會終於在1914年7月15日投票通過累進所得稅時，目的並不是為教育和公共服務挹注資金，而是為了籌款對德作戰。

格外令人訝異的是，法國雖然自稱為平等的國度，實際上卻是最後才通過累進所得稅的西方國家之一，晚於丹麥（1870年）、日本（1887年）、普魯士（1891年）、瑞典（1903年）、英國（1909年）及美國（1913年）。[19]當然，在英國和美國的情況中，這個深具象徵意義的財稅改革是在大戰爆發前幾年間才陸續通過實施的，而且兩國都為此經歷了翻天覆地的政治鬥爭與重大的憲法修訂。不過無論如何，這些改革都是在承平時期完成的，目的是支援公共支出及設法改善不平等，而不像法國是在戰爭、軍事及民族主義的急迫壓力下不得已而為之。沒錯，法國還是有可能在沒

有戰爭的情況下，以其他國家的成功經驗為借鏡，或在其他金融、軍事危機發生之後，通過自己的所得稅法；然而不能改變的歷史事實是，法國確實是在一次大戰期間才通過改革，而且是在其他重要西方國家之後。

還有一點很重要，法國之所以在社經平等方面相對落後，而且充滿偽善，一大原因是某種形式的智識民族主義和對歷史的自滿。從1871年到1914年，第三共和的政治和經濟菁英大量採用（甚至可說濫用）的觀點是：拜大革命之賜，法國已經成為一個平等的國家，因此法國完全不需要創造那種掠奪性的專橫稅賦，這點與法國周邊其他貴族制威權國家相反（首先被提出來批判的就是英國和德國，論者認為這些國家如果想要有機會邁向法國式的平等理想，除了立刻創造累進稅之外，可說別無他法）。問題是，「法國在平等方面屬於特例」這樣的論點完全沒有事實根據。財產繼承的檔案資料告訴我們，十九世紀和二十世紀初年的法國極端不平等，在一次大戰以前，所有權集中現象不斷加劇。此外，在1907-08年的國會辯論中，凱佑已經提出這些財產繼承統計資料作為佐證，但眾人的偏見太強烈，而且牽涉其中的利害關係太複雜，因此至少在當時的局勢及政治意識形態環境中，他的見解無法獲得參議院的認同。

第三共和時期菁英的立論基礎當然包括一些多少具有切題性的比較，尤其是相較於英國，法國的土地所有權分割程度明顯較高（這種情況一部分是因為法國大革命期間實施的重分配相對有限，但更重要的原因是英國的土地集中程度特別高），而且法國民法早在1804年就制定兄弟姊妹繼承財產時的平等均分原則。在具體實踐上，財產平分主要是兄弟的事，因為在十九世紀通行的高度父權主義財產制度下，姊妹一旦結婚，幾乎就失去所有權利，相關權利轉由她們的配偶掌握；因此在整個十九世紀期間，財產均分原則受到反革命及反平等思維的汙名化，因為抱持這種立場的人認為，均分原則導致土地零碎分割的有害後果，特別是在父親無法剝奪繼承權的情況下，喪失了對兒子的權威。[20]實際上，從十九世紀一直實施到1914年的法律、財稅與金融制度整體而言非常利於所有權高度集中，而這

些因素發揮的作用遠比大革命建立的兄弟均分原則更重要。

在二十一世紀初期的今天，我們拉開與美好年代的距離，重新審視那些歷史片段時，不禁對當時法國一大部分菁英以及許多經濟學家的偽善觀點感到錯愕，他們罔顧一切明顯可見的事實，不惜全盤否認不平等會在法國造成任何問題，有時甚至大言不慚地撒謊。[21] 當然，我們可以在這些立場中看出某種恐慌式的懼怕，那些人認為，由於當時還沒有任何大規模實施累進稅制的直接歷史經驗，大肆進行重分配會造成不良影響，危害國家社會的繁榮發展。無論如何，在重新審視這些歷史片段時，我們必須警惕自己，不要讓這種偏差論調在未來再度出現。

我們將在後續章節看到，這種看似宏大、實則短視近利的國家論述在不平等制度的歷史中不幸非常普遍。在自認為非常平等的法國，無論我們談的是十九世紀及二十世紀大部分時期實行的殖民支配制度和父權主義制度，或者至今仍是法國教育制度特徵之一的深層不平等，「平等特例論」的迷思以及對自身道德優越性的信念經常都被當成掩飾自私心態及國家失敗的工具。我們還將發現，美國也有類似形式的智識民族主義；「美國特例論」的意識形態經常被用來蒙蔽存在於當地的各種不平等，以及 1990-2020 年間日益明顯的金權政治。不難相信，在不久的將來，某種類似的歷史自滿心態也會在中國蔓延，甚至現在的中國可能就已經處於這種情形。不過在研究這些問題以前，我們必須繼續探討歐洲等級社會演變為所有權社會的過程，藉此深入瞭解發展路徑的多元性，以及各種可能的替代路線。

資本主義：工業時代的所有權主義

在進一步探討之前，我也想釐清「所有權主義」與「資本主義」這兩個概念之間的關聯。在本書的研究架構中，我傾向突顯所有權主義及所有權社會的概念，因此我提議將資本主義思考為所有權主義在大型工業及國際金融投資發展的時代（主要是十九世紀中期以後和二十世紀初）所形成

的一種特殊形態。整體而言，無論是第一次產業及金融全球化時期（「美好年代」）的資本主義，或是持續進行中的1990-2020年代的數位全球化超級資本主義，資本主義都可以被視為一項歷史運動，其宗旨在於突破傳統的資產持有形式以及過去的國家邊界，不斷進一步擴展私人所有權與資產累積的範圍。這項運動必須仰賴交通和通訊手段的發展，藉此促成全球規模的生產和交易增加以及資產累積的加速；在更根本的層面上，則必須發展日益精密複雜、全球化程度更高的法律制度，以便將不同形式的有形與無形資產持有加以「密碼化」，盡可能設法在那些可能想要謀取他們財產的人（首先是所有一無所有的人）不知情的情況下（有時連政府和國家法律制度都被蒙在鼓裡），保障所有權人的長久權益。[22]

在這個意義上，資本主義與我在本書中定義的所有權主義——一種以絕對保護私人所有權（原則上被視為一項普世性的權利，與舊有的地位不平等無關）為核心意圖的政治意識形態——有密切關聯。美好年代的古典資本主義是大型工業及國際金融時代所有權主義的延伸，正如二十世紀末和二十一世紀初的超級資本主義是所有權主義在數位革命與避稅天堂的時代衍生出來的產物。在這兩種情況中，新的所有權持有形式和保護方式都應運而生，藉以保障資產累積的永續性。雖然如此，所有權主義及資本主義的概念仍然值得加以區分，因為所有權主義作為一種意識形態是在十八世紀期間發展出來的，比大型工業和國際金融的出現要早得多。這種意識形態誕生於大致上仍處於前工業時期的社會中，當時由於中央集權化國家形成，並且具有擔負治理功能以及整體保障所有權的全新能力，各種不同可能性頓時開展，在那樣的時代脈絡下，所有權主義儼然成為一種超越舊有三重功能邏輯的有效方法。

作為一種意識形態，所有權主義理論上可以應用於主要屬於鄉村形態的社區以及相對狹義而保守的資產持有形式，藉此予以維持。在具體實踐上，資產累積的邏輯傾向於迫使所有權主義盡可能擴張所有權的界線與形式，除非有其他意識形態和制度為其設定限制。在這裡的討論中，十九世

紀末和二十世紀初的資本主義可說是所有權主義在大型工業時代強硬化的結果，新的城市無產階級集中在大規模的生產單位中，對資本採取一致的立場，與股東之間的所有權關係日趨緊張。

這種強硬化的現象也反映在十九世紀的文學作品處理所有權關係演變的方式。在巴爾札克筆下，1810-30年代的所有權社會為我們展現一個引人遐思的世界，其中所有權成為一種普世價值，可供產出牢靠的年度收益，以及組織社會秩序——但在那個社會中，那些為產出這些收益而勞動的人與資方之間基本上不存在直接衝突。巴爾札克呈現的世界具有深層的所有權主義特質，這點與珍‧奧斯丁筆下發生在1790-1810年英國社會的故事若合符節，不過這兩位作家描繪的情況距離大型工業的世界都還非常遙遠。

與此相反，左拉在1885年出版小說《萌芽》(Germinal) 時，在法國北部礦業和工業發達的地區，勞資雙方的緊張關係已經達到頂點。工人匯集微薄資金，對礦業公司發動嚴峻的罷工，但資金耗盡後，雜貨店老闆梅格拉卻拒絕讓他們賒帳。這名醜惡的資本代理人長年強迫社區婦女及她們的女兒為他提供性服務，令她們萬分厭惡，在連續數星期的抗爭後，這些筋疲力竭的女人亟思報復，伺機將他去勢。他的屍體被公開展示，並在街頭拖行。這一切與巴爾札克描繪的巴黎沙龍和珍‧奧斯丁筆下的美妙舞會宛如天壤之別。所有權主義已經成為資本主義，終結的時刻即將到來。

5 | 所有權社會：
歐洲國家的發展路徑

　　我們在前一章探討了1789年大革命到一次大戰爆發前這一個多世紀期間，在蓬勃發展的法國所有權社會中不平等現象的演變情形。雖然法國的案例揭示出許多有趣的面向，對周邊國家也造成極大影響，不過在歐洲史和世界史當中，法國的例子相對上還是比較特別。如果我們跳脫出來，從一定距離觀察歐洲境內各國互不相同的發展路徑，就會發現導致三重功能社會轉變成所有權社會的過程呈現出非常大的多元性。這是本章要討論的主題。

　　首先我會對歐洲各國的情況進行整體比較，然後用比較詳細的方式檢視兩個別具意義的案例：英國和瑞典。英國這個例子的特徵是，從三級社會到所有權社會之間的過渡是以極為漸進的方式發生，因此在某些方面似乎與法國的發展路徑完全相反。不過我們還是會看到，斷裂式發展在英國社會的轉變中也扮演了關鍵角色，而這點再度說明，在社會轉型的過程中，危機和劇烈轉換的時刻確實非常重要。瑞典的案例相當驚人，這個國家很早就將四等級社會制度憲制化，然後又以頗為激烈的方式過渡到所有權主義制度，採行按財富規模賦予投票權的比例選舉制。瑞典的例子完美說明了集體動員、政治和社會進程在不平等制度轉型過程中的重要性，因

為瑞典曾經是將納貢選舉制實施得最澈底的所有權社會，但是卻能順利轉變成最平等的社會民主主義社會。更廣泛而言，由於在不平等制度的整體歷史中（從三級社會時期到所有權社會時期，而後再到殖民時期和社會民主時期），法國、英國和瑞典分別都扮演了關鍵性的角色，因此這些國家經驗的對照比較非常有意義。

神職人員與貴族階級的人數：歐洲的多元情況

若要分析歐洲各國發展路徑的多重樣貌，第一種方式是比較教士階級與貴族階級的人數和資源，以及這些元素在各國的演變。這種做法自然有其局限，尤其現有各種資料之間難以進行精準詳實的比較。雖然如此，這種方式仍舊可供找出歐洲各國社會的主要規律性及差異性。

首先看神職人員的人數。透過初步的概略觀察，我們可以看到歐洲各國之間相對近似的長期演變。舉例而言，如果檢視西班牙、法國和英國的情況（見圖5.1），我們發現在這三個國家，教士階級的人口占比於十六世紀和十七世紀達到非常高的水平，大約是男性成年人口的3-3.5%，即每三十名成年男性就有一名神職人員（在1700年前後的西班牙，這個比例甚至高達將近5%，相當於每二十名成年男性就有一名神職人員）。此後教士階級的人口占比在這三個國家持續降低，於十九世紀和二十世紀初減為0.5%左右（即每兩百名成年男性才有一名神職人員）。目前可以找到的估計資料當然稱不上完善，但相對上的規模比例非常清楚。二十一世紀初期的今天，在上述所有國家，即使將所有宗教列入計算，教士階級在總人口中的占比均不及0.1%（每千人不到一人）。我們也將在本書後續章節中看到，在二十世紀末和二十一世紀初的歐洲各國，宗教實踐都已大幅減少，自認為「不信教」的人口比例則顯著攀升，達到三分之一甚至一半（參見第四部第十四章和十五章）。

雖然非常長期的演變相對近似，各國都呈現宗教實踐大幅式微、宗教

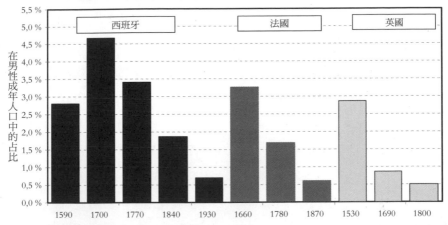

圖5.1. 歐洲教士階級的人口比重，1530-1930年

在西班牙，教士階級占男性成年人口的比例在1700年時為4.5％，1700年降為3.5％，1840年進一步降至2％。我們觀察到整體下降的趨勢，不過不同國家的降低時期不同：西班牙降低得比較晚，英國降低得比較早，法國則位於中間。來源與數據：參見piketty.pse.ens.fr/ideologie。

階級幾乎消失的情況，但這個過程的確實發生時間在各國差異相當大，這點特別反映出個別社會中權力關係的演進，以及政府機構與宗教、君權和聖職機構間政治意識形態衝突的改變情形。以法國的例子而言，我們在前一章看到教士階級的人數從十七世紀最後三十年開始已經大量減少，這個趨勢在十八世紀持續，法國大革命期間，教會資產被剝奪，教士階級進一步遭受重創，在其後的整個十九世紀期間，教士人數不斷減少。

　　在英國，這個程序展開的時間明顯較早。特別是因為亨利八世在1530年代決定解散修道院，神職人員在人口中的比例從十六世紀就開始大幅降低。在英國王室與羅馬教廷衝突的背景中，這個重要斷裂背後有政治與意識形態方面的動機，而這個衝突最終導致了英國國教的誕生。教宗拒絕接受亨利八世離婚和再婚一事當然只是兩大勢力間重大爭端的諸多面向之一，不過有其特別意義。在歐洲基督教社會的三重功能秩序中，教皇制度與教士階級訂立了一些同時具有道德與家庭、心靈與政治性質的標準，而這起事件的關鍵意義在於釐清君權制度與貴族階級應該在多大程度上服膺這套標準。另外，在英國王室預算困難的情況中，這個斷裂式發展的動

機也無可避免地包含了財政面向：修道院解散、其資產被沒收，以及其後相關地產的逐步拍賣，一方面削弱了教士階級在資產與政治方面的自主，另一方面則為王室帶來龐大而持久的資源。[1]

無論如何，在那個英國修士占男性人口2%的年代，解散修道院的決定導致英國的教會階級過早大規模衰退（無論教士人數或教會持有資產皆然），以及王權和貴族階級的強化（貴族買下一大部分教會資產，因而加強了對英國土地資本的掌控）。根據現有資料，教士占英國男性成年人口的比例在十七世紀末期降到1%以下，當時法國的比例還超過3%（參見圖5.1）。教會勢力在英國提早式微，而一種富於獨創性的激烈型所有權主義與此同時發展。

西班牙的情況相反，教士階級的式微發生得遠比英國和法國晚。在西班牙「收復失地運動」（Reconquista）那幾百年期間，教會體制是君權和貴族階級的靠山，而在1590-1700年間，教士人數甚至繼續增加。法國大革命時，西班牙的神職人員仍占男性成年人口的3%以上，一直要等到十九世紀和二十世紀初，神職人員及其所持資產的比重才出現大幅衰退。在整個十九世紀期間，透過一系列土地徵售（desamortización）法令，教會逐漸被剝奪一部分財產（包括土地財產和金融資產）；在西班牙試圖建立現代化政府、強化公共及公民體制的背景中，教會持有的房舍及地產被國家強迫出售。這個程序一直持續到二十世紀初，期間屢次引發激烈的對抗及強烈的社會和政治緊張。私人對宗教機構的捐贈可免除稅賦的措施陸續在1911年和1932年受到強大挑戰。[2]1931年，西班牙第二共和政府解散了耶穌會，但在試圖徵收其資產時遭遇極大困難，因為耶穌會為了逃避先前的徵收措施，經常以教會贊助者的名義登記這些資產，而不是以宗教機構本身的名義登記。

在此也要強調，1932-33年西班牙發動的大規模土地改革對那個年代的局勢造成關鍵性的影響，最終導致西班牙內戰發生。事實上，原本該項改革是在富於和解精神的法律架構下研擬而成，而且在重分配方面的主張

相對溫和。當局允許每一所有權人在每一行政區持有的地產最多可達數百公頃，具體上限依農作物種類而定。計畫包含高額補償措施，實際計算方式與土地大小、持有人的收入都有關，不過有一個例外是西班牙元勛貴族（Grandes de España）：由於這些最高階貴族過去已充分享有特殊的政府特權，因此他們的資產在超過一定的持有上限以後，必須以無補償方式徵收。儘管如此，土地改革還是成為反共和政府勢力的號召力來源，這其中有兩個原因：第一，對於尚未被重分配的大規模教會資產以及影響層面更廣的貴族資產，這項改革構成客觀上的威脅；第二，這項改革對資產規模較小的人造成恐懼，他們擔心如果1936年2月左派政黨重新掌權[①]，1932-33年當局強行占領土地的做法可能會死灰復燃。[3]共和派採行一系列促進世俗學校發展但有損於教會學校的措施，也是導致天主教陣營動員反對力量的重要原因。接下來是1936年8月的政變、西班牙內戰以及長達四十年的佛朗哥獨裁統治，這一切在在說明，從三重功能社會轉變為所有權社會而後再轉型為社會民主主義社會這條發展路徑蘊含了多少暴力，而這些充滿衝突的程序又留下了多少難以磨滅的痕跡。

戰鬥貴族，資產貴族

現在來看貴族階級在不同歐洲國家的人數。我們發現，歐洲各國在這方面的情況也非常多元，而且呈現比教士階級更大的差異性。我們在先前的章節中探討法國的情況時已經知道，這種跨越時空的比較必須謹慎為之，因為貴族身分通常是在地方層級定義的，在不同地區和不同環境中會

---

① 譯注：1936年的西班牙大選於2月16日舉行，由左派政黨組成的人民陣線（包括西班牙工人社會黨（PSOE）、共和左派（IR）、加泰隆尼亞共和左派（ERC）、共和聯盟黨（UR）、共產黨（PCE）、加泰隆尼亞行動（AC）等等）贏得國會多數。左派得票數僅些微領先右派聯盟，因此右派的政治影響力仍大。這場大選是西班牙第二共和（1931-1939）的最後一次選舉，隨後因為右派政變（未成功）和西班牙內戰，民主選舉暫停，直到佛朗哥獨裁結束後才在1977年重新舉行選舉。

有極大差別。特別要留意的是，相關資料無法讓我們用細緻方式比較不同
國家依循的發展路徑和時間順序。

　　話雖如此，現有資料還是具有一定程度的精準性，可供明確辨別出存
在於歐洲的兩種截然不同的形態：在其中某些國家，十七世紀和十八世紀
貴族階級的人數相對低（通常占總人口的1-2%，甚至不到1%）；同一時
期，在另一些國家，貴族階級的人數比例明顯較高（通常達到總人口的
5-8%）。在這兩種形態之間，想必還有各式各樣的中間狀態，不過就目前
我們掌握的資料而言，想要精確辨別這些情況非常困難。

　　第一組國家的特徵是貴族人數較少，其中包括法國、英國和瑞典（參
見圖5.2）。在這些國家，原本已經為數不多的貴族階級在十七世紀和十八
世紀間又進一步縮小。在英國的情況中，我們舉出的人數比例不但偏低
（1690年占總人口1.4%，1800年前後降至1.1%），而且列入統計的貴族定
義方式相當寬廣，包含所有紳士階級。如果將定義限制在擁有政治特權的
貴族，則貴族占總人口的比例還會低到0.1%以下。在瑞典的情況中，我
們舉出的貴族人數資訊（1750年占人口的0.5%，1850年占0.3%）源自瑞

圖5.2. 歐洲貴族階級的人口比重，1660-1880年

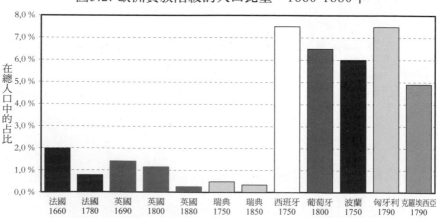

十七世紀到十九世紀期間，貴族階級在法國、英國和瑞典占總人口的比例都低於2%，在西班牙、
葡萄牙、波蘭、匈牙利、克羅埃西亞等國則占5%到8%。來源與數據：參見 piketty.pse.ens.fr/
ideologie。

典王國的官方調查，當時的調查目的是統計不同社會等級的人數，並據以組織議會。因此，這些數字呈現出某種全國性的整體實況。後續我會進一步探討這兩個案例。在這個階段我們只需要知道，十七和十八世紀時，屬於第一組的國家在形成中央集權化政府的進程中都已經走得很遠。

第二組包括西班牙、葡萄牙、波蘭、匈牙利和克羅埃西亞（參見圖5.2），這些國家的特徵是貴族人數眾多（占總人口的比例高達5-8%）。關於匈牙利和克羅埃西亞，由於奧匈帝國在十八世紀末針對各社會等級進行了詳細調查，因此這兩國的情況相對清楚。在此舉出的其他國家相關數據則比較不精確。雖然如此，其中可見的規模比例還是具有相當大的意義。尤其值得注意的是，這些數字與第一組國家的人數估計值之間呈現非常明顯的差距。

某些國家貴族階級占人口的比例高達其他一些國家的五倍甚至十倍，這個事實該如何詮釋？首先，這種差距無疑反映出不同國家的貴族身分在人文、經濟和政治層面的實際情況差異非常大。如果貴族在人口中的占比特別高，這自然代表很大一部分的貴族並沒有遼闊的地產，他們主要只是享有貴族這個頭銜，以及與過去的戰績有關的尊榮地位（這種尊榮的認定方式依不同時代和不同社會而有別），有時還多了一些與貴族身分有關的優惠，但除此之外，他們實際擁有的資產經常非常少。反觀英國、瑞典和法國，貴族階級人數不多其實反映出一個事實：貴族已經成功構成一個小小的所有權菁英階層，無論是在資產、經濟或政治層面，均享有把持大權的地位。

如何解釋各國間這種顯著差異？歐洲各國的國家建構在領土、政治、意識形態、軍事及財稅方面皆有其獨特歷史，而這些面向密不可分；同時，各國境內不同社會群體在不同時代都曾作出各種妥協。我們必須在這一切當中尋找答案。舉例而言，在長達數百年的「收復失地運動」期間，西班牙和葡萄牙基督教國王所控制的領土以及基督教王國與穆斯林王國之間的邊界都不斷變動，而冊封貴族的程序與這種變動緊密相關。在具體實踐

上，新領土的收編經常是透過整個村莊的「貴族化」，以貴族地位和未來的各種財稅特權交換村民的忠誠；貴族身分主要由國王發布諭令賦予村民，偶爾村民也會自行封爵。西班牙的貴族人口因而快速膨脹，其中包括擁有大片土地的「元勛貴族」，以及大都相當窮困的「伊達哥」（hidalgo，即下層貴族或鄉紳），兩者之間差距極大。在其後數世紀間，西班牙君權政府想要對他們徵稅可說難上加難；不但如此，政府通常反而必須支付微薄的年金給這些貴族，而由於他們人數眾多，王室預算大量消耗，國家現代化因而受到阻礙。

在波蘭、匈牙利及克羅埃西亞的貴族階級中，我們也可以看到類似的發展程序與不平等情況；其中一個顯著的例子就是十五世紀和十六世紀期間波蘭－立陶宛王室擴張領土並重新收編封地的過程。[4]在「收復失地運動」持續進行中的十三、十四世紀葡萄牙，《系譜寶典》（*Livros de Linhagens*）大量出現，下級貴族在書中說明錯綜複雜的家系身世，講述自己的顯赫戰功與英勇事蹟，以免後代子孫和未來的君王忘記他們。[5]這種文獻特別有意思，因為它提醒我們，歷史上不同貴族階級的命運在極大程度上取決於多重因素，其中不只包括國家及王室採取的策略，還有大小貴族為求揚名於世以及捍衛自身權益和地位而自行發展的認知和政治機制。

這些不同形態的貴族從形成到消失，曾經走過各式各樣的發展路徑，若要妥善加以探討，必須用好幾本書的篇幅才行，這遠遠超出我的能力和這本書的格局。在接下來的段落中，我只打算針對英國和瑞典的情況做一些補充說明。這兩個案例的相關資料相當充足，對本書後續章節的討論也特別有用。

英國從三級社會到所有權社會的漸進式轉型

英國的案例具有顯而易見的意義，一方面因為英國王室從十九世紀到二十世紀中期一直領導著全球最大的殖民和工業帝國，另一方面則是因為

它在某些方面可說是法國的反例。法國發展路徑的特徵是1789年大革命造成的巨大斷層，以及十九世紀和二十世紀期間屢次發生的政治斷裂、君權復辟和帝國、威權、共和輪替；相較之下，英國的發展路徑似乎以絕對漸進為特色。

雖然如此，如果我們以為英國的社會及政治組織方式只是透過點點滴滴的微小變動，從三重功能模式過渡到所有權主義的運作邏輯，然後進一步朝勞工主義和新所有權主義的方向發展，這可說是一種謬誤。英國的發展路徑也包含某些斷裂的時刻，而我們必須強調，這些斷裂具有根本的重要性，因為它們再次說明，在不平等制度的歷史中，發展路徑與替代方案一直具有多元可能，而危機及事件發生的因果邏輯也至關重要。這裡有兩點特別值得提出：第一，在上議院失格的歷程中（特別是1909-11年的重大危機期間），累進稅制支持者的爭戰扮演了舉足輕重的角色；第二，在1880-1920年這個時期，英國的主體秩序與不平等制度遭到全面動搖，而愛爾蘭問題是其中的關鍵因素，因為這個問題同時觸及原有制度的三重功能、所有權主義和類殖民主義層面。

首先回顧當時的整體背景。英國國會的起源很早，通常可以追溯到十一至十三世紀。國王諮議會原本僅由高級貴族及高級教士代表組成，後來逐漸擴充，有時會包含市民代表和郡民代表。國會從十四世紀開始分成上下兩院，這種體制反映出當時英國社會的三重功能結構。這個特徵在上議院格外明顯，上議院是由兩個支配階級的成員組成：一是神職議員（lords spirituels），包括主教、大主教、修道院院長以及其他神職人員和宗教代表；二是世俗議員（lords temporels），包括公爵、侯爵、伯爵以及其他貴族和戰士階級代表。起初這兩者具有同等分量。在中世紀英國人將社會組織分成三個等級的理論探討（例如約克伍夫斯坦〔Wulfstan of York〕大主教的著作）中，可以看到某種重視均衡性的立場，這點與我們讀到的法國文獻類似（參見第二章）。貴族議員必須聽取教士議員充滿睿智、立場溫和的建言，教士則不應以戰士自居並濫用權力，否則可能全面威脅到三重功能

制度的正當性。

這種均衡在十六世紀就遭受第一次嚴重擾亂。在英國王室與教廷發生衝突、亨利八世於1530年代決定解散修道院之後，神職議員遭到制裁，政治地位降低。他們在上議院明顯變成少數，上議院因而幾乎完全受世俗議員掌控。十八世紀和十九世紀期間，神職議員的人數被限制為二十六名主教，而世俗議員卻擁有四百六十個席次。此外，從十五世紀起，高級貴族就成功迫使議院接受世襲貴族占有絕大多數世俗議員席位的原則（世襲貴族包括公爵、侯爵、伯爵、子爵與男爵，他們通常按照長子繼承的規則，讓貴族爵位代代相傳）。

這個制度讓人數不多的貴族階級享有歷久不衰的優勢地位，既不受王權和選舉操作的擺布，也免於貴族階級內部的競爭（下級貴族和中等貴族在貴族的任命和貴族爵位的延續方面不扮演任何角色）。當然，國王理論上仍舊有權力任命新的上議院議員，而且原則上不受任何限制，這種可能性在發生危機時可以讓國王全面收回對王國事務的掌控權。不過在具體實踐上，國王通常以極為謹慎的方式動用這項權利，主要是在一些非常特殊的情況下才會行使，並且受到議會的監管。舉例而言，在英格蘭通過與蘇格蘭《聯合法令》（1707年）以及大不列顛王國通過與愛爾蘭《聯合法令》（1800年）之後[2]，英國國王都透過這項權利的行使，任命了一批新議員（在與愛爾蘭聯合的情況中，共有二十八名貴族和四名主教獲任命，下議院也新增了一百個席位），不過權力均衡未受明顯影響。

許多研究顯示，在歐洲各國的貴族階級中，英國的高級貴族具有權力和地產極度集中的特徵。根據估計，在十九世紀後期、1880年前後，英國將近80%的土地仍由七千個貴族家庭（占總人口的比例不到0.1%）持有，而其中又有超過一半的土地由區區兩百五十個家庭（占總人口的比例低於

---

[2]　譯注：英國透過1707年的《聯合法令》（Act of Union），將原為共主邦聯的英格蘭和蘇格蘭兩國合併為單一王國——大不列顛王國，其後又透過1800年的《聯合法令》，將愛爾蘭王國與大不列顛王國合併成大不列顛與愛爾蘭聯合王國。

0.01%）持有，但這個非常小的群體卻占了上議院的大部分世襲貴族席位。[6] 相較之下，在1789年法國大革命以前，法國貴族只持有法蘭西王國的25-30%土地（不過在此必須說明，當時法國教士階級的資產尚未被徵收）。

我們也要記得，在十九世紀最後三十年以前，上議院在英國的兩院制中一直明顯扮演主導角色。整個十八世紀和十九世紀期間，大多數首相及內閣成員都來自上議院，無論他們是屬於托利黨（Tory，即保守黨）還是輝格黨（Whig，1859年正式更名為自由黨〔Liberal Party〕）。必須等到第三代索爾斯伯利侯爵（Marquess of Salisbury）為時長久的首相任期結束後，這個歷史悠久的傳統才消失，改由下議院成員擔任內閣首長。[7]（索爾斯伯利侯爵屬於托利黨，分別在1885-92年和1895-1902年兩度擔任首相。）

還有一點必須強調，在十八世紀和十九世紀大部分時期，直到1860-70年代，下議院的成員絕大多數是貴族。1688年光榮革命（Glorious Revolution）、國王詹姆士二世被迫退位以後，《權利法案》（Bill of Rights）確立並保障了議會的權利，特別是在稅務及預算採納方面，不過這項深具創建意義的法案不但完全沒有改變議會的結構和選舉模式，反而進一步鞏固了一種基本上由貴族主導、寡頭色彩濃厚的議事制度。尤其重要的是，一切法律仍然必須按照相同條件，由兩個議院投票表決，因此上議院（也就是那數百名世襲貴族議員）對英國所有立法擁有否決權，特別是稅制、預算以及所有權相關法案。此外，下議院議員仍舊由少數資產持有人選舉產生。定義選舉納稅額（即資產持有人為擁有投票權而必須繳納的稅賦或必須持有的資產額）的規則非常複雜，不同選區有不同規定，並且是由掌權的地方菁英所控制。在具體實踐上，這些規則有利於地產持有人，而選區畫分為鄉村地區賦予較多席位的做法進一步強化了這些人的影響力。

因此，在1860年代初期，貴族仍然占有大約75%的下議院席次，儘管這個階級在當時英國人口中的比例不到0.5%。[8] 傳統上英國的貴族階級分成三大組成部分，分別是通常享有上議院席次的世襲貴族（pairie）、上

述貴族以外的其他封爵貴族（noblesse titrée），以及沒有爵位的紳士貴族
（gentry），而在下議院議席上，可以看到這三類貴族的代表。世襲貴族在
下議院占有相當大的比例，他們主要是世襲貴族家庭中排行較低的男性成
員；除非有例外情況，這些人沒有機會進入上議院，因此經常選擇在下議
院發展政治生涯，通常他們是在家族持有廣大地產的選區透過選舉成為議
員。下議院中也有一些世襲貴族家庭的長子，他們在等待接替上議院席位
時，暫時待在下議院。以索爾斯伯利侯爵為例，他從1853年開始擔任下
議院議員，1868年父親去世後繼承父親的上議院席位，後來在1885年成
為首相。

　　下議院也有很多封爵貴族出身的議員，尤其是準男爵和騎士。這類貴
族在英國不扮演任何直接政治角色，也沒有任何法律和稅務方面的特權，
不過他們的爵位還是受英國政府保護，他們的地位在官方慶典及儀式行列
的禮儀規範中也獲得認可，只排在世襲貴族之後。這是一個地位相當崇高
的群體，他們的人數與世襲貴族大同小異，而君主可以按照類似於上議院
議員任命程序的方式，透過特許狀（lettre patente）讓他們進入上議院。理
論上君主的任命權沒有上限，不過在上述兩種情況中，英國國王都會秉持
節制原則行事。在1880年代初期，英國有八五六名準男爵，他們的地位
僅次於上議院的四百六十名世襲貴族，其後則是數百名騎士。準男爵這個
爵位也可以作為晉升為世襲貴族的管道，例如在世襲貴族家系因為沒有子
嗣而消失的情況中。今天，這個爵位仍然由當局正式登錄造冊，即英國司
法部的《準男爵官方名錄》（*Official Roll of the Baronetage*）。[9]

　　最後，下議院中也有為數眾多的紳士階級成員（即無爵位貴族），這
個階級在十八世紀和十九世紀是英國貴族中人數最多的群體，不過不具任
何形式的官方存在，他們沒有政府認可的爵位，在慶典及儀式行列中也沒
有一席之地。

英國的貴族階級：所有權主義貴族

英國貴族分成三大群體（在上議院享有席次的世襲貴族、上述貴族以外的封爵貴族、不具官方地位的紳士貴族）的結構也可以用來解釋為什麼英國貴族規模的演變非常難以準確估計。這種困難度在性質上與法國的情況略有不同。十八世紀時，法國的貴族整體上具有法律上的存在，因為所有貴族成員都享有政治特權（例如選定貴族等級參與三級會議的代表人員）、財稅特權（例如不必繳納包括什一稅在內的某些稅賦）以及司法特權（在領主法庭管轄範圍內的特殊權利）。不過貴族身分主要是在地方層級定義，不同地方採納的具體條件與執行方式並不一樣，在各省份留存至今的痕跡互不相容，難以比較，因此關於這個群體的總體規模，存在非常大的不確定性（詳見第二章）。在同一時期，英國的貴族分為兩大類。第一類是人數很少的封爵貴族（只占總人口的不到0.1%），其中的重要成員是世襲貴族，他們擁有極大的政治特權（首先就是1911年以前上議院對所有立法的否決權）以及廣大的地產。第二類則是沒有爵位的貴族（即紳士階級），這個群體的人數遠高於封爵貴族，一般估計其規模在十八世紀約為總人口的1%，十九世紀末降為0.5%（參見圖5.2），不過他們不具官方法定存在。[10]

紳士階級構成一個興旺發達的資產階級，這個階級的範圍遠遠大於人數極少的英國封爵貴族，不過又不像西班牙、葡萄牙或波蘭的貴族那樣人數多到幾近氾濫。儘管英國的紳士階級沒有非常具體的政治和財稅特權，他們顯然還是能大幅獲益於英國實施的政治制度，這在某方面反映出所有權主義邏輯而不是三重功能邏輯。紳士階級主要包括封爵貴族譜系（世襲貴族、準男爵、騎士）中排行較小者的後代，更普遍而言則指源自古代盎格魯－撒遜戰士階級和封建階級的貴族群體，並依據各種聯姻及承認策略，擴大到一些新的有產者群體。決定下議院選舉投票權的規則是在地方層級制定，這些規則通常有利於持有土地資產的人，因而間接造福了那些

能夠保有大規模土地資產的紳士階級成員；相較之下，新的布爾喬亞階級和商人階級所持有的都是製造業資產、城市資產和金融資產，因此他們透過選舉規則受惠的程度不及紳士階級。

不過很重要的一點是，不同所有權群體之間的界線具有相對高的滲透性，沒有人確實知道紳士階級的邊界從哪裡開始、在哪裡結束，這個階級歸屬完全取決於地方層級紳士群體其他成員的認可。在具體實踐上，大量土地資產和貴族資產在十八和十九世紀期間逐漸被轉投資到商業、殖民與工業活動，因此許多紳士階級成員擁有非常多元化的資產組合。反之，許多真純正的布爾喬亞和原本經商的人雖然不具有任何戰士或封建背景，但他們懂得購置規模可觀的地產，採納體面的生活方式，並與上流社會的對象結婚，因而無可爭議地打入紳士階級。[11] 與古代戰士家族或封建家族的真正後代通婚，或與較晚近受封貴族的子女結婚，這種做法有助於紳士身分獲得認可，不過並不是不可或缺的條件。在很大程度上，十八世紀及十九世紀大部分期間英國實施的社會和政治制度反映出貴族邏輯與所有權邏輯之間的某種漸進融合形式。

選舉權的行使條件也是由地方層級的貴族所制定。在全國性選舉改革相關立法方面，一直要到1832年才出現第一次真正的嘗試。主張選舉權擴大的社會抗爭與動員促使國會首度投票通過一條法令，雖然這個過程遭受了一些阻力。部分下議院議員發現他們有機會透過這個訴求，提高自己相對於上議院議員的正當性。1820年時，選民人數占男性人口的5%左右，雖然這相當於一個極少數群體，不過人數還是比紳士階級多得多，而且在1832年的法令通過後顯著增加，儘管仍然明顯屬於少數。1840年時，選民占男性成年人口的14%左右，各地區之間呈現顯著差異，因為選區保有根據某些策略（主要是地方菁英——尤其是紳士階級——的策略）制定投票權詳細規則的特權。在1867年和1884年兩次真正具有決定性的選舉改革以前，這些規則一直維持不變。在此特別說明，祕密投票在1872年才出現。在此之前的做法是公開唱票，而且每張個別選票都登記在資料冊中

（今天我們還可以查閱這些文件，對研究人員而言，這是非常珍貴的資料來源）。1872年以前的選民通常很難公開展現與郡內最有勢力的地主或雇主們相反的政治選擇。在具體實踐上，大部分席位不會受到挑戰；地方議員一次又一次贏得選舉，議員職位甚至透過選舉代代相傳。在1860年代初期，下議院仍然具有深刻的貴族制度及寡頭政治特質。

經典小說中的所有權社會

　　貴族與資產階級之間各種不同性質的邊界充滿滲透性，這點非常清楚地顯現在當時的文學作品中。首先值得一提的是珍・奧斯汀的小說，她筆下的人物完美說明了1790-1810年英國紳士階級的多元樣貌，同時也都體現出某種所有權主義邏輯。不出所料，這些人物各個擁有龐大的土地資產和美侖美奐的宅邸，故事情節經常圍繞著華麗的舞會以及郡內各大地主家族間的來往。不過仔細看就會發現，這些人的財富也包含各式各樣的投資和位於遙遠他方的資產，例如許多那個年代英國政府為了獲得在歐洲和全球殖民地發動軍事遠征所需資金而發行的公債票據。國外直接投資（尤其是在糖和黑奴方面）也經常出現在故事中。在《曼斯菲爾德莊園》（*Mansfield Park*）這部作品裡，芬妮的姨丈湯瑪斯爵士為了整頓他在安地列斯群島③的業務和農場，必須帶著長子到那裡待一年多的時間。在那個年代，奴隸農場經濟在加勒比海的英屬和法屬島嶼中正發展到高峰。奧斯汀沒有詳細交代這兩位資產家到那邊是要處理哪些問題，不過我們還是可以從字裡行間看出，當時的人要經營遠在數千里外投資的事業並不容易。雖然如此，湯瑪斯爵士還是有辦法成為準男爵，而且還當上下議院議員。
　　與巴爾札克筆下的人物相比，奧斯汀刻畫的角色比較富於鄉村色彩，

---

③　譯注：安地列斯群島（Antilles）位於加勒比海，包括東印度群島的大部分，最大島為古巴。在小說描述的時代，安地列斯群島幾乎都是歐洲國家（主要是西班牙、英國、法國、荷蘭）的殖民地。

也比較明智審慎。巴爾札克描繪的人物生活在1820年代的巴黎，他們不是夢想成立製麵工廠或香水工廠，就是企圖投入大膽的金融操作或房地產開發計畫，有些甚至也憧憬到美國南方投資黑奴產業，賺取豐厚收入（例如伏托冷在對拉斯蒂涅的一番話中表露的意圖）。[12]奧斯汀的人物訴說的則是一個不同資產持有形式兼容並蓄的世界。具體而言，資產代表的價值似乎比資產的組成方式或所有權的來源更重要。各個人物在交友與姻緣方面的機運主要取決於他們持有的資本所產出的所得水平。一個人每年的收入是一百英鎊（只有當時平均年收的三倍），還是一千英鎊（平均收入的三十倍），或者四千英鎊（平均收入的一百多倍）？這是非常核心的問題。在《理性與感性》（*Sense and Sensibility*）中，愛蓮娜、瑪麗安和瑪格麗特的處境屬於上述第一種情況，她們生活窘迫，看起來似乎沒有機會享受美好姻緣。她們的同父異母兄長約翰‧達斯伍則屬於第三種情況，在這本小說的前面幾頁，財力雄厚的約翰已經透過他跟妻子芬妮的一段可怕對話，表明他拒絕與幾位姊妹真正分享財產，三姊妹的命運及她們的未來生活就此成為定局。在這兩種極端情況之間，我們可以看到五花八門的生活方式和社交模式，以及各式各樣的交往機會和人生機緣。不同社會群體之間充滿細微差異，而奧斯汀與巴爾札克以無與倫比的表現功力，巧妙雕琢各種幽微邊界，鋪陳其間錯縱複雜的關連。兩位作家都描繪出階級色彩極為濃厚的所有權社會，在那樣的社會中，如果沒有至少相當於平均收入二十或三十倍的財力，想要在人生中享有最低限的尊嚴和優雅，似乎非常困難。[13]

產出這些所得的財產屬於什麼性質——是地產還是金融資產、製造產業還是殖民地農場、房地產還是奴隸？這個問題終究不怎麼重要，因為這些社會群體以及所有資產持有形式自此已經統合起來，而這一方面是拜全球貨幣等值之賜，另一方面更是因為各式各樣的體制、經濟與政治發展（首先是貨幣、法律、財稅制度及交通建設，更普遍而言則可涵蓋藉由中央集權化國家的建構所達成的全國市場與國際市場統合）使得這種等值性

在具體實踐上變得更加容易。在探討這個所有權社會的黃金時期時，特別是在觀察英國和法國社會方面，十九世紀初期的歐洲經典小說帶來極具闡釋力和啟示意義的見證。

奧斯汀與巴爾札克對那個時代的財富階序與生活模式無疑有非常細緻的理解，他們也完美掌握了當代社會特有的各種資產持有形式、權利關係與支配關係。不僅如此，他們擁有一種更令人讚佩的能力：不把作品中的人物刻畫成英雄。他們既不譴責這些人物，也不榮耀他們；兩位作家因而得以忠實展現角色的複雜性與人性。

廣泛而言，所有權社會依循的是比三重功能社會更複雜、更細膩的邏輯。在三重功能秩序中，角色與性情的分配非常清楚。敘事主軸是三大階級之間的結盟關係：宗教階級、戰士階級與勞工階級扮演各自不同但相互補足的角色，藉此搭建社會結構，保障其穩定與長久存續，為整個社會共同體締造最大的福祉。從《羅蘭之歌》到《羅賓漢》，與這個主題相應的文學創作自然而然洋溢英雄主義的氣息：高貴的情操、犧牲精神、基督教的慈悲，都在作品中占有重要地位。在三重功能模式中，各種角色與職能界定得清楚俐落，因此很容易被挪用於電影和科幻小說。[14] 所有權社會中完全看不到這種英雄主義。在奧斯汀和巴爾札克的小說裡，各個角色的資產規模與他在社會功能層面的能力和資質之間不存在任何明晰的關係。有些人擁有龐大財產，有些人只有中等收入，還有些人的工作是傭人。老實說，傭人這個角色不常出現，因為他們的存在的確比較乏味。不過就算如此，小說家也從不會暗示這些人在社會中的價值和用處在任何方面比不上他們的雇主。在某種看似永遠不會改變的無形階層結構中，每個人都在扮演由他的個人資本所指定的角色。每個人都在那個所有權社會中占有一席之地，而透過世界性的貨幣等值，這種社會形態得以在保障社會穩定的前提下，讓全球各地的廣大群體和遠在天邊的投資事業交流互通。奧斯汀和巴爾札克甚至都不需要向讀者解釋資本帶來的年度收益大約是資本價值的5%。所有人都知道，如果要產出一萬英鎊的年收益，就必須挹注二十萬

英鎊左右的資本,而這一切基本上與資產的性質無關。對十九世紀的小說家和他們的讀者而言,資產與所得的對等關係不言自明;我們不假思索地穿梭在這兩個尺標之間,彷彿在運用兩套完美的同義詞,或兩種人人熟知的平行語言。資本不再像在三級社會中那樣遵循功能性效用的邏輯;資本唯一遵循的是不同形式所有權之間的等值性邏輯,以及由此開展的交易可能性與資產累積潛力。

在十九世紀初期的經典小說中,所有權主義式的不平等以隱而不顯的方式獲得合理化,其中一個合理化的理由是它能讓距離遙遠的不同世界互相接觸,另一個更可能的理由則是對社會穩定的需求(奧斯汀和巴爾札克似乎都在告訴我們,小說家的角色不在於構思另一種經濟和政治組織方式,而在於呈現社會中的個體在面對資本主義式的決定論和金錢至上的犬儒心態時,設法為自己保有的情感世界以及自由、超脫和嘲諷空間),不過無論如何,那都不會是成就主義式的邏輯與論述。(成就主義論述要到很久以後才在美好年代的工業和金融資本主義中真正展現力道,而在1980-2020年代的超級資本主義中,這種論述更是大行其道。當前的超級資本主義比過去任何制度都更竭力讚揚贏家,也更凶狠地貶抑輸家;在後面的章節中,我會回頭探討這種運作模式。)

偶爾我們也會在十九世紀的小說中隱約感覺到另一種合理化資產不平等的可能方式,其中的理由是:只有這種社會運作模式能讓一個小小的社會群體享有充分資源,以關注基本生存以外的事物。換句話說,不平等有時彷彿成為貧窮社會中文明存在的條件。這點在奧斯汀的作品中特別明顯,她鉅細靡遺地刻畫了那個時代的社會生活運作方式,包括食衣住行各方面必須消耗的預算。於是讀者發現,如果除了基本生活以外,還想購買圖書、樂器,那麼最好至少能擁有相當於那個年代平均所得二三十倍的收入,而唯有透過所有權及其產出所得的高度集中,才可能達到這個條件。不過奧斯汀跟巴爾札克一樣,從不會忘記嘲諷;他們不時會用犀利筆鋒嘲笑書中人物的虛榮自負,以及各種他們宣稱絕不能縮減的需求。[15]

布克年鑑：從準男爵到石油大亨

在此還可以舉出另一個非常有意思的文獻：布克年鑑，全名《布克的英國貴族、準男爵與地主紳士年鑑》(*Burke's Peerage, Baronetage and Landed Gentry of the United Kingdom*)。雖然這份文獻不像奧斯汀或巴爾札克的小說那樣細膩刻畫社會，不過它具體說明了那個時代的英國紳士階級如何在貴族運作邏輯與所有權主義運作邏輯之間流動。

系譜學者約翰·布克（John Burke）在十九世紀前期出版著名的貴族年鑑，名噪一時，他建立的名錄和系譜很快就成為研究那個時代英國貴族的指標性參考著作。紳士階級是當時英國人數最多的貴族階級，但對於何謂紳士階級並不存在明確定義，也沒有任何收錄成員資料的官方清單，因此布克的年鑑樹立起權威，滿足了這方面的查詢與研究需求。第一本布克年鑑於1826年問世，甫出版即造成轟動，此後在整個十九世紀期間不斷修訂再版。英國境內所有自認為具有紳士貴族資格的人都想要名列其中，並且非常樂於閱讀布克對貴族系譜與財富、聯姻及財產關係、古代的顯赫祖宗及當代的豐功偉業所作的精闢分析。有些版本將焦點放在世襲貴族與封爵貴族，特別是一些充滿才幹的準男爵，布克對於他們無法獲得為王國服務的官方政治角色公開表示惋惜。布克也編纂過其他一些年鑑，以不具官方爵位的貴族為主要內容。在1883年的版本中，有多達四千二百五十個家庭源自擁有紳士頭銜的貴族。在整個十九世紀期間，布克年鑑受到貴族階級及其盟友們的尊崇，不過這位知名系譜學者和他的歷代繼任者習慣用歌功頌德的語調描述這些權貴家族及他們對國家的傑出貢獻，令某些讀者感到突兀，因而年鑑也經常遭到揶揄。[16]

從十三、十四世紀葡萄牙開始編纂的《系譜寶典》，一直到十九、二十世紀琳瑯滿目的社交目錄，許多國家都有這種貴族索引、皇家年鑑及其他上流社會名錄。這些出版品讓貴族和他們的盟友們可以自我評鑑、吹捧成就、表達訴求。有時這些年鑑在貴族正式消失之後還繼續存在很長時

間。舉例而言,在1872年出版的《法蘭西貴族年錄》(*Annuaire de la noblesse de France*)第二十八版中,共有兩百二十五名如假包換的貴族議員(占國民議會席位的三分之一)。這些議員是透過1871年的立法選舉進入國會的,該次選舉後來被回溯認定為第三共和的第一次國會選舉。然而事實上,當時普法戰爭尚未結束,法國在普魯士大軍進逼下蒙受挫敗,產生了新的政權,而在選舉舉行時,還沒有人知道這個政權是傾向於建立共和形式政體,或者比較支持王權再次復辟④。這本年鑑的撰寫人興致高昂地宣稱它代表「民族的內心呼喊,國家的自發激情」,並以感嘆筆調寫道:「還有什麼比貴族的懷抱更能讓(法蘭西)民族信心十足、滿心歡喜地依偎?貴族子弟們繼承先祖的英勇與美德,不久前才在萊什修芬⑤與色當為國家拋頭顱、灑熱血。儘管所有過去效忠帝國的顯貴皆已退出民族的奮鬥,本次國民議會卻能集結如此多聲名顯赫的貴族成員,實為四十餘年來首見。」[17]不過到了1914年,貴族議員所占席次比例已經大幅降為10%,兩次大戰期間進一步跌到5%。[18]《貴族年錄》於1938年最後一次發行。

　　至於布克年鑑,它在今天竟然還存在,這點令人十分訝異。在十九世紀初期開始統計世襲貴族與準男爵之後,較晚近的布克貴族年鑑在二十世紀期間及二十一世紀初期持續編列「歐洲、美洲、非洲及中東的大家族」。在近年的版本中,可以看到一些新的富豪類別,這些人源自石油界和商界,是一些擁有貴族頭銜的人物與擁有自然資源和金融資產組合的巨頭共同組成的詭異世界,而描述這個世界的文字依然洋溢著欽佩讚嘆、歌功頌

④　譯注:1870年7月,法皇拿破崙三世對普魯士宣戰,普魯士藉此團結德意志民族,進軍法國,爆發普法戰爭。同年9月1日的色當(Sedan)會戰是普法戰爭期間最具決定性的一場戰役,結果德軍大獲全勝,法軍損失超過十二萬人,次日拿破崙三世親率官兵投降。9月4日法國發生政變,推翻法蘭西第二帝國,並即時重組政府,成立法蘭西第三共和國,繼續對德作戰。不過法國泰半領土被德軍占領,普皇威廉一世甚至在隔年1月18日於凡爾賽宮鏡廳登基成為德皇,宣告建立德意志帝國。1871年1月8日的法國國會選舉也是在德方要求下舉行的,結果由保皇派系取得多數,在六三八席中共囊括三九六席。

⑤　譯注:萊什修芬(Reichschoffen)位於法國亞爾薩斯,1870年8月6日法國與普魯士在此發生會戰,是普法戰爭初期最重要的戰役。

德的口吻。這種格調其實跟1980-90年代起世界各地雜誌期刊陸續推出的財富排名相去不遠，例如1987年開始出現的《富比世》（Forbes）全球富豪榜、1998年法國財經月刊《挑戰》（Challenges）開始發表的法國富豪榜等。這些刊物經常就是超級富豪持有的資產，內容則大都充斥刻板言論，不斷歌頌所謂「名至實歸的財富」和「有用的不平等」。[19]

　　布克年鑑及其內容的演變說明了兩件重要的事。第一，十九世紀的英國貴族同時具有貴族階級與所有權主義的特質，兩者難分難解。第二，在英國的例子和不平等制度的轉型之外，被用來合理化不平等現象的三重功能邏輯、所有權主義邏輯與新所有權主義邏輯之間存在一些深層的連續性。不平等的問題總是強烈突顯出衝突性高的意識形態面向。多種不同論述激盪對立，有些比較細緻，有些充滿矛盾，而這些論點具體展現在各種形態的認知機制中，包括小說、年鑑，以及政見、報章雜誌、宣傳資料等等。這些資料定義出存在於社會中的不同群體，並針對各群體的人數、享有資源和長處進行統計與說明，成為相當有用的研究資料。

上議院議員：所有權秩序的維護者

　　現在回來談英國上議院失格、英式所有權主義崩解的歷史性時刻。這兩個事件之間其實具有無法切割的關聯。在整個十八世紀和十九世紀大部分期間，英國是由上議院治理，而在所有權的強化、保護及日益極端的神聖化過程中，上議院扮演了核心角色。《圈地法案》（Enclosure Acts）是其中一個經典實例，這些法令是由英國國會在上議院主導下通過，其後數次進一步強化（特別是在1773年到1801年之間），而其目的是在地塊周圍設置樹籬，藉此終結貧窮農民對公有土地和牧地的使用權。

　　1723年的《黑匪法》（Black Act）也非常值得一提。這項法案針對的是盜取木材和偷獵小動物的「黑匪」，犯行者須處以死刑。所謂黑匪是指一些習慣在夜間偷盜的市井小民，為了避免被別人認出，他們將臉部塗黑，

然後闖入不屬於他們的土地上犯行，而在上議院擁有席位的地主以及他們在下議院的盟友希望將這些土地保留給自己專用。獵鹿、砍樹、到魚塘偷魚、盜伐植物的人，以及從旁協助者和惡意唆使他人犯行的人，都是這道法律懲治的對象。一旦被假定犯罪，當事人可能在不經審判的情況下被處以絞刑。黑匪法最初只計畫實施三年，不過在後來的一百多年間持續實施，而且內容愈來愈嚴苛，以便澈底消除這類叛亂行為，全面恢復所有權主義秩序。[20]

在十八世紀和十九世紀逐漸成形的所有權主義世界中，英國上議院似乎不應被視為三重功能社會的殘存部分，比較正確的詮釋方式是將這個政治機構看成新型所有權主義秩序及資產高度集中化的維護者。法國大革命期間，英國的菁英階層的確是以所有權邏輯（而非三重功能邏輯）為由，大肆撻伐巴黎發生的革命事件。（三重功能邏輯的建立基礎是貴族階級與教士階級之間的平衡，而由於此時教士階級在英國早已失去原有地位，用三重功能邏輯批判法國大革命會顯得更不恰當。）

法國大革命爆發時，亞瑟·楊（Arthur Young）正在完成他的精采法國遊記，當時他深信法國在1789-90年間同意讓貴族與平民（第三等級）在同一議會中聯合問政的做法無異於自毀國家前途。對這位旅行法國的農業經濟學家而言，毫無疑問，只有英國式的政治制度——高級貴族握有否決權——才能促進國家社會的和諧發展，因為領導者是一群深具責任感、真正關心未來的人，換句話說就是大地主。在當時的英國菁英心目中，透過納貢選舉制選出第三等級代表的做法無法提供充分保障，而這很可能是因為他們已經感覺到，這項投票權遲早將擴及範圍較廣大、責任意識較低的其他階級民眾。按等級賦予投票權，透過上議院讓高級貴族擁有否決權：只有這麼做，才能確保不會出現任何欠缺考量的重分配政策，防止社會陷入混亂局面、所有權被全面推翻，最終危害國家的繁榮與強大。

累進稅之爭及上議院失格

的確，下議院選舉的選民基礎擴大以及累進稅制的問題後來導致英國上議院失格以及其後整個所有權社會的崩垮。主張投票權擴大的運動從十九世紀中期開始聲勢大增，法國在1848-52年針對男性普選進行實驗，並從1871年起重新測試這項做法。在英國，一直要到1867年和1884年的選舉改革，選舉規則才在全國境內獲得統一，男性成年人口中的選民比例也才分別提高到30％和60％。男性普選於1918年正式實施，女性則在1928年獲得投票權；伴隨最後這階段改革而來的，是工黨的初期決定性勝利。[21] 不過在此之前，確實是1867年和1884年的改革以及1872年廢除記名投票的措施這兩個因素徹底改變了上議院與下議院之間的權力關係。1880年代中期開始，超過60％的成年男性有權以不記名投票方式選舉議員；這個比例在1860年代初期只略高於10％，而且受到在職議員和地方菁英的管控。當然，比起法國，英國男性投票權的擴大是以比較緩慢而漸進的方式發生；法國的情況是直接從高度受限的納貢選舉制轉換到男性普

圖5.3. 歐洲男性投票權的演變，1820-1920年

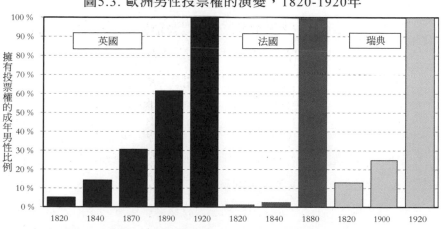

英國擁有投票權的成年男性比例（考量選舉納稅額，亦即為擁有投票權而須繳納的稅額及／或必須持有的資產）從1820年的5％增為1870年的30％，1920年達到100％；法國的比例在1820年只有1％，1880年陡增為100％。來源與數據：參見 piketty.pse.ens.fr/ideologie。

選制（參見圖5.3）。不過在英國，投票基礎擴大的做法還是在幾十年間完全顛覆了政治競爭的條件。[22]

進一步觀察可以看到，這些改革的第一個效應是促使原來的輝格黨（1859年更名為自由黨）支持新選民的訴求，並由此接納了一種對中產階級和勞工階級遠較過去有利的政治綱領及意識形態。1867年的選舉改革強力促成了自由黨在1880年選舉中的勝利，使得1884年的改革成為可能。1884年的改革則導致自由黨立即失去數以十計由貴族家族掌握的鄉村選區（這些選區有時連續數百年都受同一家族控制）。[23]從1880-90年開始，自由黨持續不斷地將保守黨及由托利黨人主控的上議院逐漸逼向牆角，並大力主張他們擁有治理國家的全新正當性。尤其值得一提的是，自由黨經過一番奮戰，於1846年順利通過《廢除穀物法》（Corn Laws，中文也稱《玉米法案》），並成功將影響勞工與受薪階級購買力的關稅及其他間接稅調降，這些都為自由黨大大加分（托利黨則被合理懷疑企圖維持高昂的農作物價格，藉此保障他們所持土地的利潤）；經過一連串精采表現，自由黨在1880-90年代開始在社會政策、累進所得稅及累進繼承稅等方面研擬野心愈來愈大的提案。[24]

1880年代，托利黨黨魁索爾斯伯利侯爵不小心提出「公民投票」的理論：他認為，在道德和政治層面上，如果下議院的多數黨派不是在那個明確的法律基礎上確確實實地選舉出來的，而且選前也沒有讓國民清楚瞭解該項法律，那麼上議院議員就有權利也有義務反對下議院通過的立法。起初托利黨認為自己成功找到了對抗投票權擴大提案的辦法：上議院在1894年否決了格萊斯頓（自由黨黨魁）針對愛爾蘭問題所提的各項新法案，理由是這項在英國獲得一定支持的改革沒有事先向選民確實公布。這個策略讓保守黨贏得1895年的選舉，再度掌權。

不過索爾斯伯利對上議院和托利黨人詮釋深層民意的能力太有信心，他選擇的策略也過於冒失，這點很快就變得非常明顯。自由黨在勞合·喬治（Loyd George）領導下重新掌權後，於1909年成功讓下議院通過著名

的《國民補助預算案》(People's Budget)，該項法案的核心是一個爆炸性的組合：創立累進綜合所得稅（即「附加稅」〔supertax〕，顧名思義這是一種「稅上稅」，在1842年開始針對不同類型所得分別徵收的準比例稅之外另行徵收）；針對總額屬於最高級別的遺產提高繼承稅率（「死亡稅」〔death duties，即繼承稅〕）；更驚人的項目則是提高主要對大規模土地資產徵收的不動產稅（land tax）。這套方案可為一系列全新的社會措施提供資金，特別是勞工退休金部分——當時自由黨擔心逐漸被工黨取代（後來的情況的確如此），在那樣的選舉背景下，他們認為必須對勞工階層作出某些承諾。整個法案經過完美權衡，不但能得到下議院的多數同意，更可望獲得輿論和新選民的支持，但對上議院而言，它卻有如難以接受的挑釁，而且勞合・喬治不錯過任何機會公開嘲笑貴族階級好吃懶做、一無是處，形同火上加油。上議院落入陷阱，否決了《國民補助預算案》⑥。在此之前，他們其實曾在1906-07年間通過一些新的勞動法，賦予勞工和工會更多權利。由於這次提出的財稅措施對他們造成直接衝擊，他們選擇否決，但也因此冒了一個致命危險：把他們自私自利的階級觀念暴露在民眾眼前。

　　於是勞合・喬治加大賭注，設法讓下議院通過一項具有憲法效力的新法，規定上議院此後不得再修正財政相關法律（這代表財政相關立法自此完全屬於下議院的權責），而且上議院阻撓其他法案的權利不得超過一年⑦。不出所料，上議院否決了這項形同自殺的議案，隨後國會選舉再度舉行，結果還是自由黨獲勝。按照索爾斯伯利的主張，這時上議院應該自動請辭，並且同意通過這些此時已經合憲的爭議性財稅法。但是，考量這個議題對歷史可能造成深遠影響，許多上議院議員打算違背主席作過的承諾（況且那畢竟也只是非正式承諾）。根據知情人士的說法，英國國王曾威脅要新增五百個上議院席次（這與據稱他在選前對勞合・喬治作過的一項祕

---

⑥　譯注：上議院否決的效力只有一年，且為解決這場憲政危機，1910年1月英國舉行大選，自由黨勝出並取得對《國民補助預算案》的民意授權，最終上議院在4月底通過該法。
⑦　譯注：此即《1911年國會法》(Parliament Act 1911)。

密承諾有關），這件事起了決定性的作用⑧。無論如何，假如上議院沒有在
1911年5月終於決定通過該項新的憲制性法案，我們很難知道後續究竟會
發生什麼事。[25]總而言之，上議院就是在這個時候失去了所有真正的立法
權。從1911年開始，只有由下議院議員及人民的選票表達的多數意志才
在英國具有法律效力，上議院只保有大體上屬於禮儀性質的純粹諮詢角
色。在治理英國長達數百年，並於整個十八和十九世紀期間主導這個世界
第一大殖民和工業帝國的形成及運作後，原有的政治體制至此實質上不再
以決策機構的性質存在。

此後也陸續出現了其他一些影響範圍較小的憲制改革：1959年通過
上議院議員終身任命的法案（取代世襲原則），1999年進一步大幅增加終
身議員的人數，使得根據能力或對國家的貢獻而任命、但席位不能傳承的
議員在二十一世紀初期成為上議院的主體。[26]不過在累進稅制與社會不平
等的改善等議題方面，上議院確實是在1909-11年那場危機期間就失去了
決定權。僅僅三十多年後，英國在1945年首度由獲得絕對多數的工黨議
員治理。這些議員源自一個以代表英國勞工階級和無產階級為宗旨的政治
運動，透過這個工黨政府的運作，英國成立了國民健保署（National
Health Service），並制定一系列社會政策及財稅政策，促使英國的不平等
結構發生澈底變化。我們將在後續章節中探討這個部分。

愛爾蘭：搖擺在三重功能意識形態、所有權主義與殖民主義之間

儘管在1909-11年上議院失格的過程中，扮演核心角色的是累進稅制

---

⑧ 譯注：國王喬治五世略傾向支持《國會法》，1910年12月第二次大選後，保守黨與自由
黨獲得的議席相當，國王宣稱若該法律遭到上議院否決，他將冊封大量自由黨貴族進入
上議院，使保守黨失去優勢。在兩院的拉鋸中，後來首相公開國王旨意，勉強迫使上議
院通過國會法。

和社會不平等改善的議題，我們還是必須強調愛爾蘭問題（包括其中的三重功能、所有權主義與類殖民面向）在1880-1920年英國不平等制度全面重整過程中的重要性。

　　愛爾蘭的例子說明了一種極端不平等的情況，這種不平等結合了各種不同政治及意識形態因素所造成的現象。在十八世紀和十九世紀，愛爾蘭比英格蘭窮困許多，每人平均農業生產及製造業生產只有英格蘭的一半。生活水準的落差因為土地持有人的身分而更加惡化：該國的農用土地大都由住在英格蘭的大地主所有，而且其中一部分是上議院議員。基本上，這種土地所有權極端集中的現象與大不列顛島的情況相同，唯一的差別在於「不在地主」（absentee landlord，指那些不住在愛爾蘭、直接從他們居住的英國莊園收取地租的地主）這個問題為愛爾蘭的不平等現象賦予非常獨特的色彩。除此之外，愛爾蘭有80%人口是天主教徒，他們擁有的公民權與政治權非常有限。雖然他們不是英國國教信徒，但卻必須向愛爾蘭的英國國教教會繳納什一稅；他們也沒有權利選舉代表進入愛爾蘭議會問政，而且無論如何，愛爾蘭議會從1494年開始就附屬於西敏宮的英國國會，任何決議都必須經過英國國會同意。這一切都顯示，愛爾蘭的情況類似殖民地。

　　雖然如此，在1775-83年美國獨立戰爭的陰影以及1796-98年持續存在的法國入侵威脅下，坐立不安的英國王室和國會在1800年通過與愛爾蘭《聯合法令》（Act of Union）。實際上這個法案大致相當於英國重新掌管愛爾蘭，換句話說是一筆騙人的交易。在納貢選舉制的基礎上，愛爾蘭最富有的天主教徒群體確實獲得了投票權，此後可以選出一百名代表進下議院問政。不過這個數字與人口不成比例：根據1801年的普查結果，愛爾蘭的人口超過五百萬，英國只有九百萬左右，但英國卻擁有五百多個席位。除了英國下議院這種極不均衡的代表性之外，愛爾蘭議會甚至在此時被廢除，其中的目的非常明顯：避免聯合王國境內存在一個天主教徒占多數的政治機構。與此同時，天主教徒必須繼續向英國國教教會繳納什一

稅，這種情況成為日益惡化的衝突因子。

1845-48年愛爾蘭發生大饑荒以後，情勢變得更加緊張。愛爾蘭大饑荒是十九世紀歐洲最嚴重的饑荒，造成一百萬人死亡，而在其後幾年間，愛爾蘭原先的大約八百萬人口中共有一百五十萬人移民到國外。[27]許多證據顯示英國菁英階級知道這些情況，但拒絕採取避免災難的必要措施；某些人的目的甚至相當明顯：以馬爾薩斯式的人口理論調節一個不但貧困、而且具有造反傾向的人群。愛爾蘭大饑荒經常被提出來與1943-44年的孟加拉大饑荒作比較（該場饑荒導致五千萬人口中的四百萬人死亡）。這種比較不無道理，因為在這兩個案例中，糧食儲備都很充足，但當局不肯安排將糧食及時運往災區，理由之一是應該讓價格上漲扮演提示信號的角色，透過市場力量的作用，讓存糧持有者自行因應糧食需求。[28]

這些事件使愛爾蘭人對「不在地主」的怨憤更加高漲。這些地主不但安居在海洋彼端坐收土地利益，對於正在發生的災難甚至冷眼遠觀。更廣泛而言，從1860-70年開始，某種針對地主的多元抗爭運動在愛爾蘭（以及蘇格蘭和威爾斯）逐漸發展起來。有些人不繳地租，愈來愈多人占地為主，這些情況有時演變成與警方和地主私人部隊之間的暴力衝突。鄉村居民（尤其是愛爾蘭鄉村居民）的最大要求是在自己的土地上勞動，而這意味的是取得土地所有權。

於是格萊斯頓政府在1871年通過第一道法律——《愛爾蘭土地法》（Irish Land Act）：限制驅逐佃農的可能性；開放政府貸款，讓農民可以購買土地；如果農民在對其承租土地進行改善之後遭逐出，可申請補償（土地改善的典型實例是興建排水或灌溉設施，這個議題在世界上所有農業制度中都很容易引發無所有權土地承租者的強大訴求）。不過當時的法律制度非常偏袒地主，在這種法律架構下，上述措施幾乎沒有發揮任何作用。如果佃農有所不滿，地主只要將租金提高到一定程度，承租人就會被迫離開。在那個時代，沒有任何法院或政府會想到要介入這種契約自由。要是進一步那樣做下去，無論是在愛爾蘭或英格蘭，難道不會全面動搖地主與

佃農之間的關係？這一切難道不會無可避免地在鄉村地區以外的其他領域激發類似訴求，甚至削弱整個所有權的概念，包括涉及城市房地產和產業部門的所有權？假如從此以後，每個財產所有人、任何形式資本的使用者都能因為他已藉由使用該資本工作了夠長的時間，就要求成為該資本的所有權人，那麼整個社會都會面臨崩潰的危險。在這些與愛爾蘭土地有關的辯論中，我們可以看到一些與法國大革命期間徭役和移轉稅相關討論相同的論點：過去建立的所有權有其正當性，任何加以修正的企圖都像是在打開潘朵拉的盒子，沒有一個社會能在那樣的過程中平安無事，因為沒有人知道限度在哪裡。

　　不過愛爾蘭的情勢還是逐漸惡化，占據土地、拒絕繳納租金成為日益普遍的現象。1880年代，隨著選舉議員的投票權顯著擴大，社會心態逐漸改變，恐懼心理從佃農轉移到地主身上，地主開始意識到情況已經難以維持。托利黨在英國掌政期間，確實針對挑釁民眾採取高壓手段，例如透過1891年的《犯罪法》（Crime Act），進一步提高已在1881年強化的警察權力，讓警方可以大肆逮捕「恐怖分子」，並執行他們認為必要的關押。不過與此同時，托利黨和自由黨——特別是地主本身——都開始明白，如果不迅速透過盡可能和平合法的架構，對信仰天主教的愛爾蘭小佃農進行土地重分配，那麼情勢很快就會變得不可收拾，最終可能導致愛爾蘭獨立，「不在地主」的產業被完全剝奪。

　　後來的發展確實如此。經過長期的激烈抗爭，愛爾蘭自由邦（Irish Free State）在1921年成立，1937年成為愛爾蘭共和國（Republic of Ireland），而那個充滿暴力的時代遺留的痕跡至今依然清晰可見。不過值得注意的是，愛爾蘭獨立主義的明顯威脅迫使英國的政治體制在1880年到1920年期間建立愈來愈積極的土地改革與愛爾蘭土地重分配模式，這一切都對主流所有權主義意識形態造成莫大打擊。具體而言，政府決定以漸進方式把注愈來愈多資金幫助愛爾蘭人贖買土地。歸根究柢，這確實是一場由英國政府組織的土地重分配行動，不過其中包含以公款慷慨補償地

主的面向。為了達成這些目標，政府在1891年又通過一項法案，內容比1870年的法案更具企圖，提供的資金也更多。在此之後，政府又在1903年推出《土地法》（Land Act），讓原承租人購買他們租用的土地，以3%的名義利率分六十年償還（當時沒有人料想到後來會陸續出現通貨膨脹，使償還金額變得微不足道），另外還由政府提供相當於土地價值12%的補貼。這些法令透過1923年的一項法案進一步獲得補充，新的法案強迫碩果僅存的地主將土地賣給新成立的愛爾蘭政府，由後者低價轉賣給承租人。根據一些統計，透過1870年、1891年和1903年的一連串法案，以及特別是愛爾蘭農民的動員，將近四分之三的愛爾蘭土地在第一次世界大戰以前已經易主。[29]

　　愛爾蘭經驗在許多方面有其啟示意義。首先，這種類似殖民制度的不平等情況促使相關人員以更全般的方式質疑私人所有權制度及由此衍生的長期不平等是否具有正當性。舉例而言，針對地產高度集中現象（尤其是在愛爾蘭）所引發的指責，上議院採取的緩頰辦法是在1870年代對英國全境進行大規模土地調查（land survey）。這些調查帶來的結論是：土地所有權的集中程度比最悲觀的估計更高。這些調查深深影響了有關不平等和重分配的心理想像，並促成整體觀念的演變，因為調查結果顯示，雖然英國走在工業現代化的尖端，但同時卻讓某種古老的不平等形式發展到極端，而且這兩個事實竟然完全可以並存（有點像美好時代的法國）。愛爾蘭的案例特別引人遐思之處在於，我們在其他一些後殖民情境中也可以找到類似的資產重分配和土地改革問題，例如1990年代至今的南非。更廣泛而言，愛爾蘭經驗說明了疆界問題與重分配問題、以及政治制度問題與所有權制度問題之間的緊密關聯。在二十一世紀初期的今天，疆界制度及不平等結構之間的種種交互作用，以及這一切與政治、資產乃至人口遷徙等層面的交纏，依然在英倫列島、歐洲和世界其他地方扮演關鍵性的角色。

瑞典：四等級社會的憲制化

現在來看瑞典這個相當驚人、而且相對少有人知的案例。瑞典走過了一個很早就將四等級社會憲制化的歷程，後來又以非常獨特的方式完成所有權主義轉型。在這個過程中，瑞典王國將所有權主義邏輯發揮得比法國和英國更徹底，於十九世紀末期就建立一套非常大膽的比例選舉制度，按照個人持有資產的規模或繳納的稅賦金額配給投票權。

瑞典的案例還有一點很特別：這個國家在二十世紀期間成為「社會民主主義社會」的典型象徵。瑞典長期由社會民主工人黨（Sveriges socialdemokratiska arbetareparti，簡稱 SAP，中文以下簡稱社民黨）執政，早在 1920 年代初期，歷史地位崇高的黨魁亞爾瑪・布蘭廷（Hjalmar Branting）就擔任過首相，其後在 1932-2006 年這整個期間，瑞典也幾乎一直是社民黨的天下。社民黨因而得以制定極其細緻的社會制度和財稅制度，讓瑞典成為人類歷史上不平等程度最低的地方之一，一般人甚至經常把瑞典想像成一個本質上平等、而且永遠都會平等的國家。[30]事實完全不是如此：在十九世紀和二十世紀初期以前，瑞典一直是一個高度不平等的國家，在某些方面比其他歐洲國家更不平等；更確切地說，比起其他國家，瑞典組織不平等的方式更精密，對所有權主義意識形態的表述以及將其體現於具體制度的作為也更系統化。瑞典的發展路徑後來之所以會改變，完全是因為人民高度有效的動員、某些特殊的政治策略，以及一些非常明確的社會和財稅機制。

某些人有時會幻想這個世界上存在一些根本上平等或不平等的文明素質或文化體質：瑞典和瑞典的社民黨人從古至今一直具有高度平等精神，或許這是源自古代維京人的滿腔熱血；印度和印度的種姓社會則永遠都會不平等，可想而知是因為一些源自古代亞利安民族的神祕元素。事實上，一切都與各個人類共同體替自己建立的制度和規則有關，一切也都可能迅速改變；這種改變取決於不同社會群體之間在政治意識形態上的權力關

係、各種事件的前後因果以及發展路徑的不穩定性，而這一切都值得深入探討。關於平等與不平等的討論經常落入保守心態與刻板認同的巢臼，而瑞典的實例彷彿是這其中的一劑清流。瑞典經驗也提醒我們，平等永遠是一個脆弱的政治意識形態建構，沒有什麼應該被視為理所當然。過去藉由體制建構及政治意識形態動員所達成的變革仍然可以透過相同手段，朝好的方向進一步改變，或朝不好的方向發展。

在此回顧這段歷史中的主要元素。從1527年到1865年，瑞典王室透過議會（Riksdag）治理國家，議會的組成分子來自當時瑞典王國的四個等級：貴族、教士、城市資產階級和持有土地的農民。相較於一般常見的三重功能邏輯，從前瑞典的社會組織很明顯是四級而非三級。各個等級都按該等級的專屬規則指派代表，在具體實踐上，以資產階級和農民階級而言，只有那些最富裕、繳稅最多的成員才會被賦予投票權。議會中的投票形式是按等級分別投票，類似法國舊制度時期的三級會議。根據在1617年議會法案（Riksdagsordning）的架構下建立的規則，四個等級的投票結果如果是二比二平手，國王擁有最後的決定權。

根據1810年的議會法案，原則上四個等級應該繼續投票和辯論，直到達成三比一或四比〇的多數為止。不過事實上，四級結構只是理論，在這個制度中，貴族明顯扮演支配角色。比起其他等級，貴族在議會中享有更高的代表性，使它能夠在制定決策的委員會中占有最多席位。[31]尤其值得一提的是，內閣成員均由國王選派，而國王在預算及立法方面擁有一些非常重要的特權；具體而言，主要內閣大臣通常都是貴族。一直要到1883年，瑞典才出現第一位非貴族出身的內閣首長。如果審視1844-1905年這段期間的所有瑞典內閣，會發現高達56%的內閣大臣來自貴族階級，而貴族人數占總人口的比例卻只有0.5%。[32]

相較於英國和法國，瑞典的一個重要差異是王室很早就對人民實施普查。這些普查從1750年開始定期舉行，內容相當細緻。在這個架構下，瑞典王國根據可以追溯到從前的戰士或封建階級、且已經過認證的系譜資

料，以及過去由國王頒授的封爵書，為貴族賦予了明確的政治意義及正式界定方式。這種以官方方式定義貴族階級的做法不存在於英法兩國（少數例外是英國的世襲貴族和高級封爵貴族）。這些調查顯示，瑞典貴族階級的規模在十八世紀中期就已經很小，其後的絕對人數增加速度也低於人口成長：貴族階級占總人口的比例從1750年的0.5%降到1800年的0.4%，在1850年和1900年的普查中又進一步降為0.3%。這些比例與英國和法國的估計數字相去不遠（見圖5.2），唯一的差別在於貴族在瑞典是一個具有官方定義的行政及政治類別。因此我們看到一種非比尋常的共生關係存在於中央集權化國家的形成與三重功能模式（瑞典的情況應該說是四級模式）的重新定義之間。

瑞典的四級議會制度在1865-66年被一個由兩個議院組成的納貢選舉制議會制度取代。這兩個議院分別是上議院和下議院，上議院的成員由大地主這個人數不多的群體（區區几千位選民，不到男性成年人口的1%）選出，下議院也按納貢選舉制運作，不過開放程度高很多，將近20%的成年男性有權投票選舉下議會議員。

相較於同一時期歐洲其他國家進行的選舉改革，瑞典的制度還是呈現出極高的限制性。法國在1871年就一勞永逸地恢復男性普選，英國在1867年和1873年實施的改革則分別將擁有投票權的成年男性比例提高到30%和60%。瑞典一直要到1909-11年的改革才擴大投票權，1919年才全面取消男性選民的財產條件，1921年才將投票權擴大到女性。1900年前後，瑞典大約只有20%成年男性擁有投票權，是這方面最落後的歐洲國家之一，特別是相較於法國和英國（參見圖5.3），與北歐其他國家相比也遜色許多。[33]

一人一百票：採取「超級納貢選舉制」的瑞典式民主（1865-1911）

瑞典在1865年到1911年間實施的納貢選舉制有一個非常重要的特點：每位選民享有的票數是按照他繳納的稅金、持有的財產和他的收入來決定，不一定只有一張。20%足夠富有、可以在下議院選舉時參加投票的成年男性選民一共分成四十多個群組，每個群組都有特定的「投票比重」。具體而言，富裕程度最低的群組每人可以投一票，最富裕的群組每人則可投五十四票。用來衡量每位選民投票分量的比重表（fyrkar）是根據一個公式計算而成，納入計算的項目包括納稅規模、持有資產規模和所得規模。[34]

從1862年到1909年，瑞典的地方選舉也實施一套類似的制度，而且有一個額外的特點：股份有限公司也有權利參與選舉，而且同樣按照繳稅規模、資產規模和利潤規模享有相應的票數。不過在城市選區，同一選民（個人或公司）不能超過一百票。鄉村選區則沒有這種上限，因此在1871年的地方選舉時，瑞典有五十四個行政區出現單一選民持有一半以上票數的情形。這些人披著完美無瑕的民主正當性外衣，卻行獨裁之實，其中包括當時的首相艾維德‧波塞（Arvid Posse）伯爵。波塞家族在他設籍的行政區持有大片土地，1880年代，他一個人就擁有當地的大部分選票。除了上述行政區以外，還有四百一十四個行政區屬於單一選民持有四分之一以上選票的情況。[35]

瑞典的超級納貢選舉制在1911年的選舉改革中被大幅修正，然後隨著1919-21年普選的到來正式終結。這個驚人實驗帶給我們很多啟示。首先，它證明世界上沒有所謂本質上平等或不平等的「文明素質」：隨著社民黨掌權，瑞典在短短幾年內就從最離譜的超級不平等所有權主義制度（該制度一直實施到1909-11年）轉型為最極致的平等主義社會民主主義社會。另外，我們也可以認為至少在部分程度上，後面這個階段是對前一階

段的過當措施所作的反應：以當時而言，瑞典的勞工階級與中產階級教育程度極高，但他們卻置身在所有權主義的極端形式中，這種經驗足以激發他們的改革決心，讓他們認為必須盡快革除這種偽善的意識形態，設法開創全新的局面，換句話說就是採取一種截然不同的意識形態。在各國的政治意識形態發展路徑中，我們經常會看到這種極大的落差，例如二十世紀期間英美兩國在累進稅制和「公正的不平等」這個概念的發展方面相當混亂的演變過程。

我們也可以認為，現代中央集權化國家的建構——這部分在瑞典發展得特別早——自然會開啟多種不同的可能發展路徑。換句話說，同一個高度結構化的國家組織可以用來服務各種不同形式的政治計畫。瑞典從十八世紀就開始對社會等級、階級、稅賦和財產進行普查，這些普查結果讓當局得以制定衡量機制，在十九世紀期間計算每位選民享有的投票比重（一人一票或一人百票）。經過一連串規模相當可觀的意識形態轉型，以及社會民主黨執掌國家機器的經驗，這種治理能力在二十世紀和二十一世紀也被用來發展社會福利制度。無論如何，瑞典這種急速轉型的經歷讓我們看到，在不平等制度的演進過程中，民眾動員、政黨和改革規畫都扮演非常重要的角色。如果各種條件齊備，這些程序可能促使不平等制度以快速而澈底的方式轉型，而從我們的角度來看，這些條件就是法治以及相對平和的政治討論和議會辯論。

股份公司與納貢選舉：金權的限度在哪裡？

瑞典經驗也告訴我們，所有權主義意識形態並非堅若磐石、一成不變，它永遠必須填補某種空缺或某種政治上的遲疑，而有時這可能導致極端的社會壓迫和某些族群過度支配其他族群的現象。所有權主義的基本概念很簡單：社會秩序和政治秩序主要必須建立在保護私人所有權的基礎上，而保護私人所有權既是為了個人解放，也是為了社會穩定。不過這個

前提基本上沒有真正回答政治制度的問題。當然,它隱含了一個觀點:為資產持有者賦予較多政治權力可能是比較明智的做法;這些人應該具有比較長遠的眼光,不會為了即時滿足激情而犧牲國家的前途。但是,這些理由無法讓我們知道該朝這個方向走多遠,又該採取哪些做法。

在英國的納貢選舉制度以及大多數歐洲國家和所有權社會中,情況相對簡單。這些國家或社會的公民被歸為兩類:第一類是富人,他們足夠富有,可以成為「積極公民」,享有選舉下議院議員的權力;第二類是不符合這個條件的人,他們應該甘於當「消極公民」,不能選舉議員,也不能擁有代表權。在1872年出現不記名投票制度以前,大地主和有權勢的選民可以左右其他人的選票,不過這是透過間接方式在檯面下進行,比如瑞典的一人多票制度,以及「積極公民」的權力分級等。

法國在1815-48年期間實施的納貢選舉制非常接近同一時期英國的做法,而我們發現,從1789年法國大革命爆發到1815年這段時間,一大部分法國貴族都曾在英國居留。議會體制包括貴族院和眾議院,貴族院主要由國王從高級貴族階級任命的世襲貴族所組成,類似英國上議院的情況,眾議院則是透過納貢選舉制選出,但相關限制比英國下議院更嚴格。不過,由於積極公民有兩類,法國王室的法學專家決定導入一項創舉。在1815-30年的第一次復辟期間,擁有選舉權的人是三十歲以上、每年繳納直接稅(「四大老稅」)至少三百法郎的男性,這個族群共有十萬人(僅略多於成年男性人口的1%);不過,如果想要競選議員,年齡必須超過四十歲,每年繳納的直接稅必須超過一千法郎,這個族群只有一萬六千人左右(不到成年男性人口的0.2%)。1820年頒行的「雙重投票」法案另外導入一項措施,讓最富裕的四分之一納貢選舉制選民(大致相當於具有被選舉資格的人數)可以二度投票,藉以選出一部分眾議員。1830年革命以後,選舉權略為擴大:七月王朝(1830-1848)時期,選民人數增加到略多於2%的成年男性,有被選舉資格的人數則增為成年男性的0.4%左右。積極公民分為兩類的原則維持不變,不過政府沒有試圖進一步強化這種邏輯。[36]

普魯士王國的情況又有不同，作為德意志帝國的主要成員（1871-1918），這個國家從1848年到1918年實施了一套包含三個選民階級的獨創制度，階級區分方式與繳稅金額有關，每個階級的成員一共繳納總稅收的三分之一。[37]

　　1865年到1911年的瑞典經驗似乎可以簡單總結成這樣的做法：最富有的人在城鎮行政區最多可以擁有一百個投票權，而在鄉村行政區，如果他無限富有，他甚至可以擁有無限多個投票權。這種組織代表機構的方式與股份公司開股東大會的方式相同。還有一點也很有趣，在十九世紀的所有權社會中，這兩類討論之間具有明顯而密切的關聯。舉例而言，在十八世紀和十九世紀初期，英國的股份公司逐步導入分為數個投票權等級的制度，讓帶來大量資金的人擁有更多投票權，不過不是完全按比例計算，因為相關人員擔心那樣會導致權力過度集中於少數幾個股東，因而損害討論品質與合夥人之間的關係。典型做法是，持有股票的數量超過某個門檻的股東都擁有相同的可投票數，這樣一來，投票權就有了實質上的最大值。十九世紀初期的美國也有這種制度：許多公司採用固定投票權的做法（有時細分成數個層級），以此限制超大股東的權力。[38]一直要到十九世紀後半期，「一股一票」的模式才在資本最雄厚的股東們施壓下普及起來，成為最主要的標準。在英國，必須等到1906年《公司法》（Company Law）通過，這種持有股票數與選舉權之間的比例原則才在法律中成為英國股份公司的預設治理模式。[39]有趣的是，在股東大會（尤其是殖民公司，如各國的東印度公司、維吉尼亞公司等）出現這些關於股東投票制度的議論以及政治代表機構、地方議會、國會對選舉規則進行討論以前，教會會議早已就投票規則的問題做過許多歷時長久的複雜討論。[40]

　　對於許多有關如何限制金權與所有權的當代討論而言，這些歷史經驗都非常重要。當然，在二十一世紀初期的今天，應該沒有人會提議讓納稅人的財富規模重新成為衡量投票權的明確標準。儘管如此，最近數十年來，美國——尤其是美國最高法院——發展出某些理念相近的理論和意識

形態，藉此合理化某些做法，例如取消政治宣傳活動的私人獻金上限，這意味的是財力最雄厚的人可能享有無限的選舉影響力。根據財富規模賦予權力的做法是否應該設立上限，這個問題也適用於有關司法不平等（舉例而言，私人仲裁的發展可讓富人規避公共司法）、高等教育機構入學申請（例如許多美國大學和國際大學接受父母捐獻金額夠高、子女就能入學的做法，不過不會完整而明確地公開這些潛規則，這點非常引人遐思）……等不同方面的思考與作為。我們也將看到，在投票權制度以及股份公司權力分配的問題方面，二十世紀中期出現過一些重要創舉。許多國家（例如瑞典和德國）大幅削減了股東的投票權，同時大幅提高員工及員工代表（在董事會中占三分之一到一半投票權）的投票權。這些問題目前在許多起初抗拒走上這條路的國家（特別是法國、英國、美國）獲得熱烈討論，未來很可能促成一些新的創舉（詳見第三部第十一章）。

更廣泛而言，我想再次強調：讓過去的三重功能社會在十八世紀和十九世紀成功轉型為所有權社會，進而在二十世紀和二十一世紀初期轉型為社會民主主義社會、共產主義社會及新所有權主義社會的政治意識形態及體制發展路徑非常多元而複雜。在認定私人所有權（原則上對所有人開放）的首要地位以及中央集權化國家對治理權（司法、警政、合法暴力）的獨占權以後，還有很多事項必須釐清，首先就是政府權力的組織方式。

在某些情況中，舊制度時期的社會在權力關係與公共職務的金錢化方面走得很遠，例如在法國，公職買賣的做法在十七世紀和十八世紀非常普遍：當時愈來愈多公共職務成為買賣標的，特別是財稅和司法領域的工作。這個現象的成因一方面是專制君權的財政需求（以及王室無法開闢足夠財源的事實），另一方面則是某種形式的所有權主義邏輯和獎勵邏輯。換句話說，如果一個人為了做一份公家機關的工作，願意把一大筆錢拿出來，這個人應該不會是壞人；或者至少可以說，如果他執行不力或犯有過失，他必須付出高昂代價，因此他會有努力表現的動機，這對社會整體而言是非常好的事。即使在今天，我們也還能找到一些這種邏輯的痕跡。有

些公職（例如某些國家〔像是印尼〕的警察）或重要的稅務工作（例如法
國的國庫主計官）有「保證金」的規定，意思是說，這些職務的執行者在
就任之前必須繳納一筆相當大的金額，如果任職期間犯下重大過失，就無
法拿回這筆錢。[41]法國大革命選擇廢除大部分這類職務，不過對這些職務
的執行者也訂立了補償辦法，道理很簡單：公共主權不應再被按件販售，
不過當初花大錢做這種投資的人也不該血本無歸。[42]

　　這種種討論顯示，所有權主義意識形態不具有單一形態，而這些討論
在今天同樣非常有意義。因為，雖然現在不會有人想要普及職務買賣制度
（順帶一提，美國將外交職務分配給主要政治獻金提供者的做法其實非常
類似），不過當今富國的公共債務達到歷史上的極高點，在某些情況下甚
至超過所有公共資產的累計價值，這種演變不能說與公職買賣毫無關係，
因為這等於是將國庫和公職交由私人債主控管，同時擴大了私人可以持有
資產的範圍（具體模式與公職買賣的情況不同，不過對私人可能持有的資
產規模造成相同的影響；如果考量現今金融制度和法律制度的複雜性，甚
至可說影響更大）。無論是在十九世紀或二十一世紀，所有權關係從來不
是以單一方式定義；這些關係主要取決於我們建立的法律、財稅和社會制
度。基於這個理由，如果不從一開始就分析十九世紀的各種所有權主義形
式，我們就不可能真正研究二十一世紀的新所有權主義。

十九世紀所有權社會的不平等流弊

　　接下來要看的是十九世紀期間英國和瑞典所有權集中情形的演變有什
麼特點，以及這些發展路徑與法國的情況有什麼異同。在此必須說明，雖
然英國和瑞典的財產繼承資料不像法國大革命時期留下的資料那麼豐富而
且系統化，藉由這些有限材料，我們還是可以建立主要的規模比例。

　　最令人訝異的分析結果是，雖然這些國家的發展路徑之間具有相當大
的差異，我們還是發現，在整個十九世紀以及二十世紀初期，這些國家的

所有權集中程度都非常高。這其中很關鍵的一點是，在美好時代期間，不平等現象有惡化的趨勢；必須等到第一次大戰以及1914-45年的一連串劇烈政治震盪之後，資產集中率才開始顯著降低。這個結論不只適用於英國（參見圖5.4）、瑞典（參見圖5.5）以及法國（參見第四章圖4.1和4.2）的情況，對所有我們可以找到充分歷史資料的國家而言同樣有效。[43]

有幾點值得詳細說明。首先，資產不平等現象的減縮是在一次大戰爆發以後才真正開始的，但這個事實顯然不代表不平等程度降低的趨勢在沒有戰爭的情況下不會出現。十九世紀所有權社會的不平等流弊與舊時代三級社會結束後出現的各種社會解放許諾完全矛盾，這種流弊奠基於一套特定的法律制度和財稅制度，而這些演變在十九世紀後半期大幅促成社會主義、共產主義、社會民主主義及工黨等運動的發展。先前我們已經看到，提倡普選和累進稅的運動在十九世紀末和二十世紀初就開始開花結果，促成第一波明顯可見的改革。這些演變的確是在1914年以後才讓人感受到具體結果，尤其累進稅率是在此後才達到現代水平，無論是在法國，或英

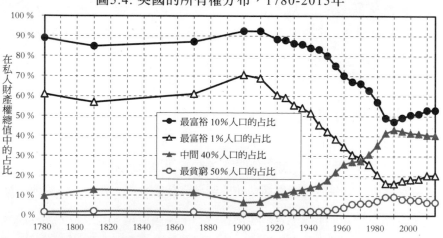

圖5.4. 英國的所有權分布，1780-2015年

在1780到1910年的英國，最富裕的10%人口在私人財產權總值（不動資產、業務資產及金融資產扣除債務後的淨值）中所占的比例大約是85%-92%。資產去集中現象在第一次世界大戰之後出現，而後在1980年代停止。資產去集中的主要受益者是「持有資產的中產階級」（大致相當於中間的40%人口），這個階級在此定義為介於勞工階級（50%的最貧窮人口）與「上層階級」（最富裕的10%人口）之間的中間群體。來源與數據：參見 piketty.pse.ens.fr/ideologie。

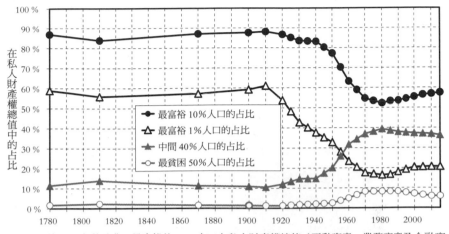

圖5.5. 瑞典的所有權分布，1780-2015年

在1780到1910年的瑞典，最富裕的10%人口在私人財產權總值（不動資產、業務資產及金融資產扣除債務後的淨值）中所占的比例大約是84%-88%。資產去集中現象在第一次世界大戰之後出現，而後在1980年代停止。資產去集中的主要受益者是「持有資產的中產階級」（大致相當於中間的40%人口），這個階級在此定義為介於勞工階級（50%的最貧窮人口）與「上層階級」（最富裕的10%人口）之間的中間群體。來源與數據：參見 piketty.pse.ens.fr/ideologie。

國、瑞典和其他所有西方國家，最高級別所得及遺產的課稅率都提高到百分之數十。當然，我們有理由認為與不平等流弊有關的高度社會壓力和政治緊張助長了民族主義的勃興，並使大戰爆發的可能性日益提高。不過我們也可以用不同方式想像事件發生的因果，在其他一些軍事、財政、社會、政治等性質的危機中找到類似的導火線。後續我們將在探討二十世紀所有權社會的崩解時回頭談這個部分（參見第三部第十章）。

　　第二點需要留意的是，法國、英國、瑞典這三國之間存在一些明顯差異：私人所有權的集中程度在英國特別高，在瑞典略低，在法國又再低一些。舉例而言，一次大戰爆發前夕，總額最高的10%資產占全國私人資產總值的比例在英國超過92%，在瑞典「只有」88%，在法國則是85%。更顯著的是，總額最高1%資產的占比在英國高達70%，在瑞典約為60%，在法國則是55%（不過在巴黎超過65%，參見第四章圖4.1）。英國資產集中程度高於其他兩國的原因主要是土地產業的極高集中度。不過在二十世紀初期，農用土地在私人資產總值中所占的比例已經很小（在英國僅有

5%，在瑞典和法國介於10%和15%之間）。[44] 絕大部分資產屬於城市不動產、工業和金融資產以及國際投資，而在初步觀察中，容許這種資產累積的法律和財稅制度對法蘭西共和國、聯合王國（英國）和瑞典王國的資產主同樣有利，儘管法蘭西第三共和的菁英們對這點有截然不同的說法。

　　各國之間在政治體制方面存在一些差異，這些差異真實可辨，我們也不需要掩飾。不過，如果從長期的比較觀點來看，我們會發現，十九世紀和二十世紀初期在歐洲蓬勃發展的不同所有權社會之間也有一些極其明顯的共同點。概括而言，如果根據所謂「美好時代」這一時期的數據來計算平均值，我們會看到歐洲各國所有權社會的特徵是極端的資產不平等，高達85%到90%的資產由最富裕的10%人口持有，最貧窮的50%人口則只持有全國資產總值的1%到2%，中間的40%人口共持有10%到15%（參見圖5.6）。如果檢視所得分配——包括資本所得（這種所得的分布跟資產一樣不平等，甚至更不平等）與勞動所得（這部分的不平等程度遠低於資產）——我們將會發現所得非常不平等的現象也是美好年代歐洲所有權社

圖5.6. 極端的資產不平等：美好年代的歐洲所有權社會，1880-1914年

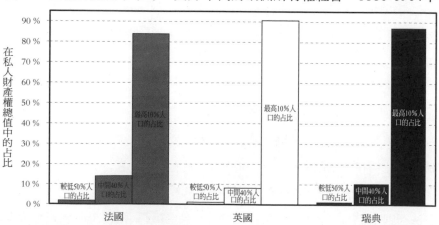

1880-1914年間，資產總值最高的的10%人口在私人財產權總值（不動資產、業務資產及金融資產扣除債務後的淨值）中所占的比例在法國平均為84%（其後40%人口所占比例為14%，最貧窮50%人口則為2%），同一人口群在英國的平均值是91%（其後分別是8%和1%），瑞典則是88%（其後是11%和1%）。來源與數據：參見 piketty.pse.ens.fr/ideologie。

圖5.7. 美好年代的歐洲所有權社會中的所得不平等，1880-1914年

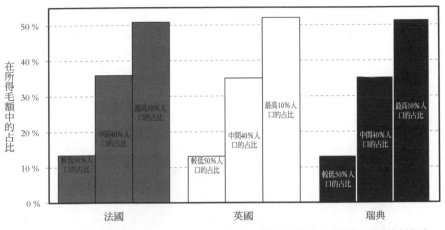

1880-1914年間，所得最高的10%人口在私人所得毛額（勞動所得及資本所得，後者包括租金、紅利、利息、利潤等等）中所占的比例在法國平均為51%（其後40%人口所占比例為36%，最貧窮50%人口則為13%），同一人口群在英國的平均值為55%（其後分別是33%和12%），瑞典則是53%（其後是34%和13%）。來源與數據：參見 piketty.pse.ens.fr/ideologie。

會的特徵，不過不平等的程度明顯低於資產不平等；所得最高的10%人口共占全國所得毛額的50%到55%左右，所得較低的50%人口占所得毛額的10-15%，中間的40%人口則占35%（參見圖5.7）。這些數據提供了一些有用的參照點和規模比例，在本書後續章節探討其他類型的不平等制度時，可以當作比較的依據。

所有權社會的三大挑戰

在此總結我們在所有權社會方面所獲得的理解，順便檢視我們探討這些問題的進度。與三重功能社會相較，所有權社會有著根本上的不同。三重功能社會的立足基礎是教士、貴族與第三等級之間相對僵化的地位不對等，以及一種對三個階級功能互補、相互扶持、均衡發展的願景；所有權社會的理念依據則是一份對社會穩定和個人解放的許諾，藉由建立原則上不論個人出身背景、人人可享的所有權，達到個人解放的目的。然而就具

體實踐而言，在發展成主流意識形態的第一階段歷史（十九世紀和二十世紀初期）中，所有權主義碰到了三個重要障礙。

首先是這些社會內部不平等的挑戰。在十九世紀歐洲各國的所有權主義社會中，財富集中的程度都高得離譜，與先前數百年等級社會的財富集中程度相當，甚至經常更高；總之集中程度高得難以用任何公眾利益的名義加以合理化。在此同時，經濟和工業發展真正需要的是教育平等，而不是所有權的神聖化；最終所有權反而對社會穩定造成威脅（穩定當然是發展的基本條件，但穩定也需要透過一定程度的平等才能達成，或者至少是必須打造某種合理而且大多數人能接受的不平等標準）。不平等問題導致一些反對論述出現，進而在十九世紀後期及二十世紀前期催生各種與之抗衡的共產主義及社會民主主義。

第二個重要障礙是與殖民有關的外部不平等。十八世紀和十九世紀期間，相較於世界其他地區，歐洲的繁榮富足日益明顯；促成這種繁榮的因素主要是歐洲國家開採資源的能力，以及它對世界其他地區的軍事支配、殖民支配和奴役制度支配，而不是某些人所說的道德優越性、體制優越性或所有權主義優越性。這種從道德和體制角度出發的論點長期被用來合理化西方的「文明使命」，但一部分殖民者清楚意識到這種論調站不住腳，尤其被殖民地區的人民愈來愈無法認同這個觀點，因此設法動員強大力量加以革除。共產主義和社會民主主義等反對論述也致力撻伐所有權主義秩序的殖民主義面向（包括批判其中的父權主義面向，只是批判程度較輕）。

第三個障礙是民族主義與認同意識的挑戰。歐洲的民族國家向來以保護所有權以及在廣大領土上推動經濟和工業發展為己任，但在十九世紀期間，這些國家進入競爭白熱化以及民族認同和疆界制度強化的階段，然後在1914年到1945年之間掉進自我毀滅的漩渦。這整個過程其實與前面所述的兩個趨勢緊密相關，因為內部的社會緊張和國外的殖民競爭都促使民族主義高漲，將各國推向戰爭，最終摧毀了十九世紀的所有權主義秩序。

這本書的主要目的之一是分析這三大挑戰如何共同作用，導致所有權

社會在二十世紀期間面臨極端嚴峻的危機，特別是在兩次世界大戰、共產主義擴張、社會民主主義勃興以及各地獨立運動的衝擊下逐漸消亡。在二十世紀末期和二十一世紀初期，尤其是經過共產制度的災難以後，一種新的所有權主義意識形態大舉重生，而在這種氛圍中，有時世人傾向於忘記歷史的教訓。不過不能否認的是，我們所處的時代直接源自於過去那些危機。在研究當前的意識形態之前，我們必須暫時脫離歐洲的發展路徑，轉而探討歷史上的各個殖民社會和奴役制社會，並從更宏觀的角度瞭解所有權主義殖民列強介入歐洲以外其他三重功能社會的發展之後，那些社會的轉型過程受到什麼樣的影響。

第二部

奴隷制社會與殖民社會

6 │ 奴隸制社會：最極端的不平等

　　本書第一部探討了三級社會轉型為所有權社會的歷程，並將焦點放在歐洲各國的發展路徑。不過在前述的研究脈絡中，我們不只沒有討論到歐洲以外地區的三重功能社會，也忽略了歐洲社會從1500年到1960年前後在世界其他地區建立殖民支配制度的史實，而這種制度深刻影響了那些社會乃至整個世界的發展。在本書第二部，我們要研究奴隸制社會與殖民社會的情況，以及歐洲以外地區的三重功能社會（特別是印度這個古代階級畫分至今仍清晰可見的社會）在與歐洲所有權主義殖民列強接觸後，其轉型歷程以何種方式產生了變化。無論就各國內部的情形或各國間的對照而言，這些轉型歷程與發展路徑對於理解當今世界的不平等結構都具有指標性的意義。

　　本章首先探討最極端的一種不平等制度形式：奴隸制社會。奴隸制社會的歷史遠比歐洲殖民主義古老，而對不平等制度的整體歷史而言，針對這些社會的擴張條件、合理化模式以及消亡過程進行研究，將可帶出一系列根本性的問題。尤其我們將看到，近代各國廢除奴隸制的方式（英國、法國、美國和巴西分別在1833年、1848年、1865年和1888年決定廢奴），以及各國在廢奴之際為奴隸主（而非奴隸）制定的各種財務補償辦法，都

是非常珍貴的歷史見證，讓我們看到那個幾乎將私人所有權奉為神聖的制度。那套制度在十九世紀長期維持支配地位，並催生出我們所知的現代世界。此外，在美國的情況中，種族不平等與奴隸制的問題還對不平等結構以及政黨制度的形成造成長期的影響。

在其後的章節中，我們將在可稱為「第二殖民時代」（1850-1960）的歷史背景下研究後奴隸制殖民社會的情況，首先將深入分析非洲的例子，然後陸續審視印度及其他社會（尤其是中國、日本、伊朗），並探討在這些社會中，殖民現象以何種方式改變了不平等制度的發展路徑。

有奴隸的社會 VS. 奴隸制社會

奴隸制度由來已久，在有文字記載留存至今的最古老社會中即已存在，尤其是公元前第一和第二千年的近東地區，從法老王時代的埃及到美索不達米亞。公元前 1750 年編纂的巴比倫《漢摩拉比法典》對奴隸主的權利有詳細規定：偷盜他人奴隸者判死刑；理髮師替奴隸理髮時，如果把當時用來識別奴隸身分的一簇頭髮剃掉，就得遭受砍手的處罰。在編纂於公元前第一個千年的《舊約聖經》中，被征服的民族經常淪為征服者的奴隸，父母則會把小孩當作奴隸賣掉，特別是在他們無法還債時。遠遠早在三重功能社會明確崛起之前，奴隸制度就已經在歷史上留下痕跡；以教士階級、戰士階級與勞動階級（後者至少在理論上被認定為統一的自由階級）為骨幹的三級社會在公元前二世紀才於印度正式成形，而在歐洲，這種社會組織模式一直要到公元 1000 年前後才定型。在具體實踐上，奴隸制邏輯與三重功能邏輯曾經長期並存於同一社會，因為要將全體勞動者統合在相同社會地位是一個非常複雜的過程，在歐洲、印度及其他文明中，歷時都長達數百年以上。這項轉變的完成理論上不僅代表奴隸制度的結束，也意味著農奴制以及其他各種形式強迫勞動的終結（歐洲的情況詳見第二章，印度則詳見第八章）。

在此首先要強調摩西‧芬利（Moses Finley）在「有奴隸的社會」與「奴隸制社會」之間所作的區分。芬利認為，在「有奴隸的社會」中，奴隸確實存在，但奴隸的重要性相對較低，在總人口中所占的比例也不高（大都只有百分之幾）。相較之下，在「奴隸制社會」中，奴隸在生產結構以及權力與所有權關係中占有核心地位，而其人口比重也相當高（達百分之數十）。在十九世紀以前，幾乎所有人類社會中都有奴隸存在，因此這些社會都是芬利所謂「有奴隸的社會」，不過奴隸人數通常不多。在芬利的觀點中，真正的奴隸制社會在歷史上相當少見，只有古代的雅典和羅馬，以及十八世紀和十九世紀的巴西、美國南部和安地列斯群島。在這些案例中，奴隸占總人口的比例高達30-50%（在安地列斯群島的比例更高）。[1]

後來的研究顯示，雖然奴隸制社會相對較罕見，但這種制度遠比芬利所認為的更普遍。以古代而言，在整個地中海周邊和近東地區，從迦太基到以色列，奴隸的人口比重都可與希臘和羅馬的城邦相提並論，各地方之間則因為政治意識形態背景以及經濟、貨幣和商業環境而呈現顯著差異。[2]從十五世紀到十九世紀，西方世界以外也出現過許多奴隸制社會的例子，特別是剛果王國（位於安哥拉、加彭及現今剛果之間一帶）[①]、索科托哈里發國（Sokoto Caliphate，位於現今奈及利亞北部）和亞齊王國（位於蘇門答臘島，現屬印尼）；在這些國家，奴隸的人口比重可能在20-50%之間。索科托哈里發國的例子尤其重要，這個國家在十九世紀末被認為是非洲第一大國（人口超過六百萬，其中奴隸為兩百萬），而奴隸制度及各種形式的強迫勞動在當地一直持續到索科托於二十世紀初被納入大英殖民帝國為止。[3]很可能還有許多其他奴隸制社會的案例尚待發現，而且有更多奴隸制社會可能曾經存在，但沒有留下足夠痕跡可供詳細研究。[4]至於非洲的黑奴販運，從1500年到1900年，估計共約有兩千萬名黑人被販賣

---

① 譯注：剛果（Kongo）王國存在於約1400-1914年間，統治範圍是剛果河下游地區。十五世紀末葡萄牙人抵達西非，剛果王國與葡萄牙一度發展出良好的外交與經貿關係，但1665年雙方爆發戰爭，剛果戰敗並分裂為多個小國，逐漸落入葡萄牙的控制。

為奴隸，其中三分之二透過大西洋販運網路被賣到安地列斯群島和美洲，三分之一透過由各國政府以及歐洲、阿拉伯、非洲商人共同組織的跨撒哈拉販運網路，被賣到紅海和印度洋地區。由於那個時期非洲人口不多，黑奴販運造成撒哈拉以南非洲的人口大失血。[5]

芬利提出的分類方式還有一個局限：世界上曾經有許多不同形式的奴役與強迫勞動。我們發現，絕對奴役與完全自由這兩個端點之間是某種遞變連續體，根據相關方實際擁有的相對權利不同，歷史上存在包羅萬象的情況，而這些都是特定的社會－歷史建構結果。在最極端、最高度「產業化」的奴役形式（例如大西洋黑奴販運）中，奴隸幾乎沒有任何權利。他們只是純粹的勞動力，受到與可動資產相同的待遇，即所謂「動產奴隸制」（chattel slavery）。在這種情況中，奴隸沒有個人身分（沒有被認可為等同於其人的名字），沒有私人生活、家庭生活或婚姻相關權利，沒有財產權，當然也沒有行動自由。他們的死亡率極高（橫渡大西洋期間死亡五分之一，其後一年間再死亡五分之一），然後由來自非洲的新奴隸源源不絕地補充。以1685年法國國王路易十四頒行的《黑人法》為例（這部法律主要是為了定義法屬安地列斯群島的奴隸制相關權利，但一部分宗旨也在於規制其中的弊端），奴隸不能持有任何資產，連他們僅有的個人物品都屬於奴隸主。

農奴制度的情況與此截然不同。當然，農奴沒有自由移動的權利，因為他們必須在領主的土地上勞動，不能到其他地方工作。不過他們擁有個人身分：有時他們會在堂區的登記簿上簽字，而且他們通常有結婚的權利（儘管仍需領主同意），原則上也能持有財物和產業（同樣需要領主許可）。不過在具體實踐上，奴隸制與農奴制的界線經常混淆不清，根據環境與領主的不同，可能出現顯著差異。[6]特別值得一提的是，從十八世紀後期開始，安地列斯群島、美國和巴西的農場開始進入奴隸制度的第二階段，採取既有黑奴人口自行繁衍的原則。這個趨勢在十八世紀最後幾十年逐漸普遍，而後隨著大西洋黑奴販運制度在1807年宣告廢止，趨勢變得更加明

顯。（附帶說明，黑奴販運廢除令頒布後，經過數十年時間才獲得全面落實。）以美國而言，第二階段的奴隸制發展最蓬勃，獲利也最可觀；奴隸人口從1880年的一百萬增加到1860年的四百萬。在那個時期，由於擔心奴隸造反，當局在某些情況下對奴隸比較嚴苛，例如1820-40年間，維吉尼亞州、卡羅萊納州與路易斯安那州陸續通過法律，嚴厲處分教導奴隸讀書的人。不過整體而言，比起販奴時代奴隸的遭遇以及不斷以新奴隸取代原有勞動力的做法，十九世紀期間，光是因為各種形式私人生活和家庭生活的發展，美國、安地列斯群島和巴西的奴隸處境就已經明顯不同。與此相較，中世紀歐洲農奴的處境不見得好多少。

　　從現有研究資料來看，在南北戰爭（1861-1865）前夕的1860年，美國南方的四百萬黑奴是人類歷史上最龐大的奴隸群體。在此還是要強調，我們對古代奴隸制社會的瞭解非常有限；更廣泛而言，除了十八和十九世紀歐美及大西洋地區的奴隸制度以外，我們能掌握的資料並不多。關於古代的奴隸制度，最常見的估計數字是：公元一世紀羅馬及其周邊地區有一百萬名奴隸（自由人的數目也是一百萬），公元前五世紀雅典及其周邊地區的奴隸人口則在十五萬到二十萬之間（自由人約為二十萬）。不過這些估計不涵蓋羅馬時期的整個義大利或整個古希臘，因此我們只能將其視為一種規模比例。[7]

　　尤其要注意的是，由於奴役地位所代表的意義在不同脈絡中有極大差異，這種純粹量化的比較有其局限。以十九世紀的索科托哈里發國為例，一部分奴隸可以在行政體系或軍隊中擔任高階職務。[8]在十三世紀到十六世紀的埃及，原本是奴隸兵的馬木路克（Mamelouk）在獲得自由身分後逐漸占有軍中要職，最終取得國家的控制權。在十八和十九世紀以前的鄂圖曼帝國，男性奴隸兵以及女性奴僕和性奴隸都曾扮演重要角色。[9]在古希臘，一小部分奴隸擔任公共奴隸事務官和高級公務員，其中許多是需要良好才幹的工作，例如認證和歸檔法律文件、檢驗錢幣重量、聖所財產清點造冊等，這些專業工作被認為應該脫離政治角力場，分配給一些沒有公民

權、因此不可能占有最高階職務的人。[10] 在大西洋地區的奴隸制中,這種
細緻的做法完全不存在。奴隸被分派到農場上勞動,被奴役的黑人與自由
白人幾乎完全沒有接觸,兩者之間的分隔達到奴隸制歷史上罕見的極端程
度。

英國:1833-93年的廢奴與補償

現在一一回顧十九世紀歐美跨大西洋奴隸制度在各地廢除的情況。這
些歷史程序可以讓我們更有效地瞭解不同人士為了合理化或譴責奴隸制度
而提出的種種論點,以及奴隸制度結束後,社會政治發展路徑的多元可能
性。英國的情況對我們的研究而言特別有趣,因為這個例子再次展現出一
種高度漸進性質:英國從奴隸制邏輯轉型到所有權主義邏輯的過程在這方
面非常類似於先前所見從三重功能邏輯到所有權主義邏輯的過渡。

1833年英國國會通過《廢奴法案》,並在1833年和1844年之間漸進
實施。這項法律針對奴隸主提供全面補償,但對奴隸和他們的祖先所遭受
的損害——無論是身體上的重大損害或數百年無償勞動的事實——卻未制
定任何補償辦法(這點與其他地區的奴隸制廢除方案相同)。不僅如此,
如我們後續將看到,前奴隸在獲得解放之後,必須簽署相當嚴苛而且對他
們不甚有利的長期工作合約,因此他們雖然在官方名義上得到解放,實際
上在絕大多數情況中卻受制於漫長的強迫勞動,具體模式則依各地採行的
廢奴方案而異。相反地,英國的奴隸主有權就他們以此身分遭受的損失
(即所有權被剝奪)獲得完全補償。

具體而言,英國政府負責支付奴隸主大約相當於其儲備奴隸之市場總
值的賠償金。當局根據奴隸的年齡、性別及生產力,製作相當精細的計算
表,使賠償金額盡可能公正和準確。最後,英國一共支付了大約兩千萬英
鎊(相當於當時英國國民所得毛額的5%)給四千名奴隸主。假如今天英
國政府決定針對這樣一項政策挹注相同比例的2018年國民所得毛額,它

必須支付的金額會高達一千兩百億歐元，相當於為四千名所有權人提供每人平均三千萬歐元的補償。當時那些奴隸主都持有龐大資產，名下的奴隸數量經常多達數百人甚至數千人。補償作業的融資方式是相應提高公共債務，公共債務則由英國全體納稅義務人承擔，而有鑑於當時英國稅制的高度累退性質（主要基礎為針對消費及交易徵收的間接稅，與二十世紀以前多數國家的稅制相同），這項負擔具體上主要落在中低收入戶。為了反映出這種支出的規模，我們可以用教育支出作比較：十九世紀期間，英國每年挹注於各級學校及整體教育服務的經費最高不超過國民所得毛額的0.5%。換句話說，奴隸制廢除後以公款向奴隸主提供的補償金額相當於至少十年的全國教育投資。[11]教育投資過低通常被認為是二十世紀英國沒落的主要原因之一，因此上述對照令人格外震撼（參見第十一章）。

　　這種補償方式在當時顯得完全合情合理（至少那些因持有資產而坐擁政治權力的少數公民是這麼認為）。近年來，記載相關作業的國會檔案獲得系統性的研究，促成兩本著作在2010年和2014年陸續出版，以及完整的記名資料庫上線供民眾查詢。[12]這些研究顯示，在1830年代獲得豐厚補償的奴隸主的後代中，有一人是時任首相大衛‧卡麥隆（David Cameron）的堂表親。有人主張應該設法讓那些財富回歸公庫，因為那些錢創造了當事人後代及其他許多富裕家族在二十一世紀初期仍然持有的財富與金融及不動產投資組合，不過直到今天，這件事一直沒有下文。

　　具體而言，大英帝國透過1833年廢奴法解放的奴隸總數約為八十萬人，其中大部分來自英屬西印度群島（包括牙買加、千里達及托巴哥、巴貝多、巴哈馬、英屬蓋亞那等，一共七十萬人），其他則來自南非英屬開普殖民地以及印度洋中的模里西斯島。這些領土的人口主力是奴隸，不過相較於1830年代的英國人口（約兩千四百萬），被解放的奴隸總數其實只占英國本土總人口的3%。基於這個因素，雖然對奴隸主的全面補償政策成本非常高，但對社會整體以及英國納稅人而言卻還是可以承受。我們後續將看到，美國的情況截然不同：由於補償規模超出社會負擔能力，透過

財政措施解決這個問題的方案幾乎不可能被納入考慮。

所有權主義意識形態如何合理化對奴隸販子的補償政策

　　一個必須強調的事實是，在當時的英國菁英眼中，這種補償政策明顯有理。假使政府奪取奴隸主的資產而不予補償，那麼那些過去曾經擁有奴隸、後來將奴隸轉換為其他資產的人，是不是也應該成為政府奪取資產的對象？進一步推論下去的結果，難道不會導致過往取得的全部所有權都必須推翻？我們在此看到的論點與先前在其他一些情況中被提出的觀點雷同，例如法國大革命時期與移轉稅有關的討論，或十九世紀末、二十世紀初愛爾蘭「不在地主」的問題（詳見第三到第五章）。

　　我們也可以回頭談前一章提到的珍·奧斯汀小說。在《曼斯菲爾德莊園》中，湯瑪斯爵士在加勒比海的安地卡島上擁有農場，亨利·克勞福德（Henry Crawford）則沒有，不過這其中並沒有特別的道德意涵，因為不同資產種類及財富形式（土地、公債、不動產、金融投資、殖民地農場等等）似乎可以相互替換，只要能產出預期中的年度所得即可。國會是基於什麼名義，有權消除其中一人的財產，而不對另一人的財富下手？的確，如果不質疑所有權主義的邏輯，就很難斷定什麼是「理想」的解決方案。在那個年代，有些人因為擁有奴隸而發大財，設法對他們徵收更多財富——一方面透過剝奪他們的「財產」，另一方面對奴隸進行補償（舉例而言，在奴隸提供無償勞動那麼久以後，將農場土地的所有權轉移給他們）——這應該是合情合理的。不過為了獲得補償作業所需的資金，合理的做法應該是制訂按資產規模（無論資產組合為何）累進徵收的辦法，讓所有資產持有人納稅，因為除了當時具有奴隸主身分的人以外，很多人過去也曾經擁有奴隸，而且還有更多資產所有者是因為與奴隸主交易、經銷他們的棉、糖類產品（這些產品在當時的整個經濟體系中扮演核心角色）而致富。然而，一旦提出補償奴隸的問題（或者只是提議不對奴隸主提供補償），就

不得不檢討整個所有權的概念，而這正是十九世紀的菁英階層避而不談的部分。

不只是當時的政治及經濟菁英，一大部分思想家與知識分子也都認為，對殖民地農場主提供補償是理所當然的必要措施。在此我們又看到法國大革命時期啟蒙思想中那種「基進派」與「溫和派」之爭（參見第三章）。儘管某些「基進派」（如孔多塞）主張無償廢除的概念，[13]大多數「自由派」及「溫和派」菁英認為補償農場主是不言自明、無可置辯的前提。我們特別會想到托克維爾的例子，在1830年代法國關於奴隸制廢除問題的辯論中，他曾竭力主張各種他認為非常巧妙的補償提案。（事實上，如我們後續將看到，那些提案最大的特點是對農場主非常慷慨。）在廢除奴隸制的論辯中，有關人類尊嚴平等的道德論點縱然有其重要性，但是，由於這些論點沒有針對經濟和社會組織提出整體願景，也沒有提出詳細計畫，說明廢奴政策該如何與既有所有權主義秩序兼容並蓄，因此它們難以獲得充分支持。

十八、十九世紀期間，許多基督教徒廢奴主義者試圖解釋，基督教義本身就要求立即廢止奴隸制；他們還指出，古代奴隸制度之所以消失，原因正是基督教的普及。可惜的是，這個論點並不正確。至少一直到公元六、七世紀，在歐洲信仰基督教的地區，有許多主教轄區保有奴隸，而且這種情況加速了八世紀伊斯蘭教在西班牙的擴展，促使許多人皈依伊斯蘭。[14]一直要到公元1000年，歐洲的奴隸制度才結束，農奴制度則還要再過數百年才消失（在信仰東正教的俄國，甚至要等到十九世紀末）。在這些論辯過程中，許多歷史學家及精研古代世界的人士（尤其是德國學派）反對基督教廢奴主義者的論點，他們強調，奴隸制度讓其他階級的人可以從事高尚的藝術活動與政治活動，從整體上來看，這是古代世界——特別古希臘羅馬——之所以能造就偉大文明的原因。因此，反對奴隸制形同反對文明，屈就於一種平庸的平等主義。有些人甚至主張，人類的數量在古希臘羅馬時代達到歷史上的高點；他們試圖以此證明奴隸制與文明之間的關聯

性。當然，這種說法跟基督教廢奴主義者的論調同樣不正確，不過，由於從文藝復興到十九世紀，「中世紀」一直被視為黑暗時代，在那樣的知識氛圍中，他們的論點被認為有一定的道理。[15]

還有一點很有趣的是，1750-1850年間在英國和法國進行得特別熱烈的廢奴問題相關討論採用大量的數字化論點和統計數據，以比較奴隸勞動與自由勞動的優劣。[16]特別是受到杜彭（Du Pont）於1771年發表的論述以及拉豐‧德拉岱巴（Laffon de Ladébat）於1788年提出的一些較精細的計算所影響，廢奴主義者認為自由勞動者的生產力遠遠大於奴隸，因此農場主如果解放奴隸，並將一部分法國和歐洲其他國家鄉村地區充沛而廉價的勞動力輸出到安地列斯群島，那麼他們就可以賺更多錢。奴隸主對這些學界提出的數據顯得非常懷疑（那些計算結果的可信度確實也很低），他們認為自由勞動與奴隸勞動的生產力相當，而如果將工作的艱難度以及體罰的必要性納入考量，則奴隸勞動的生產力可能更高。各國的蓄奴者也強調，在生產力相同的條件下，自由勞動衍生的薪資成本較高，因此廢奴主義者的觀點違反經濟原則，甚至可說不愛國，因為假如他們不幸服膺廢奴理論，改採自由勞動，他們的商業生產力一下就會落在其他殖民列強之後。沒有人會再買他們的糖、棉和菸草，國家生產將立刻崩垮，國家地位也將毀於一旦。

後來並沒有任何證據顯示殖民地農場的獲利因為1807年大西洋販奴廢止而受創。以黑奴販運維生的人當然必須轉換跑道，但農場經營者很快就明白，改以奴隸人口自行繁衍為運作基礎，反而可以降低成本。事實上，在英國決定終止黑奴販運時，自行繁衍的做法已經相當普遍，而其效益也已獲得證明。繼英國之後，法國與美國先後在1808-10年終止販奴，其他歐洲列強則透過1815年的維也納會議採納了這項決策。同理，資產持有階級和產業界的菁英在1833年之所以接受廢奴政策，部分原因很可能是當時他們已經認為，對經濟發展而言，薪資勞動的好處不會比奴役勞動遜色（況且廢奴的決定也許還可以用來報復美國獨立的事實，並突顯美國經

濟制度的落後）。不過這一切有一個條件：奴隸主的財產損失必須獲得全面補償（這是英國廢除奴隸制度時採取的做法），因為，儘管某些廢奴主義者宣稱效率較高的自由勞動可以產出足夠利益彌補奴隸主，但事實上，這種可能性非常低。奴隸制廢除對奴隸主造成一定成本，而英國的政治選擇是讓英國納稅人負擔這些成本，這點同時顯示出那個年代的社會中資產持有者的政治力以及所有權意識形態的影響力。

法國：1794-1848 年的二段式廢除

法屬殖民地的廢奴過程有一個特點：分兩階段進行。第一次廢奴是在聖多明哥（Saint-Domingue，即海地）的奴隸造反後，於1794年由法國國民公會（Convention nationale）政府所決定，其後法國又在1802年（拿破崙統治時期）恢復了奴隸制度。最終的廢奴法案在君權倒臺、第二共和成立之際，於1848年才正式通過。法國的例子也提醒我們，什麼才是導致奴隸制廢除的首要歷史因素：既不是歐美廢奴主義者的偉大思想與高尚心靈，也不是奴隸主的精心算計，而是奴隸自行組織的造反行動，以及奴隸主對奴隸繼續反叛的恐懼。在1794年的廢奴案中，奴隸顯然扮演了關鍵性的角色，那是近代歷史上的第一次大規模廢奴，而其直接導因是海地奴隸已經揭竿而起，成功為自己爭取解放，並積極準備宣布海地獨立建國。

在1933年英國通過廢奴的案例中，這個因素也極為明顯，因為在此之前不到兩年，牙買加奴隸於1831年耶誕節發動大規模造反，那個事件的血腥慘況經過英國媒體的報導，對英國的輿論造成巨大衝擊，不但讓廢奴主義者在1832-33年的辯論中得以捲土重來，也使奴隸主意識到，與其冒險讓他們在牙買加或巴貝多（Barbados）的農場日後遭逢有如聖多明哥那種命運，接受豐厚的財務補償才是上策。1831年的牙買加造反以大規模處決告終，情況類似1815年英屬蓋亞那的奴隸叛變以及1802年的瓜地洛普（Guadeloupe）大造反。在1802年那場叛變中，法國處決和遣送了大約

一萬名奴隸，相當於當時人口的十分之一，而人口流失也導致法國當局在1810年代暫時重新實施奴隸販運，藉此充實該島的人力，重啟蔗糖農場的生產活動。[17]

在此必須提的是，在1789年大革命前夕，實施奴隸制的法屬島嶼擁有歐美地區為數最多的奴隸人口。1780年代，法國在安地列斯群島及印度洋殖民地農場的奴隸共約七十萬人，相當於當時法國本土人口（兩千八百萬人）的3%，超過英屬殖民地的六十萬人和美國南方農場的五十萬人（當時美國剛獨立不久）。在法屬安地列斯群島，奴隸主要集中在馬丁尼克（Martinique）、瓜地洛普以及聖多明哥（其中光是聖多明哥就有四十五萬名奴隸）。聖多明哥在1840年以一個美洲印地安古名為國名宣布獨立以前，曾是十八世紀末期法國殖民地中最大的一顆寶石，經濟活動（主要是糖、咖啡、棉的生產）最蓬勃，獲利能力也最高。聖多明哥即伊斯帕尼奧拉這個大島（即西班牙文的Isla de La Española，亦意譯為「西班牙島」；哥倫布於1492年登陸該島）的西半部，1626年成為法國殖民地，東半部則是西班牙殖民地，後來成為多明尼加共和國。鄰近的另一個大島古巴也是西班牙殖民地，奴隸制度在當地一直維持到1886年。

在印度洋地區，法國擁有兩個實行奴隸制的島嶼：法蘭西島（île de France）和波旁島（île Bourbon）。法蘭西島在十八世紀期間重要性較高，但1810年被英軍占領，1814年拿破崙戰敗後成為英國屬地，更名為模里西斯（Mauritius）。波旁島則仍為法國殖民地，於大革命期間改稱留尼旺島（île de la Réunion）。1780年代，這兩個島上的農場共有將近十萬名奴隸，遠較法屬安地列斯群島的六十萬人為少。

還有一點必須強調的是，這些島嶼是名副其實的奴隸島，例如在1780年代末期的聖多明哥，奴隸的比例高達總人口的90%（若計入有色人種混血、黑白混血及具有黑人血統的自由人，則比例更高達93%）。1780-1830年間，英屬及法屬安地列斯群島的奴隸比例與此相當：牙買加是84%，巴貝多是80%，馬丁尼克是85%，瓜地洛普是86%。在大西洋地區

奴隸制社會的歷史中，甚至是在全世界的奴隸制歷史上，這些比例都是達到空前絕後的極端程度（參見圖6.1）。相較之下，在同一時期，奴隸占美國南方或巴西人口的比例在30-50%之間，而根據現有資料，古代羅馬和雅典的奴隸人口比例與此類似。在歷史上奴隸占總人口絕對多數的社會中，十八世紀和十九世紀初期英屬及法屬安地列斯群島留下的相關資料最詳盡。

當奴隸的人口占比高達80%或90%時，無論採用多麼高壓的管控手段，奴隸造反的風險顯然都非常高。海地的例子特別極端，因為奴隸數量高速增加，導致奴隸的人口占比遠高於其他島嶼。1700年時，海地的總人口是三萬人，其中奴隸僅略多於一半。1750年代初期，海地的奴隸人口已經達到十二萬（相當於總人口的77%），白人只有兩萬五千人，混血兒及黑人血統的自由人共五千人（4%）。在1780年代末期，這個殖民地的奴隸人口大幅增至四十七萬（相當於總人口的90%），白人僅略增為兩萬八千人（約5%），混血兒（包括黑白混血及有色人種間的混血）和黑人血統的自由人共兩萬五千人（約5%）（參見圖6.2）。

圖6.1. 十八到十九世紀大西洋地區的奴隸制社會

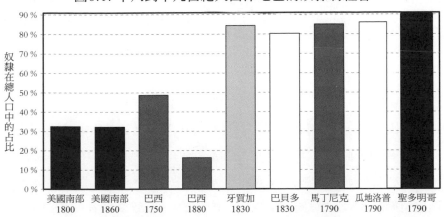

1880-1860年間，美國南部的奴隸人口為總人口的三分之一。巴西的奴隸人口比例在1750年為50%，1880年降為20%。1780-1830年間，在實行奴隸制的英屬及法屬安地列斯群島。奴隸的比例超過80%，在1790年的聖多明哥（海地）甚至超過90%。來源與數據：參見 piketty.pse.ens.fr/ideologie。

圖6.2. 快速擴張的奴隸島：聖多明哥，1700-1790年

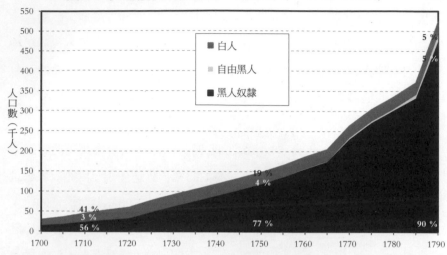

聖多明哥（海地）的總人口從1700-1710年的五萬人（其中56％為奴隸，3％為混血兒及自由黑人，41％為白人），1790年增至五十萬人以上（其中90％為奴隸，5％為混血兒及自由黑人，5％為白人）。來源與數據：參見 piketty.pse.ens.fr/ideologie。

　　在1789年大革命前夕，每年約有四萬名非洲人被運到太子港（Port-au-Prince）和法蘭西角（Cap-Français），以更替死亡的奴隸，並增加奴隸儲備，奴隸人口因而快速增加。法國大革命爆發時，這套運作制度正處於加速擴展的階段。在大革命初期的1789-90年，自由黑人首先要求獲得選舉權以及參與議會的權利。在巴黎方面大肆宣揚權利平等的背景下，這項訴求看起來合乎邏輯。1791年8月，在北部平原一處名叫鱷魚森林（Bois-Caïman）的地方集會之後，奴隸展開大造反，有數以千計「山頂奴隸」參與（山頂奴隸〔esclaves marrons〕指逃脫的奴隸，他們數十年來一直藏身在聖多明哥北部山區）。雖然法國增派部隊馳援，造反者仍舊迅速占領地盤，取得殖民農場的控制權，農場主則被迫逃離當地。巴黎新派遣的事務專員在無可奈何之下，只好在1793年8月頒布法令解放奴隸，其後國民公會於1794年2月將這項決策的實施範圍擴及所有殖民地。儘管事實上法國當局是在殖民地反叛者的逼迫下不得不做出解放奴隸的決定，這項全面廢奴法案還是與此前各政權的處理方式迥然不同。只不過廢奴法沒有充分時間具體實

施。拿破崙在1802年就讓所有殖民島嶼恢復奴隸制，唯一例外是海地（海地在1840年即宣布獨立，不過一直要到1825年，查理十世才承認海地的獨立地位）。1848年，廢奴令的實施終於擴及其他殖民地，特別是馬丁尼克、瓜地洛普與留尼旺。

海地：當蓄奴者的財產成為公共債務

基於兩個理由，海地的例子深具象徵意義。首先，這是經過黑人造反成功、於近代出現的第一次廢奴，也是黑人群體面對歐洲強權所取得的第一場獨立；第二，這段歷史最終導致龐大的公共債務，在接下來兩百年間嚴重損及海地的發展根基。雖然法國在1825年決定承認海地獨立，並停止威脅派軍進犯這個島國，但這一切只不過是因為查理十世迫使海地政府答應每年支付法國一億五千萬金法郎的債款，藉以補償奴隸主的所有權損失。海地當局幾乎別無選擇，因為法國明顯占有軍事優勢，而且在等待太子港方面的決定期間，法國派出艦隊實施禁運，所以占領海地的風險真實存在。

1825年制定的一億五千萬金法郎代表著什麼樣的一筆金額？我們有必要加以瞭解。這個數字是在漫長的協商之後，依據法國大革命前殖民地農場的獲利率以及奴隸的價值計算而得。這個金額相當於當時法國國民所得毛額的2%，如果按照2018年的國民所得來計算，等於是今天的四百億歐元。[18] 由此看來，這個數目可以跟1833年英國廢奴法對英國奴隸主提供的補償相提並論，因為在海地獲得「解放」的奴隸總數只有1833年英國奴隸的一半。不過在此更重要的是這個數字與當時海地所擁有的資源之間的相對關係。近年的研究顯示，一億五千萬金法郎相當於1825年海地國民所得毛額的三倍以上，換句話說等於該國三年多的總生產。除此之外，條約還規定海地必須在五年內將全額支付給法國存托局（Caisse des dépôts et consignations，這個公共銀行機構成立於大革命時期，目前仍然存在），由

存託局負責核撥補償金給權益受損的奴隸主（後來存託局確實履行了這個規定），並由海地政府透過法國的私人銀行重新融資，以便分期支付（海地政府也履行了這個規定）。我們有必要瞭解這些相關金額的規模。若以當時廣泛採用的5%年利率重新融資，這意味的是海地在開始償還本金以前，光是為了償還債務的利息，就必須無限期支付每年相當於其總生產15%的金額，而且這還不包括銀行方面在接下來數十年間，不斷利用重新談判或其他各種機會加收的高昂傭金。

當然，法國的所有權人不難證明，海地在奴隸制時期創造的利益更多。的確，根據目前所能做的估計，1750到1780年之間，聖多明哥生產總值的七成是由法籍農場經營者與資產持有者獲益（這兩類人占島上人口的比例合計僅略多於5%），這是極端殖民壓榨的一個典型案例，而且相關資料非常多。[19]不過，要求一個理論上擁有主權的國家無限期向原所有權持有者支付15%的國內生產總值，只因為該國不願意繼續扮演奴隸角色，這點實在說不過去。更何況這一切都發生在海地陷入經濟困境的局面中：革命衝突、禁運措施都讓海地經濟元氣大傷，而且一大部分糖業生產已被轉移到持續實行奴隸制的古巴，因為在奴隸造反期間，許多農場主逃往古巴，他們不但將產業轉到那裡，有時還帶走一些奴隸。另外，海地融入區域經濟的過程因為美國的態度而備加困難。美國對海地的前例感到不安，也不太寬容國內的奴隸反叛行動，因此它長期拒絕承認海地，不願與海地來往，這種情況直到1864年才改觀。

經過多次混亂的協商調整，海地最後還清了大部分債務。其中特別值得一提的是，在整個十九世紀期間以及二十世紀初，海地的對外貿易平均而言呈現顯著出超。當然，在1842年的大地震和隨之而來的太子港大火後，法國同意讓海地暫緩支付1893-94年的利息。不過這段時間結束以後，海地立即重新按正常程序付款。近年研究顯示，在1849年到1915年之間，法國的債權人們平均每年從海地獲得相當於該國國民所得5%的資金，但依據時期不同以及當地政治情勢的變化，這個比例也會出現大幅增減：海

地的貿易出超經常高達國民所得的10%，有時卻又降到接近零的水準，甚至出現入超，整個時期的平均則是5%。就如此長的一個時期而言，這樣的平均支付規模已經相當可觀。話說回來，這還是低於1825年協議所設的比例，因此法國的債權銀行三不五時就會抱怨海地沒有乖乖付款。美國從1915-34年占領海地，藉此恢復當地秩序，並維護自己的金融利益。在這個時期，法國的銀行在法國政府支持下，將剩餘的債權陸續轉讓給美國。1950年代初期，1825年議定的債務終於悉數還清，正式宣告解除。從1825年到1950年，在超過一個世紀的時間中，法國要求海地為贖回自由之身而付出代價，最終造成的結果是海地的經濟與政治發展高度取決於賠款問題：在不斷轉換的政治意識形態週期變化中，這個議題有時遭受嚴厲抨擊，有時則被無可奈何地接受。[2]

　　這段歷史具有根本的重要性，因為它說明了奴隸制、殖民制與所有權制邏輯之間的連續性，以及法國大革命在不平等與所有權議題方面的深刻矛盾。追根究柢，海地奴隸反而是最鄭重揚起革命解放旗幟的一群人，而他們為此付出了高昂代價。這段歷史也提醒我們奴隸制度與債務之間長久存在的緊密關聯。在古代，賣身形式的奴隸制是非常普遍的做法，無論是《聖經》或美索不達米亞、埃及的石碑，都有文字記載債務累積與賣身為奴之間的無止境循環，其間穿插著一些取消債權、讓奴隸恢復自由身的時期，目的在於恢復社會平和。[20]在英文中，bondage（束縛；奴役）一字可供說明奴隸制與債務之間的重要歷史關聯，這個字恰恰反映出奴隸處境或奴隸制特有的依賴關係。bond（連結、鏈結；債務或契約關係）一字從十三世紀開始就有了兩種引申意涵，既指債權人與債務人之間的法律及財

---

② 譯注：這些後果嚴重的循環始於1840年尚－賈克・德薩林（Jean-Jacques Dessalines）掌權。繼1802年杜桑・盧維杜爾（Toussaint Louverture，他不顧一切主張維持白人在海地的地位，試圖爭取海地與殖民母國和平結盟、融入國際經濟體系）被捕、1803年法國遠征軍團（其意圖為消滅所有叛變者）投降後，德薩林建立起一個高度威權的君權主義政府，敵視白人，走孤立路線。後來海地的歷史發展長期擺盪在譴責與屈從交替的類似循環中。

務關係，也指地主與佃農之間的依賴關係。十九世紀建立的法律制度最終
不僅廢除了奴隸制，同時也終止欠債坐牢以及意義更重大的父債子還等做
法。不過目前還是有一種形式的債務可以跨代傳遞，而這會導致後代子孫
必須承受可能無止無境的財務負擔：這種債務就是公債。1825 年到 1950
年海地被迫承擔的後殖民債務就是一個很好的例子，而我們後續也將看到
許多其他案例，包括十九世紀和二十世紀的許多殖民債務，乃至二十一世
紀初期的各種公共債務。[21]

1848 年廢奴法：補償，紀律工坊及「承諾雇工」

現在來談法國 1848 年的廢奴法。繼英國於 1833 年通過《廢奴法案》、
並從 1833 年到 1893 年逐步實施後，有關廢奴的討論在法國變得甚囂塵上。
此時法國殖民地的奴隸人口還超過二十五萬，特別是在馬丁尼克、瓜地洛
普及留尼旺，而牙買加和模里西斯的奴隸卻已獲得自由；法國方面擔心這
種情況可能引發新的奴隸叛變。然而法國的討論過程在補償問題上持續不
斷地受挫。對奴隸主及其支持者而言，剝奪奴隸主的所有權，而不對其提
供恰當補償，這是完全無法接受的事。不過，由納稅人和國庫全面負擔賠
償金額的做法似乎也不完全合理，況且國庫已在 1825 年支應了「十億法
郎外僑補償金」。[22] 是不是也應該讓奴隸繳納一部分費用，畢竟他們將是
廢奴措施的最大受益者？堅定抱持廢奴主義的亞歷山大‧摩洛‧德喬奈斯
（Alexandre Moreau de Jonnès）就曾提出這個看法。德喬奈斯彙整了許多有
關奴隸與奴隸主的統計數據，他根據十七世紀初期以來法國各殖民地的普
查及行政調查資料，在 1842 年提議由奴隸支付全部賠償金，具體方式是
透過「特殊勞動計畫」，讓他們無償提供勞務，直到達成這個目標為止。
喬奈斯強調這種做法還有一個好處：讓奴隸體會到勞動的意義。[23] 有些人
指出，這種償還方式和這個過渡階段可能會延續太久；這樣的措施形同不
讓奴隸獲得解放，只不過是將奴役狀態轉化為持續性的債務，無異於法國

大革命時期將舊制度的移轉稅轉換成地租的做法。

　　托克維爾於1893年提出他的一套綜合方案，並且認為這套辦法十分完善。當時他提議，一半的賠償金以政府年金的形式支付給奴隸主（換句話說，必須增加公債，由廣大的納稅人負擔），另一半則由原奴隸承擔，他們將在十年期間由政府以低薪雇用，將由此產生的差額支付給奴隸主。這種做法因而得以「在所有相關方之間達到均衡」，因為奴隸主本身在十年後必須負擔與奴隸解放有關的「勞動力價格增加」。[24]這樣一來，納稅人、奴隸與奴隸主就以公平方式分別作出了貢獻。由維克多・德布羅伊（Victor de Broglie）主持的國會委員會後來研擬出的解決方案與此相距不遠。的確，這些討論主要是在奴隸主的同溫層中進行（1830-48年間，只有略多於2%的成年男性擁有國民議會選舉權，而他們必須在最富裕的0.3%人口間選出議員），其中似乎沒有人認真思考奴隸無償勞動數百年應該如何獲得賠償的問題。倘若當時這項議題獲得討論，可能的結果之一就是原奴隸在他們曾以奴隸身分付出勞力的土地上獲得一部分土地的所有權，讓他們此後得以為自己勞動，而這正是十九世紀末、二十世紀初愛爾蘭實施土地改革後農民所獲的權益（當然，至少在愛爾蘭獨立以前，地主也獲得了豐厚的公共補償。參見第五章）。

　　無論如何，相關討論在1840年代中期遭受阻滯，因為奴隸主不願意奴隸得到解放，威脅要全力對抗這種做法，就算動用武裝民兵也在所不惜。必須等到1848年君權垮臺、第二共和宣布成立，維克多・舒爾歐（Victor Schoelcher）主持的委員會才終於通過廢奴法，其中對奴隸主的補償不如1833年的英國廢奴法那麼豐厚，不過採取的成本分攤方式終究可與托克維爾的構想相提並論。奴隸主獲得的補償金額原則上大致相當於先前所構想的一半（而這已經是非常可觀的數字）。[25]除了對奴隸主的補償以外，1848年4月27日頒布的廢奴法令還包括了一些條款，以「處分流浪與乞討行為，以及安排殖民地開設紀律工坊相關事宜」，這一切的宗旨是確保農場主獲得廉價的勞動力。換言之，舒爾歐的所謂奴隸解放不僅未向

奴隸提供任何補償,沒有提供任何取得土地所有權的機會,奴隸主甚至可以得到賠償,而且透過一種半強迫勞動制度的建立,農場主及政府當局(農場主的實際盟友)繼續保有對原有奴隸的控制。在留尼旺大區,區長立刻確立了具體實施方式:前奴隸必須提出一份長期工作合約(或在農場當工人,或擔任私家僕役),否則他們就會被警方以流浪的名義逮捕,送到巴黎方面頒布的法令所規定的紀律工坊。[26]

為求有效瞭解那個時代背景,在此有必要說明一點。當時的政府實際上形同雇主與地主的服務者,藉由立法要求勞工保持高度紀律,同時將薪資壓在最低限度。這種立法原本就普遍存在,在奴隸制廢除後的各殖民地不過是二度開花而已。尤其值得一提的是,為了取代已獲解放的奴隸(其中很多不願繼續為原奴隸主工作),英國與法國當局發展出新的制度,從更遙遠的地方引進人工,特別是讓印度勞工進入留尼旺和模里西斯。這些人與法國及英國當局簽訂工作合約,法國稱他們為「承諾雇工」(engagés),英國則稱他們為「契約工」(indentured workers)。對這些印度勞工而言,所謂「承諾」指的是在很長一段期間(例如十年)將很大比例的工資支付給雇主,以此償還渡航的費用。如果工作表現不佳,甚至出現違反紀律的情事,還債的義務可能再延長十年甚至更多。某些留存至今的司法檔案(尤其是在模里西斯和留尼旺)清楚顯示,在司法管轄制度大幅偏向雇主利益的環境下,這套運作機制導致各種形式的壓榨與不公,雖然有別於純粹的奴隸制度,但也相去不遠。現有資料也讓我們看到,雇傭方與法院是如何以某種方式協商調整這套勞動紀律機制。雇主逐漸接受減少體罰的觀念(體罰是奴隸制習用的處分方式),不過條件是當局必須協助他們執行具有同等效力的法律及財務制裁。[27]

還有一點必須強調的是,這種非常不利於勞工(乃至所有窮人)的法律制度在歐洲各國的勞動市場中也非常普遍。1885年時,瑞典還有一條法律規定那些沒有工作、也沒有足夠財產可供生活的人有義務參加強制勞動,違反者會遭到逮捕。[28]這種立法存在於十九世紀的整個歐洲,尤其是

英國和法國，不過在瑞典格外嚴苛，實施得也特別久，這個現象符合先前我們探討十九世紀後期瑞典王國的激烈型所有權主義時所看到的情形。[29]十九世紀末和二十世紀初，隨著工會獲准成立、勞工取得罷工權與集體協商權等等發展，這套法律制度在許多歐洲國家即將發生翻天覆地的轉變。不過在各殖民地（不只是過去的蓄奴島），轉變程序耗費的時間比較久：我們將在下一章看到，在法蘭西殖民帝國中，某些完全合法的勞役及強迫勞動形式在二十世紀期間依然持續實施（特別是在兩次大戰之間的時期），幾乎一直到殖民地獨立為止。

強迫勞動，所有權主義的神聖化，以及賠償問題

這些歷史片段蘊含了某些教誨。首先，勞動具有強制程度或自由程度不同的各種中間形式，因此我們有必要詳細檢視相關法律制度及運作規則的「細節」（這些細節絕非旁枝末節）。這點對勞動權的整體研究非常重要，尤其適用於有關現今移工處境的探討：無論是在波斯灣地區各個盛產石油的君主國，或是在歐洲（特別是黑工的部分），乃至世界其他地區，移工在薪資及工作條件方面擁有的協商權利經常微不足道。其次，這些討論足以證明，十九世紀期間普遍將私人所有權近乎神聖化的制度具有多大的力量。當然，不同的抗爭活動與事件發展方式想必會導致不同決策的出現，但真實歷史上各國所採取的決策有效說明了所有權主義模式的強大力量。

以偉大廢奴主義者的身分留名青史的舒爾歇曾表示他對補償一事感到不自在，同時也強調，只要當初奴隸制是在合法架構下實施的，想要加以廢除就不可能有其他辦法。浪漫派詩人拉馬丁（Lamartine）也支持廢奴，他曾在國民議會講臺上大聲疾呼同樣的論點：「針對殖民者在其奴隸身上合法持有之所有權被沒收的部分，（務須予以）賠償；這件事無法用其他方法進行。只有發動革命，才可能以無補償方式剝奪所有權。立法者不是如此行事：他們設法改變、轉型，但從不摧毀；無論既有權利的來源何在，

他們都會嚴肅看待這些權利。」[30] 這種立場表達再清晰也不過：奴隸主（而非奴隸）必須獲得補償的信念奠基於昔日已獲取的各種類型所有權，而這些權利不應加以區分。這些歷史片段具有根本的重要性，一方面因為它們讓我們得以將二十一世紀初期再度興起的某些所有權類神聖化形式（特別是有關公共債務的全面清償，無論其金額與時限為何；或私人超級富豪龐大資產有時被視為絕對且無可非議的正當性，無論其規模或來源為何）重新置入歷史縱深，另一方面也是因為它們從新的角度闡明了族群－種族不平等在現代世界中持續存在的問題，以及補償方式這個複雜但無法迴避的課題。

1904 年海地慶祝獨立一百週年之際，法蘭西第三共和拒絕派遣官方代表團前往該國。當時法國政府非常不滿意海地償還 1825 年債務的速度，認為清償速度太慢；對於這種付款不乾脆的國家，絕不可以顯得太寬厚，尤其在當時的情勢中，處於大幅擴張階段的殖民帝國經常採用以債務進行脅迫的策略。2004 年，海地慶祝獨立兩百週年時，在與此前一百年迥然相異的政治環境中，法國第五共和當局也作出不派團參加的決定，不過理由不同。法國總統拒絕蒞臨盛會，因為當局不無理由擔心，海地總統亞里斯第德（Aristide）可能藉機公開要求法國歸還這個加勒比海小共和國在超過一個世紀期間基於醜惡的歷史因素而被迫付給法國的債款。當時亞里斯第德甫按 2003 年幣值，將債款總額估算為兩百億美元，而法國政府當然完全不想聽到這件事。2010 年海地發生大地震，經過數年的重建之後，法國總統於 2015 年前往海地參訪時，重申了這樣的立場。法國對海地當然負有某種「道德債」，但法國政府絕不可能與海地討論任何形式的金融債或財金錢賠償。

關於這個複雜的問題，以及法國應該以何種確切形式對海地進行補償，在此不便貿然論斷，更何況我們還可以設想出一些比跨世代賠償更具野心的跨國正義形式。[31] 雖然如此，我們還是必須點出，那些主張實施其他類別賠償、同時卻拒絕重啟海地賠償案的人所提的論點極度缺乏說服

力，尤其「那一切距今已太久遠」這種理由完全站不住腳。海地從1825年到1950年（也就是一直到二十世紀中葉）向法國和美國的債權人清償了那筆債務，不過時至今日，仍然有許多針對二十世紀上半葉發生的不公與所有權剝奪所辦理的賠償程序持續進行中。我們特別會想到的例子是二次大戰期間納粹當局及其盟邦（首先就是維琪法國政府）對猶太人財產的掠奪，這些財產理應歸還猶太人，但相關作業相當晚才展開，至今仍在進行。我們還可以舉出其他一些著名案例，例如二戰後東歐各國共產政權曾大量沒收私人資產，目前政府還在支付相關賠償；美國則在1988年通過法案，為二戰期間遭羈押的日裔美國人提供兩萬美元的補償。[32]海地因為決定不再當奴隸而被迫向法國還債，從1825年到1950年，付款資料記錄得清清楚楚，沒有爭議的餘地；在這種情況下，法國如果一直拒絕與海地討論這個議題，無法避免將予人不良觀感，覺得法國認為某些罪行比其他一些罪行更應該彌補。

　　2000年代初期，法國多個協會針對這個議題動員力量，尤其是希望透過全國性的透明化作業，調查1825年海地賠償案成立後，透過法國存託局支付給前奴隸主的補償金，以及透過1848年廢奴法所支付的補償。[33]這兩項補償都不曾受到深入檢視，這點與英國的補償作業明顯不同（儘管我們必須承認後者是相當晚近才才展開）。也有可能法國的相關檔案沒有英國的國會檔案保留得那麼好。不過這些因素並不妨礙我們設法澈底釐清這些問題；而且無論如何，這一切都不至於導致法國無法對海地負起大規模財政賠償的義務，進而提供資金，藉以研擬和執行合宜的教育作為與典藏展示方案（法國至今沒有像樣的奴隸制度主題博物館，連當年靠運奴業發達起來的波爾多和南特都沒有）。相較於必須支付給海地的巨額賠償，這些資金可說微不足道，但從教學角度來看，卻具有非凡的意義。

　　2001年5月10日，法國國民議會在法屬圭亞那議員克莉斯蒂安‧托畢拉（Christiane Taubira）倡議下，通過一項「傾向承認奴隸販運與奴隸制為違反人類罪」的法律。不過當時的政府與多數派特意將第五條刪除——

該條內容確立了賠償的原則，特別是規定必須成立委員會，查明這些問題的真相（由於該條已被刪除，這個委員會當然沒有出現）。[34] 除了對海地提供財政賠償的問題以外，另一項大規模補償似乎也難以避免：留尼旺、馬丁尼克、瓜地洛普及圭亞那的土地改革（這個問題也是由托畢拉提出）。在大部分土地資產與金融資產依然由白人（其中有些是曾透過1848年賠償方案受益的殖民農場主家族後代）把持的背景下，這個問題的用意在於讓經歷過奴隸制的人們有機會持有土地。2015年，時任司法部長托畢拉曾試圖提醒歐蘭德總統，法國對海地的債務以及各海外省的土地改革都是非常重要的課題，但總統未予重視。

在數十年間，美國的領導階層一直認為日裔美國人的賠償問題是政府不可能考慮的事；法國對猶太人財產遭掠奪的史實也長期沒有作為，直到2000年代初期才成立專責委員會處理此事。不過這些例子還是讓我們看到，關於這些問題的討論未來的確有可能促成有效行動，催生出一些目前無法預料的賠償形式。另一方面，雖然日裔美國人的訴求最後終於開花結果，然而過去的非裔美國奴隸卻一直無法取得補償，1930年代經濟危機期間在反外國人迫害行動中（尤其是在加州）遭到驅逐的墨西哥裔美國人也遲遲未能獲得正義，這些事實提醒我們，在決定誰能得到多少補償的過程中，除了被賠償方所獲的支持以及他們享有的法律、財政與政治資源以外，賠償方的種族及文化偏見有時也扮演了某種角色。[35]

美國：以戰爭廢奴（1861-65）

現在要看的是美國的案例。這個例子對我們的研究而言格外重要，主要是因為美國自詡為1945年以後「自由世界」的領導者，在全球國家間體系中扮演著首屈一指的角色。這個案例還有一個特點：它是唯一一個經過激烈內戰才完成的廢奴程序。這一切發生在一個種族歧視嚴重的國家，合法歧視一直持續到1960年代，甚至到了二十一世紀初期的今天，族群－

種族不平等（包括被認定或被意識為具有族群－種族成因的不平等）依然
在美國社會中扮演結構性的角色，無論在經濟、社會層面或政治、選舉層
面皆然。過去歐洲國家長期帶著驚異的眼光，隔著一定距離旁觀這個獨特
的歷史遺緒。美國內戰期間（1861-65年）支持奴隸制的民主黨在沒有發
生重大斷裂的情況下，透過外人難以察覺的轉變，於1930年代化身為支
持新政（New Deal）的黨派，繼而在1960年代支持民權運動，然後又在
2010年代祭出歐巴馬（Barack Obama）這號人物，這一切都令歐洲人感到
難以置信。其實歐洲國家應該深入關注這個發展軌跡，因為它與數十年來
歐洲後殖民社會的不平等結構、移民議題和政治衝突並非毫無關聯，而未
來這些問題的長期演變也會引發許多類似的探問（主要可參見第十六章）。

　　首先我們應該留意的是，在1800到1860年的美國第二次蓄奴時期，
黑奴制度發展得非常興盛。奴隸數量出現決定性增加，從1800年的一百
萬人增為1860年的四百萬，相當於英國和法國的蓄奴島嶼在高峰期奴隸
總數的五倍以上。雖然非法黑奴販運一直持續到1820年前後，在某些地
方甚至存在了更久的時間，不過奴隸數目大幅成長主要是因為衛生條件在
某種程度上的改善使自然繁衍變得更加容易；除此之外，十八世紀時尚不
存在的各種私人生活及家庭生活形式（在某些地方甚至還包括一些宗教教
育形式和識字教育）也有推波助瀾之效，這是一個緩慢、祕密的過程，儘
管南方當局透過法律壓制這類實踐，這種發展還是讓黑人廢奴主義者獲得
了動員抗爭力量所需的本事。不過，就眼前情況而論，還沒有任何徵象可
供預見奴隸制度的終結。1800年南方各州共有兩百六十萬人口，包括
一百七十萬白人（66%）和九十萬黑人（34%）。到了1860年，總人口增
至將近五倍，達一千兩百多萬人，其中八百萬是白人（67%），四百萬是
黑奴（33%）（參見表6.1）。奴隸制度以相對均衡的方式快速擴展，沒有什
麼預兆顯示它即將瓦解。

　　雖然有些州的奴隸人口占比高達50-60%，不過沒有一個州比得上安
地列斯群島（奴隸占80-90%）。不過，在1790年和1860年之間，美國的

表6.1. 美國奴隸人口及自由人口的結構，1800-1860年

	總和 （千人）	黑奴	自由黑人	白人	總和 （%）	黑奴	自由黑人	白人
1800年 美國總和	5,210	880	110	4,220	100%	17%	2%	81%
北方州	2,630	40	80	2,510	100%	2%	3%	95%
南方州	2,580	840	30	1,710	100%	33%	1%	66%
1860年 美國總和	31,180	3,950	490	26,740	100%	13%	2%	85%
北方州	18,940	0	340	18,600	100%	0%	2%	98%
南方州	12,240	3,950	150	8,140	100%	32%	1%	67%

奴隸數量在1800年到1860年間增為四倍多（從八十八萬增至三百九十五萬），在南方州的人口占比相對穩定（約為三分之一），占總人口的比例則降低（原因是北方州的人口增加更快）。注解：1860年時，所有蓄奴州均歸入南方州，包括田納西、北卡羅納、佛羅里達、阿拉巴馬、阿肯色、肯塔基、馬里蘭、密西西比、密蘇里、喬治亞、路易斯安那、維吉尼亞、德克薩斯、德拉瓦。來源與數據：參見 piketty.pse.ens.fr/ideologie。

土地利用方式漸趨專門化。雖然維吉尼亞州的奴隸人口占比在這個時期一直維持在40%左右，南卡羅萊納州的奴隸人口比例從1800年的42%提高到1850年代的57-58%，北卡羅萊納州和喬治亞州的比例也大幅增加。在1817-19年才剛加入聯邦（Union）的密西西比州和阿拉巴馬州，奴隸人口占比在1820年和1860年的兩次普查之間大幅增加，密西西比州在1860年甚至高達55%，逼近南卡羅萊納州的水準。在此同時，與北方相鄰的邊界州奴隸人口比例或呈停滯，例如肯塔基州（20%左右），或明顯下降，例如德拉瓦州從1790年的15%降為1860年的5%。1790年奴隸人口占比超過5%的紐澤西州和紐約州從1840年開始逐漸廢除奴隸制，到了1830年，官方數據中已經完全沒有奴隸（參見圖6.3）。

　　在此強調，美國在這方面的數據相當有名，因為美國從1790年就開始透過系統性的十年人口普查，統計自由人口與奴隸的數目。這項工作之所以非常重要，有一個特別的原因。南方的奴隸主經過漫長協商之後，爭取到著名的「五分之三妥協」（Three-Fifths Compromise），即奴隸的「分量」是自由人的五分之三。在這項原則的架構下，奴隸人數在眾議院及選舉人團（負責選舉總統）席次數目的決定方面扮演核心角色。更廣泛而言，我

圖6.3. 美國的奴隸人口比例，1790-1860年

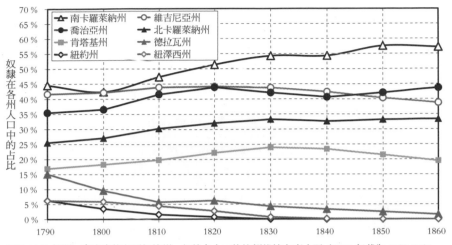

1790-1860年間，在南方的主要奴隸州，奴隸占人口的比例維持在高水平（1850年代為34%-55%，在南卡羅萊納州甚至高達57%-58%），而在北方各州，奴隸制逐漸式微甚至消失。來源與數據：參見 piketty.pse.ens.fr/ideologie。

們不要忘記奴隸主的所有權是催生美利堅共和國的關鍵要素。維吉尼亞州是當時美國的第一大州，人口遠高於其他州（在1790年的第一次普查中，包含奴隸在內，維吉尼亞州的總人口為七十五萬，相當於北方兩個最大州——賓夕法尼亞州和麻薩諸塞州——的人口總和）；美國前五任總統中，除了約翰·亞當斯（John Adams）以外，有四位總統出自該州：華盛頓（Washington）、傑佛遜（Jefferson）、麥迪遜（Madison）和門羅（Monroe）。而在1860年共和黨的林肯（Lincoln）當選總統以前，美國歷屆十五位總統中有高達十一位是奴隸主。

　　美國南方的奴隸制度對棉花生產也至關重要，而棉花生產是北方各州紡織工業發展乃至英國與歐陸的產業發展都是不可或缺的要素。在此也要再次強調，從1750年到1860年，歐美的奴隸制達到前所未見的規模（參見圖6.4），而這段時間是歐洲在產業方面全面取得支配地位的關鍵時期。在1780年代以前，西印度群島（特別是聖多明哥）是最主要的棉花產地。1790年代聖多明哥的奴隸農場瓦解以後，美國南方各州成為後起之秀，在

1800年到1860年之間無論奴隸人數的增加或棉花生產能力都達到空前水平,奴隸人口在這個期間增為四倍,而拜技術優化與生產密集化之賜,棉花產量更增加十倍以上。1850年代,在美國南北戰爭醞釀爆發之際,進口到歐洲各國紡織工廠的棉花有75%來自美國。如斯溫·貝克特(Sven Beckert)近年分析所示,這個與奴隸農場緊密相關的「棉花帝國」是工業革命的核心元素,甚至可說是歐美宰制全球經濟的主因。在十八世紀和十九世紀前期,英國與法國不知道能輸出什麼商品,甚至還願意在1839-42年和1856-60年發動兩次鴉片戰爭,設法在中國販賣毒品營利;然而棉花帝國這個跨大陸組織迅速讓兩國掌控全球紡織生產,徹底改變生產規模,使其紡織產品於十九世紀後半葉充斥在世界各地的市場。[36]

圖6.4. 歐美奴隸制的興盛與式微,1700-1890年

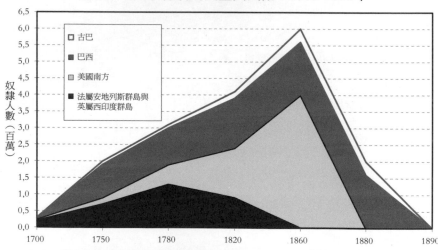

1860年時,大西洋地區歐美國家持有的農場共有六百萬名奴隸(其中四百萬在美國南方,一百六十萬在巴西,四十萬在古巴)。法屬安地列斯群島以及英屬西印度群島(在此我們將模里西斯、留尼旺及開普殖民地[③]列入統計)的奴隸制在1780年代達到高峰(一百三十萬名奴隸),後來隨著聖多明哥(海地)大造反以及1833年和1848年廢奴法逐步式微。來源與數據:參見 piketty.pse.ens.fr/ideologie。

③　譯注:開普殖民地(Cape Colony)是大英帝國歷史上的一個殖民地,範圍相當於現今南非大半和納米比亞南部少部分地區。這個殖民地由荷蘭東印度公司於1652年建立,其後數次在英荷兩國的角力間易主,1814年《英荷條約》正式承認英國的所有權。其後開普殖民地長期屬於英國,1872年成為自治省,1931年獨立。

　　在這個過程中，美國的內部政治意識形態平衡於1800年和1860年之間經歷了同樣澈底的變化。1800年時，美國人口為五百二十萬，分成大致相當的兩半：南方的蓄奴州共有兩百六十萬人口（包括奴隸在內），在這個新興共和國境內構成一個具支配性的緊密集團；不採奴隸制的北方各州也有兩百六十萬左右的人口，其中許多州才剛廢除奴隸制（例如麻薩諸塞州於1783年廢除這個制度，但麻州在南北戰爭以前持續實行嚴苛的種族歧視，尤其是在學校，這種情況在南方各州則一直延續到1960年代）。1860年時，這種平衡已經完全轉變：南方人口雖然增為將近五倍（從兩百六十萬增加到一千兩百萬），但北方人口增幅更大，從兩百五十多萬增為一千九百萬，是原來的七倍以上，此時不採奴隸制的北方州已占全美人口的六成，自由人口則占全國的三分之二以上（參見表6.1）。此外，北方集團的內部多元性也顯著增加，至此在經濟與政治意識形態層面皆已形成截然不同的兩極，一是東北部，二是中西部。東北部的具體象徵是紐約和波士頓這些大城，以及新英格蘭的龐大工業資產與金融財富，中西部的特徵則是新興西部邊界各州的小農場主以及在芝加哥周邊地區蓬勃發展的大型肉品與穀物配銷網路（林肯總統就是芝加哥出身）。換句話說，實行奴隸制、生產棉花的南方成長快速，但它處在一個規模增加更快的政治空間中，而這個空間的運作是依據一些以自由勞動為基本原則的經濟與政治意識形態模式。西部及邊界領地的建州過程也深染聯邦政府與原有各州「殖民式」保護的色彩，在正式獲得州的地位以前，辛苦取得的土地經常被中央政府徵收，以圖利權貴。

　　不過有一點必須注意的是，起初北方完全沒打算要求南方立即廢除奴隸制（更沒要求種族平等）。當時的核心議題是西部新領土的地位問題。林肯及共和黨希望西部領地實行自由制，因為這是他們熟知的發展模式，他們認為西部可以藉由融入美洲大陸和整個世界的經濟空間，開展出無盡的可能。1862年，林肯在國會宣稱「內陸的遼闊地區……已有一千萬人口，除非政治上出現荒唐的錯誤，五十年後人口更將超過五千萬」，然後進一

步表示，這種繁榮發展的前提是國家必須統一，因為內陸的遼闊地區「沒有海岸線，未與任何海洋鄰接」；「成為我國的一部分以後，該地區的人民也許永遠都能透過紐約與歐洲往來，透過新奧爾良與南美及非洲通連，透過舊金山與亞洲接軌。但若我國如目前反叛人士所希望，分裂成兩個國家，則這個遼闊內陸地區的每個人都將與一個或多個市場隔絕——或許不是因為有形屏障，而是因為商業法規的掣肘」。[37] 與此相反，南方邦聯的擁護者擔心的是，如果讓西部發展出自由州，蓄奴主義者在美利堅聯邦恐將成為極少數，長期而言無法繼續主張自己的特殊性（這種判斷顯然不是完全沒道理）。奴隸出逃事件層出不窮，儘管 1850 年國會通過《逃亡奴隸法》（Fugitive Slave Act），大幅強化原有法律，迫使自由州的有關當局協助奴隸追緝者找回他們宣稱的財產，並將所有試圖幫助逃亡者的人判處重刑，但是南方各州深知，如果要長久捍衛自己的經濟模式，他們需要堅實的政治聯盟。[38]

1860 年，林肯以拒絕奴隸制擴展到西部新州份的政見當選總統。在 1860 年底和 1861 年初，他不斷強調自己只是期望這些新州份擁有自由制的事實能獲明確接受，以及南方各州可以在不補償奴隸主的情況下，以極為漸進式的步調展開解放程序；這樣的程序如果被南方接受，奴隸制也許能一直維持到 1880 年或 1890 年，甚至持續更久。但是，如同二十世紀南非和阿爾及利亞等地的白人少數族群，美國南方的蓄奴主義者拒絕向多數派屈服，他們認為多數派屬於另一個世界，距離他們非常遙遠，因此寧可打出分裂牌。南卡羅萊納州於 1860 年 12 月即投票通過脫離聯邦；隔年 2 月，又有六個州加入這個行列，共同組成維持奴隸制的美利堅聯盟國。林肯希望雙方有機會對話，但他就任新總統不久後，1861 年 4 月爆發桑特堡（Fort Sumter）戰役，邦聯軍攻取位於南卡羅萊納州查爾斯頓（Charleston）港內的桑特堡，堡內聯邦軍部隊投降，導致雙方除了開戰或接受國家分裂，已別無其他選擇。

經過四年，在超過六十萬人死亡（相當於美國建國以來其他所有軍事

衝突的死亡人數總和，包括兩次世界大戰、韓戰、越戰、伊拉克戰爭等）
以後，南北戰爭終於結束，南方邦聯軍於1865年5月投降。考量南軍造成
的重大損失，對奴隸主進行補償已經成為無法設想的事。為了動員黑人支
持聯邦軍，林肯促使國會在1864年4月通過第十三條修正案解放黑奴，但
對奴隸主和奴隸均不提供補償。這項修正案於1865年12月獲得全美各州
的批准，包括當時由北軍占領的南方州份，北軍特別藉此機會明言，這項
修正案與黑人的政治、社會和經濟權利無涉。北方軍事當局確實曾在1865
年初向獲得解放的奴隸暗示，戰爭勝利後他們將可獲得「四十英畝地和一
頭騾」（四十英畝約相當於十六公頃），這項規畫若在全國範圍被採納，可
以稱得上是一次大規模土地重分配。不過戰爭一結束，北方就忘記了這個
承諾；國會沒有通過任何補償奴隸的條文，所謂「四十英畝地和一頭騾」
則成為北方聯邦欺騙及虛偽的象徵。[39]

淺談美國何以不可能實施漸進式補償－廢奴政策

　　林肯曾在1860-61年間向南方提出包含奴隸主補償措施的漸進式廢奴
方案。這種方式在美國是否可能運作？這點非常值得懷疑，因為涉及的金
額極大，除非北方各州規畫向南方的奴隸主實施規模龐大的財務轉移（而
這種可能性微乎其微），或者某種長期移轉方案，將補償作業拉長到十九
世紀末甚至二十世紀初期的幾十年。假使沒有發生戰爭或奴隸叛變成功的
情事（後者其實不太容易發生，因為美國南方的被奴役人口比例低於安地
列斯群島），[40]最有可能出現的狀況是奴隸制度繼續維持。考量各方利益
以及1860年代南方黑奴制度蓬勃發展的事實，南方各州想必難以用和平
方式輕易放棄那一切。

　　如果要瞭解這個方案所涉及的金額，我們不妨回頭看英國的例子。
1883年英國廢奴法實施補償，一共花了納稅人相當於國內生產毛額的5%
左右，這是非常可觀的數字，不僅如此，當時英國的奴隸人口比例遠低於

美國（只有英國總人口的3%），而且就那個時代而言，英國的每人國內生產毛額極高。因此，奴隸是一項非常有利可圖的資產，一般售價相當於同等自由勞動的十到十二年薪資。以今天的相關金額為例，如果一名奴隸所做的工作相當於年薪三萬歐元（即月薪兩千五百歐元，大約是目前法國及西歐其他國家的平均薪資水準）的自由工作，而且原則上至少可為他的主人／雇主帶來等值收益，那麼這名奴隸的售價會落在三十萬到三十六萬歐元之間。我們不難看出，在一個絕大多數勞動人口是奴隸的社會中，奴隸的商業總值有可能達到天文數字，相當於七或八年的年度生產（即國民所得毛額的700%到800%）。[41]基於這個理由，法國在1825年對海地施加超過三年國民所得毛額的債務，而且還深深相信，相較於聖多明哥的奴隸本來可以帶來的巨大利益，這麼做等於是一種犧牲。

關於奴隸約占人口三分之一的美國南方，有許多資料可以讓我們知道奴隸的價格如何依據年齡、性別與生產力而不同。近年研究顯示，1860年時，奴隸的整體商業價值超過南美洲國民所得毛額的250%，幾乎相當於整個美國的國民所得毛額。[42]倘若當初的補償方案獲採納，則必須增加同等金額的公債，在其後數十年中由納稅人負責支付相關資本與利息。

總而言之，若要讓奴隸獲得自由之身，同時又不損及奴隸主的權益，則必須將財務負擔轉嫁給其他國民。原奴隸主將對美國的納稅義務人（包括原奴隸）持有龐大的債權。這正是英國及法國（除情況特殊的海地之外）發生的狀況，而且由於美國的奴隸制度規模極大，採用這種方式廢奴所衍生的金額勢必更加可觀。我們不要忘記，十九世紀時，沒有一個國家在教育方面的年度公共支出（包括所有政府層級）超過國民所得毛額的1%。換句話說，規模與國民所得毛額相等的聯邦債所代表的會是一百年的教育投資，而且光是支付利息（約相當於國民所得的5%），就會需要動用高達全國各級學校（包括中小學及大專院校）總預算五倍的稅收。另外，南北戰爭衍生了美國歷史上第一筆大規模的聯邦債：在五年期間，北方一共動員了超過兩百萬名軍人，他們的軍需補給、武器裝備，都需要龐大經費，

1865年時，這些債務高達二十三億美元，相當於當時美國全年國民所得的
30%左右，以那個年代而言可說是天文數字，而在接下來數十年中，這些
債款的清償問題持續引發複雜的政治衝突。總歸一句話，如果要以市場價
格補償原奴隸主，所需資金會是戰爭成本的三到四倍。我們可以合理認為
那時的當事人不是傻瓜：1860-61年林肯向奴隸主提案有償廢奴時，所有
人都心知肚明真正的補償不可能實現，倘若一定要做，賠償比例恐怕也無
法讓當事雙方都接受。因此，問題的癥結在於是否該讓這個難題繼續延
宕，還是立即決定凍結奴隸制擴及西部新州的做法。結果南方的奴隸主拒
絕了後面這個選項。

　　有趣的是，早在1810年代，傑佛遜和麥迪遜兩位總統就已經對補償
規模進行估計，而且他們得到的結果都是天文數字（約為當時美國一年的
國民所得）。他們也分別研擬出籌措這筆費用的提案。他們認為，只要出
售全國三分之一到一半的公有土地，特別是西部的新領土，就可以獲得足
夠的經費。[43]這種做法意味的是必須在西部新領土上開闢出大片土地，分
發給原奴隸主，但由於當時墾殖者正在開發那些領土，建立起許多小型家
庭農場，這麼做想必會導致社會和政治上的嚴重緊張。在1820年和1860
年之間，這種提案曾多次被提出，但就當時而言，除非澈底改變政治制度，
否則很難想像多數政治聯盟會在何種情況下冒險採納。

從所有權主義及社會觀點合理化奴隸制

　　奴隸制廢除對十九世紀的所有權社會造成非常棘手的意識形態問題。
資產階級擔心，如果廢除奴隸制但不補償奴隸主，可能會危害整個所有權
主義秩序和私有財產制。此外，在美國的情況中，補償金額的規模使這個
問題更加複雜難解，而如果硬要實施補償，很可能引發其他形式的緊張衝
突，因此沒有人確實知道這個國家難題該如何解決。

　　在這些所有權方面的議題之外，圍繞著奴隸制的衝突在美國有極其深

層的政治意識形態基底,而這與美國的特殊發展模式及未來願景有關。南
方的鄉村和奴隸制觀點由1825-32年美國副總統的約翰・考宏(John
Calhoun)作出強而有力的表述。考宏曾數度擔任戰爭部長和國務卿,在
1850年去世以前一直是南卡羅萊納州民主黨參議員。作為參議院中的蓄奴
派領袖,考宏不遺餘力地將提倡奴隸制是「全然之善」(positive good),而
不是奴隸制擁護者經常掛在嘴邊的「必要之惡」(necessary evil);這種詮釋
在他眼中不夠理直氣壯。考宏的主要論述依據是家父長制和團結的價值,
他認為這些價值是奴隸制度的磐石。這位民主黨參議員以病患與老人為
例,在她的觀點中,這些人在南方農場獲得的待遇比在美國北方、英國和
歐陸的工業化都會區好得多;在那些地方,無法再勞動的工人不是流落街
頭,就是在不人道的貧民院中等死。

　　根據考宏的看法,這種事在南方的農場不可能發生,因為老人和病患
都是共同體的一部分,他們會受到尊重,享有尊嚴,直到生命結束為止。
[44]對考宏而言,農場主跟他本身一樣,都體現著土地共和主義和地方共同
體的理想。與此相反,北方的實業家和金融家都是偽善者,滿口宣稱他們
關切奴隸的命運,但唯一目的是將奴隸變成無產階級者,任憑他們像剝削
其他人那樣恣意壓榨,等到奴隸無法再產出價值以後,便將他們拋棄。考
宏的論述想必難以說服堅定的廢奴主義者,因為他們聽過太多奴隸在農場
遭受體罰和其他身體殘害的故事,也讀過費德里克・道格拉斯(Frederick
Douglass)及其他一些逃亡奴隸的證言。不過對當時其他許多美國人而言,
南方農場主關心手下奴隸的程度不亞於北方資本主義者對勞工的關切,這
點似乎合理可信(的確,想必有一些實例可供證明這個論點並非完全站不
住腳)。

　　考宏版的鄉村共和主義理想與傑佛遜提出的自耕農民主理想有若干相
近之處,不過還是有一個基本差別:傑佛遜認為奴隸制中存在著一種惡,
而他不知道該如何擺脫它。「每當我思忖上帝心懷正義,而祂的正義不可
能永遠沉睡,我就會感到心驚」,這位《美國獨立宣言》起草人曾經這樣

表達擔心之情，但他無法構思和平解放黑奴的可能性。「我們手執狼耳，既不能真正抓住他，也無法在安全狀況下讓他離開。秤的一邊是正義，另一邊則是自保。」傑佛遜於1820年國會就奴隸制擴展到密蘇里州進行辯論之際發表了演說，他支持擴展方案，也主張密蘇里州的墾殖者有權拒絕自由黑人在他們新成立的州生活，而他認為，除非向奴隸主提供公正的補償，並且立即將原有奴隸全部遣返，否則奴隸解放就是完全不能考慮的選項。[45]

　　奴隸主普遍擔憂獲解放的黑奴一定會報復，就算不至於如此，雙方也不可能和平共存。基於這個原因，1816年美國殖民協會（American Colonization Society，簡稱ACS）成立，其宗旨正在於將獲解放的黑奴遣返非洲。傑佛遜、麥迪遜、門羅以及為數眾多的奴隸主都積極支持這項計畫。這種做法類似1865年到1965年間實施的黑白隔離政策，只是形式上更加極端：既然要分隔這兩個族群，何不乾脆讓大西洋的寬度成為兩者間的距離？不過這項計畫徹底失敗了。在1816年到1867年之間，只有區區一萬三千名獲解放的非裔美國人在美國殖民協會安排下移居賴比瑞亞，不到黑奴總數的0.5%。但即便人數不多，卻已經足以嚴重擾亂賴比瑞亞後來的發展；這些「美裔」（Americos，美洲裔賴比瑞亞人）與本地人格格不入，直到今天幾乎仍舊如此。[46] 傑佛遜不認同也罷，黑奴解放的確只能在美國領土上實施，尤其必須竭力促使兩個族群在黑奴解放後盡可能和睦相處，例如讓原奴隸及他們的子女享有就學和參與政治的權利。可惜的是，美國沒有走上這條路，原因想必是原奴隸主堅持認為他們與原黑奴之間毫無和平共存的可能性。

美國的「重建」及社會本土主義的誕生

　　我們有必要慎重看待這些涉及如何合理化奴隸制的論辯，因為這些討論對美國後來的社會發展產生了根本的影響，不僅與種族不平等及歧視問

題在美國的長久存在有關，更廣泛而言也關係到美國政治意識形態和選舉衝突的特殊結構，以及其自十九世紀以來的演變。1860 年時，民主黨在奴隸制議題上與林肯所代表的共和黨對立，經常採用與考宏或傑佛遜（這兩人都是顯赫的民主黨員）的看法相近的論點，致力捍衛奴隸制度。然而到了 1932 年，民主黨卻成為羅斯福（Franklin D. Roosevelt）的政黨，推出新政（New Deal）的政黨；1960 年代成為以甘迺迪（John F. Kennedy）、詹森（Lyndon B. Johnson）為首的政黨，通過《民權法案》（Civil Right Act）與「打擊貧窮方案」（War on Poverty）；乃至後來出現柯林頓（Bill Clinton）、歐巴馬（Barack Obama）這兩位總統（分別於 1992-2000 及 2008-16 年執政）。面對這些驚人變化，外國觀察者甚至美國本地人經常感到訝異。在本書後續章節中，我們將仔細探究這些議題，尤其是透過第四部的比較研究（我們將在該部分檢視和比較二十世紀和二十一世紀初期美國、歐洲乃至印度、巴西等其他一些重要選舉制民主國家的政治、選舉分歧與社會經濟結構，以及這一切的演變情形）。屆時我們將看到，美國走過的奇特政治意識形態路徑事實上充滿普世意涵，可為整個世界帶來豐富的啟發。

在目前這個階段，我們只需要強調一點：民主黨是藉由點點滴滴的調整，在沒有出現斷裂的情況下逐漸脫離傑佛遜和考宏的理念，陸續走上羅斯福和詹森的路線，進而在近三十年締造出柯林頓和歐巴馬。尤其重要的是，民主黨人是以有點類似 1830 年代的考宏那種方式，譴責他們認知中美國東北部共和黨產業和金融菁英的偽善以及他們對社會的自私，藉此從 1870 年代起順利重拾聯邦權力，奠定政治聯盟的基礎，而後在這個基礎上建立新政時代的成功。從 1820 年到 1860 年，選舉經常是民主黨與輝格黨之間的對峙：前者在南方的地位特別鞏固（這種情況在 1790-1960 年期間也一樣）；後者則在 1830 年代取代了聯邦黨人[④]，而後在 1850 年代由共和黨

---

④ 譯注：聯邦黨（Federalist Party）是美國的開國政黨，由美國第二任總統約翰·亞當斯（John Adams）和首任財政部長亞歷山大·漢彌爾頓（Alexander Hamilton）成立於 1789 年，1824 年解散。

取代，傳統上這個政黨在東北部得票率最高。雖然這兩個陣營之間的關係一直充滿緊張，特別是在逃亡奴隸這個問題上，不過藉由1820年的「密蘇里妥協」（Missouri Compromise），雙方暫時擱置了奴隸制議題（密蘇里州是一個新成立的蓄奴州，與自由緬因州同時加入美利堅聯邦）；此後，在林肯領導的共和黨於1816年通過以「自由勞動」擴及西部（以及用非常漸進的方式在南方廢奴）為主軸的綱領以前，兩個陣營一直設法避免在這個議題上產生衝突。在南方各州，兩黨的候選人都積極捍衛奴隸制，並譴責另一方容許北方的廢奴主義者在其內部存在。就具體實踐而言，在各州內部（例如維吉尼亞州），民主黨特別在以墾殖農場為運作基礎的鄉村郡吸引白人選民（這些人特別難以跳脫奴隸制度的框架，想像另一種未來），輝格黨則在教育和都市化程度較高的郡擁有比較大的號召力。[47]

在1865年到1880年前後的「重建時期」，民主黨有效譴責了東北部的金融與產業菁英；民主黨認為，這些菁英階級在操縱共和黨，而其唯一目的是捍衛他們的利益、增加他們的利潤。[48]這些指控主要聚焦於戰爭債務的清償問題，以及與此相關的金銀二本位（bimétallisme）貨幣制度。總體而言，民主黨人指控波士頓及紐約的銀行家只關心如何透過戰爭貸款獲取高額利息，而在此同時，國家最需要的卻是貨幣彈性，因為這樣才能向小農和小型生產業者放款，以及提供退伍軍人的微薄退休金，儘管為了達到這些目的，國家寧可忍受某種程度的通貨膨脹，並優先採用俗稱「綠背票」（greenback）的紙幣和銀美元，而不是如銀行所要求，立即回復黃金美元本位。另一個重要問題是關稅：與先前的聯邦黨和輝格黨一樣，共和黨人希望對來自英國和歐陸的紡織品和製造業產品課徵高昂的進口稅，藉此保護美國東北部的工業生產，並為聯邦政府增加收入（一方面用來清償債務，一方面用來興建他們認為有益於工業發展的基礎建設）。[49]民主黨人傳統上注重維護州政府的權利，不信任聯邦政府的擴張；他們認為美國西部及南部最需要的是自由貿易，以便農產品順利出口，然而新英格蘭的菁英階層卻總是為了自身利益，不惜犧牲其他國民的購買力，因此民主黨對

其大加撻伐。

　　民主黨人也積極支持新的歐洲移民（特別是愛爾蘭和義大利移民），但信仰新教的英裔共和黨菁英不信任這些新移民，並竭盡可能地妨礙他們享有投票權，首先是設法推遲新移民獲得美國國籍的時間，然後針對他們的選舉權行使訂立強制性的教育程度相關條件。北方人之所以讓南方白人重新取得南方州的控制權，並將原奴隸排除在選舉權之外，一部分原因正在於此。歸根究柢，許多共和黨人認為黑人並沒有成為準備好公民，況且他們一心希望繼續對東北部的新移民設定各種限制條件，因此更不可能有任何意願為黑人爭取公民權。（反觀當時紐約和波士頓的民主黨人，他們已經大舉讓愛爾蘭人和義大利人歸化，藉此獲得大批支持者。）1868年，美國通過第十四條憲法修正案，取代原有的「五分之三」原則，規定此後眾議院席次的分配必須考量確實登記在選舉人名冊中的成年男性人數。這項做法原本可望成為一種精準而有效的機制，對南方各州構成變革的壓力。但該項修正案從未實施，因為東北部各州意識到，有鑑於它們本身在投票權方面的限制措施，修正案的實施反而會大幅損及它們的利益。[50]這顯然是一個發展路徑形成分叉的重要時刻。

　　最後，1870年通過的第十五條修正案在理論上禁止任何有關投票權的種族歧視，不過具體實施與否完全由各州自行決定。當時美國南方充滿極端暴力，原奴隸要求行使新的權利、設法在公開場合走動，導致私刑和懲罰性襲擊行動不斷發生，在此種氛圍下，主張種族隔離的民主黨逐漸重新掌控南方各州。有時情勢近乎造反，例如1873年間，路易斯安那州出現過兩名互相對立競爭的州長（一名為民主黨人，另一名則是在黑人投票支持下選出的共和黨人）。在南方各州，種族隔離派向來掌握權力，面對他們的堅定決心和嚴整組織，北方必須展現極高度意志，才可能強制實行種族平等，但這種意志並不存在。北方最普遍的觀念是，只有一小部分走極端主義路線的大型農場經營者必須為戰爭負責，而此時的當務之急是讓其他南方人以自己的方式處理當地事務和不平等問題。南方的民主黨人一

且重新有效控制治理機制、行政及警政，以及各州的憲法和最高法院，尤其是在1877年聯邦軍全數撤出（這個行動象徵「重建時期」正式結束）之後，他們就建立起種族隔離制度，在其後將近一世紀間不讓黑人擁有投票權，並禁止黑人就讀白人學校或出入白人活動的公共場所。[51]南方也建立了一套特殊的勞動法，據以壓縮農場工作的薪資。[52]黑人原本懷抱希望，相信自己能享有全面自由，並且有朝一日可以在自有土地上工作，但希望逐漸破滅，於是愈來愈多黑人開始考慮往北方「大遷徙」的可能性。[53]

民主黨的主要政策主張包括：堅持捍衛在南方實施種族隔離、放寬貨幣政策及遞延戰爭債務、反對向製造業產品課稅、支持北方接納新的白人移民。更廣泛而言，民主黨人反對東北部的「金融和產業貴族」，他們認為這些菁英之所以發動戰爭解放黑奴，只是為了捍衛自己的利益、增加利潤。民主黨藉由這些主張，從1874年開始在國會獲得多數，繼而在1876年（南北戰爭結束後不到十年）總統大選中獲得較多票數，然後在1884年贏得總統大選。在選舉民主中，政黨輪替屬於正常現象；民主黨這一連串成功一部分是因為民眾對共和黨自然產生的厭倦，而且共和黨屢次爆發財政醜聞（這可以說是掌權者的通病）。雖然如此，這種快速輪替的背後有哪些想法與願景在聯合運作，還是值得我們探討，因為這些都是形塑未來演變的因素。

簡單扼要來說，民主黨在「重建時期」建構的政治意識形態可以歸入「社會本土主義」（social-nativisme）的範疇，而在這個案例中，也許可以稱為「社會種族主義」（social-racialisme），因為事實上，黑人在美國的「本土」程度不亞於白人（而且比愛爾蘭人、義大利人更本土），即使奴隸主亟於將他們遣返非洲。我們也可以用「社會差別主義」（social-différentialisme）這個名詞指稱這類只針對一部分人口提倡某種社會平等的意識形態，例如只讓白人或在領土上被視為真正「本土」的族群享有平等（當然，這裡所謂本土主要涉及不同族群被認定能占居該地的正當性，而非他們的真正本土性），黑人或被視為外在於本地生活共同體的人（例如目前生活在歐洲

的非歐洲外來移民）則被排除。在這裡的討論中，民主黨的社會本土主義
所包含的「社會」面向至少與其「本土主義」面向一樣真實：在中下階層
民眾眼中，民主黨比共和黨更有能力捍衛他們的利益，更能提供符合他們
需求的願景。

我們將在接下來的章節中看到，「重建時期」民主黨這種社會本土主
義政治聯盟實質上在美國促成了大規模不平等改善計畫的發展，特別是在
1910年代制定聯邦所得稅與繼承稅，以及在1930年代實施新政，而後於
1960年代拋棄「本土主義」，轉而擁抱民權。我們也將探討，在1860到
1960年代美國民主黨依循的發展路徑以及二十一世紀初期發展中的各種
形式社會本土主義（尤其是在歐洲和美國，其中在美國改由共和黨主張）
之間，存在哪些共同點，特別是兩者之間有哪些深層的相異之處（參見第
三部第十至十一章，以及第四部第十五至十六章）。

巴西：在混血與帝國的基礎上廢奴（1888年）

接下來看巴西的情況。雖然不像英國、法國和美國的案例獲得那麼多
關注，不過1888年巴西實施的廢奴法也足以帶來許多啟示。美國南方的
奴隸人口在1800到1860年間從一百萬暴增為四百萬，但巴西受奴役人口
的數量與此相反，在十九世紀沒有出現大幅增加。1800年時，該國有
一百五十萬名奴隸，到1888年奴隸制廢除時，這個數目幾乎沒有增加（見
圖6.4）。儘管受到英國方面日益嚴苛的譴責，巴西的黑奴販在十九世紀大
半期間（至少到1850年代）確實持續進行奴隸交易，不過規模逐漸縮小。
尤其重要的因素是，奴隸買賣無法像美國採用的自然增加方式那樣快速提
高奴隸數量。此外，混血及漸進式解放的程序在巴西比在美國普遍得多，
這些現象也限制了奴隸人口的增加幅度。根據2010年的巴西人口普查，
48%的人口宣稱自己為「白人」，43%宣稱是「混血兒」，8%是「黑人」，1%
是「亞裔」或「原住民」。事實上，除了當事人的自我認定以外，針對這

個問題的既有研究大致顯示，二十世紀末及二十一世紀初的巴西人有將近90%具有混血血統（歐洲、非洲及／或美洲印第安人混血），其中包括許多自認為是「白人」的民眾。所有資料都告訴我們，混血程序在十九世紀末期即已高度進展，而在美國，即使到了今天，混血仍舊屬於非常邊緣的情形。[54]雖然如此，人種混血並未防止社會差距、歧視與不平等，這些現象在今天的巴西依然極其嚴重。

從1750-1880年，巴西的奴隸數量相對穩定，介於一百萬到一百五十萬之間，在人口快速增加的背景下，奴隸的人口占比大幅降低，從1750年的50%降至1880年的15-20%，不過這個數字還是相當高（參見圖6.1）。另外必須強調的是，在某些地區，奴隸的比例仍然超過30%。歷史上奴隸最早集中在巴西東北部（尤其是巴伊亞州〔Bahia〕一帶）的蔗糖農場。十八世紀期間，隨著金礦和鑽石開採的發展，一部分奴隸被遷往較南方的地區，特別是米納斯吉拉斯州（Minas Gerais），不過這些礦脈很快就枯竭；其後，由於里約和聖保羅地區在十九世紀發展咖啡產業，奴隸人口進一步往南遷移。1850年時，里約市有二十五萬人口，其中十一萬是奴隸，比例達44%，高於巴伊亞薩爾瓦多（Salvador de Bahia）的33%。

1807-08年間，葡萄牙王室在拿破崙軍隊進逼下拋棄首都里斯本，遷到里約熱內盧，當時巴西總人口為三百萬（其中半數是奴隸），約與葡萄牙本土相當。接下來出現了一段歐洲殖民史絕無僅有的篇章：1822年巴西獨立，葡萄牙王儲在朝廷一片驚愕中，放棄其於葡萄牙的王室特權，以佩德羅一世（Pedro I）之名登基為巴西帝國皇帝，成為這個新國家的第一任元首。此前巴西已經陸續發展出許多逃脫奴隸組成的自治群體，其中最早出現的是十七世紀成立的帕爾馬雷斯基隆波（quilombo dos Palmares），這是一個貨真價實的黑人共和國，在一個多山地區存在了超過一個世紀，後來政府才派兵消滅了這個顛覆性的國家治理實驗。[55]新巴西成立後的數十年間，陸續又發生多起造反。1865年，巴西政府經過漫長的辯論，終於通過第一條廢奴法令，解放六十歲以上的奴隸。1867年，佩德羅二世皇帝發

表長篇演說，詳細述及奴隸制所造成的問題，引發國會一片譁然，因為當時巴西參眾兩院均由資產持有階級主控，而議員係由不到1%的人口（其中多數是奴隸主）所選出。

不過面對新一波奴隸造反，以及國家解體的威脅，巴西國會終於在1871年通過所謂「自由子宮法」，宗旨是解放奴隸身分的母親所生的小孩，藉此透過非常漸進的方式廢除奴隸制。這道法令的受益者稱為「生來自由者」，擁有他們母親的奴隸主必須負責扶養他們到六歲，才能獲得政府以6%年金（juros）形式支付補償金；他們也可以選擇繼續保有這些黑人小孩，以付薪方式雇用他們工作到二十一歲，不過這個方案的政府補償金較少。在此同時，全面廢奴的討論持續進行。1880年起，巴西國內的緊張情勢日益明顯，許多在1883-84年遊歷里約省和聖保羅省的旅行者甚至可能以為社會革命正蓄勢待發。1887年，軍方宣布無法再控制造反行動和逮捕逃脫奴隸。在這個時代背景下，國會於1888年5月通過《綜合廢奴法》。擁有土地的權貴認為帝國政權無法維護他們的利益，紛紛決定背離，導致皇權於1889年垮臺，其後巴西在1891年通過第一部共和憲法。[56]

奴隸制度結束，不過巴西仍舊沒有解決由此衍生的極端不平等。1891年憲法廢除了財產資格限制，不過刻意排除文盲，不讓他們享有投票權，這項規則在1934年及1946年的憲法中繼續沿用。這種做法導至1890年代將近七成成年人口自動被淘汰出局，無法參與選舉程序；這個比例在1950年還高達五成，到1980年都還有20%。就具體實踐而言，在將近一個世紀期間（從1890年代到1980年代），不僅是原有的奴隸，範圍更廣的窮人都被拒於政治角力場的大門外。相較之下，像印度這樣一個國家雖然貧困問題嚴重，而且存在著歷史久遠的重大社會分歧與階級地位不平等，卻早在1947年就毫不猶豫地建立真正的普選制。我們也看到，歐洲各國在十九世紀末和二十世紀初研擬將選舉權擴及全體男性時，如果選擇以識字作為擁有選舉資格的條件，則顯著比例的選民（特別是在鄉村選區以及年長世代間）都會遭到淘汰。還有一點必須強調的是，這類條件在具體實行

上經常賦予過當的權力給那些對負責建立選民清單的地方行政單位進行管控的人。此外，正是基於這種性質的條件，美國南方各州當局在1960年代以前一直不讓黑人獲得選舉權。

除了奴隸制和選舉權、教育權的問題以外，更廣泛而言，巴西的勞資關係在二十世紀期間一直極為嚴酷，特別是在地主、農工和無土地農人之間。眾多見證文獻描述東北部產糖區社會關係極度暴力的情況，資產持有階級為了壓制罷工、壓低薪資以及毫無限度地壓榨農場日工，不惜動用警力及國家機器，特別是1964年發生軍事政變以後。[57]必須等到軍事獨裁（1964-85）結束、1988年憲法通過，選舉權才終於普及到全民，不再受教育條件限制。第一次真正的全民普選於1989年舉行。在本書第四部，我們將回頭探討巴西實施普選後這幾十年間政治衝突結構的演變（參見第十六章）。就目前這個階段而言，我們主要必須強調一個先前已經碰到過的結論：如果不從一開始就將源自奴隸制和殖民主義的沉重不平等歷史納入考量，就不可能理解現代不平等現象的結構。

俄國：在政府權力積弱下廢除農奴制（1861年）

最後檢視俄國的例子。1861年，沙皇亞歷山大二世決定廢除農奴制，這是俄國及歐洲歷史上一個重大的斷裂式轉折，而且與美國南北戰爭同時發生。除此之外，還有一個很有趣的部分是，俄國廢除農奴所掀起的討論雖然與同時期其他國家的各種廢奴補償議題不無關係，不過由於當時俄羅斯帝國政府處於衰頹，俄國的情況自有其特殊之處。我們也發現，十八及十九世紀俄國實行的農奴制度通常被認為極端嚴酷，尤其是農奴不能離開他們所屬的農場，也無法向法院聲張權利。在1848年以前，原則上他們被禁止持有土地和不動產。不過必須注意的是，在廣袤的俄國疆土上，農奴制的形式非常多元。根據估計，俄國位於歐洲的部分在廢奴前夕共有超過兩千兩百萬名農奴，占俄國烏拉山以西地區總人口的將近四成，分布在

非常廣大的領土上。許多農奴隸屬於占地遼闊的產業,其中有些龐大的農場擁有數以千計的農奴。在具體實施上,不同地區的不同地主提供農奴的權利及生活條件各有不同。在某些情況下,農奴甚至可以在這些地產的行政體系中位居要職,也能累積財產。[58]

1861年的農奴解放一部分是俄國在克里米亞戰爭(1853-56)失敗所導致的結果,不過解放過程蘊含許多不同細節,在此無法逐一分析。特別重要的是,農奴制廢除後,俄國進行土地改革,催生出多種不同形式的共同財產,其對農業成長產生的效應一般認為遠不及農奴解放本身那麼正面。[59] 1861年俄國《農奴解放法案》的一個重要面向是,它包含了一個複雜機制,旨在補償農奴主的財產損失,具體方式與英國廢奴(1833年)、法國廢奴(1848年)及巴西廢奴(1888年)時決定的奴隸主補償模式可以相提並論。原則上,原農奴如果要取得共有土地,必須向政府及原主人繳納償還款,為期四十九年。因此,這個清償程序原則上應該延續到1910年。不過這整個制度歷經多次重新協商,大部分清償義務於1880年代即已提前結束。

整體而言,我們必須強調,由於俄國中央政府行政與司法體系效力不彰,廢除農奴的程序相對混亂,而且政府難以監管。尤其重要的是,帝國政府沒有建立登錄清冊,因此很難分配和保障新的土地持有權利。徵稅和徵兵作業與基層司法制度一樣,大體上被委託給地方貴族及菁英,這種現象類似三重功能社會在中央化政府剛開始形成時經常出現的情況。因此,俄羅斯帝國的權力中心在鄉村社會推動權力關係轉型的能力相對有限。限制農民移動的措施繼續實行,雖然官方名義上是由地方共同體執行,但實際上,所有跡象都顯示原農奴主在其中持續扮演舉足輕重的角色。

根據某些學者的研究,1861年的《解放法案》在許多情況中甚至導致地主對農人的掌控進一步強化,因為在獨立司法制度及專責帝國公職體系的發展方面,政府沒有真正的作為,而若要有效建立這些制度,必須顯著改善稅收不足的情況才行。[60] 俄國中央政府稅務及財政組織的脆弱也可在

部分程度上說明，何以帝國政權強制要求原農奴向地主支付為期四十九年的贖身費，而不是像英法等國那樣，在廢除奴隸制時由公共債務（亦即由全體納稅人）提供財務補償所需資金。俄國在1906年實施新一波土地改革，但成效有限。帝國政府最後於1916年4月（當時一次大戰正進行得如火如荼）通過一項稅制改革，規模遠遠超過先前研擬過的類似方案；一套真正的整體累進所得稅制於焉誕生，其運作方式相當類似法國在1914年7月採行的制度。[61]

不過這一切顯然為時已晚。在這項可能具有決定性的改革措施得以開始實施以前，布爾什維克革命於1917年爆發，因此沒有人能知道俄羅斯帝國政府原本是否能成功推行該項計畫。俄國廢除農奴的失敗經驗提醒我們一項重要事實：三重功能社會及奴隸制社會若要轉型為所有權社會，必須先形成一個中央化政府，有能力保障各方的所有權、掌握合法暴力的大權、維護司法管轄、法律與稅務制度的相對自主性，因為如果不是這樣，地方菁英就會繼續把持權利關係與從屬關係的控制權。在俄國的案例中，轉型程序最終導向一種全新的社會形態：蘇維埃式共產主義社會。

7 | 殖民社會：
殖民地的多元性與支配關係

　　在前面的章節中，我們探討了不同時代、不同地區（尤其是大西洋及歐美地區）的奴隸制社會，以及這些社會消失的因素。這些研究讓我們觀察到，十九世紀期間，私人所有權被賦予近乎神聖的地位，而這種所有權制度展現出某些令人訝異的面向。在這樣的背景下，各國在廢除奴隸制度時，獲得補償的往往是奴隸主而不是奴隸。獲得解放的奴隸甚至必須支付沉重的費用給原來的奴隸主，作為贖回自由之身的代價。海地就是一個絕佳的例子，這個加勒比海國家被迫向法國「還債」，付款程序一直持續到二十世紀中期。我們也探討了美國廢除奴隸制的情況，分析南北戰爭以及奴隸制度的終結如何促使美國發展出特有的政黨及意識形態分立制度，對美國本身、歐洲和世界其他地區不平等現象與政治環境的後續演變及其現今結構造成顯著影響。

　　接下來我們要討論的支配與不平等形式遠不及奴隸制度那般極端，不過在歐洲殖民帝國的架構下，這些制度涵蓋了全球各地更遼闊的疆域，並且持續到1960年代，對當今世界產生非常深遠的影響。近年一些研究帶來的比較資料可供評估殖民社會與當代社會中社經不平等的規模，本章的討論將先從這裡切入。然後，我們將逐一檢視殖民制度中高度不平等現象

的各種背後因素。殖民地的組織方式主要是以殖民者為唯一受益者，特別是在社會投資與教育投資方面。法律地位的不平等非常明顯，衍生出多種不同形式的強迫勞動。與奴隸制社會的情況相反，塑造這一切的意識形態不再以軍事宰制及壓榨式支配為準則，改以知識與文明支配的願景為依歸。我們也將看到，擺脫殖民主義的過程引發各種關於區域及跨洲民主聯邦主義形式的討論；就算當時那些討論未能立即獲致具體成效，但今天，當我們拉開時間縱深予以回顧，還是可以從中汲取許多對未來有益的教訓。

歐洲殖民主義的兩個時期

在此當然不可能針對不同形式的殖民社會撰寫一部通史，因為那大幅超出了本書的篇幅。我的目的主要在於將殖民社會的情況放進不平等制度的歷史進行探討，並設法突顯出其中一些對於分析後續演變格外重要的元素。

整體而言，我們可以將歐洲的殖民活動區分為兩個時期。第一個時期隨著歐洲人「發現」美洲大陸以及通往印度和中國的航道，於1500年左右展開，而後主要是因為大西洋奴隸販運及奴隸制的逐步瓦解，在1800-1850年前後結束。第二個時期開始於1800-1850年前後，在1900-40年之間臻於顛峰，然後隨著1960年代殖民地相繼獨立而畫上休止符；如果將情況特殊的南非也納入這個殖民架構，則第二殖民時期可說是在1990年代種族隔離政策廢除後才真正落幕。

簡單來說，從1500年延續到1800-1850年的第一個歐洲殖民時期呼應了今天大致公認的戰爭型和壓榨型邏輯，其運作基礎為暴力性軍事支配以及人口的強迫搬遷乃至滅絕，特別是透過三角貿易[①]的形式，或者是法屬安地列斯群島、英屬西印度群島、印度洋、巴西、北美的奴隸制社會發展，

---

① 譯注：在此主要指跨大西洋奴隸貿易：由西非運送奴隸到美洲的殖民地，由美洲運送農產品及原料到歐洲，由歐洲運送工業製品到非洲。

以及西班牙征服中南美洲等。

　　1800-1850年到1960年代的第二個殖民時期則經常被人從比較溫和、善意的角度評析，尤其是在各原殖民母國；這些國家樂於強調第二時期殖民支配制度在知識與文明傳播方面的貢獻。雖然這兩個時期之間確實存在差異，不過不容否認的是，第二時期仍舊充斥著暴力，而兩個時代之間也明顯存在許多連續性的元素。尤其我們在前一章看到，奴隸制的廢除過程幾乎在整個十九世紀持續，而且廢奴後出現各種強迫勞動形式，其後果直到二十世紀中期都還清晰可見，特別是在法屬殖民地。我們也將看到，無論是奴隸制社會或後奴隸制殖民社會，就經濟資源集中度而言，這兩者都是歷史上不平等情況非常極端的社會，儘管兩者間確實存在程度上的差異。

　　另一個慣用做法是將歐裔人口占顯著比例的殖民地與歐裔人口比例極低的殖民地加以區分。先前我們已經看到，在第一殖民時期（1500-1850）的奴隸制社會中，奴隸人口比例最高的地方是法屬安地列斯群島和英屬西印度群島，該區域各蓄奴島的奴隸超過總人口的80%，在1780年代的聖多明哥（海地）甚至達到90%之譜，這是該時期奴隸最集中的地方，而這個因素也促使奴隸在1791-93年發動造反，並獲得成功。儘管如此，十八和十九世紀期間，歐洲人在安地列斯群島的人口占比接近甚至超過10%，與其他殖民社會相較，這個比例相當可觀。奴隸制支配的運作基礎是被支配者全面、澈底的順服，而要達到這個目的，實務上必須有一定比例的殖民者才行。在前一章分析過的其他奴隸制社會中，歐洲人所占的比例更高，而且那些社會維持得更久。在美國南部，歐裔人口平均占三分之二左右，奴隸則約占三分之一；1850年代南卡羅萊那州和密西西比州的白人占比最低，只略多於40%，黑奴則占將近60%。在巴西，十八世紀期間奴隸人口接近50%，十九世紀後半葉則降至20-30%左右（參見第六章圖6.1-6.4）。

　　不過在北美洲和「拉丁」美洲的情況中，有一點必須強調的是，歐裔人口的問題無疑也牽涉到原居人口劇烈減少以及人種混血等議題。[1]以墨

西哥為例，據估計1520年原居人口為一千五百萬到兩千萬，但經過軍事
征服、政治混亂以及西班牙人帶來的疾病肆虐，原居人口在1600年前後
驟降至兩百萬。附帶一提，原居人口與歐裔和非裔族群混血的現象快速普
及，混血人口在1650年達到總人口四分之一，1820年增加到三分之一和
二分之一之間，1920年則已高達將近三分之二。在目前屬於美國和加拿大
的土地上，美洲印第安人的人口在歐洲人開始移入時據估計介於五百萬和
一千萬，1900年前後已陡降到五十萬以下，那時歐裔人口總數已超過七千
萬，儼然成為超級支配者，而且與原住民族或非裔族群之間沒有顯著的混
血情形。[2]

　　現在檢視第二殖民時期（1850-1960）各殖民帝國的情況。在這個時
期，歐裔人口通常比例極低，甚至可說微乎其微，不過不同殖民地之間還
是有顯著差異。首先必須強調，歐洲殖民帝國在1850到1960年這段期間
拓展出來的疆域所達到的跨大陸規模遠遠超過第一殖民時期，在人類歷史
上可說空前絕後。大英殖民帝國在1938年臻於頂峰，當時總人口超過
四億五千萬，其中三億人在印度（印度本身就是個名副其實的大陸，我們
將在下一章詳細探討），而英國本土的人口只有四千五百萬。法蘭西殖民
帝國也在1930年代達到巔峰，殖民地總人口約達九千五百萬（北非
二千二百萬，法屬印度支那三千五百萬，法屬西非和法屬赤道非洲共
三千四百萬，馬達加斯加五百萬），而法國本土人口僅略高於四千萬。在
同一時期，荷蘭帝國所屬殖民地共有七千萬人，主要分布在印尼，而當時
荷蘭本土的人口還不到八百萬。有一點很重要的是，這些殖民帝國的邊界
並不容易定義，必須納入考量的政治、法律與軍事因素非常複雜而多元，
而且在不同地區，人口普查的實施條件也大異其趣，因此上述統計數字只
能算是概略資料，主要用意在於呈現相關規模比例。[3]

定居型殖民地 VS. 非定居型殖民地

在多數情況中，歐洲人遷居到這些廣大殖民帝國的情況相對罕見。兩次世界大戰之間，在遼闊的英屬印度，以英國人為主的歐洲人一共不到二十萬，其中十萬是英國軍人；相對於超過三億的印度總人口，歐裔人口的比例不到0.1%。這些數字相當清楚地說明，印度的殖民關係形態與聖多明哥顯著不同。當然，這種殖民支配一部分可以歸因於軍事上的優越性（這點在一連串決定性的軍事衝突中已經得到證明），但另一個更重要的基礎則是極其精細複雜的政治、行政、警政及意識形態組織，以及無數地方菁英與眾多分散在地方的權力結構所提供的支持，而這一切均有助於塑造某種形式的認可與共識。這種以組織及意識形態為基礎的支配形態讓歐洲人在定居人數極少的情況下，至少在一定程度上瓦解了被殖民人口的反抗和組織動員能力。在第二殖民時期，這種規模比例——即歐裔人口占總人口的0.1%到0.5%——大致反映出許多殖民地的人口結構（見圖7.1）。舉

圖7.1. 歐裔人口在殖民社會中的比重

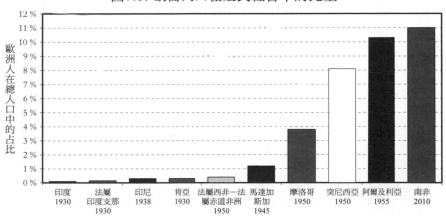

1930-1955年間，歐裔人口占殖民社會總人口的比重在印度、法屬印度支那和印尼約在0.1%到0.3%之間，在肯亞、法屬西非和法屬赤道非洲約為0.3%-0.4%，在馬達加斯加為1.2%，在摩洛哥將近4%，在突尼西亞達8%，在1955年的阿爾及利亞更高達10%（1906年為13%，1931年為14%）。在2010年的南非，白人的人口比重為11%（1910-1990年間則為15%-20%）。來源與數據：參見piketty.pse.ens.fr/ideologie。

例而言，從一次大戰結束到1950年代初期的去殖民戰爭，歐裔在法屬印度支那的人口占比只勉強達到0.1%。在戰間期的荷屬東印度（即今印尼），歐裔在總人口中的占比為0.3%，這個比例大致類似同一時期英屬非洲殖民地（如肯亞、迦納）的情況。在1950年代的法屬西非及法屬赤道非洲，歐裔人口約占總人口的0.4%。在馬達加斯加，歐裔人口的占比於1945年達到相對可觀的1.2%，但不久後，猛烈衝突就會爆發，最終導致馬達加斯加獨立。

在極少數真正的定居型殖民地中，法屬北非的情況相當特殊，與波耳人（Boer）[2] 和英國人統治下的南非可以相提並論，是整個殖民歷史中極其罕見的案例。歐洲人雖然居於少數，但在總人口中的占比相當顯著（約達10%），並與占比高達90%的本地人口形成極為暴力的支配關係，兩個族群間則幾乎沒有通婚混血的情形。法屬北非的模式與英屬定居型殖民地（美國、加拿大、澳洲、紐西蘭）和拉丁美洲的情況都有明顯差異。在英屬殖民地，本土原居人口於歐洲人抵達後遽減，而兩個群體間也幾乎不存在通婚；在拉丁美洲，本土人群與歐裔移民通婚混血的現象則非常普遍，尤其是在墨西哥和巴西。

1950年代，歐裔人口（主要是法國人，但也有少數義大利人和西班牙人）在摩洛哥占總人口的比例將近4%，在突尼西亞達8%，在阿爾及利亞則超過10%。獨立戰爭前夕，阿爾及利亞的總人口不到一千萬，其中歐裔殖民者約有一百萬人。這些歐裔人口可說由來已久，因為法國從1830年就開始殖民阿爾及利亞，此後定居人數在1870年代增加特別快速。1906年的人口普查顯示，歐裔的人口占比高達13%，在1936年更增至14%，而後在1950年代降為10-11%，因為本土穆斯林人口增加速度更快。法裔在城市地區的人口占比特別高。1954年的普查顯示，阿爾及爾的總人口為

---

[2] 譯注：波耳人是南非境內由荷蘭人及少數法國和德國移民後裔所組成的混合族群。波耳（boer）的荷蘭語原意為農人。目前這個名稱已較少用，且有時帶有貶意，經常以含意較廣的阿非利卡人（Africaner）取代。

五十七萬，其中歐洲人為二十八萬，穆斯林則為二十九萬（當時殖民當局將本土人口統稱為「穆斯林」）。該國第二大城瓦赫蘭（Oran）人口為三十一萬，其中歐裔占十八萬，穆斯林只有十三萬。法裔殖民者理直氣壯地認為阿爾及利亞是屬於他們的國家，拒絕本土居民的獨立訴求。

　　法國政治階層罔顧實際局勢，不斷強調法國將持續保有這個殖民地（「阿爾及利亞就是法國」），但當地的殖民者對法國中央政府沒有信心，他們懷疑巴黎方面隨時可能將阿爾及利亞拱手讓給獨立勢力，而這種想法並非毫無根據。1958年，數名法國將軍試圖在阿爾及爾發動軍事政變，設法讓阿爾及利亞殖民地在殖民者控制下進行自治化，但這項企圖卻導致戴高樂將軍在法國重新掌權；不久後，戴高樂迫於情勢，不得不結束慘烈的殖民戰爭，於1962年同意阿爾及利亞獨立。我們很自然會把這段歷史拿來對比南非的發展軌跡：英國殖民結束後，南非的白人少數族群成功保有支配者的地位，透過種族隔離制度，從1946年到1994年長期掌權。在那個時期，白人占南非總人口的15-20%，這個比例在2010年已經降到11%（見圖7.1），原因是黑人人口增加速度較快，以及部分白人遷出該國。這種比例規模非常接近法屬阿爾及利亞，因此，只要能將這兩種殖民制度之間的各種差異與共同點納入考量，比較兩者的社經不平等程度可以帶來一些有趣的發現。

奴隸制社會與殖民社會：最極端的不平等形式

　　接下來我們要探討奴隸制社會與殖民社會中的社會經濟不平等程度，並將這種不平等與現代社會中的不平等加以比較。過去那些社會無疑是人類歷史上最不平等的社會，這點不令人意外；不過，其中所含的規模比例以及這些規模比例在不同時空中的變動情形本身就非常有趣，值得在此深入檢視。

　　在我們有具體資料可以觀察的案例中，最極端的不平等形式出現在

十八世紀後期的法屬及英屬蓄奴島。首先是1780年代的聖多明哥，當時奴隸占當地總人口的比例高達90%。近年研究顯示，該島最富裕的10%人口——奴隸主（包括那些一部分時間住在法國或完全住在法國的奴隸主）、白人殖民者以及一小部分混血居民——持有聖多明哥每年產出財富的80%，而最貧窮的90%人口（亦即奴隸）透過食物和衣物的形式所分配到的財富按貨幣價值計算不及每年生產總值的20%，大約僅能勉強供其溫飽。在此必須強調，這項估計的用意是將不平等程度最小化；實際上，最高十分位人口所獲的財富可能高於總生產的80%，達85-90%之譜。[4] 不過，考量奴隸基本維生需求這個限制因素，最高十分位人口的財富占應該不至於比上述數字高太多。在加勒比海與印度洋的其他奴隸制社會中，奴隸通常占總人口的八成到九成，而所有既有資料似乎都顯示，產出財富的分配狀況與上述情形大同小異。在奴隸人口比例較低的奴隸制社會，例如巴西或美國南方（通常介於30%和50%之間，不過在某些州也可能高達將近60%），不平等程度沒有那麼極端；依據自由白人這個群體內部不平等程度的不同，最高十分位人口在全區產出總值中所占的份額可估計為60%到70%之間。

近年其他一些研究成果可以用來比較上述奴隸制社會與非奴隸制殖民社會。這方面的既有資料不多，一大原因在於殖民地實施的稅制是以間接稅為基礎。雖然如此，在大英帝國，以及某種程度上在法蘭西帝國，還是有一些殖民領土的統治當局（包括總督及行政官，他們受殖民母國政府及殖民地部的管控，但實際上擁有一定的自主權，且各地的情況非常多元）在二十世紀上半葉實施間接稅及累進所得稅制，性質類似當時殖民母國採用的制度。這些稅務運作留下了一些資料，特別是在兩次大戰之間的時期以及殖民地獨立前的短暫時期。德尼·柯尼歐（Denis Cogneau）和法坤多·艾爾瓦雷多（Facundo Alvaredo）蒐集整理了法國方面的相關材料，英國及南非的殖民檔案則已由阿特金森（Anthony Atkinson）彙整。[5]

關於阿爾及利亞，既有資料可供估計，1930年最高十分位人口的占

比接近總所得的70%，這種不平等程度低於1780年的聖多明哥，但明顯
高於1910年法國本土的情況（見圖7.2）。當然，這並不表示在殖民時期的
阿爾及利亞，最貧窮90%人口的處境接近聖多明哥的奴隸，或可與之相提
並論。這兩個殖民地的不平等制度差異極大，因為在社會不平等的某些面
向（首先是移動權、私人生活與家庭生活權、所有權）上，兩者非常不同。
話雖如此，從物質資源分配的角度來看，殖民時期的阿爾及利亞在1930
年的情況介於1910年所有權主義當道的法國以及1780年的聖多明哥島之
間，甚至可能更接近後者，不過由於既有數據不夠精確，我們無法正式確
定這點。

　　若在更大的時空視野中比較歷史上不同地區最富裕10%人口在一年
產出財富總值中的占比，我們會發現歷史上最不平等的社會是奴隸制社
會，如1780年的聖多明哥，以及1950年的南非或1930年的阿爾及利亞。
就所得分配而言，1980年前後社會民主黨領導的瑞典是有史以來最均等的

圖7.2. 殖民社會與奴隸制社會的不平等情形

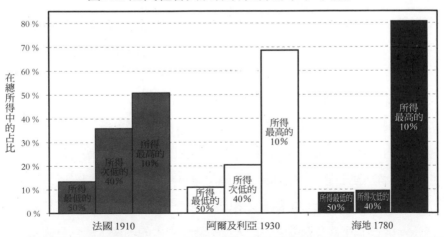

10%最高階所得占總所得的比例在1780年的聖多明哥（海地）超過80%（當時該地區的人口組成是
奴隸約90%、歐裔殖民者不到10%），在1930年殖民統治下的阿爾及利亞為將近70%（當時該地區
的人口組成是本土居民約占90%、歐裔殖民者占10%），在1910年的法國本土則為50%左右。來源
與數據：參見 piketty.pse.ens.fr/ideologie。

圖7.3. 極端不平等在歷史上的演變情形

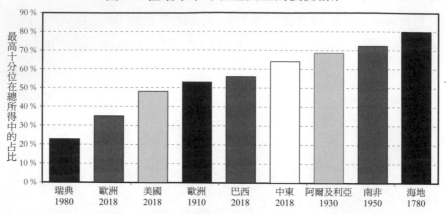

在我們觀察到的所有社會中，10%最高階所得在總所得中的占比最低為 1980 年瑞典的 23%，最高為 1780 年聖多明哥（海地）的 81%（當時該地區人口有 90% 是奴隸）。在 1930–1950 年的阿爾及利亞和南非等殖民地，最高十分位人口（主要包括歐洲裔）在總所得中的占比高達 70%左右，這些社會的不平等程度在史上堪稱名列前茅。來源與數據：參見 piketty.pse.ens.fr/ideologie。

社會之一，可讓我們據以衡量不平等情況的多元可能。在當時的瑞典，最高十分位占總所得的比例不到25%，相較之下，2018年的西歐為35%，2018年的美國和1910年的歐洲（時值所有權主義盛行的「美好年代」）都在50%左右，2018年的巴西約為55%，2018年的中東約為65%，1930年殖民時期的阿爾及利亞和1950年的南非為70%左右，1780年的聖多明哥則是80%（見圖7.3）。

　　若檢視最高百分位（最富裕的1%人口）的所得占比，則不但可將更多殖民社會納入比較（尤其是那些歐裔殖民人口比例極低的社會，因為現存資料通常無法讓人據以估計最高十分位全體人口的所得），而且比較條件也略有不同（見圖7.4）。我們發現某些殖民社會具有一個特徵：不平等程度在財富分配的頂層特別高。這個現象在非洲南部格外明顯：最高百分位的占比在1950年代的南非及辛巴威高達30-35%，在尚比亞甚至超過35%。具體而言，人數極少的白人菁英經營廣大的地產，或享有極為可觀的利潤（例如在礦業）。再進一步看，這些國家的最高千分位或最高萬分位人口的財富占比更是高得驚人。法屬印度支那也有類似情況，不過程度

稍低。最高百分位的占比接近30%，這點反映的是這個領土上的殖民行政菁英薪俸極其優渥，而諸如橡膠之類的產業則帶來巨額商業收益及利潤（很可惜沒有相關資料留存，因此我們無法詳細解析這個部分）。在其他殖民社會中，雖然最高百分位的占比也很高（例如在1930-50年的阿爾及利亞、喀麥隆或坦尚尼亞，最高百分位占總所得的25%以上），不過這種不平等程度與美好年代的歐洲或現今的美國所觀察到的情況相去不遠，甚至明顯低於目前巴西或中東最高百分位的占比（約30%）。整體而言，在最高百分位所得占比方面，上述這些形形色色的不同社會基本上大致類似，特別是相較於1980年代社會民主黨執政的瑞典（占比低於5%）或2018年的歐洲（約10%）。

　　換句話說，在殖民社會中，位於所得階層頂端的人群（最富裕的1%人口，甚至其中更富裕者）占有的財富比例並非一直高得離譜，至少相較於現代世界其他某些高度不平等的社會，殖民社會的情況不算極端。以殖民時期的阿爾及利亞為例，相較於當時該地區的平均所得，最高百分位的所得水平不會比美好年代法國本土最高百分位所得與平均所得的相對水平來得高。就絕對生活水準而言，阿爾及利亞最高百分位人口甚至明顯不及法國本土的最高百分位人口。話說回來，如果我們考量整個最高十分位，則這部分人口與其他人口之間的差距在殖民時期的阿爾及利亞明顯高於1910年的法國（見圖7.2及7.3）。這些事實告訴我們，在某些社會，極少數人（總人口的1%左右）在財富與生活方式方面與社會其他成員迥然不同，而在其他一些社會，類似的鮮明對比存在於比例不低的殖民菁英（約占總人口的10%）與其他本土人口之間。與這兩種情況相對應的，是兩種非常不同的不平等制度與權力支配關係，以及各自特有的衝突解決模式。

　　更廣泛而言，殖民社會的不平等與其他不平等制度之間的差異不見得在於所得不平等的程度，更重要的因素是征服者的身分，也就是說，社會階層的頂端是由一群殖民者所構成。殖民時期的財稅檔案不見得能讓我們詳細探究不同所得階層中殖民者與本土居民所占的比例，不過，每當相關

資料足夠充分、能讓我們進行這樣的研究時,我們都會發現無論是北非、喀麥隆、印尼或南非,都指向這個無庸置疑的結論。雖然歐裔人口占總人口的比例極低,最高所得階層的絕大部分卻是由這個族群所構成,無一例外。在南非,種族隔離時期的所有財稅圖表均按種族分別建立,因而我們得以發現,白人永遠占最高百分位納稅人口的98%以上。另外,最高百分位的其餘2%人口幾乎都是亞裔(主要是印度裔),而不是黑人——黑人只占最高階所得的0.1%。至於阿爾及利亞和突尼西亞,雖然相關資料不完全能互相比較,不過既有數據仍然足以顯示,歐裔人口通常占最高所得階層的80%到95%。[6]這個百分比雖然低於南非,不過還是明顯反映殖民者享有近乎絕對的經濟支配地位。

關於阿爾及利亞與南非的比較,很有趣的一點是,在所得分配方面,前者的不平等程度低於後者,但差距相對不大,特別是就最高十分位的占比而言(見圖7.3及7.4)。阿爾及利亞的白人超級菁英(最高百分位或千分位)雖然沒有南非那麼富裕,不過從最高十分位的角度來看,兩地的區別不算太大。在這兩個案例中,白人殖民者與其他居民之間差距非常顯

圖7.4. 從歷史與殖民角度檢視最高百分位的占比

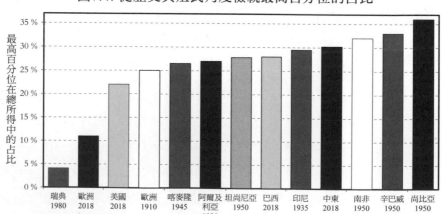

在我們觀察到的所有社會中(奴隸制社會除外),最高百分位(前1%最高階所得)在總所得中的占比最低為1980年瑞典的4%,最高為1950年尚比亞的36%。殖民社會的不平等程度在歷史上名列前茅。來源與數據:參見 piketty.pse.ens.fr/ideologie。

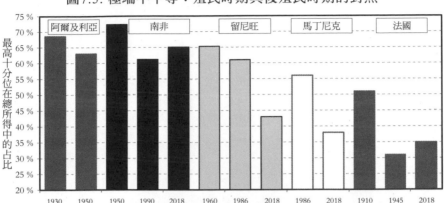

圖7.5. 極端不平等：殖民時期與後殖民時期的對照

在殖民時期的阿爾及利亞，最高十分位（前10%最高階所得）的占比於1930和1950年之間降低，而在南非，這個比例在1950年和2018年之間也有所降低，不過這些數值在歷史上仍然堪稱極高水平。在法國的海外省份，如留尼旺、馬丁尼克，所得不平等程度已顯著減低，不過還是高過法國本土。來源與數據：參見 piketty.pse.ens.fr/ideologie。

著。縱使阿爾及利亞的所得集中程度從1930年到1950年似乎有所降低，南非從1950年到1990年也呈降低趨勢，但這兩地的所得不平等仍然維持在極高水平（見圖7.5）。

　　還有一點令人訝異的是，南非在結束種族隔離以後，最高十分位的占比反而增加（後續我們會進一步探討這點）。我們還發現，留尼旺、馬丁尼克、瓜地洛普這些原法屬蓄奴島雖然在1848年廢奴後一個世紀，於1946年成為法國海外省份，但所得分配長期處於高度不平等的狀態。以留尼旺為例，稅務檔案顯示，1960年最高十分位在總所得中的占比超過65%，到1986年還是高於60%，類似殖民時期阿爾及利亞以及南非的情況；這個數字後來降到2018年的43%，不過還是比法國本土高很多。所得不平等程度之所以持續維持在極高水平，部分原因是投資不足，以及公職薪資過高（至少就當地的薪資水準而言），而這些公務人員經常是從法國本土外派前來。[7]

所有權的最大不平等 VS. 所得的最大不平等

　　殖民時期的不平等根源何在，又為什麼可以長久延續？在進一步分析這個問題以前，設法釐清以下這點很有用處。談到「極端」不平等這個議題時，我們有必要區分「所有權分配不平等」以及「所得分配不平等」這兩個問題。在所有權不平等（既有法律制度容許持有的任何性質財物與資產的分配）方面，我們經常看到集中程度極高的現象：最富裕的10%甚至1%人口持有幾乎全部資產，最貧窮的50%甚至90%人口則幾乎完全沒有財產。特別值得注意的是，我們在本書第一部已經看到，十九世紀及二十世紀初期所有權社會在歐洲蓬勃發展，其特徵是所有權極度集中。在美好年代（1880-1914）期間，無論是法國、英國或瑞典，最富裕的10%人口持有社會上所有可供持有資產（土地、不動產、事務與金融資產，扣除債務）的80%到90%，其中光是最富裕的1%人口就持有可供持有資產總值的60%到70%（主要可參見第四章圖4.1-4.2，以及第五章圖5.4-5.6）。所有權的極端不平等在政治與意識形態層面當然有其可議之處，但純粹就物質觀點而言，卻是完全可能發生的事。在絕對狀態中，我們不難想像最富裕1%人口持有100%可供持有資產的現象。情況甚至可能更加極端，特別是在奴隸制社會。對廣大的人口階層而言，如果債務超過資產（以最極端的奴隸制社會為例，奴隸的所有勞動時間都等於是對蓄奴主的負債），則資產持有階級所擁有的資產總值可能超過所有可供持有資產的100%，因為這些人同時擁有財產與人員。財產的不平等主要與社會中的權力不平等有關，而只要資產持有者建置的壓迫機制或說服機制（其性質依社會而不同）有辦法維持社會的整體運作和長期平衡，這種不平等就有無限拉大的潛在可能。

　　所得不平等——年度中產出財富流量的分配情況——與此不同：除非坐視一大部分人口在短期內消亡，否則所有社會都受制於必須讓最窮困人口維持生計的前提。沒有任何財產的人可以生存，但沒有東西吃的人肯定

活不下去。具體而言，在非常窮困、人均生產水平僅夠勉強餬口的社會中，不可能存在長久的所得不平等。每個人獲得的維生所需收入原則上會跟其他人類似，因此最高十分位在總所得中的占比按理應該相當於10%（最高百分位的占比則可能多於1%）。反之，社會愈是富裕，在物質層面上就愈可能維持極高度的所得不平等。舉例而言，如果人均生產是維生水平的一百倍，那麼理論上最高百分位人口就有可能霸占產出財富總值的99%，其餘人口則只獲得可供維生的收入。更廣泛而言，一個社會的平均生活水準越高，物質上可能達到的最大不平等就會隨之增加（見圖7.6）。[8]

「最大不平等」概念的用處是，它讓我們瞭解何以所得不平等永遠不可能像資產不平等那麼極端。就實務面而言，50%最貧窮人口獲得的所得總值永遠至少達社會總所得的5-10%（通常約為10-20%），而最貧窮50%人口所持有的資產在社會總資產中的占比可能近乎零（經常只有1-2%，甚至是負值）。同理，在那些不平等程度最高的社會中，最富裕10%人口獲得的所得毛額通常不會超過社會全體成員總所得的50-60%（少許例外

圖7.6. 維生所得與最大不平等

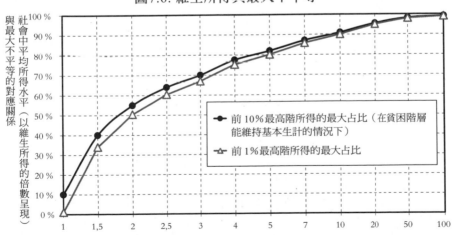

在一個平均所得是維生所得三倍的社會中，所得最高10%人口的最大占比（在90%最貧窮人口能維持基本生計的情況下）為總所得的70%，所得最高1%人口的最大占比（在99%最貧窮人口能維持基本生計的情況下）則為總所得的67%。社會愈是富裕，不平等就愈可能達到極高的水平。來源與數據：參見 piketty.pse.ens.fr/ideologie。

是十八、十九、二十世紀的某些奴隸制社會及殖民社會，在那些社會中，這個比例可以高到70-80%），而最富裕10%人口所持有資產總值的占比經常高達80-90%，特別是在十九世紀和二十世紀初期的所有權主義社會；在二十一世紀初期大肆發展的新所有權主義社會中，這個占比有可能很快就會達到類似的規模。

話雖如此，我們不需要把不平等的「物質性」決定因素過度放大。在真實的歷史情況中，決定不平等程度的主要因素是社會具有多少意識形態、政治和體制上的能力來合理化及結構化不平等現象，而不是單純的富裕程度或發展程度。「維生所得」這個概念本身也有其複雜性，不單單反映出某種生物性的現實。維生所得取決於每個社會所建構的社會心理表徵與想像，這個概念永遠包含多重面向（飲食、衣著、居住、衛生等等），絕不可能靠單一的貨幣指標就確實掌握。在2010年代結束之際，世人經常將維生門檻設定在每天一到兩歐元之間，例如我們定義全球範圍內極端貧困的方式是有多少人口靠每天不到一歐元的收入過生活。既有估計資料顯示，十八世紀和十九世紀初期，世界範圍內的人均國民所得低於每月一百歐元（2020年則為每月一千歐元，這兩個數額均按2020年的歐元價值計算）。這一方面意味的是，在那個年代，一大部分人口的所得與維生門檻相近（當時所有年齡層死亡率極高，平均壽命則偏低，這些都足以證實這點），但另一方面，這也顯示當時的社會存在運作空間，可供數種理論上可行的不平等制度發展。[9] 以聖多明哥為例，這是一個糖業及棉業蓬勃發展的島嶼，人均生產的商業價值大約是當時全球平均的二到三倍，因此若從純粹物質觀點來看，它很容易達到極度壓榨、利益最大化的結果。另外要注意的是，只要一個社會的平均所得超過維生水平的四或五倍，理論上最大不平等就完全可能達到最高十分位甚至百分位占總所得80-90%的極端程度（見圖7.6）。

換句話說，雖然一個極端貧困的社會確實不難發展出高度階層化的不平等制度，但社會不需要非常富裕，也能達到非常高度的不平等。具體而

言，如果純就物質觀點來看，從古代到現在，眾多（甚至可說多數）社會理論上可以選擇類似聖多明哥那種極端不平等的道路，而今天的富裕社會有可能在這條路上走得更遠（其中某些社會未來說不定真的會這樣）。[10] 不平等的主要決定因素是政治與意識形態方面的考量，而不是經濟或技術面的局限所造成的影響。如果奴隸制社會與殖民社會達到極高的不平等程度，那是因為這些社會是圍繞著某種特定的政治和意識形態規畫建構而成，而其建構基礎是某些特定的權力關係、法律制度和治理體系。所有權社會、三重功能社會也好，社會民主主義社會或共產社會也好，事實上，所有人類社會的情況都是如此。

　　還有一點要注意的是，雖然就最高十分位的占比而言，歷史上某些社會曾趨近最大化的所得不平等（在極端不平等的奴隸制社會和殖民社會高達總所得的70-80%，在目前一些高度不平等的社會──特別是在中東和南非──亦達60-70%之譜），不過最高百分位的情況有所不同。這個位居所得頂峰的群體在總所得中的占比為20-35%（見圖7.4），雖然這個比例相當可觀，不過還是大幅低於最高百分位的潛在可能占比：理論上，只要平均所得超過維生所得的三或四倍，最高百分位人口在年度產出財富中所占的比例應該可以高達70-80%（見圖7.6）。箇中原因想必在於，要想建立一套意識形態和與此相應的體制，讓只占總人口1%的小小群體能說服社會大眾將幾乎全部資源的控制權交給它，這絕不是容易的事。或許在未來，某些想像力獨具的科技富豪群體有辦法達到這個目的，不過截至目前，尚未有任何菁英能做到這點。以本書研究範圍中的絕對不平等典型聖多明哥為例，我們可以估計其最高百分位的占比至多為產出財富總值的55%，這個數字非常接近理論上的最大值（見圖7.7）。不過在此必須強調，這項估算多少有些勉強，因為那些藉由該島產品出口累積財富、但主要居住在法國的資產主，均被歸入最富裕的1%人口。[11] 整體而言，比起最高百分位與社會其他階層在同一社會中比肩共存的情況，這種在雙方之間拉開距離的策略或許是一種不錯的變通辦法，讓不平等的事實顯得比較容易承受。

圖7.7. 歷史上不同社會最高百分位的情況（包括海地）

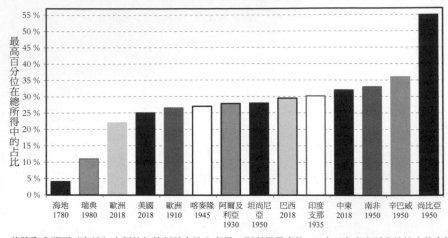

若將聖多明哥（海地）之類的奴隸制社會納入考量，則所得最高的1%人口在產出財富總值中的占比可以高達總所得的50%–60%。來源與數據：參見 piketty.pse.ens.fr/ideologie。

不過不能否認的是，在聖多明哥的案例中，這種做法並沒有防止造反及財產充公的情況發生。

以殖民者利益為依歸的殖民活動：殖民地預算

接下來要探討的議題是殖民社會不平等的根源，以及這種不平等長久存續的現象。我們在前一章看到，在為奴隸制度的不平等進行合理化的說詞中，有兩個堂而皇之的論點，一是以列強之間的經濟與商業競爭為維持這種不平等的理由，二是對工業社會不平等現象中的各種偽善面向加以批判。奴隸制廢除後，這些論點對於殖民支配的合理化也發揮了一定的作用，不過殖民者對此提出的主要理由莫過於他們的「文明使命」。就殖民者的觀點而言，這項使命的立足基礎一方面在於維持秩序以及推展某種具普世潛能的所有權主義發展模式，另一方面則在於一種講求智識、以科學與知識的傳播為本務的支配方式。[12]因此，我們在此可以做的一項有趣探討是研究殖民地的組織如何具體運作，特別是在預算、稅務、法律制度、

社會制度等層面；更廣泛而言，我們可以探索殖民者建置的整套發展模式。關於這些問題，既有研究相當有限，不過還是足以讓我們得出某些結論。

整體而言，很多資料都顯示，殖民地的組織方式主要是以殖民者及殖民母國的利益為依歸，對當地原居民眾所做的社會投資及教育投資非常少，甚至付之闕如。社會及教育投資極低的現象也長期出現在法屬海外領土（特別是在安地列斯群島和印度洋），這點有助於解釋何以這些地區內部以及與法國之間高度不平等的情況一直延續。舉例而言，在1920和1930年代的一些法國國會報告中，我們可以看到馬丁尼克和瓜地洛普這兩個島嶼的就學率極低，教育制度的整體狀態惡劣到「可悲」的地步。[13] 這些領土在1946年獲得行省地位以後，情況逐漸好轉，而在法國尚期望能保有帝國海外疆土的1950年代，各殖民地的整體狀況也有程度較小的改善。不過由於積習已深，這些海外省份必須等到半個世紀以後，不平等程度才降到與法國本土相當的水平（見圖7.5）。

近年一些學術成果，特別是德尼·柯尼歐（Denis Cogneau），亞尼克·杜普拉茲（Yannick Dupraz），艾莉絲·維依勒希（Élise Huillery）、桑德琳·梅斯普雷－宋（Sandrine Mesplé-Somps）等人所作的研究，讓我們更瞭解法國殖民北非、印度支那、西非和赤道非洲期間實施的殖民地預算結構為何，以及這些預算在十九世紀後期和二十世紀上半葉的演變情形。[14] 法國殖民時期（至少是在1850-1960年前後的第二殖民帝國時期）的整體原則是：在預算方面，殖民地必須達到自給自足。換句話說，殖民地境內的稅收必須恰恰足以支應該地區編列的支出。殖民地不得轉移稅金到法國本土，法國也不能轉移稅金到殖民地。的確，就形式而言，殖民地預算在整個殖民時期基本上維持了平衡。稅收與支出相抵，尤其是在美好年代及兩次世界大戰之間的時期；整體上，從1850年到1945年，情況一直如此。唯一的例外是殖民地相繼獨立前那幾年，這個時期大致與法國第四共和（1946-58）重疊，期間出現了一些從法國本土到殖民地的稅收轉移，但規

模不大。

話雖如此，我們還是有必要瞭解 1850-1945 年期間殖民地預算的「平衡」代表什麼意義。就實務而言，預算主要是由被殖民者承擔，利益則幾乎由殖民者獨占，而所謂平衡是在這個架構下達成的。在稅收方面，我們發現主要是以累退方式徵收，亦即對較低收入的課稅比率高於較高收入；稅項包括消費稅、間接稅，以及最重要的「人頭稅」（capitation）。人頭稅是針對所有人徵收，無論貧富貴賤，金額相同，絲毫不考量納稅義務人的繳納能力；這是一種最粗糙的課稅形式，法國舊制度政權在十八世紀法國大革命以前即已泰半揚棄。還有一點必須說明，傜役（被殖民人口必須為殖民統治當局從事的強迫勞動，按天數計算）也沒有被納入這種預算帳目，後續我們會回來探討這個部分。

還有一點必須強調的是，當時這些社會相當窮困，若將這個因素納入考量，則課稅比率相對偏高。舉例而言，根據生產水平（包括糧食的自主生產）相關資料，我們可以估計，1925 年時，北非殖民地及馬達加斯加課徵的稅賦相當於國內生產毛額的 10%，印度支那的比例是 12%，接近當時法國本土的水平（略低於國內生產毛額的 16%），但高於法國從十九世紀到 1914 年的水平（不到 10%），也比二十一世紀初期的許多窮國要高。

最後，可能更重要的一點是，在支出方面，我們發現殖民地預算制定的出發點幾乎完全是法裔及歐裔人口的利益，特別是為了提供優渥的薪俸給總督、殖民地高階行政人員以及警務人員。簡而言之：被殖民人口負擔沉重稅賦，讓那些前來對他們進行政治與軍事支配的人大肆揮霍。儘管基礎建設方面的投資多少存在，教育與衛生也獲得一些資金挹注，不過這些主要都是由殖民者獲益。整體而言，這些殖民地的公務人員數量極少，教師、醫生更少，不過相對於所在社會的生活水平，他們的薪水高得驚人。舉例而言，在彙整 1925 年各殖民地的預算資料以後，我們發現法屬殖民地平均每千人只有不到兩名公務人員，但這些人的薪資高達殖民地平均國民所得的十倍左右。反觀同時期的法國本土，每千人約有十名公務人員，

而他們的薪水是人均所得的大約兩倍。[15]

　　在某些情況中，殖民地預算資料也可供分辨法國本土外派公務員以及本地聘僱公務員的薪資。舉例而言，我們在分析印度支那和馬達加斯加的資料時，發現歐洲人大約占公務人員的10%，但卻囊括薪資總額的60%。有時我們也可以透過相關資料，分辨出不同人口群體所獲得的資金挹注，特別是教育支出，因為殖民者的子女與本地學童經常被嚴格分置於不同的教育體系中。在摩洛哥，專供歐洲人就讀的小學及中學獲得1925年教育支出總額的79%，而當時歐洲人只占當地總人口的4%。在同一時期的北非及印度支那，本地兒童的小學就學率不到5%，在法屬西非更低於2%。尤其驚人的是，雖然法國作為殖民母國，開始對所屬殖民地挹注較多資源，但在殖民時期結束時，這種支出方面的高度不平等似乎仍未見改善。以阿爾及利亞為例，1925年時，殖民者專屬學校共獲得教育支出總額的78%，到了1955年，儘管獨立戰爭已經展開，這個比例卻增加到82%。在殖民制度的運作中，不平等可說到了根深柢固的地步，在很大程度上似乎不可能加以改革。

　　當然，有一個必須考量的事實是，那個時代的所有教育體系都走高度菁英主義路線，法國本土也不例外。時至今日，教育支出依然按照學童的社會背景以及他們最初的課業表現（這兩個標準性質不同，但有部分重疊），以非常不平等的方式分配給不同階層的人口；後續我們會回頭看這個問題。另外，各國在這方面都有缺乏透明度和改革企圖的毛病，這是不平等問題未來將面臨的主要挑戰之一，而且沒有一個國家真正有本事在這個部分指點其他國家。話雖如此，殖民地教育體系的一大特徵是不平等程度特別高，非其他社會的教育體系所能比擬。以1950年代初期的阿爾及利亞為例，根據既有資料，我們可以推估各年齡層中（包括小學、中學、大學）享有最多教育資源的10%學生獲得總教育支出的80%以上（見圖7.8）。為求比較，我們可以對1910年法國的情況進行相同估算。當時法國在教育方面階層化程度非常高，絕大多數平民百姓頂多讀到小學畢業。在

同一年齡層中,享有最多教育資源的10%學生獲得總教育支出的38%,享
有資源最少的50%學生則一共只得到26%。由於後面這個群組的人數是前
者的五倍,這些數據反映出的不平等程度相當可觀。換句話說,最受重視
的10%學生每人所獲教育投資是較不受重視的50%學生每人所獲投資的
將近八倍。法國在教育支出方面的不平等在1910年與2018年之間已經大
幅降低,儘管現今實施的制度對最受重視10%學生挹注的每人教育投資仍
然達到較不受重視50%學生的將近三倍。對理論上有責任減少階級複製的
法國教育制度而言,這個事實相當驚人(後續我們研究公平教育的條件
時,會於第十七章回頭探討這點)。在目前這個階段,我們只需要記得,
在類似法屬阿爾及利亞這種殖民社會中,教育方面的不平等程度之高,絕
非其他社會所能比較;被殖民者的小孩獲得的教育支出與殖民者小孩所獲
支出之間的比例是一比四十。

在最後一個殖民階段(1945-60),法國政府首度試圖對殖民地進行較
大規模的投資。日暮西山的殖民地政府希望採取發展主義路線,藉此說服
相關人口群體留在帝國境內,而帝國則獲得新的定義,企圖成為一個以民

圖7.8. 由殖民者受益的殖民地:不同時代背景下的教育投資不平等

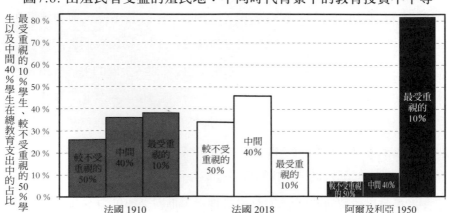

在1950年的阿爾及利亞,最受重視的10%人口(殖民者)獲得總教育支出的82%。相較之下,在
法國,享有最多教育投資(就學年數最多、教育成本最高)的10%人口占總教育支出的比例在1910
年和2018年分別是38%和20%。來源與數據:參見 piketty.pse.ens.fr/ideologie。

主及社會福祉為訴求的法蘭西聯邦。不過，殖民地的政府支出只是在複製既有的不平等結構，而且我們也不能高估殖民母國這時忽然展現的慷慨。在整個1950年代，法國政府轉移到殖民地政府預算的資金從不曾超過法國本土年度所得的0.5%。話雖如此，這種資金轉移很快就在法國本土掀起各種反對聲浪，[16]而且數目的確不容小覷：以相關金額占國民所得比例而言，事實上大致相當於2010年代歐盟最富裕的幾個國家（包括法國、德國在內）向歐盟預算挹注的資金淨額。後續我們探討歐洲政治統合的困難與前景時，會回頭看這樣的金額具體代表什麼意義（請特別參見第十二章及第十六章）。在法蘭西殖民帝國的情況中，我們必須強調，「向殖民地進行資金移轉」這種說法難以成立，因為那些資金主要是用來支付法國外派公務人員的優渥薪水，而且這些人的服務對象是殖民者。無論如何，我們可以進行以下這個不無用處的比較：1950年代，法國本土向殖民地民事預算所做的財稅轉移合計相當於法國本土國民所得毛額的0.5%，而1950年代末期為維持殖民地秩序而挹注的軍事支出高達國民所得的2%以上。另外有一點值得留意的是，除了最後這個時期以外，巴黎方面在1830年和1910年之間為維持秩序及擴大帝國版圖而挹注的軍事預算從未超過法國本土年度國民所得毛額的0.5%；有鑑於法蘭西殖民帝國的巔峰時期總人口（九千五百萬）將近法國本土（四千萬）的兩倍半，上述比例可說相當低。[17]這點讓我們看到，發展程度、政府能力以及軍事能力方面的差距在多大程度上可能導致某個國家企圖以非常低的成本展開大規模的殖民事業。

不同歷史背景下的奴隸制與殖民制壓榨

關於殖民母國與殖民地之間的「移轉」問題，在此也必須強調，光是查核公共預算的收支情況是絕對不夠的。雖然在1830年到1950年這整個期間，殖民地繳納的稅賦與支出達成平衡，但這顯然不表示「殖民壓

榨」——即殖民母國榨取利益——的現象不存在。第一種利益是殖民地官
員及公務人員獲得的利益,如先前所見,這些人的優渥薪酬來自被殖民人
口繳的稅。更廣泛而言,無論殖民者是擔任公職還是在私人領域工作(例
如阿爾及利亞的墾殖者或印度支那的橡膠業經營者),他們享有的地位經
常遠高於他們在國內原本可能擁有的地位。當然,生活不見得無憂無慮,
很多殖民者遠遠稱不上富有,希望破滅是司空見慣的事。舉例而言,法國
作家瑪格麗特 · 莒哈絲(Marguerite Duras)的母親經濟困窘,在太平洋岸
購置的一方土地長年遭受水患;又如處境艱難的「窮白人」(petits
Blancs),這些小農場經營者面對的殖民地高級布爾喬亞階級——無論是資
本家還是官員——總是對他們百般刁難,亟於索賄。雖然如此,比起本地
居民,這些「窮白人」多少還是選擇了自己的命運,而且拜他們所屬「種
族」之賜,他們享有的權利和機會也比較多。

　　除了殖民者這個議題以外,我們還必須考量殖民地被榨取的私人財務
利益。在第一殖民時期(1500-1850),也就是蓄奴與大西洋奴隸販運的年
代,壓榨以毫不留情的野蠻方式進行,相關人員大喇喇地謀取暴利。這其
中牽涉的金額有相當詳細的記載,而且確實非常可觀。以聖多明哥為例,
在1780年代末期,每年透過糖和棉花出口所獲的利潤超過一億五千萬圖爾
爾鎊。如果將當時的所有殖民地納入計算,現有資料可供估算出1790年
的總利潤高達三億五千萬圖爾鎊,而當時法國的國民所得毛額據估計不到
五十億圖爾鎊。換句話說,法國透過殖民地獲得了超過國內產值7%的額
外所得(其中3%來自海地);由於當時這些利益是由極少數人專享,因此
這個數字其實非常驚人。另外必須強調的是,這是扣除所有費用——特別
是所有與生產有關的進口成本、買賣與維持奴隸的成本(我們不知道販奴
商藉由奴隸販運獲得多少利潤,因此在此不予計算),以及墾殖者在當地
的消費與投資金額——之後的純粹壓榨所得。再看英國的情況:在1780
年代,英國透過蓄奴島嶼榨取的利潤相當於國民所得毛額的4-5%。[18]

　　在第二殖民時期(1850-1960),大型跨洲殖民帝國稱霸世界,私人金

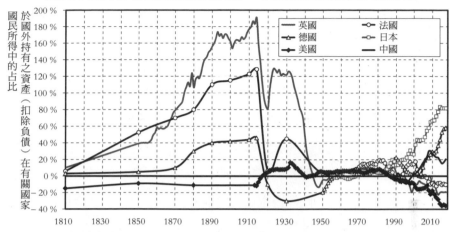

圖7.9. 國外持有資產的歷史演變 ：英國及法國的殖民巔峰期

1914年時，國外資產淨額——即居住在有關國家的資產主（包括政府）在國外持有的資產與世界其他國家或地區的資產主在該國持有的金融資產之間的差額——在英國高達國民所得毛額的191%，在法國達125%。2018年時，國外資產淨額在日本達到國民所得毛額的80%，在德國達58%，在中國則為20%。來源與數據：參見 piketty.pse.ens.fr/ideologie。

融利益有了比較複雜的形式，但利益規模同樣龐大，只是這時投資範圍擴及全球，不再僅僅局限於一些蓄奴島。在本書第一部，我們已經提過美好年代國際投資在巴黎資產結構中的重要性。在一次大戰前的1912年，國外資產占巴黎市民資產總值的20%，而且形式極為多元：在外國公司持有的股票以及對其所做的直接投資，企業為募集國際投資所需資金而發行的私人債券，以及各種公共債券及政府借款（這部分占了國外資產總值的將近一半，參見第四章表4.1）。

　　現在看當時最重要的兩個殖民大國——英國和法國。首先必須強調，這兩個國家的所有權人在世界各地擁有的投資規模極大，至今無人能及（見圖7.9）。[19] 1914年一次大戰爆發前夕，英國的國外資產淨額（即英國所有權人在世界各地持有之金融投資與世界各地所有權人在英國持有的投資之間的差額）高達英國國民所得毛額的190%以上，相當於將近兩年的國民產值。法國的所有權人不惶多讓，1914年擁有的金融資產淨值超過法國國民所得毛額的120%。兩國在世界各地持有資產的規模遠超過其他歐

洲列強，特別是德國；儘管德國經濟發展快速、人口顯著增加，但國外資產最多只勉強達到國民所得的40%。這其中的一部分原因是德國沒有建立顯赫的殖民帝國，而更廣泛的因素則是德國在全球主要商貿與金融網路中立足的歷史較短，地位也比較不重要。殖民國家之間的競爭大幅助長了列強間與日俱增的緊張關係，引發諸如1911年阿加迪爾（Agadir）危機[③]之類的衝突。在摩洛哥及埃及問題方面，德皇威廉二世最終接受了1904年的英法協議，不過他在喀麥隆獲得龐大的領土補償，這使得大戰爆發的時程往後推延了好幾年。

英國和法國持有的國外資產在美好年代急速增加，若不是因為第一次世界大戰爆發，我們自然很想知道，那樣的發展曲線可能會往上攀升到什麼程度（後續研究所有權社會的崩壞時，我們會回來探討這點）。無論如何，英法兩國持有的國外資產在一次大戰後暴跌，二次大戰結束後更是全面瓦解，一部分原因是資產被沒收（一個絕佳實例是著名的「俄國借款」，這些借款在1917年革命後被取消，對法國所有權人造成莫大打擊），另一個更重要的原因則是英法兩國的所有權人被迫出售比例愈來愈高的國外資產，藉以貸款給政府，提供戰爭所需資金。[20]

為了更確切領會十九世紀末、二十世紀初英國與法國所累積的國際資產曾經達到的規模，在此不妨點出一個事實：在那個時代以後，沒有任何國家曾在世界各地持有如此巨大的國外資產。舉例而言，日本從1980年代起透過巨額貿易順差於國外累積龐大資產，德國則從2000年代開始累積非比尋常的貿易順差，而2018年的數據顯示，這兩國的國外持有資產約為其國民所得毛額的60-80%。這個比例已經相當可觀，與1950-80年代國際金融資產持有幾近零的情況不可同日而語，也大幅高於中國持有的金融資產（2018年尚不及國民所得毛額的20%），不過相較於英法兩國在一

---

③ 譯注：阿加迪爾危機是法國與德國之間的一個軍事及外交事件，起因是德國海軍派遣砲艇進入摩洛哥阿加迪爾海灣。又稱為第二次摩洛哥危機。

次大戰前夕殖民巔峰期達到的水平，還是遠遠偏低（見圖7.9）。[21]

　　我們也可以比較1914年英法兩國的國外資產總值以及當時這兩國資產主所持有財產（包括國內外金融、不動產及營業資產，扣除債務）的總值：前者相當於一到兩年的國民所得，後者則達國民所得毛額的六到七倍。換句話說，這兩國的資產主所擁有的一切約有五分之一到四分之一是在國外持有。由此可見，國外資產是美好年代法國及英國所有權社會繁榮發展的一大基礎，而其中的關鍵在於這些資產創造了相當可觀的收益：這種投資的平均報酬率約為每年4%，因而替法國增加了5%的國民所得，為英國帶來的額外國民所得更高達8%。因此，源自世界各地的利息、股息、利潤、租金及各種權利金顯著提高了這兩個殖民大國的生活水平，或者至少可以說，某些人口階層從中大幅得益。為了讓讀者清楚意識到這些金額有多龐大，在此不妨做個簡單對照：1900-14年法國藉由國外持有資產所獲的5%額外國民所得大致相當於法國北部及東部各省（即工業化程度最高的省份）的工業生產總值。由此可知，這種金融收益確實非常可觀。[22]

從粗暴的殖民占有到「溫和貿易」的假象

　　有一點相當驚人的是，法屬及英屬殖民地在1760-90年和1890-1914年這兩個時期為殖民母國帶來規模大致相當的金融利益：繼前一時期多創造4-7%的國民所得之後，在後一時期則帶來5-8%的額外所得。當然，這兩個年代的情況之間存在顯著差異。在第一殖民時期，殖民占有係以粗暴而密集的方式進行，並且集中在面積不大的領土上：將奴隸運往島嶼，強迫他們生產糖和棉花，在由此產出的財富中搾取極大比例的利益（在聖多明哥高達70%），作為殖民者的利潤和收入。殖民搾取的效率極高，但奴隸造反的風險也不容忽視，而且這套制度難以在世界各地普遍實施。在第二殖民時期，占有與經營模式比較細緻複雜：殖民者在許多國家持有股票及債券，可供抽取各領土生產總值的一部分，雖然比例遠低於殖民制度下

可能達到的規模，不過仍舊頗為可觀（經常可占某地生產總值的5-10%，甚至更多），而且更重要的是，這種做法適用於更多地區，甚至可以在全球普遍實現。確實，第二種制度的實施範圍最終遠比第一種制度更遼闊，而且若不是因為1914-45年全球政治動盪導致該套制度停擺，它還可能更進一步擴展。第一殖民時期毀於奴隸造反；第二殖民時期則毀於戰爭與革命，而這一切的成因不外乎殖民列強之間的瘋狂競爭，以及全球化所有權社會引發（至少是在部分程度上引發——這點容後探討）的種種內部與外部不平等所導致的嚴重社會緊張。

我們也可能傾向於認為，這兩種情況之間的差異在於「正當性」，也就是說，第一殖民時期的奴隸販運以及蓄奴島上殖民者對奴隸的壓榨是以「非法」方式（或者至少可說是「不道德」的方式）進行，而第二殖民時期英法兩國的國外金融資產是秉持「溫和貿易」講求共同利益的良性邏輯，以完全「合法」（當然也比較「合乎道德」）的方式累積而成。事實上，第二殖民時期試圖依循的是一套主張普世精神的所有權主義意識形態（儘管其具體實踐非常不對等），以及一種特定的發展與交易模式（在某些方面類似目前的新所有權主義），在這種模式中，龐大的跨國金融資產理論上符合所有人的利益。根據這個和諧的良性情境，某些國家可能達到大規模出超，例如因為它們擁有優良產品可供行銷世界各國，或者因為它們認為有必要替未來進行儲備（以防可能的人口老化或未來的災難），這使得這些國家能在其他國家累積資產，然後這些資產會帶來恰如其分的報酬。若不是如此，有誰會想要努力建構資產，又有誰會願意克制消費、耐心等待？這其中的問題在於，用「粗暴的壓榨邏輯」VS.「良性的互利邏輯」這種對比說明兩個殖民時期的差異，這在理論上可以成立，實際上卻太過粗略。

在具體實踐上，1880-1914年間，英法兩國的金融資產有相當比例直接源自海地為了獲得自由而支付的賠償金，或者英法兩國的納稅義務人為補償奴隸主損失的人身資產（奴隸）而支付給他們的賠償（如舒爾歇屢次

提及，這種資產原先是在「合法架構下」取得的，因此不可能在沒有恰當賠償的情況下一筆勾銷）。更廣泛而言，國外金融資產的一大部分是以公共債權或私人債權的形式存在，而這些債權當初是強行取得的，在許多情況中甚至形同軍事貢品。1839-42年及1856-60年兩次鴉片戰爭之後中國被迫承擔龐大公共債務，就是箇中經典案例。英國與法國認為中國政府必須為軍事衝突負責（換句話說，假如中國政府早點答應進口鴉片，不就不會有事？），因此強制要求中國支付巨額債款，以賠償兩國原本可以避免的軍事損失，並促使中國繼續屈從（我會在第九章回頭探討這些歷史事件）。

「不平等條約」的機制使殖民列強得以控制許多國家及國外資產。這個策略的第一步是找到某個多少具有說服力的藉口（例如對方拒絕適度開放邊界、必須維持安全秩序、當地發生針對歐裔居民的暴動等），據此展開軍事行動，然後要求獲得管轄特權及貢金，而為求貢金如期支付，列強會設法管控海關部門，進而取得整個財稅體系的控制權，藉此提高殖民債權人的獲利（這一切都透過高累退稅率進行，導致當地社會緊張，有時甚至爆發針對占領者的租稅反抗行動），最終掌控整個國家。

就這點而言，摩洛哥是一個絕佳例證。1830年，法國攻占阿爾及利亞，摩洛哥蘇丹欲協助這個同樣信仰伊斯蘭的鄰國，決定為阿爾及利亞抗軍領袖阿卜杜・卡迪爾（Abd el-Kader）提供庇護。法國藉這個大好機會，對摩洛哥北部港都丹吉爾（Tanger）實施轟炸，並於1845年迫使該國簽訂第一個條約。接下來，西班牙以一場柏柏人[④]的造反行動為藉口，出兵攻取得土安（Tétouan），並於1860年強迫摩洛哥支付沉重的戰爭賠款，後續由倫敦和巴黎的銀行轉融資，而這些債款的清償作業很快就消耗了摩洛哥一半以上的海關收入。法國步步為營，1907-09年間，由於馬拉喀什及卡薩布蘭加發生暴動，法國以保護金融利益及法籍僑民為名義，侵入摩洛哥

---

④　譯注：柏柏人是西北非洲說亞非語系柏柏語族各語言的民族，主要分布在摩洛哥、阿爾及利亞、突尼西亞和利比亞，少數人群最東可達埃及，最南可達布吉納法索。這個稱呼不是柏柏人的自稱，而是源自古希臘人的 barbaros，意為「野蠻人」。

大部分領土，最後在1911-12年間正式成為摩洛哥的保護國。[23]值得一提
的是，1830年法國攻占阿爾及利亞的理由是掃除對地中海地區貿易構成威
脅的蠻族海盜，當時法國指控阿爾及爾迪伊[5] 容許這些海盜盤據阿爾及爾
港，於是高舉「文明任務」的旗幟，大舉入侵該國。另一個同樣冠冕堂皇
的動機是，法國在1798-99年出兵埃及期間，因小麥補給而欠下債務，並
由阿爾及爾迪伊負責擔保，其後由於拿破崙及路易十八國王陸續拒絕清
償，導致兩國關係在法國復辟時期持續緊張。這種情形再次說明，所有權
主義意識形態在調節社會關係與國家間關係方面確實有其局限。各國皆以
自己的方式運用這套意識形態，設法合理化其對累積財富、擴張國力的欲
望，因而很快就會碰上各種邏輯矛盾，難以定義出一套各方均能接受的公
義標準，於是只得透過赤裸裸的權力拉鋸甚至戰爭暴力加以解決。

　　在此必須強調，那個年代國與國之間的這種粗陋做法，以及昔日軍事
貢品與現代公共債務不斷被混淆的現象，也存在於當時的歐洲內部。以德
國為例，從1815年德意志聯邦組成到1866年北德聯邦建立，普魯士與德
意志各公國在這個漫長而複雜的過程中逐漸達成政治統一。新成立的德意
志帝國在1870-71年的普法戰爭中獲勝，趁此機會強迫法國支付沉重賠
款，金額高達七十五億金法郎，相當於當時法國國民所得毛額的30%以
上。[24]這筆金額非常可觀，遠遠超過軍事行動耗費的成本，但法國還是能
全額支付，而且這對它已累積的龐大金融財富並未造成重大衝擊，這點足
以顯示十九世紀後期法國資產主與儲蓄者們享有極為雄厚的財力。

　　這其中的差異在於，儘管歐洲列強有時會相互要求支付貢金，但它們
更常聯合起來對世界上其他國家實施可供大幅獲利的宰制，這種情況至少
一直維持到1914-45年歐洲各國在兩次大戰中自相殘殺為止。時至今日，
縱使合理化機制及施壓方式已有大幅演變，我們絕不能輕易認為那種粗陋

⑤ 譯注：迪伊（dey）是鄂圖曼帝國阿爾及利亞省及的黎波里塔尼亞省代理統治者的頭銜。
　在1830年法國征服阿爾及利亞以前，阿爾及利亞有二十九名迪伊。

的國際正義形式已經完全消失，而國家的財政地位不再受赤裸裸的權力遊戲所影響。舉例而言，當今美國具有他國所不及的能力，可以對外國企業實施極其強硬的制裁，或對它認為不夠合作的政府進行貿易禁運、金融封鎖等嚇阻性措施，而我們有理由相信，這個事實與美國的全球軍事主宰能力有一定程度的關聯。

淺談「被他國持有」這個複雜概念

在1880-1914年這個時期，英國及法國的國際資產一部分也來自這兩個工業大國從十九世紀初期開始累積的貿易盈餘。雖然如此，這裡有幾點必須說明。首先，我們很難斷定，如果沒有權力爭奪及軍事暴力的影響，當年的貿易往來可能發展成何種樣貌。中國的例子在此顯而易見，英國在兩次鴉片戰爭後強行對中國輸出鴉片，而這項交易是十九世紀前六七十年英國對中出超的重要一環。不過其他出口項目也是如此，特別是紡織品。貿易形態是在政府間的權力拉扯及充滿暴力的國際關係中建立起來的；就紡織業而言，無論是在奴役勞動的生產基礎上實現棉花供應，或對印度及中國紡織品課徵重稅，以促進自己的產品出口，都脫不出這個範疇。後續我們將進一步探討這個部分。

其次，將十九世紀的貿易活動簡單看成由「隱形之手」、「市場力量」所形塑的結果，未免失之輕率，而且這種闡釋方式無法讓人真正理解全球貿易體系與政府間關係中那些充滿政治色彩的轉變究竟是怎麼發生的。無論如何，1880年前後英法兩國持有規模極其驚人的國外金融資產；即便將實際貿易流通視為已知項，我們仍然必須承認，根據1800-1880年這個時期的現存資料計算而得的貿易盈餘數據只能用來解釋其中的一部分（介於四分之一與一半之間）。由此可見，大部分金融資產與其他業務有關，例如前面提過的類軍事貢品、各種沒有相應補償的資產剝奪、在某些投資上獲取超高報酬等。

最後這點或許更要緊。無論英法兩國在1880-1914年期間持有的金融資產（以及未來各國將擁有的金融資產）具有多大的合法或不合法與道德或不道德成分，我們都必須知道，這種資產持控一旦達到某種規模，就會按照自己的邏輯繼續累積。在此特別強調一個事實（這點雖然可從當年的貿易統計資料獲得充分佐證，而且在當時眾所皆知，但如今知道的人已經不多）：在1880-1914年期間，英法兩國從其他國家賺取的投資報酬分別為法國和英國創造5%和8%左右的額外國民所得，這個規模之高，足以讓兩國有能力在不斷處於結構性貿易赤字（兩國在該時期的貿易赤字相當於國民所得毛額的1-2%）的情況下，繼續以愈來愈快的速度累積對其他地區的債權。換句話說，世界上其他國家地區的勞動增進了殖民列強的消費與生活水平，同時那些地方對列強的負債卻愈來愈高。打個比方：一名租住公寓的工人將薪水的一大部分用來支付租金給屋主，屋主則用這些租金買下大樓內的其他公寓，同時過著闊氣奢華的生活，與僅能糊口的勞工階層形成鮮明對比。這種情形也許會令某些人感到驚愕（我認為這種反應是健康的），不過我們必須明白，所有權的目的無非在於替未來締造更大的消費力與財富累積能力。同理，無論是透過貿易順差或殖民占有的方式累積國外資產，這種累積的目的是讓自己有能力承受貿易逆差。這是一切資產累積的原則，無論是在國內或在國際層面累積。如果想要脫離這種無限累積的邏輯，就必須為自己賦予充分的知識手段與體制措施，這樣才能真正超越私人所有權的概念，例如透過暫時財產所有權、所有權持續重分配這類理念的實踐。

在二十一世紀初期的今天，有時我們會一廂情願地認為貿易順差本身就是一個目的，而且可以永無止境地持續。這種想法反映出某種非常引人遐思的政治意識形態轉型。在它所呼應的世界中，國家既重視為人民創造出口部門的工作機會，也致力累積對世界其他地區的金融債權。雖然如此，無論是過去還是今日，金融債權的用處不只是在有關國家創造工作機會、威信與權力（儘管這些目的不應被忽略）。金融債權的宗旨還包括創

造未來的財務收益，這些收益除了可供購置新的資產，也可以用來取得其他國家產出的商品與服務，而且無需對其進行任何出口。

在大幅累積國際資產方面，當代最突出的實例是產油國家。不過顯而易見的是，石油與天然氣出口以及隨之而來的貿易盈餘不可能永遠持續。因此，這些國家追求的目標是在世界其他地區持有金融股份，以便能仰賴這些準備金以及這些投資帶來的收入維持國家生計，如此一來，在碳氫化合物礦藏枯竭後，它們就能長期繼續進口所需商品與勞務。再舉日本的例子。目前，日本持有的國外金融資產規模排名全球第一（見圖7.9），這些資產源自過去數十年的日本產業貿易順差，不過日本有可能正在邁入一個結構性貿易逆差時期，或者至少可說，日本的資產累積時期正在結束。一旦準備金達到某個規模，而人口老化持續加劇，德國乃至中國未來很可能也將面臨這樣的轉捩點。當然，這種演變沒有什麼特別「自然而然」的成分，而是取決於相關國家在政治意識形態方面的轉變，以及不同政府機構及經濟要角對這些議題的認知與論述方式。

後續我會回頭爬梳這些問題，並探究未來各種衝突的可能根源。在此我想強調的重點是，涉及所有權的國際關係從來不是簡單的事，尤其當這類關係所牽涉的規模是如此之大。平心而論，雖然在經濟學教科書呈現的美麗童話中，這種關係有時被描述成自然具備和諧互惠的固有特質，但整體而言，所有權關係向來比較複雜。要一名受薪工作者將勞動所得的一大部分用來支付租金給屋主，或為其創造利潤，或者要租屋者的小孩支付租金給屋主的小孩，這從來都不是輕而易舉的事。這就是為什麼所有權關係向來容易引發爭端，並且促使社會發展出多種機制，藉此調節這些關係的形式，以及確立這些關係長期存續的條件。這一切的具體實踐方式包括：工會抗爭、公司企業中的權力分享機制；薪資制定及租金管控相關立法；對屋主驅趕房客的權力加以限制；租約期限以及買斷條件的制定；繼承稅；以及其他各種旨在促進新興社會群體取得所有權以及限制資產不平等現象長期複製的稅務及法律機制。

　　但如果是一個國家必須長期支付利潤、租稅、紅利給另一個國家,那麼這種關係就可能變得更加複雜而且充滿爆炸性。透過民主辯論及社會抗爭建構一套能讓最大多數人接受的公義標準,這個程序在某個既定政治共同體內已經非常複雜,而當資產所有者是外在於這個共同體的人,這件事就會變得幾乎無法處理。這時最常見也最有可能發生的情況是透過暴力及軍事脅迫來調節這些關係。在美好年代,殖民列強大量使用「砲艦政策」,迫使對方按時支付利息及紅利,並確保沒有人膽敢剝奪債權人的資產。國際金融關係與各國投資策略中的這種軍事及威嚇面向在二十一世紀初期的今天也扮演著舉足輕重的角色,而國家間體系(système interétatique)卻已變得遠比當年複雜。特別是目前的兩個重要國際債權人——日本與德國——是沒有軍隊的國家,而兩個主要軍事強權——美國以及某種程度上的中國——比較關心境內投資而不是累積境外債權,這可能是因為這兩個國家都是幅員遼闊的大陸,而且富於人口成長動能(不過話說回來,人口因素在中國正逐漸改變,有朝一日美國的情況也將有所變化)。

　　無論如何,美好年代英法兩國的國外資產經驗不但有助於我們對所有權主義不平等制度(特別是其中的殖民與國際面向)有更全盤的瞭解,對人類社會的未來也充滿寓意。這部分有一點值得注意的是,當年殖民列強為求資產累積的長期存續而發展出來的金融與軍事脅迫機制既能用於明確受到殖民統治的領土,也可應用在不受殖民(或尚未被殖民)的國家,例如中國、土耳其及鄂圖曼帝國、伊朗或摩洛哥。整體而言,當我們檢視與那個年代的國際資產組合有關的既存資料時,我們會發現那些資產的範圍遠遠超出嚴謹定義中的殖民地。

　　在1912年巴黎市民持有的國際金融資產中,可以直接視為與法蘭西殖民帝國相關的部分占總額的四分之一到三分之一,其餘分布在林林總總的其他國家及地區,包括俄羅斯和東歐、黎凡特和波斯、拉丁美洲、中國等等。[25] 就財務收益而言,法蘭西殖民帝國中較新的領土組成部分——特別是位於法屬赤道非洲及法屬西非的殖民地——不見得報酬率最高;這些

殖民地的運作主要是由當地的殖民官員和殖民者獲益，也有助於提升文明力量的道德威信（在那個年代，一部分法國菁英及民眾認為殖民是一種文明教化）。[26]大英帝國同樣呈現這種多元情況：英國資產所有人的國際資產組合整體上帶來非常豐厚的收入，足可彌補英國對世界其他地區的結構性貿易赤字，同時以愈來越快的速度累積債權，不過大英帝國某些組成部分締造的獲利率遠低於帝國其他地區，其主要意義在於文明普及任務，或者是作為替某些殖民者或持產者群體創造利益的策略，而不是狹義上的金融操作。[27]總括來說：美好年代的國際不平等制度在其合理化論述中揉合了所有權主義面向與文明面向，而這兩種面向對於不平等現象的後續演變都造成非常深刻的影響。

殖民母國的法律 VS. 殖民地的法律

現在回頭探討殖民社會中不平等現象的根源及其延續等問題。先前我們已經談到殖民地預算在殖民時期不平等現象的產生及持續中所扮演的角色。由於被殖民人口繳納的沉重稅賦主要是由殖民者受益（特別是在教育投資方面），因此最初的不平等狀態長久存在可說見怪不怪。除了這些由財稅制度及公共支出結構所導致的不平等之外，殖民體系中還存在其他各種不平等因素，首先是法律制度所引發的不平等，因為殖民地法律對殖民者遠較有利。特別是在商業領域及民事問題、財產法、勞動法等方面，歐裔人口與被殖民人口受不同法院管轄，因此經濟競爭的遊戲規則對兩者並不平等。

在印尼作家普拉姆迪亞‧阿南達‧杜爾（Pramoedya Ananta Toer）的1980年小說《人間世》（Le Monde des hommes）中，本地居民桑妮肯（Sanikem）的悲慘遭遇為殖民制度中這種粗暴的不平等現象提供了淋漓盡致的寫照。1875年左右，在爪哇東部城市泗水附近，桑尼肯的父親決定把十四歲的女兒賣給荷蘭籍農場主人赫曼‧梅勒瑪（Herman Mellema）當妾（nyae），藉

此獲得升遷機會，並存下一筆積蓄。年紀輕輕的桑妮肯明白，自此她一切必須靠自己。「他的手臂皮膚如蠶蜥般粗糙不平，上面鋪滿跟我的腿一樣粗的金毛。」不過赫曼也有脆弱的一面：他逃離荷蘭和他所屬的社會階層，後來他指責妻子與別人通姦，再次決定逃脫。在淪為酒鬼以前，他試圖振作，開始教桑妮肯學習荷蘭文。於是桑妮肯便能把荷蘭寄來的成箱雜誌翻出來唸給他聽，並在周遭人們的一片嘲弄聲中，憑藉自己的努力與犧牲，很快就學會獨力發展位於泗水南郊沃諾克羅莫（Wonokromo）一帶的產業。桑妮肯的女兒安娜莉絲（Annelies）與意外獲得泗水荷蘭高中就學資格的本地人明克（Minke）交往，令桑妮肯非常開心，不過桑妮肯的兒子羅伯特（Robert）因為自己的混血身分而感到屈辱，他帶著比純種白人更大的恨意，對本地人暴戾相待。而桑妮肯不知道的是，她長年辛苦的成果在法律上完全沒有價值。對於父親讓他的血統與本地人摻雜，羅伯特一直耿耿於懷；1900年代，滿心怒氣的他從荷蘭返回印尼，不久後，赫曼死在附近的一間中國妓院。身為赫曼的合法子嗣，羅伯特依法提出財產相關權利主張，最後透過泗水荷蘭法院的判決，取得農場的控制權。安娜莉絲被強制帶往荷蘭，後來發了瘋；萬念俱灰的桑妮肯和明克則留在爪哇。他們只有一個選擇：為正義抗爭、為獨立奮鬥，而這是一條漫漫長路。

杜爾對這一切深有體會。荷治時期，他曾在1947-49年坐過牢；1960-70年代蘇卡諾和蘇哈托統治期間，他又因為投身共產運動以及維護印尼華人，陸續遭受牢獄之災。他的作品也剖析金錢方面的不平等，在那個年代，金本位及零通膨現象為金錢賦予了某種社會意義，並使所有權有了無與倫比的穩固性。桑妮肯被父親用二十五盾的價格賣出，這筆錢「足夠讓一戶鄉下人家過三十個月的舒服生活」。不過這個故事與歐洲經典小說的脈絡不同，其中的關鍵也大異其趣。殖民地的不平等制度主要是建立在社會地位不平等、身分認同不平等及族群－人種不平等的基礎上。純種白人、混血兒與本地人擁有不同的權利，他們都被困在輕蔑和怨恨織成的天羅地網中，承受人力無法控制的後果。

近年一些研究（特別是艾蔓紐・薩達〔Emmanuelle Saada〕的相關論文）顯示，在二十世紀中期以前，殖民列強一直致力在帝國境內發展特殊法律制度，設法為不同族群－人種類別賦予精準的法律定義，據以針對不同群體制定不同權利，儘管理論上這種人口類別畫分在廢奴之後已經被殖民母國的法律汰除（舉例而言，從1848年開始，留尼旺及法屬安地列斯群島的人口普查就不再登記人種相關資訊）。1928年頒行一項法令，訂定「於印度支那不具明確法定身分之雙親所生混血兒的地位」，藉此為那些至少雙親之一「可推定屬於法國種族」的人賦予法國籍，這項做法導致法院開始評量申訴者的身體及種族特徵。

在這些問題上，當時各派人士分持不同立場。某些殖民官員對混血兒的社會適應能力有所懷疑，他們認為這些小孩只是法國人與「黃種女人」萍水相逢的產物，因此反對自動入籍的政策。與此相反，為數眾多的殖民者（包括許多本身就與當地人通婚的人）強調，「讓那些身上流著法國血液的人無可依歸」可能引發各種危險，而且「任由反法黨派出現，並且因為我們將那些被安南人視為法國子民的人棄於不顧，導致安南人鄙視我們」，顯然是一種「失策」。採納以種族特徵為標準的做法還有一個動機：殖民當局想要打擊身分詐騙的行徑。儘管所有事實都顯示這種行為非常罕見（何況混血兒的人數本來就很少），殖民當局卻深怕這種入籍方式會催生「一種名副其實的產業，讓那些陷入貧困但腦筋動得快的歐洲人得以藉此確保晚年生活無虞」（這是當年一名法律人士的說法）。另外，在馬達加斯加，殖民當局擔心這項為印度支那制訂的法律在執行上會遭遇困難：法官該如何區分一名留尼旺父親（就算不屬於「法國種族」，至少也是法國公民）所生的小孩和一名馬達加斯加父親（本地籍而非法籍）所生的小孩？這些考量並未阻礙該項法令在印度支那實施。1930年代，透過醫學證明的開立，孩童的法國－印度支那混血身分獲得確認，而這導致二次大戰結束後成千上萬的混血身分未成年人遭強制「遣返」法國。[28]

還有一點必須留意的是，雖然原則上跨種族通婚無論在殖民地或法國

本土都被准許，但就具體實踐而言，有關當局通常試圖加以勸阻，特別是在法國女性與殖民地原住民男性結縭的情況下。隨著殖民地勞工引進法國本土（其中尤以印度支那勞工為多），一些法國女性（經常是與那些勞工分派到相同工廠上班的員工）開始與他們交往，但1917年間，一份司法部公文要求地方首長等相關人員竭盡所能使他們的關係難以發展。這些地方官員擔負的責任是設法讓「過於輕率或太容易上當的女性同胞免於一些她們難以察覺的危險」，而這些危險除了涉及殖民地原住民男性的一夫多妻習俗，也與生活水準的差異有關，因為「原住民的薪資不足以讓歐洲女性享有體面的生活」。[29]

除了混血兒的問題以外，事實上各殖民地陸續建立起一整套平行法律制度，經常與法國本地法律宣稱的基本原則背道而馳。舉例而言，1910年間，越南海防的商會向殖民地部說明為什麼被殖民地本土居民指控犯下強暴罪行的法籍男子應當獲得最仁慈的法律待遇：「在法國，傷害鄰家女性貞潔的農人或工人必須娶其為妻，以為補償；男人若憑藉其身分地位，玷汙較年輕或較窮困的女人，則欠下不容置疑的一筆債。但是，姑且不論膚色不同或人種高低，在遠道而來的法國男子與通常俯拾即是的本地女子之間，社會關係並不相同。」[30]

在荷屬印尼的情況中，德尼·隆巴爾（Denys Lombard）明確闡述了1854年制訂的殖民地規章所造成的不良影響。該規章確立了「本地土著」與「東方外國人」（這個人口類別涵蓋華人、印度人、阿拉伯人等外來少數民族）之間的嚴格區分，這種畫分方式部分導致各種身分認同與對立關係明顯而持久地存在。然而事實上，在超過一千年間，「爪哇十字路口」及中南半島向來具有獨特的交融混血特色，印度教文化、儒家文化、佛教文化與伊斯蘭文化在這個地區密切交流，這個現象非常不符合歐洲人對全球化的想像，但它對區域文化及「東方地中海」（西至金邊、東到馬尼拉、南及雅加達、北達廣州的海域）所造成的影響，終究可能比西方人的武力秩序更加深遠。[31]

法屬殖民地的合法強迫勞動（1912-1946）

　　有一個別具揭示意義的例子是1912-46年間在法國殖民地透過合法形式（或者至少是某種試圖冠上合法表象的形式）實施的強迫勞動。這種情況說明了奴隸制社會過渡到殖民社會的一種連續性，同時也告訴我們，針對各種不平等體制所採行的法律及財稅制度進行詳細檢視確有其重要性。以非洲的情況而言，所有跡象都顯示，從大西洋奴隸販運結束到第二殖民時期開始，強迫勞動不但從未真正停止，而且事實上在整個十九世紀期間持續存在。十九世紀後期，歐洲人開始進一步深入內陸，以便開採礦產及其他天然資源，這時他們大量採用強制勞動，而且工作條件經常非常粗暴。1885年剛果成為比利時國王利奧波德二世的私人財產以後，殖民當局為了經營橡膠產業，以格外暴力的方式動員當地人力、提高工作紀律，甚至不惜燒村、砍手，藉此節省子彈。[32] 隨著剛果民眾遭受殘暴待遇的證言陸續出現，歐洲在1890-91年間開始出現這方面的爭議，其後又在1903-04年再度爆發論戰。最後，歐洲各國在1908年要求將這個領土轉移給比利時政府，希望透過國會的監管，殖民體制得以軟化。[33] 發生在法國殖民地的剝削暴行也經常受到譴責，這種情況迫使殖民地部陸續頒布法律文件，設法為法屬非洲民眾被要求提供的「服務」（prestations，俗稱「苦役」〔corvées〕）制定法律架構。

　　這其中所含的邏輯是「無可迴避」：殖民當局的法律依據是「繳納稅賦，人人有責」，但某些本地居民沒有足夠資金可供繳稅，因此他們就會被要求以實物方式支付差額，具體形式是以天為單位的不計酬勞動。就實際操作而言，這裡的問題相當複雜。被殖民人口除了以金錢及實物（收穫抽成）方式繳納沉重稅賦，有時還必須負擔苦役；不僅如此，不計酬勞動一旦成為可行模式，通往各種濫權與侵犯的大門彷彿就被打開，而這形同預先合法化這類弊端。針對這個問題，1912年通過的一項「法屬西非政府所轄各殖民地與領土原住民眾服務提供相關法規」決議案制定了數項保留

條款，不過這些防線的效能相對有限，而且未受良好監控。這些條款明訂
「原住居民可能被要求提供服務，以養護道路、橋梁、探勘井等交通動線」，
建設其他基礎設施（如「架設電報線」），以及執行「所有性質的公共工
程」，而這一切均由各殖民地的副總督或特派委員全權監管。決議內容也
顯示，應當擔負這些勞務的民眾是「所有身體健全的成年男性，老人除外」
（不過沒有明確說明年齡）。[34] 原則上，這種「服務」的提供以每人每年不
計酬勞動「十二個工作天」為上限。殖民檔案只登記這些依法進行的服務，
而這些官方資料已經足以顯著上調殖民時期稅務壓力的相關估計值，並讓
我們得出這個結論：強迫勞動是殖民制度整體架構中極其重要的一環。[35]

　　根據戰間期許多人的現身說法，兩次大戰之間殖民地要求的強迫勞動
天數事實上遠遠超過官方規定的數字。勞動需求較緊迫時，無論是在法國
殖民地或比利時、英國、西班牙、葡萄牙的殖民地，最普遍的工作天數是
三十天到六十天。在法國的情況中，1921-34年剛果－海洋鐵路建設工程
釀成的悲劇[⑥] 使強迫勞動的議題引發軒然大波。最初法屬赤道非洲的行政
部門承諾提供八千名當地工人，並且認為可以在鐵路沿線約一百公里的狹
長地帶「雇用」這批人員。不過這項工程的致死率高得驚人，顯而易見的
危險性導致工人大幅逃逸，因此殖民當局只好轉往剛果中部的另一邊大量
網羅「成年男子」。1925年起，當局甚至必須深入喀麥隆及查德等國發動
突襲，強行獲取人力。關於這種「駭人聽聞的人命消耗」，相關見證不勝
枚舉，其中最著名的包括1927年安德烈·紀德的《剛果之旅》（*Voyage au
Congo*），以及1929年艾柏·倫敦（Albert Londres）發表的報導集《烏黑的
大地》（*Terre d'ébène*）。

　　法國於是受到與日俱增的國際壓力，特別是來自國際勞工組織
（International Labor Organization）的施壓。這個全新機構與國際聯盟

---

⑥　譯注：剛果－海洋鐵路（Chemin de fer Congo-Océan）是一條連接布拉柴維爾
　　（Brazzaville，今剛果共和國首都）和大西洋岸港都黑角（Pointe-Noire）的鐵路線，全長
　　五百餘公里，建於1921-34年間，由於工作條件不良，保守估計造成一萬七千人死亡。

（League of Nations）一樣成立於1919年，其憲章前言如下：

> 　鑑於普遍而持久的和平唯有在社會正義的基礎上才能建立。鑑於現存某些勞動條件令許多人蒙受不公、貧困與匱乏，導致不滿情緒大幅升高，危及世界和平與和諧；鑑於勞動條件之改善已成燃眉之急。鑑於任何國家若不採納真正人性化的勞工制度，將對其他亟於改善國內勞工命運的國家造成阻礙。

　　接下來是一連串有關工時與勞動危險性、薪資制定、員工及員工代表權利的建議和報告，不過國際勞工組織顯然忘了將實行這些建議所需的方法與制裁權納入憲章。

　　1920年代，國際勞工組織經常敦促法國停止不計酬勞動及強制遷移勞工的做法；國際勞工組織認為這些做法類似某種形式的奴役。不過法國當局否認這類指控，並且強調他們才剛讓全體「原住民」（indigènes）享有用金錢贖買勞動服務的可能性（原本只有「進化族群」〔évolués〕——殖民行政部門用這個詞語指稱少數採納「歐洲」生活方式的原住民——擁有這種贖買權）。法國行政部門也非常喜歡提出另一個論點：許多相關指控（特別是涉及剛果－海洋鐵路建設工程的部分）不屬於勞動服務制度的範疇，而與兵役有關，而兵役是國際勞工組織許可的少數不計酬勞動項目之一，唯一條件是這種軍事制度不能被挪用來進行民事勤務（在法國的案例中，國際勞工組織懷疑軍事制度遭到當局挪用）。法國當局非常氣憤，認為國際勞工組織此舉嚴重侵犯了法國視為「國家主權」的領域，因而拒絕在1930年簽署該組織的公約。不計酬勞動就這樣透過服務與兵役的形式，在法國各殖民地一直持續到二次大戰結束以後，例如在象牙海岸的可可農場。1912年的法令要到1946年才終於廢除，當時政治環境已經大幅轉變，而法國為了避免帝國解體，忽然願意在所有方面作出讓步。

後期殖民主義：南非的種族隔離（1948-1994）

　　在歷史上以區隔殖民者與被殖民者以及結構化兩個族群間的長期不平等為宗旨的法律制度中，南非從1948年到1994年實施的種族隔離制度毫無疑問是其中最極端的案例之一。關於這個部分，本書的目的不在於描述種族隔離的歷史，只是要強調幾個從不平等制度的通史研究角度看來特別值得關注的要點。從1899年到1902年，英國人與荷蘭殖民者的後代之間發生波耳戰爭，歷經艱苦戰鬥，由英國取得勝利。戰爭結束後，南非聯邦（Union of South Africa）成立，試圖統一各個不同領土。在某些情況中，特別是在英屬開普殖民地，政治體制採取納貢選舉制而非種族制：足夠富裕的黑人、有色人（coloured，指混血人種）、亞裔（其實主要是印度裔人口）擁有投票權，在1910年以白人為主的選民中構成一個小小的少數群體。[36]不過波耳人完全不願意讓這套制度擴大實施到聯盟全境，特別是川斯瓦（Transvaal）、納塔爾（Natal）、奧蘭治（Orange）殖民地等地區。阿非利卡人[⑦]菁英迅速展開建置強硬歧視制度的工作，於1911年即通過《原住民勞動調節法》（Native Labour Regulation Act），規定所有黑人勞工必須持有通行證才能離開其工作所在地，藉此管控勞動力的流動性。1913年的《原住民土地法》（Natives Land Act）導入一份「原住民保留區」地圖，這些保留區的總面積相當於全國領土的7%，但當時黑人卻占總人口的80%以上。白人被禁止在這些保留區的土地上耕作，而非洲人當然也被禁止持有或承租「白人區」的土地。[37]1948年，南非正式實施種族隔離制，相關措施進一步極端化；1961年英國託管正式結束以前，南非已經在1950-53年陸續通過《人口登記法》（Population Registration Act）、《集居區域法》（Group Area Act）以及《設施隔離法》（Separation of Amenities Act），使隔

---

⑦　譯注：阿非利卡人（Africaner）是南非、納米比亞等國的歐洲白人移民後裔，其祖籍主要為荷蘭，但也包括少數德國人、比利時人、胡格諾教派法國人等。

離制度更形完備。

選舉制度也完全建立在種族基礎上：只有白人享有投票權；無論財產多少，所有白人都能投票。在1960-70年代的冷戰及獨立風潮中，面對日益高漲的國際譴責聲浪，南非出現一些關於擴大選舉權的討論，部分人士開始思考是否應該在納貢選舉制的原則下，重新為一部分黑人賦予選舉權。這一切的困難之處是，如果對白人及黑人採取相同的稅賦或財產門檻，那麼唯有將門檻調到極高水平，才能保障白人維持政治多數，但這種做法的代價是剝奪中下階層白人的投票權，而這些百人完全不想將他們剛獲得的政治權拱手讓給富有的黑人。但是，如果過度降低門檻，那麼黑人就很可能成為多數，從而取得政權。隨著種族隔離制於1990-94年告終，以及奈爾遜‧曼德拉（Nelson Mandela）在1994年當選總統，黑人獲得政治多數終於成為事實，但在此以前，阿非利卡人長期無法想像這種可能性。只有在抗爭人士及黑人城鎮居民展現鍥而不捨的決心，以及後來國際制裁發揮作用之後，白人才被迫接受遊戲規則的改變。

種族隔離與歧視措施的結束使一小部分黑人的社會地位得以提升，讓他們融入南非的政經菁英群體。舉例而言，1985年時，黑人在財富分配最高百分位中的占比低於1%，到了1995-2000年，這個比例已經接近15%，其中的主要因素是黑人擔任一部分最高階公職，而且部分白人選擇離開南非。雖然如此，黑人在最高百分位中的占比在那個時期之後略微減少，於2010年代降至13-14%左右。換句話說，雖然白人占南非總人口的比例僅略高於10%，但最高百分位人口中超過85%是白人（白人在最高十分位人口中的比例則將近70%）。[38] 過去南非黑人完全被排拒在最高階社會職務之外，現在情況已經轉變，黑人理論上可以打進最高階層，不過白人仍舊處於高度支配地位。另一個驚人事實是，種族隔離結束以後，南非前10%最高所得階層與其餘人口之間的差距反而增加（見圖7.5）。

這其中的原因一部分在於南非政治結構的特性：源自反種族隔離抗爭的政黨——非洲民族議會（African National Congress）——持續把持近乎霸

權的地位,從來不曾實行真正的財富重分配政策。尤其重要的是,種族隔離結束以來,政府未曾進行土地改革,也沒有採行任何規模夠大的財稅改革,因此,黑人在將近一個世紀期間(從1913年的《原住民土地法》直到1990-94年)實質上被局限在10%領土所導致的巨大不平等情況大致上維持不變。事實上,在所有權重分配及累進稅制等問題方面,非洲國民議會通常受相對保守的派系所主導,儘管從2010年代開始,關於這些議題的社會壓力與政治呼聲日益強大。[39]另外需要強調的是,1990-2010年代的全球意識形態環境不甚有利。假如南非政府決定投入實施土地重分配政策,很可能導致白人強力反對,而倘若這種情況真的發生,西方國家支持非洲民族議會的局面恐怕難以長久維持。

關於這點,有一個徵象值得注意。2018-19年間,非洲民族議會政府提出土地改革的可能性時,美國總統川普(Donald Trump)積極表態,熱烈支持白人農民和他們的田產,並下令白宮行政部門密切追蹤此事。在川普眼中,1990年以前一代又一代黑人遭受暴力歧視以及被局限在保留區的事實顯然不足以構成賠償的理由:這件事年代久遠,應該儘速忘卻;絕不可徵收任何白人的土地,並將它分配給黑人,因為沒有人知道這種程序會演變到什麼地步。話雖如此,就具體實踐而言,我們還是可以相信,沒有人能真正反對一個獲得選票支持及民意委託的南非政府以盡可能平和的方式,藉由土地改革及累進稅,進行這樣的重分配工作。二十世紀期間,許多其他國家就是透過這種方式,成功達到這個目的。

南非以它的特有方式展現了所有權主義不平等機制的強大力量。過去,所有權集中現象的基礎是最極端的種族不平等,但就算後來導入正式的權利平等,所有權仍舊保持高度集中,顯見這種做法並不足夠。在大多數其他殖民社會,土地與財產重分配之所以實現,主要是因為白人群體離開,以及國有化作業的開展(儘管這個程序多少有點混亂)。不過,在一個過去曾是暴力殖民社會的國家(例如南非),如果想要擘畫原有支配階級與被支配階級之間的和平共處方式,就必須設法構思其他一些有助於重

新分配財富的法律與財稅機制。

殖民主義的終結與民主聯邦主義的課題

奴隸制社會與殖民社會在現代不平等的結構中留下了顯著的痕跡，無論在國家內部或不同國家之間均如此。不過現在我想強調這段漫長歷史的另一個相對少有人知的遺產：殖民主義的終結引發了一些關於地區性及跨洲性民主聯邦主義形式的討論，雖然這些討論當時並未立即達成具體結果，但對未來而言仍舊深具啟示作用。

法蘭西殖民帝國落幕的例子特別有意思，近年並成為弗雷德里克‧庫伯（Frederick Cooper）的研究主題。[40] 1945年，經過被德國占領四年的夢魘，法國在海外殖民地的協助下獲得解放。大戰結束後，所有人都很清楚，法國已經不可能回到戰前的殖民帝國狀態，儘管某些殖民者可能懷抱這種想法。法國當局想把帝國維持住，但它知道，若要達成這個目的，就必須重新定義帝國的運作方式。首先，法國應該採取更積極主動的投資政策，並且進一步推動從母國到殖民地的財政轉移（先前我們已經看到，這種政策確實與先前各時期的做法截然不同，儘管未能改變殖民地預算結構明顯有利於殖民者的事實）。其次，更重要的是，法國必須設法從根本上改造自己的政治結構。法國的案例有一點比較特別：在1945年到1960年之間，法國試圖從匯集法國本土與各殖民地議員的國會開始，逐步重新構築政治體制的各個面向。然而事實上，這個代表制度就數字而言從來不曾平等，因為假使一切以人數比例為依歸，法國本土的霸權必然會遭受威脅，而由於當局對體制變革缺乏想像，改造的企圖一直以失敗告終。或許當年比較合適的做法是先建構並鞏固某種西非或北非聯邦架構，然後才設法發展跨洲議會主權。不過不可否認的是，這種試圖將威權帝國轉型為民主聯邦的努力不乏原創性（相較之下，英國的殖民地從不曾在英國國會上議院或下議院取得代表性），值得加以重新審思。[41]

　　1945年10月，為了制訂新憲法，法國選出國民制憲議會，其中法國本土選出的議員人數為五百二十二人，海外殖民地則一共選出六十四人。這顯然遠遠談不上數字上的平等，因為當年法國本土的人口是四千萬，殖民地的人口總數則高達六千萬左右（不包括當時已經捲入獨立戰爭的印度支那）。此外，這六十四名殖民地議員是由個別存在的殖民者選舉人團與原住民選舉人團以非常不平等的方式投票選出的。舉例而言，法屬西非共有十名國會議員，其中四人是由兩萬一千名殖民者選出，而一千五百萬原住民一共只選出六名議員。不過無論如何，從1945年到1960年，許多非洲領導人在法國國會享有席位，並且扮演了重要角色，其中最著名的例子包括利奧波德・桑戈爾（Léopold Senghor）和費利克斯・伍弗布尼（Félix Houphouët-Boigny），他們在那段時間均曾數度擔任法國內閣部長，而後在1960年分別當上塞內加爾及象牙海岸總統（前者擔任到1980年，後者一直擔任到1993年）。在伍弗布尼倡議下，制憲議會於1946年通過立法，廢除在海外領土的所有形式強迫勞動（特別是1912年法令規定「原住民」必須提供的「服務」——對於一個宣稱要在平等基礎上重新打造關係架構的殖民強國而言，這似乎是起碼應做的事）；而在阿馬杜・拉明・蓋耶（Amadou Lamine Gueye，後於1960-68年擔任塞內加爾國會議長）的提案下，制憲議會通過法案成立法蘭西聯盟（Union française），並讓帝國境內所有居民享有公民地位。

　　在1946年5月的公民投票中，制憲議會研擬的第一份憲法草案以稍微過半的票數遭到否決（53%投票反對）。同年6月，新的國民制憲議會選出，負責擬訂憲法，並在同年10月的公民投票中以略高於半數的票數通過（53%投票贊成）。這就是法蘭西第四共和採用的憲法，從1946年實施到1958年。在戴高樂派以及中央和右派派系對第一份憲法草案提出的各種批評中，最主要的一點是，在他們眼中，該草案過度傾向一院制：憲法賦予國民議會全部權力，而他們擔心社會黨及共產場議員可能取得絕對多數。因此，第二份憲法草案試圖藉由第二議院——共和諮議院（Conseil de la République），均衡國民議會的權力。如同第五共和的參議院（Sénat），共和諮議院係以間接選舉方式產生，結構上比較保守（不過不再享有否決權）。第二個因素比較不為人知，不過同樣非常重要，在國會辯論中扮演了關鍵性的角色：按照第一項草案的規畫，國民議會應該包含來自整個法蘭西聯盟（法國本土及原有殖民地）的議員，詳細組成方式則交由法律決定。這點令法國本土保守色彩最濃厚的一群議員（以及某些社會黨及共產黨議員）感到擔心，他們害怕國會將因此充斥著「黑人酋長」，而且他們強調選民清單尚未備妥，更何況非洲人都是文盲。草案支持者則反擊，只要是有關稅賦繳納事宜，人口清單向來完全妥善；至於文盲問題，事實上第三共和初期的法國農民一樣目不識丁。不過無論如何，許多人擔憂，單一國會最終會採納準數字比例制原則，按照法國本土與海外地區的人口數決定議員數，導致法國本地人逐漸失去主導權；1946年5月份的公民投票之所以以些微差距未獲通過，這種考量無疑是關鍵因素。

　　第二份憲法草案同樣曖昧不明，因為國民議會也同時包括法國本土議員與海外地區議員，其比例由法律決定。不過與第一份草案的差別是，國民議會透過結構上傾向保守且由法國本土主導的共和諮議院，以及一個本土代表（由國民議會及共和諮議院選出）與海外領土代表（由當地未來將組成的議會選出）人數各半的「法蘭西聯盟議會」，獲得某種程度的平衡。這部憲法也規定，法蘭西聯盟的全部軍事權力由法蘭西共和國政府行使，並受國民議會與共和諮議院管控，法蘭西聯盟議會則僅扮演諮詢角色。雖然國民議會中的議席分配仍屬開放選項，整部憲法毫無疑問地顯示，法國本土議員將大幅保有多數，並以法蘭西聯盟的名義行使主權職能，而法蘭西聯盟歸根究柢仍是一個由法國主導的帝國。就平等民主聯邦主義支持者的訴求而言，這樣的憲法無異於一份不予受理通知書。[42]

從法非聯盟到馬利聯邦

雖然如此，許多非洲領導人還是相信「聯邦」這個選項。在1946年5月的公民投票中，黑人選民大規模支持第一份憲法草案，[43]特別是在塞內加爾及安地列斯群島，白人則投票反對。[44]尤其桑戈爾深信，像塞內加爾、象牙海岸這種正在以人工方式建構的迷你小國恐怕無法在經濟上達到全面自主，唯有藉由融入以自由流通及財稅團結為運作基礎的大規模聯邦結構，透過歐洲社會主義思潮與非洲團結主義或集體主義傳統的結合，才能在全球資本主義體系中有效組織和諧的經濟與社會發展方式。回顧起來，我們確實很難想像當時的多數法國選民怎麼可能接受一種以平等政治為基礎的法非聯邦主義。1950年代初期，一些法國官方人士還曾持續警告：「如果繼續在國民議會增加殖民地的參與比例，我們很快就會看到兩百名一夫多妻的男性為法國家庭制訂法律。」[45]人民共和運動（Mouvement Républicain Populaire，走中間偏右路線的主要政黨）主席皮耶－昂利・泰特根（Pierre-Henri Teitgen）甚至估計，政治代表性的平等恐怕將導致「法國本土的生活水準降低至少25-30%」。

倘若當年要實現法非平等聯邦主義，一個比較務實的方案或許是先發展並鞏固某種西非政治經濟聯盟（這種聯盟後來確實透過中非法郎的貨幣形式出現，這個貨幣目前仍在流通，不過沒有相應的議會或財政主權），然後進一步構思某種形態的法非議會，以便安排自由流通以及穩妥的財稅團結形式。桑戈爾在觀察到法蘭西聯盟面臨的困境之後，從1955-56年開始向伍弗布尼及其他西非領導人提出這樣的構想，不過這時時機已晚。各個原有殖民地已經忙於鞏固自己領土上的議會及政府，象牙海岸則在1957-58年間拒絕創建真正的西非聯邦機構，致使整個西非地區走上各自獨立的道路，各自守在自己所屬的小小疆域；有時，激進的民族認同（例如「象牙海岸特質」〔ivoirité〕）甚至得以在數十年後發展出來，儘管殖民時期的邊界畫定經常毫無邏輯可言。至於北非，「阿爾及利亞各省」被分

配到的議員人數在 1958 年達到七十四席（接近人口比例），當時尚為法國海外領土的地區一共享有一百零六席，而法國國民議會的議席總數是五百七十九席。在那個時期，剛取代法蘭西聯盟的法蘭西共同體（Communauté française）已如末日黃花，戰爭則正將阿爾及利亞帶向獨立。[46] 今天我們還能看到這個制度的痕跡：2017 年選出的國民議會共有五七七席，其中二十七席屬於海外省份。代表性已經完全符合人口比例，不過由於海外省規模很小，法國本土面臨的風險遠較當年為低。

1958-59 年間，包括桑戈爾在內的數名非洲領導人深切意識到兩千萬西非人無法團結的事實，反觀同一時期，人口更多的歐洲國家卻正在打造經濟與政治聯盟。這些非洲領導人拒絕甘於現況，於是在 1959 年發起馬利聯邦（Fédération du Mali），成員國包括塞內加爾、原法屬蘇丹（現為馬利）、上伏塔（現為布吉納法索）、達荷美（現為貝南）。這個集團在 1960 年畫下句點，一方面因為缺乏象牙海岸、尼日及法國的合作（前兩國選擇置身事外，法國則繼續相信自己構想的法蘭西聯盟），另一方面則是因為塞內加爾與蘇丹之間出現難以預期的財政緊張（蘇丹較塞內加爾窮困，但人口較多，達四百萬，塞內加爾則為兩百五十萬）。不久，蘇丹成為該聯盟的唯一成員，並改用舊名馬利。這個聯盟方案之所以難以實現，主要是因為從 1945 年起，這些領上就已經開始自行治理，而其領導人大都是在法國國民議會才有機會互相接觸；在 1945-60 年這段期間，他們完全沒有機會培養共同治理的習慣。[47] 倘若當初非洲和法國的政治領袖從 1954 年就開始以建構強大的區域聯邦制度為目標，促成一種與原殖民母國之間更均衡也更務實的結盟關係，那麼後來的發展就不會一樣。法國最終在 1974 年決定停止讓 1960 年以前出生於原有殖民地的人員自由流通。讓威權帝國轉型為民主聯邦的想法就此成為過去式，而歷史正準備譜寫新的篇章。

數十年後，當我們重新審思這些論辯時，不禁訝異於當時出現過多少時局分叉的時刻，而發展路徑的可能性又是多麼多元。當年沒有人清楚知道該如何妥善安排大規模的聯邦型政治共同體（事實上今天的情況還是如

此），不過許多相關人士已經察覺到，將自己局限在地小人少的一隅並不是最好的解決方案。在二十一世紀前期的今日重新翻閱這些論爭的扉頁，我們可以窺見聯邦形態的種種可能樣貌，而這自然會引導我們重新檢視當前存在的聯邦形式，並且再次體認到這些形式未來必將繼續演變，儘管某些人並不這麼認為。舉例而言，歐盟現有體制永遠維持在相同狀態的機率極低，而在美利堅合眾國，也只有少數民族主義者一廂情願地認為聯邦體制無法進一步優化。更廣泛而言，如何在區域與大陸層級建構議事及政治決策空間，將是持續存在的挑戰，而這項挑戰不僅關係到非洲、拉丁美洲、亞洲，更攸關二十一世紀的整個世界。在歐洲與非洲之間建立新型合作模式的必要性與日俱增，特別是在人口遷徙議題方面。現今存在於民族國家層級的選舉式民主並不意味著歷史發展就此終結。無論現在或將來，政治體制必然不斷轉型，尤其是在後民族國家的層面上。檢視過往歷史中的那些分叉路徑，無疑是為未來將面臨的轉折作好準備的最佳方式。在後續的篇幅中，特別是在探討跨國人口流動的公平性與其條件，以及如何以民主方式組織國際經濟關係與人類的遷徙流動時，我們會再回頭思考這個問題（參見第十七章）。

8 | 三級社會與殖民主義：
以印度為例

　　現在要看的是印度的情況。印度的例子對本書的研究特別重要，而這絕不只是因為印度共和國在二十世紀中期成為「全球第一大民主國家」，而且即將在本世紀成為世界上人口最多的國家。印度之所以在不平等制度的歷史上扮演核心角色，也是因為這個國家長期緊守種姓制度，而這種制度通常被視為特別僵化而極端的不平等制度形式，因此我們有必要在此詳細探討其根源與特性。

　　種姓制度除了在歷史上非常重要，也在當代印度社會留下極其深刻的痕跡，其影響遠非源自歐洲等級社會的地位不平等所能比擬（過去的歐洲等級社會已經幾乎完全消失，少數例外是諸如英國世襲貴族這類大致屬於象徵性質的情況）。基於這個事實，我們必須設法瞭解歐洲等級與印度種姓之間的古老結構性差異，以及這些差異在多大程度上可供解釋這些各有千秋的社會演變，或者其實真正的關鍵因素在於這兩個地區特有的社會與政治發展沿革以及各自走上的不同路徑。

　　我們將看到，唯有將印度不平等制度的發展路徑置於舊有三重功能社會的轉型這個大框架中，才能有效分析其中的奧妙。相較於歐洲各國的發展路徑，印度案例的特別之處是，在這片遼闊疆域中，國家建構過程依循

著一條非常特殊的演進路線。尤其值得注意的是，在印度，社會轉型、國
家建構以及社會地位和權利均質化的程序極為紛亂多元，而且這個程序後
來被大英殖民強權打斷。英國在十九世紀後期開始對印度種姓社會實施量
度及控制，特別是透過1871年到1914年間進行的人口普查。這些作為造
成出人意表的結果，種姓制度在這個過程中被賦予棳實的行政結構，導致
社會階序進一步僵化而且難以改變。

　　1947年印度獨立以後，開始設法透過法治手段改進古老歧視傳統的
遺害，特別是在教育、公職、民選職務等方面。這些政策雖然稱不上完善，
但還是富有啟發意義，更何況這類歧視議題攸關全世界所有國家。尤其歐
洲近年才開始發現的認同對立及信仰衝突形式在印度早已存在千百年，因
此研究印度的例子自然具有莫大意義。印度在不平等方面的發展路徑曾經
深受它與外在世界（特別是一個遠在天邊的異國）的交會歷程所影響；時
至今日，所有國家都可以從印度經驗汲取到各種寶貴教訓。

印度的形成：初步討論

　　打從最早有人口資料紀錄以來，在目前由印度共和國和中華人民共和
國掌管的領土上，一直聚集著比歐洲和世界其他地區更多的人口。1700年
時，印度的人口大約是一億七千萬，中國是一億四千萬，歐洲則只有一億
人口；十九世紀和二十世紀期間，中國躍居人口第一大國。由於目前中國
人口呈現明顯的負成長（主因是1980年開始實施的一胎化政策），印度次
大陸應該會在2020年代後期重新成為全球人口最多的國家，並在二十一
世紀結束以前一直維持這個頭銜；根據聯合國的最新估計，2050年印度人
口將高達十七億（見圖8.1）。為了解釋中國和印度非比尋常的人口密度，
許多研究（例如費爾南‧布勞岱爾〔Fernand Braudel〕的《物質文明、經
濟和資本主義》〔*Civilisation matérielle, économie et capitalisme*〕）強調這些地
區飲食方式的多元性。根據這些理論，歐洲人口不如亞洲密集的重要原因

圖8.1. 印度、中國及歐洲的人口，1700-2050年

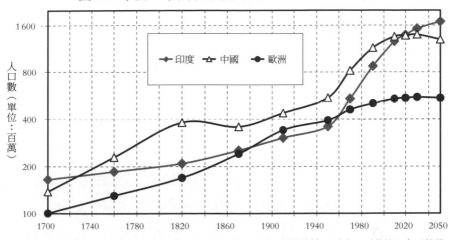

1700 年前後，印度的人口是一億七千萬，中國是一億四千萬，歐洲則有一億人口（若納入今天的俄羅斯、白俄羅斯和烏克蘭，則總人口為一億兩千五百萬）。根據聯合國的預估，2050 年時，印度人口將達十七億左右，中國為十三億，歐洲（指歐盟）為五億五千萬（若包括俄羅斯、白俄羅斯和烏克蘭則為七億兩千萬）。來源與數據：參見 piketty.pse.ens.fr/ideologie。

可能是歐洲人對肉類不加節制的喜好；相較於源自植物的熱量，生產相同的動物熱量需要更多土地。

　　本書側重不平等制度的歷史，而透過先前的章節，我們已經看到，中央集權化的國家建構對不平等結構的演變產生了關鍵性的影響。在這樣的研究架構下，有一點令人備感疑惑：像印度這種人口規模龐大的國家（十八世紀末人口即已超過兩億，當時歐洲人口最多的法國人口還不到三千萬，而且正陷入革命）是如何成功組織起來，讓所有人民在同一個國家結構體中和平共存？關於這個問題，我們首先必須知道的是，印度的統一事實上是相當晚近的事。作為一個政治與人類共同體，印度是沿著一條非常複雜的社會政治發展路徑逐步建構出來的。千百年間，曾有許多不同的國家結構同時存在，其中某些政權還曾在印度次大陸上擴展到相當遼闊的疆域，例如公元前三世紀的孔雀王朝（Maurya Empire），或於公元十六及十七世紀達到巔峰的蒙兀兒帝國[①]，不過這些國家結構未能長久存續，而其範圍從不曾涵蓋今日印度的全部領土。

　　在1947年英屬印度（British Raj）退場、印度獨立前夕，這片廣大土地上還有五百六十二個公國及其他各種政治實體，均受殖民帝國監管。英國人對75%印度人口進行直接行政管轄，而1871年到1914年人口普查的實施範圍涵蓋印度全境（包括各公國和自治領）。不過整個行政管理工作在很大程度上必須仰賴地方菁英，而且性質經常非常類似單純的秩序維持；至於基礎建設和公共服務，則與法國殖民地一樣付之闕如（參見第七章）。必須等到1947年印度獨立以後，行政及政治統合才在多元而活躍的議會民主架構下逐漸實現。我們可以推論，印度與英國政治經驗及議會模式的直接接觸影響了印度獨立後的政治實踐，不過有一點必須強調的是，印度是在前所未見的空間及人口規模上發展出議會政治；歐洲至今仍在設法透過歐盟和歐洲議會的架構，用自己的方式做到這件事（而且歐盟的人口不及印度的一半，政治和財稅整合的程度也遠低於印度），而英國連在大不列顛群島這個小小範圍都難以有效維持統合狀態（愛爾蘭在二十世紀初期與英國分道揚鑣，蘇格蘭則可能在二十一世紀上半葉脫英）。

　　十八世紀，英國人準備將觸角進一步伸入印度時，印度正處於多國分立的狀態，這些國家由信仰印度教或伊斯蘭教的王侯所統治。伊斯蘭從公元八到十世紀開始在印度西北部傳播，信仰伊斯蘭的王國在這個時期陸續形成。突厥－阿富汗王朝在十二世紀後期奪下德里以後，德里蘇丹國在十三世紀及十四世紀歷經多次擴展及轉型。而後突厥－蒙古遷徙潮出現，蒙兀兒帝國隨之發展，在印度次大陸的統治範圍於1526年到1707年間達到最大。蒙兀兒國擁有多元語言及宗教信仰，由信奉伊斯蘭的君王統治，京城先後設於阿格拉和德里。多數人民及印度教菁英使用各種印度語言，蒙兀兒宮廷則使用波斯語、烏爾都語和阿拉伯語。這個非常複雜而且缺乏穩定性的國家構造從1707年開始衰頹，並且不斷面臨來自印度教諸王國

---

① 譯注：蒙兀兒帝國（Empire moghol, 1526-1858）是成吉思汗和帖木兒的後裔巴布爾自阿富汗南下入侵印度建立的征服王朝，全盛時期領土囊括幾乎整個印度次大陸及阿富汗等地。「蒙兀兒」是波斯語中「蒙古」一詞的轉音。

的競爭。其中之一是馬拉塔帝國（Marathi Empire），這個國家最初在今天的馬哈拉什特拉邦（Maharashtra，以孟買為核心的地區）建立，並在1674年到1818年之間拓展到印度北部與西部。眾多信仰伊斯蘭、印度教或多元宗教的國家相互競爭，蒙兀兒帝國逐漸分崩離析；就在這樣的歷史脈絡中，英國慢慢取得了整個印度的控制權。首先，從1757到1858年間，印度由東印度公司（East India Company，EIC）的股東治理。1857年的印度民族起義[2]讓倫敦方面清楚意識到進行直接行政管理的必要，因此英國決定將印度交由英國王室及國會直接管轄，這就是1858年到1947年的印度帝國。英國利用1857年起義的藉口，廢黜蒙兀兒帝國最後一位皇帝；此後蒙兀兒皇帝只在名義上統治德里周邊的一小片領土，不過仍舊具有道德權威，而且對印度教及伊斯蘭反叛人士而言，他也象徵著實現本土主權的可能性：這些反叛者曾試圖在其羽翼下領導對抗歐洲殖民者的戰鬥，不過未能成功。

　　整體而言，從十二世紀末德里蘇丹國形成到十九世紀蒙兀兒帝國全面瓦解，印度的印度教徒與伊斯蘭教徒經歷過漫長的共同歷史，而這段歷史在印度次大陸造就了印度教與伊斯蘭之間在文化與政治層面的獨特共融模式。一些印度軍事、知識及商業菁英（這群人為數不多，但影響力顯著）慢慢皈依伊斯蘭，並與人口極少的突厥－阿富汗及突厥－蒙古征服者建立聯盟關係。十六世紀期間，各伊斯蘭蘇丹國往印度中部及南部擴展，印度教諸國——特別是毗奢耶那伽羅帝國（位於今天的卡納塔卡邦〔Karnataka〕）[3]的領域則受到擠壓。在這個過程中，伊斯蘭王國紛紛與各國朝廷的文士及印度教菁英建立密切關係，因此開始出現一些為伊斯蘭蘇丹效力的婆羅門學者，也可以看到一些波斯編年史家在各伊斯蘭王國的宮

---

② 譯注：印度民族起義（révolte des Cipayes）1757-1858年印度反對英國東印度公司殖民統治的一次大型起義事件，後以失敗告終。又稱印度民族起義、1857年叛亂、印度叛亂、印度暴動、印度兵變、印度土兵起義、第一次印度獨立戰爭等。

③ 譯注：毗奢耶那伽羅（Vijayanagara）帝國建於1336年，是歷史上倒數第二個印度教帝國，1565年被德干高原的伊斯蘭教蘇丹國聯軍侵略，國力大減，1646年滅亡。

廷出入。這種關係在強度上遠遠超過他們與歐洲殖民者——特別是葡萄牙人——之間的關係；葡萄牙從1510年開始在印度的海岸地帶（特別是果阿[④]和卡里卡特[⑤]一帶）建立據點，他們意圖削弱伊斯蘭諸王國，並極力偏袒印度教徒和毗奢耶那伽羅王國，不過卻又拒絕該國的和親提案。[1]印度教徒與穆斯林（伊斯蘭教徒）之間也不乏對立衝突的時刻，尤其是因為一大部分皈依伊斯蘭的人出身自印度教社會中地位較低的階層，他們透過改宗，得以逃離階級色彩與不平等程度特別高的種姓制度。在今天的印度社會，穆斯林在窮困人口中的比例仍然偏高，而我們將在本書第四部看到，印度教民族主義者對這些人的態度是二十世紀末和二十一世紀初印度政治與選舉的結構性要素之一，在某些方面與近年歐洲社會衝突的演變若合符節（不過這其中還是有一個重要差別：信仰伊斯蘭的人群在印度已經存在上千年，在歐洲則只有數十年。參見第十四至十六章）。

在本階段的討論中，我們只要記得這件事：印度帝國從1871年到1914年辦理的十年普查以及印度獨立後從1951年到2011年每十年一次的人口普查讓我們可以初步估量這個國家宗教信仰的多元性及演變情形（見圖8.2）。我們看到，在1871年和1881年這兩次最早的殖民地普查所統計的兩億五千萬人口中，穆斯林約占20%；由於穆斯林的出生率略高於其他族群，這個人口比例在1931年和1914年的普查中增為24%。印度獨立後在1951年舉行第一次人口普查，當時穆斯林的人口比例大幅降到10%，原因之一是印巴分治（穆斯林人口比例最高的巴基斯坦和孟加拉已脫離印

---

④ 譯注：果阿（Goa）也譯「果亞」，位於印度西部海岸，公元前三世紀受孔雀王朝統治時，佛教在該地建立據點。葡萄牙人於十六世紀以商人身分抵達果阿，不久後加以占領，並迫使當時多數印度教及伊斯蘭教徒改信天主教。葡萄牙殖民延續約四百五十年，1961年印度出兵將其兼併。目前果阿是印度最富裕的邦，人均產值達全國平均的二點五倍。

⑤ 譯注：卡里卡特（Calicut）是印度西南部的港都，昔日曾為馬拉巴爾地區的一部分，現稱科澤科德（Kozhikode），屬於印度南部的喀拉拉邦。卡里卡特在中國古籍中稱為「古里」，在中世紀和近代是中國、阿拉伯和歐洲殖民列強進入南印度的主要門戶，鄭和下西洋期間曾數度在此靠岸（許多學者認為他在1433年死於古里），達伽馬則於1498年在此登陸。

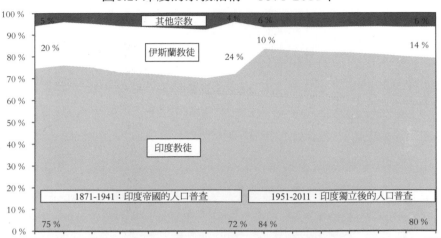

圖8.2. 印度的宗教結構，1871-2011年

在 2011 年的人口普查中，印度有 80% 人口表示自己是印度教徒，14% 是穆斯林，6% 信奉其他宗教（如錫克教、基督教、佛教、無宗教信仰）。這些數字在 1871 年的殖民地普查中分別是 75%、20%、5%，在 1941 年的普查中是 72%、24%、4%，在印度獨立後於 1951 年辦理的首次普查中則為 84%、10%、6%（當時巴基斯坦和孟加拉已經脫離印度）。來源與數據：參見 piketty.pse.ens.fr/ideologie。

度，因此不再納入普查），另一個原因則是分治後印度教人口與穆斯林人口大量遷移。在那個時期以後，由於穆斯林的出生率略高於平均值，其人口比例相應提高，於 2011 年普查統計出的十二億人口中占 14%。

在 1871 年到 2011 年間實施的人口普查中，信仰印度教與伊斯蘭以外其他宗教的人口比例一直維持在 5% 上下。具體而言，這些人群主要是錫克人、基督徒和佛教徒（三者比例類似），以及少數一些聲稱沒有宗教信仰的人（這群人的比例一直低於 1%）。不過必須留意，殖民時代的人口普查是一種複雜混合物，揉合「自我宣示個人認同」及「由普查官員和有關單位指定認同歸屬」這兩種方式（印度獨立後所實施的普查在一定程度上也與此類似）。只要民眾不是清楚隸屬於官方清單上的某個其他宗教（伊斯蘭教、錫克教、基督教、佛教），那麼他們通常會在預設分類中被歸入「印度教徒」（這個族群在殖民時代占總人口的 72-75%，在獨立後的印度則占 80-84%），這其中包括那些屬於低賤階層、在印度教社會遭受歧視的普

表8.1. 印度普查所呈現的人口結構，1871-2011年

	1871	1881	1891	1901	1911	1921	1931	1941	1951	1961	1971	1981	1991	2001	2011
印度教徒	75%	76%	76%	74%	73%	72%	71%	72%	84%	83%	83%	82%	81%	81%	80%
伊斯蘭教徒	20%	20%	20%	21%	21%	22%	22%	24%	10%	11%	11%	12%	13%	13%	14%
其他宗教（錫克教徒、基督教徒、佛教徒…等）	5%	4%	4%	5%	6%	6%	7%	4%	6%	6%	6%	6%	6%	6%	6%
合計	100%	100%	100%	100%	100%	100%	100%	100%	100%	100%	100%	100%	100%	100%	100%
官列種姓（SC）									15%	15%	15%	16%	17%	16%	17%
官列部落（ST）									6%	7%	7%	8%	8%	8%	9%
印度總人口（單位：百萬）	239	254	287	294	314	316	351	387	361	439	458	683	846	1,029	1,211

本表呈現的數據源自1871-1941年英屬印度殖民帝國及1951-2011年獨立印度所實施的人口普查。伊斯蘭教徒的比例從1941年的24%下跌到1951年的10%，主要原因是印巴分治後，穆斯林人口比例最高的巴基斯坦和孟加拉脫離印度。1951年起，普查項目納入「官列種姓」和「官列部落」（過去遭受歧視的賤民和原住民）這兩個新類別，這些人群可能分屬不同宗教（主要是「印度教」及「其他宗教」）。來源與數據：參見 piketty.pse.ens.fr/ideologie。

查對象，例如低階種姓、原本的「穢不可觸者」（untouchables，以下簡稱「賤民」）、原住民等。

　　由此可見，「印度教徒」在印度人口中所占的絕對多數在一定程度上只是人為表象，並且掩蓋了印度教多神主義制度中不同社會地位、身分認同與宗教實踐之間的巨大差異；不同族群連進出寺廟、參加祭儀的權利都不一樣，由此可見一斑。伊斯蘭、基督教和佛教都以宗教平等自居，無論出身或社會階級，原則上人人皆能以相同方式親近神，至少在理論上應該如此，儘管就實踐而言，這些宗教也發展出三重功能及父權意識形態，以此建構社會秩序與政治秩序，並為各種形式的社會不平等以及勞動和角色分配中的性別畫分提供合理化說詞。相較之下，印度教用比較直截了當的方式，將宗教問題與社會組織和階級不平等的問題連結在一起。後續我們將回頭討論印度種姓在殖民地普查中的定義及評量方式，以及獨立後的印度如何在後期的普查中制定「官列種姓」（scheduled castes〔SC〕）及「官列

部落」(scheduled tribes〔ST〕) 這兩個類別，一共相當於25%左右的人口（見表8.1）。制定這些新類別的目的無非在於矯正過去的歧視，不過卻也帶來類別定型化的風險，導致這些人群永遠不變的存在。不過在仔細探討這個問題以前，首先我們必須進一步瞭解種姓制度的根源。

印度社會的四級秩序：婆羅門、剎帝利、吠舍、首陀羅

先前探討歐洲的等級社會時，我們看到最早從三重功能觀點描述社會組織——將社會分成「教士階級」(oratores)、「戰士階級」(bellatores)、「勞動階級」(laboratores) 這三個等級——的文獻出自公元十世紀及十一世紀英國和法國主教的手筆（參見第二章）。印度的三重功能社會比歐洲更加源遠流長。印度教用「瓦爾那」一詞指稱其制度中的主要功能性社會階級，在吠陀時代最早可追溯到公元前第二千年的梵文宗教文獻中，這種分類法已經出現，例如以「普魯薩」(purusa) 神四個部位的形式。不過最具創建意義的文本是《摩奴法論》(Manusmriti)，這部由多人以梵文撰寫的律法論集成書於公元前二世紀及公元二世紀之間，並不斷獲後人修訂和評論。這部法典旨在進行政治與意識形態方面的規範，撰寫者描述他們認為社會應該用什麼方式加以組織，更具體而言，受支配的勞動階級必須用什麼方式遵守教士階級與戰士階級菁英創制的規則。法典內容完全不是針對成書年代或後來的印度社會進行歷史記載或事實描述。過去印度社會包含數以千計的微型社會階級與職業團體，政治秩序與社會秩序不斷遭受挑戰，因為受支配階級隨時會造反，新的戰士階級則經常從部隊行伍冒出，他們懷抱新的理想，帶來有關社會和諧、公義與穩定的新承諾，並或多或少發揮了實際作用，這種情況與基督教歐洲及世界其他地區大致相仿。

《摩奴法論》的核心文本旨在描述各個瓦爾那的責任與義務，在最初幾章就定義了這些社會階級的角色。四個瓦爾那分別是婆羅門、剎帝利、吠舍和首陀羅：「婆羅門」擔任教士、學者、文士等職務；「剎帝利」是

戰士,負責確保社會秩序與安全;「吠舍」是農人、牧人、匠人和商人;「首陀羅」則由最低階勞動者所構成,其唯一任務是服務其他三個社會階級。[2] 印度的社會制度很明顯是四級而非三級,與中世紀基督教社會理論上採行的三重功能秩序不同。具體而言,基督教制度直到相當晚近的年代一直包括「農奴」,這個群體的存在在西歐至少維持到十四世紀,在東歐則幾乎持續到十九世紀末,因此,勞動階級事實上長期包含「自由勞動者」與「奴役勞動者」這兩個次群體,這種情況與印度類似。在此也必須說明,《摩奴法論》描述的社會模式屬於理論性質,「吠舍」和「首陀羅」這兩個勞動階級雖然具有不同身分和地位,但在實際社會運作中,兩者的界線可能模糊不清。在不同情況下,這種區別可能存在於擁有土地的農民與無土地的農工之間,或者類似歐洲自由農與農奴的差異。

在定義出四大社會階級後,《摩奴法論》鉅細靡遺地描述婆羅門必須恪守的儀式及規則,以及王權行使的條件。原則上國王系出剎帝利,不過他的身邊必須有一個由七或八名婆羅門組成的顧問團,這些顧問都是從最有知識和智慧的婆羅門中精挑細選出來的。國王每天都得諮詢他們在國務與財政方面的意見,而且原則上必須經過最顯赫的婆羅門同意,才能作出重大軍事決策。[3] 法典對剎帝利和首陀羅的說明比較簡短。《摩奴法論》也詳細說明一個組織良好的印度教王國中法院及司法程序的運作方式,以及為數眾多的民法、刑法、稅法和繼承法規則,例如有些條款規定透過不同瓦爾那聯姻所生的小孩應獲的遺產份額(這種聯姻不受鼓勵,但也不被禁止)。法典內容似乎主要以準備在新領土上建立邦國的君王為對象撰寫而成,但也適用於當時已經存在的印度教王國。這部法典對遠方蠻夷(特別是波斯人、希臘人、中國人)也有所著墨,還指出這些族群應該視同首陀羅,並獲得與此相應的對待,就算他們出身剎帝利也不例外,因為他們沒有遵循婆羅門的律法。換句話說,倘若外國貴族不曾獲得婆羅門的教化,他的地位就等於首陀羅。[4]

許多研究者試圖推斷這部律法論集撰寫、流傳及使用的時代背景。根

據考證，《摩奴法論》是由一群屬於婆羅門階級的作者共同寫成（「摩奴」指的不是這本書的實際作者，而是一名傳說中的立法者，其生存年代為法典撰寫前數世紀），他們從公元前二世紀開始分階段完成和編修這本理論性文集，目的顯然在於重新奠定婆羅門階級的權力；在孔雀王朝（公元前322-185年）瓦解後那個動盪不安的政治環境中，撰寫者認為婆羅門是社會和諧、政治安定的基石。婆羅門的權力因為公元前三世紀阿育王（前268-232）皈依佛教而受到特別嚴重的動搖。根據傳統說法，公元前六世紀後期及五世紀初期在世的第一位佛陀悉達多·喬達摩（Siddharta Gautama）系出剎帝利家族，他著重禁慾、冥想、苦行的生活模式對傳統的婆羅門教士階級已經構成某種形式的挑戰。阿育王皈依佛門後，雖然在宗教實踐上似乎同時仰賴傳統婆羅門教士以及佛教修行者，但婆羅門的一部分儀典及動物祭儀式確實受到窒礙。此外，婆羅門後來之所以全面茹素，某方面就是為了因應佛教修行模式的競爭，以及提升自己在其他階級眼中的威信。

不過無論如何，《摩奴法論》清楚表述了一種將婆羅門文士置於（或說讓他們重返）政治體系核心的意圖。這部法典的作者群明顯表白他們認為當時有迫切必要撰寫以及傳播一部同時具有法律及政治意識形態性質的大型論集，藉此確保他們的社會模式得以長久存續。這本書隱約透露出另一項指責，與孔雀王朝帝王的身分背景有關：這批統治者都是軍事將領的後代，這些將領本身則出自部隊行伍，並且是首陀羅階級出身。基於相同理由，婆羅門也批判了公元前320年亞歷山大大帝遠征印度次大陸西北地區前後在印度陸續出現的眾多王朝。

《摩奴法論》倡議的社會組織方式與相關規則旨在消除長久以來的混亂，恢復印度教政治及社會制度的秩序。「首陀羅」必須安於其所，國王必須系出剎帝利，並受婆羅門文士的嚴密管控。[5] 婆羅門要求君王具有道地的剎帝利出身，如果用比較直白的方式解讀，這代表婆羅門希望君王與戰士階級（即君王原本隸屬的群體）臣服於宗教文士及他們的智慧，不願

看到政治和軍事權力不斷易手；但在實際運作上，這些願望從不曾真正實現。與歐洲乃至所有人類社會的情況一樣，印度各地區的戰士階級菁英耗費大量時間互相爭戰，而無論是在印度或其他地方，知識分子亙古不變的職責是促使他們遵守紀律，或者至少是要求他們對婆羅門的淵博知識展現較大的敬意。

當然，我們必須將婆羅門透過《摩奴法論》傳達的論述理解為一整套社會－政治支配機制的核心組件。如同中世紀歐洲的主教正式制定三重功能社會模式，婆羅門的首要目標是設法讓低下階層接受他們身為勞動者並受教士與戰士階級管控的命運。在印度的情況中，輪迴理論為這種論述賦予了更細緻複雜的內涵。最低階瓦爾納的成員——即首陀羅——理論上有可能轉世成為較高階瓦爾納的成員。反之，三個較高階瓦爾納的成員——即婆羅門、剎帝利、吠舍——可以出生兩次：他們的啟蒙儀式可視同第二次出生，原則上他們就此獲得在胸前斜掛一條聖線（yagyopavita）的資格。這種運作模式與成就主義的邏輯和過度膨脹個人才幹的理念大相逕庭。在婆羅門制度中，每個人都處在一個由社會指定的位置，以此保障社會和諧，就像身體不同部位組成一個整體，不過，經過投胎轉世，所有人都可能被分配到另一種位置。這套制度的目的是確保人間和諧穩定，避免陷入混亂，而這一切的基礎當然是知識與技能的學習和家庭傳承，這個程序需要紀律及個人努力，有時也包含個人晉升的可能，不過不可以淪為激烈的社會競爭，因為那會危害整體的穩定。根據這樣的觀念，社會地位及政治職責的指定可供避免自我膨脹和人心的狂妄。事實上，在所有其他文明中（特別是在君主制及王朝制的社會體系），這種觀點都被用來維護各種形式的繼承秩序。[6]

婆羅門等級、素食主義與父權制度

與基督教三重功能模式的情況相同，婆羅門式社會秩序以其特定方式

闡述，在不同形式的治理正當性之間，理想的均衡狀態何在。追根究柢，這兩套制度的目的都是設法讓象徵蠻力的君王與戰士不至於忽略神職人員與文士的睿智見解，藉此建立以知識及知性權力為基礎的政權。有趣的是，甘地（Gandhi）一方面指責英國人造成原本具有流動性的種姓區分變得僵化，藉此有效分化和主宰印度，另一方面，對於婆羅門式的理想，他卻抱持相對保守和遵循的立場。

當然，甘地致力改善印度社會中的不平等，使其更能包容下層階級，特別是首陀羅和穢不可觸的「賤民」（在印度教的社會秩序中，這個群體包括所有比首陀羅更被歧視的人口類別，他們生活在社會邊緣，有時是因為他們從事被視為不潔的工作，尤其是與屠宰和製革有關的行業）。不過甘地同時也強調婆羅門——至少是那些在他眼中真正具備婆羅門風範的人：仁愛而寬宏，不高傲也不刻薄——所扮演的重要角色，認為他們貢獻學識和智慧，增進全民福祉。甘地本身是二度出生的吠舍，他在許多演說中（特別是 1927 年在坦賈伍爾〔Tanjore〕那場演說）大力鼓吹功能互補的邏輯，他認為這是傳統印度教社會的立足基礎。根據甘地的看法，種姓制度認定才能與職業傳承中的遺傳原理，不過這不是不容改變的絕對規則，而是一種可以容許個別特例的整體原則。透過這套邏輯，種姓制度讓所有人各得其所，防止不同社會群體陷入全面競爭，避免淪入全民相互攻擊的情況，尤其是西方式的階級戰爭。[7] 更重要的是，甘地非常不贊同反婆羅門論述中的反知識面向。雖然他自己不屬於婆羅門種姓，但透過個人實踐，他擁抱文士階層的審慎與智慧，認為這些美德是實現整體社會和諧不可或缺的質性。甘地也不苟同西方的物質主義以及西方社會大肆累積財富和追求權力的傾向。

整體而言，婆羅門的支配方式一直試圖在知識及文明的基礎上立足，特別是在風俗和飲食方面。舉例而言，直到今天，拒絕宰殺牲畜、恪遵素食主義的做法一直反映著純潔、禁慾的理想，同時也突顯出某種號稱對自然與未來更負責任的理念。今天宰殺一頭牛，雖然可以讓眼前的餐宴更豐

富，但有損於農事及未來的收穫，而如果要長期餵養愈來愈多的人口，維持農務勞動肯定比提供肉類食品更有用。婆羅門也滴酒不沾。另外，他們主張非常嚴格的道德標準與家庭規則，尤其是與女性有關的部分（例如禁止寡婦再婚、在父母管控下強迫女孩在青春期以前就成婚）；地位低下的種姓則經常被指責生活淫亂。

在此必須再次強調一點：如同中世紀修士及主教描述三重功能模式的著作，《摩奴法論》旨在闡述理論性的社會模式以及政治意識形態方面的理想典型，而不是說明真實的社會組織方式。這些作者認為，我們可以也必須設法趨近這種理想中的組織運作模式，但無可避免的是，在地方層級的權力關係中，現實總是比較複雜。在歐洲中世紀前期，三級模式顯然是少數一些教士想像出來的規範性和概念性建構，而不是關於社會實際運作的真實描述；真正的社會似乎包括形態多元的菁英階層，很難從中確實界定出唯一一個貴族階層。[8] 一直要到三重功能社會轉型的最後幾個階段——例如十八世紀中期瑞典開始辦理社會等級普查，或者更廣泛而言，十八世紀及十九世紀歐洲各國（尤其是英國和法國）的三級模式陸續在專制主義、所有權主義及納貢選舉制的架構下出現變革——三級類別的畫分才逐漸變得更加嚴格；然而與此同時，這些類別也開始逐漸消失，因為一個以現代中央集權國家的建構以及不同法律地位的統合為核心要素的漫長演進程序即將開花結果（參見第二章和第五章）。

同理，在印度的情況中，過去的社會實際上是由數以千計不同社會類別與身分認同所組成，這些層疊交雜的群體部分反映出包羅萬象的職業團體以及軍事和宗教領域的各種既定角色，同時也呼應各種特定的飲食方式或宗教實踐，而有時這牽涉到當事人進出廟宇或一些其他場所的權利。十六世紀初葡萄牙人發現印度時，將這些林林總總的小群體稱為「種姓」（casta），不過這個概念與《摩奴法論》所提的四個「瓦爾那」之間沒有嚴謹關聯。過去英國人對印度教社會的認識主要來自書籍文獻，尤其是透過閱讀《摩奴法論》（這是十八世紀後期最早被翻譯成英文的梵文典籍之一）；

他們非常難以將自己在現地看到的複雜職業身分與文化認同歸納到「四個瓦爾那」這個僵硬的架構。然而他們還是這麼做了（特別是針對位於最高階和最低階的一些群體），因為他們認為這是理解而後控制印度社會的最佳方式。英印兩國的這種接觸方式，以及英國想要認識繼而支配印度的企圖，衍生出當代印度的數個基本特徵。

「迦提」複雜多元的面貌 VS.「瓦爾那」組成的四級秩序

「種姓」（caste）一詞的含意從一開始就混淆不清，在此有必要予以釐清。「種姓」最常用來指稱職業或文化上的微型團體（在印度稱為「迦提」〔jati〕），不過在某些情況下，這個詞彙也被拿來稱呼《摩奴法論》所提的四大理論性階級（「瓦爾那」〔varna〕）。實際上，「迦提」和「瓦爾那」是兩個非常不同的概念。「迦提」是基本的社會單位；在最小的地方層級，個人以其為認同依歸。在幅員廣大的印度次大陸，存在著數以千計的迦提，這些迦提一方面相當於職業團體，另一方面也對應著特定的領土或地區，經常揉合特殊的文化、語言、宗教或飲食認同。如果是在法國或歐洲其他地區，這可能指的是克勒茲（Creuse）的泥水匠、皮卡第（Picardie）的木工、布列塔尼的褓母、威爾斯的煙囪清理工、加泰隆尼亞的葡萄採收工、波蘭粗工等。印度迦提的特徵之一（甚至可說是整個印度社會制度的主要特性）是，直到今天，內婚制依然盛行於各迦提內部，儘管我們會在稍後的探討中看到，在城市地區，外婚的比例已經大幅提高。在此需要強調的重點是，迦提通常不能反映按階層排序的身分認同。迦提代表的是職業性、區域性或文化性的認同；在歐洲或環地中海地區的情況中，這個概念在部分程度上可與國家認同、地區認同或族群認同相對應，這些認同的功用是作為橫向團結及社交網路的基礎，而不是為了支撐瓦爾那所代表的縱向政治秩序。

「迦提」與「瓦爾那」之間的混淆一部分導源自印度本身的歷史。在

許多世紀期間，印度的某些菁英設法透過四個瓦爾那的概念，以階層方式組織社會，他們的做法有時勉強成功，但從不曾獲得全面而永續的實踐。這種混淆的另一個原因是英國試圖將「迦提」納入「瓦爾那」體系，並在殖民帝國的架構中，為這整個體系賦予明確而恆久的行政存在。後續我們將看到，這個嘗試造成的後果是某些社會分類大幅僵化。首當其衝的就是婆羅門：這個階層本身包含數以百計由不同教士及文士組成的迦提，他們的婆羅門認同經常模糊不清，但英國人執意將他們標示為印度社會中的一個單一整體。英國人這麼做不只是為了鞏固自己在地方層級的權力，更重要的是藉由知識的掌握，進一步主宰這個在他們眼中複雜難解、深不可測的社會。

印度的封建制度，國家的建構，以及種姓的演變

在正式探討英屬印度實施的人口普查以前，首先我們需要針對十八世紀後期和十九世紀期間英國勢力進入印度（或說英國人發明「殖民版」種姓概念）之前的印度社會結構，稍微總結我們的既有理解。我們在這方面的知識雖然仍舊有限，不過最近數十年算是有了相當的進展。整體而言，近年的研究成果足以顯示，十五世紀到十八世紀印度的社會及政治關係不斷轉變、改寫，其中的程序與運作邏輯想必與同一時期的歐洲相去不遠；當時歐洲的傳統三重功能封建制度與中央化國家結構的建造程序相互衝激，這點跟印度的情況若合符節。這麼說並不是在否定與印度種姓有關的政治意識形態體制和不平等制度所具有的各種特性（印度種姓制度的特點包括一些強調儀式純粹性和飲食純粹性的概念、迦提的強大內部通婚傾向、高等階級與低等階級〔賤民〕之間特殊的區隔和排他形式等）。不過，為了有效瞭解發展方向及路線選擇的多元可能，我們確實也有必要強調歐洲和印度在社會演進過程中的共同點，特別是藉由審視社會中的三重功能政治組織形式，以及探討各種對這些社會造成深刻影響的衝突與轉變。

在殖民支配的背景下，歐洲人將印度的種姓制度想像成一種凝結不變、怪異至極的運作形式，他們藉此合理化他們的文明開化任務，逐步確立對印度的控制權。印度種姓儼然是東方獨裁統治的鮮明寫照，在所有方面都與歐洲的實況及歐洲價值背道而馳；所謂「印度種姓」成為一個知識建構的經典範例，其宗旨是為英國的殖民事業提供一套自圓其說的論述。1861年，杜博瓦神父（abbé Dubois）出版了一本書，探討「印度各民族的風俗、體制與禮儀」，這是歐洲有關這個主題的最初幾部著作之一。杜博瓦神父根據十八世紀末基督教傳教士留下的些許見證，下了斬釘截鐵的結論：一方面，印度人不可能皈依其他信仰，因為他們被一種「可憎」的宗教全面控制；另一方面，若要讓這樣一個民族遵守紀律，唯一的辦法是種姓制度。這個意思再清楚也不過：種姓是一種壓迫，但為了導正社會秩序，就不得不仰賴它。許多十九世紀的英國、德國和法國學者採納這個觀點，這種思想一直持續到二十世紀中期，在某些情況下甚至維持更久。在1916年馬克斯・韋伯（Max Weber）探討印度教的著作以及1966年路易・杜蒙（Louis Dumont）出版的專書中，種姓制度都被描述成一個自《摩奴法論》以來在大方向上似乎從未改變的體制，婆羅門永遠位居頂層，他們的潔淨與權威從來不曾遭受其他階級的質疑。[9]這些作者的主要參考資料是古典印度文獻以及一些具有規範和宗教性質的法學專論，其中之一就是他們經常援引的《摩奴法論》。雖然他們對印度教的評斷比杜博瓦神父溫和，但他們的論述方式還是缺乏歷史考量、流於紙上談兵。他們沒有試著把印度社會當成在衝突中不斷演化的社會政治程序來研究，也沒有設法蒐集可供分析這些演變的資料；他們的重點是說明一種被假定永遠凝滯不變的身分認同。

1980年代以來，一些根據較新資料所做的研究終於開始填補我們的知識空缺。這些研究的結論不令人驚訝：印度社會一直是隨著歷史不斷演進的複雜社會，與殖民時代所提那種千年不變的種姓階序或《摩奴法論》提出的四個理論性瓦爾那之間沒有太大關聯。舉例而言，桑賈伊・蘇布拉

曼亞姆（Sanjay Subrahmanyam）藉由比對印度教及伊斯蘭的編年史和其他
文獻，深入探究了1500年到1750年印度教諸國與信仰伊斯蘭的蘇丹國和
帝國之間權力關係及宮廷關係如何遞變。該項研究顯示，多元信仰的面向
對於理解當時情勢發展的動能非常重要，而殖民時代的學者卻傾向於全面
區隔印度次大陸上的印度教社會與伊斯蘭社會，認為這兩種社會分別由截
然不同的認同形態與社會－政治運作邏輯所主宰，雙方毫無交集（伊斯蘭
社會甚至經常被學界澈底忽略）。[10]另外，伊斯蘭教國家還可分為什葉派
蘇丹國（如比賈普爾〔Bijapur〕蘇丹國）及遜尼派國家（例如蒙兀兒帝國），
雙方交流頻繁，性質相近的菁英階層、類似的實踐方式，以及有關如何統
治多元社群的思辨，都在兩者間大幅流通。不過伊斯蘭教國家的治理方法
與英國殖民當局迥異，這些國家也不曾辦理可與殖民地普查比擬的大規模
人口調查。[11]

　　蘇珊・貝里（Susan Bayly）與尼古拉斯・德克斯（Nicholas Dirks）的
研究也突顯出印度教王國中不同軍事、政治、經濟菁英不斷換血更新的程
序，以及婆羅門經常受戰士階級支配的事實。整體而言，印度教國家及伊
斯蘭教蘇丹國的社會結構所展現的所有權關係和權力關係均可讓人聯想到
法國及其他歐洲國家的情況。其中一個特別明顯的做法是同一土地累計多
種租稅的制度：自由農分別向當地婆羅門及剎帝利支付這些租稅，換取這
兩個階級提供的宗教與治理服務；相較之下，某些被歸入首陀羅階級的鄉
村勞動群體不能持有土地，地位接近農奴。這類關係既具宗教性質，也屬
於社會－政治與經濟的範疇，隨著不同社會群體在政治意識形態上的權力
拉扯而不斷演變。

　　普杜科泰（Pudukkottai）王國就是一個饒富揭示意義的例子。這是一
個由卡喇人（Kallar）建立的印度教國家，位於印度南部，現屬塔米爾那
都（Tamil Nadu）邦。卡喇人原本是一個充滿活力的在地小部族，他們在
十七和十八世紀期間成功奪權，組成新的戰士貴族和王權貴族。但其他地
方的人都將他們視為低賤的種姓，英國人後來甚至將他們歸類為「犯罪種

姓」，藉此促使他們歸順。英國人最終以提供免稅土地給教士、寺廟和婆羅門基金會為交換條件，強迫當地婆羅門效忠。這些權力關係似乎與歐洲封建時代教會和修道院與新興貴族及王權階級之間的關係相去不遠，無論這些貴族和王室是從低階行伍崛起，或透過征戰獲取權力（這類情況在歐洲和印度都經常出現）。有一點很有趣的是，一直要等到十九世紀後半葉英國殖民當局加強對普杜科泰的箝制，削弱這個王國的印度教戰士階級和其他當地菁英，婆羅門的影響力才真正增加，其強勢地位獲得新統治者的認可，尤其是他們在宗教、家庭、父權主義方面的標準一舉成為主流價值。[12]

　　更廣泛而言，蒙兀兒帝國在1700年前後逐漸瓦解，新興軍事及行政菁英隨之崛起，眾多印度教王國紛紛出現。為了鞏固自己的支配地位，這些群體和他們的婆羅門盟友訴諸瓦爾那制度的古老意識形態。這種意識形態在十七世紀後期及十八世紀重新獲得某種程度的支持，而且由於新的國家形式不斷發展，這些屬於高級種姓的宗教、家庭及飲食標準得以在更廣大的範圍內，以更有系統的方式實施。馬拉塔帝國（Maratha Empire）的創建者希瓦吉·彭斯爾（Shivaji Bhonsle）原本屬於馬拉塔農耕階級，並為一些與蒙兀兒帝國結盟的伊斯蘭教蘇丹國擔任收稅員。1660年代，他在印度西部成功建立並鞏固一個獨立的印度教國家權力體系，然後要求當地婆羅門菁英承認他的二度出生剎帝利地位。婆羅門階級對此猶豫不決，某些婆羅門甚至認為古代那些真正的剎帝利和吠舍早在伊斯蘭進入印度以前即已消失。不過最後，希瓦吉終於得到他所企盼的認可。這是一個相當經典的轉變過程，無論是在印度或歐洲，經常都會出現類似的情況：新興軍事菁英與舊有宗教菁英達成妥協，藉此獲得眾人渴望的社會和政治穩定。以歐洲而言，我們可以想到的絕佳例證是拿破崙，他像在他之前一千年的查理曼大帝一樣，獲得教宗加冕，然後開始分配貴族頭銜給他的部將、家人和擁護者。在拉賈斯坦（Rajasthan），稱為「拉吉普特人」（Rajput）的新興剎帝利群體自十三、十四世紀起從在地地主和戰士階級崛起，奉行伊斯蘭

的蘇丹國及後來的蒙兀兒帝國不時會靠他們維持社會秩序，有些拉吉普特人甚至透過協商，建立起自治公國。[13]英國殖民當局也會根據當下利益所在，選擇尋求全部或一部分高等階級的支持。以希瓦吉創建的王國為例，後來「佩什瓦」（peshwa，屬於婆羅門階級的內閣大臣）從1740年代開始以世襲方式占有政權。東印度公司的英國人視他們為困擾，遂於1818年將其廢黜，理由是他們不屬於剎帝利階級，卻篡奪了剎帝利的角色。文士奪取政權的情況非比尋常，也早已引起某些人士的不滿，因此英國人透過此舉，在一定程度上贏得了那些人的認同。[14]

淺談印度國家建構的特性

這些研究清楚呈現出一個結論：十七世紀和十八世紀的印度瓦爾那不會比中世紀、文藝復興或舊制度時期歐洲的菁英階層及階級分類來得僵化不變。那些類別具有一定的彈性，可以讓戰士或教士群體合理化他們的支配地位，也可用來描繪一種盡可能和諧永續的社會秩序，儘管在經濟、人口和領土加速發展、新興商業及金融菁英崛起的整體環境下，這種社會秩序隨著不同社會群體之間的權力關係拉扯而不斷變化。由此看來，十七、八世紀的印度社會似乎具有可與歐洲社會相提並論的演進性。當然，我們不可能知道如果當初沒有英國的殖民統治，印度次大陸上各色各樣的社會及國家建構會以什麼方式演變，不過我們可以推斷，隨著國家中央集權化程序的進展，源自古代三重功能運作邏輯的地位不平等應該會逐漸消失，正如歐洲乃至中國或日本的情況（我們將在下一章探討這個部分）。

在這個整體格局中，其實存在包羅萬象的可能性。先前我們已經在歐洲歷史上看到各式各樣的發展路線，以及多種不同的可能分叉點。舉例而言，瑞典的資產主連同原有的貴族在1865年到1911年間構想出一套按財富比例分配投票權的制度（參見第五章）。假使當年印度的婆羅門和剎帝利能夠主導自己的命運，想必他們也會展現同等的想像力（比方說按照學

歷多寡、生活方式或飲食習慣來分配選票，或者也可能以財產總值、納稅金額為標準），直到某個時候他們因為人民動員起義而倒臺。由於印度和歐洲三重功能社會的各種不平等制度之間存在許多客觀的結構性差異，可供我們想像的發展途徑格外多元。

　　從更長遠的角度來看，印度相較於歐洲的主要特殊之處無疑是信仰伊斯蘭的王國與帝國所扮演的角色。在印度次大陸上的一些廣大地區，治理權曾在數百年間由穆斯林君王行使，這種局面有時從十二、三世紀持續到十八或十九世紀。在這樣的情況下，印度教戰士階級原本享有的聲望與權威自然遭受嚴酷的挑戰。對眾多婆羅門而言，真正的剎帝利在許多地區早已澈底消失，儘管在實際運作上，印度教軍事階級仍舊可以扮演代替穆斯林王侯的補充性角色，或者選擇退居在獨立的印度教邦國（如拉賈斯坦的拉吉普特人）。剎帝利相對隱遁的情況在有關地區使得婆羅門知識菁英的威望與重要性更形提高，他們繼續擔任宗教和教育領域的職務，穆斯林統治者（以及後來的英國當局）則仰賴他們確保社會秩序的維持，經常願意批准及執行婆羅門的判決，這些判決涉及飲食規定及家庭規則的遵守、進出廟宇或使用水井的權利、就學機會等等，有些甚至具有將當事人逐出社會的效力。與歐洲乃至亞洲（特別是中國和日本）及世界其他地區的三重功能社會相較，印度這種情況在部分程度上導致宗教菁英與戰士菁英之間出現一種特殊的不均衡形式，前者被賦予過度膨脹的重要性，在某些地區和社會組態中，婆羅門的心靈權力與世俗權力甚至達到近乎神聖化的程度。不過我們還是看到，隨著印度教國家結構以新的軍事及政治菁英為基礎，不斷發展壯大，這種均衡可以用極快速度演進轉型、重新定義。

　　對比歐洲社會的演變，印度社會的發展路徑還有一個重要的特殊性：婆羅門構成一個真正、完整的社會階級，他們擁有家庭和小孩，可以累積財富、繼承資產；天主教的神職人員則不然，由於神父不能結婚，這個階級的人力資源必須不斷由其他階級補充。先前我們已經看到，在歐洲的等級社會中，這個特性導致教會機構及宗教組織（修道院、主教府……）的

發展，這些組織機構以教士階級的名義累積和持有資產，這種情形進而促使社會發展出複雜的經濟及金融法規（參見第二章）。這個因素可能也在一定程度上使歐洲教士階級（其實稱不上真正的階級）顯得比較脆弱。十六世紀英國沒收教會資產、十八世紀末法國將神職人員的財產國有化，這些決策當然不是易事，不過重點是世襲階級都沒有受到衝擊；非但如此，貴族及資產階級甚至因此大幅受益。在印度的情況中，如果要沒收婆羅門及其所屬寺廟和宗教基金會的資產，想必需要採取比較漸進的措施，儘管十八和十九世紀期間印度教諸國境內非宗教性新興支配階級的發展再次說明，採取斷然的做法並非不可能。無論如何，隨後我們將看到，在英國殖民行動打斷這個本土性的國家建構程序之際，人口普查資料顯示婆羅門階級不管是在教育、資產、文化或職業方面，都匯集了極高比例的資源。

「發現」印度以及伊比利亞人繞開伊斯蘭的嘗試

英國人在十九世紀辦理殖民地普查，藉此衡量印度種姓的情況，不過在分析英國的做法以前，在此不妨提醒一點：「歐洲人發現印度」是一個分階段進行的漫長歷程，最初源自某種非比尋常的追求，繼而在極其有限的知識基礎上逐步實現。許多研究——特別是蘇布拉曼亞姆以系統化方式交叉比對印度、阿拉伯和葡萄牙文獻後做成的分析——清楚顯示，在1497-98年瓦斯科・達伽馬（Vasco da Gama）的遠征探索背後，事實上存在許許多多的誤解。

十五世紀下半葉，葡萄牙高層對海外擴展的議題意見分歧。一部分持有土地的貴族滿足於「收復失地運動」的成果，希望就此打住。不過軍事騎士團——特別是基督騎士團和聖地牙哥騎士團（達伽馬的家族即出自後者）——的立場完全相反。在長達數百年期間，伊比利半島的基督徒設法驅離伊斯蘭教徒，收復失土；在這個過程中，騎士團在動員下層戰士貴族方面發揮了核心作用，而且他們打算跨海前往摩洛哥沿岸繼續征戰，盡可

能將摩爾人趕進內陸深處。最大膽的一批人甚至計畫沿著非洲海岸繼續探索，希望從非洲南部與東部圍堵穆斯林，與傳說中的「約翰長老國」（Kingdom of Prester John）連成一氣。「約翰長老國」的靈感來自衣索匹亞，從十一至十三世紀的十字軍東征到後來的地理大發現，這個假設的存在一直在歐洲人對世界地理的模糊想像中扮演了重要角色，讓長期對抗伊斯蘭的歐洲人得以憧憬最終獲得決定性的勝利。雖然如此，圍堵穆斯林大敵的宏偉策略並未得到一致的認可；謹守既有領土的「土地觀點」與積極對抗伊斯蘭的「帝國觀點」之間產生意識形態衝突，導致歷代葡萄牙國王對這個問題猶豫不決。面對來自騎士團的壓力，同時也為了維持他們對王室的忠誠，國王最終決定在1497年發動達伽馬遠征，主要任務是繼1488年迪亞士⑥抵達好望角後，進一步航行到非洲大陸的另一邊。

　　當年海員所作的記述有一部分留存至今（其中有些文本在十九世紀才被重新發掘出來），將這些資料與阿拉伯和印度的文獻比對以後，可以相當詳實地重建這趟遠征之旅的各個階段。[15] 1497年7月，三艘船艦從里斯本啟航，11月抵達南非海岸，接著慢慢沿著非洲東岸往北航行，陸續抵達莫三鼻克、尚吉巴、索馬利亞的穆斯林港埠；葡萄牙船隊持續尋覓基督徒，但一直無法探得他們的所在。當時印度洋地區的貿易是由阿拉伯人、波斯人、古加拉特人⑦、喀拉拉人⑧、馬來人及中國人構成的多元網路所經營，範圍涵蓋語言繁多的遼闊地區，無論是以農立國的大型帝國（毗奢耶那伽羅帝國、明帝國、鄂圖曼帝國、薩菲帝國⑨、蒙兀兒帝國）或沿海地區的小型貿易國（如基爾瓦⑩、忽里模子⑪、亞丁⑫、卡里卡特、麻六甲⑬），都透過這個貿易圈互相往來。這些意料之外的接觸讓達伽馬滿心失望，穆斯林商人對待他的方式也使他感到憂慮，於是他繼續前進，從1498年5月開始探索印度海岸。接下來是一連串騷亂不安的接觸，以及連番出現的誤

---

⑥ 譯注：巴爾托洛梅烏‧迪亞士（Bartolomeu Dias，1450-1500）是葡萄牙貴族和航海家，1487年航行到非洲大陸最南端，並發現好望角。透過這次探險，歐洲人首度建立大西洋與印度洋之間的海上連繫，這代表歐洲可以繞過伊斯蘭世界，直接與亞洲往來。

會，特別是在卡里卡特（位於今天印度南部的喀拉拉邦）。達伽馬參觀了
一些印度教寺廟，卻以為那是某個基督教王國的教堂，令當地婆羅門相當
錯愕；婆羅門也非常訝異，達伽馬自稱代表歐洲最大的王國，帶給他們的
禮物卻小裡小氣。達伽馬後來在相當艱困的處境下返回里斯本。

　　1499年7月，葡萄牙國王向其他基督教國王驕傲地宣布：印度航路已
經開通，他的特使在印度海岸發現了好幾個基督教王國，其中之一是卡里
卡特，那是「一個比里斯本還大的城市，居民全都是基督徒呢」。[16]若干
年後，葡萄牙人才意識到他們當初的輕蔑心態，並且終於明白卡里卡特及
科欽⑭的邦主其實是與穆斯林、馬來人和中國人通商的印度教徒，後來甚
至會因為基督教商人的問題而互相打戰，直到1523年達伽馬以印度總督
的身分凱旋返回印度，設法鞏固葡萄牙已在亞洲地區設立的許多貿易辦事

---

⑦　譯注：古加拉特（Gujarat）是印度最西端的地區，現為印度的一個邦，面臨阿拉伯海，
　　西北與今天的巴基斯坦接壤。這裡是印度河流域文明的核心地區之一，為古代希臘人及
　　歐洲人所熟知。古城洛塔（Lothal）據考證為印度的第一個港口，擁有目前已知全世界
　　最古老的港埠。

⑧　譯注：喀拉拉（Kerala）是印度南端西側的濱海地區，早在公元前三千年即以香料貿易
　　聞名，至今仍被稱為「香料花園」。

⑨　譯注：薩菲帝國是薩菲王朝（Safavid Dynasty）建立的帝國，又稱波斯第三帝國，1501-
　　1736年統治波斯期間將什葉派定為國教，並統一各省份，被視為波斯從中世紀走向現代
　　的中間時期。

⑩　譯注：基爾瓦（Kilwa、Quiloa）位於東非海岸，曾是東非史瓦希利（Swahili）文化圈中
　　最重要的蘇丹國，最大範圍主要涵蓋現今坦尚尼亞及莫三鼻克北部的濱海地區。據說是
　　由一名波斯王子在公元十世紀所建，十三世紀末改由阿拉伯氏族統治，十六世紀初期短
　　暫成為葡萄牙附庸，隨後恢復獨立地位。十八世紀末到十九世紀受阿曼和尚吉巴
　　（Zanzibar）支配，1886-1918年被併入德屬東非。

⑪　譯注：忽里模子（Ormuz；Ormus或Hormoz）是一個位於波斯灣荷姆茲海峽的古國，
　　公元十世紀由阿拉伯貴族建立，十三世紀後期成為波斯附屬國，後又成為葡萄牙的附
　　庸。馬可‧波羅及鄭和分別在1293年和1414年造訪該地。十五世紀初被葡萄牙占領，
　　1622年波斯薩菲王朝在英國艦隊協助下將其奪回，後來併入波斯。

⑫　譯注：亞丁（Aden）位於阿拉伯半島南端，早期為東西方貿易重要港口，古代曾被阿克
　　蘇姆（Aksum）、羅馬帝國、波斯帝國等占領。波斯薩珊王朝統治時期，亞丁稱為三蘭
　　（Samran），唐代航海家最遠曾達此處。明代稱亞丁為阿丹，鄭和下西洋時曾派寶船賜衣
　　冠寶物予阿丹國王，並購回大量珍品。亞丁後來陸續被葡萄牙殖民者、鄂圖曼帝國、阿
　　布達利（Abdali）蘇丹國統治。1839年英國占領亞丁，作為控制紅海的據點，直到1967
　　年南葉門獨立，亞丁成為其首都。

處。大約同一時期，卡布拉爾[15]已於1500年從西印度群島返回歐洲途中發現巴西（達伽馬的航線也曾在1497-99年間掠過巴西外海），麥哲倫（Magellan）則在1521年完成環球航行的壯舉。

　　葡萄牙的帝國計畫還需要更久的時間才會改變性質。其中的單純宣道面向——在全球範圍推廣基督教，以與伊斯蘭抗衡——在整個十六世紀期間持續扮演核心角色，特別是在1540年耶穌會成立以後。這種救世精神也足以說明何以一個人口區區一百五十萬的國家有辦法出海征服世界，包括一些人口更多、在某些方面更進步的國家。葡萄牙帝國野心的重商主義面向從未完全淹沒這個救世面向，荷蘭則與此相反，重商主義自始即構成荷蘭殖民計畫的基礎。1602年，史上最早的大型股份公司之一——荷蘭東印度公司（Vereenigde Oostindische Compagnie，簡稱VOC）成立，葡萄牙在亞洲的一部分貿易據點隨即在十七世紀期間落入荷蘭人手中，特別是深具戰略價值的港都麻六甲。[17]麻六甲海峽位於今天的馬來西亞與印尼蘇門答臘之間，掌控麻六甲海峽要津，在印度與中國的海上貿易路線上占有舉足輕重的地位。葡萄牙早在1511年就終結控制該海域的伊斯蘭教蘇丹國，占領麻六甲，不過荷蘭人在1641年奪下這個據點。1810年，麻六甲再度易主，與新加坡一樣成為英國殖民地[16]。

　　與葡萄牙帝國相較，西班牙帝國很快就展現出非常明顯的領土擴張企圖：1519年，艾爾南·科爾特斯（Hernan Cortés）占領墨西哥；1534年，

---

⑬　譯注：麻六甲（Malacca）位於馬來半島西岸，掌控麻六甲海峽。明朝使者在永樂元年（1403）前往宣揚國威時，麻六甲（時稱滿剌加）仍臣屬於暹羅。滿剌加酋長遣使隨明使回朝進貢，獲明成祖封為滿剌加國王，自此滿剌加與暹羅平起平坐，並發展成該地區最重要的港口，爪哇、印度、阿拉伯和明朝商人均以其為中印貿易中繼站。鄭和下西洋期間曾以麻六甲為據點，船隊開往印尼和印度洋各地均會在此停泊。餘見下文。

⑭　譯注：科欽（Cochin）王國位於印度西南部喀拉拉地區的海岸地帶，從十二世紀初期統治這個地區到1949年。明代將科欽稱為「柯枝」。科欽現稱科契（Kochi），是喀拉拉邦最大城市和主要港口，有「阿拉伯海之后」的美譽。

⑮　譯注：佩德羅·阿爾瓦雷斯·卡布拉爾（Pedro Álvares Cabral，1467或1468到約1520），葡萄牙貴族、軍事將領、航海家、探險家，被普遍認為是最早到達巴西的歐洲人。

法蘭西斯柯‧皮薩羅（Francisco Pizarro）占領庫斯科（Cuzco）及祕魯。
1560年代開始，西班牙航海家學會有效運用洋流，得以自由往返太平洋兩
岸，確保了墨西哥、菲律賓及其他亞洲殖民地之間的連結。1600-10年前
後，墨西哥真正成為西班牙帝國的多元文化核心。在那個時代，各國對邊
界與身分認同的掌控力度還遠低於後來的情況；法國歷史學家瑟吉‧格魯
金斯基（Serge Gruzinski）筆下描述的「寰宇四方」不時在墨西哥交流薈萃，
墨西哥印地安人、歐洲人與巴西穆拉托人⑰、菲律賓人、日本人之間的跨
種族交融讓來自不同文化、使用不同語言的書寫者得以留下層層交疊的歷
史記述，供後人抽絲剝繭。西班牙天主教王權臻於顛峰之際，曾將葡萄牙
王國收編在同一君主統治之下（1580-1640），而在那個時代，伊斯蘭再度
成為它的全球敵手，特別是在菲律賓及摩鹿加群島（今印尼東部）。穆斯
林比伊比利亞人搶先一步在這些地區立足，使後來到此的西班牙軍隊感到
出乎意料；他們在1492年才剛把最後一批非基督徒逐出伊比利亞半島，
但卻在距離安達魯西亞和格拉那達如此遙遠的地方，遭逢他們在歐洲的死
對頭。同樣在1492年，哥倫布（Colomb）在尋找印度的旅途上，於伊斯
帕尼奧拉（Hispaniola，亦可按西班牙文名稱Isla de La Española譯為「西班
牙島」）登陸，後來法國建立的殖民地聖多明哥即位於此島西部。[18]

用武器宰制 VS. 用知識宰制

歐洲人抵達印度時，發現信仰伊斯蘭的蘇丹國和帝國在該地區扮演重
要角色，於是自然而然地選擇跟印度教王國站在同一邊。不過宗教、商業
與軍事方面的衝突很快就出現。隨著傳道時代落幕，重商主義時代於焉降
臨，而荷蘭東印度公司與英國東印度公司是重商主義的極致化身。這些成
立於1600年前後的股份公司絕不只是單純享有商業壟斷權的貿易公司（這
些壟斷權是由歐洲的君主國所授予）。事實上，在那個時代，公共主權土
地的私有化（例如包稅制）與私人經濟活動（例如透過商業特許）之間界

線極為鬆散，因此上述這類私人公司也負責在大片領土上經營產業、維持秩序。從十八世紀中期開始，特別是1740年代對孟加拉軍隊作戰勝利以後，英國東印度公司實質上控制了印度次大陸上非常廣大的地區。東印度公司擁有名副其實的私人部隊，主要由領取公司薪水的印度士兵組成。該公司利用蒙兀兒帝國瓦解後留下的真空，以及其他印度教及伊斯蘭教國家之間的競爭，成功擴展對印度次大陸的掌控。

不過東印度公司在印度土地上不斷壓榨勒索的行為很快就引發重大醜聞。1770年代起，英國國會開始出現一些聲音，要求王室加強對東印度公司的監管。這些訴求主要是由艾德蒙・伯克（Edmund Burke）所提出，這位保守派哲學家以1790年出版的《反思法國大革命》（*Reflections on the French Revolution*）一書最為人所知，他在該書中對法國大革命作出相當嚴厲的批判。伯克大聲疾呼必須消除東印度公司人員的貪腐與粗暴行徑，1787年間，經過一場下議院的激烈聆訊，他成功讓華倫・黑斯廷斯（Warren Hastings，原東印度公司負責人、孟加拉總督）的彈劾案通過。雖然後來上議院在1795年裁定黑斯廷斯無罪，不過英國的菁英階層更加相信國會應該進一步介入印度殖民事務。情況已經清楚顯示，英國的文明任務必須立足於嚴謹行政管理及紮實知識的基礎上，此後再也不可能放任一批貪婪的商賈和傭兵坐擁殖民地主權以及維持社會秩序。行政官和學者必須正式登場。

歐洲在亞洲的殖民活動進入新的階段，殖民支配逐漸不再僅僅仰仗蠻力與槍砲，轉而以認知、知識與文明的優越性為基礎。艾德華・薩伊德（Edward Said）在探討「東方主義」（orientalisme）的著名著作中，說明了這個新時代何以重要。[19]薩伊德特別指出，這個繼宣教時期與重商主義時期而來的認知時期是如何體現在拿破崙遠征埃及（1798-1801）的行動中：

---

⑯　譯注：麻六甲係於1824年透過英荷條約割讓予英國，此處的「1810年」應為誤植。
⑰　譯注：穆拉托人（mulâtre）指白人與黑人的混血兒，或混血兒父母與另一人的小孩。

當然，政治、軍事及商業動機不可能不存在，但法方特意強調遠征埃及的科學面向。一百六十七名學者、歷史家、工程師、植物學家、繪圖師及藝術家伴隨軍隊前往埃及，他們蒐集到包羅萬象的資訊，這些發現在1808年到1828年間陸續出版成共含二十八巨冊的《埃及記述》(*Description de l'Égypte*)。

當地民眾與軍方顯然都不太相信這些「文明善行」不帶有利益考量。埃及居民從1798年底就開始叛變，埃及和鄂圖曼軍人則在英國艦隊支持下，於1801年成功將拿破崙的遠征軍團趕回法國。雖然如此，這段歷史仍舊代表一個劃時代的轉捩點：自此以後，殖民活動愈來愈常被描述成一種文明教化的必要作為，是歐洲提供的一項服務，可供拯救那些故步自封、不能清楚認識自己、無法與時俱進、更無力維護文化遺產的文明。

1802年，法蘭索瓦－荷內·夏多布里昂 (François-René de Chateaubriand) 出版《基督教的精隨》(*Génie du christianisme*) 一書，其後又在1811年發表《巴黎到耶路撒冷紀行》(*Itinéraire de Paris à Jérusalem*)。在這兩本書中，他大言不慚地合理化十字軍東征發揮的文明作用，並且毫無保留地譴責伊斯蘭。[20] 1835年，詩人阿爾方斯·拉馬丁 (Alphonse de Lamartine) 出版著名遊記《東方之旅》(*Voyage en Orient*)，他在書中理論化歐洲對東方主權所擁有的權力，而與此同時，法國正在對阿爾及利亞展開殘酷的征服戰爭。我們自然可以將這些充滿暴力色彩的文明論述解析成歐洲在遭受重大創傷且長期隱忍之後所作的一種回應。從公元八世紀伊斯蘭對西班牙和法國發動的首波攻擊到十八至十九世紀鄂圖曼帝國衰敗，在將近一千年的時間中，基督教國家眼看伊斯蘭教徒取得伊比利半島及拜占庭帝國的控制權，實質上占領地中海沿岸大部分地區，因而它們深深害怕必須永遠活在這些伊斯蘭國家的陰影中。夏多布里昂的文字清楚表述歐洲人終於克服這份古老生存恐懼之後的心情，同時傳達出某種積壓數百年、跨越眾多世代的報復欲望。相較之下，拉馬丁主要強調的是資產保存與文明教化的任務。

對薩伊德而言，東方主義對西方人的東方想像所造成的影響在殖民時

代結束之後仍然持續發酵。否定「東方」社會的歷史演進，設法本質化（essentialiser）這些社會，將它們想像為凝滯不變、永遠殘缺、在治理面顯出結構性的無能，這種觀點被西方人用來預先合理化所有形式的暴力，而且薩德認為，在二十世紀末及二十一世紀初期，這些成見依然深深烙印在歐美各國的意識中，例如2003年西方入侵伊拉克時就顯現出這種心態。東方主義的特點是它一方面產出知識與學問，同時卻也形塑某些理解遠方社會的特殊方式；這些知識模式曾經長期公然服務殖民支配的政治計畫，即使到了後殖民時代的今天，仍舊經常繼續在學界乃至整個社會中彰顯早年的偏見。不平等不只是國家內部的社會差距問題；不平等有時也會在不同集體意識與發展模式之間造成對立。在絕對客觀的層面上，不同社會的局限與優點可以促成平和而富於建設性的討論，但事實上，這些差異卻經常被有心人士轉變成激烈的認同對抗。無論是就當代的不平等或過去數百年的不平等而言，情況都是如此；縱使時代脈絡已有大幅改變，為了能夠更有效地分析當前的課題，設法清楚勾勒這類衝突的歷史圖像絕對有其必要。

英屬印度的殖民普查（1871-1941）

現在要看的是英國殖民者歷年在印度帝國辦理人口普查所留下的資料。1857-58年的土兵起義雖然被英方弭平，但還是令當局深感畏懼，促使這個殖民強權相信直接治理的必要。為達此目的，必須深入認識印度實施的土地制度，特別是與徵稅有關的部分。同樣重要的一件事是有效瞭解社會結構與地方菁英，尤其是種姓：當時英國對這個社會面向所知不多，並且擔心這個議題可能會助長社會群體的內部團結，甚至引發未來的叛亂。殖民當局在1865年和1869年於印度北部辦理實驗性質的初步普查，範圍包括「西北各省」及奧德（Oudh）地區。在英屬印度的早期行政區畫中，奧德大致相當於恆河流域核心地區或現在的北方邦（Uttar Pradesh），

這個地區目前人口為兩億零四百萬，在當時也已經超過四千萬。1871年人口普查的範圍擴大到英屬印度全部人口，一共兩億三千九百萬人，其中一億九千一百萬生活在殖民當局直接管理的領土上，四千八百萬位於受英國保護監督的王侯領。繼1871年普查後，當局在1881年和1891年再度舉辦普查，此後同樣每十年實施一次，直到1914年。英國人在每次普查後出版多達數百巨冊的資料，針對每個省和縣製作數以千計的圖表，交叉比對種姓與宗教、職業、教育程度，甚至持有地產的規模。如此龐大的資料足以說明殖民人口普查這個明顯具有政治意圖的工程是多麼浩大：數以千計的普查人員在幅員遼闊的領土上被動員，他們使用許多不同的印度語言進行調查，然後所有結果被翻譯成英文，產出多達數萬頁的資料。除了這些文件提供詳細資訊以外，還有其他各種報告和資料冊有時反映出殖民行政官員及相關學者的遲疑與困惑，這些資料不但呈現了印度的社會實況，而且非常有助於理解殖民統治程序的性質。

　　英國人起初是透過《摩奴法論》四個瓦爾納的角度進行普查工作，不過他們很快就發現，這些類別在實際操作上不甚可行，因為受普查民眾意識到的群體認同比較細緻而具流動性，也就是「迦提」。問題是殖民地普查人員手邊沒有完整的迦提清單，而且對於哪個迦提最符合自己的情況、迦提歸屬該如何界定，他們面對的受訪者各說各話，意見差異極大。受訪者甚至經常認同多個不同的群體歸屬。許多印度人想必也很好奇，為什麼這些奇怪的英國領主和他們的普查人員對印度人的身分認同、職業，飲食習慣那麼感興趣，而且那麼堅持要求受訪者對這一切進行分類和排序。1871年普查時，一共統計出三千二百零八個不同「種姓」（這個詞在這裡的意思其實是「迦提」）；到了1881年，若將所有子種姓計算在內，則有高達一萬九千零四十四個不同社會群體。在前一次調查中，每個種姓的平均人口不到十萬人，在後面這次調查中，平均人數則低於兩萬。由此可見，這些所謂種姓通常指的是規模不大的在地社會職業群體，各群體分別分布在印度領土上相對小的區域內。這樣的分析架構很難讓人在帝國層級上釐

清秩序、產出知識。若要體會這項工作的規模和複雜度，不妨設想印度君王在十八世紀或十九世紀取得歐洲的控制權、在整個歐洲進行普查的情況：調查範圍從布列塔尼到俄國、從葡萄牙到蘇格蘭，整個地區的人口都必須按照社會職業、宗教、飲食等標準加以分類。可想而知，印度人會發明一些今天看起來會令人驚訝的分析表格。[21] 無庸置疑的是，透過制定這些分類，並將其運用在行政業務及治理體系中，英國殖民者對相關人口群體的認同以及整個印度社會的結構造成非常深遠的影響。

　　某些殖民行政官也嘗試從種族主義的角度處理這個問題。他們的出發點是，根據某些印度神話，瓦爾那制度具有非常古老的種族根源，與早年的征戰有關。可能在公元前第二千年期間，北方的淺膚色人種亞利安人從伊朗遷移到恆河流域，然後繼續散布到印度南部，在這個過程中成為婆羅門、剎帝利與吠舍，而印度本地膚色較深的原居人口（最南部一帶甚至是黑色皮膚）則成為被奴役的首陀羅。[22] 基於這個理由，許多行政官員及學者開始測量頭顱和下顎的大小，檢視鼻部形態和皮膚質地，希望藉此解開印度種姓的祕密。1901 年成為普查委員的民族誌學者赫伯特‧瑞斯利（Herbert Risley）特別強調人種調查的策略重要性，他認為當時德國學者對人種研究非常積極，而如果英國想要在這方面超越德國，就必須好好運用印度這塊田野。[23] 就具體實踐而言，這條種族路線未能獲致任何明顯結果，因為在大多數種姓中，有太多不同的族群與人種類型早已交融在一起。

　　早在1885年，約翰‧內斯菲爾德（John Nesfield）即已指出人種理論對印度種姓的瞭解沒有助益。內斯菲爾德是一名行政官員，曾負責研擬新的分類方式，以便有效呈現印度的社會實況，當時他就認為，所謂「種姓」主要必須從社會職業群體的概念去理解。根據他的看法，只要前往貝那雷斯⑱，觀察就讀於最頂尖梵文學校的四百名婆羅門學生，就可以發現那裡匯

---

⑱　譯注：貝那雷斯（Benares）現稱瓦拉那西（Vaanasi），是印度北方邦位於恆河畔的城市，印度教的七個聖城之一。

集了整個印度次大陸深淺不一的所有類型膚色。[24]瑞斯利對這個議題有另一番見解:一方面,從公元前第二千年亞利安人入侵到公元前二世紀《摩奴法論》建議婆羅門恪遵內婚制這兩個時代之間,他們的血統應該已經跟其他族群大量融合。另一方面,佛教的競爭(在公元前五世紀和公元五世紀之間特別激烈)可能導致婆羅門讓許多低階種姓的成員升到婆羅門種姓。第三,在千百年的時間當中,許多印度教君主及王侯可能自己就創造了一些新的婆羅門文士階級,藉此因應既有婆羅門不守紀律的行徑。

　　整體而言,諸如內斯菲爾德這種行政官員的見證比瑞斯里或艾德加‧瑟斯頓(Edgar Thurston)之類抱持種族主義心態的民族誌學者更具參考價值,因為那其中記述了許多與受普查人口之間的有趣交流。他的分析當然多少也帶有他本身和他的對話者(主要屬於上層種姓)的偏見,不過重點是這些偏見本身饒富意義。舉例而言,根據內斯菲爾德的解釋,原住民和賤民是透過他們自己的行為,將自己隔絕在印度教社群之外。這些人主要是生活在村莊外圍或森林中的獵人群體,他們活在外人無法想像的汙穢中,隨時可能公然叛亂或盜竊掠奪。他們不被允許進出廟宇,而且道德淪喪:只要有需要,他們會毫不猶豫地將自己的女兒送去賣淫。內斯菲爾德在這部分的地理環境說明比較容易讓人想到孤立的原住民部落,而不是真正的賤民,儘管在他的記述中,這兩個群體之間的區別經常不是很清楚,特別是當他描述村莊附近的居住地時;這種地方距離森林和山區相對遠,而通常山林才會讓人聯想到原住民。無論如何,他在這些段落中描述的確實是一些生活模式澈底偏離社會標準的群體。[25]

　　內斯菲爾德還指出,這類賤民群體也包括某些小型務農種姓,這些人群的風俗道德和飲食習慣使他們被歸入低級種姓。他特別提到某些還在吃河狸鼠[19]和田鼠的人,這種不良習慣事實上早在兩千年前即已被《摩奴法

---

⑲　譯注:河狸鼠(*ragondin*)原生於南美洲溫帶地區,在印度次大陸未有分布;內斯菲爾德可能是誤以「河狸鼠」一名指稱某種類似的印度本地動物,例如亞洲水獺。

論》禁止。內斯菲爾德也談到一些特殊職業，例如「洽馬爾」（chammar，製革工）以及負責清運垃圾、人類穢物、動物殘骸的清潔工，而根據他蒐集到的資訊，這些人的家庭道德也甚為可議，經常有酗酒和淫亂的傾向。另外，內斯菲爾德相信，越低階的社會階級從事精密程度越低的手工藝，比如製做小籃筐；他指出這是印度非常低下的種姓喜歡從事的行業，正如歐洲的吉普賽人、羅姆人。反之，社會階層越高的人專業職能越複雜，例如製陶、紡織，最高階層的手工藝則是冶金、玻璃及珠寶製做、石材琢磨等。其他行業也有類似的分類方式：獵人的地位比漁夫低，漁夫的地位則比不上耕作者和牲畜養殖者。

商人階級稱為「巴尼亞」（baniya）；最顯赫的一些巴尼亞會採納某些風俗（尤其是禁止寡婦再婚），藉此向婆羅門的生活方式靠攏。內斯菲爾德也提到，從前的剎帝利戰士──後來以「拉吉普特」（這個詞彙最初指的是具有王室血統的人）和「查特里」（chattri，這個詞彙衍生自「剎帝利」和「剎特拉」〔kchatra，指田產持有者〕）的形式存在──在穆斯林和英國統治下大幅喪失原有地位，其中有些人改行當軍人或警察，為殖民當局效力，許多人靠地租生活，還有一些人苟且偷生。內斯菲爾德特別指出，婆羅門早已設法多元發展，除了擔任祭司以外，也經常從事教師、醫生、會計、行政人員等工作，同時從其他鄉村群體收取豐厚的地租。

雖然內斯菲爾德承認，比起如今無所事事的舊有戰士階級，這些人的行政職能對殖民當局而言用處大得多，他們的才幹也更適合現代社會，不過他也認為，相較於他們能提供的服務，婆羅門的數量實在太多（在印度北部某些地區高達人口的10%）。整體而言，內斯菲爾德認為印度的社會階序相當不錯，唯一比較大的問題是婆羅門人數過多，而且他們太習慣濫用他們擁有的支配地位。他的結論不言可喻：印度的高階領導性職務該由英國行政官員取代了。

印度及歐洲三重功能社會的人口組成

接下來看這些普查資料能帶來哪些有用的統計數據。整體而言,殖民行政官員不太知道該如何將數以千計迦提分門別類,整理出容易辨識的人口類別,而且每次普查結果的呈現方式都不一樣。包括內斯菲爾德在內的某些行政官員建議大體上放棄「瓦爾那」,設法以行業與技藝為基礎,建立一套全新的社會職業分類方式,內氏甚至提案在印度帝國全境實施新制。實際上,從1871年到1931年,歷次普查均選擇按統一方式處理婆羅門這個群體,將英國人眼中類似婆羅門的人群全數納入這一類別。一項1834年在貝那雷斯進行的調查早已發現,當地的婆羅門包含一百零七個不同群體。內斯菲爾德在他研究的社群中也分辨出許多子群體:「阿查雅」(acharja)是主理宗教儀式的導師,「帕塔克」(pathak)的專業是兒童教育,「狄克悉特」(dikshit)掌管二度出生者的啟蒙儀式,「恆加普特拉」(gangaputra,「恆河之子」)負責協助祭司,「拜迪亞」(baidiya)擔任醫師,「潘德」(pande)負責低階種姓的教育……除此之外,還有「卡塔克」(khatak)和「巴特」(bhat),這兩個群體原本是婆羅門,後來成為歌者和藝術家;以及「馬里」(mali),這是一個體面的農業種姓,專門生產宗教儀式行列中使用的花卉和花環,有時被歸入婆羅門。內斯菲爾德進一步指出,只有4%的婆羅門全職行使祭司職務,而有60%的婆羅門在其主要業務(教師、醫師、行政官員、地主等)之外,也以某種方式投入宗教事務。就某方面而言,這些人可說是一種參與教理宣揚工作的士人資產階級。

就整個印度而言,英國殖民普查明確列為婆羅門的人數相當多。1881年普查統計出來的婆羅門人口將近一千三百萬(含家屬),相當於全體受普查人口(兩億五千四百萬)的5.1%、印度教人口(一億九千四百萬)的6.6%。不同地區及省份的婆羅門人口比例呈現顯著差異,在印度南部有時只占2-3%,在恆河流域及北部則可以高到10%左右,孟加拉(加爾各答)和馬哈拉什特拉(孟買)則與全國平均大致相當(5-6%)。[26]至於剎帝利,

普查報告沒有提供總人數，因為這個詞彙很少被印度人直接使用，殖民官員索性放棄重新採用這個概念的想法。將不同查特理種姓與拉吉普特種姓（後者構成剎帝利階級的主體）加總以後，可統計出1881年的剎帝利總人口超過七百萬，相當於印度人口的2.9%、印度教人口的3.7%；各地區的數字同樣呈現差距，不過沒有婆羅門那麼明顯：印度北部略低於平均，印度南部及其他地區略高於平均。總體而言，兩個高級種姓共占1881年印度教人口的10%（婆羅門占6-7%，剎帝利占3-4%）。半個世紀以後，在1931年的普查中，婆羅門的人口占比已略為降低（從6.6%降至5.6%），剎帝利的比例則稍微提高（從3.7%增為4.1%），不過兩者總和變化不大。普查資料顯示，婆羅門及剎帝利占印度人口的比例在1881年是10.3%，1931年則是9.7%（見圖8.3）。[27]

　　若將這些數據與十六世紀到十八世紀英國及法國（當時這兩國的中央集權化程度已經進展到一定程度）的教士與貴族人數進行比較，則可發現十九世紀末、二十世紀初印度婆羅門和剎帝利的人口占比相對高。根據現

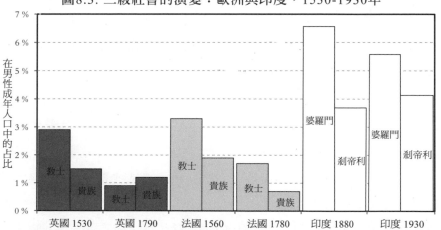

圖8.3. 三級社會的演變：歐洲與印度，1530-1930年

在英國和法國，三重功能社會的兩個支配階級（教士及貴族）在十六世紀和十八世紀之間人數比例減少。在印度，根據英國當局的殖民普查，婆羅門和剎帝利（昔日教士階級和戰士階級）的人數比重在1880年和1930年之間稍微降低，不過還是顯著高於十六到十八世紀歐洲的水平。來源與數據：參見 piketty.pse.ens.fr/ideologie。

有估計，十六世紀教士階級占英國和法國成年男性人口的3%左右，貴族不到2%，合計兩個優勢階級的人口占比低於5%；十九世紀末印度婆羅門和剎帝利占總人口的比例則仍高達10%左右。不過就規模比例而言，兩邊的情況不至於無法比較。此外我們也要注意，十八世紀期間某些其他歐洲國家教士階級與戰士階級的人口占比遠高於英法兩國。以西班牙為例，1750年神職人員占男性成年人口的比例估計為4%，低階貴族及高階貴族則占7%以上，教士階級與戰士階級共占11%左右，相當接近1880年印度的水準（參見第一章圖1.1）。在葡萄牙、波蘭、匈牙利等國，1880年前後光是貴族就占人口的6-7%（參見第五章圖5.2）。從這些群體的統計數字看來，印度的三重功能社會（包括各地區的不同形態）與歐洲各國的三重功能社會似乎相對接近，其中的差異主要反映的是兩塊大陸上各個子地區在國家建構方面的不同社會政治程序。

士人資產主、行政官員及社會控制

人口普查產生的詳細報告可供辨識出受普查人口的數個重要特徵。1871年普查時，馬德拉斯省的婆羅門平均占人口的3.7%，依據縣份不同，占比從1.5%到13.1%不等。婆羅門在某些部門的占比特別突出，例如教育（馬德拉斯的學生有70%是婆羅門）、知識性職業（該省60-70%的教師、醫師、法務人員、會計師、占卜師是婆羅門）；甚至在鄉村地產持有方面，被列為地產持有者的人有40%是婆羅門（剎帝利則只有20%），這個比例在某些縣份高達60%。負責解析這些圖表的行政官員比內斯菲爾德更直截了當：他認為婆羅門對其他階級的支配構成極大壓迫，要是英國人退出印度，必將立即造成政治混亂，引發人民造反。[28] 這番話讓我們看到，英國殖民當局藉在地婆羅門菁英之力，對印度進行控制和行政管理，同時卻譴責婆羅門在印度的存在形同暴政。這種雙重論調的目的無疑是合理化殖民者的文明開化任務，不過殖民者卻忘了說一件事：英國的所有權與權力集

中程度至少與印度一樣極端，而就在當時，英國「不在地主」才剛狠心讓一部分愛爾蘭人口死於饑荒，當地社會已經在醞釀大規模動盪（參見第五章）。

其他年度的人口普查結果證實，教育資源及土地資產一直高度集中在被列為「婆羅門」的階級手中（或者該說「婆羅門男性」，因為所有既存資料均顯示當時印度是高度父權主義的社會）。根據1891年的普查，英屬印度的男性人口識字率僅為10.4%，女性更只有0.5%。如果只看婆羅門這一群體，馬德拉斯的男性識字率達72.2%（女性為3.8%），孟買男性也有65.8%識字（女性為3.3%）。唯一整體識字率達到相當程度的省份是緬甸，這個地區的人口有95%登記為佛教徒（當時在整個印度境內，佛教只有在這個地區超越印度教），平均識字率則為44.3%（但女性只有3.8%）。殖民行政官員將這個優異表現歸功於佛教僧侶及佛教學校。事實上，沒有人知道普查人員是否真的確實評量了受訪者的各種能力，或者只是在某種程度上把自己或受訪家長的偏見轉寫在問卷上。不過這些數字還是反映出某些社會實況。在1911年的普查中，孟加拉省婆羅門女性的識字率達到11.3%（婆羅門男性則為64.5%），雖然比例還不高，但已大有進步，足令婆羅門女性占全省識字女性的60%以上；婆羅門男性只占識字男性總數的30%，但這已經相當可觀。

我們發現就多數省份而言，婆羅門在土地資產方面至少可以跟拉吉普特和查特里半起平坐，甚至通常超越這兩個群體。在教育方面，差距大得驚人：婆羅門的教育程度遠遠超過剎帝利，後者享有的文化及知識資產則非常少（拉吉普特男性的識字率在多數省份介於10%和15%之間，只比全國平均略高）。不過在此必須強調，教育方面的優勢依地區而有顯著差異。北印的優勢較不明顯，這個地區婆羅門人數眾多，有時識字率低到20-30%；相較之下，南印的婆羅門是一個人數比例非常低的菁英群體（人口占比為2-5%，而不是北部的10%），識字率則達60-70%以上。

只有一個種姓擁有的教育資本和知識資本達到甚至有時超過婆羅門的

水平：卡雅斯特（kayasth）。這個種姓人數不多，在歷次普查中只占印度
人口的1%左右（在孟加拉則超過2%），而在殖民行政官員眼中，這群人
顯得特別匪夷所思。卡雅斯特顯然屬於高階種姓，不過似乎無法歸為婆羅
門或剎帝利，因此在普查中被分開處理。根據好幾個大體上無法驗證的說
法，這個種姓有多種不同起源。在一個古老傳說中，一名遭遇困境的查特
里王后許諾讓她的小孩成為作家和會計師，不讓他們當戰士，這樣敵人才
會饒過他們的性命。比較可信的理論是，卡雅斯特源自古代的剎帝利或查
特里戰士族系，他們的祖先希望一部分後代擔任文士或行政官員的職務，
藉此脫離婆羅門的監管，獲得自主權，並讓這個種姓擁有屬於自己的文士
（這是一種合情合理的追求，想必在印度的朝代歷史上經常出現，而婆羅
門階級很可能經由這個程序擴大或換血）。

　　具體而言，卡雅斯特允許飲酒，這點跟剎帝利一樣，但與婆羅門相反；
英國行政官員據此認為他們的起源相當複雜。除了這點以外，卡雅斯特在
所有方面都像婆羅門，在某些部分甚至超越婆羅門，例如教育表現或擔任
高階行政職務和從事知識性職業的比例。卡雅斯特非常著稱的一點是他們
曾經很快就學會烏爾都語，因而得以為蒙兀兒皇帝或穆斯林蘇丹效力；後
來他們又很快學會英語，以便獲得英國殖民行政機構的工作機會。

　　無論如何，我們必須知道的一點是，種姓普查工作不只是為了滿足英
國和歐陸學者對異國情調的好奇或對東方主義的興趣，這項工作的主要意
義是作為英屬印度的治理基礎。這些調查首先可以讓英國殖民者知道他們
能向哪些群體徵稅，或從哪些群體吸收擔任高階行政或軍事職務的人才。
由於英裔人口在英屬印度的比例極低（一直不超過總人口的0.1%），這方
面的知識顯得格外重要。

　　要能讓那麼大的結構體有效運作，唯有透過嚴整而全面的組織工作才
行。在社會階序底端，種姓普查的功用也在於識別那些可能造成麻煩的階
級，特別是「犯罪種姓」：基於這些群體對搶奪活動及各種偏差行為的喜
好，他們會被列入這個人口類別。當局通過《犯罪部落與種姓條例》

（Criminal Tribes and Castes Act），藉此透過快速程序逮捕和監禁這些群體的成員，並且在1871年到1911年間經常加強該法案的效力。[29]英國人在印度大幅實行強迫勞動，特別是在道路修築方面，這種情況類似法屬非洲的苦役及「服務」（參見第七章），而種姓普查可供有效評估哪些群體適合被「徵用」。整體而言，我們發現英屬印度非常擅於運用與流浪有關的法律，以此動員勞動力。舉例而言，在十九世紀後期，每當茶園或棉花田的經營者難以找到人手時，我們就會看到這類法律加強實施，以便加速「人力聘僱」。[30]

在擔任行政官員的高級種姓與犯罪種姓和其他類似奴隸的低階種姓之間，還有各式各樣的中間階級，特別是農業相關種姓，這些群體在英屬印度的治理上也扮演了非常重要的角色。舉例而言，在旁遮普，1901年的《土地讓與條例》（Land Alienation Act）規定將土地買賣權保留給一個特定的農業種姓組合，當局順便藉這個機會重新界定了這些種姓的範圍。這項做法臺面上是為了讓某些背負沉重債務的農民階級安心，因為他們的土地面臨被債主和當舖奪去的風險。由於傳統上這些農業種姓是兵員徵募的重要渠道，英國殖民當局格外擔心他們可能醞釀鄉村動亂。不過這些種姓的重新界定在後續多次普查中衍生各種亂象，因為許多鄉村人口群體為了取得土地，要求改變自己的種姓歸屬，並且成功達到目的。[31]

這部分的關鍵重點是，英國殖民當局為了規制印度社會以及分配權利義務而創造一系列行政類別，但這些類別與個人的社會身分認同經常相去甚遠，結果這種認同指定政策從深層顛覆了原有社會結構，在許多情況下導致過去充滿彈性的族群界線變得刻板僵化，引起各種新的社會緊張與族群對立。

殖民當局最初野心勃勃地想要根據《摩奴法論》的瓦爾那制度將人口重新分類，但後來不得不退而求其次。在當時的實際社會中，剎帝利大致上已經不存在，改以「拉吉普特」的名稱存在（有時也包括「查特里」，不過這部分比較隱而不顯）。至於吠舍，即《摩奴法論》中的工匠、商人和

自由農,這些人群也不再按照原有類別存在。當然,有形形色色的小型地
方職業群體可能歸入這個範圍廣大的人口類別,但就整個印度而言,這個
籠統的類別無法呈現任何統一性,唯一的例外大概是巴尼亞(商人):殖
民當局著手將這個群體分開統計,並納入二度出生的吠舍階級。

　　初期實施普查時,殖民當局有時陷入一些麻煩,必須仲裁各種與身分
認定有關的爭端。當局本身是這種局面的罪魁禍首之一,而且不知該如何
解決,尤其是在衝突具有宗教性質的情況下。以馬德拉斯省為例,在1891
年的普查中,那達爾(nadar)種姓獲當局認可為剎帝利。基於這項認定,
一群那達爾在1897年進入位於卡姆迪(Kamudi)的密那克希(Minakshi)
神廟,導致負責管理廟宇的高級種姓人員強烈憤慨。殖民法院最後判決那
群那達爾必須賠償他們擅闖該廟所衍生的淨化儀式費用。許多爭端也突顯
出廟會隊伍對各種公共場所的使用權問題。英國當局對某些特定地區存在
某些高階群體的情形也感到非常不解,例如孟加拉的卡雅斯特、孟買一帶
的馬拉塔(maratha)、馬德拉斯附近的維拉拉爾(vellalar)等,這些種姓
的所有特徵均與高級種姓符合,但卻未被納入瓦爾那體系。根據一些學者
的解釋,某些群體原本不具有清楚明確的高級種姓身分,不過他們在十九
世紀末期開始在家庭生活和飲食方面採行非常嚴格的潔淨標準(例如禁止
寡婦再婚、力行嚴苛的素食規定、絕不與較不潔淨的種姓接觸),這讓他
們得以被視為「二度出生」,變得非常接近婆羅門這個獲普查單位宣告認
可其具有統一存在的階級。[32]

殖民統治下的印度以及種姓分類的僵化

　　雖然我們不可能知道印度在沒有被殖民的情況下會如何演變,但整體
而言,殖民普查的實施以及社會類別以驚人方式被科層化的結果似乎導致
種姓之間的邊界變得非常刻板僵化。一些原本不存在(或者不以明確形式
全面存在)、而且主要只存在於地方層級的類別在印度全境被賦予了精確

的行政定位；英國對印度的殖民統治就這樣打斷了一個古老三重功能社會的在地發展程序，甚至可能在印度社會中硬性畫定了一些僵化的界線。

從這個角度來看，我們發現一個令人訝異的事實：被列入高級種姓的人口比例不僅在1871年和1931年之間幾乎完全不變，甚至一直到2014年都維持在大致相同的水平，儘管人口總數呈現大幅增長（見圖8.4及表8.2）。在此特別說明，1931年普查以後，印度的人口普查不再登記高級種姓的身分歸屬。英國人後來終於意識到認同衝突及社會邊界問題的嚴重性（而這在一定程度上是他們造成的結果），於是他們決定在1914年普查時不再調查這個部分。至於印度獨立後的情況，歷任政府的目標是終結以種姓為基準的歧視，因此他們不再詢問與種姓身分認同有關的問題（唯一例外是最低階種姓，後續我們會探討這點）。不過多項調查仍然繼續詢問印度民眾種姓歸屬的問題；本書在這部分呈現的資料取材自1962年到2014年大部分印度立法選舉結束後舉行的局部調查。顯而易見的是，這兩種資料來源非常不同。第一種情況涉及針對全部人口實施的普查，而且是在普

圖8.4. 印度高級種姓分類的僵化，1871-2014年

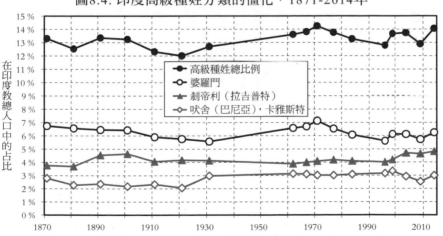

本圖呈現的數據源自1871-1931年的英國殖民普查以及1962-2014年的選後調查（採自行聲明方式）。我們可以看到，就長期而言，登記為婆羅門（昔日的祭司階級和文士階級）、剎帝利（「拉吉普特」）（過去的戰士階級）及其他高級種姓——吠舍（「巴尼亞」）（即工匠、商人）、卡雅斯特（作家、會計師）——的人員占總人口的比例維持相對穩定。其他地方高階種姓（如人口占比為2%的馬拉塔）未納入計算。來源與數據：參見 piketty.pse.ens.fr/ideologie。

表8.2. 印度高級種姓的結構，1871-2014年

	1871	1881	1891	1901	1911	1921	1931	1962	1967	1971	1977	1996	1999	2004	2009	2014
高級種姓總比例	13.3%	12.6%	13.4%	13.2%	12.3%	12.0%	12.7%	13.6%	13.8%	14.2%	13.7%	12.8%	13.6%	13.7%	12.8%	14.0%
婆羅門（祭司、文士）	6.7%	6.6%	6.5%	6.4%	5.9%	5.8%	5.6%	6.6%	6.7%	7.1%	6.5%	5.6%	6.1%	6.1%	5.7%	6.2%
剎帝利（「拉吉普特」）（戰士）	3.8%	3.7%	4.5%	4.6%	4.1%	4.2%	4.1%	3.9%	4.0%	4.1%	4.2%	4.0%	4.2%	4.7%	4.6%	4.8%
其他高級種姓：吠舍（「巴尼亞」）、卡雅斯特	2.8%	2.3%	2.4%	2.2%	2.3%	2.1%	3.0%	3.1%	3.1%	3.0%	3.0%	3.2%	3.3%	2.9%	2.5%	3.0%
印度教總人口（百萬）	179	194	217	216	228	226	247	375	419	453	519	759	800	870	939	1,012

本圖呈現的數據源自 1871-1931 年的英國殖民民普查以及 1962-2014 年的選後調查（採自行聲明方式）。我們可以看到，就長期而言，登記為婆羅門（昔日的祭司階級和文士階級）、剎帝利（拉吉普特）（過去的戰士階級）、吠舍（巴尼亞）（工匠、商人）、卡雅斯特（作家、會計師）——的人員占總人口的比例維持相對穩定。其他在地高階種姓（如人口占比為 2% 的馬拉塔）未納入計算。來源與數據：參見 piketty.pse.ens.fr/ideologie。

查人員的管控下進行；第二種情況則是針對幾萬人所做的選後調查，原則上由受訪者自行聲明其種姓歸屬。

不過有趣的是，各人口類別的比例幾乎沒有變化。在1871年到1931年實施的普查中，婆羅門在印度教人口中的占比在6%到7%的範圍內擺盪，而在1962年到2014年的調查中，這個比例大致位於相同水平。剎帝利（事實上主要是拉吉普特）的人口占比在十九世紀末期、二十世紀初期的殖民普查中介於4%和5%之間，在二十世紀後期及二十一世紀初的選後調查中也維持在類似的水準。我在圖8.4和表8.2中也呈現登記為吠舍（巴尼亞）和卡雅斯特的人口比例：我們看到，這兩個群體在整個時期一直占印度教人口的2%到3%。如果考量包括後面這兩個群體在內的高級種姓總人數，則可發現在1871-2014年期間，這些類別占印度教總人口的比例穩定起伏在12%到14%的水平。若再加上馬拉塔（人口占比為2%）和存在於某些特定地區的其他高階種姓（這些種姓是否屬於高級種姓一直備受爭議），則依據界定方式的不同，總比例介於15%和20%之間。

這些數據背後牽涉到哪些重要議題？若要回答這個問題，首先必須知道的是，這些分類造成的結果在二十世紀期間出現了澈底的轉變。十九世紀末期時，被認可為高級種姓是非常好的事，因為那不僅是一種象徵性的尊榮，而且可以讓當事人進出廟宇、學校、水泉、蓄水池和其他公共設施。殖民時代末期，尤其是在兩次大戰之間，英國當局在印度獨立運動的壓力下，著手廢止對低階種姓（特別是賤民）的歧視性規定，同時採取某些優惠措施，藉此矯正傳統的歧視現象。不過，一直要到1947年印度獨立，當局才全面廢除各種舊有歧視行為，並實施「正向差別待遇」的系統性政策。1931年的普查委員約翰・赫頓（John Hutton）曾指出，1929年時，許多馬德拉斯的餐廳和理髮廳還掛著「賤民禁入」的標牌。[33] 國大黨[20] 試圖

---

⑳　譯注：國大黨（Congress Party）全名「印度國民大會黨」（Indian National Congress），創建於1885年，是印度歷史最悠久的政黨，與印度人民黨（Bharatiya Janata Party）並列為印度兩大主要政黨。

促使立場最保守的一群二度出生人士向低階種姓開放所有廟宇，但獨立派領袖佩里亞（Periyar）[21]質疑該黨的做法過於畏縮，於是在1925年退黨；他認為國會黨應該用更急進的方式獲取更多成果才對。[34]

　　阿姆倍伽爾（Bhimrao Ramji Ambedkar）的例子也足以反映印度種姓關係演變的複雜性。他是第一個取得哥倫比亞大學（Columbia University）和倫敦政經學院（London School of Economics）法律及經濟學位的印度賤民，後來在1950年代成為印度憲法的主要起草人。在1920年代的印度，阿姆倍伽爾在開展律師生涯的路途上遭遇了極大的困難。他協助發起「達利特運動」（達利特〔dalit〕在梵文中意為「破碎」，他提議用這個詞語稱呼過去的賤民〔穢不可觸者〕），1927年，達利特在馬哈拉什特拉省的查夫達（Chavdar）蓄水潭舉行大型集會時，他公開燒毀《摩奴法論》。阿姆倍伽爾後來敦促達利特皈依佛教：他相信只有澈底重塑印度教的宗教體制，才可能瓦解種姓制度，終結根深柢固的歧視傳統。他極力反對甘地，甘地則認為燒毀《摩奴法論》是大不敬的事。甘地致力維護婆羅門階級以及瓦爾那所代表的功能性社會團結理想，並呼籲「哈里占」（harijan，「神的子民」，這是他對賤民的稱呼）在印度教的架構下打造屬於自己的位置。在許多屬於高級種姓的印度人眼中，這麼做主要意味的是採納比較「潔淨」的行為方式和家庭、飲食、衛生標準，而「潔淨」正是高階種姓試圖體現的理想。（這有點類似英國維多利亞時期資產階級的家父長制運動，該運動的宗旨是鼓勵勞工階級恪遵穩當的生活方式和高尚的行為模式。）有些與甘地關係密切的二度出生者甚至建議賤民、原住民乃至伊斯蘭教徒以象徵方式皈依印度教，藉此標誌他們全面回歸印度教社會、擁抱潔淨的人生。

　　另外，1920年代期間，眾人都知道殖民制度大概不會永遠持續，英

---

[21]　譯注：全名埃洛德・溫卡塔帕・拉瑪撒米（Erode Venkatappa Ramasamy），1879-1973，畢生反對婆羅門宰制，並在坦米爾那邦提倡性別平等與種姓平等，被譽為「達羅毗荼運動之父」（Father of the Dravidian Movement）。「佩里亞」是眾人對他的敬稱，在坦米爾語中意為「長老」、「尊者」。

國人也已就擴大投票權以及賦予更多權力給選舉產生的印度議會等議題，與印度人展開談判。早在一次大戰以前（特別是1909年在孟加拉），殖民當局即已開始針對印度教信徒及伊斯蘭教信徒分別訂立納稅選民清冊，許多人認為該項決定為1947年印巴分治揭開了序幕。阿姆倍伽爾在1920年代末期也支持分開選舉的概念，不過他的目的是區分達利特與非達利特印度教徒：他認為只有靠這個辦法，原有的賤民才有機會表達意見、獲得代表權以及自我維護。甘地竭力反對這種做法，開始進行絕食抗議。最後這兩位獨立派領袖終於達成妥協，在1932年簽訂《浦那協議》（Poona Pact）：達利特和非達利特印度教徒共同投票選出相同一批議員，但一部分選區（與他們的人口占比成比例）將保留給達利特，這個意思是說，在那些選區，只有達利特可以參選。這就是透過1950年憲法正式建立的「保留制度」（reservations system），如今仍在實施。

　　1931年普查時，「無族籍者」（outcasts）、「部落」（tribes）及「鬱悶階級」（depressed classes）──殖民行政當局曾以這幾個名詞指稱「穢不可觸」的賤民和其他遭受歧視的人口類別，後來改用「官列種姓」（Scheduled Castes，SC）和「官列部落」（Scheduled Tribes，ST）等名稱──共有五千萬人，在兩億三千九百萬印度教徒中占21%。1920年代末期，遍地開花的獨立運動已在數個省份發起杯葛普查的行動，呼籲民眾不要對普查人員表明「迦提」和「瓦爾那」的身分。人口普查的性質逐漸改變，十九世紀後期、二十世紀初期普查制度的主旨在於辨認出菁英階層和高級種姓（有時很清楚是為了保障他們的權益和特權），但後來的普查變成以辨識低階種姓類別為主，目的是矯正舊有的歧視。1935年，殖民政府開始實驗針對某些公職優先錄取官列種姓成員的制度，當時有關人員就發現，某些迦提在1890年代曾積極爭取剎帝利身分認定，以便取得進出某些廟宇和公共場所的權利，這時卻改為爭取當局認定他們屬於最低階種姓。[35]這點再度說明了個人身分認同的彈性，以及民眾對殖民當局相關措施的矛盾性所展現的順應能力。

　　值得注意的是，早在1902年，當局就已經開始在戈爾哈布爾（Kolhapur）馬拉塔土邦實驗一些機制，設法限制優勢種姓霸占大學及公部門職務的現象。當時戈爾哈布爾的婆羅門以邦主出身首陀羅為由，禁止他在儀式中誦讀吠陀經，令邦主覺得在朝臣面前顏面盡失。邦主大怒，隨即決定設置50%的配額，讓非婆羅門在他的行政體系中擔任高階職務。馬德拉斯也出現類似行動，在1916年組成正義黨（Justice Party），而在邁索爾（Mysore）土邦（今天的卡那卡塔〔Karnataka〕邦），邦主和非婆羅門菁英愈來愈不能接受僅占總人口3%的婆羅門把持70%的大學職務和最高階公職（與戈爾哈布爾的情況相近），因此也開始處理這個問題。1921年，在正義黨的推動下，坦米爾那都（Tamil Nadu）發起性質相近的運動。在印度南部，婆羅門菁英雖然已經在當地落地生根上千年，但有時還幾乎被其他族群視為來自北方的入侵者（這有點像華人在馬來西亞的情況），因此早在印度獨立以前，這種配額政策就有了相當基進的反婆羅門色彩。相較之下，國大黨吸收了許多源自北印高級種姓的進步派代表，包括尼赫魯（Nehru）和甘地，所以在「保留制度」方面的立場比上述情況溫和得多：政府當然應該協助低階種姓進步，但在這麼做的同時，絕不可剝奪高階種姓施展才能、裨益全體社會的機會。在此後數十年中，這種立場衝突將全面登場。

獨立後的印度如何因應源自過去的地位不平等

　　1947年從英國獨立以後，印度共和國制訂了空前的系統化正向差別待遇政策。這種概念有時讓人聯想到美國的「積極平權措施」（affirmative action），不過事實上，美國對黑人或其他少數族群的優惠配額從未成為正式的公共政策。在美國，優惠性錄取措施（例如針對大學就學）一直是在體制與正當性的邊緣由志願性公民機構負責執行，從不曾透過系統性的全國政策正式實施。與此相反，1950年的印度憲法明確制訂了一套法律架

構，原則上藉由平和的法治手段，矯正源自過去的種種歧視。整體而言，1950年憲法首先廢除的是所有種姓特權，並取消法律中一切與宗教有關的指涉。憲法第十五到十七條終止「穢不可觸」的概念，藉此摒棄所有與廟宇和其他公共場所的進出和使用有關的限制。[36]不過在宰殺牛隻的相關規範方面，第四十八條還是賦予各州相當大的權限。這個議題引發的爭議與衝突導致許多針對達利特或穆斯林的暴動或私刑，因為這些人經常被指控以不當方式載運牲畜宰殺後的殘骸。此外，第四十六條相關規定旨在提升官列種姓與官列部落（即遭受歧視的原有賤民和原住民）的教育及經濟利益。第三三八及三三九條的內容旨在組織專責委員會，執行將各地區人口分類為官列種姓（SC）和官列部落（ST）這項棘手工作。第三四〇條針對「其他落後階級」（other backward classes，OBC）制定性質類似的機制。

　　初期階段只成立了負責定義「官列種姓」及「官列部落」的委員會。這項界定工作的整體原則是，被歸入官列種姓和官列部落的人口類別必須符合兩個條件：第一，在教育程度、生活與居住條件、工作形態等方面必須符合客觀的弱勢標準（這些社經層面均透過人口普查和各種官方調查予以衡量）；第二，上述社經條件落後及物質匱乏的情況必須至少在部分程度上是由過去遭受的特定歧視現象所導致。不言自明，這種歸類方式涵蓋那些在傳統印度教社會中被邊緣化的原有賤民及原住民群體（如內斯菲爾德在其1885年報告中談到的人群）。就具體執行而言，根據這些委員會制定並定期檢討的相關分類，歷年各次人口普查及其他調查的統計結果為：官列種姓與官列部落在1950-70年占印度總人口的21%，在2000-20年則占25%。

　　理論上，源自所有宗教的社會群體及原有迦提都可以獲得「官列種姓」或「官列部落」的身分認定。但事實上，伊斯蘭教徒幾乎被完全排除在外（官列種姓與官列部落只占這個群體的1-2%）。反之，將近半數佛教徒被認定為官列種姓（主要原因是大量印度教徒在阿姆倍伽爾鼓動下皈依佛教），將近三分之一的基督教徒被認定為官列部落（眾多原住民及孤立部

落在殖民時期皈依基督教，而且這個現象還曾導致殖民當局懷疑皈依者的動機不純正）。如果能被歸入官列種姓與官列部落，就可以享有大學及公職的保留名額，以及在聯邦層級立法選舉的保留選區獲得參選的權利（議員人數按官列種姓與官列部落的人口占比計算）。

與「其他落後階級」有關的憲法第三百四十條實施得比前述條文晚許多。這其中的主要困難點在於其他落後階級的涵蓋範圍遠較前兩種類別為廣：所有處於社經條件落後或物質匱乏狀態的社會類別均可列入其中，無論這種情況是否能歸咎於過往遭受的歧視。具體而言，其他落後階級理論上可以包含所有首陀羅，亦即官列種姓與官列部落和高級種姓除外的全部人口。不過，「其他落後階級」這個群體的上下邊界很難確立，而且這種分類方式對印度社會中的菁英階層可能造成更大的損害。在配額不超過所有名額20-25%的情況下，婆羅門和其他上層階級尚不至於受到真正的威脅；由於還有75-80%的名額可用，這些階級的小孩在學校得到的優良成績應該足以讓他們順利錄取。但是，如果配額增為兩倍或三倍（南印某些土邦在印度獨立前即已開始這麼做），情況就會明顯不同，更何況在印度這麼貧窮的國家，大學生和公務人員的絕對數量本來就相對低。1953-56年組成的第一個委員會得到的結論是，「其他落後階級」至少占總人口的32%；若將官列種姓與官列部落的配額也計算在內，則「保留名額」可達總名額的53%。這些數據在高級種姓間引發爆炸性的反應，結果聯邦政府做出「無所為」的明智決定，讓各邦自行進行這方面的實驗。各邦政府於是大規模執行這項工作，尤其是在印度南部。1970年代初期，多數邦已經建置超乎聯邦標準的正向差別待遇機制，特別是各種針對「其他落後階級」所實施的計畫。

1978-80年間，曼達爾委員會（Mandal Commission）作出結論，認為憲法規定要設立的聯邦機制不能再拖延，並估計其他落後階級應該享有相當於總人口54%的配額（而不是32%，這點剛好也顯示「其他落後階級」的範圍極難界定，尤其是這個人口類別的上層界線）。最後聯邦政府終於

在1989年決定開始實施其他落後階級的保留制度，結果竟導致一些高級
種姓出身的青年學子引火自焚，原因是他們感到人生自此前途茫茫，儘管
他們的成績優於許多「其他落後階級」出身的同學。印度高等法院在1992
年裁定這項措施生效，並規定配額不得超過員額總數的50%（包括其他落
後階級與官列種姓與官列部落的名額）。

　　政府組成委員會，專司「其他落後階級」的範圍界定，從1999年開始，
印度公共統計部門的全國抽樣調查（National Sample Survey，NSS）正式針
對屬於這一階級的個人進行追蹤記錄。被歸入其他落後階級的群體在1999
年占總人口的36%，在2004年占41%，在2011年和2014年則占44%（這
些比例與曼達爾委員會估計的水平之間有相當差距，這點再度顯示這個人
口類別的流動性）。在2010年代中期，包括官列種姓與官列部落與其他落
後階級在內，享有正向差別待遇的人群共占印度總人口的將近70%（見圖
8.5）。在未享受此優惠的30%左右人口中，超過20%屬於印度教高級種姓

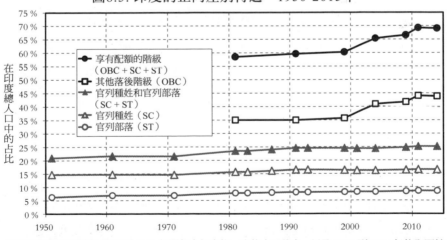

圖8.5. 印度的正向差別待遇，1950-2015年

本圖呈現的結果源自1951到2011年間每十年實施一次的人口普查，以及1983到2014年的全國抽
樣調查（NSS）。針對官列種姓與官列部落（SC–ST，即原有受歧視的賤民和原住民）的大學就學
與公職錄取配額制度早在1950年即已實施，這套制度經過1979-1980年曼達爾委員會的決議，才在
1980年代擴及其他落後階級（OBC，即原有的首陀羅）。全國抽樣調查直到1999年才將其他落後階
級納入評量，因此本圖顯示的1981年和1991年估計數字（占總人口35%）只是近似值。來源與數
據：參見 piketty.pse.ens.fr/ideologie。

（更廣泛而言包含所有未歸入官列種姓與官列部落或其他落後階級的印度
教徒），將近10%則是未歸入官列種姓與官列部落或其他落後階級的伊斯
蘭教徒、基督教徒、佛教徒和錫克教徒。歷史上這些高階社會群體囊括了
幾乎所有大學與公職錄取名額，而「保留制度」主張的目標正在於讓70%
低階人口獲得這些員額中的一定比例。

　　值得注意的是，與官列種姓與官列部落相反，「其他落後階級」這個
類別向伊斯蘭教徒大幅開放，這個事實促成了印度教民族主義黨派「印度
人民黨」（Bharatiya Janata Party，BJP）的興起。印度人民黨明顯具有反伊
斯蘭的論述基礎，吸引許多日益傾向於關注高級種姓的選民，這點在在突
顯出選民的社經結構與重分配機制的演變之間事關重大的交互作用。（重
分配機制是政治衝突與選舉拉扯的核心議題，這點我會在本書第四部詳細
探討。）在此也要說明，高等法院在1993年針對配額的實施導入一項所得
標準：如果某個種姓被納入「其他落後階級」，則該種姓中屬於「奶油層」
（creamy layer，指社經條件達到某個門檻以上的一群人）的成員不得享有
配額。這項標準在1993年初步定為十萬盧比，2019年調至八十萬盧比；[37]
具體而言，這只排除了印度人口的不到10%。

　　雖然如此，要想圓滿解決這個課題，還有很長的路要走。尤其上述所
得標準帶出了一個核心問題：一個人隸屬於某個社經弱勢群體（若為官列
種姓與官列部落，則不僅是社經弱勢，更是曾備受歧視的群體），以及他
的所得、資產等個人特徵，這兩者之間存在著什麼關聯？另外，在1931
年的人口普查之後，2011年普查首次決定蒐集與不同種姓和迦提的所有身
分認同形態有關的資訊，藉此對個別群體的社經特徵重新進行整體評估，
範圍包括教育程度、就業類別、居住類型（牆壁及屋頂的建材是竹子、塑
膠、木材、磚頭、石材還是混凝土）、所得階層、持有資產類型（冰箱、
手機、輕便摩托車、汽車）以及擁有的土地規模。因此，2011年的社經暨
種姓普查（Socio-Economic and Caste Census，SECC）與1951年到2001年
歷屆普查之間呈現明顯差異，後者雖亦蒐集相同類型的社經資訊，但沒有

詢問涉及種姓和迦提的問題（除了官列種姓與官列部落成員的身分歸屬以外）。這項抽絲剝繭的調查有可能導致整個「保留制度」必須修正。不過這是一個充滿爆炸性的議題；直到2010年代末期，2011年普查的詳細結果依然尚未公諸於世。

最高法院在2018年底決定將「奶油層」的規則擴大實施於官列種姓與官列部落，這意味的是過去曾經遭受地位歧視的事實不能永無止境地成為享有補償措施的理由。雖然如此，由於當局採用的所得門檻相對高，相關衝擊仍屬有限。2019年初，印度人民黨領導的政府通過一項措施，旨在將「保留制度」的權益擴及所得低於前述門檻的高級種姓成員，不過其他群體的可用配額不受影響。在未來幾十年中，這些議題很可能將持續激盪印度的社會及政治論壇。

印度式正向差別待遇的成就與局限

印度實施的正向差別待遇政策是否有效減少與昔日社會地位類別有關的社會不平等，或者反而導致人口類別的區分更形僵化？在本書後續章節中，特別是在探討印度這個全球最大民主國家政治與選舉分歧的社經結構如何變動時，我們將回頭審思這個問題（參見第四部第十六章）。不過在此已經可以說明幾個要點。首先，印度的例子告訴我們，在開始分析二十一世紀的各種不平等制度以前，透過具有歷史縱深的比較觀點進行大規模回顧，確是不可或缺的工作。印度的現有不平等結構是一段複雜歷史的產物，這段歷史牽涉到一個古老三重功能社會的演變，而其演繹過程深受印度與英國殖民者的接觸所影響，因為英方決定實施嚴格的行政編碼機制，在當地各種不同社會認同間畫定僵化的界線。今天，真正重要的關鍵不再是推斷，在不曾發生殖民的假設下，印度的不平等制度原本可能如何演變。這個問題基本上不會有答案，因為兩百年的英國統治——先是1757-1858年透過東印度公司統治，然後是1858-1947年的直接殖民統

治──早已澈底顛覆了舊有的運作邏輯。現在的重要問題應該是如何決定最佳策略，讓有關當局以最有利的方式，消弭從三重功能社會到殖民時代持續累積的不平等重擔。

從現有資料可以發現，在1950年代和2010年代之間，印度實行的相關政策已經顯著改善原有被歧視種姓與其餘人口之間的不平等，改善程度不但高於美國黑人與白人之間的不平等，更遠遠優於南非種族隔離結束之後黑人與白人間的不平等情況（見圖8.6）。當然，這些比較絕不足以讓這方面的討論就此結束。儘管2010年代南非黑人的平均所得不及白人平均所得的20%，而官列種姓和官列部落（原有被歧視賤民與原住民）的平均所得已達其餘人口平均所得的70%，但這些事實必須在各自的脈絡中加以檢視，因為這兩種社會形態極為不同。黑人占南非人口的80%以上，官列種姓與官列部落則只占印度人口的25%。就這個觀點而言，與人口占比為12%的美國黑人互相比較顯然較為妥切。這項比較顯示，從1950年代的類似條件出發（透過不甚完整的資料可以勉強推估出當時的所得比值約為

圖8.6. 各國正向差別待遇和不平等情況的比較

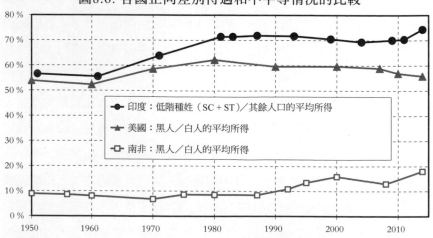

印度低階種姓（官列種姓和官列部落〔SC＋ST，即原本受歧視的賤民與原住民〕）平均所得與其餘人口之間的比值從1950年的57%大幅增為2014年的74%。在同一期間，黑人與白人平均所得的比值在美國從54%增為56%，在南非從9%提高到18%。來源與數據：參見 piketty.pse.ens.fr/ideologie。

50%），印度在降低所得差距方面的成果明顯優於美國。不過，印度的平均生活水平至今仍遠低於美國，因此這種對照還是有其局限。既有調查資料也可供發現，雖然原有高級種姓（特別是婆羅門）的成員持續享有明顯高於其餘人口的所得、資產與學歷，兩者間的差距還是顯著低於其他一些地位不平等程度極高的國家，例如南非（不過當然，不平等程度低於南非是不足為奇的事）。[38]

　　一個或許更具揭示意義的現象是，許多研究顯示，在印度的議會民主架構下所建立的相關機制已經在很大程度上促成大眾階級參與選舉及政治程序。特別是1950年代初期以來，所有聯邦立法選舉均有針對官列種姓與官列部落實施的席位保留措施，促使所有政黨按人口比例提拔官列種姓與官列部落出身的議員；倘若保留機制不曾存在，要想達到這種成果的機率微乎其微。[39]1993年通過的一項憲法修訂案要求尚未替婦女保留潘查亞特（panchayat，村自治會）三分之一名額的各邦開始實行這項措施。研究顯示，潘查亞特主席一職由女性出任以後，當地對女性的負面刻板印象會顯著降低；可供評量這種改變的方法包括讓民眾聆聽分別由男性及女性宣讀的政治演說，然後分析民眾的反應。這個現象以非常有力的方式證明，若要消弭舊有成見，正向差別待遇政策確有其必要性與潛在效用。[40]印度各界目前仍在討論是否應該進一步修訂憲法，藉此在聯邦選舉中為婦女保留三分之一的選區，以及這些新的保留措施應該如何與官列種姓及官列部落的席次保留相關措施相互配合。

　　更廣泛而言，關於印度議會制及選舉制民主中弱勢階級（特別是「其他落後階級」這個有別於官列種姓與官列部落、在聯邦層級未享有席次配額的群體）融入政治的議題，在此必須強調，1980年代以來，一些旨在號召低階種姓的新政黨陸續崛起，這種發展趨勢發揮了推波助瀾的關鍵作用。這種「種姓民主」（克里斯多夫・賈弗赫洛〔Christophe Jaffrelot〕對此作過深入研究）[41]有時會以一些令菁英階層感到訝異的政黨形式出現。印度的菁英階層與其他地方一樣，經常把他們覺得自己被排除在外的大眾動

員行動定調為「民粹」。以大眾社會黨（Bahujan Samaj，BSP）為例，該黨是一個低階種姓的政黨，1990及2000年代在北方邦掌權，後來在2014年的聯邦選舉中成為得票數第三的政黨，僅次於印度人民黨（印度教民族主義路線）及國民大會黨。1993年，大眾社會黨的口號之一高調宣示反對高級種姓的立場：「祭司商人軍人，永遠踢出神壇」。[42] 我們將在本書第四部看到，這種動員促成強大的民主參與，並在印度的選舉制度中催生了某種新的階級分立形式；在過去數十年的政治社會脈絡中，這些發展實屬不易。

雖然如此，我們還是不宜高估「保留制度」的效益；將保留制度視為改善印度不平等現象的理想方案，或者在更廣泛的層面上認為，在印度的政治遊戲中，種姓認同議題被操作得非常妥善，這都是不恰當的。就理論建構而言，大學、公職及民選議會的保留名額只能針對一小部分社經弱勢階層，這種個人晉升管道非常重要，因此配額機制絕對有其合理性，尤其是在印度這種差別待遇與成見被清楚建構的社會中。不過這套晉升模式並不足夠。若要真正改善印度的社會不平等問題，更要緊的是在基本公共服務方面進行大量投資，開放給印度的最弱勢階層（含官列種姓與官列部落及其他落後階級）使用，超越原本按社會地位與信仰畫定的舊有藩籬，特別是在教育、公衛、衛生設施及交通建設等方面。

不過，無論是相較於富裕的先進國家或鄰近的亞洲國家，印度當局挹注的資源一直非常有限。2010年代中期，衛生領域分配到的公共預算總額僅達印度國民所得毛額的1%，而中國超過3%，歐洲更高達8%。尚·德雷茲（Jean Drèze）與阿瑪蒂亞·沈恩（Amartya Sen）認為，印度上層富裕階級之所以長期拒絕支付籌措必要性社會支出所需的稅金，部分原因是在印度教式的政治文化中，菁英主義與不平等思維特別強烈（而配額制度恰恰以某種方式粉飾了這個事實）。因此，雖然在議會民主、法治以及中下階級在政治和法律層面的融入等方面，印度模式已獲得無庸置疑的成功，但在經濟發展及各項基本社會指標方面，印度卻明顯遜色，特別是相對於那些在1960和1970年代不比印度進步的國家。檢視1970年代以來可供查

詢的衛生及教育指標演變情形，我們發現印度的表現不僅較中國及其他
（新）共產主義國家（如越南）失色，也比不上一些菁英主義色彩不如印
度濃厚的國家，例如孟加拉。[43]印度的情況有一點特別令人驚異的是，在
自來水、廁所等基本衛生設施嚴重不足的同時（根據既有資料，2010年代
中期還有半數印度人在戶外便溺），政治論述卻汙名化有關人口，當局有
時甚至採取明顯歧視他們的措施。[44]

當然，除了這些因素以外，我們還必須考量國際環境的深刻影響。為
了吸引富裕程度最高的私人投資者和納稅人，各國間的財稅競爭逐漸激
化，同時避稅天堂在世界各地出現前所未有的發展，在這種意識形態與體
制環境中，印度及世界其他地區一些最窮困的國家（特別是在撒哈拉以南
的非洲）從1980年代以來愈來愈難以琢磨出恰當的財稅正義標準和稅收
方式，以供實現大規模的福利國家建構策略。我們將在本書下一個部分詳
細探討這些問題（尤可參見第十三章）。不過無論如何，在印度的情況中，
最弱勢階級分配到的教育及衛生支出之所以嚴重不足，也可歸因於某些較
早期的國內因素。特別值得一提的是，這種情形與1950年以後「保留制度」
的發展似乎有所關聯。在支持該政策的進步派優勢階級（尤其是國大黨內
的進步派）眼中，這套優待低階種姓的制度具有一大優點——不造成任何
人在財稅方面的損失，但最終該制度主要是在有損於其他落後階級的情況
下實施的。與此相反，若要建立高品質的全民公衛及教育服務制度，供所
有社會成員（特別是官列種姓與官列部落及其他落後階級）共享，就必須
付出高昂的財稅成本，而優勢群體勢必成為最主要的支付者。

所有權的不平等 VS. 身分地位的不平等

在教育和衛生之外，還有一個結構性策略理論上可供大幅縮減印度社
會階級間的不平等，那就是所有權（特別是農用土地）的重分配。可惜的
是，聯邦層級從未發起甚至不曾支持這類土地改革。整體而言，1950年憲

法及印度獨立後的主要政治領袖在所有權問題方面都採行相對保守的路線。不僅國大黨歷任領導人如此，達利特政治菁英也一樣。以達利特領袖阿姆倍伽爾為例，雖然他致力「消除種姓」（這是阿姆倍伽爾1936年演說的標題，該演說曾遭當局查禁），但他採用的是分開選舉、皈依佛教等基進措施，而不願考慮任何可能危及所有權制度的辦法。這種立場的部分成因是他對馬克思主義者的不信任：在當時的印度，馬克思信徒傾向於將一切化約為生產工具持有的問題，而根據阿姆倍伽爾的分析，他們甚至因此忽略孟買紡織工廠中非達利特對達利特的種種歧視行為，並且假裝相信，一旦私有制不再存在，這些問題就會自行化解。[45]

除了阿姆倍伽爾的例子以外，有一點值得注意的是，在1950及1960年代的印度，圍繞著大規模土地改革的可行性以及是否應該按照「客觀」家庭特徵（收入、資產、教育程度……）而非種姓歸屬來擬定配額等議題，相關討論此起彼落。這類見解主要遭遇了兩種反論。第一，許多人強調，若要縮減印度的社會不平等以及有效制定公共政策走向，種姓是一個關鍵性的社會類別（一方面因為歧視行為有可能是基於種姓本身，另一方面因為「客觀」特徵的量度工作非常棘手）。第二，許多人擔心，一旦實施土地改革，將難以拿捏何時該停止；更廣泛而言，為了調控配額制度乃至具體安排重分配工作，用什麼方式結合收入、資產及其他參數才最恰當？沒有人確定可以達成這方面的共識。[46]

基於數個理由，這些出現在印度的論爭對本書的研究而言都非常重要。首先，我們已經屢次看到這種對所有權與所得重分配的恐懼心態──那就像一個潘朵拉的盒子，最好永遠不要打開，以免不知如何將它闔上。在所有地方、所有時代，這種論調都被當作藉口，用來維持過去建立的所有權制度。在法國大革命、英國上議院、廢奴程序以及補償奴隸主的相關議論中，我們都可以看到這樣的論點。因此，在各種地位不平等與所有權不平等層疊累積的印度，這種論調的存在毫不令人驚訝。問題在於，這種「潘朵拉式」的論點完全無益於調解社會不公的感受和降低暴力發生的風

險。尤其值得注意的是，1960年以來，納薩爾派－毛派叛亂以近乎持續不斷的方式撼動印度的廣大地區，這些叛亂活動在很大程度上屬於源自舊有賤民階級和原住民階級的無土地農民以及源自高階種姓的地主之間的對立。[47] 醞釀這些衝突的土地租佃制度及所有權關係從英國殖民者鞏固印度教封建制度以來一直大同小異，而且直到今天仍持續點燃認同紛爭和種姓間的暴力。[48]

　　假使當初印度實施規模龐大的土地改革，搭配較具重分配性質的財稅制度，藉此發展更好的教育與衛生服務，則弱勢階級確有可能向上爬升，不平等情況也可以獲得改善。相關研究亦顯示，某些邦實行土地改革的有限經驗（特別是西孟加拉在1977年共產黨贏得選舉後採行的政策）曾經促使農業生產力顯著提高。在喀拉拉邦，伴隨著1964年在共產黨推動下開始實施的土地改革，當局建立了一套比印度其他地區平等的發展模式（特別是在教育和衛生方面）。與此相反，在印度境內那些土地租佃制度最不平等、土地所有權集中程度最高的地區，經濟及社會發展顯得最遲緩。[49]

淺談性別配額、社會配額及其轉型條件

　　印度的相關討論之所以重要，更是因為它們說明慎重處理反歧視政策議題（包括採取配額手段）有其必要，同時也讓我們瞭解，這些政策需要不斷獲得重新思考與調整，才不會淪於僵化。如果一個群體因為由來已久的偏見與刻板形象而飽受侵害，如同世界各地的女性或某些國家的某些特定社會群體（例如印度的低階種姓），那麼光是按照所得、資產或教育程度進行重分配，顯然並不足夠。這時可能必須直接依據相關群體歸屬，建立優先錄取方案或配額制度（如印度的「保留制度」）。

　　繼印度之後，許多國家在最近數十年間發展出類似的制度，特別是在民選職務方面。2016年時，在亞洲、歐洲及世界其他地區，共有七十七個國家採用配額制度，以增加女性在立法議會的代表性，二十八個國家也用

這種方式增進少數民族或語言弱勢群體的代表性。[50] 在富裕國家的選舉制民主社會中，源自中下階層的民意代表比例近數十年來明顯降低，促使相關人士重新思考政治代表性的形式，包括抽籤、「社會配額」（quota social）[51] 等方式。後者與印度的「保留制度」異曲同工，後續我們將進一步探討。

我們也將看到，諸如法國、美國之類的國家近年才剛開始正式建立中小學及高等教育機構的優先錄取機制。例如在法國，從2007年開始，社會背景因素被明確納入巴黎的中學入學申請程序（具體形式是在學業成績之外，為來自低收入家庭或窮困社區的學生加分），這項方案自2018年起亦納入大專院校的入學申請。有時其他某些標準也被列入考量，例如學生的居住地區或原就讀學校。這些機制類似印度從1950年以後在聯邦層級實施的官列種姓與官列部落學生配額方案，甚至更接近1960年代以來許多印度大學（例如德里的賈瓦哈拉爾・尼赫魯大學〔 Jawaharlal Nehru University 〕）為了超越聯邦配額措施而嘗試實施的入學機制，同時考量學業成績和一組按官列種姓與官列部落歸屬而給予的額外分數，以及性別、父母收入、戶籍地區等因素。

印度在這些議題方面扮演先鋒角色的歷程可以說明，這個國家一直試圖透過法制手段，處理固有不平等制度留下的重擔；這份格外沉重的遺產與源自舊有三重功能模式的地位不平等有關，而這些三級社會的特性又因為英國殖民時期的法制化而進一步僵化。在此我們不必刻意理想化印度獨立後面對這份遺產的處理方式，只需要記得，我們確實可以從印度經驗汲取許多教訓。其他國家（尤其是歐洲國家）曾經長期以為這種正向差別待遇的機制沒有用處，因為不同社會階級的成員理論上享有均等權利，特別是在教育方面。在二十一世紀初期的今天，我們終於比較清楚地意識到，形式上的平等有所不足，有時我們必須用一些更積極主動的措施加以彌補。

雖然如此，印度的經驗也足以說明，配額制度會帶來身分認同與社會類別定型化的風險；此外，印度經驗充分顯示，設法發展較具彈性與演進

性的制度有其必要。歷經數十年的殖民普查和身分指定，印度自1950年代起針對官列種姓與官列部落以及從1990年代開始針對其他落後階級實施的配額制度確實有可能造成種姓和迦提的身分認同更加凝滯不變。當然，與原屬迦提以外對象結婚的比例已經提高：根據既有資料，在1950年代，這類婚姻在鄉村地區和都市地區均僅占總數的5%，而到了2010年代，鄉村地區及都市地區的比例分別增為8%和10%。在此也必須提醒，迦提內通婚的現象主要反映的是持續存在於微群體（擁有共同文化和地域根源、社會職業背景乃至飲食傳統的群體）內部的鄰近關係與社會團結，而不是階層性的垂直運作邏輯。舉例而言，如果我們衡量一個人與教育程度相當（或其父母與自己父母教育程度相當）的對象共組家庭的機率，我們會發現，印度的社會同質婚比例雖然很高，但與法國或其他西方國家其實大致相當。[52]另外必須留意的是，源自不同民族、宗教及族群背景人士之間的通婚比率在歐洲及美國經常非常低（詳細情況容後探討），而印度的迦提在部分程度上也反映出各自有別的區域認同與文化認同。不過無論如何，在今天的印度，迦提內通婚的比例依然非常高；我們可以推斷，這個現象意味著某種形式的社會封閉，而過度使用配額機制、大量採行以種姓為依歸的政治動員策略等做法進一步導致這種情況長久延續。

在理想情況中，配額制度應該預先設定自身轉型的條件。換句話說，為受歧視群體設置的保留機制在發揮減少偏見的功效之後，就應該能開啟退場模式。在不具性別性質的社會配額方面，盡速採納所得、資產、教育程度等客觀社經標準也至關重要，否則相關社會類別（如印度的官列種姓與官列部落）可能會變得完全凝滯，致使全民可接受的公義標準難以成功發展。印度的配額制度可能正處於重要的轉型過程，從原本奠基於舊有地位型社會類別的運作邏輯，過渡到一種以收入、持有資產和其他一些可客觀化且可應用於其他群體的社經標準為依據的新型制度。不過這種轉換似乎相當緩慢，而且新的制度若要能以公正方式實施，就必須有效改變財稅體制，據以發展出更好的所得與財產登記制度。我們將在本書後續章節中

探討這個部分。無論如何，我們有必要全面評估印度經驗的成就與局限，才能為印度及所有其他地區找出可供超越原有社會和地位不平等的更佳策略。

9 | 三級社會與殖民主義：
歐亞地區的發展路徑

　　在前面幾章，我們陸續研究了奴隸制社會以及後奴隸制殖民社會的情況，並特別針對非洲及印度的實例進行深入剖析。本書下一部將檢視二十世紀所有權社會與殖民社會的危機，但在此之前，我們必須先補足與殖民制度有關的分析，設法釐清殖民主義對歐洲以外其他地區不平等制度的演變所造成的影響。本章主要將審視中國、日本及伊朗的情況，並在更廣泛的層面上研究歐洲列強與亞洲各個重要國家之間的接觸如何在當地的不平等制度中（包括政治意識形態和體制層面）形塑出各種不同的發展軌跡。

　　首先我們將探討歐洲列國競爭所扮演的核心角色。十七和十八世紀期間，歐洲國家在財政及軍事能力方面出現了前所未見的發展，令同一時期其他地區（如清帝國和鄂圖曼帝國）望塵莫及；究其原因，各國的相互競爭是一大關鍵。在數個規模類似的國家結構與社會政治共同體（尤其是法國、英國和德國）之間的激烈競爭下，歐洲展現了強大的國家實力，這點在相當程度上造就了現代世界的一大特徵——西方的軍事、殖民與經濟支配。接下來我們將分析亞洲地區原有三重功能社會在與歐洲殖民主義接觸之後所形成的各種意識形態與政治建構。除了印度的例子以外，我們將特別分析日本、中國和伊朗的情形。我們將再度看到，社會演進的路徑有非

常多元的可能，而這點又一次提醒我們，在不平等制度的轉型過程中，文化或文明決定論的思維有其局限，社會與政治的運作邏輯以及歷史事件的流變反而更加重要。

殖民主義、軍事宰制與西方的強盛

先前我們已經多次說明，在1500-1960年之間歐洲崛起及富強的過程中，奴隸制度與殖民制度（以及更廣泛而言，各種粗暴的警政／軍事威逼及支配形式）所扮演的核心角色。西方列強的無情蠻力無論是對於三角貿易的運作，或黑奴在英屬和法屬蓄奴島、美國南方及巴西的強制勞動，都造成深遠的影響，這點可說無庸置疑。從奴隸農場榨取的原料為殖民列強創造巨大收益，尤其棉花成為紡織業起飛的主要因素，這也是不爭的事實。我們也剖析了廢奴程序如何替奴隸主帶來豐厚補償：以海地而言，補償問題導致海地長期對法國背負沉重債務，直到1950年為止；在美國，奴隸後代被剝奪民權的處境一直持續到1960年代（南非黑人甚至到1990年代都還面臨這種不公）。最後，我們也探討了後奴隸制殖民主義的運作是以何種方式仰賴各種形式的法律和身分地位不平等，乃至強迫勞動（例如在1946年以前的法屬殖民地，參見第六和第七章）。

現在我們要檢視的是歐洲如何達成了無人能及的軍事支配。歐洲在十七和十八世紀期間逐漸擴張軍事能力，繼而在十九和二十世紀成為軍事霸權，而這一切的基礎是那幾百年間財政能力及行政能力史無前例的發展。雖然十九世紀以前的文獻沒有太多資料可供估算各國的稅收總額，不過有幾個事實已經獲得相當充分的佐證，尤其近年來有一些研究在盡可能均衡的基礎上彙整了十六世紀初期到十九世紀歐洲各主要國家和鄂圖曼帝國的稅收數據。[1]這項工作的一大困難點在於如何用有意義的方式比較相關金額：各國的人口資料雖然至少在初步統計方面相對清楚，但經濟活動水平歷來卻都是以非常鬆散的方式衡量，難以跟人口數據進行有效的比

對。在此還必須強調，在那個時代，許多強制性（或準強制性）付款的受益人並非國家或政府，而是其他形式的集體組織，例如宗教組織、敬神基金會、領地當局或軍事修會。這種情況不僅存在於歐洲，在鄂圖曼帝國、波斯、印度或中國亦然，而比較不同地區在這方面的做法應該也是很有意義的事。雖然如此，本章內容探討的數據僅限於嚴謹意義上的中央政府稅收。

　　第一種比較方式是估計各國政府以不同貨幣徵收的稅賦若用銀或金來計算，相當於多少價值。在那個年代，貨幣必然具有金屬本位，因此這種估算法可供有效揣摩各國為其政策提供資金的能力有多強，例如在軍餉支付、商品採購、道路修築、船艦建造等方面。研究歐洲從十六世紀初到十八世紀末的情況後，我們發現各國徵收的稅賦金額都出現驚人增長。在十六世紀上半葉，法蘭西王國、西班牙王國等歐陸強權的稅收約合每年一百到·百五十公噸黃金，與鄂圖曼帝國大致相當。在同一時期，英國的年度稅收只有五十公噸黃金左右，部分原因是當時英國人口較少。[2]在接下來幾個世紀中，尤其是隨著英法兩國間與日俱增的競爭，稅收規模將徹底改變。1700年前後，英國和法國的稅收分別相當於六百公噸和九百公噸白銀，1750年代增為八百公噸和一千一百公噸，1780年代更大幅增加到一千六百公噸和一千九百公噸，讓其他歐洲國家難以望其項背。特別值得注意的是，鄂圖曼的稅收在1500年和1780年間幾乎一直維持在相同水平——大約只有一百五十到兩百公噸。1750年代以後，不僅是英法兩國，奧地利、普魯士、西班牙及荷蘭的財政能力也已明顯超越鄂圖曼帝國（見圖9.1）。

　　這些變化的一部分原因是人口的演變（在此特別提醒，十八世紀期間法國人口遠高於其他歐洲國家）以及各國產出的財富（例如英國雖然人口較少，但較高的人均產值彌補了這項不足）。不過這些變化的最主要原因還是歐洲各國的財政壓力增加，而鄂圖曼帝國的財政壓力維持穩定。衡量徵稅強度的方法之一是計算人均稅收，並將此金額與城市地區建築營造業

的每日工資進行比較。長期而言，在歐洲和鄂圖曼帝國，甚至部分程度上在中國，建築業每日工資是各國之間較為人所知也較能相互比較的薪資項目。這方面的既有資料雖然不完整，但已經呈現出驚人的規模比例可供對照。舉例而言，我們發現從1500到1600年，無論是在歐洲各主要國家、鄂圖曼帝國或中國，人均稅收都相當於城市地區工人二到四天的收入。從1650-1700年開始，歐洲國家的財政壓力逐漸增強。在1750-80年前後，人均稅收已達十到十五天的工資，而且各國的演變趨勢非常接近，特別是法國、英國和普魯士（普魯士這個國家和民族建構體原本遠落於其他國家之後，但在十八世紀急速發展）。歐洲各國財政壓力的增加速度極快：1650年前後，歐洲國家、鄂圖曼與中國之間的差別尚不甚顯著，1700年左右差距開始拉大，而從1750-80年開始，歐洲與其他地區的財政能力已呈現天壤之別（見圖9.2）。

　　為什麼十七世紀和十八世紀期間歐洲國家的財政壓力會增加得那麼快，又為什麼鄂圖曼帝國和中國沒有出現類似的演變？首先必須說明的是，相較於現代世界，上述財政壓力一直維持在相當低的水平（從不超出

圖9.1. 各國的財政能力，1500-1780年（以公噸白銀為單位）

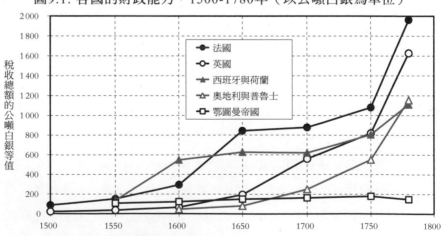

1500-1550年前後，歐洲各主要國家和鄂圖曼帝國的年度稅收均位於一百到兩百公噸白銀等值的水平。1780年代，法國和英國的年度稅收介於一千六百公噸和兩千公噸白銀，鄂圖曼帝國則不及兩百公噸。來源與數據：參見 piketty.pse.ens.fr/ideologie。

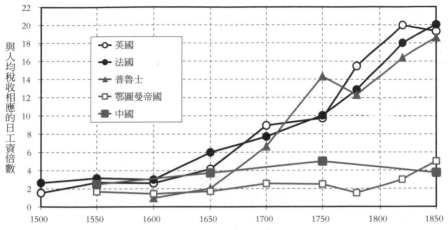

圖9.2. 各國的財政能力，1500-1850年（以日工資為單位）

1500-1600年前後，歐洲各國的人均稅收約相當於城市地區無專業技能勞工的二到四天工資；1750-1850年增為日工資的十到二十倍。在鄂圖曼帝國和中國，人均稅收維持在日工資二到五倍的水平。據估計當時人均國民所得約為城市地區兩百五十天的工資，由此可知在鄂圖曼帝國和中國，人均稅收一直停滯在國民所得的1%到2%左右；而在歐洲，人均稅收已從國民所得的1%-2%攀升到6%-8%。來源與數據：參見 piketty.pse.ens.fr/ideologie。

國民所得的10%）。如同我們將在後續章節所見，在十九世紀和一次大戰前的二十世紀初年，各種稅賦、規費和其他強制徵收款項的總額不曾超過美國和歐洲國家國民所得的10%，但在二十世紀期間，從1910年代到1970年代，稅收總額大幅躍進，然後從1980年代開始，富裕國家的稅收穩定維持在國民所得的30%到50%之間（參見第十章圖10.14）。

　　另外有一點值得注意的是，有關國民所得（即一國國民每年獲得的金錢收入和實物收入總值）的估計最早出現在1700年前後的英國和法國，提出這類估算的作者包括威廉・佩提（William Petty）、葛雷哥利・金恩（Gregory King）、勒沛桑・博瓦吉貝爾（Pierre Le Pesant de Boisguilbert）、塞巴斯提安・沃邦（Sébastien Le Prestre de Vauban）等人。[3] 在那個年代，很多人都感受到中央政府的財政壓力已經大幅增加，有必要用更合理的量化方式處理財政事務，因此這些研究的主要目的在於估計國家的財政潛力，以及探討稅制改革的可能作為。這些估計的計算基礎是農業用地面積和農業產量，以及商業、薪資（例如建築營造業薪資）方面的資料，由此

算得的數據可以呈現出一些有用的規模比例。從十七和十八世紀文獻統整出來的國民所得與國內生產毛額系列資料，讓我們能夠大致看到整體水平和演變情形。不過各個十年期之間的變動充滿太多不確定因素，難以在此有效運用，因此我偏向以「公噸白銀」或「城市地區勞工日工資」為單位，呈現各國稅收的變化情形（這些量度單位應該比較適合涉及那個時代的統計研究）。不過為了釐清思考，我們可以這麼說：與法國、英國和普魯士的人均稅收變化（從1500-50年的二至四天工資增為1780-1820年的十五至二十天工資）相對應的，是全國稅收從十六世紀初占國民所得1-2%的水平提高到十八世紀末占國民所得6-8%之譜（見圖9.2）。[4]

當政府無力擔負守夜人的職責：現代國家的兩次大躍進

這些規模比例雖然粗略，不過還是值得採用，因為它們映照出極其不同的國家治理能力。倘若一個國家只徵收1%的國民所得，它在動員社會方面的權力與能力就很有限。概略而言，這個國家只能徵用1%的人口來發揮政府認為有用的各種功能。[5]反之，假如一個國家徵收相當於10%國民所得的稅賦，它就有能力徵用10%的人口（或者進行金額相當的資金移轉或設備與商品採購）；與前述國家相比，後者就非常可觀。具體而言，國家稅收如果相當於國民所得的8-10%（如同十九世紀歐洲國家的情況），還不可能有充足資金建構完善的教育、衛生和社會制度（免費中小學教育、全民健保、退休金、社會福利津貼等），而如同我們將在後續章節所見，這些社會功能導致一些國家在二十世紀出現非常高的財政壓力（基本上介於國民所得的30%到50%之間）。不過這樣的稅收水平已經足以讓中央集權國家用有效率的方式組織其作為「守夜人」的職權：建立可供確保境內秩序維持及財產保護的警察體系和司法制度，以及能夠對外布署的軍事力量。就實際經驗而言，當財政壓力相當於國民所得的8-10%（如十九世紀和二十世紀初的歐洲），或國民所得的6-8%（如十八世紀後期的歐洲

國家），軍事支出通常消耗了超過一半的稅收，有時甚至高達三分之二以上。[6]

　　相反地，倘若一個國家的稅收僅相當於國民所得的1%或2%，那它就注定會是弱國，無力維持秩序以及行使作為守夜人的最低限職權。如果採用這個概念，那麼直到相對晚近的年代，過去世界上大多數國家——特別是十六世紀以前的歐洲國家，以及十九世紀以前的中國、鄂圖曼等國——都算是弱國。更確切而言，這些國家結構的中央集權程度都偏低，無法在它們理論上控管的全部領土上以自主方式保障財產和人身安全，確保公共秩序與財產權獲得尊重。因此，在三重功能社會及其各種變化形態的架構下，這些國家必須仰賴眾多在地菁英和地方結構（包含領地組織、軍事、教會、知識階級等層面），以求上述治理工作順利進行。只要所有國家都是弱國，就能維持某種程度的平衡。可是，一旦數個歐洲國家發展出明顯較強大的財政和行政能力，就會出現足以改變平衡的全新動態。

　　在這些國家內部，中央集權政府的發展與三級社會轉型為所有權社會的程序同時發生，而其立足基礎是所有權主義意識形態的強勢崛起；這種意識形態的根本概念是治理權與所有權之間的嚴謹區隔，前者自此由政府全面掌控，後者則理論上對全民開放。在對外方面，歐洲國家向外投射國力的能耐導致奴隸制帝國與殖民帝國陸續出現，並促使各種可供建立和鞏固國家整體結構的政治意識形態逐步形成。無論是對內或對外，財政能力與行政能力的建構程序與政治意識形態的發展密不可分。國家的治理能力之所以發展出某種特殊形式，背後必然隱含將國內社會與國際社會加以結構化（或說整頓）的目的，例如在歐洲與伊斯蘭對立競爭的情況下。這是一個本質上不穩定的過程，必然會引發社會和政治上的衝突激盪。

　　總括來說，我們可以在現代國家的形成過程中看到兩次「大躍進」。第一次大躍進於1500年到1800年間發生在歐洲各主要國家，讓這些國家的稅收從國民所得的1-2%增加到6-8%；這一過程與國內所有權社會的發展和國外殖民社會的發展齊頭並進。第二次大躍進從1910年代持續到

1970年代，在這段期間，富裕國家的稅收整體而言從一次大戰前夕占國民所得8-10%的水平，抬升到1980年代以來的30-50%；這種轉變與經濟快速發展、生活條件全面改善的整體進程緊密相關，並促成各種社會民主主義社會制度的建立。在這個整體發展模式中，存在著各式各樣的可能路徑和選項，但也就是在二十世紀末和二十一世紀初期，將第二次大躍進的經驗擴展到窮國的過程面臨到諸多挑戰，我們將在後續章節陸續探討這些問題。

　　現在回來談最初的問題：1500-1800年間發生的第一次大躍進為什麼不是出現在鄂圖曼帝國、亞洲國家或其他地區，而是出現在歐洲，讓歐洲各主要國家發展出史無前例的財政能力？這個問題沒有唯一的答案，也不可能用決定論的觀點解釋。儘管如此，還是有一個格外重要的因素清楚可見：歐洲在政治上分裂成數個大小相似的國家，而且激烈的軍事競爭由此衍生。這種解釋方式自然令人想問，相較於相對統一的中國，或在某種程度上也顯得統一的印度，歐洲在政治上零碎分裂的根源何在？我們不無理由認為，歐洲特有的實質地理屏障（尤其是在西歐地區，例如法國與各主要鄰國之間有高山、大河或海洋阻隔）在其中扮演了一定的角色。話雖如此，無論是歐洲或世界其他地區，假如當初在社經和政治意識形態這兩個密不可分的面向上採取不同的發展路線，顯然應該會出現一些有別於實際歷史的國家和領土畫分方式。

　　不過無論如何，如果將1500年前後的國土界線視為已知，並在此既定脈絡下檢視造成歐洲國家財政能力在1500年到1800年之間提高將近十倍（見圖9.1及9.2）的事件發生過程，那麼我們會發現，每一個主要的增稅階段確實都對應著軍事需求的增加——當時的歐洲幾乎持續處於戰爭狀態，各國經常需要召募新的兵員、成立額外的軍隊。依據各國政治制度與社經結構的不同，這種需求在不同程度上促使政府擴充財政與行政能力。[7]這段歷史上的著名戰事包括三十年戰爭（1618-1648）、西班牙王位繼承戰爭（1701-1714）、七年戰爭（1756-1763）等，其中七年戰爭是第一

場真正具有世界規模的歐洲軍事衝突，因為它牽動了歐洲國家在美洲、西印度群島及印度的殖民地，而且對於美國革命、拉丁美洲革命、法國大革命的鋪陳帶來推波助瀾之效。不過，除了這些重大衝突以外，還有許許多多為期較短、範圍較小的戰爭。若將相關年代歐洲大陸所有軍事衝突納入考量，我們會發現歐洲國家在十六世紀期間有95%的時間處於戰爭狀態，十七世紀為94%，十八世紀仍高達78%；相較之下，十九世紀的比例降至40%，二十世紀則是54%。[8] 在1500-1800年這一時期，歐洲列強之間的軍事競爭與日俱增，這個因素導致各國的財政能力出現前所未見的發展，並促成眾多科技創新，特別是在火砲和軍艦方面。[9]

反觀鄂圖曼和中國，這兩個國家在1500-50年前後擁有的財政能力與歐洲國家接近（見圖9.1和9.2），但沒有受到相同因素的激發。兩國在1500-1800年間以相對非中央集權式的方式統治著規模龐大的帝國，無須提高軍事能力，也不需要將財政往中央集中。與此對照，十六世紀到十九世紀期間，逐漸成形的歐洲中型國家之間出現激烈競爭，而這似乎是催生特殊國家結構的核心因素；比起鄂圖曼帝國、中國或蒙兀兒帝國正在發展的國家結構，歐洲國家的組織更加中央集權化，財政能力也更可觀。而且事實證明，雖然歐洲國家的財政與軍事能力最初主要是為了因應歐洲大陸的內部衝突而發展起來，後來這種競爭確實為這些國家賦予了遠比世界其他地區的國家更強大的打擊力量。1550年前後，鄂圖曼的陸軍和海軍共有十四萬人，相當於英國及法國的兵力總和（法國八萬，英國七萬）。在接下來兩個世紀期間，歐洲內部烽火連天，這個平衡隨之被打破。到了1780年，鄂圖曼的兵力幾乎沒有改變（十五萬人），法國和英國的陸軍及海軍則已達四十五萬人（法國有二十八萬名步兵和水兵，英國有十七萬名），而且無論艦隊規模或火力，英法兩國均占絕對優勢。此外，在那個年代，奧地利的兵力達二十五萬人，普魯士也有十八萬人，而這兩國在1550年時還完全沒有像樣的軍事能力可言。[10] 進入十九世紀以後，鄂圖曼帝國和中國在軍事層面上開始全面受歐洲國家宰制。[11]

國家競爭與協同創新：歐洲的塑造

　　西方經濟的繁榮是否能完全歸因於十八和十九世紀期間歐洲國家的軍事主宰，以及歐洲對世界其他地區的殖民掌控？如此複雜的問題當然難以用斬釘截鐵的方式回答，況且軍事主宰也直接或間接促成技術與金融領域的各種創新，而這些創新本身確實有利於社會。在理論意義上，我們可以假想一些歷史發展路徑與技術演進方式，讓歐洲國家得以不經殖民程序，就達到相同的繁榮富裕程度，完成相同的工業革命；舉例而言，我們可以假設地球上只有一塊宛如巨大島嶼的歐洲大陸，沒有任何向外征服的可能，沒有其他地理區域可供實現「地理大發現」，沒有任何海外資源可以掘取，而歐洲國家在那樣一個世界中達成了現今我們所知的發展。不過，若要真正構思這樣一套假設情境，必然需要相當豐富的想像力，並且要能具體提出一系列有關技術發展的大膽假設。

　　特別值得一提的是，彭慕蘭（Kenneth Pomeranz）在探討「大分流」（great divergence）現象的著作中清楚說明了工業革命（十八世紀後期及十九世紀在英國勃興，並逐漸擴展到歐陸）的運作模式在多大程度上是以大規模搾取世界各地的原料（尤其是棉花）和能源（尤其是透過伐木）為基礎，而這一切都是在強制性的殖民組織架構下進行的。[12] 彭慕蘭認為，在1750-1800年這個時期，中國和日本最進步的地區擁有與西歐進步地區相對類似的發展程度，尤其我們可以同時在東方和西方觀察到一些相當接近的經濟發展形式。這些經濟發展形式的建立基礎一方面是持續而穩定的人口與農業成長（成長原因主要是耕作技術改良以及耕作面積藉由開墾和森林砍伐而顯著擴大），另一方面則是相當類似的原始工業化（proto-industrialisation）程序，特別是在紡織工業領域。根據彭慕蘭的闡釋，有兩個因素導致東亞和西歐的發展路徑從1750-1800年開始分歧。首先，由於森林砍伐導致木材逐漸稀缺，而許多地理位置良好的煤礦陸續被發現（尤其是在英國），因此歐洲很早就開始使用木材以外的其他能源形式，並

且致力發展相關能源科技。接下來更重要的一點是，歐洲國家在相當程度上透過早年的對立衝突，累積了雄厚的財政與軍事能力，其後又因為國家之間的競爭，促成眾多技術與金融創新，使前述能力進一步增強。強大的財政及軍事能力讓歐洲各國得以在十八和十九世紀期間建立有效的國際分工方式及商品供應鏈，藉此獲取巨大利益。

在森林砍伐方面，彭慕蘭強調，十八世紀後期的歐洲已經瀕臨某種「生態極限」。無論是在英國、法國、丹麥，或者普魯士、義大利、西班牙，森林在此前數百年間快速消失，1500年時仍占總面積的30-40%，1800年已降至僅略多於10%（法國為16%，丹麥只有4%）。起初，這些地區與森林覆蓋率高的東歐和北歐進行木材交易，尚能部分解決木材短缺的問題，但這種做法很快就難以應付需求。中國在1500年到1800年這段期間也出現森林面積減少的問題，不過情況比較不嚴重，其中的重要原因是，在發展程度高的地區與森林多的內陸地區之間，政治與商業整合的程度比較高。

在歐洲的情況中，美洲大陸的「發現」、歐非美三角貿易以及歐亞間的商業往來逐漸消解了經濟發展的局限。來自非洲的勞工被運往北美、西印度群島及南美，殖民者利用這些勞動力經營美洲的土地，生產各種原料（特別是木材、棉花和糖），從中賺取大筆財富，紡織工業隨之從1750-1800年開始蓬勃發展。歐洲國家對遠洋航海路線的軍事控制能力也催生大規模的互補效益。殖民農場生產木材和棉花，使英國擁有興盛的紡織業和製造業，相關產品出口至北美，從中獲取的利潤則可供餵養西印度群島和美國南方的奴隸。此外，十八世紀期間，各地奴隸穿衣蔽體所需的紡織品有三分之一來自印度，而採購亞洲進口物資（紡織品、絲織品、茶葉、瓷器等等）所需的資金一大部分源自十六世紀以來美洲所創造的財富。根據彭慕蘭的計算，1830年前後英國從美洲殖民農場進口的棉花、木材與糖相當於一千萬公頃農地的經營產出，這是英國本土所有農地生產量的一點五倍到兩倍。[13]若不是因為殖民活動解除了生態局限，英國就得從其他地方尋找這些貨源。當然，我們可以設想一些與此不同的歷史和技術情境，假

定歐洲在完全自給自足的情況下,達成相同的工業發展,但這種假設需要發揮極大的想像力,例如英國農民在蘭開夏(Lancashire)經營肥沃的棉花農場,或曼徹斯特地區長出大片巨木參天的森林。無論如何,那會完全是另一種歷史、另一個世界,與孕育今日人類文明的一切幾乎沒有關聯。

比較具體可行的做法是接受「工業革命源自歐、美、非、亞各洲之間的緊密互動」這個已知事實,並據此思考這些互動與這種相互連結的歷史可能衍生哪些替代性的組織模式。就實際情況而言,這些接觸與交流是在1500年和1900年之間透過歐洲軍事主宰及殖民支配的形式進行的,其中包括非洲奴工被強迫輸往美洲和西印度群島、印度及中國的港埠在大砲威逼下開放等等。不過這種接觸與交流絕對可能用數以十計的不同方式安排出來,例如依據各時期的政治意識形態權力關係脈絡,藉由公平交易、自由遷徙、有酬勞動的形式進行交流互動,正如在二十一世紀的今天,全球經濟關係結構可以用許多各有千秋的不同規則系統予以形塑。

從這個觀點來看,我們很驚訝地發現,十八和十九世紀期間讓歐洲得以迎向成功的體制與戰爭策略竟然與1776年亞當斯密在《國富論》(*The Wealth of Nations*)中提倡的良性體制迥然不同。在這部經濟自由主義的開創性著作中,亞當斯密特別建議各國政府採行低稅率及均衡預算(沒有或幾乎沒有公共債務)的政策、絕對尊重所有權、竭力發展勞動市場,以及盡可能使商品統一而具競爭力。然而從所有這些角度審視,彭慕蘭認為十八世紀中國採行的各種組織體系比英國實施的制度更符合亞當斯密的學理。尤其重要的是,當時中國的市場具有較高的統一性:穀物市場在比較大的地理範圍中運作,勞動力的流動性也比較高。歐洲與中國的差異還有一個原因:至少在法國大革命以前,歐洲封建體制的控制力度比較強。在東歐,農奴制在某種程度上一直維持到十九世紀,而在中國,這種制度在十六世紀初期即已近乎完全消失。就算是在西歐,特別是在英法兩國,對勞工流動的限制在十八世紀依然存在;除了英國《濟貧法》(Poor Laws)的相關規定之外,另一個因素是地方菁英階層及領地法庭在對勞工階層實施

各種強制性規定方面亦擁有相當大的自主權。此外，歐洲的教會資產過於龐大，而其中很大一部分不能買賣。

最後這點更加重要：中國的稅賦遠較歐洲為輕。十八世紀後期。中國的課稅比例僅為國民所得的1%到2%，歐洲則高達6-8%。清帝國實行嚴格的正統預算規畫；稅收以嚴謹方式用於國家支出，不容許赤字存在。反觀歐洲各國，尤其是法蘭西王國和英國，儘管課稅比例高，卻仍累積大量公共債務；戰爭期間的債務更是驚人，因為稅收永遠不足以應付軍事衝突所衍生的高昂支出，更何況國家還必須支付原有債務的相關利息。

在法國大革命前夕的英國和法國，公共債務高達將近一年的國民所得毛額。1792年到1815年的革命戰爭與拿破崙戰爭落幕以後，英國的公共債務甚至超過國民所得的兩倍，以至於1815到1914年之間英國納稅人（主要是中下階層民眾）繳納的稅金有將近三分之一被用來支付過去累積的債務及相關利息，而戰爭期間出借所需資金的資產主則透過這些操作大幅獲利。我們在本書後續章節探討二十世紀和二十一世紀公共債務及其清償所衍生的問題時，將回頭審視這部分的歷史。在目前這個階段，我們只需要注意，這些堆積如山的債務似乎並未損及歐洲的發展。與歐洲各國的高課稅比例一樣，龐大的負債可供建立強大的國家實力及軍事力，而事實證明，這是歐洲得以壯大的決定性因素。當然，就長期而言，這些稅賦和債務原本可以用在一些比較有用的項目（例如興建學校、醫院、道路、水資源淨化設施等），而且照理說英國政府應該向資產主課徵更多稅，而不是讓他們藉由公共債務賺取更多財富。然而，由於當時歐洲各國競爭激烈，政治權力又由資產主把持，因此各國政府選擇將財富用於軍事支出，並為此大幅舉債融資，而這一切使歐洲得以進一步鞏固對世界其他地區的宰制。

實踐亞當斯密學說的中國人 VS. 走私鴉片的歐洲人

就理論上而言，倘若十八和十九世紀期間所有國家都採納亞當斯密式

的體制，這套平和而立意良善的制度極有可能締造不錯的成果（儘管亞當斯密的學說低估了稅賦及公共力量對於籌措生產投資所需資金的用處，並且忽略教育平等與社會平等對發展的重要性）。不過在一個勢力不均的世界中，某些國家會發展出優於其他國家的軍力，而最良善的國家不盡然能擁有最好的境遇。從這個角度來看，歐中關係史為此提供了絕佳的寫照。來自美洲的資金曾讓歐洲與中國和印度的貿易達到平衡，但十八世紀初期以降，在這個資金來源逐漸枯竭的情況下，歐洲人開始擔心自己不再有任何商品可以賣給這兩個出口絲綢、布料、瓷器、香料和茶葉到歐洲的亞洲大國。於是英國積極在印度推展鴉片種植，以便將這個產品外銷到中國，賣給資金充足的經銷商和手頭寬裕而且喜愛吸食鴉片的消費者。就這樣，鴉片貿易的規模在十八世紀期間日漸擴大，英國東印度公司進而在1773年壟斷鴉片生產及從孟加拉外銷鴉片的業務。

　　基於公共衛生方面的明顯理由，清帝國早在1729年即頒布禁菸令，試圖禁止休閒性質的鴉片吸食，但未貫徹執行。此後鑑於鴉片貿易量的激增，以及來自行政官僚和有識之士的壓力，清廷終於決定採取強硬行動。1839年，皇帝[①] 派遣欽差大臣赴廣州查禁鴉片交易，並即刻焚毀鴉片庫存[②]。1839年底、1840年初，在鴉片商資助下，英國出現猛烈的反華媒體宣傳，大肆抨擊中國侵害所有權、違反自由貿易原則的行徑乃不可容忍、無法接受之事。清朝皇帝顯然未能有效察覺英國的財政能力與軍事力早已大幅提高，因此第一次鴉片戰爭（1839-1842）以大清潰敗告終。英國派出艦隊，砲擊廣州及上海，於1842年與中國簽訂第一個「不平等條約」（這個詞語在1942年孫中山正式使用以後廣泛流通[③]）。中國必須賠償被銷毀的鴉片以及英方的戰損，為英國商人提供法律及財稅優惠，並割讓香港島。

　　不過清廷依舊不願將鴉片貿易正式合法化。英國貿易赤字持續增加，

① 譯注：即清宣宗道光帝。
② 譯注：此欽差大臣即林則徐。林原任湖廣總督，受命欽差大臣赴廣禁菸後，於鴉片戰爭爆發之際接任兩廣總督。

導致第二次鴉片戰爭（1856-1860）爆發，1860年圓明園遭英法聯軍洗劫焚毀，大清皇帝不得不屈服。鴉片就此成為合法商品，更重要的是，清廷在1860-62年間被迫同意歐洲國家在各地設立通商據點，作出一連串領土方面的讓步④，以及賠償巨額軍費。另外，列強亦以宗教自由之名，強迫中國接受基督教傳教人員在境內自由宣教（與此相較，當時沒有人會思考為佛教、伊斯蘭教或印度教傳教人員在歐洲賦予相同權利的問題）。中國被迫向英法兩國賠款後，只好放棄亞當斯密式的正統預算編制，首度實驗大規模的公共債務：這一切儼然是歷史的反諷。債務宛如滾雪球，迫使清朝提高稅賦，以便清償對歐債務，然後出讓愈來愈多國家財稅主權；先前探討其他一些國家（如摩洛哥）的案例時，我們已經看過這種藉由債務達到脅迫目的的典型殖民情境。[14]

　　在此也要強調，十七、十八世紀歐洲國家為籌措歐洲境內戰爭所需資金而背負的沉重公共債務在金融市場發展方面發揮了關鍵作用。其中最重要的是英國參與拿破崙戰爭所累積的債務，這是歷史上公共債務所達到的最高水平之一，超過兩年的英國國民所得毛額或國內生產毛額（考量1815-20年間英國在世界經濟中所占的比重，這個金額無疑非常可觀），而為了讓英國的資產主和儲蓄者購買這些公債，必須發展出紮實的銀行體系與金融中介網路。先前我們已經提到，殖民擴張促使最早一批具世界規模的股份公司出現（首先是英國東印度公司及荷蘭東印度公司），這些公司事實上掌管私人軍隊，並在廣闊的領土上行使治理權（參見第八章）。遠洋探險蘊含許多不確定因素，可能衍生龐大的費用，因此保險公司、貨運公司陸續發展成形，後來都扮演了決定性的角色。

---

③　譯注：1923年1月1日，孫中山發表《中國國民黨宣言》，其中提到「清朝持其『寧贈朋友，不予家奴』之政策，屢犧牲我民族之權利，與各國立不平等之條約。至今清廷雖覆，而我竟陷於為列強殖民地之地位矣。」其後中國國民黨於1942年1月第一次全國代表大會制訂政綱，在對外政策方面提出「廢除不平等條約，償還外債」的政策。同年8月，中國共產黨在《第四次對於時局的主張》中也提出「廢除一切不平等條約」。
④　譯注：包括割讓廣東新安縣（今九龍半島南端）予英國。

還有一點必須補充的是，與歐洲戰爭有關的公共負債在證券化與其他金融創新的發展過程中也發揮了推進作用。有些這類實驗以大舉失敗告終，例如1718-20年約翰・勞（John Law）倒閉的著名事件。該起事件的主要導因是英國和法國政府為了擺脫各自背負的債務而展開的競爭，當時兩國都向證券持有人提供各種異想天開的殖民公司股份（這些公司包括導致約翰・勞的「密西西比金融泡沫」加速破裂的密西西比公司）。在那個年代，多數這類聯合股份公司企圖藉由殖民式的商業或財政壟斷，達成獲利的目的，其運作方式比較像是布局縝密的軍事化劫掠，而非真正具生產力的企業經營。[15]不過無論如何，藉由在全球層面開發金融及商業技術，歐洲有效促成了金融架構及比較優勢的建置，而這一切都在十九世紀和二十世紀初期的全球化產業與金融資本主義時代發揮了決定性的作用。

保護主義與重商主義：「大分流」的根源

有關「大分流」的根源，以及殖民和軍事支配與由此衍生的技術和金融創新所扮演的核心角色，彭慕蘭的結論大致已經獲得近年相關研究的證實。[16]尚－羅蘭・羅森塔爾（Jean-Laurent Rosenthal）與王國斌（Roy Bin Wong）的研究特別突顯出一個事實：雖然就長期而言，歐洲在政治層面零碎分裂的現象整體上造成負面的結果（1914-45年間歐洲走上自我毀滅之路，二次大戰後歐洲統合遭遇種種困難，乃至進入本世紀以後，歐洲各國難以採取一致立場，以因應2008年金融危機的後果，這一切都以相當極端的方式說明了這點），但在1750年到1900年之間，主要拜軍事競爭所促成的各種創新之賜，這種零碎分裂確實讓歐洲國家得以凌駕於中國以及世界其他地區之上。[17]

斯溫・貝克特（Sven Beckert）的研究也顯示，在1750-1850年間英國及歐陸國家取得全球紡織生產控制權的過程中，奴隸壓榨與棉花生產發揮了舉足輕重的影響。貝克特特別指出，從1492年到1888年，被運離非洲

的奴隸有半數是在1780到1860年之間抵達美洲（尤其是1780-1820年這段期間）。這是蓄奴制與棉花農場的最後一個加速成長階段，大舉造就了英國紡織業的全面崛起。[18]儘管根據亞當斯密的觀點，英國和歐陸的進步基礎是平和而良性的議會體制與所有權制度，但歸根究柢，這種看法如今已經很難站得住腳。[19]此外，一些學者已經著手蒐集薪資與生產方面的詳細資料，以便比較「大分流」以前及大分流期間歐洲、中國和日本的相關數據。雖然可供佐證的文獻有其局限，但既有資料已可供證實，歐洲與亞洲發展路徑的分歧發生得相當晚近，在十八世紀才真正開始成形（不同論者在細節部分的說法則略有差異）。[20]

普拉桑南・帕塔薩拉蒂（Prasannan Parthasarathi）的研究則可供突顯反印度的保護主義政策在英國紡織業的崛起過程中所扮演的關鍵角色。[21]在十七及十八世紀，全球製造業產品（各種紡織品、絲綢、瓷器）的出口主要來自中國和印度，而歐美各國以及日本主要是用白銀和黃金購買這些商品。[22]印度紡織品（特別是印花布料和藍色平織綿布）在歐洲乃至全世界備受青睞。十八世紀初期，英國商人在西非用來交換奴隸的紡織品有80%是印度製造，到了十八世紀末，這個比例仍高達60%。海運登記資料顯示，在1770年代的法國港都盧昂（Rouen），開往西非進行奴隸交易的船隻所裝載的貨物有多達三分之一是印度紡織品。鄂圖曼帝國的相關報告則顯示，當時出口到中東地區的印度紡織品仍然比輸往西非的印度紡品多，而在比較重視本地消費者利益的土耳其當局眼中，這點似乎不是什麼大問題。

在歐洲，商人很快就發現，如果設法阻礙印度紡織品進口，他們就能藉機充實紡織技術、發展跨洲業務，從中獲取大筆利益。早在1685年，英國國會就通過徵收20%進口稅的方案，1690年進一步提高到30%，1700年甚至決定完全禁止進口印度的印花布料和彩色布料。自此以後，英國只從印度進口未經染色的處女布料，這讓英國的生產商得以推展彩色和印花布料的製造。法國也採取類似做法，英國更在整個十八世紀期間強化

相關措施，尤其是在1787年決定對所有印度紡織品開徵100%的關稅。為了能夠在非洲海岸地區有效發展奴隸交易業務，而不耗費他們擁有的全部貴金屬，利物浦的奴隸商人對優良布匹需求甚殷，因此他們會向有關部門施壓，這種壓力發揮了決定性的作用，尤其是在1765-85年間促使英國的紡織生產快速優化。特別是藉由煤礦的使用，英國在紡織工業領域獲得無庸置疑的比較優勢，然後從十九世紀中期開始提出比較明確的自由貿易論述（不過英國的論述不乏曖昧矛盾，例如在對中國輸出鴉片方面）。

　　英國也在造船業領域採取保護主義措施。十七及十八世紀期間，這項產業在印度蓬勃發展。1815年，英國針對所有用印度製造的船舶進口到英國的商品課徵15%特別稅，後來又下令只有英國商船可以將來自好望角以東地區的貨物運到英國。雖然針對這個部分進行整體估算非常困難，不過我們大致可以斷定，這些憑藉大砲威逼強加於世界其他國家的保護主義及重商主義措施在英國和歐陸國家的工業支配進程中發揮了舉足輕重的作用。根據既有估計，中國和印度占全球工業生產的比例在1800年時還高達53%，短短一百年後，這個比例已降為5%。[23] 當然，如果我們認為這樣的發展軌跡是邁向工業革命、現代化和富裕繁榮的唯一可能路徑，這是非常荒謬的。舉例而言，我們不難設想其他形態的歷史發展途徑，讓歐洲和亞洲的生產商在沒有反印和反中保護主義作祟、也沒有殖民宰制和軍事支配的情況下，藉由世界不同地區之間較為平等而均衡的交易與互動形式，達到相同的整體產業增長（甚至超過已知的實際漲幅）。當然，那樣的世界與孕育我們的現有世界截然不同，不過歷史研究的功用正在於向我們揭示替代方案及分叉路徑的存在。不同群體在政治意識形態上的權力關係達到何種平衡，是決定發展路徑的重要因素。

日本三級社會的急速現代化

　　現在要探討的是亞洲與歐洲殖民列強的接觸如何促使當地的三級社會

發生變革。在歐洲人抵達之前，這種不平等制度盛行於亞洲大部分地區。我們在前一章已經看到，在殖民時代以前的印度，三重功能意識形態以何種方式結構化了社會不平等的現象。由於新的軍事菁英階層崛起、印度教王國與伊斯蘭教王國互相競爭，以及「迦提」階層的認同和團結形態不斷改變，印度的社會結構在不穩定狀態中持續演變，戰士／軍事菁英（剎帝利）與宗教、知識菁英（婆羅門）則在其中達到某種形式的平衡。我們特別探討了英國殖民當局如何透過人口普查和殖民政策的架構，讓種姓之間的界線變得僵化固定，因而打斷了印度三重功能社會的自行演變程序，並促使一種獨特的不平等制度出現；舊有的地位不平等以及現代的所有權不平等和教育不平等以前所未見的方式融匯激盪，成為形塑這套新型社會制度的基礎。

　　日本的情況與印度社會之間存在許多差異，不過也有若干相似之處。江戶時代（1600-1868）的日本是一個高度階層化的社會，具有多種三級色彩濃厚的社會差距與地位僵化現象，而這一切的運作邏輯在某些方面與舊制度時代的歐洲以及殖民時期以前的印度可以相提並論。日本社會一方面由戰士貴族支配，其頂層由「大名」（重要的封建領主）構成，並受幕府將軍管轄；另一方面則由神道祭司及佛教僧侶支配（在不同時期，神道與佛教這兩種宗教形式以不同程度的共生或競爭形態並存）。江戶時代日本社會制度的特點是戰士階級比其他階級明顯占上風。德川幕府的世襲將軍在數十年間經過一連串封建戰爭，於1600-04年恢復社會秩序，此後逐漸不再只是軍事將領，也成為名副其實的全國政治領袖，從他們所在的首府江戶（東京）主導全國行政及司法體系，而居住在京都的天皇只有精神領袖的地位，行使一些象徵性的職權。

　　1853年，美國海軍准將馬修・培里（Matthew Perry）率領數艘裝有大砲的鐵甲軍艦，抵達東京灣，幕府將軍[5]及武士階級的正當性遭受衝擊。

---

⑤　譯注：即江戶幕府末代大將軍德川慶喜（1837-1913）。

1854年，培里再訪日本，這次率領的艦隊有英國、法國、荷蘭、俄國等歐洲盟邦的艦艇加持，規模為前一次的兩倍以上。幕府當局別無選擇，被迫同意提供列強要求的優惠待遇，範圍涵蓋貿易、財稅及司法管轄權。經過這起喪權辱國的事件，日本進入一個深刻審思政治及意識形態的階段，最終促使日本在1868年進入明治時代。一部分日本貴族及菁英亟思國家現代化，以求與西方列強抗衡，在他們的強力推進下，末代大將軍退位，天皇恢復最高權威。王政復古在某些方面僅具象徵性質，不過確實吹響了明治維新的號角，日本就此成為社會政治快速現代化的獨特典範。[24]

1868年開始實施的改革具有數個主軸，其中非常重要的一項是廢除原有的社會地位區分：戰士貴族失去法律與財稅優惠。這項改革不僅影響到最高階貴族「大名」（這個頂層群體的人口比例與英國的勛爵〔lord〕類似），擁有封地收入（源自封地所轄村莊的生產）的武士也不例外，不過他們獲得部分財務補償。1889年憲法⑥ 主要參考英國及普魯士的制度制訂而成，內容規定議會由貴族院及眾議院組成。貴族院讓一部分原有貴族透過非民選方式擔任議員，保有政治地位；更具實質意義的眾議院起初按納稅投票方式，由僅占成年男性人口5%的富有公民選出，男性投票權在1910年和1919年兩度擴大，1925年擴及所有男性。1947年，女性獲得選舉權，貴族院則被全面廢除。[25]

根據德川時代從1720年開始進行的身分等級普查，擁有封地的大名和武士階級占總人口的5-6%，不同地區或藩國之間差異相當大（占比可低至2-3%或高達10-12%）。這個群體的數量在江戶時代似乎逐漸降低，因為在1868年明治初期所做的普查中，他們的人口占比只有3-4%；當時日本即將廢除封地制度，並取消武士的貴族階級地位（世襲貴族除外）。神道祭司和佛教僧侶占人口總數的1-1.5%。與十六世紀到十八世紀歐洲的

---

⑥ 譯注：即《大日本帝國憲法》。該憲法施行至二戰結束後，於1947年由現行《日本國憲法》取代。

圖9.3. 日本與歐洲三級社會的演變，1530-1870年

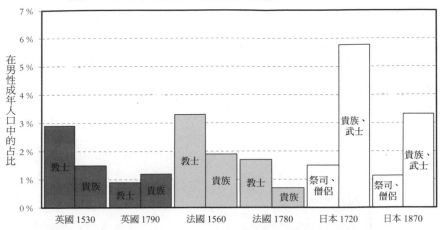

在英國和法國，三重功能社會的兩個支配階級（教士與貴族）在人口中的占比於十六世紀和十八世紀之間均有所降低。在日本，根據江戶時代和明治初年的人口普查，高級戰士階級（大名）及擁有封地的武士在總人口中的占比明顯高於教士階級（神道祭司及佛教僧侶），不過在 1720 年和 1870 年之間大幅減少。來源與數據：參見 piketty.pse.ens.fr/ideologie。

情況相較，我們發現日本戰士階級的人口占比高於法國和英國，教士階級的占比則較低（見圖9.3）。[26]如我們在先前章節所見，在其他一些歐洲國家以及印度的數個次級地區，同一時期戰士和貴族階級的人口占比接近甚至超過日本的規模（參見第五章圖5.2，以及第八章圖8.3）。總括來說，這些規模比例之間的差別不算太大，這點可以說明，至少就整體形式結構的角度而言，世界各地的三重功能社會具有某種程度的相似性

　　除了廢除財稅優惠和徭役，明治初年的改革也取消了城市與鄉村不同類別勞工之間的各種身分不平等，這類不平等是江戶時代日本社會的重要特徵。尤其重要的一點是，新的政權正式終結了「部落民」遭受的種種歧視。部落民是德川幕府時期地位最低的勞工類別，在某些方面，他們的賤民身分與印度的賤民（「穢不可觸者」）和原住民相近。部落民通常不被納入普查，不過一般認為江戶時代部落民占總人口的比例不到5%。這個身分類別在明治時期正式消失。[27]

　　另外，明治政府實施了一系列以加速日本工業化、超美趕歐為宗旨的

政策。政府在財稅及行政領域大力推動中央集權化（廢藩置縣，由縣及知事取代藩國和大名），並開徵多種重要稅賦，將稅收投資於經濟及社會發展，特別是在交通建設（公路、鐵路、航運設施）、教育、衛生等方面。[28]

明治政府對教育的投入特別驚人，一方面積極培養有能力與西方工程師和學者抗衡的新生代菁英，一方面致力掃盲、普及教育。在菁英養成部分，日本政府的動機顯而易見：日本必須避免遭受西方的宰制。1872年從鹿兒島啟程前往西方留學的一批日本學生直截了當地講述他們的故事。搭載他們赴歐的船隻在印度海岸停靠時，他們看到一些印度小孩淪為西方人的玩物，小孩跳進海裡撿錢幣，以此娛樂在岸上觀看的英國殖民者。這些學生因此下定決心，一定要拼命把書讀好，以免日本步上這樣的後塵。[29]提高識字率及強化技術教育也被視為實現工業化不可或缺的條件。

部落民、賤民與羅姆人的社會融合

在此不是要理想化這種社會融合和教育融合政策。日本社會仍然維持在高度階層化的不平等狀態。就算在二次世界大戰結束之後，諸如部落民的社會群體還是必須竭力對抗他們面對的各種歧視（這種歧視不為法律所容，但卻真實存在）；在二十一世紀前期的今天，這個沉重歷史包袱的痕跡仍舊清晰可見，儘管無法與印度低階種姓留下的痕跡相提並論。除此之外，伴隨著日本社會融合計畫的推展，民族主義與軍國主義強勢登場，最終導致珍珠港事變與廣島原爆。

一部分日本輿論（例如東京靖國神社軍事博物館內的解說）認為，從1854年持續到1945年的漫長衝突應該被視為「大東亞戰爭」，在這場戰爭中，日本雖然數度遭遇重大挫敗，但還是成功將亞洲和全世界帶上「解殖」的道路。這種觀點除了突顯二次大戰期間日本帶給印度、中南半島、印尼等地獨立派人士的支持，更廣泛而言，它還試圖強調，歐美各國自始至終不曾接受亞洲出現獨立強權的前景，而除非以武力威逼，否則西方列強絕

不可能願意結束殖民支配。明治維新之後，日本陸續在1895年、1905年及1910年大敗中國、俄國和韓國，證明改革工作已經獲得無可置辯的成功，儘管如此，日本還是覺得自己永遠無法在工業化殖民大國俱樂部中全面得到西方人的尊重。[30]在日本民族主義者眼中，最嚴重的屈辱莫過於1919年西方國家無視日本多次要求，拒絕將種族平等原則納入《凡爾賽和約》，[31]以及1922年《華盛頓海軍條約》[⑦]規定美、英、日三國的海軍艦艇總噸位必須維持五－五－三的比例。這項規定形同判決日本在亞洲海域永遠屈居劣勢，無論日本人口成長到什麼規模、工業發展得多麼進步。日本帝國在1934年正式予以譴責，為戰爭拉開序幕。

　　1904-14年間，兩種日漸敵對的觀點爭鋒相對：日本要求西方完全撤出東亞，美國則要求已進入中國的殖民列強（當然包括日本）全面撤出中國，較廣泛的解殖民議題則留待後續處理。後來美國總統羅斯福下令對日本實施石油禁運，使日本面臨海陸軍在短期內就會動彈不得的威脅。在這種情況下，日本軍事高層認為除了攻擊珍珠港，他們別無選擇。日本的這種民族主義觀點相當引人遐思，在某些方面也不難理解，不過這個觀點忽略了一個關鍵：在韓國、中國及亞洲其他被日本占領的國家，民眾的集體記憶並未將日本人視為解放者；他們認為日本也是一個殖民強權，與歐洲國家展露相同的支配暴力（有時甚至更惡劣，不過這個問題牽涉層面很廣，必須以個案方式探究才可能釐清）。不顧當地人民意願、一廂情願企圖解放他們、教化他們，這種殖民主義意識形態通常只會導致災難，無論殖民者屬於哪種膚色。[32]

　　在不同殖民強權和殖民意識形態與被殖民人群的歷史記憶之間，矛盾糾結不清，衝突方興未艾；不過姑且不論這點，日本在明治時期（1868-1912）以及1945年去軍事化之後實施的社會、教育整合與經濟發展政策

⑦　譯注：原書在此寫的是「1921年的華盛頓條約」，但年代有誤，本譯文按史實略加改寫，以求正確。

無疑是舊式不平等制度急速進行社會政治轉型的獨特實驗。日本成功過渡到所有權社會及工業社會，這點充分說明牽涉其中的轉換機制與所謂「基督教文化獨一無二的特性」或「歐洲的文明精髓」並無直接關係。

最重要的是，日本的經驗告訴我們，透過積極主動的政策（特別是在公共建設、教育投資等方面），原本非常極端──而且在某些情況下被視為不可能改變──的身分不平等可以在幾十年後成功消弭。儘管從前對賤民階級的歧視留下了某些痕跡，但不容否認的是，日本在二十世紀躍升為全球生活水準最高的國家之一，所得不平等則介於歐洲與美洲之間（參見導論圖0.6）。從1870年到1940年，為了確保社會經濟及教育發展，達成一定程度的社會和諧和統一，日本政府實施了一系列政策，這些政策雖然稱不上完美，但就統合社會的效果而言，確實優於英國殖民政府在印度採取的方案（後者無論是在改善社會不平等、提高識字率或促進低階種姓的教育等方面，都沒有太大的作為）。另外，我們將在本書下一個部分看到，日本社會不平等現象的改善還獲得另一些因素的加持，包括1945-50年推動的大規模土地改革，以及針對高階所得與高額財產繼承實施的高度累進稅率（這項政治－財稅程序在明治時代及戰間期即已展開，不過在日本戰敗後獲得進一步加強）。

在歐洲的脈絡中，羅姆人（Roma）作為一個被歧視的社會群體，無疑可與日本部落民和印度低階種姓相提並論。在此說明，歐洲理事會用「羅姆人」這個名詞統稱歐洲各地的遊牧人群或原本游移不定但已定居化的人群，這些人群有各式各樣的稱呼，光在法文中就有茨岡（Tsigane）、吉坦（Gitan）、馬努許（Manouche）、行路人（gens du voyage）等名稱[8]。這些人群主要源自印度和中東（由於歷來族群不斷通婚交融，其血統不易考證），在歐洲已經居住一千年以上。[33] 根據這個定義，2010年羅姆人的人

---

[8] 譯注：這個族群在英文中主要稱為羅姆人（Roma、Romani），吉普賽（Gypsy）則是最常見的俗稱。

口數介於一千萬和一千兩百萬之間，約占歐洲總人口的2%。這個比例低於日本的部落民（介於2%和5%之間）及印度的低階種姓（10-20%），不過還是相當顯著。羅姆人生活在幾乎所有歐洲國家，其中在匈牙利和羅馬尼亞占人口比例最高。羅馬尼亞在1856年廢除奴役羅姆人的農奴制與奴隸制，獲解放的羅姆人逃離原來的主人，遷徙到歐洲各處。[34]

　　相較於日本的部落民及過去印度的賤民和原住民，歐洲羅姆人的社會融合過程非常緩慢，而其重要原因是缺乏妥善的政策，尤其是歐洲各國互相推卸照顧這些人群的責任，使得他們不僅必須面對各種歧視和差別待遇、承受融合政策明顯缺乏的後果，更被迫持續背負其他人的負面成見（例如批評他們堅守怪異風俗、認為他們拒絕融入社會等）。[35] 還有一點值得深思的是，歐洲的輿論向來習於指點世界其他地區，但羅姆人的例子讓歐洲人有機會體認像日本、印度這樣的國家在部落民、低階種姓等方面曾經面臨的困難。這些人口類別在歷史上均曾苦於類似的成見，但憑藉各種長期實施的社會整合及教育政策，這些國家已經有效化解了這個問題。

三重功能社會與中國的國家建構

　　接下來要看的是殖民主義如何影響了中國不平等制度的轉型。在中國歷史上，直到1911年辛亥革命及其後民國成立，中國的社會組織方式一直仰賴一種具有三重功能特性的意識形態體系，與十八至十九世紀以前的歐洲和印度類似。不過中國的情況有若干顯著差異，首先是儒家思想的性質：這套思想比較像是一種公民智慧，與基督教、猶太教、伊斯蘭教這些一神教或印度教都非常不同。孔子是一名博學之士和教育家，生存在公元前六世紀到五世紀前期。他出身貴族世家，祖先曾在亂世中經歷磨難。傳統上認為，孔子曾在中原各地講學，闡述安定與社會和諧應該以教育及中庸之道為基礎，而世人必須不斷尋求理性、務實的問題解決方法（實際上，無論是從德行、敬老或所有權、尊重所有權人的角度來看，這些方法通常

都相當保守）。如同其他三重功能社會的典型情況，這一切的關鍵在於讓學者、士人的中庸之道成為政治秩序的核心要素，藉此調節戰士階級的暴戾之氣。

儒學在公元前二世紀成為政府統治的中心思想，此後一直到1911年，儒學持續演變，並不斷與佛教、道教交流共生。儒士向來被描述為學問淵博、能力高超的學者和行政官員，將他們充沛的學養、對中國文字和歷史的知識以及對家庭倫理與公民道德的嚴格標準貢獻於社稷、公共秩序與國家治理，他們的服務對象是政府，而不是任何政府之外的宗教組織。這是儒家與基督教在三重功能運作邏輯方面的根本不同，若想理解中國何以傾向於國家統一，而歐洲何以在政治上多元分立，這項差異是最自然的解釋方式之一，無論天主教會曾經如何試圖拉近各基督教王國之間的關係。[36]

就某方面而言，儒家思想在中國帝制歷史上可以說是一種「大一統教」，而許多人可能會想嘗試將這種「宗教」與現代中國共產主義相提並論，因為後者也以它的方式構成另一種形式的國教。換句話說，在漢、宋、明、清等朝代為皇帝效力的那些遵奉儒道的官員與文士，換個工作現場就成為替中華人民共和國國家主席效力的官員和政要。不過這種對照有時是一種操作，目的在於強調共產黨政權在國家統一及社會和諧方面的努力，彷彿這些作為是在延續中國歷史和儒家思想的路線。2010年代初期，中共領導階層就是本著這種想法，重新主張尊孔[9]。這種立場轉變相當驚人，因為在文化大革命期間，中國亟欲「破四舊」[10]，大肆剷除地主和知識分子。反之，在國外（有時在中國也一樣），這個歷史對照經常被人以負面方式

---

⑨ 譯注：2011年1月11日，一尊高近十米的孔子像在北京天安門廣場東側的國家博物館北門廣場大舉豎立起來。許多外國媒體認為中共官方藉此標誌對孔子的重要反省，具有復興中華文化、重建中國社會秩序的意涵，不過中國部分左傾人士對此表示反感。九十九天後，孔子像於4月20日被悄悄移至博物館西側封閉庭園內的偏僻角落，民眾無法接近。此事件被諷為「百日尊孔」。

⑩ 譯注：即「破除舊思想、舊文化、舊風俗、舊習慣」，與此對應的是「立四新」──「樹立新思想、新文化、新風俗、新習慣」。當時儒家遺產被貶為「孔家店」，是紅衛兵要打倒的重點對象，山東曲阜的「三孔古蹟」（孔廟、孔府、孔林）遭到嚴重破壞。

解讀，用來描述永遠專制的中共政權，以及中國的廣大群眾；從古到今，這些人民先是受到皇帝和封建官吏的高壓治理，後來落入中共領導人和共黨官員的極權控制，千百年來一直臣服於一種由中國文化和「中國魂」孕育出來的特有專制獨裁形式。無論如何，這種對照方式帶來許多問題，因為它假定了某種連續性和決定論，而事實上，這種連續性和決定論不但沒有充分理由可以成立，而且無助於思考中國歷史社會發展路徑的複雜性與多元性。這個道理適用於歷史上所有的社會及政治發展軌跡，因為每一條路徑都同樣充滿分叉和轉折。

　　這類比較的第一個問題是，帝制時期的中國政府根本沒有專制獨裁的能力。相較於目前的中國，當時的中國政府在結構上很弱，擁有的財政資源極為有限，在經濟和社會介入以及社會管制方面的能力都非常低（甚至可說付之闕如）。既有研究顯示，明朝（1368-1644）和清朝（1644-1911）時，中國政府的財政壓力不超過國民所得的2-3%。[37]如果把每人稅收金額計算成薪資天數，我們發現清政府所控制的財政資源比十八世紀後期、十九世紀初期的歐洲國家低了三到四倍（見圖9.2）。

　　中國中央和地方官員[⑪]的錄用是透過非常嚴格的程序，即著名的科舉考試，這套制度從公元605到1905年，沿用了整整十三個世紀，不但對中國影響深遠，後來也啟發了西方的考試制度（特別是在法國和普魯士）。不過，通過科舉獲得錄用的官員總數一直非常少：舉例而言，在十九世紀中期，中央和地方官員一共只有區區四萬人，相當於當時中國大約四億人口的0.01%；這個比例在不同時代通常在0.01%和0.02%之間變動。[38]實際上，清朝的財政資源絕大部分用於戰士階級和軍隊（所有財政資源不足的政府均如此），可用於民事行政、衛生或教育的資源極少。舉例而言，

---

⑪ 譯注：原文以 mandarin 一字稱呼中國的官員。這個歐洲人習慣使用的詞彙最早見於十六世紀初期葡萄牙人關於中國的記述。根據考證，當時在麻六甲的葡萄牙人借用馬來語 menteri（大臣）一字來稱呼中國官吏，該字則源自梵文 mantri（顧問、大臣）。mantri 的詞源與 mantra（曼怛羅、真言、密咒）有關。

如我們在先前的討論中所見，十八世紀和十九世紀初期的清政府沒有足夠資金可供在中國境內有效查禁鴉片。事實上，中國的行政體系是以高度去中央化的方式在運作，帝國的中央及地方官員被迫仰賴地方上戰士階級、士人階級和地主階級菁英的權力，他們對這些菁英的管控非常有限。這種情況與現代中央集權化國家強勢興起之前歐洲及世界其他地區的情況可說如出一轍。[39]

還有一點必須強調的是，如同其他三重功能社會，中國不平等制度的運作基礎是士人菁英與武人菁英之間一些複雜且不斷演變的妥協與競爭形式；士人並不凌駕於武人之上。這點在清代特別明顯，原因是清朝本身就源自滿族武人菁英，這些戰士在1644年入關攻取北京，進而拿下了整個中國。滿族戰士階級是從十七世紀初期開始在滿洲地區按照「八旗」[⑫] 軍事制度組織而成，相較於一般百姓，八旗成員享有土地權和行政、財稅、法律方面的特權。滿人將這種軍團組織帶到北京，並逐漸將新的漢族分子納入這個原本僅由滿族戰士構成的武人貴族階級。

根據近年研究的估計，八旗貴族階級在1720年共有五百萬人，相當於當時中國約一億三千萬人口的將近4%。八旗的人數可能在滿清政權鞏固期間大幅增加，從十七世紀中葉滿人征服中國時占總人口1-2%增為十八世紀的3-4%。不過，由於文獻資料不甚牢靠，而且進行這類估計有其困難（這種困難在性質上類似先前我們在估計十七和十八世紀法國及歐洲貴族階級人數時所面臨的問題），因此在二十世紀以前中國不曾進行系統性普查的情況下，我們不可能得出準確的數據。[40]相較於同時期英國和法國的貴族人口，十八世紀八旗戰士貴族的比例（總人口的3-4%）相當高（見圖9.3），不過這個比例跟日本和印度大致相當（參見第八章圖8.3），

---

⑫ 譯注：八旗是清朝特有的社會組織，集軍事、生產和行政管理於一體，旗下成員稱為「旗人」或「八旗子弟」。努爾哈赤改善原有的涉獵制度，於1615年創立八旗，分為鑲黃、正黃、正白、正紅、鑲白、鑲紅、正藍、鑲藍八個旗色，後來也吸收蒙古人、漢人等族群，增設蒙古八旗、漢軍八旗。

比起西班牙、匈牙利、波蘭等國則偏低，因為當時這些歐洲國家積極從事領土擴張，軍團的人口占比特別高（參見第五章圖5.2）。

清代初期，八旗將士主要駐紮在大城市附近的兵營。他們的生計來源包括地權、從地方產品抽成的收入，以及國家提供的月錢。不過十八世紀中期以後，清政府認為這個戰士貴族群體過於龐大，消耗太多財政資源。一如在其他所有三重功能社會，這個問題相當棘手，因為如果對戰士貴族採取激烈措施，政府可能陷入危險。1742年起，大清皇帝著手將一部分八旗遷回滿洲。從1824年開始，這項政策又有了新的發展：為了節約政府預算，以及對中國北方的領土進行開發與殖民，清政府決定分發滿洲北部的土地給一部分旗人，並鼓勵非貴族人口移民到北方，為這些新的地主工作。這項計畫的推展有其困難，成果相對有限，一方面因為多數八旗成員及其家人不願輕易移居北大荒，另一方面因為平民階層的移民經常比出身八旗的貴族更懂得如何經營土地，因而容易造成雙方之間關係緊張。不過我們還是可以看到，在二十世紀初，滿洲北方出人意料地出現了一些微型所有權社會，其特點為土地高度集中在原屬八旗貴族的地主手中。[41]

中國的科舉制度：士人、地主與武人

原則上，清政府有責任在戰士階級與中國其他社會群體之間求取某種平衡，然而事實上，清政府主要只關心菁英階層之間的平衡。這點在科舉考試制度的規畫辦理方面特別明顯。在科舉制度的漫長歷史中，隨著不同社會群體間權力關係的變動，當局不斷進行制度改革，藉此達成妥協。這種妥協非常值得探究，因為它以自己的方式表達出追求某種均衡的意圖，設法在知識的正當性以及所有權和戰爭的正當性之間進行調節。應考者首先必須參加每三年舉辦兩次的地方級考試（即童試），取中者稱為「生員」[⑬]。獲得這個資格的人不能直接擔任公職，但享有進一步參加省級和中央級公職考試[⑭]的機會。

「生員」資格也帶來某些法律、政治、經濟上的特權（例如參與地方治理或在司法程序中出庭作證），以及一定的社會地位，就算後來沒有當官，也有功名在身。根據學者針對科舉考試檔案資料及榜單所做的研究，我們可以估計在十九世紀的中國，大約4%成年男性受過正統教育（意指他們深諳漢字和傳統學識，而且至少參加過一次童試）；在這個總數中，只有約0.5%的成年男性中試，取得珍貴的生員資格。除此之外，另有一群人透過捐獻銀錢，取得「監生」身分，得以直接參加公職考試。這個群體的人數在十九世紀期間大幅增加，1820-30年間占成年男性人口的0.3%，1870-80年間增至將近0.5%，幾乎相當於按科舉程序取得生員資格者的人數。[42]

近年一項研究分析江南省[15]檔案資料顯示，這個機制造成人才選拔過程中階級複製的情況日益頻繁：這種做法讓地主和富裕階層的子弟可以跳過艱難的童試程序，得到任官資格，同時也有助於充實亟待補充的國庫（這是政府為合理化此舉所用的說詞）。檔案資料顯示，就算在正統的科舉程序中，階級複製的現象同樣非常明顯：在取得生員資格且後續順利進入中央或省級部門當官的人員當中，絕大多數人的父親、祖父或其他先祖擔任過類似職務，只有不到20%的人例外。[43]

清朝開通了以金錢購買生員資格的管道，這麼做一部分是為了因應十八和十九世紀政府面臨的預算困難。這項方案在性質上接近法國舊制度時代出售許多公私部門職務的做法，或其他許多歐洲國家的類似措施（請特別參見第十一章）。雖然如此，中國的做法有一個不同之處：用銀錢取

13　譯注：童試分為縣試、府試、院試三個階段。縣試在各縣舉行，由知縣主持，通過者得繼續參加各府舉行的府試（由府的官員主持）。通過縣、府試的人可自稱「童生」，童生參加由各省學政或學道主持的院試，中試者取得官學（府學、州學、縣學）入學資格，成為生員（俗稱「秀才」），就此跨入士大夫階級。

14　譯注：即鄉試、會試、殿試。

15　譯注：江南省是清初順治二年（1645年）設置的行省，其前身為明朝的南直隸。江南省所轄範圍大致相當於今天的江蘇省、上海市及安徽省，省府設在江寧（今南京）。

得生員資格的人原則上必須跟其他人一樣通過相同的考試，才能真正任官（許多人相信最後這個階段有賄賂舞弊之嫌，不過這種看法有多大的可信度並無法考證）。中國這套制度也許比較像當今美國頂尖大學的做法，這些學校毫不掩飾某些學生雖然學業表現達不到標準，但因為父母捐獻大筆資金，因而享有直接錄取的資格（這些人就是所謂「校友子女」〔legacy student〕）。這個現象對於二十一世紀教育及社會正義的共同標準該如何定義，引發了各種值得深思的問題，並且再次說明，我們有必要將有關不平等制度的研究放在一個歷史性和比較性的視角中，包括比較不同國家、不同時代和不同制度的情況，儘管當事者或當事國有時可能不樂見這樣的比較。我們會在後續章節探討這個部分。

　　關於中國的科舉制度，清朝實施的規定還有一個非常根本但比較少人提到的面向：當時的官位總數大約是四萬（相當於十九世紀中國人口總數的0.01%，或成年男性人口的0.03%），其中一半左右被保留給八旗的戰士貴族。[44] 在具體實踐上，戰士貴族成員視情況參加各種特別考試，有時考試語言是滿語，藉此彌補應試者古典中文造詣不佳的現象；針對某些官職，八旗子弟參加的考試雖然非常類似生員（無論這個資格是透過正規程序或用銀錢取得）參加的科舉考試，不過這些八旗成員享有保留名額。這種「中式保留制度」跟二十世紀期間印度為低階種姓制定的配額制度相當不同，而且應用範圍遠遠超過科舉考試。在所有政府部門和職務類別中，都有一定的配額保留給戰士貴族成員（包括滿人與漢人）以及透過其他管道錄取的士人和資產主。[45] 這些規定經常引發爭端，必須一直透過協商加以改革，不過戰士貴族階級大體上還是成功維持住他們的優惠待遇，直到1911年清帝國瓦解為止。不僅如此，這個階級在所有權方面享有的特權（尤其是藉由購買各種特許而得的權益）在十九世紀期間及二十世紀初期甚至持續強化，部分原因是清政府必須償還西方列強的債務愈來愈多，導致預算需求不斷增加。

中國式造反及其未竟實驗

　　總括來說，帝制時代的中國社會是一個高度不平等和階層化的社會，士人階級、地主階級和戰士階級菁英之間經常出現衝突。所有資料都顯示，這些群體有部分重疊：士大夫菁英也是地主，他們跟戰士階級菁英一樣，都向老百姓收取租稅，而且這些群體互相結盟的情形相當常見。雖然如此，國家政權完全稱不上穩固。除了菁英階層之間的衝突，中國境內也接連出現民變和革命，而這些事件曾經有機會改變中國的命運，讓中國走上與後來的發展軌跡截然不同的路徑。

　　在這些事件中，以1850年到1864年的太平天國之亂最為血腥，也最令人震撼。這場叛亂的起因是一群窮苦農民的反叛，他們拒絕支付田賦給地主，並且非法占據土地。歷史上這種情況屢見不鮮，但是中國在遭受第一次鴉片戰爭（1839-1842）慘敗的屈辱以後，農民起義的頻率愈來愈高，對大清政權造成日益強大的威脅。事實上，在太平天國之亂初期的1852-54年間，滿清帝國差點就被推翻。

　　叛軍將首都定於南京[16]，距離上海不遠。1853年，新政權頒布一道政令，明訂依據家戶需求重新分配土地，並開始在太平天國控制的地區實施。1853年6月14日，卡爾·馬克思在《紐約每日論壇報》（*New York Daily Tribune*）發表文章，宣告太平天國革命即將勝利，他認為這些發生在中國的事件將引起世界產業體系的強烈震盪，並在歐洲觸發革命的連鎖效應。衝突很快演變成中國中部的一場巨大內戰，交戰雙方是根據地在北方的清軍和源自南方的太平天國叛軍，清軍所屬的大清國相對衰弱，太平軍的陣容則日益堅強。這一切發生在一個鴉片氾濫、饑荒頻仍而且人口眾多的國家：短短一百多年間，中國人口急速增加，從1720年的一億三千萬左右增為1840年的將近四億。根據既有文獻，太平天國之亂在1850年

---

⑯　譯注：清代南京的正式名稱是江寧，別稱金陵，太平天國定都後改名「天京」。

到1864年之間造成的軍民死亡人數可能高達兩千萬到三千萬，比一次大戰期間各國死亡人口總數（一千五百萬到兩千萬）更多。研究顯示，中國境內受影響最嚴重的一些地區長期無法完全彌補人口損失，而且在大清覆亡以前，幾乎一直處在鄉村叛亂和武裝衝突的狀態。[46]

　　起初西方列強對這場衝突抱持中立態度，主要原因在於太平天國領袖洪秀全（1814-1864）以基督精神自居，積極宣揚教理，因而受到基督教國家某種程度的支持，特別是美國（美國輿論認為清朝對傳教工作過於封閉，假如美國政府支持大清皇帝，民眾可能反而難以理解）。在歐洲，有些社會主義人士及極端共和派將這場叛亂視為某種中國版的法國大革命，不過這個觀點的影響力比不上美國人刻畫的傳道者形象。後來太平天國開始澈底改革所有權，並且長久威脅到商貿往來和中國對西方的債務清償（英國和法國剛在1860年攻陷北京之後要求清朝支付巨額賠款），因此歐洲列強轉變立場，決定力挺清朝。歐洲人的支持顯然帶來決定性影響，讓清軍在1862-64年成功擊敗叛軍。在這段時間中，美國正深陷南北戰爭，當地的基督教團體無暇他顧，因此歐洲對中國的軍事介入少了很多阻力。[47]倘若當時太平天國取得最後勝利，我們很難斷言後來中國的政治結構和國土疆界會如何演變。

　　十九世紀末年，清朝、大清皇帝以及清朝菁英階級（戰士貴族和士大夫）的道德正當性在中國輿論眼中已經跌到谷底。中國被迫與歐洲簽訂一系列「不平等條約」，而為了向歐洲國家及歐洲各國的銀行支付儼然是軍事貢金的賠款，以及賠款衍生的高昂利息，政府不得不大幅增加人民的稅賦。[48]在這種局面中，1895年中國對日戰爭失敗、日本取得朝鮮和臺灣的控制權，這對清朝而言無疑是致命的打擊（更何況日本在千百年間原本一直處於中國的軍事及文化支配之下）。

　　1899-1901年間發生的義和團運動又一次差點造成滿清政權垮臺。醞釀出這場叛亂的團體稱為「義和團」，這是一個以拳頭為象徵符號的祕密會社，最初提倡反清復明，後來改喊扶清滅洋，力圖驅逐外國人。西方列

強因為租界遭受威脅，決定出兵平亂[17]，後於1900-02年在天津（可掌控北京的河口戰略要衝）實驗了一種前所未見的國際治理形式。不下十個殖民強權——有些早已進駐中國，有些則剛開始湊熱鬧——共享權力，並肩進行行政治理，主要任務是肅清義和團的殘餘勢力。在這個奇特政府留下的檔案資料中，我們發現駐紮在天津的法軍和德軍格外粗暴和缺乏紀律，他們不斷被當地民眾指控姦淫擄掠，而除了對中國人輕蔑、暴力相待以外，他們用同樣不堪的方式對待英國從英屬印度派來的印度軍（話說回來，中國人本身也對印度人敬而遠之）。列強匯集各國代表組成委員會，就各種複雜的經濟與法律問題制訂決策，範圍從天津的物資補給、法院的設置、軍妓院的成立，可說無所不包。經過多番討論（其中法國與日本與會者的表現最熱烈），委員會議定一系列事項，例如規定中國女子賣春的最低年齡是十三歲（反觀英國早已於1885年將賣淫年齡從十三歲提高到十六歲）。1902年，列強撤出天津、將權力交還清廷之際，以野蠻出名的法國軍人紛紛在日記和書信中表示，在占領中國期間度過那麼多令人陶醉的歡樂時日之後，返回法國本土、重新扮演無產階級普羅角色的黯淡前景令他們感到哀傷。[49]

　　最後，1911年辛亥革命推翻滿清，建立中華民國，各省代表聚於南京，推選孫中山為臨時大總統。此後，中國長期對抗入侵的日本和西方列強，國民黨與共產黨則在將近四十年間處於類似內戰的狀態，最終共產黨獲勝，1949年國民黨撤守臺灣，辛亥革命後成立的資產階級共和國被中華

---

⑰ 譯注：義和團興起後，慈禧太后一改原本對洋務運動和戊戌變法的開放態度，立場轉為守舊，想靠義和團排外。義和團開始以「扶清滅洋」為口號，殺害外國人與被視為媚外的基督徒和其他中國人，並搗毀來自西洋的建築（如教堂）、設施、物品等。各國要求清廷壓制義和團，但未獲回應，最終釀成八國聯軍來犯。期間慈禧曾想解散拳民，後又反轉立場，甚至處斬力薦嚴懲拳民的五名大臣（「庚子五忠」），繼而決定對十一國宣戰（不過東南各省督撫不理會朝廷命令，不與列強宣戰，避免整個大清陷入戰爭，史稱「東南互保」）。不久，京津一帶清軍潰敗、團民退散，慈禧太后偕光緒帝出逃西安。聯軍增派兵力，在部分清軍配合下掃除義和團殘部，清廷與列強簽訂賠償巨款、喪失許多主權的《辛丑條約》。

人民共和國取代。為了解釋這個重大轉變，許多人不免認為1911-12年創
建的政權過於保守，在清朝的不平等制度實施數百年後，新政府顯然無法
真正符合中國農民對平等和土地重分配的期望。這種看法不無道理：孫中
山是一名反對滿清、信奉基督教聖公宗的共和派醫生，不過他在經濟、社
會議題方面相對保守，而1911年的布爾喬亞革命人士多數也跟他一樣，
尊重既有制度及所有權，只要求清朝的戰士階級（八旗）拋棄不應有的特
權。從這個角度來看，1911年的中國憲法不夠創新，這部憲法強力保障既
得所有權，並使重分配幾乎不可能在平和的法律架構下實現，這點與1910
年的墨西哥憲法、1919年的德意志憲法等大異其趣，因為這些憲法將所有
權闡釋為一種為整體利益服務的社會制度，並規定立法會可以重新定義所
有權的行使條件，視情況實施大規模土地改革，以及在有適當理由時限制
資產主的權利。[50]孫中山在當選臨時大總統的同年（1912年）就在西方國
家施壓下被迫下臺，由大清將軍袁世凱接任[⑱]，因為當時列強認為中國需要
強大軍權，才能有效維持國家秩序，確保中國順利徵稅，以支付賠款和利
息。

　　儘管1911-12年出現的布爾喬亞共和國有其不足，而在此前數世紀
間，中國廣大農民群眾的反帝制、反資產、反官僚情緒和對社會不公的反
感累積得異常深厚，不過考量1911年到1949年中國變幻莫測的局勢以及
境內錯綜複雜的政治意識形態、軍事和人民動員，倘若硬要認為那些背景
因素是以不可避免、命中注定的方式，直接導致中華人民共和國的崛起，
那是不太有說服力的。當時中國社會的演進其實還具有許多不同的可能
性，首先是各種形式的社會民主共和。[51]我們也將在本書下一部看到，共
產主義共和國在中國的誕生開啟了許多可能，讓人可以期待各式各樣的政
治意識形態演進路線和體制發展，而且這種可能性直到今天依然存在（這

---

⑱　譯注：袁世凱於清末成立並領導中國第一支近代化部隊北洋軍，其後官至軍機大臣和內
　　閣總理大臣。

部分特別值得參閱第十二章）。跟研究其他不平等制度的情況一樣，在探討中國的三重功能不平等制度轉型為所有權主義制度、再演變成共產制度的過程時，我們首先應該從中看到種種社會政治實驗，這些實驗不但蘊含許多未及實現的發展可能，也可為我們帶來關於未來的豐富啟發。

伊朗：一個政教合一的共和國典型

最後來看伊朗的例子。伊朗是晚期教權憲政化的獨特實例，伊朗伊斯蘭共和國成立於1979年，這個政權雖然有其脆弱不穩之處，但在本書付梓之際仍在運作。如同所有這類歷史大事，伊朗革命是由一連串多少具有偶然性質的因素及事件所引發，而這一切原本可能組合出不同的局面。伊朗民眾對末代沙赫穆罕默德・禮薩・巴勒維皇帝[19]的反感、巴勒維與西方國家和西方石油公司的互通款曲，以及伊瑪目何梅尼[20]的靈活手腕，是其中特別重要的因素。雖然如此，除了這些特定的時局轉折以外，還有一點非常重要的是，伊朗教權共和國之所以能夠形成，與三重功能結構在什葉派及遜尼派伊斯蘭的歷史上發展出來的特殊形式有關，尤其是什葉派神職人員在反殖民行動中所扮演的角色。[52]

一般而言，伊斯蘭社會與其他社會的主要差異之一向來是這些社會為戰士／軍事菁英以及教士／知識菁英所賦予的相對重要性。自古以來，遜尼派信徒就承認哈里發的權威；哈里發是被推選出來的世俗領袖和軍事領袖，負責領導「烏瑪」（ummah，穆斯林社群）。什葉派信徒追隨的則是伊瑪目，伊瑪目是精神領袖和宗教領袖，被認可為學者中的學者。遜尼派指

---

⑲　譯注：穆罕默德・禮薩・巴勒維（Mohammed Reza Pahlav，1919-80）於1941-79年擔任伊朗沙赫。「沙赫」（shah）是波斯語中的君主頭銜，也譯為沙王、沙阿、沙。
⑳　譯注：賽義德・魯霍拉・穆薩維・何梅尼（Sayyid Ruhollah Musavi Khomeini，1900-89），伊朗什葉派宗教學者（阿亞圖拉），1979年伊朗革命的政治和精神領袖，常被稱為「阿亞圖拉何梅尼」。伊瑪目（imam）是伊斯蘭的教長，在阿拉伯語中原意為領袖。

責阿里——先知穆罕默德的女婿，第一任伊瑪目、第四任哈里發[21]——以及他的繼任者們怠忽了哈里發的權威，導致伊斯蘭社群分裂。什葉派的看法與此相反，他們尊崇阿里及其後裔等最初的十二代伊瑪目，無法原諒遜尼派阻礙他們的統一志業，支持一些對伊斯蘭宗教缺乏真正理解、而且有時相當殘暴的哈里發。公元874年第十二代伊瑪目隱遁以後，什葉派的全體大烏理瑪[22]暫時放棄世俗權力，於十一、十二世紀期間在伊拉克各什葉派聖城出版教理集，收錄十二伊瑪目的教義和評判。根據什葉派的教理，所有信徒在效法伊瑪目的理想典範時，他們的努力都應該被平等看待。

　　十六世紀期間，這種政治意識形態上的平衡起了變化。雖然這時什葉派的勢力還局限在伊朗西部、伊拉克和黎巴嫩的少數據點（他們經常生活在貧困的人群中，喜歡聽抨擊王侯和權勢的論調；至今黎巴嫩和伊拉克的什葉派少數群體還維持著這種比較低下的社會地位），不過基於某些政治和宗教理由，薩菲王朝開始請什葉派烏理瑪設法讓整個波斯皈依什葉派；伊朗就這樣成為世界上唯一幾乎全面信奉什葉派的伊斯蘭國家。[53]什葉派烏理瑪慢慢擴大他們的闡釋權，強調他們對理性的運用，逐步調整和擴展前人的教義。他們的政治地位在薩菲王朝末年、卡札爾王朝（1794-1925）初年——大致為十八世紀後期和十九世紀初期——進一步提升；在那個時期，新上任的君主賦予他們更多權力（例如下令對俄國發動聖戰），烏理瑪則正式取得執行判決、抽稅等權利。

　　如果烏理瑪們對波斯和鄂圖曼君王的行事有所不滿，他們經常會從納傑夫（Najaf，位於巴格達南方，阿里陵墓所在地）、卡爾巴拉（Karbala，位於巴格達西南方，阿里之子胡笙犧牲的地方）、薩邁拉（Samarra，位於巴格達北方，第十二代伊瑪目在此失蹤）[54]的領地表態反抗，儼然成為反

---

[21]　譯注：阿里全名阿里・賓・阿比・塔利卜（Ali ibn Abi Talib，601-661），是先知穆罕默德的堂弟及女婿，穆罕默德開宗立派時，阿里是首批接受啟示者之一，後來從公元656年到661年間統治阿拉伯帝國。

[22]　譯注：烏理瑪意為伊斯蘭教學者，負責宗教知識的保存、傳承與闡釋。也泛指伊斯蘭世界的知識分子。

政權勢力。十九世紀期間，什葉派的教理變得更加明確：每一名什葉派信徒都必須跟隨一位穆智台希德（mujtahid，伊斯蘭學者）；穆智台希德中學識等級最高者可獲「馬爾賈」（marja）頭銜，部分馬爾賈具有某個知識或職能領域的專業。馬爾賈的教誨有兩種方式可以領受：一是當面聆聽，二是由聽過他講道的人擔任中介加以傳播。

　　在整個什葉派世界中，通常同時在世的馬爾賈不超過五或六名。穆智台希德必須透過一生不懈的努力，才可能升級到馬爾賈的地位。獲得這個最高資格的條件是智慧和宗教學養，這點與遜尼派的烏理瑪不同，後者必須透過來自俗權的官方認定，才能正式取得烏理瑪身分。在十八到二十世紀的波斯和鄂圖曼帝國，伊拉克和伊朗的什葉派聖城地位特殊，享有治外法權、道德權威以及財政和軍事主權，而什葉派教士儼然是這些「準國家」的領導階級。這些聖城的地位大體上可與中世紀和近現代歐洲的教皇國[23]相提並論，唯一重要差異在於什葉派教士階級是個自成一格的真正社會階級，其中的大烏理瑪家族之間具有聯姻關係（例如何梅尼孫子的夫人是在納傑夫治事的馬爾賈希斯塔尼〔Sistani〕的一名孫女），因此階級內有子嗣傳承，也可以累積資產，只不過這些資產主要是透過清真寺、學校、社會服務事業、宗教基金會等名義持有。

淺談什葉派神權在反殖民基礎上建立的正當性

　　十九世紀後期，鄂圖曼和波斯的帝國政權愈來愈常被控臣服於基督教殖民強權的命令，甚至陷入貪腐；與此同時，什葉派神職人員儼然開拓了反抗的正道，特別是在1890-92年的「菸草抗議」期間。這起事件的領導

---

[23]　譯注：教皇國（也稱教宗國）是從前義大利半島上以羅馬為核心的一系列由天主教教宗統治的世俗領地，存在於公元754年到1870年。1861年，教皇國絕大部分領土在義大利統一進程中被併入薩丁尼亞王國（後來的義大利王國），1870年羅馬城也併入義大利王國，教皇國領地僅剩梵蒂岡。1929年，教皇國與義大利簽訂《拉特朗條約》，梵蒂岡城國取代教皇國。

人是大馬爾賈米爾札・設拉子（Mirza Shirazi），他在1870年美索不達米亞饑荒發生時曾積極投身社會救濟，因此深得民心。1890-91年間，繼波斯帝國銀行落入英國債權人控制（鄂圖曼帝國銀行則早在1863年就開始由一個英法財團掌控），伊朗政府陸續將菸草、鐵路及其他一些自然資源的特許權讓給英國，設拉子對此非常不滿，決定領導烏理瑪階層起事。由於廣大人民動員抗爭，暴動四起，卡札爾王朝沙赫被迫於1892年放棄原有計畫。[55] 後來西方國家又開始占上風，特別是在1908年發現石油礦藏、1911年英俄占領伊朗城市[24]，以及1919-20年英法兩國瓜分鄂圖曼帝國的中東地區領土以後。不過什葉派教士階層已經成為主要的反殖民勢力，他們的奮鬥成果此後將逐漸顯現。整體而言，在十九世紀後期，西方人深信自己的文化與宗教模式比較優越，因此積極推展基督教傳教活動，促使印度教和伊斯蘭文化圈從二十世紀初期開始出現各種形式的宗教革新。[56] 遜尼派穆斯林兄弟會就是其中一個例子，這個組織於1928年在埃及成立，後來發展出各種社會服務，促進信徒間的團結互助，打造出與什葉派準國家有點類似的社群，唯一重要差別是什葉派準國家具有較為嚴整的宗教階序與教士階級。

　　1951年，伊朗首相摩薩台（Mohammad Mosaddegh）企圖將石油收歸國有；1953年，英美策動政變，摩薩台被推翻，伊朗恢復帝制，西方公司再度享有特權。重新掌權的沙赫[25] 出自一個不熱衷宗教的軍人家庭，父親自基層部隊發跡，於1925年掌權，其後家族經常因專制獨裁為人詬病[26]。1962年，王朝政權試圖透過土地改革，強迫瓦合甫（waqf，宗教基金會）

㉔　譯注：主要是伊朗西部大城大不里士。大不里士地理位置接近西方，與周邊地區的思想啟蒙運動聯繫頻繁，在1905-11年間是波斯立憲革命的搖籃，促成波斯在1906年制訂憲法，成為君主立憲國家。英俄兩國反對波斯革命，並與波斯沙赫簽約，將北部及南部分別畫入俄國和英國的勢力範圍。1909年兩國商定由俄方出兵占領大不里士，其後俄國大致撤軍，但1911年再度進占領大不里士（1917年俄國革命後才撤軍），後來又攻占裡海岸拉什特及安札利港。

㉕　譯注：即穆罕默德・禮薩・巴勒維。

出售土地，藉此剝奪什葉派神職人員的財務獨立，使這個階級徹底失去地位。接下來出現大規模示威，何梅尼於1965-78年流亡納傑夫，政府的鎮壓行動益趨猛烈。

巴勒維沙赫全面失去民心，於1979年1月被迫離開伊朗，讓位予何梅尼。何梅尼與什葉派烏理瑪制訂了一部可說前所未見的驚人憲法。根據1906年的波斯憲法，議會通過的法律必須獲得至少五名穆智台希德核可（這些穆智台希德由一名或數名馬爾賈任命）。不過從1908-09年開始，當局不再貫徹這項規定，而1979年憲法的起草者特別透過新的條文，緊緊鎖住教士階級在伊朗伊斯蘭共和國的權力。總統、伊斯蘭議會（majlis，「馬吉里斯」）及專家會議雖然透過全民直接普選產生（伊朗女性已於1963年獲得投票權），但只有宗教界人士（原則上必須擁有神學學位，或受過充分的宗教教育）能獲得專家會議的候選人資格；專家會議由八十六人組成，負責推選最高領袖。就具體實踐而言，伊朗只出現過兩位最高領袖：1979年上任的伊瑪目何梅尼（在位到1989年去世），以及1989年上任的大阿亞圖拉哈米尼（Ali Khamenei）[27]。最高領袖全面掌控民政權力及其他政治機構，特別是在出現嚴重危機時。他既是三軍統帥，也負責任命高階軍事及司法職務，並在行政、立法、司法之間出現衝突時擔任仲裁。此外，最高領袖直接任命組成憲法監護委員會的十二名宗教人士當中的六名（其餘六名則由受最高領袖控制的司法單位舉薦、然後由伊斯蘭議會核定）。作為伊朗的最高憲法機構，憲法監護委員會可以監控整個選舉制度，因為所有競選總統、專家會議和伊斯蘭議會的候選人都必須獲得這個機構的

㉖ 譯注：穆罕默德‧禮薩‧巴勒維的父親是禮薩沙赫‧巴勒維（Reza Shah Pahlavi，1878-1944），也稱禮薩汗（Resa Khan）。禮薩汗年少從軍，1921年與同袍發動政變，削弱哈札爾王朝，在末代哈札爾沙赫治下出任武裝部隊總司令和首相，1925年建立巴勒維王朝，成為王朝第一任沙赫。在位期間致力推動現代化，但部分政策引發民怨。1935年將國號從波斯改為伊朗。

㉗ 譯注：「阿亞圖拉」（ayatollah），字面意義為「真主的象徵」，指較高階的穆智台希德。「大阿亞圖拉」則是最高階穆智台希德的稱號，意為「真主最偉大的象徵」。

核准。

　　許多現代政治制度讓軍事階級獨攬大權（這種情況通常出現在司法架構薄弱的軍事獨裁政權），有些憲法甚至在議會制度下為軍隊賦予特權，特別是在預算審核方面（例如目前埃及和泰國實施的憲法），[57]不過伊朗憲法是個特例。這部憲法的基礎是一套非常精密的設計，旨在讓教士階級安排和法制化其對政治權力的操控，但整體運作卻保留相當大的空間，讓選舉達到某種程度的多元和自由，至少顯得比中東地區多數政治制度更開放。

　　不過有一點必須留意的是，伊朗憲法正式賦予什葉派宗教高層的國家權力向來令許多神職人員高度不信任，他們通常寧願遠離政治，以免捲入可能的亂局。在這些宗教界人士當中，最引人注目的是在伊拉克各什葉派聖城治事的高級馬爾賈和其他宗教領袖，以及伊朗清真寺中的神職人員和伊瑪目（這些人大都敵視現任政權）。由此可見，在專家會議、政治界和政府機關任職的宗教界人士和神學家（或者一些成功設法被承認為神學家的人）是一個特定群體，不該跟整個宗教界混為一談。[58]有趣的是，1979年憲法起初規定只有具備馬爾賈身分的人能被選為伊朗伊斯蘭共和國的最高領袖。何梅尼在流亡納傑夫期間獲得馬爾賈頭銜，不過1989年他去世以後，沒有任何符合條件的在世馬爾賈願意出任最高領袖。在不得已的情況下，當局只好決定推選現任最高領袖哈米尼（當時他的階級只是阿亞圖拉），這個做法明顯違憲。當局於是在1989年底對憲法進行「回歸修訂」，為既成事實提供正當性。在接下來許多年間，伊朗政權試圖請在世馬爾賈承認最高領袖的馬爾賈資格，不過一直沒有成功。[59]這個侮辱色彩頗為濃厚的事件導致什葉派宗教機構和跨國單位與伊朗伊斯蘭共和國的政府單位和國家機構明顯決裂。[60]

講求平等的什葉派共和國 VS. 遜尼派產油君主國：論述與實際

在二十一世紀前期的今天，伊朗政權仍在設法擺出比其他伊斯蘭國家更平等、更具道德高度的姿態，特別是希望讓自己顯得優於沙烏地阿拉伯和波斯灣地區其他君權制度產油國（這些國家經常被指控操弄宗教，藉此掩飾家族、王朝、宗親獨占石油的行徑）。與這些被親王、富豪和暴發戶家族掌控的政權相比，伊朗政權意圖展現的治國基礎是不帶任何朝代式特權的全民平等共和，以及宗教學者和專家（無論出身背景）的智慧。

事實上，既有資料顯示目前中東是全球最不平等的地區（參見本書導論圖0.4），而其主要原因不外乎人口有限的產油國以及這些國家當中人數極少的權貴階層獨攬經濟資源。這個小小圈子主要包括沙烏地阿拉伯、阿拉伯聯合大公國和卡達的統治家族，數十年來，這些人在某些層面（特別是針對女性）採取非常嚴苛的宗教論述，可能是希望藉此讓人民忘記他們在財經方面的可恥行徑。在本書下一部，我們將探討這個現今全球不平等制度的重要面向，以及一個更廣泛的課題——如何在地區和國際層級改善不平等現象（參閱第十三章）。

在目前這個階段，我們只要記得一件事：如此極端的不平等不可能不引發嚴重的社會和政治爭端。這種政權若要能延續，必須仰賴高度精密的壓制工具，以及西方（特別是美國）的軍事保護。假使1991年時西方軍隊沒有遠赴波斯灣，驅離伊拉克部隊，讓科威特埃米爾[28]恢復對科威特領土和石油資源的主權（以及歐美公司的利益），該地區邊界重新畫定的程序恐怕不會就此結束。在伊斯蘭世界，並非只有伊朗什葉派政權譴責產油君

---

[28] 譯注：埃米爾（emir）是中東和北非阿拉伯國家以及歷史上某些突厥地區的一個貴族頭銜，通常指國王、領袖、酋長或親王、大公。1991年波斯灣戰爭時，科威特埃米爾是賈比爾・艾哈邁德・薩巴赫（Jaber al-Ahmad al-Sabah，1928-2006）。1900年8月科威特被伊拉克占領，薩巴赫流亡國外，隔年2月波斯灣戰爭後復國。

主國的腐敗以及這些國家與西方世界違背天良的勾結。許多遜尼派民眾及政治團體也支持這種論調，其中大部分採取和平主義立場，不過他們的聲音（在他們有權發言時）通常不容易被聽見；反之，另一部分團體採取恐怖主義行動，這些人（特別是蓋達組織和伊斯蘭國）的活動在最近數十年經常占據國際媒體版面。[61]

還有一點必須強調，無論伊朗政權提出的論述為何，事實上伊朗在財富分配方面也非常缺乏透明度。這種不透明導致民眾懷疑大規模貪腐的存在，而這是目前伊朗政權風雨飄搖的原因。由最高領袖直接管理的伊斯蘭革命衛隊（簡稱Pasdaran，「帕斯達蘭」）儼然是一個國中之國，根據某些估計，革命衛隊控制了伊朗經濟的三到四成。最高領袖及其黨羽所掌控的眾多宗教基金會據稱也持有大批股份和資產，官方名義是為了提供社會服務及國家發展所需的資源，不過由於可靠的相關資訊付之闕如，沒有人能進行準確的計算，因此自然引發各界懷疑。[62]伊朗電影有時讓我們窺見一些令人不安的情景。在2017年伊朗電影《就算世界與我為敵》中，男主角雷札因為一家與政府和地方當局掛勾的神祕公司，面臨失去家園的危險。片中可見他飼養的金魚全部死亡，留下他在一片魚屍之間絕望無助。結果電影導演穆罕默德・拉素羅夫（Mohammad Rasoulof）竟遭警方偵訊，在沒有正式理由的情況下被撤銷護照，此後一直生活在被捕入獄的陰影中[29]。

伊斯蘭國家的平等、不平等與「天課」

整體而言，有一個不容否認的事實是，伊斯蘭教在歷史上經常提出的

㉙ 譯注：拉素羅夫早在2010年就曾因電影工作遭伊朗革命法院判刑。《就算世界與我為敵》（ل.د.ر.，「正直好人」）拿下2017年坎城影展〈一種注目〉（Un certain regard）單元最佳影片獎，男主角則在同年的土耳其安塔利亞國際影展榮獲最佳男演員獎。2019年，伊朗革命法院以意圖顛覆國家的罪名，判處拉素羅夫有期徒刑一年、禁止出國兩年。2020年完成的電影《無邪》（ش.اطي جوچ دادن，「邪惡並不存在」）獲柏林影展金熊獎，由其女兒代表出席領獎。

各種社會、政治及經濟平等承諾每每化為泡影。事實上，基督教、印度教及其他宗教的情況也一樣。當然，自古以來，在全世界所有地區，宗教一直是一種重要支撐，可供凝聚群體向心力，以及在地方層級提供各種基本社會服務。千百年來，在全世界所有地區的傳統三重功能社會中，源自各種宗教和門派（包括儒道和佛教）的神職人員與知識階級也有助於調節戰士階級和軍事階級的權力。宗教提倡的平等及普世理念經常為一些受歧視的少數族群提供可能的解放途徑，一如印度教社會中某些人群皈依伊斯蘭的歷史現象（附帶一提，部分印度教民族主義者至今仍在譴責伊斯蘭及所有改信伊斯蘭的人）。

　　不過，一旦談到如何調整社會結構，或如何以更大規模改善不平等，宗教意識形態的各種僵化思維、保守心態及矛盾論調——特別是在家庭、法律、財稅等議題方面——就昭然若揭。當然，在伊斯蘭教中，如同在所有其他宗教，我們都能看到某種在理論上支持社會平等概念的表述，但是由此產生的實踐方案和體制建議通常比較模糊。這些提案經常非常模稜兩可，因而可以用來服務當下存在的任何保守意識形態。以蓄奴為例，基督教在千百年中完全通融這種制度，無論從地理大發現以後歷任教宗和各基督教王國的態度，或十九世紀初期傑佛遜㉚、考宏㉛等人從社會角度為奴隸制所做的辯解，均可見一斑，而在伊斯蘭的整個歷史上，也可以看到相同的根本矛盾。理論上奴隸制受到譴責，特別是在涉及伊斯蘭教友或皈依者時。但在實際做法上，打從希吉拉紀元㉜之初，黑奴大規模集中勞役的現象就長期存在於許多伊斯蘭國家，其中最顯著的實例之一是公元八、九世紀期間阿拔斯哈里發國㉝黃金時代在伊拉克的農場上當苦力的黑奴。[63]如同十九世紀美國維吉尼亞州和南卡羅萊納州參議員的論調，二十一世紀初

㉚　譯注：湯馬斯・傑佛遜（Thomas Jefferson，1743-1826），美國第三任總統（1801-1809），《美國獨立宣言》主要起草人。

㉛　譯注：約翰・考宏（John C. Calhoun，1782-1850），美國政治家，曾任副總統、參議員、國務卿等職。

期的伊斯蘭神學家仍然煞有其事地解釋，儘管奴隸制度在歷史上不是很光彩的一頁，不過廢奴確實是一個必須依據時代脈絡縝密規畫的程序，並且必須留出足夠時間，讓當事人培養足夠的能力和成熟度，以便他們在離開主人的監管之後，可以順利開展另一種生活。[64]

在社會階級間的財稅安排與團結互助方面，伊斯蘭原則上要求教徒盡「天課」[34]的義務：經濟能力好的信徒必須藉由布施，照顧社區需求，救濟窮困民眾，而奉獻金額通常與信徒持有資產（金錢、貴重金屬、商店、土地、收成、牲口等等）的規模成正比。天課出現在《可蘭經》的數個蘇拉[35]中，不過不具精確形式。許多伊斯蘭法律傳統根據可蘭經的內容，提出各種不同的計算方式，但具體細節經常相互矛盾。十九世紀期間，在伊拉克和伊朗的什葉派地區，信徒向他們選定的穆智台希德奉獻，原則上金額最多可達收入的五分之一或繼承財產的三分之一。[65]不過有一點必須強調，信徒實際奉獻的金額經常是機密：在大多數伊斯蘭社會，天課通常被視為信徒、他的良心和天神之間的直接對話成果，因此有需要維持一定的彈性。這點無疑可供解釋為什麼歷史上沒有任何一個伊斯蘭社會（什葉派和遜尼派皆然）留下與天課有關的檔案，供後人研究信徒繳納的具體金額，或分析相關社會中財富及所得分配的演變情形。在產油君主國，假如王侯和富豪按其財富規模捐獻一定比例的金額，應該可以為社會帶來可觀的財政收入，並提供有關所有權分配和演變的寶貴資訊。還有一點非常重

㉜ 譯注：希吉拉（Hegira）在阿拉伯語中原意為「出走」，伊斯蘭以此字指稱公元 622 年先知穆罕默德帶領信眾離開麥加、遷移到葉斯里卜（麥地那）的事件。後世將這一年定為伊斯蘭曆元年，因此伊斯蘭曆又稱「希吉拉曆」。

㉝ 譯注：即阿拔斯帝國，先知穆罕默德之後的第三個哈里發國、阿拉伯帝國的第二個世襲王朝，於公元 750 年取代倭瑪亞王朝，定都巴格達，1258 年蒙古第三次西征時被滅。阿拔斯王室是穆罕默德叔父阿拔斯·賓·阿卜杜勒·穆塔里卜的後代，王朝統治期間伊斯蘭世界達到極盛，中國史籍如《唐書》稱其為「黑衣大食」。

㉞ 譯注：「天課」是一種布施形式，原有純淨之意，亦即透過「天課」的實踐，使自己的財產更加潔淨。天課是伊斯蘭「五功」念（念證）、拜（禮拜）、齋（齋戒）、課（天課）、朝（朝覲）的第四功。

㉟ 譯注：蘇拉即可蘭經的「章」。

要的是，天課的實際運作方式通常是嚴格按比例徵收（最貧困階層和最富裕階層稅率相同），有時則分兩段徵收（門檻以下免稅，門檻以上按單一稅率課徵），而不是明確的多段式累進徵收；然而只有最後這種方式能確保每個人按照自己的貢獻能力為社會付出，從而為財富重分配開展真正的可能。[66]

天課不具累進性質與財富重分配的企圖，而且缺乏透明度，這種特質事實上大致也存在於所有其他宗教。法國舊制度時期實施教會什一制，從君權政府到領地菁英階層，無不為其賦予正當性，而這種稅制就是嚴格按比例課稅的經典實例（參見第二章）。一直要等到法國大革命結束，特別是進入二十世紀以後，人們才開始確實討論累進課稅的議題，並據以在非宗教社會的架構下思考較具野心的社會正義形式及不平等改善方案。在一些晚期出現的宗教中，我們也可以看到這種保守主義，例如耶穌基督後期聖徒教會（摩門教）目前的收入來源就是什一稅（tythe），原則上相當於信徒收入的十分之一。（耶穌基督後期聖徒教會是約瑟・斯密（Joseph Smith）根據一個啟示，於1830年創立的宗派，該啟示讓被遺忘的美國大地得以連結到亞伯拉罕和耶穌基督的偉大敘事。）[67] 這些豐厚資金有效促進各種新型共享與團結形式的發展，造福全球一千六百萬信徒（其中近七百萬人分布於美國，主要在猶他州）。不過這是一種嚴格的比例稅制，教會財務非常不透明，而且完全被十二使徒小組所控制（十二名使徒為終身職，就像天主教教宗或美國最高法院的大法官），這個小組設於富裕的摩門教總部所在地——鹽湖城。年齡最長的使徒自動被賦予教會領袖頭銜，並正式成為摩門教的先知。十二使徒中如果有人去世，其餘十一名使徒會開會遴選一名新的使徒。現任先知是羅素・尼爾森（Russell Nelson），他在2018年以九十四歲高齡成為總會長，接替九十一歲去世的前任領袖。順道一提，1970年發布的一份教宗詔書規定，只有年齡低於八十歲的主教能參加教宗選舉會。這件事足以證明，包括那些至高無上的機構在內，所有體制都有機會與時俱進。

所有權主義與殖民主義：不平等的全球化

在此作個總結。在本書前兩部，我們探討了三重功能社會轉型到所有權社會的歷程，以及歐洲所有權主義殖民強權與世界各地三級社會的碰撞如何影響了這些社會後來的演變。我們看到，無論是在亞洲、非洲、美洲或歐洲，歷史上存在過的大多數社會都是按照三重功能邏輯來運作。在地方層級，權力的建構圍繞著神職人員／宗教菁英以及戰士階級／軍事菁英這兩個群體，前者負責社會的精神指導，後者負責秩序維持，而隨著政治意識形態結構的變化和演進，具體安排方式也不斷調整。從 1500 年到 1900 年，在中央集權化國家的形成過程中，政治意識形態機制澈底轉型，目的是合理化社會不平等結構，並加以有效整頓。尤其重要的是，三重功能意識形態逐漸被所有權意識形態取代，而後者的運作基礎是所有權（理論上對所有人開放）與治理權（自此由中央集權政府壟斷）之間的嚴謹區隔。

這個邁向所有權主義的運動與新式國家建構以及新型交通和通訊方式的發展相輔相成，而與此同時發生的一個現象是，在此之前幾乎沒有接觸、甚至完全互不相知的遙遠文明和地理區開始互相往來。不過這些交會是在明顯階層化的不平等關係中發生的，之所以如此，最主要的原因是歐洲各國經過對立競爭之後所獲得的優越財政與軍事能力。歐洲殖民列強與其他各洲不同社會之間的接觸催生了各式各樣的政治意識形態路線，而原有知識菁英和戰士菁英在這些接觸中被影響的方式，是各地發展軌跡有所不同的重要原因。現代世界正是這一過程的直接產物。

從這些歷史經驗與發展軌跡，我們可以汲取很多教訓，其中特別值得強調的一點是，在瞬息萬變的複雜情勢中，為了從最小的地方層級到最大的國際層級皆能有效管理社會不平等的情況，不同社會採取的政治意識形態及體制路線可說是包羅萬象。我們很容易想到一些與歐洲有關的顯著例子：歐洲沿著非洲海岸繞開伊斯蘭世界的策略，以及隨之而來的「發現印

度」（還有接下來的印度種姓法制化）、在歐洲崛起的軍事財政強權（其後
又於二十世紀轉變成社會財政強權）、歐洲孕育的各種所有權意識形態以
及幾間野心勃勃的殖民地股份公司……等等。我們也不禁想到印度發展出
來的制度：各種飲食純淨的概念、不同語言與宗教信仰的多元交融、各種
社會配額機制、大規模的聯邦議會制度。我們也想到中國：為政府或公共
事業服務的士大夫、歷史悠久的科舉制度、共產黨推出的各種新方案。我
們還能見到日本：幕府政權、明治維新、各種社會融合政策的發展。我們
也看到伊朗的獨特安排：什葉派「準國家」的社會角色、憲法監護委員會、
各種前所未見的共和形式。在這些體制和政治意識形態建構中，有許多成
為未竟實驗，消失在歷史的巨輪之中；另有一些尚處於實驗階段，而我們
並未試圖掩飾其中的弱點。這所有歷史經驗有一個共同點：它們在在顯
示，社會不平等絕對不是什麼「自然現象」，而是一直具有深刻的意識形
態和政治性質。所有社會都不得不設法為存在於其中的各種不平等賦予某
種意義，而如果這種意圖宣稱不平等有利於共同福祉的意識形態論述要能
發揮效用，至少就必須具有一定程度的合理性，並且能落實在持久永續的
體制中。

　　在本書前兩部，我們陸續看到從三重功能社會、所有權社會、奴隸社
會、殖民社會一直到二十世紀初期的不平等制度歷史，有時還觀照了一些
更晚近的發展。這兩部的目的不只是呈現人類社會在政治意識形態方面的
想像力，也是要試著透過這些陳述，說明我們可以從這些歷史經驗汲取一
些對思考未來有用的教訓，特別是有關不同意識形態及體制在達成政治和
諧與社會正義目標方面的能力。舉例而言，我們看到法國大革命期間，所
有權主義者曾高喊分配財富的承諾，但這個承諾卻撞上一個截然不同的社
會現實：在第一次世界大戰前夕，法國及歐洲其他國家的所有權集中程度
比十九世紀初乃至於舊制度時期更高（詳見第一至第五章）。我們也看到
殖民時代文明論述的虛假偽善，主導殖民社會發展過程的所有權神聖化和
種族或文化支配論調，以及將舊有身分地位不平等納入現代國家典章制度

後所造成的持久影響（詳見第六至第九章）。尤其重要的是，針對這種種不同發展軌跡的探討，讓我們更進一步理解了世界不同地區是透過哪些必然緊密摻雜社會經濟和政治意識形態性質的程序互相接觸，進而共同催生出現代世界。為了進一步研究這些問題，接下來我們必須分析二十世紀的不同意識形態及一連串歷史事件又是以什麼方式、在國家內部及國際層面澈底改變了不平等的結構。

注釋（上冊）

導論

1　參見以下兩部創建性著作：顧志耐（S. Kuznets），《高收入族群在整體所得與儲蓄中所占份額》（*Shares of Upper Income Groups in Income and Savings*），美國全國經濟研究所（National Bureau of Economic Research，簡稱 NBER），1953 年（這份報告採用源自美國所得申報及國民經濟統計的 1913-48 年資料，該資料此前剛由顧志耐與同儕合作建立），以及阿特金森（A. Atkinson）、哈里森（A. Harrison），《英國的個人財富分布》（*Distribution of Personal Wealth in Britain*），劍橋大學出版部（Cambridge University Press），1978 年（這本書採用的重要資料來源是 1923-72 年的英國財產繼承資料）。另請參見皮凱提，《二十世紀法國高所得群體研究》（*Les Hauts Revenus en France au XXe siècle*），格拉賽（Grasset）出版社，2001 年；阿特金森、皮凱提，《二十世紀期間高所得概觀：歐陸與英語系國家比較研究》（*Top Incomes over the Twentieth Century: A Contrast between Continental-European and English-Speaking Countries*），牛津大學出版部（Oxford University Press），2007 年；作者同前，《最高所得階層：一個全球觀點》（*Top Incomes: A Global Perspective*），牛津大學出版部，2010 年；皮凱提，《二十一世紀資本論》（*Le Capital au XXIe siècle*），瑟伊（Seuil）出版社，2013 年，法文版 39-46 頁（編按：該書中文版由台北衛城出版，2014 年）。

2　參見阿瓦列多（F. Alvaredo）、江瑟（L. Chancel）、皮凱提，《2018 年全球不平等報告》（*Rapport sur les inégalités mondiales 2018*），瑟伊出版社。這份報告也可於線上取得：http://wir2018.wid.world。

3　1820 年前後，順利成長到一歲的人類平均壽命在非洲和亞洲大約是三十歲，在西歐是四十一歲，世界平均大約是三十二歲；到了 2020 年，撒哈拉以南非洲的平均壽命是五十六歲，歐洲和亞洲最富裕的一些國家則超過八十歲，世界平均約為七十三歲。這些估計值並非完全精確，不過其中的變化規模顯而易見。這些平均壽命值的推算依據是在所考量年度期間觀察到的各年齡別死亡率（因此，該年度出生的人平均壽命會稍微較高）。參見線上附錄。

4　在此說明，這裡所談的國民收入（往後在這本書中我會常常用到這個概念）定義如下：

國內生產毛額，減資本消耗（具體相當於國內生產毛額的 10 到 15% 左右），加或減國外淨收入（這個項目在不同國家可能具有正面或負面意義，不過在世界層面會互相抵消）。參見皮凱提，《二十一世紀資本論》，第一、二章。我會陸續回頭談國民統計數據的各種侷限，以及它在社會政治議題方面造成的諸多問題，特別是就永續與公平發展的觀點而言。主要可參見前述作品第十三章，法文版 771-775 頁。

5　圖 0.3 所示的歐洲（以及本書後續提到的歐洲，除非有另外說明）相當於廣義的歐盟，包括瑞士、挪威等與歐盟關係密切的國家；總人口超過 5.4 億，其中西歐為 4.2 億，東歐為 1.2 億，歐盟本身（包含英國）為 5.2 億。俄羅斯、烏克蘭和白俄羅斯不在這裡定義的歐洲範圍內。如果把範圍縮小到西歐，則與美國之間的不平等差距還會更大。參見第十二章，圖 12.9。

6　在此還得強調，這裡所提的中東地區（其實其他地區也一樣）相關估計數字必須被視為「下限值」，原因是存放在避稅天堂的所得遠未完整計入。若想瞭解其他估算方式，請參見第十三章。「中東」在這裡的定義是埃及到伊朗、土耳其到阿拉伯半島之間的地區，總人口約為 4.2 億。

7　「大象曲線」首見於拉克奈（C. Lakner）與米蘭諾維奇（B. Milanovic），〈全球所得分布：從柏林圍牆垮下到經濟大衰退〉（*Global Income Distribution: From the Fall of the Berlin Wall to the Great Recession*），《世界銀行經濟評論》（*World Bank Economic Review*），第 30 卷，第 2 期，2015 年，202-232 頁。在此提出的估算數據源自《2018 年全球不平等報告》（*Rapport sur les inégalités mondiales 2018*）及 WID.world 資料庫，後者有助於更確實考量所得分布頂端的情形。

8　「大象曲線」可顯示兩個日期（年度）之間某個百分位的平均所得成長，不過必須注意，由於向上或向下的個人流動，以及人口的死亡和出生，同一個百分位在前後兩個時間點代表的是不同一群人。

9　在此特別說明，吉尼係數是義大利經濟學家暨統計學家柯拉多·吉尼（Corrado Gini）在二十世紀初期發明的指標，而吉尼跟同為義大利人的學者維弗雷多·柏瑞圖（Vilfredo Pareto）一樣，對不平等和不平等的恆常性抱持相對保守的觀點。詳見皮凱提，《二十一世紀資本論》，法文版 417-425 頁。後續我們會進一步探討指標選擇的重要性，以及統計機構和國際組織在這類討論中扮演的曖昧角色。另外，在線上附錄中可以找到與本書提及的收入和資產分布相對應的所有吉尼係數。簡而言之：吉尼係數在定義上介於 0（絕對平等）和 1（絕對不平等）之間，當最高十分位的占比達到總所得的 80-90% 時，吉尼係數通常會升到 0.8-0.9，而當最高十分位的占比只有總所得的 10-20% 左右時，吉尼係數通常會降到 0.1-0.2。不過更有力而妥切的做法是詳細關注不同群體（如收入較低的 50% 人口、最富裕的 10% 人口等）的占比，我強烈建議各位讀者用這種方式思考，並設法釐清相關規模比例，而不光是考慮吉尼係數。

10　圖 0.5 採用的規模比例介於完全按照人口占比的呈現方式和完全按照總成長占比的呈現方式之間。前一種做法確實會讓所得最高的 1% 或 0.1% 在圖中所占位置變得極小；後一種做法則會讓這個群體所占的比例大於這裡顯示的占比（有鑑於在此討論的是成長分布，這麼做應該不至於離譜）。詳見《2018 年全球不平等報告》（wir2018.wid.world）及線上附錄。

11　請特別參考第十三章，表 13.1。

12　「西歐」在圖 0.6 中定義為英國、法國、德國和瑞典的平均值。參見第十章針對歐洲各國長期演變情形的個別分析（圖 10.1-10.3）。另請參見技術資訊附錄的補充圖 S0.6，詳細瞭解相應的年度數據。

13　這裡所指的最高稅率即習稱的「最高邊際稅率」（taux marginal supérieur d'imposition），也就是說針對所得超過某個門檻的部分（通常相當於全體納稅義務人的 1% 以下）所採

用的稅率。我們後續會看到，最高級別所得者實際付清的稅率也以類似幅度變動。主要可參見第十章，圖 10.13。

14　這項研究主要由契提（R. Chetty）與賽斯（E. Saez）進行。

15　瑞典社會民主工人黨（Sveriges Socialdemokratiska Arbetareparti，簡稱 SAP）從 1920 年代初期開始取得政權，1932 年起幾乎長期執政。德國社會民主黨（Sozialdemokratische Partei Deutschlands，簡稱 SPD）則在 1919 年製造出威瑪共和國首任總統弗里德里希·艾伯特（Friedrich Ebert），儘管它經常必須透過聯盟形式執政，或者以反對黨身分影響政權（尤其是在 1949-66 年德國基督教民主聯盟〔Christlich Demokratische Union Deutschlands，簡稱 CDU〕長期掌權期間）。

16　參見第四部第十四到十六章。如果我們比較的不是最高的 10% 和最低的 10%（圖 0.9 採用這兩個對照組是為了強烈突顯分析結果），而是較高的 50% 或較低的 50%，或者其他任何一種教育程度、收入與資產層面的分割方式，我們仍然會觀察到類似的變化。

17　這些不同面向（教育程度、收入、資產）之間的對應關係在這裡所研究的期間內似乎沒有顯著的改變。參見第四部第十四章。

18　本書用到的所有統計數據和圖表也可於線上查閱：http://piketty.pse.ens.fr/files/ideologie。

第一章

1　主要可參見 G. Dumézil，《朱比特、馬爾斯、奎里努斯：論印歐文化的社會概念與羅馬的起源》（*Jupiter. Mars. Quirinus. Essai sur la conception indoeuropéenne de la société et les origines de Rome*），Gallimard 出版，1941；作者同上，〈各印歐民族的職業與功能階級〉（*Métiers et classes fonctionnelles chez divers peuples indo-européens*），《歷史與社會科學年鑑》（*Annales. Histoire, Sciences sociales*），13（4）卷，1958，716-724 頁；作者同上，《神話與史詩：印歐民族史詩中的三重功能意識形態》（*Mythe et épopée. L'idéologie des trois fonctions dans les épopées des peuples indo-européens*），Gallimard 出版，1968。

2　2004 年，在歐盟擴展到東歐前共產國家前夕，歐盟區擁有十五個會員國，其中七國採用議會君主制（比利時、丹麥、西班牙、英國、荷蘭、瑞典、盧森堡），八國採行議會共和制（希臘、法國、芬蘭、義大利、奧地利、葡萄牙、愛爾蘭、德國）。

3　這個見解也常被用來說明全球支配體制：無論是十九世紀的歐洲或二十世紀的美國，位居支配地位的強權一直都需要發展一套具公信力的論述基礎，以解釋為何「大英治世」（pax britannica）或「美利堅治世」（pax americana）符合公眾利益。這個觀點不表示相關論述一定具備全盤說服力，但可以讓我們更有效瞭解它在哪些條件下可以被超越或取代。可特別參見 I. Wallerstein，《現代全球體系》（*The Modern World System*），Academic Press 出版，1974-1988；G. Arrighi，《漫長二十世紀：金錢、權力以及我們這個時代的根源》（*The Long Twentieth Century: Money, Power and the Origins of Our Time*），Verso 出版，1994。

第二章

1　由阿爾努（M. Arnoux）翻譯和引述，《農務勞動者的時代：歐洲的勞動、社會秩序與成長（十一至十四世紀）》（*Le Temps des laboureurs. Travail, ordre social et croissance en Europe [XIe-XIVe siècle]*），Albin Michel 出版，2012，116 頁。

2　世俗神職人員是擔任神父、議事司鐸、助理司鐸等職務的「入世」教士，他們與在俗教徒共同生活在社會中，負責為他們執行聖事（或輔助執行聖事的教士）。戒律教士則是在宗教社團或修道院（各種大小修道院和隱修院）中「按照戒律」過出世生活的教士。另外，戒律教士包含獲授神甫聖職的人員（具有此身分才能行聖事）以及不具神甫身分的人員。在本書中，除非有特別說明，否則我採用的是「神職人員」和「教士」這些詞

彙的最廣義（即包括世俗人員與戒律人員）。

3　參見 G. Duby，《三等級與封建制度的想像》（*Les Trois Ordres ou l'Imaginaire du féodalisme*），Gallimard 出版，1978；J. Le Goff，〈印歐社會的三個等級、歷史學家與封建歐洲〉（*Les trois fonctions indo-européennes, l'historien et l'europe féodale*），《歷史與社會科學年鑑》（*Annales. Histoire, Sciences sociales*），34 (6) 卷，1979，1199 頁。

4　參見 M. Arnoux，《農務勞動者的時代》（*Le Temps des laboureurs*），出版資料如前。

5　舉例而言，根據征服者威廉（Guillaume le Conquérant）統治末期建立的英國地籍和財產清冊《末日審判書》（*Domesday Book*），1086 年奴役人口（包括奴隸和農奴）占各郡人口的 10% 到 25%。詳見前述著作，67-68 頁。另可參見 S. Victor，《迦拿的子民：中古時期的奴隸制度》（*Les Fils de Canaan. L'esclavage au Moyen Âge*），Vendémiaire 出版，2019。

6　實際上，奴隸制、農奴制與自由勞動這些不同形式之間存在某種連續狀態，因此關於這個議題的討論不可能完全精準。後續我會回頭談這些定義方面的問題，特別是在第六章針對奴隸制社會的探討。

7　這方面可供參考的資料很多，例如〈前工業化時代歐洲的農業階級結構與經濟發展〉（*Agrarian Class Structure and economic Development in Pre-Industrial europe*），《過去與現在》（*Past and Present*），no 70，1976，30-75 頁；T. Aston、C. Philpin，《布倫納辯論》（*The Brenner Debate*），Cambridge university Press 出版，1985。波蘭歷史學者馬里安・馬洛維斯特（Marian Malowist）於 1959 年建議用穀物外銷西歐大幅增加的因素解釋黑死病之後東歐農奴制度表面上似乎更加嚴峻的現象。關於這些議題的總合討論，可參見 M. Cerman，《東歐的農村居民與領主，1300-1800》（*Villagers and Lords in Eastern Europe 1300-1800*），Palgrave 出版，2012。也可參考 T. Raster，《農奴與市場：第二次農奴制合東西歐商品交換》（*Serfs and the Market: Seond Serfdom and the East-West Goods Exchange, 1579-1859*），PSe 出版，2019。近期的一些研究也揭示出十四世紀西歐地區一些農奴制嚴峻化的案例，例如在法國株羅地區聖克洛德（Saint-Claude）修道院所屬的大型宗教領地。參見 V. Carriol，《聖克洛德的農奴：中古時期奴役狀況研究》（*Les Serfs de Saint-Claude. Étude sur la condition servile au Moyen Âge*），Presses universitaires de Rennes 出版，2009。

8　根據現存估計資料，西歐人口在 1000 到 1500 年之間增為兩倍多，從 1000 年前後的約兩千萬增加到 1500 年左右的將近五千萬（居住在現今法國領土上的人口從六百萬增加到一千五百萬；居住在現今英國的人口從兩百萬增加到四百五十萬，居住在德國的人口從四百萬增加到一千兩百萬，義大利則從五百萬增為一千一百萬）。與先前數世紀相比，這個增幅顯出相當驚人的突破性，因為西歐地區的人口在公元零年到 1000 年之間幾乎完全停滯在大約兩千萬的水平。1000-1500 年期間的人口增加主要發生在 1000-1350 年之間；1347-52 年的黑死病可能導致人口下跌三分之一，其後經過將近一個世紀的時間（1350-1450），這個人口損失才獲得彌補，並從 1450-1500 年開始恢復明顯的上升趨勢。參見線上附錄。

9　參見 J. Le Goff，〈印歐社會的三個等級、歷史學家與封建歐洲〉（*Les trois fonctions indo-européennes, l'historien et l'Europe féodale*），詳細資料如前。

10　參見 M. Arnoux，《農務勞動者的時代》（*Le Temps des laboureurs*），出版資料如前，9-13 頁。

11　公元 585 年的馬孔（Mâcon）主教會議宣告，所有拒絕自願繳納一部分田地所得給教會的人都是「侵吞天主財產的小偷和盜賊」。教會從創立之初就鼓勵自願捐款，不過信徒不見得會實踐這種奉獻行為。後來矮子丕平（Pépin le Bref，即丕平三世）和查理曼大帝陸續於 765 年與 779 年頒布敕令，讓王朝政權據以批准主教會議的決議，教會什一稅

才成為具備法律效力的徵收項目。關於什一稅的歷史，請參見 M. Marion 的經典著作《十八世紀法國的教會什一稅制及其廢止》（*La Dîme ecclésiastique en France au XVIIIe siècle et sa suppression*），Imprimerie de l'Université et des Facultés 出版，1912。

12　參見 M. Arnoux，《農務勞動者的時代》（*Le Temps des laboureurs*），出版資料如前，227-247 頁。

13　另外，十六和十七世紀的「宗教戰爭」其實包含相當重要的社會－財政層面，與天主教機構拒絕支付什一稅有關。在輿論對社會動盪感到厭倦的情況中，王室藉機鞏固了政權。

14　法國舊制度時代的省議會有一個重要職權是認可和登錄王室敕令，並依據地方習俗與慣例，確保這些命令的相容性。這個做法除了純屬技術和法律性質的面向以外，也讓省級單位能夠提出條件和要求修訂，藉此在政治面平衡御前會議（國王諮議會）以及在御前會議中享有席位的大封建主的權力。必須注意的是，國王可以選擇重新掌控這個同時具有立法和司法性質的權力，強行操縱地方議會的運作，透過「審判會議」的舉行，迫使某項敕令完成登錄。這個做法理論上可行，但不能過度使用，否則會危及整個政治－司法結構的平衡。在許多省份，議會也為地方上的領主法庭扮演上訴法庭的角色，不過無論是在司法或財政層面，運作方式依地區而有顯著差異。關於這個議題，請參見 R. Mousnier 的經典著作《法國專制君權時代的制度》（*Les Institutions de la France sous la monarchie absolue*），PuF 出版，1974。關於舊制度時期的司法，也可參見 J.-P. Royer，《法國司法史》（*Histoire de la justice en France*），PuF 出版，1995。

15　這裡的「勤務」經常是一些行政職務或王室工作（稅務員、財政總監、各種證書與官方文件的登錄、與市場發展和商品流通有關的各種文書證明……），其中有些是過去由貴族負責的職務，有些則屬於新創。十六至十七世紀開始，君權政府逐漸出售這些勤務，主要是為了彌補稅收不足。關於這些衝突，請參見 R. Blaufarb，《大分界：法國大革命與現代所有權的發明》（*The Great Demarcation: The French Revolution and the Invention of Modern Property*），Oxford university Press 出版，2016，22-23 頁（我在下一章會回來談這本書）。也可參見 J. Le Goff，〈印歐社會的三個等級、歷史學家與封建歐洲〉（*Les trois fonctions indo-européennes, l'historien et l'Europe féodale*），詳細資料如前。

16　後續我們將看到，1850 年代開始進行的普查可供量度神職人員（作為職業頭銜持有者而非特定等級的成員）的人數。關於法國人口普查的歷史，請參見 A. Desrosières，〈社會職業術語發展史初探〉（*Éléments pour l'histoire des nomenclatures socioprofessionnelles*），收錄於《建構統計學的歷史》（*Pour une histoire de la statistique*），INSEE-Économica 出版，1987。

17　在更早的時期，這兩個等級的人數可能比較高，特別是如果以歐洲其他國家的例證來評斷，加洛林王朝時代（公元八到十世紀）或十字軍東征時期（十一到十三世紀）的貴族在總人口中的占比可能高達 5-10%（參見第五章）。不過沒有任何資料可供進行精確量化。

18　具體而言，在此我採用的 1780 年貴族人數估計是相對上的平均值，亦即大約占總人口的 0.8%，而現有資料中的最低估計值大約是 0.4%，最高則是 1.2% 左右。

19　在此舉出的趨勢主要是根據 M. Nassiert 和 P. Contamine 的研究結果估計而得，他們的依據則是新制人頭稅相關資料（十七世紀末期和十八世紀）以及動員令和徵召詔令名單（十四、十五、十六世紀）。相關書目與研究方法詳見線上附錄。

20　圖 2.1 雖然顯示貴族與教士占法國總人口的比例在十四世紀和十七世紀之間維持近乎絕對穩定，不過我們不能對這點存有過度幻想，因為這種穩定性只是說明了現存資料不足以讓我們建立這個漫長時期中的確實演變（無論是增加或減少）。話雖如此，如果可以找到一些更準確的資料，我們還是有可能據以建立這三個世紀期間的顯著變動情形。

21 關於農業領域薪資的脫鉤現象，可參見 E. Labrousse 的經典著述，《十八世紀法國物價與收入變動初論》（*Esquisse du mouvement des prix et des revenus en France au XVIIIe siècle*），Dalloz 出版，1933。

22 如將全體天主教神職人員（含世俗教士與出世教士）以及所有被列為負責宗教職務的人員（包含所有信仰）都計算在內，在 1990、1999 和 2014 年的法國人口普查中，上述人員的總數都不到兩萬人（以 2014 年全國六千五百萬人口計算，比例不到 0.03%）；相較之下，1660 年法國的天主教神職人員總數為二十六萬人（當時總人口為一千九百萬，因此占比為將近 1.5%）。由此可見，二十一世紀初期法國宗教階級的人口比重只有十七世紀後期的五十分之一。

23 關於各國人民的教育程度演變情形，以及教育程度差異對現代政治－選舉衝突結構的影響，請參見本書第三及第四部的討論。

24 在貴族方面，兩種計算方式得出的結果幾乎相同，因為貴族家庭的平均規模與平民家庭接近（按第一近似演算所得的值）。在教士方面，以男性成年人口（而非總人口）計算時，占比則提高到超過兩倍。參見線上附錄 S2.1。

25 這部分特別值得參考的著作是 R. Mousnier，《法國專制君權時代的制度》（*Les Institutions de la France sous la monarchie absolue*），出版資料如前；作者同前，《1450 年到今天的社會階層畫分》（*Les Hiérarchies sociales de 1450 à nos jours*），PuF 出版，1969，61-69 頁）

26 參見 J. Lukowski，《十八世紀的歐洲貴族》（*The European Nobility in the Eighteenth Century*），Palgrave 出版，2003，84-90 頁。

27 出處同前，118-120 頁。

28 詳見線上附錄。

29 關於這些議題，請參見 F. Cosandey 的精闢著作：《名位：法國舊制度時期的優先權與階層制度》（*Le Rang. Préséances et hiérarchies dans la France d'Ancien Régime*），Gallimard 出版，2016。

30 參見線上附錄。

31 我們很難用別種方式進行，因為法國在 1789 年廢除「特權」以後，貴族的概念就不再具有任何法律上的正式定義（唯二的例外是 1815 到 1848 年間為數不多的法國重臣，以及帝國時期的貴族），而且無論如何，即使在 1789 年以前，貴族的概念在法律上也定義得非常不完整。

32 這些繼承資料蒐集自法國登錄檔案庫，從 1800 年以後都保留得相當完整。在此舉出的 1780 年代估計值依據的是與 1789 到 1800 年貴族財產占比整體降低有關的現存資訊。我們也近用了 1950-60 年代以前的繼承資料，並從中觀察到貴族身分人士的占比在 1900-10 年之後持續降低（1950-60 年代貴族人士在繼承資產價值最高的 0.1% 中只占不到 5%）。與這些繼承資料有關的所有技術性細節都可透過網路取得。

33 往後我會回頭談這些所有權轉移的規模，特別是在海地針對前奴隸主進行補償的部分（詳見第二部第六章）。

34 更精確地說，教會持有 15% 的農用土地，不過由於這些土地品質較為優良，它們創造出農業生產總值的 24%（因此後面這個數字對於衡量教會在土地價值中占有的比例似乎比較有用）。詳見線上附錄。

35 挹注給王室的資金比例通常從十分之一到四分之一不等，不過有時也會高達教會土地收入的一半。參見 S. Perrone，《查理五世與卡斯提爾教士集團：教會補助相關協商》（*Charles V and the Castillian Assembly of the Clergy. Negotiations for the Ecclesiastical Subsidy*），Brill 出版，2008。

36 關於西班牙的抵押信貸，請參見 C. Milhaud，《信貸不思議！近代早期西班牙教會信貸的興衰起落》（*Sacré Crédit! The Rise and Fall of Ecclesiastical Credit in Early Modern Spain*），

法國高等社會科學院（EHESS）博士論文，17-19 頁。不過這是一種非常特定的資產，因此很難將範圍更大的資產類別一概而論。

37　參見 N. Guebreyesus，《十八世紀衣索匹亞龔戴爾一處教會領地的地產轉移》（*Les Transferts fonciers dans un domaine ecclésiastique à Gondär [Éthiopie] au XVIIIe siècle*），法國高等社會科學院（EHESS）博士論文，2017，264-265 頁。

38　詳見第三部第十二章。

39　這部分特別值得參考的是 P. Brown，《穿過針孔：財富、羅馬的敗亡與基督教的形成》（*À travers un trou d'aiguille. La richesse, la chute de Rome et la formation du christianisme*），Les Belles Lettres 出版，2016。

40　根據某些資料，這個過程發生得相對快速。以高盧地區而言，教會在五世紀到八世紀之間取得所有可耕地的三分之一左右。詳見 J. Goody，《歐洲的家庭》（*The European Family*），Blackwell 出版，2000，36 頁。

41　參見 G. Todeschini，《商人與聖殿：中世紀到近代基督教社會以及財富的良性循環》（*Les Marchands et le Temple. La société chrétienne et le cercle vertueux de la richesse du Moyen Âge à l'Époque moderne*），Albin Michel 出版，2017。

42　參見前述作品，96 頁。

43　參見 K. Pistor，《財富背後的法律密碼：法律如何創造財富和不平等》（*The Code of Capital. How the Law Creates Wealth and Inequality*），Princeton university Press 出版，2019，49-50 頁。

44　參見 J. Goody，《歐洲的家庭》（*The European Family*），出版資料如前，39 頁。

第三章

1　在此採用的「大分界」概念援引自布勞法伯（R. Blaufarb）的精闢著作《大分界》（*The Great Demarcation*），出版資料如前。這本書以創新方式分析運用了法國大革命時期的議會、行政和司法檔案，以及十七至十八世紀的許多法律和政治著述。

2　與此相反，在君權政府的預算中，源自王室產業的收益長期被視為經常收入，稅收則被視為特殊收入。這點清楚顯示舊制度與新制度之間的概念反轉。

3　在此說明，當時土地價值通常定為二十年左右的地租（換句話說，年度租賃價值被估算為財產價值的 5% 左右）。

4　租約效期的問題引發了各種複雜的爭論。革命立法者不接受永久租約的概念（因為這等於重新塑造封建時代永久性權利重疊的做法），不過某些議員（例如西哀士——他指控領主把持比教士階級更多的權利，並竭力捍衛小農免於領主的壓榨）指出，對沒有足夠財力可以贖買地產的農民而言，延長租約效期可能是社會地位提升的最佳方式（永久租約實質上類似永久貸款）。十九和二十世紀期間數個國家實驗的土地改革方案具體上採用延長租約和調降地租雙管齊下的做法，並在某些情況中促使土地所有權以極低的價格（甚至是免費）轉移到使用人手中。不過如果清償費用設定得很高，這也可能變成一個永久的陷阱。

5　2019 年時，這種移轉稅介於銷售價值的 5% 和 6% 之間（因省份而異，並包括地方和中央政府徵收的部分）。如果再加上公證人收取的費用，則比例可達 7-8%（約合兩年租金，甚至更多）。

6　土地買賣稅的價值通常介於相關財產價值的十二分之一到一半之間。因此，為買賣稅的贖購而制定的計算表將「高移轉稅導致低移轉率」的因素明白納入考量。參見布勞法伯（R. Blaufarb），《大分界》（*The Great Demarcation*），作品出處如前，73 頁。

7　1810-14 年間拿破崙陸續將法蘭西帝國在義大利、荷蘭和德國併吞的領土畫分為省份以後，出現了一些特別有趣的相關討論，並導致革命政府的所有權主義司法管轄制度在這

些地區以極度保守的方式實施，因為拿破崙政權絲毫不想在那裡建立新的小農階級，寧可以帝國政府的名義重新取得原有的封建權，並利用這些權利鞏固它選定的新菁英階層。參見前述著作，111-117 頁。

8 參見《關於國民繼承稅以及廢除土地稅賦的方法》（*Du droit national d'hérédité ou Moyen de supprimer la contribution foncière*），Portiez de l'Oise 系列收藏，第 22 件，法國國民議會圖書館（Bibliothèque de l'Assemblée nationale）。在這項提案中，針對總價值超過三百萬圖爾鎊的直系遺贈資產（三百萬圖爾鎊相當於當時每名成人平均資產〔兩千圖爾鎊〕的一千五百倍），課徵比率達兩個繼承份額（即每位繼承人應得份額的兩倍）：如果只有一名繼承人，課徵比率是 67%，有兩名繼承人時比率是 50%，三名繼承人時比率是 40%，依此類推。針對總價值為五萬圖爾鎊的直系遺贈資產（相當於當時每人平均資產的二十五倍），課徵比率則是半個繼承份額（即每位繼承人應得份額的一半）：只有一名繼承人時課徵比率是 33%，有兩名繼承人時比率是 20%，三名繼承人時比率是 14%，依此類推。針對總價值低於兩千圖爾鎊的直系遺贈資產（與每人平均資產相當），課徵比為十分之二個繼承份額（即每位繼承人應得份額的十分之二）：只有一名繼承人時課徵比率是 17%，兩名繼承人時是 9%，三名繼承人時比率是 6%，依此類推。針對不屬於直系繼承的其他財產轉移，課徵比率比前述更高。許多這類書冊留存至今，見證當時相關辯論的熱烈程度。

9 參見格拉斯蘭（L. Graslin），《解析財富與稅賦》（*Essai analytique sur la richesse et l'impôt*），1767，292-293 頁。格拉斯蘭建議的有效稅率是年所得一百五十圖爾鎊（約為當時成人平均所得的一半）課徵 5%，六千圖爾鎊（平均所得的二十倍）課徵 15%，六萬圖爾鎊（平均所得的兩百倍）課徵 50%，四十萬圖爾鎊（平均所得的一千多倍）課徵 75%。

10 關於 1793-94 年間執行的各種地方型實驗和緊急措施，參見葛羅斯（J.-P. Gross），〈十八世紀法國的累進稅制與社會正義〉（*Progressive Taxation and Social Justice in Eighteenth-Century France*），載於《過去與現在》（*Past and Present*），140（1）卷，1993，79-126 頁。如需更深入探究當時的相關事件和討論，可參見同作者，《雅各賓式平等主義及人權，1793-94》（*Égalitarisme jacobin et droits de l'homme [1793-1794]*），阿坎泰爾（Arcantères）出版社，2000。1793-94 年間也出現了許多關於各種「最大繼承」（succession maximale）與「國民繼承」（succession nationale，對全民開放）的辯論，但不曾達到具體應用的階段。這部分可參考布呂奈爾（F. Brunel），〈革命紀元二年的社會政策：一種「個人主義式集體主義」？〉（*La politique sociale de l'an II : un "collectivisme individualiste" ?*），收錄於羅薩（S. Roza）、克雷托瓦（P. Crétois），《社會共和主義：法國特例？》（*Le Républicanisme social : une exception française ?*），索邦大學出版部（Éditions de la Sorbonne），2014，107-128 頁。

11 參見布勞法伯（R. Blaufarb），《大分界》（*The Great Demarcation*），出版資料如前，36-40 頁。路易·德波納爾（Louis de Bonald）在 1815 年著作《思考歐洲的整體利益，並淺論貴族議題》（*Réflexions sur l'intérêt général de l'Europe, suivies de quelques considérations sur la noblesse*）中也以他的方式為貴族同時作為行政領導階級與軍事階級建立新的正當性。參見卡森提（B. Karsenti），《不同思維之間：近現代人的社會科學與政治》（*D'une philosophie à l'autre. Les sciences sociales et la politique des modernes*），伽利瑪（Gallimard）出版社，2013，82-87 頁。

12 關於這些區分方式，參見以色列（J. Israel），《一場思想革命：激進式啟蒙與現代民主的智識起源》（*A Revolution of the Mind : Radical Enlightenment and the Intellectual Origins of Modern Democracy*），普林斯頓大學出版部（Princeton University Press），2010。

13 詳見孔多塞（J. A. N. de Condorcet），《描繪人類心智進步的歷史圖像》（*Esquisse d'un*

tableau historique des progrès de l'esprit humain），阿加斯（Agasse）出版社，1794，380 頁。

14　在 1789 年出版的《關於稅賦的制定》（*Sur la fixation de l'impôt*）中，孔多塞建議讓剛實施不久的個人動產稅（contribution personnelle-mobilière，現行居住稅〔taxe d'habitation〕的前身）以主要住所的租賃價值為計算基準，依照累進稅率課徵，最高可徵收租賃價值的 50%。有鑑於租賃價值隨所得水平升高而遞減（根據當時的估計，租金占最貧困階層所得的 20%，占最富裕階層所得的比例則低於 10%，這就是針對最高所得級別課徵 5% 個人動產稅的理由），孔多塞的主要用意是修正這項稅賦的結構性矛盾，只可惜最終他的提案未獲採納。關於孔多塞的稅制提案，也可參見葛羅斯（J.-P. Gross），〈十八世紀法國的累進稅制與社會正義〉（*Progressive Taxation and Social Justice in eighteenth-Century France*），文章出處如前，109-110 頁。

15　出生於英國的潘恩先後極力支持美國獨立與法國大 ' 革命，並在 1790 年代定居於法國。關於潘恩與孔多塞之間的差異以及潘恩的提案如何更具創新性質，可參見博斯克（Y. Bosc），〈共和主義與社會保護：潘恩與孔多塞的對比〉（*Républicanisme et protection sociale : l'opposition Paine-Condorcet*），收錄於羅薩（S. Roza）、克雷托瓦（P. Crétois），《社會共和主義：法國特例？》（*Le Républicanisme social : une exception française ?*），出處如前，129-146 頁。

16　還須注意的是，潘恩在 1792 年出版的著作《人的權利》（*The Rights of Man*）中已經提案對大約每年兩萬英鎊（相當於當時英國平均所得一千倍）以上的最高級別所得課稅 80-90%，這個稅率與格拉斯蘭在 1767 年提出的方案相當。關於潘恩的提案，亦可參見菲爾普斯‧布朗（H. Phelps Brown），《平等主義與不平等的產生》（*Egalitarianism and the Generation of Inequality*），牛津大學出版部（Oxford university Press），1988，139-142 頁。

17　可惜的是，在冷戰期間，關於法國大革命的歷史研究明顯分成兩派，一派採取馬克思路線（其基本論調為 1917 年的俄國革命是法國大革命 1793-94 年這一階段的自然延伸，但這點非常可議），另一派則走反馬克思路線（其基本概念是一切大規模重分配計畫必然會導向恐怖統治與蘇維埃共產主義，但這點也同樣可議）。參見線上附錄中關於這部分的主要參考文獻（索布爾〔A. Soboul〕VS. 傅赫〔F. Furet〕）。法國大革命的歷史就這樣在二十世紀的論戰中遭到這種嘲諷式的詮釋，這個現象無疑可以說明，在所有權制度的重新定義方面，何以諸如布勞法伯（R. Blaufarb）之類學者那種比較細緻的政治意識形態思考方向一直要到相當晚近才出現。

18　在十九世紀的所有權主義法律制度中，原則上婦女也享有所有權，但通常受到丈夫的密切控制。

第四章

1　巴黎部分的資料研究由波斯特爾－維奈（G. Postel-Vinay）與羅森塔爾（J.-L. Rosenthal）進行。省級部分的研究（T、R、A 家族調查資料）主要由布赫迪厄（J. Bourdieu），喀斯登鮑姆（L. Kesztenbaum）及蘇瓦－艾森曼（A. Suwa-Eisenmann）負責。主要可參見皮凱提、波斯特爾－維奈、羅森塔爾，〈發展中經濟體的財富集中：巴黎與法國，1807-1994〉（*Wealth Concentration in a Developing Economy: Paris and France, 1807-1994*），載於《美國經濟評論》（American Economic Review），96 期，2006，236-256 頁。完整參考書目詳見線上附錄。

2　參見賈班第（B. Garbinti）、古比耶－勒布雷（J. Goupille-Lebret），皮凱提，〈財富不平等動力學的會計統計：針對法國的統計方法與估計數字（1800-2014）〉（*Accounting for Wealth Inequality Dynamics: Methods and Estimates for France〔1800-2014〕*），WID.world，進行中研究報告系列（Working Paper Series），no. 2017/5。我在本書第三部將進一步探討目前的資產不平等結構。主要可參見第十一章，圖 11.17。

3 在 1800 年和 1914 年之間，巴黎市民亡故時的平均遺產價值增為六倍多（從兩萬法郎增加到十三萬法郎左右，無遺產亡故者計算在內），全法國平均則增為將近五倍（從五千法郎增加到兩萬五千法郎左右）。這不僅是名義上的增加，也是實質上的成長，因為在這段期間內，法郎金幣的購買力變動很小。參見皮凱提、波斯特爾－維奈（G. Postel-Vinay）、羅森塔爾（J.-L. Rosenthal），〈發展中經濟體的財富集中：巴黎與法國，1807-1994〉（*Wealth Concentration in a Developing Economy: Paris and France, 1807-1994*），出處如前。亦可參見布赫迪厄（J. Bourdieu）、波斯特爾－維奈、蘇瓦－艾森曼（A. Suwa-Eisenmann），〈為什麼財富沒有隨著經濟發展而傳播？法國不平等的〇點及其演變，1800-1940〉（*Pourquoi la richesse ne s'est-elle pas diffusée avec la croissance ? Le degré zéro de l'inégalité et son évolution en France 1800-1940*），《歷史與評量》（*Histoire et Mesure*），23 卷（1-2），147-198 頁。

4 圖 4.1 和 4.2 的數據反映的是圖中各年度全體在世人口的資產不平等情形，計算基準為亡故時的資產價值，然後根據各年齡層在世人數，納入各財富級別的死亡率微分，重新加權計算後得出圖中數值。具體而言，這其中的差異很小：在世人口的資產集中程度最多只比亡故人口遺產規模的不平等程度高出幾個百分點，而且各時期的演變情形基本上一致。詳見線上附錄。

5 關於伏脫冷的言論，參見皮凱提，《二十一世紀資本論》（*Le Capital au XXIe siècle*），原文版出處如前，377-380 頁。

6 我們也要注意，巴黎不動產的占比在其次的 9% 人口中達到最高值，在其後的 40%（介於幾乎可說一無所有的 50% 最貧窮人口以及持有當時巴黎幾乎全部資產的最富裕 10% 人口之間）則大幅降低。這其中的原因是，位於財富階序中間的 40% 人口所擁有的財力遠遠無法讓他們購置巴黎的樓宇，因此他們持有的不動產主要位於外省地區（特別是鄉村）。在此說明，在表 4.1 中，我沒有把債務納入計算（債務占資產毛額的比例在 1872 年時不到 2%，1912 年增為 5%）。完整分析請參見線上附錄。

7 關於十九世紀及二十世紀初期的繼承稅相關立法，參見皮凱提，《二十世紀法國高所得群體研究》（*Les Hauts Revenus en France au XXe siècle*），出版資料如前，243-246 頁、766-771 頁。

8 參見《國會文件》，第四輯，482 號（Impressions parlementaires, t. IV, no 482）。關於這些討論，也可參見鐸馬爾（A. Daumard），《十九世紀法國人的財富：依據財產繼承申報登記資料所做的私人資本分布與組成調查》（*Les Fortunes françaises au XIXe siècle. Enquête sur la répartition et la composition des capitaux privés d'après l'enregistrement des déclarations de successions*），穆東（Mouton）出版社，1973 年，15-23 頁

9 關於「四大老稅」以及所得稅制的出現，參見皮凱提，《二十世紀法國高所得群體研究》（*Les Hauts Revenus en France au XXe siècle*），出版資料如前，234-242 頁。亦請參見亞里克斯（C. Allix）、勒塞克雷（M. Lecerclé），《所得稅（類別稅與綜合稅）：理論與實務》（*l'Impôt sur le revenu [impôts cédulaires et impôt général]. Traité théorique et pratique*），盧梭（Rousseau）出版社，1926。

10 君權時代的法國曾試圖在十八世紀期間有限度地導入累進稅，特別是透過「稅則人頭稅」（taille tarifée）的架構，這種徵稅方式依照大致的所得水準，將納稅義務人分成數個級別，但在財稅制度的其他部分卻維持貴族與教士的免稅特權，因此充滿矛盾。就某方面而言，法國大革命簡化了稅制，革命立法者以指數為基礎，強制對所有人按比例課稅，並消除所有以所得為直接參照標準的做法。關於「稅則人頭稅」，參見 M. Touzery，《所得稅的發明：稅則人頭稅（1715-1789）》（*l'Invention de l'impôt sur le revenu. La taille tarifée [1715-1789]*），法國經濟暨財政史委員會（Comité pour l'histoire économique et financière de la France）出版，1994。

11　個人動產稅無疑是「四大老稅」中最複雜的稅別，因為最初這種稅的涵蓋範圍除了按主要住所租賃價值課徵的稅額（這是這個稅別的主要部分）以外，還包括相當於三天勞動價值的「傭人稅」、馬稅、驃稅等等。孔多塞（Cordorcet）在 1792 年提案改革的就是這個稅別，當時他建立了一套租賃價值的累進計算標準，藉以緩衝此項稅賦固有的累退性。這個稅別的「直系後代」──居住稅──在 2017-19 年間進入廢止程序，不過目前還不知道哪種地方稅會取代它。

12　換句話說，如果所有權人持有一筆價值 1,000 法郎的財產，他每年可以得到 50 法郎左右（1,000 法郎的 5%）的租金，但他必須繳的稅只有區區 2 法郎（50 法郎的 4%），亦即對 1,000 法郎的資本課徵 0.2% 左右的稅。參見皮凱提，《二十世紀法國高所得群體研究》（*Les Hauts Revenus en France au XXe siècle*），出版資料如前，238-239 頁。

13　舉例而言，莫里斯・亞雷（Maurice Alais）就是抱著這種心態，以經濟效率之名，在 1970 年代提案廢除所得稅，改以低稅率對實物資本課稅，在原理上非常接近舊制的不動產稅。參見亞雷，《資本稅與貨幣改革》（*l'Impôt sur le capital et la réforme monétaire*），艾爾曼（Hermann）出版社，1977。

14　第二共和（1848-51）於路易・拿破崙・波拿巴（Louis Napoléon Bonaparte）宣告第二帝國成立之際結束。路易・拿破崙在 1848 年 12 月透過普選成為法國總統，後來他仿效當年終結第一共和（1792-1804）、成為法蘭西帝國皇帝的伯父拿破崙一世，於 1852 年稱帝。1870 年普法戰爭期間，拿破崙三世倒台，第三共和成立。

15　在 1908 年 1 月 20 日的國民議會議程中，凱佑清楚表達了這個論點：「由於六年以來，我國法律中累進性質稅賦的課徵比例並未改變，請各位千萬別說實施累進稅制必然會在短期內造成稅率提高的後果。」參見凱佑（J. Caillaux），《所得稅》（*l'Impôt sur le revenu*），貝爾傑－勒富侯（Berger-Levrault）出版社，1910，115 頁。

16　出處同前，530-532 頁。

17　當時加斯東・卡爾梅特（Gaston Calmette）是《費加洛報》（*Le Figaro*）總監，他從 1914 年初開始對約瑟夫・凱佑發動猛烈的媒體攻擊，1914 年 3 月 13 日，《費加洛報》刊登一封署名「妳的小約約」的信函，使攻勢達到頂點，最終導致凱佑夫人在 3 月 16 日到卡爾梅特的辦公室將他槍殺。凱佑在這封 1901 年寫給情婦（即後來的凱佑夫人）的書信中表示，他「在表面上主張所得稅，實際上藉此搞垮了所得稅提案」。卡爾梅特刊登這封信的用意是證明所得稅的推動者只是一群投機分子，藉由這項居心叵測的提案，達到提高政治身價的唯一目的。

18　1914 年 7 月 15 日通過的綜合所得稅法透過 1917 年 7 月 31 日的法律獲得補充，後者制定了凱佑改革計畫所提的類別稅。如要詳細瞭解法國建立所得稅制的動盪過程，請參見皮凱提，《二十世紀法國高所得群體研究》（*Les Hauts Revenus en France au XXe siècle*），出版資料如前，246-262 頁。

19　英國早在 1842 年就開始針對不同所得類別（利息、租金、利潤、薪資等等）按比例課稅，不過一直要到 1909 年才建立整體累進所得稅制（針對所有類別所得的總和課稅，稅率按總收入提高）。

20　在 1804 年建立並沿用至今的「自留份」（available quota）制度下，如果父母只有一名子女，可保留一半財產自行運用（另一部分則自動歸為該名子女所有，包括斷絕所有關係的情況），如果有兩名子女，則可保留三分之一（另外三分之二由兩名子女均分），如果有三名子女，則可保留四分之一（另外四分之三由三名子女均分）。這套制度被十九世紀的保守派和反革命派人士斷定會造成不良後果，成為他們大肆抨擊的議題之一，尤其費德里克・勒普雷（Frédéric Le Play）在其著作中對此嚴厲譴責。這種批判在二十世紀大體上已經消失。

21　在此可以舉出保羅・勒華－波里尤（Paul Leroy-Beaulieu）的例子。勒華－波里尤是當時

最具影響力的自由派經濟學家之一，他熱烈支持殖民運動，最知名著作是《論財富分配及社經條件不平等的改善趨勢》（*Essai sur la répartition des richesses et sur la tendance à une moindre inégalité des conditions*，1881 年出版，1910 年代初期以前多次再版）。雖然所有統計資料都顯示出與其論點相反的事實，他卻執意捍衛不平等趨於改善的想法，不惜捏造一些天馬行空的推論。比方說，法國慈善救濟所的數量從 1837 年到 1860 年增為兩倍，但他卻以沾沾自喜的語氣指出，接受救濟的窮人只增加了 40%。任何人若想從救濟所數目的增加幅度作出窮人數目降低的結論，都得有超乎凡人的樂觀才行（而他毫不遲疑就作出這種推論）；除此之外，在一個經濟處於成長的環境中，就算窮人數量的絕對值減少，我們也無法從中看到貧富差距的情況和演變。參見皮凱提，《二十世紀法國高所得群體研究》（*Les Hauts Revenus en France au XXe siècle*），如前，522-531 頁。

22 參見皮斯托（K. Pistor），《資本密碼：法律如何創造財富和不平等》（*The Code of Capital. How the Law Creates Wealth and Inequality*），出版資料如前。

第五章

1 參見貝爾納（G. W. Bernard），〈解散修道院〉（*The Dissolution of the Monasteries*），載於《歷史》（*Histoire*），卷 96 (324)。2011，390-409 頁。

2 參見線上附錄中由阿爾托拉（M. Artola）蒐集的西班牙財產繼承資料。亦可參見米佑（C. Milhaud）關於教會財產權的著作，以及阿爾托拉、博魯希（L. Baulusz）、馬丁內斯−托雷達諾（C. Martinez-Toledano）有關十九世紀以來西班牙財產權結構演變的研究著作。

3 參見馬雷法奇斯（E. Malefakis）對這段戲劇化歷史所做的經典研究《西班牙土地改革與農人革命：內戰的起源》（*Agrarian Reform and Peasant Revolution in Spain: Origins of the Civil War*），耶魯大學出版部（Yale University Press），1970。

4 可參見盧科夫斯基（J. Lukowski），《十八世紀歐洲貴族》（*The European Nobility in the Eighteenth Century*），出版資料如前，12-19 頁。

5 竇根（A. Doggan），《中世紀歐洲貴族》（*Nobles and Nobility in Medieval Europe*），博伊多及布魯爾（Boydell & Brewer）出版社，2000，223-235 頁。

6 參見卡納迪恩（D. Cannadine），《英國貴族的式微與沒落》（*The Decline and Fall of the British Aristocracy*），耶魯大學出版部（Yale university Press），1990，9 頁，表 1.1。

7 1963-64 年擔任英國首相的托利黨員亞歷克‧道格拉斯−休姆（Alec Douglas-Home，又譯何謨）與第三代索爾斯伯利侯爵一樣都曾是上議院議員，不過道格拉斯−休姆獲任命為內閣首長後即辭去上議院的職務，因為時代已經改變，由上議院議員領導國家被認為不合時宜。1940-45 年和 1951-55 年的托利黨首相邱吉爾出身貴族，多名家族成員曾任上議院議員，但他自己是透過選舉成為下議院議員。他甚至曾在 1905 年成為自由黨員，1942 年才又回歸托利黨。他的反對者認為這證明了邱吉爾的投機主義心態，同時也代表他對傳統貴族價值缺乏忠誠。

8 參見卡納迪恩（D. Cannadine），《英國貴族的式微與沒落》（*The Decline and Fall of the British Aristocracy*），出版資料如前，11-16 頁。

9 這份清單在 2019 年共含九六二名準男爵，其中包括 1990 年為柴契爾夫人的丈夫丹尼斯‧柴契爾（Denis Thatcher）建立的爵位，這個爵位在 2003 年轉給他的兒子馬克（Mark）。

10 根據現有估計數字，十八世紀和十九世紀的紳士貴族約含一萬五千到兩萬名成年男性。他們的絕對數量似乎變動不大（不過十八世紀稍有增加，十九世紀則稍微減少），而由於英國人口成長快速，他們在總人口中所占的比例迅速降低（十八世紀末英國和威爾斯只有大約兩百萬名戶長，1880 年增為六百萬，因此紳士階級的人口占比在 1800 和

1880 年之間從 1.1% 降到 0.3%）。不過無論如何，這個數目還是遠遠超過封爵貴族的人數（大約一千到一千五百個爵位，包括正式封爵的貴族、準男爵和騎士）。紳士貴族有時又下分為仕紳（esquire，三千到五千人）和紳士（gentleman，一萬五千到兩萬人，遠多於其他貴族群體）。詳見線上附錄。

11　參見卡納迪恩（D. Cannadine），《英國貴族的式微與沒落》（*The Decline and Fall of the British Aristocracy*），出版資料如前。新型中產階級菁英和商業菁英在最好的情況下成功融入紳士階級，這個過程從中世紀開始就在城市選區和王室領土上展開，在這些地區，他們比在貴族領地或教會領地更容易取得選舉權。可參見安傑魯奇（C. Angelucci）、梅拉里亞（S. Meraglia）與沃特蘭德（N. Voigtlaender），《商業城鎮如何形塑議會：從諾曼人征服英格蘭到大改革法案》（*How Merchant Towns Shaped Parliaments: From the Norman Conquest of England to the Great Reform Act*），美國全國經濟研究所（NBER），工作文件（Working Paper）no 23606，2018。

12　參見皮凱提，《二十一世紀資本論》，中文版由台北衛城出版，2014，法文版 377-383 頁。

13　在此針對不同人物的收入所提供的參照數據係依據當時每名成人的平均國民所得數字。有趣的是，巴爾札克描述中可供真正享有優渥生活所需的金額，在納入匯率差異後，幾乎與奧斯汀設想的數字雷同（在 1800 年到 1914 年之間，一英鎊的價值大約相當於二十五金法郎〔francs-or〕）。參見前述著作，653-662 頁。

14　在《決戰猩球》（*The Planet of the Apes*）中，大猩猩扮演戰士的角色，紅毛猩猩構成教士階級，黑猩猩則代表第三等級的庶民；這是非常經典的三級結構，不過情況很快就因為人類的介入而變得複雜（人類原本是奴隸主，但很快地變成奴隸）。在《星際大戰》（*Star Wars*）中，絕地武士既是偉大的戰士，也是賢明的領導者。絕地的特殊能力——原力——即象徵了三重功能社會中的兩個菁英階級合而為一。

15　參見皮凱提，《二十一世紀資本論》，出版資料如前，法文版 653-662 頁。

16　卡納迪恩（D. Cannadine），《英國貴族的式微與沒落》（*The Decline and Fall of the British Aristocracy*），出版資料如前，15-16 頁。

17　《法蘭西貴族名錄》甚至在貴族議員中詳細統計出九名親王或公爵、三十一名侯爵、四十九名伯爵、十九名子爵、十九名男爵，以及八十名「單純擁有貴族姓氏」的議員，不過特別說明：「雖然這個分類是盡可能依據真實文件建立的結果，但我們無法完全保證其中的精確性。少數議員無意或拒絕保有爵位，還有一些議員自行封爵，但他們的頭銜連禮稱都算不上，而且他們並沒有權利冠上那些封號。」（《法蘭西貴族名錄》，1872 年版，419-424 頁。）

18　參見貝卡胡（J. Bécarud），〈貴族與議會代表制：1871-1968 年的貴族議員〉（Noblesse et représentation parlementaire : les députés nobles de 1871 à 1968），載於《法國政治學評論》（*Revue française de science politique*），卷 23 (5)，1973，972-993 頁。

19　在某個程度上，這些分類也可滿足一種希望獲得社會階序頂層相關資訊的合理要求，這種資訊在公共統計中大都被忽略。參見皮凱提，《二十一世紀資本論》，出版資訊如前，法文版 798-800 頁。

20　參見唐姆森（E. Thomson）的經典著作《輝格黨與獵人：黑匪法的起源》（*Whigs and Hunters: The Origin of the Black Act*），萬神圖書（Pantheon Books）出版，1975。在歐洲其他地區的所有權法中，也可以看到類似的強化措施，例如在 1821 年的普魯士。青年時期的馬克思對此深有所感，而在拉烏爾・佩克（Raoul Peck）執導的 2017 年電影《馬克思：時代青年》（*Le jeune Karl Marx*）中，開場就可以看到一群盜木者遭地主的武裝民兵攻擊。法國大革命時期的議會則頒布法令，將土地和私有林地開放給所有人狩獵，這項措施至今仍然有效，而且特別獲得法國共產黨的支持。

21　參見約翰斯頓（N. Johnson），〈議會選舉權的歷史〉（*The History of the Parliamentary Franchise*），下議院研究論文（House of Commons Research Paper），2013。值得注意的是，在 1832 年的法令（這是英國有關投票權的第一項全國性立法）通過以前，沒有任何正式規定讓選舉權成為男性的特權；這屬於習慣法的範疇，事實上可能存在女性地主行使投票權的情況。此外，投票權在 1918 年也部分擴大到三十歲以上的女性。

22　另外，這些改革也帶來一些旨在調控候選人支出的措施（這些措施頗具野心，而且對當時而言也非常有開創性）：1854 年的《貪腐行為防治法》（Corrupt Practices Prevention Act）要求候選人公開宣布經費支出情形；1883 年的《貪腐及非法行為法》（Corrupt and Illegal Practice Act）則嚴格限制總競選經費。參見卡熱（ J. Cagé）、德威特（E. Dewitte），《製造議員需要錢：來自一百五十年英國競選支出史的全新證據》（*It Takes money to make MPs: new evidence from 150 Years of British Campaign Spending*），巴黎政治學院（Sciences Po），2019。

23　卡納迪恩（D. Cannadine），《英國貴族的式微與沒落》（*The Decline and Fall of the British Aristocracy*），出版資料如前，142-143 頁。

24　《穀物法》旨在限制穀物及農產品進口，以保護國內農業生產，這道法律在皮爾（Peel）領導的托利黨政府執政期間被廢除，不過這個投票案造成托利黨的嚴重分歧，皮爾的支持者（包括格萊斯頓〔Gladstone〕在內）後來紛紛離開托利黨，加入輝格黨的陣營，最終促成自由黨在 1859 年組成。這場自由黨為了反對保護心態強烈的貴族地主、提高勞工購買力而組織的動員力量深刻而持久地影響了英國在自由貿易及競爭方面的政治思維。這些發展與法國的情況大異其趣，法國的地主貴族至此已經大致消失，如何在國際競爭中維護獨立小農的利益成為結構性的核心議題之一，直到今天仍然如此。關於這個主題，參見斯裴克托（D. Spector），《左派、右派與市場：一個爭議概念的歷史（十九世紀至二十一世紀）》（*La Gauche, la droite et le marché. Histoire d'une idée controversée [XIVe-XXIe siècle]*），奧蒂・雅克布（Odile Jacob）出版社，2017，43-52 頁。

25　在此值得說明，1832 年討論選舉改革案時，英國國王就曾威脅增加上議院席次，藉此推翻多數黨派，當時這件事同樣對議事程序造成重要影響。不過，假使當時下議院沒有跟上議院達成妥協（縮減改革提案的原有規模），現在我們同樣很難判斷國王是否會貫徹他所作的威脅。參見卡納迪恩（D. Cannadine），《勝利世紀：1800-1906 年的英國》（*Victorious Century: The United Kingdom 1800-1906*），維京（Viking）出版社，2017，159 頁。

26　2019 年時，上議院共有七百九十二名議員，其中包括二十六名神職議員（仍然是英國國教的主教）、九十二名世襲世俗議員，以及六百七十四名終身世俗議員（life peer）。2010-12 年間，一項旨在導入 80% 民選議員的改革方案被提出來討論，但後來被放棄（因為沒有人清楚知道該如何定義出一種能與下議院的正當性清楚區別、同時又能合理論證的選舉正當性）。1949 年《國會法》（Parliament Act）將上議院能阻撓非預算型法律通過的時限減為一年（這個時限在 1911 年最終被定為兩年）。這一切並未妨礙上議院三不五時對下議院提醒它的存在（例如在 2018-19 年的「英國脫歐」〔Brexit〕相關辯論期間），不過上議院的舉動對於最終決議不至於造成持久的影響。

27　參見卡納迪恩（D. Cannadine），《勝利世紀》（*Victorious Century*），出版資料如前，21-212 頁。

28　參見沈恩（A. Sen），《貧窮與饑荒：試論權利與剝奪》（*Poverty and Famines: An Essay on Entitlement and Deprivation*），牛津大學出版部（Oxford university Press），1981。

29　參見卡納迪恩（D. Cannadine），《英國貴族的式微與沒落》（*The Decline and Fall of the British Aristocracy*），出版資料同前，104-105 頁。不過還是必須強調，假如沒有發生後來的幾次通貨膨脹，而且愛爾蘭沒有獨立，這些償還金還是會對愛爾蘭農民的預算造成沉

重負擔。

30　關於瑞典的「平等特例」迷思以及瑞典在二十世紀期間的歷史建構，參見班特森（E. Bengtsson）深具啟示性的闡述和分析：〈質疑瑞典的『特殊道路』：比較觀點下的民主化與不平等，約 1750-1920〉（The Swedish *Sonderweg* in Question: Democratization and Inequality in Comparative Perspective, c. 1750-1920），載於《過去與現在》（*Past and Present*），2019。

31　舉例而言，1809 年的瑞典議會包括七百名貴族代表，四十二名教士代表，七十二名中產階級代表，以及一百四十四名農民代表。

32　參見班特森（E. Bengtsson），〈質疑瑞典的『特殊道路』〉（The Swedish *Sonderweg* in Question），出版資料如前，20 頁。

33　圖 5.3 顯示的資料只考量與納貢選舉制有關的投票限制。不過擁有投票權的人並未全數登記於選民清冊，如果將這個事實納入考量，然後將瑞典與其他北歐國家進行比較，還是可以達到相同的結論。詳見線上附錄。

34　參見班特森（E. Bengtsson），〈質疑瑞典的『特殊道路』〉（The Swedish *Sonderweg* in Question），出版資料如前，18-19 頁。

35　參見班特森（E. Bengtsson），貝爾格（T. Berger），《民主、不平等與重分配：瑞典地方行政區的例證，1871-1904》（*Democracy, Inequality, and Redistribution: Evidence from Swedish Municipalities, 1871-1904*），倫德大學（Lund University）出版，2017。

36　從十七世紀初到 1950 年，英國下議院也有一些「大學議席」（university seat），讓擁有牛津大學或劍橋大學學位的人可以在立法選舉中投票兩次（第一次是以戶籍所在地選民的身分投票，第二次則是以大學校友的名義投票）。這個制度的實施範圍在 1918 年擴大到其他大學的校友，最後在 1950 年廢除。

37　更詳細地說，普魯士的選民被歸入三個繳稅金額遞增的階級，其定義方式是各個階級所有成員一共繳納稅收總額的三分之一，然後每個階級選出三分之一的「大選民」，大選民則負責選舉議員。十九世紀的北歐國家（丹麥、挪威、芬蘭）採用相對典型的納貢選舉制度，選民只分為兩個階級，而且這些國家似乎不曾試圖仿效瑞典的做法。詳見線上附錄。

38　參見西爾特（E. Hilt），〈早期美國公司的股東投票權〉（Shareholder voting Rights in early American Corporations），載於《商業史》（*Business History*），卷 55 (4)，2013，620-635）頁。

39　事實上，英國在 1876 年就跨越了一個決定性的關口，當時上訴法院（Court of Appeal）決定，公司章程可以選擇消除所有針對投票權設定上限的條文，實施絕對比例制。關於這類激烈討論，參見麥高希（E. McGaughey），《參與公司治理》（*Participation in Corporate Governance*）博士論文，倫敦政經學院法律系（Law Department, LSE），2014，105-115 頁。）

40　參見克里斯汀（O. Christin），《人民的聲音：普選誕生前的選舉史》（*Vox Populi. Une histoire du vote avant le suffrage universel*），瑟伊（Seuil）出版社，2014。

41　在巴黎計程車的執照發給制度中，我們也可以看到職務買賣制的遺緒，不過這點反映的主要是財務邏輯而不是獎勵邏輯：執照銷售曾替國庫帶來豐厚收入，現在如果要買回，必須立刻付出相當大的成本。因此，雖然這套制度備受抨擊（的確有理由抨擊），但上述原因卻對改革構成極大的障礙。

42　我們發現，在十九世紀的英國，高級軍事職務也有類似的保證金制度，但在 1871 年被廢除，藉此將這些職務向一般人開放，不過似乎成效不彰。參見卡納迪恩（D. Cannadine），《勝利世紀》（*Victorious Century*），出版資料如前，350 頁。

43　在此呈現的英國數據是依據阿特金森（Anthony Atkinson）、哈里森（Allan Harrison）、

林德特（Peter Lindert）的著作，以及艾爾瓦雷多（Facundo Alvaredo）和莫雷利
（Salvatore Morelli）較近期的研究。瑞典部分的數據是依據奧爾森（Henry Ohlsson）、羅
因（Jesper Roine）、華登斯特洛姆（Daniel Waldenström）的著作，以及班特森（Erik
Bengtsson）較近期的研究。許多其他國家的財稅資料很可惜是從第一次世界大戰前後才
開始呈現，因此經常很難將大戰造成的衝擊放進較長遠的視野來檢視。不過，在有足夠
資料可供查證的部分，我們發現沒有任何明顯的不平等降低趨勢在一次大戰以前就真正
展開（無論是德國、丹麥、荷蘭、美國或日本，情況都是如此）。詳見線上附錄。

44　參見線上附錄及皮凱提，《二十一世紀資本論》，出版資料如前，第三章，圖 3.1 及
　　3.2，188-189 頁。

第六章

1　參見芬利（M. Finley），《古代奴隸制與近代意識形態》（*Ancient Slavery and Modern
　　Ideology*），企鵝（Penguin）出版社，1980。

2　參見盧易斯（D. M. Lewis），《東地中海脈絡中的古希臘奴隸制度，約公元前 800-146
　　年》（*Greek Slave Systems in their Eastern Mediterranean Context, c. 800-146 BC*），牛津大學
　　出版部（Oxford University Press），2018。亦可參見祖爾巴克（J. Zurbach），〈古希臘城
　　邦的形成：身分地位、階級與土地制度〉（La formation des cités grecques. Statuts, classes
　　et systèmes fonciers），收錄於《歷史與社會科學年鑑》（*Annales. Histoire, Sciences
　　sociales*），卷 68 (4)，2013，957-998 頁。

3　參見羅夫喬伊（P. Lovejoy）、霍根多恩（J. Hogendorn），《奴隸制的緩慢消亡：北奈及利
　　亞的廢奴歷程，1897-1936》（*Slow Death for Slavery: The Course of Abolition in Northern
　　Nigeria, 1897-1936*），劍橋大學出版部（Cambridge University Press），1993；羅夫喬伊
　　（P. Lovejoy），《革命時代西非的聖戰》（*Jihad in West Africa During the Age of Revolutions*），
　　俄亥俄大學出版部（Ohio University Press），2016。

4　另外也有很多介於奴隸制與非奴隸制之間的情況，奴隸的人口比重不高也不低，例如
　　十五世紀末和十六世紀的葡萄牙和摩洛哥，當時那裡的奴隸占總人口的 10% 到 15%。
　　詳見線上附錄。

5　撒哈拉以南非洲的人口在 1500 年估計為四千萬，1820 年為六千萬。根據許多研究者的
　　衡量，人口損耗比例最高的一些地區遭受了極其嚴重的長期負面影響。詳見線上附錄。

6　被用來指稱各種不同勞動形式的字彙本身就有模糊混雜的詞源，例如 esclave（奴隸）和
　　slave（斯拉夫）這兩個法文字〔按：英文分別為 slave 和 Slav〕源自公元五世紀到八世
　　紀斯拉夫人遭受劫掠的史實，由此衍生的剝削則被描述為 servage（奴役、農奴制）。

7　可參見盧易斯（D. M. Lewis），《東地中海脈絡中的古希臘奴隸制度》（*Greek Slave Systems
　　in their Eastern Mediterranean Context*），出版資料如前，以及謝德爾（W. Scheidel），〈古
　　羅馬時期義大利的人口流動：奴隸人口〉（Human Mobility in Roman Italy: the Slave
　　Population），刊載於《古羅馬研究學報》（*Journal of Roman Studies*），卷 95，2005，
　　64-79 頁。

8　羅夫喬伊（P. Lovejoy），《革命時代西非的聖戰》（*Jihad in West Africa During the Age of
　　Revolutions*），出版資料如前。羅夫喬伊也強調一點，十九世紀期間索科托奴隸人口大規
　　模增加的現象（於十九世紀末達到一百五十到兩百萬，整個西非則高達將近四百萬）必
　　須與美國奴隸人口的大幅上升相提並論：在兩種情況中，這種演變趨勢的成因都是大西
　　洋販奴制的終結，而這是十八世紀末和十九世紀索科托的穆斯林領導人對英國強力施壓
　　的結果。

9　參見吉爾菲（M. Zilfi），《鄂圖曼帝國晚期的婦女與奴隸制》（*Women and Slavery in the
　　Late Ottoman Empire*），劍橋大學出版部（Cambridge University Press），2010。

10 參見伊斯納爾（P. Isnard），《民主與專業的區隔：古希臘的公共奴隸制》（*La Démocratie contre les experts. Les esclaves publics en Grèce ancienne*），瑟伊（Seuil）出版社，2015。不過，在將近二十萬名奴隸中，這些公職奴隸只有兩千人左右。

11 可參閱線上附錄，查詢相關數字分析。按 2018 年的國民所得計算，一千兩百億歐元的補償金相當於針對八十萬名奴隸核撥平均每人約十五萬歐元的補償，亦即如果平均每名奴隸主擁有兩百名奴隸，他就可獲得三千萬歐元的補償。後續我們研究美國的情況時，會討論奴隸價格（相較於該時代平均所得）的問題。

12 德雷沛（N. Draper），《解放的代價：奴隸制度結束時的奴隸所有權、補償措施與英國社會》（*The Price of Emancipation: Slave-Ownership, Compensation and British Society at the End of Slavery*），劍橋大學出版部（Cambridge University Press），2010；霍爾（C. Hall）、德雷沛（N. Draper）、麥克雷蘭（K. McClelland）、多寧頓（K. Donington），朗（R. Lang），《英國奴隸所有權的遺緒：殖民奴隸制度與維多利亞時期英國的形成》（*Legacies of British Slave-Ownership: Colonial Slavery and the Formation of Victorian Britain*），劍橋大學出版部，2014。「英國奴隸所有權的遺緒」（LBS；Legacies of British Slave-Ownership）資料庫網址為：http://www.ucl.ac.uk/lbs/。

13 在 1781 年著作《論黑奴制》（*Réflexions sur l'esclavage des nègres*）中，孔多塞甚至提議由奴隸主以年金方式支付賠償金給過去的奴隸。

14 這個負面經驗促使那些固守在西班牙北部的基督教王國從公元八、九世紀開始減少對奴隸制的依賴。參見布萊克伯恩（R. Blackburn），《新世界奴隸制的形成：從巴洛克時期到近代》（*The Making of New World Slavery: From the Baroque to the Modern*），維索（Verso）出版社，1997，39-40 頁。

15 參見芬利（M. Finley），《古代奴隸制與近代意識形態》（*Ancient Slavery and Modern Ideology*），出版資料如前，第一章。

16 關於這些討論，參見烏丹－巴斯提德（C. Oudin-Bastide）與史坦納（P. Steiner）的精彩著作《計算與道德：奴隸制的成本和解放的價值，十八－十九世紀（*Calcul et Morale. Coûts de l'esclavage et valeur de l'émancipation, XVIIIe-XIXe siècle*），艾班米樹（Albin michel）出版社，2015。

17 有關 1802 年法國正式重新實施奴隸制之前那段奇異詭譎、真假難辨的瓜地洛普廢奴程序，參見雷尚（F. Régent），《奴隸制、混血與自由：法國大革命時期的瓜地洛普，1789-1802》（*Esclavage, métissage et liberté. La Révolution française en Guadeloupe 1789-1802*），格拉賽（Grasset）出版社，2004。關於 1833 年英國廢奴法的來龍去脈，主要可參考德雷波（N. Draper）及霍爾（C. Hall）的著作（前述 LBS 資料庫）。

18 我認為如果要比較歷史上的各種金額，最好的方式是衡量不同時代國內生產毛額或國民所得的相應比例。這種做法相當於以名義經濟成長為計算指數，而由此得出的結果介於只按價格水平為指數所得的結果以及按挹注資本平均名義獲利率為指數所得的結果之間（就長期而言，這個獲利率明顯高於名義成長）。

19 參見線上附錄以及荷諾克斯伯（S. Henochsberg）在其著作《公共債務與奴隸制：以海地為例，1760-1815》（*Public Debt and Slavery: the Case of Haïti [1760-1815]*，巴黎經濟學院（PSE），2016）中發表的估計。大約相當於國內生產總值（更精確而言是海地的經濟附加價值）55% 的產品以資產持有者為受益人銷往海外，15% 則由農場經營者在當地消費或累積。

20 在此可供參考的資料包括格瑞伯（D. Graeber），《債：第一個五千年》（*Debt: The First 5000 Years*；2018 年中文增訂版標題《債的歷史：從文明的初始到全球負債時代》），梅爾維爾出版社（Melville House），2011，原書 81-84 頁。亦可參見泰斯塔爾（A. Testart），《奴隸、債與權力》（*L'Esclave, la Dette et le Pouvoir*），漂流出版社（Éditions

Errances），2001。

21 在此我們想到的實例包括希臘及南歐各國對德國、法國及北歐的債務，在許多非洲和亞洲國家逐漸形成的對中國負債，以及阿根廷對一個國際債權集團所負的債務。後續我們將詳細探討這些案例之間的異同，以及一次大戰後法國透過凡爾賽合約的簽訂，對德國所施加的巨額債務。關於這些議題，特別可參見本書第十章。

22 參見第二章。「十億法郎外僑補償金」旨在彌補貴族在 1789 到 1815 年之間的租金及財產損失，其具體實施涵蓋了數量遠高於此的貴族所有權人，總金額相當於 1825 年法國年度國內生產總額的 15% 左右；計畫用於廢奴相關措施的三億法郎在 1840 年代相當於當時年度國民生產總額的 2%。

23 「奴隸解放必須以漸進方式部分實施，而非同時實施於全體，否則可能演變成類似海地的顛覆性革命。與奴隸解放相應的是奴隸主必須獲得補償，補償金額須盡可能相當於其被剝奪財產的價值。這種賠償不可由母國承擔，因為金額高達三億法郎；這種金額光是利息就會壓垮法國的公共債務。……顯而易見的是，由於必須作出犧牲才能達到這個目的，從中獲得巨大好處的奴隸自然應該也必須付出這個代價。在將他們納入公民階級時，一個非常有用的方法是透過一種有益身心的實踐，讓他們明瞭，一般法理期許所有人均應藉由辛勤而聰明的勞動，改善自身地位。」摩洛・德喬奈斯（A. Moreau de Jonnès），《以統計學方法研究殖民奴隸制與廢除此一制度之方法》（Recherches statistiques sur l'esclavage colonial et sur les moyens de le supprimer），1842，252-253 頁。

24 參見烏丹－巴斯提德（C. Oudin-Bastide）與史坦納（P. Steiner），《計算與道德》（Calcul et Morale），出版資料如前，122-123 頁。

25 1840 年代的討論提出每名奴隸平均補償一千三百法郎的方案（因此補償總額可估計為三億法郎），1848 年的廢奴法採用的參考價值則是六百法郎（相當於當時同等自由勞工四到六年的薪資）。

26 1893 年時，托克維爾建議原奴隸在一段相當長的期間（約十年或二十年）不得擁有所有權，以便讓他們有時間好好培養對工作與努力的熱忱心態，因為如果他們太快發現所有權帶來的舒適，學習效果可能會大打折扣。這項提議在 1848 年的法案中未獲採納。參見烏丹－巴斯提德（C. Oudin-Bastide）與史坦納（P. Steiner），《計算與道德》（Calcul et Morale），出版資料如前，202-203 頁。關於 1848 年相關法令的研擬與實施，也可參見施密特（N. Schmidt），《法國是否廢除了奴隸制？瓜地洛普、馬丁尼克與圭亞那，1830-1935》（La France a-t-elle aboli l'esclavage ? Guadeloupe, Martinique, Guyane 1830-1935），沛韓（Perrin）出版社，2009。

27 尤可參見斯坦吉亞尼（A. Stanziani），〈在殖民主義之外：法國鄉村與留尼旺島的僕人、受薪者與契約移工，1750-1900〉（Beyond Colonialism: Servants, Wage Earners and Indentured Migrants in Rural France and on Reunion Island [1750-1900]），刊載於《勞動史》（Labor History），卷 54，2013，64-87 頁；同前，《水手、奴隸與移民：印度洋世界的奴役，1750-1914》（Sailors, Slaves, and Immigrants. Bondage in the Indian Ocean World 1750-1914），帕爾格雷夫・麥米倫（Palgrave Macmillan）出版社，2014；同前，《帝國邊陲的勞工：發聲、退場與法律》（Labor on the Fringes of Empire. Voice, Exit and the Law），帕爾格雷夫・麥米倫出版社，2018。亦可參見艾倫（R. Allen），〈奴隸，罪犯，廢奴主義，以及後解放契約勞動制度的全球起源〉（Slaves, Convicts, Abolitionism and the Global Origins of the Post-Emancipation Indentured Labor System），刊載於《奴隸制與廢奴》（Slavery and Abolition），卷 35 (2)，2014，328-348 頁。

28 參見班特森（E. Bengtsson），〈質疑瑞典的「特殊道路」〉（The Swedish Sonderweg in Question，文章出處詳如前，10 頁。

29 在英國，《主僕法》（Master and Servant Law）持續實施到 1875 年。參見奈督

（S. Naidu）與亞克特曼（N. Yuchtman），〈強制性契約執行：〉（Coercive Contract Enforcement: Law and the Labor market in nineteenth Century Industrial Britain），刊載於《美國經濟評論》（*American Economic Review*），卷 103 (1)，2013，107-144 頁。在法國，「工人名簿」（livret ouvrier）制度在 1854 年經過強化，讓資產主可以藉此警告未來的雇主，這種做法對他們眼中叛逆員工的權益造成嚴重損害（該制度於 1890 年廢除）。參見卡司特爾（R. Castel），《社會議題的蛻變：一部受雇階級的年代史》（*Les Métamorphoses de la question sociale. Une chronique du salariat*），伽利瑪（Gallimard）出版社，Folio 叢書，1995，414-415 頁。

30　參見 1835 年 4 月 22 日以及 1836 年 5 月 25 日的國民議會議事紀錄。

31　即以權利平等為基礎，與出生地何在、原籍地遙遠等因素無關的跨國正義形式。詳見十七章。

32　補償僅限於 1988 年時仍在世的人（在 1942-46 年被羈押的十二萬日裔美國人中約占一半），總金額為十二億美元。

33　特別可參見丁恩（L. G. Tin），《奴隸制與賠償：如何面對歷史的罪惡……》（*Esclavage et Réparations. Comment faire face aux crimes de l'histoire...*），史托克（Stock）出版社，2013。本書作者亦擔任黑人社團代表會（Conseil représentatif des associations noires，CRAN）會長。

34　第五條規定如下：「成立一個由具備相關資格的人士所組成的委員會，負責斷定被害者遭受的侵害，以及審查由此一罪行而應獲得補償的條件。這個委員會的職權與宗旨由法國最高行政法院（Conseil d'État）透過法令明訂。

35　根據大多數估計，1929 年到 1936 年間共有一百到一百五十萬墨裔美國人被遣送回墨西哥，其中大約 60% 因為出生於美國而擁有美國籍。遣返作業經常獲得地方當局及聯邦機構的支持。近年某些研究估計遣返人數高達一百八十萬，大部分後來無法回到美國。參見瓦格納（A. Wagner），〈被遺忘的美國非法遣返史〉（America's Forgotten History of Illegal Deportations），刊載於《大西洋》（*The Atlantic*）雜誌，2017 年 3 月 6 日。

36　詳見貝克特（S. Beckert），《棉花帝國：資本主義全球化的過去與未來》（*Empire of Cotton: A Global History*），克諾普夫（Knopf）出版社，2014。我會在第九章回頭談奴隸制度及殖民支配在工業革命中扮演的角色。

37　這段引述出自巴雷爾（N. Barreyre），《黃金與自由：南北戰爭後的美國空間史》（*l'Or et la Liberté. Une histoire spatiale des États-Unis après la guerre de Sécession*），法國高等社會科學院出版部（Éditions de bEIIESS），2014，27 頁。該書英文版為《黃金與自由：美國重建時期的政治經濟》（*Gold and Freedom: The Political Economy of Reconstruction*），戈德漢莫（A. Goldhammer）譯，維吉尼亞大學出版部（University of Virginia Press），2015。

38　這項法案導致與自由州毗鄰各州的奴隸售價相較於更南方的奴隸州增加了 15% 到 30%，這點似乎顯示奴隸商認為逃亡風險很大。參見藍儂（C. Lennon），〈奴隸出逃、奴隸售價與 1850 年的逃亡法〉（Slave Escape, Prices and the Fugitive Act of 1850），刊載於《法律與經濟學學報》（*Journal of Law and Economics*），卷 59 (3)，2016，669-695 頁。自由黑人在北方州遭綁架的案例非常多，這個史實激發電影導演史提夫‧麥昆（Steve McQueen）拍攝《自由之心》（*Twelve Years a Slave*，2013 年出品）。

39　電影導演史派克‧李（Spike Lee）索性對此大加諷刺，將他的製片公司取名為「四十英畝及一頭騾影業」（40 Acres and a Mule）。

40　不過在某些郡，奴隸的人口占比高達 75%，例如維吉尼亞州的諾托韋（Nottoway）郡。這個郡距離南安普頓（Southampton）郡不遠，1831 年間，奈特‧杜納（Nat Turner）曾在該郡領導起義，這段歷史被改編成 2016 年電影《國家的誕生》（*The Birth of a Nation*），由內特‧帕克（Nate Parker）執導。

41　假定薪資總額占國內生產毛額的 60-70%，而國內生產毛額取決於多種不同因素，特別是法律制度如何定義何謂「自由」勞動。若平均資本收益率為 5%，奴隸的價格原則上可以接近二十年的薪資，不過考量風險、奴隸成本（食物、服裝）等因素，就不難得出8-10% 左右的表面收益率。

42　在美國南方，奴隸的整體市場價值超過其他所有私人資產（農地、不動產及業務資產）的總和。參見皮凱提，《二十世紀資本論》，圖 4.10，法文版 252 頁。

43　參見謝德（W. Shade），《舊有領土的民主化：維吉尼亞及第二政黨制度，1824-61》（*Democratizing the Old Dominion: Virginia and the Second Party System, 1824-1861*），維吉尼亞大學出版部（University Press of Virginia），1996，191-193 頁。相關金額方面，詳見線上附錄。

44　「我可以真確地說，很少有國家〔像美國這樣〕，為勞動者保留這麼多好處，要求他的付出這麼少，而且在他生病或年老力衰時給予他這麼多照顧。將這種情況與歐洲較文明地區的貧民院住民相比——看看我們這邊生病、老弱的奴隸，他們有家人和友朋為伴，並獲得男女主人的悉心照料；然後再看看貧民院中那些接受救濟的窮人，那種淒涼、悲哀的處境」（1837 年 2 月 6 日考宏於美國參議院發表的演說）。

45　「倘若能實施全盤解放以及遣返，那種財產——這是習用訛稱——的廢止就只是瑣事一樁，我不會有一分遲疑；按部就班、作出應該的犧牲，事情就可能圓滿。但就現今情況而言，我們手執狼耳，既不能真正抓住他，也無法在安全狀況下讓他離開。秤的一邊是正義，另一邊則是自保。」（湯瑪斯‧傑佛遜〔Thomas Jefferson〕致約翰‧霍姆斯‧蒙提塞羅〔John Holmes de Monticello〕信函，1820 年 4 月 22 日，《傑佛遜書信集》〔*The Writings of Thomas Jefferson*〕，卷 15，1903，248-250 頁。亦可參見紹（B. Shaw），〈手執狼耳：在歷史脈絡中探究芬利的古代奴隸制與現代意識形態〉（A Wolf by the Ears: M. Finley's Ancient Slavery and Modern Ideology in Historical Context），收錄於芬利（M. Finley），《古代奴隸制與現代意識形態》（*Ancient Slavery and Modern Ideology*），新版，馬可斯維納（Markus Wiener）出版社，1998。

46　還有一點必須注意的是，許多奴隸主支持美國殖民協會遣返自由黑人的概念（他們擔心黑人人口增加，而且認為黑人有造反傾向），同時希望奴隸制繼續維持。參見謝德（W. Shade），《舊有領土的民主化》，作品資料如前，194-195 頁。1847 年在美國殖民協會監督下通過的賴比瑞亞憲法將政治權與投票權保留給美裔，導致 1980 年以前所有總統職務都由美裔擔任。

47　參見謝德（W. Shade），《舊有領土的民主化》（*Democratizing the Old Dominion*），出處如前。亦可參見 R. McCormick，《第二政黨制度：傑克森時代的政黨形成》（*The Second Party System: Party Formation in the Jacksonian Era*），諾頓（Norton）出版社，1966。「第一政黨體系」（First Party System）在民主共和黨（1828 年改稱民主黨）與聯邦黨對立的架構下實現。不過 1797 年亞當斯（來自波士頓的聯邦黨人）當選總統以後，聯邦黨蒙受愈來愈嚴重的失敗，於 1930 年代被輝格黨取代（這個黨的名稱援引英國的自由黨），催生以共和黨與輝格黨為對立雙方的「第二政黨體系」（Second Party System）。第三政黨體系在林肯領導的共和黨掌權後出現，形成民主黨與共和黨對立的局面。從 1790 年到1960 年這段期間，有一個歷久不變的重要現象是民主黨（及其前身民主共和黨）總是在南方州獲得最佳的表現，聯邦黨－輝格黨－共和黨則在東北部大舉成功。加州大學聖塔芭芭拉分校（UCSB）的「美國總統研究計畫」（American Presidency Project）建立了一份資料，統計 1792 年到 2016 年歷屆美國總統選舉的數據，可以作為研究依據。根據眾多美國政治學者的分析，在 1896-1900 年間，隨著「民粹主義」運動出現及要求重分配的呼聲高漲，「第三政黨體制」轉變成「第四政黨體制」；其後在 1932 年，隨著羅斯福派聯盟掌權，第四政黨體制轉變成第五個體制；1960 年代民權運動展開以後，「第六

政黨體制」登場（有人甚至認為川普〔Donald Trump〕當選總統以後，美國進入了「第七政黨體制」）。關於這個部分，可參見的資料包括梅瑟爾（S. Maisel）、布魯爾（M. Brewer），《美國政黨與選舉》（*Parties and Elections in America*），羅曼（Rowman）出版社，2011。有關 1945 年以來美國政黨制度的演變，參見本書十四章及十五章。

48　有關「重建時期」的政治衝突結構，參見巴雷爾（N. Barreyre）的精采著作《黃金與自由》（*l'Or et la Liberté*），出版資料如前。

49　關於南北戰爭結束後波士頓金融菁英（在當時的政治語彙中稱為「婆羅門階級」）的思維及策略，參見麥格爾（N. Maggor）的精闢著作，《婆羅門資本主義：美國第一個鍍金時代財富與民粹的邊界》（*Brahmin Capitalism: Frontiers of Wealth and Populism in America's First Gilded Age*），哈佛大學出版部（Harvard University Press），2017。有些波士頓人本來試圖投資南方的農場，但很快就意識到他們口中的「黑鬼」（darkies）不但不再願意無償勞動，甚至還「妄想」擁有自己的土地。於是他們經常寧可將他們在東北部透過紡織業累積的資本往西部重新投放，儘管他們在西部必須面對拓荒者的挑戰（拓荒者也想要保護自己，比方說他們會在州憲法中制訂水資源和鐵路的相關公共規範。）

50　參見巴雷爾（N. Barreyre），《黃金與自由》（*l'Or et la Liberté*），出版資料如前，175-176頁。

51　1870 年代期間，南方各州的許多黑人選民擁有投票權（並且大量投票支持共和黨），部分州議會的黑人比例甚至高達 40%（例如在路易斯安那州和南卡羅萊納州）。後來隔離主義相關立法及造假的考試逐漸占上風，導致南方各州黑人的投票率從 1885 年的 61% 陡降為 1908 年的 2%。參見列維茨基（S. Levitsky）、吉布拉特（D. Ziblatt），《民主制度如何死亡》（*How Democracies Die*），企鵝（Penguin）出版社，2018，89-91 頁。）

52　舉例而言，法律禁止雇主用比農場更高的薪水誘使黑人離開原有工作，違反者會受到重罰。參見奈督（S. Naidu），〈聘雇限制與勞動市場：來自南北戰爭後美國南方的證據〉（Recruitment Restrictions and Labor Markets: Evidence from Post-Bellum U.S. South），收錄於《勞動經濟學報》（*Journal of Labor Economics*），卷 28 (2)，2010，413-445 頁。

53　這個過程是以相對緩慢的方式漸進發生，南方的非裔美國人比例在 1860 年到 1920 年之間從 92% 略減為 85%，其後快速降低到 1950 年的 68%，再降到 1970 年的 53%，此後大致維持在這個水準（2000 年以後略有增加）。

54　參見線上附錄。

55.　參見班納費（B. Bennassar）、馬杭（R. Marin），《巴西史》（*Histoire du Brésil*），多元（Pluriel）出版社，2014，102-108 頁。

56　同前，369-370 頁。

57　這種情況在東北部地區以及佩南布科（Pernambouc）地區特別明顯。佩南布科的民選州長試圖發展大規模識字計畫，並設法要求遵守最低限度的勞工關係規則，結果在該場政變中遭到暴力罷黜。參見朱里奧（F. Juliao）的見證，《枷鎖：巴西黯黑的一面》（*Cambao. La face cachée du Brésil*），馬斯佩羅（Maspero）出版社，1968；林哈特（R. Linhart），《蔗糖與飢餓：巴西東北部產糖區調查》（*Le Sucre et la Faim. Enquête dans les régions sucrières du nord-est brésilien*），午夜出版社（Éditions de Minuit），1981。

58　尤可參見戴尼遜（T. Dennison），〈俄國農奴社會中的契約執行，1750-1860〉（Contract enforcement in Russian Serf Society, 1750-1860），刊載於《經濟史評論》（*Economic History Review*），卷 66 (3)，2013，715-732 頁。

59　參見馬可維奇（A. Markevich）、朱拉夫斯卡亞（E. Zhuravskaya），〈農奴制廢除的經濟效應：來自俄羅斯帝國的證據〉（The Economic Effects of the Abolition of Serfdom: Evidence from the Russian Empire），刊載於《美國經濟評論》（*American Economic Review*），卷 108 (4-5)，2018，1074-1117 頁。

60 戴尼遜（T. Dennison），〈俄國農奴制的體制架構：來自 1861 年的觀點〉（The Institutional Framework of Serfdom in Russia: the View from 1861），收錄於卡拉喬奧奇（S. Cavaciocchi），《十一到十九世紀歐洲經濟中的農奴制與奴隸制》（Serfdom and Slavery in the European Economy, 11th-19th Centuries），佛羅倫斯大學出版部（Firenze University Press），2014。亦可參見穆恩（N. Moon），《俄國農奴制的廢除，1762-1907》（The Abolition of Serfdom in Russia, 1762-1907），勞特里奇（Routledge）出版社，2001。

61 參見普拉托諾瓦（N. Platonova），〈帝制時期俄羅斯的所得稅導入：一項未竟改革的源起與擬定〉（l'introduction de l'impôt sur le revenu en Russie impériale : la genèse et l'élaboration d'une réforme inachevée），刊載於《法國法與外國法歷史評論》（Revue historique de droit français et étranger），卷 93 (2)，2015，245-266 頁。

第七章

1 無論是在現今智利及祕魯的領土、馬雅人的地區，或在北美洲，歐洲人對印地安人實施強制勞動的做法在美洲歷史上也具有關鍵重要性，不過長期受到忽略。參見雷森德茲（A. Reséndez），《另一種奴隸制：美洲印第安人被奴役的祕辛》（The Other Slavery: The Uncovered Story of Indian Enslavement in America），哈考特（Harcourt）出版社，2016。

2 關於歐洲人抵達美洲時原居人口估計值的主要現有資料，參見線上附錄。根據 1921 年墨西哥的人口普查，混血人口（mestizos）約占 60%，原住民占 30%，「白人」則占 10%。由於多元族群認同早已納入墨西哥憲法，目前的人口普查已不再詢問人種歸屬問題。

3 參見線上附錄。在此提供的法蘭西帝國、大英帝國、荷蘭帝國人口資料主要依據柯尼歐（D. Cogneau）及埃特馬德（B. Etemad）的研究。

4 參見線上附錄。既有資料可供估計，法裔殖民者和農場經營者（共約占總人口的 5%）享有相當於島內生產 70% 的收益，而根據不同假設，混血族群（也占總人口 5% 左右）以及得到相對合理對待的奴隸所獲的份額一共落在 10% 到 15% 之間。無論如何，最高十分位人口享有的份額高達 80% 甚至更多，這個水平高於其他任何地區。

5 關於他們採用的資料及假設，詳見線上附錄。如需獲得更細緻的分析，請參見艾爾瓦雷多（F. Alvaredo）、柯尼歐（D. Cogneau）、皮凱提（T. Piketty），〈殖民統治下的收入不平等：來自法屬阿爾及利亞、喀麥隆、印尼及突尼西亞的證據，1920-1960〉（Income Inequality under Colonial Rule: Evidence from French Algeria, Cameroon, Indochina and Tunisia, 1920-1960），世界不平等資料庫（WID.world），2019；阿特金森（A. Atkinson），〈前英屬非洲的頂層所得分布〉（The Distribution of Top Incomes in Former British Africa），世界不平等資料庫（WID.world），2015；艾爾瓦雷多、阿特金森，〈殖民統治、種族隔離與天然資源：南非的頂層所得概況，1903-2007〉（Colonial Rule, Apartheid and Natural Ressources: Top Incomes in South Africa, 1903-2007），經濟政策研究中心討論報告（CEPR Discussion Paper）DP815 號，2010。

6 既有資料顯示，在阿爾及利亞，本土居民占最高所得階層（約相當於最高百分位）的 5%，在突尼西亞則達 20%。不過這兩項估計無法相互比較，因為在阿爾及利亞，猶太人被歸入歐洲人（1870 年克雷米約法令〔décret Crémieux〕為阿爾及利亞的「本土以色列人」賦予法國國籍，這些古以色列人的後代有一大部分從西班牙驅逐猶太人的年代及「收復失地運動」結束以後就一直居住在北非），與「穆斯林」的情況不同。突尼西亞則相反，當地的猶太人與穆斯林人一樣被歸為「非歐洲人」，而猶太人想必構成當地最高階所得的大宗（可能超過一半）。參見線上附錄。

7 參見戈文德（Y. Govind），《後殖民時代的不平等趨勢：從「四個老殖民地」到四個法國海外省》（Post-Conial Inequality Trends: From the "Four Old Colonies" to the French Overseas

Departments），WID.world 資料庫，2019。

8　這個「最大不平等」的概念接近米蘭諾維奇（B. Milanovic）、林德特（P. Lindert）及威廉遜（J. Williamson）在〈前工業時代的不平等〉（*Preindustrial Inequality*，載於《經濟學雜誌》〔*The Economic Journal*〕，卷 121 (551)，2011，255-272 頁）一文中所提的「不平等前沿」（inequality frontier）概念，只不過我採用的不是吉尼係數，而是最高十分位和最高百分位的占比。另外要說明的是，所得有可能暫時為負值（例如獨立經營者遭受營運損失的情況），但消費不可能是負值；就實務面而言，最貧窮 50% 人口的平均所得與平均消費幾乎完全吻合（一般來說，這個群體沒有顯著的儲蓄或負儲蓄，這意味的是他們的平均資產傾向於穩定維持在接近零或是低於零的水平）。

9　參見本書導論，圖 0.1 及 0.2，32-33 頁。換句話說，全球平均所得已經從維生所得的三倍左右提高到大約三十倍。這些規模比例的用意在於提示，不過我想藉此提醒，在此不宜用太機械化的方式進行解讀，因為用來比較長期購買力的物價指數無法闡明相關演變的規模，以及個別情況的多元性與多面向性。用統計語彙來說，在相同的平均物價指數背後，可能隱藏著各種主要生活物資相對價格非常不同的實況，而如果要確實掌握貧困處境的演變情形，必須一一予以檢視才行。

10　假定進行以下比較有其意義，我們可以從既有估計數字發現，古代的世界平均所得只比十八世紀略低（即維生所得的三倍左右）。在當年富裕程度最高的歐洲、亞洲、非洲和中美洲社會中，平均所得大幅超出世界均值，因此非常足以發展出高度的最大不平等。參見線上附錄。

11　我在此假定，藉由該島輸出物產（相當於 1760-90 年之間平均經濟附加價值的 55% 左右）累積財富的資產主是一個頂多只有幾千人的小群體，不到聖多明哥人口（1790 年時超過五十萬）的 1%。1825 年之後，海地透過法國存託銀行支付賠償金給資產主，但有關檔案資料尚未開放，因此我們在這方面無法進行系統性的彙整研究，暫時難以進一步估算。詳見線上附錄。

12　這種雙重文明任務（既是軍事宰制也是智識支配，以秩序維持及精神指導為雙重基礎）不免令人聯想到從前的三重功能社會模式及當時的軍事菁英與教士菁英；三級邏輯後來只是擴展到國際和國家間的層次罷了。

13.　參見施密特（N. Schmidt），《法國是否廢除了奴隸制？》（*La France a-t-elle aboli l'esclavage ?*），出版資料如前，340 頁。

14　主要可參見柯尼歐（D. Cogneau）、杜普拉茲（Y. Dupraz）、梅斯普雷－宋（S. Mesplé-Somps），〈殖民國家的財稅能力與二元主義：法蘭西帝國，1830-1962〉（*Fiscal Capacity and Dualism in Colonial States: The French Empire 1830-1962*），法國高等社會科學院（EHESS）及巴黎經濟學院（École d'économie de Paris），2018。亦可參見維依勒希（É. Huillery），〈黑人的重擔：法屬西非殖民化的代價〉（*The Black Man's Burden: the Costs of Colonization of French West Africa*），收錄於《經濟史學報》（*Journal of Economic History*），74 (1)，2013，1-38 頁。

15　參見柯尼歐（D. Cogneau）、杜普拉茲（Y. Dupraz）、梅斯普雷－宋（S. Mesplé-Somps），〈殖民國家的財稅能力與二元主義〉（*Fiscal Capacity and Dualism in Colonial States*），出處如前，35 頁。

16　在此附帶一提，「與其妄想尚貝茲，不如投資柯雷茲」（La Corrèze plutôt que le Zambèze）這個著名金句事實上並不是針對殖民地，而是殖民地獨立之後，法國國民議會在 1964 年就後殖民時代的發展援助議題進行辯論時，科雷茲（Corrèze）省社會黨議員尚·蒙塔拉（Jean Montalat）喊出的口號。〔按：「尚貝茲」音譯自法文 Zambèze，即尚比西〔Zambesi〕河。該河從非洲中部流向印度洋，是非洲第四長河，流域中最著名的地標是維多利亞大瀑布。

17　在戰間期，這類殖民地軍事支出介於國內生產毛額的 0.5% 和 1% 之間。參見柯尼歐（D. Cogneau）、杜普拉茲（Y. Dupraz）、梅斯普雷－宋（S. Mesplé-Somps），〈殖民國家的財稅能力與二元主義〉（*Fiscal Capacity and Dualism in Colonial States*），出處如前，46頁。

18　詳細估計數字可於線上附錄查詢。

19　圖 7.9 呈現的國外資產納入所有投資及財產，包括金融資產、直接投資以及土地資產、礦產資源、不動產（在現代國家帳目中，一旦這些資產在國際層級運作，就會被自動列入金融資產）。

20　在此必須補充說明圖 7.9 中德國的曲線落在負值的部分：如果將凡爾賽和約規定的債款納入計算，則負值會更大。我們會在第十章回來探討 1914 年到 1945 年國外資產崩垮的問題。

21　某些產油國累積的資產有可能達到更高水平，例如挪威的國外資產淨值高達國民所得毛額的 200% 以上，不過這些國家在全球經濟中規模相對偏小。此外，中國累積的資產規模之所以不特別高，一部分原因在於該國正處於強勁成長的階段；相較於現今的國內生產總值，一、二十年前累積的資產可說微不足道，況且中國與許多產油國一樣，至今一直滿足於相對低的報酬率（特別是透過持有美國國庫債券）。我們將在第十二及十三章回頭探討這些問題。

22　詳見線上附錄中針對相關金額所做的分析。

23　關於中國和摩洛哥這兩個案例，參見線上附錄及以下近年著作：張－羅伊（B. Truong-Loï），《清末中國的債務，1874-1913》（*La Dette chinoise à la fin de la dynastie Qing (1874-1913)*），巴黎政治學院（Sciences Po）論文，2015；巴爾勃（A. Barbe），《摩洛哥的公共債務與歐洲擴張主義，1856-1956》（*Public Debt and European Expansionism in Morocco, 1856-1956*），巴黎經濟學院（PSE）及高等社會科學院（EHESS）論文，2016。

24　在這筆七十五億金法郎的款項中，真正的賠償金占五十億，其餘為「占領相關費用」。

25　不過這個估計不太精確，因為許多股份及債券發行公司的業務遍及許多不同地區。

26　不過在此我們必須避免賈克・馬賽（Jacques Marseille）等人所犯的一項錯誤，亦即將某些非洲殖民地對法國本土的貿易逆差詮釋為被殖民人口靠法國吃飯的徵象。事實上，當年那些逆差的金額低於殖民者所獲的軍事及民事支出；這些資金相當於維持殖民秩序及殖民者優渥生活所需的經費，而不是被殖民人口的生活費用。參見柯尼歐（D. Cogneau）、杜普拉茲（Y. Dupraz）、梅斯普雷－宋（S. Mesplé-Somps），〈殖民國家的財稅能力與二元主義〉（*Fiscal Capacity and Dualism in Colonial States*），文章出處如前；維依勒希（É. Huillery），〈黑人的重擔〉（*The Black Man's Burden*），文章出處如前。

27　關於這點，請參見戴維斯（L. Davis）、哈坦巴克（R. Huttenback），《瑪門與帝國的追尋：英國殖民主義的政治經濟學，1860-1912》（*Mammon and the Pursuit of Empire: The Political Economy of British Imperialism, 1860-1912*），劍橋大學出版部（Cambridge University Press），1986。

28　參見薩達（E. Saada）的精采著作，《殖民地的孩子：糾結在從屬臣民與法國公民身分間的法蘭西帝國混血兒》（*Les Enfants de la colonie. Les métis de l'Empire français, entre sujétion et citoyenneté*），發現出版社（La Découverte），2007，此處文句引自 47、147-152、210-226等頁。該書英文版於 2011 年出版，標題為 *Empire's Children: Race, Filiation and Citizenship in the French Colonies*。

29　出處同上，45-46 頁。

30　「關於歐洲男人與安南女人結合的情況，我們可以推斷，交往追求的案例極為罕見 ……安南人與中國人一樣，除了合法妻子以外，還能擁有一名或數名妾。丈夫可以把妾修掉，而與歐洲男人一起生活的女人通常被安南人視為妾 ……歐洲男人娶妾幾乎都是透

過女方父母的同意，男方通常會付一筆禮金給女方父母，而女方父母認為女兒暫時定居在男方家是很光彩的事。在許多其他案例中，女人是透過一名「女性代理人」〔按：原文為 procureuse（procureur 一字的陰性形式），該字亦指「檢察官」。〕牽線，與歐洲男人建立關係；在這種情況中，男人是向女方父母購買他們的女兒。這樣看來，姦淫的情事並不存在，歐洲男人迎娶的妾很少是（甚至沒有一個是）處女；雙方不可能有交往追求的關係，因為安南女人之所以決定與歐洲男人共同生活，完全是出於金錢考量〔原文如此〕。另外，安南女人水性楊花，經常犯下悖德行為，而假如她們被容許對她們的情人提起告訴，這將造成極大的危險，因為對她們而言，與歐洲男人結合只是一種利益操作，縱使她們可能認為這麼做很有面子，但在這種關係中，感情所扮演的角色可說微乎其微。」

31　參見隆巴爾（D. Lombard）的精湛著作，《爪哇十字路口：世界史論（第一冊：西方化的侷限；第二冊：亞細亞網路；第三冊：同心圓王國的遺緒）》（Le Carrefour javanais. Essai d'histoire globale (vol. 1 : Les Limites de l'occidentalisation ; vol. 2 : Les Réseaux asiatiques ; vol. 3 : l'Héritage des royaumes concentriques)），法國高等社會科學院（EHESS），1990。

32　在此說明，從十一世紀的三級社會（參見第二章）到二十世紀的殖民社會，在當局用來增加工作紀律、確立宰制地位的各種方法中，「砍手」是經常被述及的一項。在齊瑪曼達・阿迪契（Chimamanda Ngozi Adichie）的 2006 年著作《半輪黃日》（L'Autre Moitié du soleil，英文書名為 Half a Yellow Sun）中，反殖民活動分子李察（Richard）寫了一本探討英國殖民奈及利亞的書，標題是《一整籃的手》（Le Panier des mains，英文標題為 The Basket of Hands）。李察的戀人凱妮娜（Kainene）後來銷毀了他的手稿，一方面是為了報復他的出軌行為，另一方面則是想要讓他明白，這個故事最好留給奈及利亞人處理，他應該回去為比亞夫拉（Biafra）共和國奮鬥〔按：比亞夫拉共和國是奈及利亞東南部一個由分離主義者建立的國家，只短暫存在於 1967-70 年，但未獲普遍承認。〕。

33　參見周利（V. Joly），〈1908：比屬剛果的建立〉（1908 : Fondation du Congo belge），收錄於辛加拉維魯（P. Singaravélou）、韋奈爾（S. Venayre）合編，《十九世紀世界史》（Histoire du monde au XIXe siècle），法雅（Fayard）出版社，2017，381-384 頁。在 2018 年出版的《這個美麗國度屬於你》（Il est à toi ce beau pays）一書中，珍妮佛・理查（Jennifer Richard）描述了剛果被剝削的情況，以及投身抗爭運動的非裔美國人華盛頓・威廉斯（Washington Williams）所遭逢的種種困境。

34　參見 1913 年的《法屬西非公報》（Journal officiel de l'Afrique occidentale française），70 頁。該決議明訂，「原則上只能在收穫及採收季節以外的時間要求民眾提供服務」，而且執行這些勤務的範圍「距離當事人所居村莊不得超過五公里，除非服務提供者獲得金錢或實物配給」。具體而言，只要當局能提供「服務提供者」一些「配給」，當局就可以隨時將任何人送到殖民地彼端的遙遠地方勞動。

35　近年有些學者針對這些檔案資料與相關論辯進行了分析，包括魏仁伯格（M. van Waijenburg），〈非洲殖民政府的財源：迫切的資金需求與強迫勞動〉（Financing the African Colonial State: The Revenue Imperative and Forced Labor），載於《經濟史學報》（Journal of Economic History），卷 78 (1)，2018，40-80 頁，以及梅勒（I. Merle）、馬柯（A. Muckle），《原住民以及此一族群在法蘭西帝國的生成：新喀里多尼亞的做法》（L'Indigénat. Genèses dans l'empire français, pratiques en Nouvelle-Calédonie），法國國家科學研究院出版部（CNRS Éditions），2019。

36　參見佛維爾－艾馬爾（F.-X. Fauvelle-Aymar），《南非史》（Histoire de l'Afrique du Sud），瑟伊（Seuil）出版社，2006，382-395 頁。

37　在其他一些殖民地，我們也可以看到專為原住民設置的領土保留區制度，例如十九世紀後期及二十世紀上半葉的法屬新喀里多尼亞。參見諾瓦里耶（G. Noiriel），《法國大眾

史：從百年戰爭到今天》(*Une histoire populaire de la France. De la guerre de Cent Ans à nos jours*)，阿根尼（Agone）出版社，2018，431-435 頁。

38 參見線上附錄以及艾爾瓦雷多（F. Alvaredo）、阿特金森（A. Atkinson）、莫里瓦爾（E. Morival）的研究著作。

39 特別是受到左派政黨經濟自由鬥士（Economic Freedom Fighters〔簡稱 EFF〕，以爭取財富重分配為宗旨）的施壓，以及一部分黑人資產階級轉而投奔過去的阿非利卡白人黨派（先是國民黨〔National Party〕，2000 年以後則是民主聯盟〔Democratic Alliance〕。參見格辛（A. Gethin），《分裂結構與財富分配政策》(*Cleavage Structures and Distributive Politics*)，巴黎經濟學院（PSE），2018，以及線上附錄。

40 參見庫伯（F. Cooper）引人入勝的精采著作，《游移在帝國與民族之間的公民地位：重塑法國與法屬非洲，1945-1960》(*Citizenship between Empire and Nation: Remaking France and French Africa 1945-1960*)，普林斯頓大學出版部（Princeton University Press），2014。亦可參見同一作者的另一部著作，《世界的非洲：資本主義、帝國與民族國家》(*Africa in the World: Capitalism, Empire, Nation-State*)，哈佛大學出版部（Harvard University Press），2014。

41 西班牙曾在 1809-12 年間設法與其拉丁美洲殖民地共同組織聯邦議會，但當時的背景非常不同，該制度也不曾有機會落實。

42 第一份憲法草案也規畫了一個「經濟委員會」和一個「法蘭西聯盟委員會」，但這些機構僅具諮詢功能，而且完全由國民議會掌控，而國民議會的組成理論上可以達到法國本土與海外領土之間的大致平衡。

43 關於這些論辯，參見庫伯（F. Cooper），《游移在帝國與民族之間的公民地位》(*Citizenship between Empire and Nation*)，出版資料如前，相關頁面為：42-61 頁、92-93 頁、148-151 頁、187-189 頁、214-258 頁。

44 有趣的是，1945 年留尼旺、瓜地洛普、馬丁尼克設省（這個做法受到共產黨的支持），部分白人墾殖者試圖推行一種南非式的隔離主義獨立模式。另外，身為奴隸孫輩後代的圭亞那議員加斯東·莫奈維爾（Gaston Monnerville）從 1947 年到 1968 年陸續擔任共和諮議院議長及參議院議長，戴高樂辭職後，他以六個月的時間差距，差點當上法蘭西共和國第一位具有混血身分的（代理）總統。

45 參見庫伯（F. Cooper），《游移在帝國與民族之間的公民地位》(*Citizenship between Empire and Nation*)，出版資料如前。

46 在 1946 年的協商過程中，第一制憲議會為阿爾及利亞提供了三十五個議席（殖民者十四席、穆斯林二十一席）；阿爾及利亞領導人費爾哈特·阿巴斯（Ferhat Abbas，1962 年成為獨立阿爾及利亞的第一任首長）要求五十五個議席（殖民者二十席、穆斯林三十五席，雖然按照人數比例，穆斯林應當獲得一〇六席）；第二制憲議會則為阿爾及利亞提供三十席（殖民者十五席、穆斯林十五席）。許多人認為，走到這個地步以後，戰爭已經無可避免。參見庫伯（F. Cooper），《游移在帝國與民族之間的公民地位》(*Citizenship between Empire and Nation*)，出版資料如前，135 頁。

47 參見前述作品，328-421 頁。

第八章

1 葡萄牙樂於接納印度公主，但不願意把葡萄牙公主送到印度。關於這些宮廷關係，參見蘇布拉曼亞姆（S. Subrahmanyam）的精采著作《大象、火砲與畫筆：歐洲宮廷與亞洲宮廷關聯史 1500-1750》(*L'Éléphant, le Canon et le Pinceau. Histoires connectées des cours d'Europe et d'Asie 1500-1750*)，阿爾瑪（Alma）出版社，2016。

2 參見英文新版《摩奴法論》(*The Law Code of Manu*)，奧利維爾（P. Olivelle）譯，牛津經

典（Oxford Classics），2004，19頁。

3　出處同前，106-110頁。

4　出處同前，183、284頁。

5　參見同前著作，奧利維爾（P. Olivelle）的導論（Introduction）部分，xli-xlv頁。亦可參見奧利維爾（P. Olivelle），《帝國之間：公元前300年到公元400年的印度社會》（*Between the Empires: Society in India 300 BCE to 400 CE*），牛津大學出版部（Oxford University Press），2006；奧利維爾（P. Olivelle）、戴維斯（D. Davies），《印度教律法：一部新的法論史》（*Hindu Law: A New History of Dharmasastra*），牛津大學出版部（Oxford university Press），2018。

6　立場靠攏1920年代君主主義思潮的法國學者喬治‧杜梅齊勒（Georges Dumézil）在1986年接受訪問時這樣歸納他的論點：「讓位居國家最高職位的人免受世人的野心與奇思異想干擾，這不只是君主制度的原則，更是王朝統治的原理，而我始終認為這種做法優於丹頓（Danton）及拿破崙的時代結束以來，現今這種選舉橫行的模式。」參見艾里朋（D. Eribon），《我們應該燒死杜梅齊勒嗎？神話、科學與政治》（*Faut-il brûler Dumézil? Mythologie, science et politique*），弗拉馬里翁（Flammarion）出版社，1992，67頁。

7　關於甘地的意識形態，可參考的著作包括德克斯（N. Dirks），《心智的種姓：殖民主義與現代印度的塑造》（*Castes of Mind: Colonialism and the Making of Modern India*），普林斯頓大學出版部（Princeton University Press），2001，232-235頁、298-299頁。

8　在此可參考的資料包括布加爾（F. Bougard）、布赫爾－提耶里（G. Bührer-Thierry）、勒然（R. Le Jan），〈中世紀前期的菁英階層：認同、策略與社會流動〉（*Les élites du haut Moyen Âge : identités, stratégies, mobilités*），《歷史與社會科學年鑑》（*Annales. Histoire, Sciences sociales*），卷68（4），2013，1079-1112頁。

9　參見韋伯（M. Weber），《印度教與佛教》（*Hindouisme et Bouddhisme*），1916；以及杜蒙（L. Dumont），《階序人：種姓制度及其衍生現象》（*Homo hierarchicus. Le système des castes et ses implications*），伽利瑪（Gallimard）出版社，1966。杜蒙認為，印度社會透過「神聖」與「宗教」的概念來指定每個人的位置，因而有了恰當的結構；反之，受理性主義與戰爭思維蠱惑的歐洲社會否定此一原則，這是二十世紀各種亂象及災禍的導因之一。

10　參見蘇布拉曼亞姆（S. Subrahmanyam）《大象、火砲與畫筆》（*L'Éléphant, le Canon et le Pinceau*），出處如前。如同某些其他學者，這位作者強調英國征服印度是一個不明確程序所產生的結果，其中曾經含有多重的偶然性，而依據涉及該程序的各個政府或國家結構在策略上的調整變動，結局原本可能有所不同（例如1739年波斯皇帝納迪爾沙〔Nadir Shah〕採取異於歷代征服者的做法，匆忙決定撤出德里，歐洲人因而得以長驅直入）。參見德呂埃莫茲（Q. Deluermoz）、辛加拉維魯（P. Singaravélou），《試論曾經可能的歷史：反事實分析及未至的未來》（*Pour une histoire des possibles. Analyses contrefactuelles et futurs non advenus*），瑟伊（Seuil）出版社，2016，231-238頁。

11　關於邁索爾（Mysore）和古加拉特（Gujarat）的印度教王國，以及伊斯蘭王國在與東印度公司接觸後發生的社會－經濟及政治意識形態變動，亦可參考以下這本近年著作的分析：亞茲達尼（K. Yazdani），《印度、現代性與大分流：邁索爾和古加拉特，十七世紀至十九世紀》（*India, Modernity and the Great Divergence: Mysore and Gujarat [17th to 19th C.]*），布里爾（Brill）出版社，2017。

12　參見德克斯（N. Dirks），《空洞的王冠：一個印度王國的民族史》（*The Hollow Crown: Ethnohistory of an Indian Kingdom*），劍橋大學出版部（Cambridge university Press），1987；亦可參見《心智的種姓》（*Castes of Mind*），同前，65-80頁。

13　關於拉吉普特人的起源，過去曾出現數種不同理論。殖民時期甚受青睞的一個理論認為這個族群與匈人（Huns）及斯基泰人（Scythians）活躍時代的外族侵略有關，入侵者在

笈多王朝（Gupta Empire）式微以後，可能融入剎帝利階級。也有一些論點認為他們是吠陀時代剎帝利的直系後代，或者是一些原本屬於婆羅門、但因為取得政權而變成剎帝利的人。參見希爾特貝特爾（A. Hiltebeitel），《重新思索印度的口傳與經典史詩：拉吉普特人、穆斯林與達利特人心目中的德勞柏娣》（*Rethinking India's Oral and Classical Epics: Draupadi among Rajputs, Muslims, and Dalits*），芝加哥大學出版部（University of Chicago Press），1999，441-442 頁。

14　參見貝里（S. Bayly），《印度的種姓、社會與政治，從十八世紀到現代（*Caste, Society and Politics in India from the Eighteenth Century to the Modern Age*），劍橋大學出版部（Cambridge University Press），1999，33-34 頁、56-63 頁。

15　參見蘇布拉曼亞姆（S. Subrahmanyam），《達伽馬：印度總督的傳奇與磨難》（*Vasco de Gama. Légende et tribulations du vice-roi des Indes*），艾爾瑪（Alma）出版社，2012，159-207 頁（英文原版：《達伽馬的生涯與傳奇》（*The Career and Legend of Vasco de Gama*），劍橋大學出版部〔Cambridge University Press〕，1997）。

16　參見蘇布拉曼亞姆，《達伽馬》（*Vasco de Gama*），同前，193-196 頁。這本書出版時，葡萄牙保守派歷史學者大肆撻伐，他們非常不滿書中文字用這種缺乏敬意的筆調提及一位偉大的民族英雄，更何況相關文字出自一位習於戲謔的印度文人的記述。

17　參見蘇布拉曼亞姆（S. Subrahmanyam），《葡屬亞細亞帝國，1500-1700》（*L'Empire portugais d'Asie, 1500-1700*），瑟伊（Seuil）出版社，「論點」（Points）系列，1999（英文原版：*The Portuguese Empire in Asia 1500-1700. A Political and Economic History*，朗文〔Longman〕出版社，1993）。

18　參見格魯金斯基（S. Gruzinski），《寰宇四方：一種全球化的歷史》（*Les Quatre Parties du monde. Histoire d'une mondialisation*），馬丁尼耶爾（La Martinière）出版社，2004。在這本充滿洞見的著作中，格魯金斯基也說明西班牙在墨西哥迅速擴張的原因除了伊比利亞人帶來的疾病以外，還包括他們對當地特有不平等制度的侵犯，以及他們煽動叛亂的能力（阿茲特克貴族採用的支配與強迫勞動形式原本就已經容易引發抗爭，西班牙人到來以後，為當地居民進一步提供造反出口，導致阿茲特克加速滅亡。

19　參見薩伊德（E. Said），《東方主義》（*Orientalism*），雋永經典（Vintage Books）出版，1978（本書參考的版本為 2003 年新版，附新的作者前言）。

20　「自由？他們不知那是何物；資產？他們完全沒有；蠻力就是他們的上帝。如果他們長時間沒看到征服者前來執行上天交付的崇高正義，他們就宛如無主的士兵、沒有立法者的公民、沒有父親的家庭⋯⋯摩爾人曾數度幾乎達到奴役基督教世界的任務。儘管這個民族在道德風俗方面似乎展現比其他蠻族更多的優雅，但他們的宗教容許一夫多妻及奴隸制度，他們的性情專橫而善忌，我們可以說，這樣的民族本身對文明知識與人類幸福就構成了障礙。因此，西班牙的軍事騎士團藉由對抗這些異教徒⋯⋯防範了本可能發生的極大災難⋯⋯有人指責當年的騎士直搗異教徒的家園加以殘害，但他們沒想到的是，那畢竟只是針對那些先出手攻擊基督徒的民族所進行的正當報復：摩爾人⋯⋯就是十字軍東征的理由。可蘭經的信徒難道只是安份待在阿拉伯的沙漠中，難道他們沒有帶著他們的律法與危害，撼動遠方德里的城牆和維也納的壁壘？世人豈能坐視那些兇惡猛獸在巢穴中再度繁衍成群！〔夏多布里昂（F.-R. de Chateaubriand），《巴黎到耶路撒冷紀行》（*Itinéraire de Paris à Jérusalem*），172 頁。

21　假使印度殖民者將克勒茲的泥水匠、皮卡第的木工或加泰隆尼亞的葡萄採收工歸入他們設定的類別，並在數十年間按照這種指定方式分配相關權利及義務，最後會產生什麼結果就更難說了。

22　在梵文中，「瓦爾那」（varna）這個詞彙源自「顏色」一詞。在印度史詩《羅摩衍那》（Râmâyana）中，羅摩面對強大的魔王羅波那（Ravana），唯有靠神猴哈努曼

（Hanuman）和猴子大軍的幫助，才終於讓心愛的妻子悉多（Sita）重獲自由。這個故事意味的是，藉由全體人民——從南部膚色最黑的人口到北部膚色最白的人口——團結一致，印度才得以恢復政治秩序及人間和諧（並在這個過程中讓斯里蘭卡臣服於印度國威之下）。

23　參見貝里（S. Bayly），《印度的種姓、社會與政治》（*Caste, Society and Politics in India*），出版資料如前，132 頁。

24　參見內斯菲爾德（J. Nesfield），《西北各省及奧德地區種姓制度概觀，含 1882 年普查報告所示姓氏與圖表之相關說明》（*Brief View of the Caste System of the North-Western Provinces and Oudh, Together With an Examination of Names and Figures Shown in the Census Report 1882*），安拉阿巴德（Allahabad），1885，75 頁。

25　在十三世紀中國前往柬埔寨的旅行者所留下的文獻中，我們也可以看到類似的記載。他們描述了一些沒有融入主流社會的人群，這些人不熟悉「文明人」的語言，他們與家人在樹林中或村莊附近流浪，以狩獵為生；這些記述同樣流露出「文明人」的強烈偏見，有時也不乏期盼那些人群能融入主流的口吻。參見隆巴爾（D. Lombard），《爪哇作為一個十字路口。世界史評述》（*Le Carrefour javanais. Essai d'histoire globale*），第三冊：《同心圓王國的遺緒》（*L'Héritage des royaumes concentriques*），如前，24-25 頁。

26　自殖民地普查報告擷取的細節資料，以及所有原始資料的連結，均可見於線上附錄。

27　剎帝利的比例在 1881 年和 1891 年之間增加，這應該是因為英國人在最初兩次普查時特別希望將婆羅門辨別出來。從 1891 年到 1931 年，由於高級種姓的身分認定失去效益，甚至可能造成困擾，因此這兩個群體的比重有所降低。見表 8.2。

28　參見《1871 年馬德拉斯省人口普查報告》（*Report on the 1871 Census of the Madras Presidency*），馬德拉斯（Madras），1874，363 頁。

29　參見德克斯（N. Dirks），《心智的種姓》（*Castes of Mind*），出版資料如前，181-182 頁。

30　參見斯坦吉安尼（A. Stanziani），〈印度的奴隸制度〉（*Slavery in India*），《劍橋世界奴隸制度史》（*The Cambridge World History of Slavery*），劍橋大學出版部（Cambridge University Press），2017，259 頁。

31　參見卡桑（G. Cassan），〈以認同為基礎的政策以及認同操弄：來自殖民時期旁遮普的證據〉（*Identity-Based Policies and Identity Manipulation: Evidence from Colonial Punjab*），《美國經濟學報》（*American Economic Journal*），2014，卷 7（4），103-131 頁。

32　參見貝里（S. Bayly），《印度的種姓、社會與政治》（*Caste, Society and Politics in India*），如前，217-232 頁；德克斯（N. Dirks），《心智的種姓》（*Castes of Mind*），如前，236-238 頁。

33　參見赫頓（J. Hutton），《印度種姓的本質、功能與起源》（*Caste in India: Its Nature, Functions and Origins*），1946，劍橋大學出版部（Cambridge University Press），197-199 頁。

34　參見德克斯（N. Dirks），《心智的種姓》（*Castes of Mind*），如前，257-263 頁。

35　參見同前著作，236-238 頁。

36　佩里亞曾在坦米爾那都試圖廢除祭司世襲制，實行宗教職務領域的就業平等，不過最高法院在 1970 年駁回他的要求。參見前述著作，263 頁。另外，關於 1950 年代印度鄉村地區社會階層的空間分布以及尚存於婆羅門與非婆羅門之間的歧視（特別是在飲食方面），以下著作有精采分析：貝泰爾（A. Beteille），《種姓、階級與權力：一個坦賈武爾村莊的階層形態改變》（*Caste, Class and Power: Changing Patterns of Stratification in a Tanjore Village*），加州大學出版部（University of California Press），1965。

37　按購買力平價計算相當於大約三萬歐元，但按當期匯率計算則只有這個數字的三分之一。

38 2010 年代非婆羅門的平均所得是婆羅門的 65% 左右（婆羅門的人口占比僅略多於
5%，是一個比南非白人比例更低的菁英群體）。參見線上附錄及巴爾提（N. Bharti）彙
整的資訊，〈印度的財富不平等、階級與種姓，1951-2012〉（*Wealth Inequality, Class and
Caste in India, 1951-2012*），WID.world，工作報告（Working Paper）No. 2018/14。關於
美國的種族不平等，參見曼杜卡（R. Manduca），〈所得不平等與種族經濟差距持久存在
的問題〉（*Income Inequality and the Persistence of Racial Economic Disparities*），《社會學科
學》（*Sociological Science*），卷 5，2018，182-205 頁；貝耶爾（P. Beyer）、柯非・查爾斯
（K. Kofi Charles），〈分歧的道路：有關 1940 年以來黑人與白人男性所得差異的一個新
觀點〉（*Divergent Paths. A New Perspective on Earnings Differences between Black and White Men
since 1940*），《經濟學季刊》（*Quarterly Journal of Economics*），卷 133 (3)，2018，1459-
1501 頁。

39 參見簡森紐斯（F. Jensenius），《透過共融達成社會正義：選舉配額對印度的影響》
（*Social Justice Through Inclusion: The Consequences of Electoral Quotas in India*），牛津大學出
版部（Oxford University Press），2017。獲保留的席位數目隨普查及選區重畫結果而變
動。2014 年，官列種姓選區包含 25% 的官列種姓選民，高於 17% 的全國平均。在同一
黨團內，官列種姓與官列部落議員的投票決定似乎與其他議員沒有明顯不同，也未導致
不同的社經政策；有人可能對此感到失望，但這也可以被視為當事人在黨團或政治體制
內成功達成社會融合的徵象。

40 參見畢曼（L. Beaman）、查托帕迪埃（R. Chattopadhyay）、杜芙洛（E. Duflo）、潘德
（R. Pande）、托帕羅瓦（P. Topalova），〈權勢女性：能見度是否可以減少偏見？〉
（*Powerful Women: Does Exposure Reduce Bias?*），《經濟學季刊》（*Quarterly Journal of
Economics*），卷 124 (4)，2009，1497-1540 頁。

41 賈弗赫洛（C. Jaffrelot），《印度：藉由種姓而民主。一個社會政治蛻變史，1885-2005》
（*Inde : la démocratie par la caste. Histoire d'une mutation sociopolitique 1885-2005*），法雅
（Fayard）出版社，2005。關於種姓及解決種姓問題的相關理念在有關地位型不平等制
度的思考中所扮演的角色，亦可參見同上作者，〈從種姓觀點思考身分地位的指定〉
（*Partir de la caste pour penser les assignations statutaires*），收錄於賈弗赫洛（C. Jaffrelot）、諾
岱（J. Naudet），《如何合理化社會秩序》（*Justifier l'ordre social*），法國大學出版社
（PUF），2013。

42 參見泰爾唐布（A. Teltumbe），《種姓共和國：在新自由派印度教徒主義的時代審思平等
議題》（*Republic of Caste: Thinking Equality in a Time of Neoliberal Hindutva*），新乘
（Navayana）出版社，2018，346 頁。

43 參見德雷茲（J. Drèze）、沈恩（A. Sen），《不確定的榮耀：印度與其多重矛盾》（*An
Uncertain Glory: India and its Contradictions*），普林斯頓大學出版部（Princeton University
Press），2013。此前二十年，作者就做過這方面的比較研究，他們在合理比對前後兩項
研究結果後，認為 2010 年代中期的情況已經發出更加明顯的警訊。參見同前作者，《印
度：經濟發展與社會機會》（*India. Economic Development and Social Opportunity*），牛津大
學出版部（Oxford University Press），1995。

44 2015 年，拉賈斯坦（Rajasthan）邦和哈里亞納（Haryana）邦的印度人民黨政府規定，
只有住處擁有廁所且教育程度充分（女性至少上學五年，男性八年）的人才能擔任民選
職務，而這些措施均獲最高法院核定有效。2018 年，哈里亞納邦擬定一份入學申請表
格，詢問填表人的父母是否從事「不潔」（unclean）工作，這種問題明顯是針對原有賤
民階級的小孩，結果引發喧然大波，當局最後只得將其廢除。參見泰爾唐布（A.
Teltumbe），《種姓共和國》（*Republic of Caste*），同前，57-75 頁。

45 關於阿姆倍伽爾與印度共產黨（1925 年成立）領導人在戰間期的爭議與衝突，參見泰

爾唐布（A. Teltumbe），《種姓共和國》（*Republic of Caste*），如前，105-107 頁。

46　參見貝里（S. Bayly），《印度的種姓、社會與政治》（*Caste, Society and Politics in India*），如前，288-293 頁；德克斯（N. Dirks），《心智的種姓》（*Castes of Mind*），如前，283-285 頁。

47　納薩爾派（Naxalite）一詞源自孟加拉北部的村莊納薩爾巴里（Naxalbari），當地的無土地農民在 1967 年奪取一名地主的稻米貯存，揭開起義運動。這個名詞後來泛指反政府造反者，例如 2018 年馬哈拉什特拉邦舉行了紀念 1818 年柯雷崗（Koregaon）戰役兩百週年的活動，結果爆發爭端，導致一批「城市納薩爾派分子」被捕（這些人實際上是支持達利特的知識分子，如 2014 年塔姆哈尼〔C. Tamhane〕執導電影《等待判決的日子》〔*Court*〕所描繪的人物）。該場戰役有兩種截然不同的詮釋方式，達利特人認為那是達利特與馬拉塔之間的衝突，馬拉塔人則認為那場戰役是在對抗力挺達利特的英國人。

48　參見貝里（S. Bayly），《印度的種姓、社會與政治》（*Caste, Society and Politics in India*），如前，344-364 頁；泰爾唐布（A. Teltumbe），《種姓共和國》（*Republic of Caste*），如前，179-202 頁。

49　尤可參見巴納吉（A. Banerjee）、格爾特勒（P. Gertler）、噶塔克（M. Ghatak），〈賦權與效率：西孟加拉的租佃改革〉（*Empowerment and Efficiency: Tenancy Reform in West Bengal*），《政治經濟學報》（*Journal of Political Economy*），卷 110 (2)，2002，239-280 頁；巴納吉（A. Banerjee）、艾耶爾（L. Iyer）、索馬納坦（R. Somanathan），〈印度鄉村的歷史、社會分層與公共財〉（*History, Social Divisions and Public Goods in Rural India*），《歐洲經濟協會雜誌》（*Journal of the European Economic Association*），卷 3 (2-3)，2005，639-647 頁；巴納吉（A. Banerjee）、艾耶爾（L. Iyer），〈歷史、體制與經濟表現：印度殖民土地租佃制度的遺產〉（*History, Institutions and Economic Performance: The Legacy of Colonial Land Tenure Systems in India*），《美國經濟評論》（*American Economic Review*），卷 95 (4)，2005，1190-1213 頁。

50　參見簡森紐斯（F. Jensenius），《透過共融達成社會正義》（*Social Justice Through Inclusion*），如前，15-20 頁。

51　參見卡熱（J. Cagé），《民主的代價》（*Le Prix de la démocratie*），法雅（Fayard）出版社，2018。

52　參見線上附錄，以及巴爾提（N. Bharti）在〈印度的財富不平等、階級與種姓，1951-2012〉（*Wealth Inequality, Class and Caste in India, 1951-2012*，出處如前）一文中所做的比較。亦可參見巴納吉（A. Banerjee）、杜弗洛（E. Duflo）、噶塔克（M. Ghatak）、拉佛圖納（J. Lafortune），〈為何而婚？現代印度的種姓與擇偶情況〉（*Marry for What? Caste and Mate Selection in Modern India*），《美國經濟學報》（*American Economic Journal*），卷 5 (2)，2013，33-72 頁。這些調查屬於自行宣告性質，依據採用問卷的不同，分別記錄了數以千計甚至數以萬計的迦提和子迦提。

第九章

1　參見線上附錄；亦請參見卡拉曼（K. Karaman）、帕穆克（S. Pamuk），〈從歐洲觀點檢視鄂圖曼的國家財務〉（*Ottoman State Finances in European Perspective*），《經濟史學報》（*Journal of Economic History*），卷 70 (3)，2010，593-629 頁。

2　十四、十五世紀期間，法蘭西王國與英格蘭王國雖然因為軍事衝突、領土重整等因素，經歷過許多動盪和變遷，不過稅收一直低於每年一百公噸黃金等值。這方面可參考的資料包括熱內（J.-P. Genet），〈法國、英國、荷蘭：現代國家的形成〉（*France, Angleterre, Pays-Bas : l'État moderne*），收錄於布舍宏（P. Boucheron），《十五世紀世界史》（*Histoire du monde au XVe siècle*），第一部：《世界各國的領土與文字》（*Territoires et Écritures du monde*）（2009），多元（Pluriel）出版社，2012，248-249 頁。

3　請留意，此處的「國民所得」相當於：現今所稱的「國內生產毛額」（一年當中在一個特定領土上產出的商品與勞務總值，扣除達成這些生產所需的商品與勞務），減去資本折舊（即設備、機器、住宅等的耗損，這些硬體設施的價值約為國內生產毛額的 10-15%），再加上或減去在國外獲取的所得淨額（這個項目在不同國家可能是正值或負值，不過在全球層面上會相互抵銷）。這些關於 1690-1710 年間英國及法國國民所得的早期估計後來經過不斷修正，變得更加完善，特別是在法國大革命期間（例如拉瓦節〔Lavoisier〕針對「法國的全國財富」所作的研究）。關於國民會計帳的歷史，參見皮凱提，《二十一世紀資本論》，出版資料如前，第一和第二章。我們將在本書第十章探討「國民財富」（fortune nationale）的各種量度方式（「國民財富」的概念也是在 1700 年左右開始建立）。

4　參見線上附錄。國民所得的計算主要採用在此援引的城市地區工資數據，不過這些數字已與其他許多生產及交易相關資料結合運用，原則上這樣做可以針對平均國民所得的真正數值帶來更具代表性的估計。不過，如果各項基本資料具有一定程度的不確定性，將這些數據統整成一個國民所得或國內生產毛額數值不見得能讓討論更明晰；因此我在此作了與許多其他學者相同的選擇——以城市地區「日工資」為單位，呈現人均稅收（亦即稅收相當於多少天的工資，或每日工資的多少倍）。

5　在此假定政府雇用的人員（警察、軍人、行政人員等等）平均而言具有與該社會整體平均相同的專業資格與薪資水平，而且他們為執行任務所需的設備及物資也與整體平均相當。

6　類似的規模比例仍可見於 2010 年代世界各地的軍事預算：在軍事上不活躍的國家（如歐洲各國），國防支出約為國民所得的 2%，美國的軍事支出超過國民所得的 4%，沙烏地阿拉伯超過 10%。就全世界而言，在 1960 年代初期（殖民地戰爭、冷戰的時期），軍事支出占國民所得的 6% 以上，到 2010 年代則降至 3%。參見線上附錄。

7　這部分特別值得參閱的文獻是卡拉曼（K. Karaman）、帕穆克（S. Pamuk），〈歐洲邁向現代國家的不同道路：戰爭、經濟結構與政治制度的互動〉（*Different Paths to the Modern State in Europe: The Interaction between Warfare, Economic Structure, and Political Regime*），收錄於《美國政治科學評論》（*American Political Science Review*），卷 107 (3)，2013，603-626 頁。也請參見鼎伽科（M. Dincecco），〈歐洲效能國家的興起〉（*The Rise of Effective States in Europe*），收錄於《經濟史學報》（*Journal of Economic History*），卷 75 (3)，2015，901-918 頁；同作者，《國家能力與經濟發展》（*State Capacity and Economic Development*），劍橋大學出版部（Cambridge University Press），2017。

8　參見提利（C. Tilly），《威嚇、資本與歐洲國家，公元 990-1990 年》（*Coercion, Capital and European States, AD 990-1990*），布萊克威爾（Blackwell）出版社，1990。亦可參見簡奈佑里（N. Gennaioli）、沃斯（H. J. Voth），〈國家能力與軍事衝突〉（*State Capacity and Military Conflict*），收錄於《經濟研究評論》（*Review of Economic Studies*），卷 82，2017，1409-1448 頁。

9　關於這些技術創新的規模，參見霍夫曼（P. Hoffman），〈價格、軍事革命以及西歐在暴力衝突中的比較優勢〉（*Prices, the Military Revolution, and Western Europe's Comparative Advantage in Violence*），收錄於《經濟史評論》（*Economic History Review*），卷 64，2011，39-59 頁；同作者，〈世界為什麼是被歐洲人征服？〉（*Why Was it Europeans who Conquered the World?*），收錄於《經濟史學報》（*Journal of Economic History*），卷 72 (3)，2012，601-633 頁。

10　卡拉曼（K. Karaman）、帕穆克（S. Pamuk），〈從歐洲觀點審視鄂圖曼的國家財務〉

（*Ottoman State Finances in European Perspective*），出處如前，612 頁。

11 除了這些量化差異之外，在此也要強調，由此前數世紀期間歐洲內部衝突所衍生的軍事組織形式（特別是在海軍方面）有其優越性，這點也是歐洲得以主宰亞洲列強的重要因素。參見貝里（C. Bayly），《現代世界的誕生，1870-1914》（*The Birth of the Modern World, 1780-1914*），牛津大學出版部（Oxford university Press），2004。

12 參見彭慕蘭（K. Pomeranz）的精闢著作，《大分流：現代世界經濟的形成，中國與歐洲為何走上不同道路？》（*The Great Divergence: China, Europe and the Making of the Modern World Economy*），普林斯頓大學出版部（Princeton University Press），2000。若想從全球視角瞭解 1500 年到 1800 年世界被剝削及各地自然資源被搾取的情形，也可參考理查茲（J. Richards），《無止境的疆界：早期近代世界的環境史》（*The Unending Frontier: An Environmental History of the Early Modern World*），芝加哥大學出版部（University of Chicago Press），2003。

13 參見彭慕蘭（K. Pomeranz），《大分流》（*The Great Divergence*），如前，211-230、264-297、307-312 頁。

14 參見第七章。關於鴉片戰爭，可參考著作包括辛加拉維魯（P. Singaravélou）、韋奈爾（S. Venayre），《十九世紀世界史》（*Histoire du monde au XIXe siècle*），如前，266-270 頁。

15 在 1718-20 年金融泡沫期間研擬的方案中，規模最宏大的是一個由法國商人規畫的公司成立計畫，該公司集資八千萬英鎊（相當於當時英國一年的國民所得），企圖對美洲全境實施商業壟斷。有多項計畫意圖發現傳說中的俄斐（Ophir）王國，當時一般認為該王國位於現今的莫三比克和辛巴威之間，據說那裡藏有所羅門王的金銀財寶。還有一項方案計畫在非洲生產用來交換奴隸的紡織品，以求快速迎合當地商人的品味。參見康多雷利（S. Condorelli），《從坎康普瓦到俄斐：1720 年金融暴漲的全球史》（*From Quincampoix to Ophir: A Global History of the 1720 Financial Boom*），伯恩大學（Bern Univeriry），2019〔按：坎康普瓦（Quincampoix）是法國北部的一個小村莊，俄斐（Ophir）則是聖經中一個富裕的港口（或地區）。所羅門王每三年會從俄斐收到一整船的黃金、白銀和其他珍貴物品。〕。亦可參見奧韓（A. Orain），《以奇幻為號召的政策：從另一種歷史觀點解讀約翰·勞的制度（*La Politique du merveilleux. Une autre histoire du Système de Law*），法雅（Fayard）出版社，2018。

16 在此必須強調，許多人早已探討過奴隸制度和殖民制度的壓搾行為在工業資本主義的發展中所扮演的角色，其中包括一些十九世紀學者（首先是卡爾·馬克思）的觀察，以及艾里克·威廉斯（Eric Williams，1956-81 年任千里達及托巴哥總理）在其 1944 年著作《資本主義與奴隸制度》（*Capitalism and Slavery*）中的評述。相較之下，馬克思·韋伯（Max Weber）在其 1905 年著作《基督新教倫理與資本主義精神》（*Die protestantische Ethik und der Geist des Kapitalismus*／*The Protestant Ethic and the Spirit of Capitalism*）中比較強調文化及宗教相關因素，布勞岱爾（Fernand Braudel）在 1979 年的《物質文明、經濟與資本主義》（*Civilisation matérielle, Économie et Capitalisme*）一書中則主要指出源自歐洲（包括信仰天主教和基督新教的地區）的高級金融所發揮的作用。彭慕蘭、帕塔薩拉蒂（Parthasarathi）及貝克特（Beckert）的近年著作較無明顯的歐洲中心主義色彩，這點可說代表了某種向馬克思和威廉斯的回歸，不過這些作品大幅運用了與全球史和關聯史有關的豐富資料與研究工具。

17 參見羅森塔爾（J.-L. Rosenthal）、王國斌（R. B. Wong），《大分流之外：中國與歐洲經濟變遷的政治》（*Before and Beyond Divergence: The Politics of Economic Change in China and Europe*），哈佛大學出版部（Harvard University Press），2011。

18 參見貝克特（S. Beckert），《棉花帝國：資本主義全球化的過去與未來》（*Empire of Cotton: A Global History*，臺灣中譯版），如前。亦可參見貝克特（S. Beckert）、羅克曼

（S. Rockman），《奴隸制的資本主義：美國經濟發展史新論》（*Slavery's Capitalism: A New History of American Economic Development*），賓州大學出版部（University of Pennsylvania Press），2016。

19　在此說明，亞當斯密的論點具有規範、展望的性質：亞當斯密並不認為軍事作為和奴隸制度在英國繁榮發展的過程中沒有發揮任何作用（假如沒有那些因素，英國確實難以達到這樣的表現），他只是要強調，未來繁榮富足與否，關鍵在於尊重所有權和供需法則。同理，道格拉斯·諾斯（Douglas North）與巴里·溫格斯特（Barry Weingast）主張的新所有權主義發展願景雖然以所有權的維護以及英國的良性體制為核心要素（這部分特別值得參考的文章是〈憲法與承諾〉〔*Constitutions and Commitment*〕，收錄於《經濟史學報》〔*Journal of Economic History*〕，卷 49 (4)，1989，803-832 頁），但也不會因此而否定其他因素的重要性。戴倫·艾塞默魯（Daron Acemoglu）和詹姆斯·羅賓森（James Robinson）發展的理論起初將重點放在源自大西洋兩岸各次革命的所有權制度所扮演的角色，不過後來他們擴大論述範圍，現在更加強調「包容性體制」（inclusive institutions）在發展過程中的重要性（「包容性體制」是一個廣泛的概念，理論上可以涵蓋多種社會、財稅及教育體制）。這方面可參考的著作包括艾塞默魯、羅賓森，《國家為什麼會失敗：權力、富裕與貧困的根源》（*Why Nations Fail: The Origins of Power, Prosperity and Poverty*），（紐約）皇冠出版（Crown Publishers），2012（臺灣中譯版由衛城出版於 2013 年）。

20　在此值得參考的著作包括布羅德貝里（S. Broadberry）、管漢暉（H. Guan）、李稻葵（D. Daokui Li），〈中國、歐洲與大分流：國民會計的歷史分析，980-1000〉（*China, Europe and the Great Divergence: A Study in Historical National Accounting 980-1850*），收錄於《經濟史學報》（*Journal of Economic History*），78 (4) 卷，2018，955-1000 頁。這些撰述者得到的結論是，中國和英國在每人產值及平均薪資方面的大分流是在 1700 年以後才明顯出現，這比彭慕蘭的估計略早（彭慕蘭一直認為，直到 1750-1800 年，歐洲及亞洲發展程度最高的地區薪資水平一直旗鼓相當），不過「比原先的歐洲中心論點所認定的年代要晚」。雖然如此，有關資料是否足以讓人那麼精準地推斷大分流出現的年代，這點難以確定；比較可行的做法可能還是像彭慕蘭那樣，聚焦探討中國和歐洲的一些特定地區。

21　參見帕塔薩拉蒂（P. Parthasarathi）的精闢著作，《為何歐洲走向富強，而亞洲卻沒有？1600-1850 年全球經濟的岔路口》（*Why Europe Grew Rich and Asia Did Not: Global Economic Divergence 1600-1850*），劍橋大學出版部（Cambridge University Press），2011。

22　根據現有估計，1600-1800 年間開採的貴金屬共達十四萬兩千噸（按銀當量計算），其中可能約有兩萬八千噸（相當於 20%）輸出到印度。參見同前著作，46-47 頁。

23　同前著作，97-131、234-235 頁。亦可參見辛加拉維魯（P. Singaravélou）、韋奈爾（S. Venayre），《十九世紀世界史》（*Histoire du monde au XIXe siècle*），如前，90-92 頁。

24　人類學家克勞德·李維史陀（Claude Lévi-Strauss）認為，日本的好運在於現代化是以皇權復辟的方式進行：天皇和一部分原有菁英階層取得權力，使工業發展能在尊重傳統的前提下獲致成功。反觀法國，儘管貴族願意嘗試資本主義，布爾喬亞階級仍然執意發動大革命，在剝奪舊有貴族的一切之後，自己卻只有擔任官僚職務的能力。這個論點雖然不完全具有說服力，不過的確說明了一種有時無法遏制的人性需求——為國家的政治意識形態走向及社會經濟發展路徑賦予意義。參見李維史陀（C. Lévi-Strauss），《月的另一面：一位人類學家的日本觀察》（*L'Autre Face de la Lune. Écrits sur le Japon*），瑟伊（Seuil）出版社，2011（臺灣中譯版於同年出版），75-76、155-156 頁。

25　在此可參見的著作包括賴世和（E. Reischauer），《日本與日本人的歷史》（*Histoire du Japon et des Japonais*），瑟伊（Seuil）出版社，1997，第一冊，164-196 頁。

26　詳見線上附錄中的江戶時代與明治時代人口普查詳細資料。該資料係由卡雷（G. Carré）協助彙整而成。

27　參見卡雷（G. Carré），〈前近代日本社會身分制度的邊緣地帶：相關課題與討論〉（*Les marges statutaires dans le Japon prémoderne : enjeux et débats*），收錄於《歷史與社會科學年鑑》（*Annales. Histoire, Sciences sociales*），卷 66（4），2011，955-976 頁；森下徹（T. Morishita），〈前近代日本：一個身分制社會．審思四十年來的相關討論〉（*Le Japon prémoderne : une société de statuts. Réflexions sur quatre décennies de débats*），收錄於《歷史、經濟與社會》（*Histoire, Économie et Société*），卷 36（2），2017，30-45 頁。

28　根據某些學者的估計，日本政府的稅收在明治時代以前的十九世紀中期已經相當高（將近國民所得毛額的 10%，遠高於中國或鄂圖曼帝國，比較接近歐洲國家的水平），此後繼續增加到超過國民所得的 10%。參見孫傳煒（T.-H. Sng）、森口千晶（C. Moriguchi），〈亞洲的小小分歧：1850 年以前中國與日本的國家能力〉（*Asia's Little Divergence: State Capacity in China and Japan Before 1850*），收錄於《經濟成長學報》（*Journal of Economic Growth*），卷 19（4），2014，439-470 頁。

29　這則故事可見於鹿兒島市立美術館的留學生紀念碑。

30　日本導演宮崎駿以洋溢和平主義及女性主義色彩的動畫電影聞名於世，在最近一部作品《風起》（風立ちぬ，2013）中，他以溫柔目光凝視三菱重工 A6M 零式艦載戰鬥機設計者堀越二郎的生平（這型戰機在大戰期間發揮過極大的殺傷力），並從更廣泛的角度觀照兩次大戰之間日本工程師在試圖贏得德國及其他歐洲國家同儕的欣賞和尊重時所面臨的困難與疑惑。

31　當時西方國家對自己主宰世界的能力深信不疑，因此經常這樣欺壓他國。1926 年，國際聯盟拒絕讓巴西擁有常任理事國資格，巴西憤而退出國聯。參見巴迪（B. Badie），《世界上不再只有我們：以不同眼光看待「世界秩序」》（*Nous ne sommes plus seuls au monde. Un autre regard sur l'« ordre international »*），發現（La Découverte）出版社，2016，142 頁。

32　除了日本以外，近現代還有一些亞洲內部殖民的例子，其中重要者包括 1806-48 年越南王國對柬埔寨的領土擴張。這是越南將這個「西部蠻荒之地」越南化和漢化的宏大企圖的一部分，不過高棉國王在 1863 年請求法國保護，法國求之不得，藉機展開全面控制中南半島的行動。參見辛加拉維魯（P. Singaravélou）、韋奈爾（S. Venayre），《十九世紀世界史》（*Histoire du monde au XIXe siècle*），法雅（Fayard）出版社，2017，171-172 頁。

33　可參見的著作包括門迪札巴爾（I. Mendizabal）等人，〈從基因組數據重建歐洲羅姆人的人口史〉（*Reconstructing the Population History of European Romani from Genome-wide Data*），收錄於《當代生物學》（*Current Biology*），卷 22（24），2018，2342-2349 頁。

34　1856 年以前，羅姆人同時受貴族和修院的壓榨。羅馬尼亞及歐洲其他地區在 2016 年舉行了羅姆人奴役廢除一百六十週年紀念活動。在本書中（特別是在第六及第七章），我們已多次強調奴隸制、農奴制及其他各種強迫勞役形式之間的界線非常複雜而鬆散；1856 年以前羅姆人的身分究竟是農奴還是奴隸，這點需要更詳細的研究才能釐清，而這部分超出本書的探討範圍。另一個類似議題是韓國的「奴婢」：奴婢的反叛、解放和 1894 年奴婢債的取消導致朝鮮王朝加速倒台以及日本入侵。可參考文獻包括金（B. R. Kim），〈奴婢：韓國的奴隸制度〉（*Nobi: A Korean System of Slavery*），收錄於《蓄奴與廢奴》（*Slavery and Abolition*），卷 24（2），2003，155-168 頁。

35　關於歐盟在具體政策面的不足，可參見的文獻包括〈與羅姆人共處：在地社群的社會參與及賦權〉（*Working with Roma. Participation and Empowerment of Local Communities*），歐盟基本權利署（EU Agency for Fundamental Rights），2018。

36　以羅馬為核心的基督教世界也曾試圖推動歐洲的政治統一，其中特別重要的做法是正式

認可教廷的精神權力與日耳曼神聖羅馬帝國（962-1806）的世俗權力相互補足。不過在具體實踐上，這個脆弱不穩的政治建構只涵蓋基督教世界的一部分（主要是日耳曼地區及中歐）。值得注意的是，基督教的教士和主教與中國的儒士之間有一個決定性的差異：前者主要是為教廷（而非神聖羅馬帝國皇帝）效力，後者則是為國家服務的官員。羅馬教廷與神聖羅馬帝國這兩個強權經常互相衝突，導致整體結構難以維持穩固。不過當然，相較於中國的統一傾向，歐洲的零碎分裂還可以用許多其他政治意識形態、社會經濟及地理因素加以解釋。

37　根據既有資料，宋朝（960-1279）的財稅壓力比較高，而當時中國的政治分裂情形比較嚴重（同時中國也在發展常備海軍、火藥以及推行紙鈔）；在後來信奉新儒學、國家較統一的明清兩代，財政壓力穩定維持在比較低的水平（稅收約為國民所得的 2-3%，遠低於宋代的 5-10%）。參見馮格朗（R. von Glahn），《中國經濟史：從古代到十九世紀》（*The Economic History of China: From Antiquity to the Nineteenth Century*），劍橋大學出版部（Cambridge University Press），2016，358-382 頁。

38　舉例而言，根據官方統計資料，明朝初年（十四世紀後期）中國共有 24,653 名官員（其中 1,944 人是首都的中央官員，22,709 人是地方官員），相當於總人口的 0.02%（當時中國人口約一億）。參見熱爾內（J. Gernet），〈中國的國家權力〉（*Le pouvoir d'État en Chine*），收錄於《社會科學研究行事》（*Actes de la recherche en sciences sociales*），n0 118，1997，19 頁。

39　西班牙的專制制度被許多人認為是伊比利亞半島比歐洲其他地區落後的原因，不過這是一個迷思。事實上，十八、十九世紀西班牙政府的特點不外乎缺乏決策執行所需的能力，以及高度仰賴地方宗教菁英和貴族菁英。

40　參見艾略特（M. Elliott）、坎貝爾（C. Campbell）、李中清（J. Lee），〈清代八旗人口的人口學估計〉（*A Demographic Estimate of the Population of the Qing Eight Banners*），收錄於《中國研究》（*Études chinoises*），卷 35 (1)，2016，9-39 頁，該文對所使用的資料與方法做了詳細介紹。

41　參見陳爽（S. Chen），《國家支持的不平等：中國東北的八旗制度與社會分層》（*State-Sponsored Inequality: The Banner System and Social Stratification in North East China*），史丹福大學出版部（Stanford university Press），2017。

42　參見 Huang Yifei，《社會流動與選士制度：中國科舉考試的啟示》（*Social Mobility and Meritocracy: Lessons from Chinese Imperial Civil Service Examination*），加州理工學院（CalTech）博士論文片段，2016，5-11 頁，表 1.1。亦請參見張仲禮（C.-L. Chang），《中國紳士：關於其在十九世紀中國社會中作用的研究》（*The Chinese Gentry: Studies on Their Role in Nineteenth-Century Chinese Society*），華盛頓大學出版部（University of Washington Press），1955。也可參見奧斯特漢梅爾（J. Osterhammel），《世界的轉型：十九世紀全球史》（*La Transformation du monde. Une histoire globale du XIXe siècle*），新世界出版（Nouveau monde Éditions），2017，1023-1027 頁。

43　參見 Huang Yifei，《社會流動與選士制度》（*Social Mobility and Meritocracy*），如前。亦請參見艾爾曼（B. Elman），《帝制中國晚期的科舉考試與選士制度》（*Civil Examinations and Meritocracy in Late Imperial China*），哈佛大學出版部（Harvard University Press），2013。

44　相較之下，開放給生員的官位總數僅合成年男性人口的 0.01%：生員（0.5% 的成年男性）成功任官的比例只有五十分之一，讀書人（4% 的成年男性）成功任官的比例只有四百分之一。擔任中央官員的門道更窄，北京中央政府的官位數量只占所有官位的一成，其餘九成為省縣級地方官職。

45　參見艾略特（M. Elliott）、坎貝爾（C. Campbell）、李中清（J. Lee），〈清代八旗人口的

人口學估計〉（*A Demographic Estimate of the Population of the Qing Eight Banners*），出處如前；陳爽（S. Chen），《國家支持的不平等》（*State-Sponsored Inequality*），如前。

46　這部分特別值得參考徐立新（L. Colin Xu）、楊利（L. Yang），〈官匪、國家能力與馬爾薩斯式人口轉型：太平天國之亂的持久影響〉（*Stationary Bandits, State Capacity, and Malthusian Transition: The Lasting Impact of the Taiping Rebellion*），世界銀行集團（World Bank Group）政策研究工作論文（Policy Research Working Paper）／巴黎經濟學院（PSE），2018。

47　參見辛加拉維魯（P. Singaravélou）、韋奈爾（S. Venayre）合編，《十九世紀世界史》（*Histoire du monde au XIXe siècle*），如前，286-288 頁。

48　為了償還這些債務，中國從 1880 到 1910 年必須不斷設法增加出超。參見馮格朗（R. von Glahn），《中國經濟史》（*The Economic History of China*），如前，394 頁，圖 9.11。

49　這部分特別值得參考的資料是賈克・葛朗丹（Jacques Grandin）的有趣日記，引述於辛加拉維魯（P. Singaravélou），《天津大都會：全球化的另一種歷史》（*Tianjin Metropolis. Une autre histoire de la mondialisation*），瑟伊（Seuil）出版社，2017，224-225、281-299、331-335 頁。當時的占領國包括英國、法國、美國、德國、俄國、日本、奧匈帝國、義大利、比利時和丹麥。

50　參見辛加拉維魯（P. Singaravélou）、韋奈爾（S. Venayre）合編，《十九世紀世界史》（*Histoire du monde au XIXe siècle*），如前，393-399 頁。我們將在本書後續章節陸續探討這些涉及憲法與所有權的問題（請特別參閱第十一章 580-581 頁有關 1919 年到 1949 年間德國憲法的部分）。

51　1930 年代及 1940 年代初期，許多美國外交官和地緣政治學者期盼中國出現社會民主制度，藉此在大戰結束後的世界秩序中制衡蘇聯和歐洲殖民列強。參見羅森波姆（O. Rosenboim），《全球主義的崛起：英國與美國的世界秩序觀點，1939-1950》（*The Emergence of Globalism: Visions of World Order in Britain and the United States 1939-1950*），普林斯頓大學出版部（Princeton University Press），2017，59-99 頁。

52　參見呂伊札爾（J.-P. Luizard）的精闢著作，《什葉派神職人員的政治史，十八至二十一世紀》（*Histoire politique du clergé chiite, XVIIIe-XXIe siècle*），法雅（Fayard）出版社，2014。

53　什葉派高級神職人員至今仍然主要以伊朗為根據地，從這裡「統治」全球大約一億七千萬什葉派信徒（占全體穆斯林的 11%），其中伊朗有 80% 人口為什葉派，巴林有 75%，伊拉克有 55%，黎巴嫩有 35%（超過該國穆斯林人口的一半），巴基斯坦和阿富汗大約 15-20%（這也是什葉派在印度穆斯林人口中所占的比例），其他伊斯蘭國家的什葉派信徒比例則通常不到 10%。參見同前著作，40-41 頁。某些撰述者強調，在瑣羅亞斯德教時代（公元前第一千年到公元第一千年前期）〔按：瑣羅亞斯德（Zoroaster）又譯查拉圖斯特拉（Zarathustra，「擁有駱駝者」），是古波斯先知、瑣羅亞斯德教（即祆教、拜火教）創始人，生存年代約在公元前七世紀後期到前六世紀上半葉。〕伊朗三級社會的功能性社會階級「彼斯特拉」（pishtra）當中，教士階級最為顯赫，地位高於戰士階級（在此可參見的著作包括瑟拿爾（E. Sénart），《印度的種姓：種姓制度及其實況》（*Les Castes dans l'Inde. Les faits et le Système*），勒胡（Leroux）出版社，1896，140-141 頁）。不過我們不需要把伊朗教士階級掌握強大權力的事實過度連結到什葉派這個宗教傳統；這種推論可能太輕率，因為世界其他地區同樣出現過皈依什葉派的現象。在與伊朗皈依什葉派的過程有關的討論方面，請參見普特韓（I. Poutrin），〈當伊朗皈依什葉派：薩菲王朝（十六至十七世紀）的宗教與權力〉（*Quand l'Iran devint chiite. Religion et pouvoir chez les Safavides (XVIe-XVIIe s.)*），《皈依／權力與宗教》（*Conversion/Pouvoir et religion*）手札，2017。

54 這三座聖城位於伊拉克。在伊朗，馬什哈德（Mashhad）是唯一建有伊瑪目陵墓的城市。先知的女兒法蒂瑪和其他伊瑪目葬在麥地那（Medina），由於麥地那位於以遜尼派為主的沙烏地阿拉伯，信徒前去朝聖時不時與沙烏地當局發生緊張衝突。

55 參見呂伊札爾（J.-P. Luizard），《什葉派神職人員的政治史》（*Histoire politique du clergé chiite*），如前，77-88 頁。

56 參見辛加拉維魯（P. Singaravélou）、韋奈爾（S. Venayre）合編，《十九世紀世界史》（*Histoire du monde au XIXe siècle*），如前，147-148 頁。

57 2014 年埃及通過的憲法規定軍事預算必須維持機密（政府僅公開概略數字），並且必須與軍事領導人協商。2016 年的泰國憲法為軍事領導人賦予提名參議員的權力，而參議院有能力讓政府垮臺。

58 截至目前為止，唯一非神職人員出身的總統是馬哈茂德・阿赫瑪迪內賈德（Mhmoud Ahmadinejad，2005-2013 年擔任兩屆總統），不過他被認為比許多具有神職人員或宗教界身分的總統更保守、更謹守律法。

59 參見呂伊札爾（J.-P. Luizard），《什葉派神職人員的政治史》（*Histoire politique du clergé chiite*），如前，217-230 頁。

60 雖然如此，這個政權藉由提高地區影響力以及保護什葉派信徒，在宗教界保有一定程度的威信。此外，1980-88 年伊拉克戰爭期間，所有西方國家都支持出身伊拉克少數遜尼派（但不篤信宗教）的薩達姆・海珊（Saddam Hussein），甚至為其提供武器，而海珊在 1980 年毫不猶豫就處決了納傑夫大馬爾賈〔按：即大阿亞圖拉穆罕默德・巴基爾・薩德爾（1935-1980），伊拉克什葉派十二伊瑪目派哲學家、宗教領袖，伊斯蘭達瓦黨意識形態的構建者。伊朗革命發生後，伊拉克什葉派希望他成為「伊拉克的何梅尼」，並發動反對海珊總統的示威，最終導致他被逮捕並處決（曾有報導稱處決他的人是海珊本人）〕。關於這段歷史的記憶也是伊朗宗教界人士對當前政權保有某種好感的重要因素。

61 在此說明，蓋達（al-Qaïda）是一個遜尼派恐怖組織（最著名行動是 2001 年的九一一恐攻），對什葉派的立場向來頗為開放。伊斯蘭國〔按：許多國外媒體以其阿拉伯文名稱縮寫稱伊斯蘭國為「達伊沙」（Daech）〕則不然，它的重要基本主張是「在伊拉克及黎凡特〔按：黎凡特（Levant）是一個歷史地理概念，指西亞的地中海東岸地區，在目前的常用定義中包括敘利亞、黎巴嫩、約旦、以色列、巴勒斯坦、美索不達米亞西北部及土耳其東南部少部分地區。〕建立一個強大的遜尼派伊斯蘭國家，其中的關鍵是全面重新畫定伊拉克和敘利亞之間的邊界（伊斯蘭國在 2014-18 年間差點達到這個目的），因此伊斯蘭國與伊拉克及中東其他地區的什葉派嚴重敵對。

62 關於近年伊朗政權的變化，請特別參見薛利（A. Chelly），《伊朗：解剖什葉派的政治內幕》（*Iran, autopsie du chiisme politique*），雄鹿（Cerf）出版社，2017；阿敏榮・哈歇姆（C. Arminjon Hachem），《什葉派與國家：教士階級如何面對現代性的考驗》（*Chiisme et État. Les clercs à l'épreuve de la modernité*），法國國家科學研究中心出版部（CNRS Éditions），2013。

63 請特別參見波波維奇（A. Popovic），《公元三世紀／九世紀伊拉克的黑奴造反》（*La Révolte des esclaves en Irak au IIIe/IXe siècle*），戈特奈（Geuthner）出版社，1976；考克里－維德洛維契（C. Coquery-Vidrovitch），《奴隸的路途：非洲奴隸交易的歷史》（*Les Routes de l'esclavage. Histoire des traites africaines*），艾班米榭（Albin Michel）出版社，2018，67-68 頁。

64 在此可參閱的著作包括拉馬旦（T. Ramadan），《伊斯蘭的精髓：簡介伊斯蘭的根基、靈性與歷史》（*Le Génie de l'Islam. Initiation à ses fondements, sa spiritualité et son histoire*），超級口袋書（Archipoche）出版社，2016，47 頁。作者用類似的口吻解釋，限制婦女的某些

權利（例如只有一半繼承權）雖然不是最理想的做法，不過如果男性能承擔自己的角色，好好照顧女性，這種方式就很合理。150 頁。

65　參見呂伊札爾（J.-P. Luizard），《什葉派神職人員的政治史》（*Histoire politique du clergé chiite*），如前，38-39 頁。

66　在提及天課的文字中，有時確實可以看到根據稅基制定的可變稅率，例如「課徵金錢款項的 2.5%、收成的 5-10%」。參見拉馬旦（T. Ramadan），《伊斯蘭的精髓》（*Le Génie de l'Islam*），如前，127 頁，以及阿里夫（A. D. Arif），《伊斯蘭與資本主義：如何邁向經濟正義》（*L'Islam et le Capitalisme : pour une justice économique*），拉瑪丹（L'Harmattan）出版社，2016，70 頁。不過，第一個比例似乎是指針對資本存量所課的稅，而後面這個比例則像是針對年度所得流動（或者依據某些詮釋，針對某項未立即消費或重投資的生產）來課徵，這點使這一切顯得更加複雜，更何況沒有人曾經拿這些說明跟實際存在的所得稅、繼承稅和財產稅作比較。在具體實踐上，天課似乎依據不同時代脈絡、不同社會以及不同的地方標準而出現過很大的變化。

67　根據耶穌基督後期聖徒教會的四大經典之一──《摩門經》，一支以色列部族逃離美索不達米亞，從阿拉伯海岸乘船出海，於公元前六世紀抵達美洲定居。耶穌基督復活後不久，曾親自前往美洲，向這群人直接講述聖經土地上發生過的一切。這些故事被銘刻在一些金屬片上，1828 年約瑟‧斯密在紐約州西部尋獲這些金屬片。一個自認為邊緣的社群將自己和他們所屬的土地連結到浩大的一神教敘事，這種歸屬方式亦可見於伊斯蘭：《可蘭經》也將漢志〔按：漢志（Hedjaz / Hejaz，也譯「希賈茲」）是阿拉伯半島西部瀕臨紅海的地區，伊斯蘭教的發祥地〕這片土地連結到猶太教和基督教的敘事（根據可蘭經的說法，阿拉伯人是易斯馬儀〔按：法文作 Ismaël，英文作 Ishmael，天主教譯為「依市瑪耳」，基督新教譯為以實瑪利，伊斯蘭教亦有「司馬義」、「伊斯梅爾」等譯法〕的後代，而麥加的克爾白（Kaaba）〔按：麥加禁寺中一座以黑布覆蓋的立方體建築，稱為「天房」，被視為世上最古老的清真寺，也是伊斯蘭教最神聖的地點〕是由易斯馬儀與其父易卜拉欣〔即亞伯拉罕〕所建）。各種救世敘事中的這個平等面向，以及拒絕將地域和祖源階層化的思維，是這些文本的一個基本要素。關於伊斯蘭興起的社會背景，參見羅丹松（M. Rodinson）的經典著作《穆罕默德》（*Mahomet*），法國圖書俱樂部（Club français du livre），1961。

章節細目（上冊）

圖表目次（上冊）

表

基本詞彙對照

名詞對照

法文版用詞	英文版對應詞	中文版對應詞
actifs	asset	資產
actifs de réserve	reserve assets	儲備資產
actifs financiers	financial assets	金融資產
actifs immatériels	intangible assets	無形資產
actifs publics	Public asset	公共資產
actifs réels	real assets	實質資產
actionnariat public	public shareholding	官股制
actionnariat salarié	employee shareholding	員工入股制
Ancien Régime	Old Regime	舊制度
Anthropocène	Anthropocene	人類世
anti-intellectualisme	anti-intellectualism	反智主義
apports en capital	capital contributions	出資額
assignat	assignat	指券
assouplissement quantitative	quantitative easing	量化寬鬆
balances des paiements	balance of payments	國際收支平衡表
Belle Époque	Belle Époque	美好年代

法文版用詞	英文版對應詞	中文版對應詞
bien public	public good	公共財
biens « réels »	real goods	「真實」資產
biens fondamentaux	fundamental goods	基本善
biens professionnels	professional goods	營業資產
bilans	balance sheets	資產與負債表
Brahmin Left	Brahmin Left	左派婆羅門
cadastre public	public cadastre	公共地籍
caisses sociales	social funds	社會基金
capital fixe	fixed capital	固定資本
capital naturel	natural capital	自然資本
capital productif	productive capital	生產性資本
capital réel	real capital	實物資本
capitation	head tax	新制人頭稅
cens	tax	年貢
censitaire	censitary	納貢選舉制
classe moyenne patrimoniale	patrimonial middle class	資產持有型中產階級
classes populaires	popular class	大眾階級
coefficient de Gini	Gini coefficient	吉尼係數
compte nationale	national accounts	國民所得統計、國民會計帳
contraintes de crédit	credit constraints	信貸約束
contribution des patentes	local business tax	特許稅
contribution foncière	land tax	土地稅
contribution personnelle-mobilière	residential tax	個人動產稅
corvée	corvée	徭役、苦役
courbe de l'éléphant	The elephant curve	大象曲線
création monétaire	monetary creation	貨幣擴張
croissance nominale	nominal growth	名義增長率
déficit primaire	primary deficit	基本赤字
déficit secondaire	secondary deficit	次級赤字

法文版用詞	英文版對應詞	中文版對應詞
dépréciation du capital	capital depreciation	資本減損
Distributive National Accounts, DINA	Distributive National Accounts, DINA	稅後分配式國民所得統計
dotation universelle en capital	universal capital endowment	全民基金
droit de mutation	transfer fees	移轉稅
droit de propriété	property rights	財產權
droits d'enregistrement	registration fees	登記稅
dumping fiscal	tax dumping	租稅傾銷
dumping social	social dumping	社會傾銷
Earned income tax credit, EITC	Earned income tax credit, EITC	勞動所得稅收抵免
économie réelle	real economy	實體經濟
en parité de pouvoir d'achat	Purchasing Power Parity	購買力平價
excédent budgétaire primaire	primary budget surplus	基本預算盈餘
Gilded Age	Gilded Age	鍍金時代
hypercapitalisme	hypercapitalism	超級資本主義
impôt général sur le revenu, IGR	general income tax	綜合所得稅
impôt négatif	negative tax	負所得稅
impôt progressif	progressive tax	累進稅
impôt redistributif	redistributive tax	重分配稅
impôt sur la fortune immobilière, IFI	tax on real estate	不動產財富稅
impôt sur la fortune, ISF	Solidarity tax on wealth	財富團結稅
impôt sur le revenu des valeurs mobilières, IRVM	tax on income from securities	證券所得稅
indice d'Alford	Alford index	阿爾福特指數
intouchable	untouchable	賤民、穢不可觸者
impôt sur les grandes fortunes, IGF	tax on large fortunes	巨富稅
livre tournois	livre tournois	圖爾鎊
lods	lods	土地買賣稅
mansion tax	mansion tax	豪宅稅

法文版用詞	英文版對應詞	中文版對應詞
Merchant Right	Merchant Right	右派生意人
Méritocratie	Meritocracy	成就主義
mutations à titre gratuit	mutations à titre gratuit	無償移轉
mutations à titre onéreux	mutations à titre onéreux	有償移轉
mutations par décès	mutations par décès	死後移轉
néopropriétariste	Neo-Proprietarian	新所有權主義
obligations	obligations	債券
passifs	debt	負債
pauvreté monétaire	monetary poverty	貨幣貧窮
plus-values	capital gains	資本利得
politiques monétaires	monetary policies	貨幣政策
poll tax	poll tax	人頭稅
portefeuilles	portfolio	投資組合
pouvoir régalien	Regalian rights or powers:	治理權
prix des actifs	asset prices	資產價格
produit intérieur net	net domestic product	國內生產淨額
produit national brut	gross national product	國內生產毛額
propriétaire	ownership	（財產）所有權
protectionnisme	protectionism	保護主義
quota social	social quota	社會配額
quotient familial	family quotient	家庭商數
régimes inégalitaires	inegalitarian regimes	不平等體制
réparation intergénérationnelle	intergenerational reparations	代際賠償
répartition primaire	primary distribution	初級分配
revenu factoriel	factor income	要素所得
revenu national brut, RNB	Gross national income, GNI	國民所得毛額
revenu national net	Net national income, NNI	國民所得淨額
revenu primaire	primary income	初級所得
revenue de subsistance	subsistance income	維生所得
sécularisme	secularism	世俗主義

法文版用詞	英文版對應詞	中文版對應詞
signal prix	price signal	價格信號
SMIC	minimum wage	法定最低薪資
socialisme participatif	Participatory Socialism	參與式社會主義
société d'ordres	society of orders	等級社會
société ternaire	ternary societies	三級社會
société trifonctionnelle	trifunctional society	三重功能社會
sociétés de propriétaires	ownership society	所有權社會
soldes budgétaires annuels	annual budget balances	年度預算差額
solidarité fiscale	fiscal solidarity	團結稅
supertax	super tax	附加稅
taille tarifée	taille tarifée	稅則人頭稅
taux de refinancement	refinancing rate	再融資利率
taux effectif d'imposition	effective tax rate	有效稅率
taux marginaux	marginal rates	邊際稅率
taxation confiscatoire	confiscatory tax	沒收稅
taxe d'habitation	housing tax	房屋稅
taxe de compensation familiale	family compensation tax	家庭補助稅
taxe foncière	property tax / real estate tax	不動產稅
taxe proportionnelle	proportional tax	比例稅制
tertiarisation éducative	higher Education	教育高等化
thérapie de choc	shock therapy	休克療法
titres de dette commune	common debt securities	共同債務證券
titres financiers	financial securities	證券
tranche d'imposition	tax bracket	課稅級距
transfert compensatoire	compensatory transfer	補償轉移支付
transfert en nature	transfers in kind	實物補助
transfert monétaire	monetary transfer	現金補助
transferts publics	public transfer	公共補助
World Inequality Database	World Inequality Database	世界不平等資料庫

人名·地名

Abbé Sieyès	西哀士神父
Abdoulaye Wade	瓦德
Abhijit Banerjee	巴納吉
Addis-Abeba	阿迪斯阿貝巴
Alain Poher	波赫
Alan Bullock	布洛克
Alberta	阿爾伯塔省
Alexandria Ocasio-Cortez	寇蒂茲
Alexis Spire	斯皮爾
Alfred de Foville	艾佛烈·德·佛維爾
Allan Harrison	亞倫·哈里森
Allen Hicken	西肯
Alsace	阿爾薩斯省
Altiero Spinelli	斯皮內利
Amartya Sen	阿瑪蒂亞·沈恩
Amory Gethin	格辛
Anand Teltumbe	特爾通貝
André Philip	安德烈·菲利普
Andrei Konchalovsky	安德烈·康查洛夫斯基
Anne Alstot	奧斯托
Anne-Laure Delatte	德拉特
Anthony Atkinson	安東尼·阿特金森
Antoine Bozio	博齊奧
Antoine Lavoisier	安端·拉瓦節
Antoine Vauchez	沃榭斯
Asma Benhenda	班恆達
Atal Bihari Vajpayee	瓦巴依
Attila Lindner	林德納
Ayodhya	阿約提亞

David Cameron	卡麥隆
Delhi	德里
Denis Cogneau	科格諾
Diderot	狄德羅
dieu Rama	羅摩神
Dilma Rousseff	羅賽芙
Donald Trump	川普
Donald Tusk	唐納・圖斯克
Edgar Grande	格蘭德
Eduard Bernstein	愛德華・伯恩斯坦
Edwin Seligman	史利曼
Elizabeth Warren	伊麗莎白・華倫
Emile Boutmy	艾彌爾・卜特米
Émile Durkheim	涂爾幹
Emmanuel Macron	馬克宏
Emmanuel Saez	伊瑪紐・賽斯
Emmanuel Todd	陶德
Enoch Powell	包威爾
Erik Bengtsson	本特松
Erik Martinez Kuhonta	馬丁內斯・庫洪塔
Ernesto Laclau	拉克勞
Eugenio Rignano	里尼亞諾
Evgeny Yakovlev	雅科夫列夫
F. Michael Wuthrich	伍思里希
Fabian Kosse	柯斯
Facundo Alvaredo	阿瓦列多
Ferenc Gyurcsány	久爾恰尼
Fernando Haddad	哈達德
Filip Novokmet	諾瓦科梅
Francesco Guicciardini	法蘭西斯寇・桂察爾迪尼
Francis Messner	梅辛納

Francisco Pizarro	法蘭西斯柯‧皮薩羅
François Asselineau	阿斯凌諾
François Bayrou	白伊盧
François Fillon	斐永
François Hollande	歐蘭德
François-René de Chateaubriand	夏多布里昂
Frederick Cooper	弗雷德里克‧庫伯
Friedrich Ebert	弗里德里希‧艾伯特
Friedrich Hayek	佛烈德利赫‧海耶克
Gabriel Koelher-Derrick	克勒
Gabriel Zucman	祖克曼
Gabrielle Fack	法克
Gamal Abdel Nasser	納瑟
Gareth Davies	戴維斯
George McGovern	麥戈文
George Soros	索羅斯
George Wallace	喬治‧華萊士
Georges Dumézil	杜梅齊勒
Getúlio Dornelles Vargas	瓦爾加斯
Giacomo Todeschini	嘉寇莫‧妥德斯基尼
Gilles Postel-Vinay	吉爾‧波斯特－維奈
Giorgio Monti	蒙帝
Glenn Ellison	埃里森
Gordon Brown	布朗
Gregory King	葛雷哥利‧金恩
Guido Alfani	基多‧阿爾法尼
Guillaume Sacriste	薩克里斯特
Gujarat	古吉拉特邦
Hannah Arendt	漢娜‧鄂蘭
Harold Wilson	威爾遜
Harry S. Truman	杜魯門

Haute Volta	上伏塔
Hauts-de-Seine	上塞納河省
Helmut Schmidt	施密特
Henry George	亨利・喬治
Hernan Cortés	艾爾南・科爾特斯
Hervé Le Bras	布拉斯
Huey Long	休伊・朗
Hugo Chavez	查維茲
Ilia Sorvachev	索瓦喬夫
Indira Gandhi	英迪拉・甘地
Indre-et-Loire	安德爾－盧瓦爾省
Irving Fisher	費雪
J. Paul Getty	保羅・蓋堤
Jack Goody	古迪
Jacques Cheminade	瑟米納德
Jair Bolsonaro	波索納洛
James Callaghan	卡拉漢
James Crabtree	考伯垂
James Lane Buckley	巴克萊
James Meade	米德
Jane Burbank	珍・波本克
Jean Bodin	尚・布丹
Jean Lasalle	拉薩勒
Jean-Claude Juncker	榮克
Jean-Claude Passeron	巴斯宏
Jean-Laurent Rosenthal	尚－羅杭・羅森塔爾
Jean-Louis Debré	德佈雷
Jean-Luc Mélenchon	梅龍雄
Jean-Marie Le Pen	尚－馬利・雷朋
Jeff Bezos	貝佐斯
Jeremy Corbyn	柯爾賓

Lionel Robbins	羅賓斯
Louis-le-Grand	路易－勒－孔高中
Lucas Chancel	江瑟
Luigi Di Maio	迪馬尤
Lyndon Baines Johnson	詹森
Madhav Sadashivrao Golwalkar	高瓦克
Maghreb	馬格里布
Maharashtra	馬哈拉什特拉邦
Manon Bouju	布朱
Marc Morgan	摩根
Margaret Mead	米德
Marine Le Pen	瑪莉寧・雷朋
Mathieu Arnoux	馬諦鄂・阿爾努
Matteo Renzi	倫齊
Matteo Salvini	薩爾維尼
Maurice Duverger	杜瓦傑
Michael Young	麥可・楊恩
Michel Forsé	福瑟
Milton Friedman	傅利曼
Mohan Bhagwa	巴格瓦特
Moselle	摩澤爾省
Narendra Modi	莫迪
Nathalie Arthaud	阿爾多
Nehru-Gandhi	尼赫魯－甘地家族
Nicholas Delalande	德拉蘭德
Nicholas Kaldor	卡爾多
Nicolas Barreyre	巴爾雷
Nicolas Dupont-Aignan	杜邦－艾紐
Nicolas Maduro	馬杜洛
Nicolas Sarkozy	沙柯吉
Nitin Kumar Bharti	巴爾提

Samuel Huntington	杭亭頓
Sanjay Subrahmanyam	蘇柏曼亞姆
Sébastien Le Prestre de Vauban	塞巴斯提安・沃邦
Ségolène Royal	華亞爾
Seine-Saint-Denis	賽納河－聖德尼省
Serge Gruzinski	格魯辛斯基
Shaun McCutcheon	麥卡臣
Silvio Berlusconi	貝魯斯柯尼
Simon Kuznets	顧志耐
Stefanie Stantcheva	斯坦切娃
Stefano Palombarini	帕隆巴里尼
Stéphane Zuber	祖貝爾
Stéphanie Hennette	亨內特
Stephen Machin	馬欽
Steven Levitsky	李維茨基
Strom Thurmond	斯特羅姆・瑟蒙德
Susan Bayly	蘇珊・貝里
Sylvain Laurens	勞倫
Tancrède Voituriez	坦可瑞德・瓦圖利葉
Theresa May	梅伊
Thomas Edmund Deway	杜威
Thomas Jefferson	湯馬斯・傑佛遜
Thomas Paine	托馬斯・潘恩
Timothy K. Kuhner	庫納
Tomasz Zawisza	扎維薩
Tours	杜爾城
Ulrich Beck	貝克
Uttar Pradesh	北方邦
Uttarakhand	北阿坎德邦
Val-de-Marne	馬恩河谷省
Vautrin	沃德林

書名·文獻名·法案名

Authoritarian Origins of Democratic Party Systems in Africa	《非洲民主政黨體系的專制起源》
Avec l'immigration. Mesurer, débattre, agir	《隨著移民潮——測量、辯論、行動》
Before and Beyond Divergence: The Politics of Economic Change in China and Europe	《大分流之外：中國與歐洲經濟變遷的政治》
Between Debt and the Devil: Money, Credit, and Fixing Global Finance	《夾在債務與魔鬼之間：金錢、存款與整頓全球金融》
Between the Empires: Society in India 300 BCE to 400 CE	《帝國之間：公元前三百年到公元四百年的印度社會》
Borrow: The American Way of Debt: How Personal Credit Created the American Middle Class and Almost Bankrupted the Nation	《借貸：美國式的債務：個人信貸如何塑造美國中產階級並差點讓整個國家破產》
Capital Rules: The Construction of Global Finance	《資本規則：打造全球金融》
Capitalism Alone	《只有資本主義的世界》
Capitalism and Slavery	《資本主義與奴隸制度》
Capitalism v. Democracy. Money in Politics and the Free Market Constitution	《資本主義對民主政治：政治中的金錢和自由市場憲法》
Caste in India: Its Nature, Functions and Origins	《印度種姓的本質、功能與起源》
Caste, Class and Power: Changing Patterns of Stratification in a Tanjore Village	《種姓、階級與權力：一個坦賈武爾村莊的階層形態改變》
Caste, Society and Politics in India from the Eighteenth Century to the Modern Age	《印度的種姓、社會與政治，從十八世紀到現代》
Castes of Mind: Colonialism and the Making of Modern India	《心智的種姓：殖民主義與現代印度的塑造》
Changer l'Europe, c'est possible !	《改變歐洲，這是可能的！》
Changing Electoral Politics in Delhi. From Caste to Class	《從種姓到階級：改變中的德里選舉政治》
China's Crony Capitalism: The Dynamics of Regime Decay	《出賣中國：權貴資本主義的起源與共產黨政權的潰敗》
Citizenship between Empire and Nation: Remaking France and French Africa 1945-1960	《游移在帝國與民族之間的公民地位：重塑法國與法屬非洲，1945-1960 年》
Civil Rights Act	《民權法案》
Civilisation matérielle, économie et capitalisme	《物質文明、經濟和資本主義》
Cleavage Politics and the Populist Right	《政治分歧與右派民粹主義》
Cleavage Structures and Distributive Politics	《分裂結構與財富分配政策》
Coercion, Capital and European States, AD 990-1990	《威嚇、資本與歐洲國家，990-1990 年》
Comparative Manifesto Project	《政治宣言比較研究》
Comprehensive Anti-Apartheid Act	《全面反種族隔離法》

Comprehensive Economic and Trade Agreement, CETA	《全面經濟貿易協定》
Compter et Classer. Histoire des recensements américains	《計算、分類：美國人口普查史》
Controlling Credit. Central Banking and the Planned Economy in Postwar France 1948-1973	《信用管制——法國二次戰後 1948 到 1973 年期間的中央銀行制度與計劃經濟》
Crashed. How a Decade of Financial Crisis Changed the World	《崩盤》
De la liberté du travail，ou Simple Exposé des conditions dans lesquelles les forces humaines s'expriment avec le plus de puissance	《論勞動自由，或簡述在哪些條件之下人類力量的表現會是最強而有力的》
Debtor Nation: The History of America in Red Ink	《債務人國度：赤字下的美國史》
Déclaration des droits de l'homme et du citoyen	《人權和公民權宣言》
Democracy in America ? What Has Gone Wrong and What Can Be Done about It	《美國民主？哪裡出錯了，我們可做些什麼》
Démocratisation scolaire, politiques éducatives et inégalités	《學校教育普及化、教育政策與不平等現象》
Dénaturalisés. Les retraits de nationalité sous Vichy	《剝奪國籍——維琪政府時期撤銷國籍的歷史》
Des capitalismes non alignés. Les pays émergents, ou la nouvelle relation industrielle du monde	《不結盟的資本主義：新興國家，或世界的新產業關係》
Die protestantische Ethik und der Geist des Kapitalismus	《基督新教倫理與資本主義精神》
Discriminations religieuses à l'embauche : une réalité	《面試時的宗教歧視：一個千真萬確的事實》
droit commum	《共同稅法》
droit du travail	《勞工法》
Econometrica	《計量經濟學期刊》
Economica	《經濟學刊》
Electoral Systems and Party Systems. A Study of 27 Democracies, 1945-1990	《競選制度與政黨制度——二十七個民主政體的專題研究，1945-1990 年》
Empires in World History	《帝國何以成為帝國》
Essais sur les normes et les inégalités de genre	《論性別的規範與不平等》
Essay in Persuasion	《勸說集》
European Union Law. Text and Materials	《歐盟法律：條文與資料》
Exceptional America. What Divides America from the World and from Each Other	《非比尋常的美國——是什麼讓美國跟世界其他地區相隔開來、又自成一格》
Faut-il brûler Dumézil ? Mythologie, science et politique	《我們該燒死杜梅齊勒嗎？神話、科學與政治》

Fighting Poverty in the US and Europe: A Word of Difference	《在美國、歐洲打擊貧窮：一字之別》
Foreign Account Tax Compliance Act，Fatca	《外國帳戶稅收遵從法》
France de Gauche, vote à droite？	《左派法國，票選右派？》
Free to Choose	《選擇的自由》
From Quincampoix to Ophir: A Global History of the 1720 Financial Boom	《從坎康普瓦到俄斐：1720 年金融暴漲的全球史》
Génie du Christianisme	《基督教真諦》
Global Tax Fairness	《全球稅捐公平性》
Good Economics for Hard Times	《艱困時代的經濟學思考》
Hindouisme et Bouddhisme	《印度教與佛教》
Hindu Law: A New History of Dharmasastra	《印度教律法：一部新的法論史》
Histoire de l'enseignement en France, 1800-1967	《法國教育史，1800-1967 年》
Histoire de l'Afrique du Sud	《南非史》
Histoire du Japon et des Japonais	《日本與日本人的歷史》
Histoire du monde au XIXe siècle	《十九世紀世界史》
Histoire du monde au XVe siècle	《十五世紀世界史》
Holding the Shop Together : German Industrial Relations in the Postwar Era	《一起顧店：戰後德國的產業關係》
Homo hierarchicus. Le système des castes et ses implications	《階序人：種姓制度及其衍生現象》
How Democracies Die	《民主國家如何死亡》
How Would a Progressive Wealth Tax Work？	《累進財富稅如何運作？》
Imagined Communities. Reflection on the Origins and Spread of Modern Nationalism	《想像的共同體：民族主義的起源與散布》
Inde : la démocratie par la caste. Histoire d'une mutation sociopolitique 1885-2005	《印度：藉由種姓而民主，一個社會政治蛻變史，1885-2005 年》
India : The Siege Within. Challenges to a Nation's Unity	《印度：內部圍攻與對國家統一的挑戰》
India, Modernity and the Great Divergence: Mysore and Gujarat (17th to 19th C.)	《印度、現代性與大分流：邁索爾和古加拉特，十七世紀－十九世紀》
India. Economic Development and Social Opportunity	《印度：經濟發展與社會機會》
Inégalités	《扭轉貧富不均》
Inégalités scolaires d'origine territoriales en France métropolitaine	《法國大都會地區地理區域因素造成的教育資源不平等》
Insoutenables inégalités. Pour une justice sociale et environnementale	《無法承受的不平等現象：邁向社會與環境正義》

Islam in the European Empires	《歐洲帝國中的伊斯蘭》
Itinéraire de Paris à Jérusalem	《巴黎到耶路撒冷紀行》
Jobs Act	《就業法》
Journal of Economic History	《經濟史學報》
Journal officiel de l'Afrique occidentale française	《法屬西非公報》
Just Giving. Why Philanthropy Is Failing Democracy and How It Can Do Better	《只求付出——為何慈善事業打擊了民主體制，如何才能做得更好》
Justice agraire	《土地正義論》
Justifier l'ordre social	《如何合理化社會秩序》
L'Autre Face de la Lune. Écrits sur le Japon	《月的另一面：一位人類學家的日本觀察》
L'Éléphant, le Canon et le Pinceau. Histoires connectées des cours d'Europe et d'Asie 1500-1750	《大象、火砲與畫筆：歐洲宮廷與亞洲宮廷關聯史 1500-1750 年》
L'Europe par le marché. Histoire d'une stratégie improbable	《市場的歐洲：關於行不太通的策略的一段歷史》
L'Impôt sur la fortune	《富人稅》
L'Inde de Modi. National-populisme et démocratie ethnique	《莫迪的印度：民族民粹主義與種族民主》
L'Indigénat. Genèses dans l'empire français, pratiques en Nouvelle-Calédonie	《原住民以及此一族群在法蘭西帝國的生成：新喀里多尼亞的做法》
L'inégalité de la dépense publique d'éducation en France, 1900-2000	《1900 至 2000 年法國公共教育支出的不平等》
L'Invention de l'Europe	《歐洲的發明》
L'Invention de la France	《法國的發明》
L'Origine des systèmes familiaux	《家庭體系的起源》
La Boutique contre la gauche	《店鋪抵制左派》
La Cause des propriétaires. Etat et propriété en France, fin XIXe siècle - XXe siècle	《財產所有人的訴訟案——法國十九世紀末到二十世紀的國家與私人財產》
La Chute finale. Essai sur la décomposition de la sphère soviétique	《最後的陷落：蘇維埃世界的解體（評論集）》
La France a-t-elle aboli l'esclavage ? Guadeloupe, Martinique, Guyane 1830-1935	《法國是否廢除了奴隸制？瓜地洛普、馬丁尼克與圭亞那，1830-1935 年》
La France des Belhoumi. Portraits de famille (1977-2017)	《貝勒烏米一家人眼中的法國——側寫這家子 1977 到 2017 年的日子》
La Lutte et l'Entraide. L'âge des solidarités ouvrières	《抗爭與互助團體：工人團結的年代》
La Politique du merveilleux. Une autre histoire du Système de Law	《以奇幻為號召的政策：從另一種歷史觀點解讀約翰·勞的制度》

La Raison populiste	《民粹主義的理由》
La Social-Démocratie ou le Compromis	《社會民主主義，或是一種妥協》
La Société des voleurs. La protection de la propriété socialiste sous Staline	《小偷社會：史達林時代的社會主義財產保障》
La Société ingouvernable. Une généalogie du libéralisme autoritaire	《無法統治的社會——極權作風的自由主義系譜》
La Volonté et la Fortune	《意志與財富》
Land Reform in Mexico, 1910-1980	《墨西哥的土地改革，1910-1980 年》
Latin American Land Reforms in Theory and Practice: A Retrospective Analysis	《拉丁美洲土地改革之理論與實際：回顧分析》
Law, Legislation and Liberty	《法律、立法與自由》
Le Capital au XXIe siècle	《二十一世紀資本論》
Le Capital fictif. Comment la finance s'approprie notre avenir	《虛構的資本——金融如何綁架了我們的未來》
Le Carrefour javanais	《爪哇十字路口》
Le Destin des immigrés. Assimilation et ségrégation dans les démocraties occidentales	《移民的命運——西方民主體制下的種族融合與隔離》
Le Jeu du siècle	《萬延元年的足球隊》
Le Monde	《世界報》
Le Pari du FN	《國民陣線的賭注》
Le Prix de la démocratie	《民主的價碼：一人一票，票票「等值」？》
Le Revenu de base inconditionnel. Une proposition radicale	《無條件基本收入：基進提案》
Le Vol de l'histoire. Comment l'Europe a imposé le récit de son passé au reste du monde	《歷史的偷竊：歐洲如何將其過往強加於世界其他各國》
Legacies of the War on Poverty	《打擊貧窮方案的遺產》
L'ère du peuple	《人民時代》
Les Classes populaires et le FN. Explications de vote	《大眾階級與國民陣線——選情釋義》
Les Courtiers du capitalisme. Milieux d'affaires et bureaucrates à Bruxelles	《資本主義經紀人：布魯塞爾的工商界和官僚》
Les Enfants de la colonie. Les métis de l'Empire français, entre sujétion et citoyenneté	《殖民地的孩子：糾結在從屬臣民與法國公民身分間的法蘭西帝國混血兒》
Les Français et la justice fiscale	《法國人與租稅正義》
Les Hauts Revenus en France au XXe siècle	《二十世紀法國高所得群體研究》
Les Héritiers. Les étudiants et la culture	《繼承人——大學生與文化》

Party System Institutionalization in Asia	《亞洲政黨體系制度化》
Party System Institutionalization in Japan	《日本政黨體系制度化》
People's Budget	《國民補助預算案》
Political Liberalism	《政治自由主義》
Politics and Capital. Auctioning the American Dream	《政治與資本：拍賣美國夢》
Poor Law	《濟貧法》
Posséder la nature. Environnement et propriété dans l'histoire	《擁有自然：歷史上的環境與所有權》
Pour un empire européen	《論歐洲帝國》
Pour un populisme de gauche	《探討左派民粹主義》
Pour un traité de démocratisation de l'Europe	《探討歐洲民主化條約》
Pour une histoire des possibles. Analyses contrefactuelles et futurs non advenus	《試論曾經可能的歷史：反事實分析及未至的未來》
Pour une histoire-monde	《論世界歷史》
PrepSchool for Poor Kids : The Long-run Impact of Head Start on Human Capital and Economic Self-Sufficiency	《窮苦小孩的預備學校：啟蒙方案在人力資本與經濟自主的長期影響》
Privatising Russia	《俄國的私有化》
programme de Bad Godesberg	《高德斯堡黨綱》
Progroms et Ghetto. Les musulmans dans l'Inde contemporaine	《暴亂和貧民窟：穆斯林在當代印度》
projet Spinelli	《斯皮內利草案》
Property in Land and Other Resources	《土地與其他資源之所有權》
Property-Owning Democracy : A Short History	《財產所有權的民主制：簡史》
Property-Owning Democracy. Rawls and Beyond	《財產所有權的民主制：羅爾斯及其他》
Proposition 13	《第十三號公投提案》
Propriété privée, Propriété sociale, Propriété de soi	《私有財產、社會共有與擁有自我》
Public Funding of Religions in Europe	《歐洲宗教的公共資助》
Quartiers, égalité, scolarité. Des disparités territoriales aux inégalités scolaires en Ile-de-France	《區里、平等與學校教育——大法蘭西島地區教育資源的區域不均等現象》
Quelques idées sur la création d'une faculté libre d'enseignement supérieur	《對於創辦獨立自主的高等教育學院的幾個想法》
Qu'est-ce qu'un Français ? Histoire de la nationalité française depuis la Révolution	《誰是法國人？法國大革命起法國國籍的歷史》
Racism, Xenophobia and Distribution. Multi-Issue Politics in Advanced Democracies	《種族主義、仇外與所得分配——先進民主體制中幾個政治課題》

Radical Markets: Uprooting Capitalism and Democracy for a Just Society	《激進市場》
Râmâyana	《羅摩衍那》
Rapport sur les inégalités mondiales	《全球不平等報告》
Reflections on the French Revolution	《反思法國大革命》
Renforcer la mixité sociale dans les collèges parisiens	《加強巴黎初中的校內社會混合度》
Republic of Capital : Buenos Aires and the Legal Transformation of the Atlantic World	《資本共和國：布宜諾斯艾利斯與大西洋世界的法律轉型》
Republic of Caste: Thinking Equality in a Time of Neoliberal Hindutva	《種姓共和國：在新自由派印度教徒主義的時代審思平等議題》
Republic of Equals: Predistribution and Property-Owning Democracy	《平等共和國：前分配與有產民主》
Résistance à l'impôt, attachement à l'État	《抵抗稅制，依附國家》
Rethinking India's Oral and Classical Epics: Draupadi among Rajputs, Muslims, and Dalits	《重新思索印度的口傳與經典史詩：拉吉普特人、穆斯林與達利特人心目中的德勞柏娣》
revenu minimum d'insertion, RMI	《社會安置最低收入法案》
Reward Work Act	《獎勵工作法》
Rolling out the Manifesto for Labour Law	《落實勞動法宣言》
Sankalp Patra	《莊嚴誓言書》
Sauver les médias. Capitalisme, financement participatif et démocratie	《拯救媒體：資本主義、群眾募資與民主》
Slavery and Abolition	《蓄奴與廢奴》
Slavery's Capitalism: A New History of American Economic Development	《奴隸制的資本主義：美國經濟發展史新論》
Social Justice Through Inclusion: The Consequences of Electoral Quotas in India	《透過共融達成社會正義：選舉配額對印度的影響》
Social Mobility and its Enemies	《社會流動與其敵人》
Social-Democratic Capitalism	《社會民主資本主義》
Socialisme et Sociologie	《社會主義與社會學》
State Capacity and Economic Development	《國家能力與經濟發展》
State-Sponsored Inequality: The Banner System and Social Stratification in North East China	《國家支持的不平等：中國東北的八旗制度與社會分層》
Swedish Taxation: Developments since 1862	《瑞典的課稅制度：1862 年以降之發展》

Tableau politique de la France de l'Ouest sous la Troisième République	《第三共和時期法國西部的政治版圖》
Tax Evasion and Tax Avoidance	《逃稅與避稅》
Tax Reform	《稅務改革法》
TDEM	《歐洲民主化條約草案》
Teacher Turnover, Seniority and Quality in French Disadvantaged School	《法國低下階層的學校教師異動、年資與素質》
Teaching Staff Characteristics and Spendings per Student in French Disadvantaged Schools	《法國低下階層學校裡的教師特質、以及投資在每個學生上的費用》
The Billionaire Raj. A Journey Through India's New Gilded Age	《鍍金王國印度：穿越印度驚人的經濟成長、社會不公、政治裙帶關係與未來的真實內幕》
The Birth of the Modern World, 1780-1914	《現代世界的誕生，1780-1914 年》
The Cambridge World History of Slavery	《劍橋世界奴隸制度史》
The Career and Legend of Vasco de Gama	《達伽馬：印度總督的傳奇與磨難》
The Citizen's Share: Putting Ownership Back into Democracy	《公民的一份：讓所有權重回民主政治》
The Clash of Civilisations and the Remaking of the World Order	《文明的衝擊與世界秩序的重建》
The Code of Capital, How the Law Creates Wealth and Inequality	《財富背後的法律密碼：法律如何創造財富與不平等》
The Concentration of Educational Investment in the US (1970-2018), with a Comparison to France	《美國教育投資集中的現象（1970-2018 年），比較法國個案》
The Constitution of Liberty	《自由的憲章》
The Distribution of Personal Wealth in Britain	《英國個人財富的分配》
The Economic History of China: From Antiquity to the Nineteenth Century	《中國經濟史：從古代到十九世紀》
The Efficiency of Race-Neutral Alternatives to Race-Based Affirmative Action : Evidence from Chicago's Exam Schools	《基於種族平權法案的種族中立替代方案之效率：芝加哥明星學校的實際案例》
The End of Class Politics? Class Voting in Comparative Context	《階級政治學的終結？階級投票差異的比較性研究》
The Financial Times	《金融時報》
The Global Bourgeoisie. The Rise of the Middle Classes in the Age of Empire	《全球市民階級－帝國時代中產階級的崛起》
The Global Times	《環球時報》
The Great Divergence: China, Europe and the Making of the Modern World Economy	《大分流：現代世界經濟的形成，中國與歐洲為何走上不同道路？》

The Hidden Wealth of Nations	《富稅時代》
The Hollow Crown: Ethnohistory of an Indian Kingdom	《空洞的王冠：一個印度王國的民族史》
The Invisible Hand? How Market Economies Have Emerged and Declined since AD 500	《看不見的手？西元 500 年以降經濟市場的興起與衰退》
The Making of British Socialism	《英國社會主義的誕生》
The Making of Global Capitalism: The Political Economy of American Empire	《製造全球資本主義：美利堅帝國的政治經濟》
The Other Slavery: The Uncovered Story of Indian Enslavement in America	《另一種奴隸制：美洲印第安人被奴役的祕辛》
The Permanent Tax Revolt: How the Property Tax Transformed American Politics	《一而再、再而三的抗稅運動：財產稅如何改變了美國政治》
The Political Mobilization of the European Left 1860-1980: The Class Cleavage	《1860-1980 年歐洲左派的政治動員：階級分裂》
The Politics of Resentment. Rural Consciousness in Wisconsin and the Rise of Scott Walker	《憤世嫉俗的政治策略——威斯康辛州的鄉土意識與史考特・沃克的興起》
The Portuguese Empire in Asia 1500-1700. A Political and Economic History	《葡屬亞細亞帝國，1500-1700 年》
The Race Between Education and Technology: The Evolution of US Educational Wage Differentials, 1890-2005	《教育與科技的賽跑：美國教育因素薪資落差之變遷，1890-2005 年》
The Radical Right in Western Europe	《西歐的極右派》
The Rise of the Meritocracy	《成就主義的崛起》
The Road to Serfdom	《通往奴役之路》
The Stakeholder Society	《利害關係人社會》
The Stern Review：The Economics of Climate Change	《史丹報告：氣候變遷經濟學》
The Three World of Welfare Capitalism	《福利資本主義的第三世界》
The Transformation of European Social Democracy	《歐洲社會民主主義的轉型》
The Unending Frontier: An Environmental History of the Early Modern World	《無止境的疆界：早期近代世界的環境史》
The Wall Street Journal	《華爾街日報》
Theory of Justice	《正義論》
Tordesillas, Slavery and the Origins of Brazilian Inequality	《托爾德西利亞斯條約、奴隸制度與巴西社會不平等的起源》
traité constitutionnel européen, TCE	《歐洲憲法條約》
traité de Maastricht	《馬斯垂克條約》

Traité pour la stabilité, la coordination et la gouvernance, TSCG	《穩定、協調與治理條約》
Traité sur la stabilité, la coordination et la gouvernance, TSCG	《歐洲財政協定》
Trajectoires et Origines. Enquête sur la diversité des populations en France	《歷程與出身——調查法國的多元人口》
Trump, Brexit and the Rise of Populism: Economic Have-Nots and Cultural Backlash	《川普、英國脫歐與民粹主義的興起：一貧如洗、文化反彈》
Un impôt juste, c'est possible !	《公平稅收，這是可以做到的！》
Une histoire populaire de la France. De la guerre de Cent Ans à nos jours	《法國庶民史：從百年戰爭到今天》
Unequal Democracy. The Political Economy of the New Gilded Age	《不平等的民主：新鍍金時代的政治經濟學》
Union Now	《即刻聯盟》
Victory Tax Act	《勝利稅法》
Voting Rights Act	《投票權利法案》
We or Our Nationhood Defined	《我們或我們定義的國家》
What's the Matter with Kansas ? How Conservatives Won the Hearth of America	《肯薩斯州出了什麼問題？保守人士如何深入美國家庭》
Wheel of Fortune. The Battle for Oil and Power in Russia	《命運之輪：俄國的石油與權力之戰》
When Wall Street Met Main Street: The Quest for an Investors' Democracy	《當華爾街遇上皇后區大街：找尋投資者的民主》
Why Nations Fail: The Origins of Power, Prosperity and Poverty	《國家為什麼會失敗：權力、富裕與貧困的根源》
Winner-Take-All Politics. How Washington Made the Rich Richer – And Turned its Back on the Middle Class	《贏家全拿政治：華盛頓當局如何讓富人更富——並背棄中產階級》

世界的啟迪

資本與意識形態
Capital et Idéologie

作者	托瑪‧皮凱提（Thomas Piketty）
譯者	徐麗松、陳郁雯、陳秀萍、黃明玲
執行長	陳蕙慧
總編輯	張惠菁
責任編輯	洪仕翰、謝嘉豪
行銷總監	陳雅雯
行銷企劃	余一霞
封面設計	徐睿紳
排版	宸遠彩藝

社長	郭重興
發行人	曾大福
出版	衛城出版／遠足文化事業股份有限公司
發行	遠足文化事業股份有限公司
地址	23141 新北市新店區民權路 108-2 號 9 樓
電話	02-22181417
傳真	02-22180727
客服專線	0800-221029
法律顧問	華洋法律事務所 蘇文生律師
印刷	呈靖彩藝有限公司
一版一刷	2022 年 12 月
定價	1500 元（上下冊不分售）

ISBN	9786267052556（紙本）
	9786267052600（EPUB）
	9786267052594（PDF）

有著作權，翻印必究　如有缺頁或破損，請寄回更換
歡迎團體訂購，另有優惠，請洽 02-22181417，分機 1124
特別聲明：有關本書中的言論內容，不代表本公司／出版集團之立場與意見，文責由作者自行承擔。

ACRO
POLIS
衛城
出版

Email　acropolismde@gmail.com
Facebook　www.facebook.com/acrolispublish

國家圖書館出版品預行編目(CIP)資料

資本與意識形態 / 托瑪.皮凱提(Thomas
Piketty)作；徐麗松, 陳郁雯, 陳秀萍, 黃明玲
譯. -- 初版. -- 新北市：衛城出版：遠足文化事
業股份有限公司發行, 2022.12
　面；　公分. -- (衛城Beyond；41)
譯自：Capital et idéologie
ISBN 978-626-7052-55-6(全套：平裝)

1. 資本主義　2. 意識形態　3. 經濟史

550.187　　　　　　　　　111017076